중세,
천년의 빛과
그림자

Glanz und Elend des Mittelalters
By Ferdinand Seibt

Copyright © 1987 by Siedler Verlag,
a division of Verlagsgruppe Random House GmbH, Muenchen, Germany
All rights reserved

Korean Translation Copyright © 2013 Hyunsil Publishing Co.
Korean edition is published by arragngement with Siedler Verlag,
a division of Verlagsgruppe Random House GmbH
through Corea Literary Agency, Seoul

이 책의 한국어판 저작권은 Corea 에이전시를 통한
Siedler Verlag, a division of Verlagsgruppe Random House GmbH와의
독점 계약으로 도서출판 현실문화연구에 있습니다.
신저작권법에 의해 한국 내에서 보호를 받는 저작물이므로
무단 전재와 복제를 금합니다.

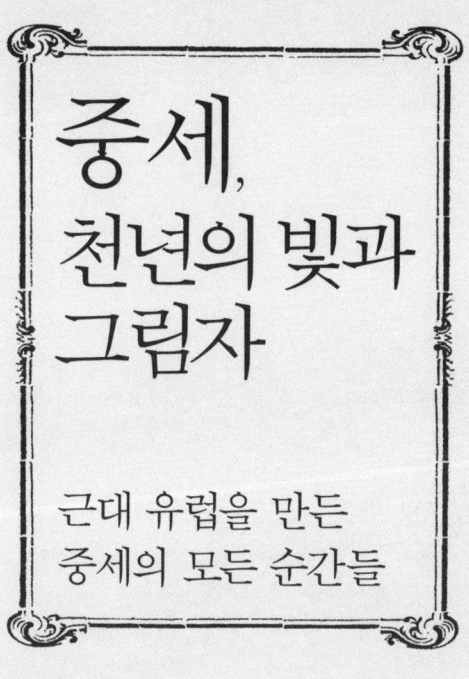

중세,
천년의 빛과
그림자

근대 유럽을 만든
중세의 모든 순간들

페르디난트 자입트 지음 | 차용구 옮김

현실문화

| 차례 |

들어가며 한정된 역사로의 입문 · 7

제1장 중세의 뿌리 · 15

황제란 누구인가? · 17 | 로마적 요소 혹은 프랑크적 요소? · 25 | 황제의 수염에 관하여 · 34
카롤링 시대의 르네상스? · 37 | 황제의 권력 · 45 | 권력 계승 전쟁 · 52
앨프레드 대왕과 대(大)모라비아 · 59 | 독일의 경우 · 65 | 오토 대제 · 75 | 위대한 건설자들 · 94
민족의 성인들 · 103 | 오토 3세 · 110

제2장 새로운 사회 · 137

주인과 노예 · 139 | 수도사와 수도원 · 151 | 클뤼니 수도회 · 161 | 교회와 왕 · 167
하인리히와 힐데브란트 · 174 | 정치적 타협을 위하여 · 189 | 삼위계의 표어 · 197

제3장 '농업혁명' · 215

새로운 기술-새로운 조직 · 217 | 일용할 양식 · 238 | 농민과 평야 · 242 | 새로운 '중산층' · 244
도시 · 248 | 도로, 상품, 화폐 · 255 | 가난한 사람들 · 276 | 이단 · 288

제4장 종교적, 정신적, 세속적 모험 · 313

새로운 이단-새로운 수도회 · 315 | 새로운 대학 · 326 | 새로운 이론-과거의 이론 · 335
기사들에 대하여 · 348 | 성 · 355 | 봉건법 · 364 | 연애 봉사 · 367 | 사냥 · 376
자의식의 형성 · 381

제5장 권력과 공간 · 385

국경과 팽창 · 387 | 십자군 원정 · 390 | 헤게모니와 세력 균형 · 406
카드 게임 속의 왕들 · 409 | 위인들의 세계로 · 421 | 새로운 콘스탄티누스 · 430
옥시타니아 · 439 | 왕, 신분 계층, 그리고 공동선 · 446 | 필리프와 보니파키우스 · 450
'끔찍한 황제 공위 시대' · 452 | 중부 유럽의 동쪽 · 455 | 헬베티카 동맹 · 459
국경 문제 · 461 | 국가 의식 · 463 | 두 번째 '백년'전쟁 · 468 | 의회 · 470 | 크레시 전투 · 471

제6장 위기와 혁명 · 493

페스트 · 495 | 유대인 학살 · 501 | 성장의 한계 · 512 | 알베르투스와 아리스토텔레스 · 515
다시 한 번 '대왕들의 세대' · 526 | 프로이센 · 536 | 한자동맹 · 539 | 유럽을 점령한 위기 · 543
반란 · 549 | 그리고 혁명 · 551 | 후스파 · 556 | 위기 외교 · 561
개혁 공의회와 새로운 도약 · 570 | 피키니 평화조약 · 583 | 제국 · 588 | 1475년의 유럽 · 596

제7장 일상생활, 신앙, 그리고 미신 · 621

생활양식과 신앙의 문제 · 623 | 달려라, 달려, 기사어 · 036 | 어싱 · 641
새로운 사실주의 · 649 | 동화, 전설, 성인전 · 665 | 신심 · 670
야성적인 사람들 · 674 | 마녀 · 678 | 고문실 · 683

마치며 독일의 에필로그 · 691

부록
지도 1 | 9세기 정치 세력 구도 · 702
지도 2 | 15세기 변화된 정치 세력 구도 · 704
중세 연표 · 706

역자 후기 · 759
참고 문헌 · 762
인명 색인 · 770

일러두기

1. 본문의 대괄호([ ])는 옮긴이가 원문을 보충 설명한 것이다.
2. 본문의 소괄호[( )]는 외국어 병기 혹은 저자가 원문에서 사용한 줄표(—) 안의 내용이다.

| 들어가며 |

한정된 역사로의 입문

'중세'는 우리를 당혹스럽게 하는 개념이다. 역사가들도 이 점에 대해서는 대체로 동의한다. 그러나 중세라는 개념을 어떤 식으로 대체해서 사용할지에 대해서는 의견이 분분하다. 개념의 특수성만을 생각하면 아마도 이 용어를 계속 사용할 수 있을 것이다. 물론 '중세'라는 개념 자체는 내용상 다소 빈약해 보일 수도 있지만 '고대'나 '근대'보다 더 많은 것을 암시하고 있다. 이는 중세가 애매한 '가운데'에 위치하기 때문일 것이다. 교과서적인 시대 구분에 따라 나눈 세 시대들, 다시 말해 고대와 중세와 근대 중 오로지 중세만이 시작과 끝이 명확하다. 한정된 역사! 반면에 고대의 기원은 어둠에 싸여 있다. 희망적인 관측들이 나오고 있지만 그럼에도 불구하고 근대 역시 그 마지막을 밝혀내기란 쉽지 않을 것이다.

사람들은 종종 중세를 아주 낭만적으로 생각한다. 고대와 근대의 가운데에 자리한 중세를 신비한 세계로 바라보는 것이다. 나는 그렇게 생각하지 않는다. 중세에 살아보지 못한 것도 아쉽지 않다. 동이 트자마자 일어나서 힘든 일을 하지 않아도 되기 때문에 즐겁다. 수도꼭지에서 따뜻한 물이 나와서 즐겁고, 찬물이 나온다고 해도 그마저도 즐겁다. 신발과 옷, 종이와 쾌적한 방이 있어서 즐겁고, 숲 속의 길을 지나 무사히 돌아올 수 있다는 확신이 있어서 즐겁기만 하다. 도시 인근에서 교수대를 보지 않아도 되어서 기쁘다. 주말이면 많은 사람들이 축구 경기를 관람하려고 몰려드는 것이 그저 기쁠 따름이다.

중세를 낭만적으로 미화할 생각은 없지만 나는 중세사의 힘을 믿는다. 물론 중세의 생활 여건, 중세만의 질서, 계획, 희망 등 이해하기 힘든 요소들 때문에 생겨나는 현실과 중세의 깊은 **괴리**가 있다는 것을 부정할 수는 없다. 그러나 다른 한편으로 우리의 일상생활 가운데 많은 부분에서 밝혀지고 있는 중세와의 확실한 **연속성**이 우리를 중세와 연결시킨다고 생각한다. 이러한 조건들, 즉 **괴리**와 **연속성** 때문에 나는 중세의 통일성을 믿지 않는다. 앞에서 밝혔듯이 중세는 고대와 근대 사이를 메우고자 했던 역사가들의 고뇌에서 생겨난 개념이다. 이 새로운 시대는 로마 제국의 몰락부터 근대 유럽 국가들이 등장하기까지 1,000년 동안의 정치 지형도를 토대로 해야만 의미 있게 재구성될 것이다. 한 시대의 애매모호한 '실체'나 허구적인 '중세인'이 아니라 인간과 환경의 조화에서 시작하는 매우 구체적인 발전 과정만이, 그간 자주 다루어졌음에도 불구하고 오늘날까지도 정확하게 밝혀지지 않은 고대 로마 제국의 몰락과 새로운 유럽의 도약 사이에 놓인 1,000년의 시간을 총체적으로 설명하고 구체적으로 보여줄 수 있을 것이다. 이것이 이 책에서 시도하려는 바이다.

수십 년 전부터 사람들은 정치사(史)를 피

1200년경 상스의 생 테티엔 대성당의 정문 왼쪽에 조각된 스테파누스 성인은 모습과 자세에서 프랑스의 고딕 대성당 시기의 전형적인 형태를 보여주고 있다.

상적인 관찰 방법이라고 매도하면서 정치사 대신에 역사적인 삶에서 '심층적인' 추진력을 찾고 있다. 이러한 상황에서 정치사를 강조하는 이유에 대해서는 설명이 필요할 것이다. 물론 정치적 생활의 우위를 말하고자 함은 결코 아니다. 그러나 사람들의 관계는 정치적 유형에 의해서 가장 쉽게 파악될 수 있고 또 가장 잘 정의될 수 있다고 생각한다. 왜냐하면 다른 시대와 마찬가지로 올바른 **질서**를 만들기 위해서 사람들이 어떤 생각을 해왔고, 삶을 **계획**하거나 변화시키기 위해서 어떤 가능성을 인식하고 있었으며, 가치 있다고 생각한 인생에 대해서 어떤 **희망**을 품었는지가 중세의 정치 양상에도 나타나기 때문이다. 그리고 이와 같은 이유를 근거로 지배권 행사가 정당화되어왔다.

이러한 전제에서 중세 유럽 1,000년의 역사는 우선 300년경의 **전(前) 단계**, 즉 고대 로마 말기와는 상이한 전통 속에서 로마인의 독자적인 제국이 지중해 동쪽의 콘스탄티노플에 기반을 두고 성장, 발전했던 시기로 특징지어진다. 서부 유럽은 이때 '암흑의 시대'를 지나고 있었다(400년경 로마 제국의 옛 국경들이 파괴되면서 소규모이기는 하지만 상당한 군사적 파괴력을 갖춘 게르만족과 슬라브족이 이 지역을 압박했기 때문이다). 팽창하고 있던 이슬람 세력은 7세기 이후 과거 북아프리카의 로마령을 수중에 넣은 후 피레네 산맥까지 진출했다. 유럽 대륙에서는 수차례에 걸친 통합의 시도가 실패로 끝나고, 프랑크 왕국이 하나의 거대한 세력으로 기반을 갖추었다. 그곳에서부터 프랑크인들의 지배자 카를 대제에 의해 유럽의 최종적인 통합이 주변부까지 사방으로 진행되었다. 이 지역은 아직 지중해 문화의 영향 아래에 있었고, 잉글랜드나 스칸디나비아, 동유럽이 그러했듯이 부분적으로는 민족이 이동하거나 왕국이 형성되는 단계에 머물러 있었다. 전 유럽의 **안정화**는 기원후 1000년을 전후로 약 100년 동안 변동을 겪은 후에 비로소 완성되었다. 이때부터 유럽의 국경은 중세 전 시기 동안 근본적으로 변하지 않았고, 서부 유럽과 중부 유럽은 남북으로 확장되었다. 이렇게 해서 근대 민족국가들로 구성된 유럽의 기초가 1000년경에 마련되었다.

이상에서 중세에 대하여 중요한 관점을 제시하는 한편 이 책이 800년경의 카를 대제에서 시작해야 하는 이유를 설명했다. 이 책이 왜 카를 5세, 즉 16세기까지 다루는지에 대해서는 중세사의 맥락을 이해하는 데 도움이 된다고 생각하는 **네 가지 발전 단계**를 개략적으로 언급함으로써 간략히 설명하고자 한다. 유럽 문화의 독창성을 형성하는 데 결정적으로 기여했던 새로운 발전 단계들은 안정화로 이어졌다. 이 단계들은 다양한 의미를 내포하는 학술 용어인 **집중화**로 표현될 수 있다. 토지 개간을 위해서 개량된 새로운 도구들, 가축 견인력의 대폭적인 향상, 경작지와 경작량의 확대, 교역로의 건설, 그리고 이 요소들과 밀접한 관계를 맺고 있는 대규모의 인구 증가로 인해 알프스 북부의 농경지가 '집중적으로' 이용되었기 때문이다. 도시들이 건설되었고, 성문화된 법에 근거한 통치가 시작되었으며, 사상적인 측면에서도 심층화가 이루어졌다. 그리스도교 역시 발전, 심화하여 초월적인 것과 연결된 자유로운 개인의식을 발전시키는 데 결정적인 공헌을 했다. 12세기경에 집중적으로 이루어진 발전 과정은 '유럽의 대약진'으로 불린다. 카롤링 왕조의 중심지에서 멀리 떨어진 북부와 동부의 변경 지역에서는 이 과정이 100년 정도 뒤늦게 진행되었지만 말이다. 이 책은 이 점을 다양한 생활 영역에서 분명하게 밝히고

오른손에 칼을 들고 움직이는 기사의 모습에서 프랑스 후기 고딕 예술이 부동적이고 정적인 인체 묘사에서 벗어나고 있음을 알 수 있다. 관 뚜껑 위에 새겨진 이 조각상은 현재 루브르 박물관에 진열되어 있다.

자 한다.

집중화는 **팽창**과도 밀접한 관계를 맺고 있다. 여기에서 팽창은 경작지 면적의 확장을 비롯해서 정치조직의 대내외적인 확장, 발전까지 의미한다. 외적으로 유럽은 십자가 모양을 따라서 세 방향으로 진출하기 시작했다. 내적으로는 13세기 이후 통합된 왕국들이 국경 문제와 전 유럽의 권력 체제를 두고 힘을 겨루기 시작했다. 다소 역설적으로 보이는 '내적인 확장', 즉 권력과 조직화를 위한 싸움은 사회조직들을 더욱 세분화시켰다. 각 신분 계층은 아래로는 지배를 위해서, 위로는 통치 구조에 참여하기 위해서 대립하기 시작했다. 그리고 가장 발전된 거주지인 도시 내에서 수세대 동안 형성되어왔던 권력 구조는 도시 귀족과 도시 중산계층의 대립으로 특징지어졌다.

팽창에는 **위기**가 뒤따랐다. 이른바 12세기의 창조적 집중화[제3장 참조]와 비교할 때, 창조적 위기는 상당한 차이점을 보여주고 있다. 14~15세기의 창조력[제6장 참조]은 수세기 동안 성숙한 중세의 정치 질서를 일시에 파괴했고, 왕조들을 위협했으며, 도시 공화주의자들과 제후들 사이의 권력 싸움을 부추겼다. 그 결과 제후들은 왕권의 그늘 속에서 급성장할 수 있었다. 동시에 페스트가 유럽을 휩쓸었고, 교황권은 개혁을 열망하는 그리스도 교도들에 대한 지도력을 상실했다. 그러나 이는 침체가 아니라 2~3세대에 걸쳐서 정신적, 정치적, 예술적, 경제적 활력들이 서로 상충하며 일어난 결과로 이해할 수 있을 것이다. 사실 이 시기는 '유럽 물리학의 첫 번째 위대한 시대'였으며 유럽 혁명의 첫 단계였다. 위기 단계는 결국에는 새로운 시대적 사명을 가진 중앙집권적 군주제의 승리로 끝난다. 군주제는 종교개혁을 이용해서 통일된 그리스도교 세계를 분열시켰고, 이로써 중세의 보편적 사고에 사로잡혀 있던 마지막 황제 카를 5세의 정치가 실패로 끝을 맺게 된다.

중세의 **공간적 체계** 역시 이 시기에 파괴되었다. 여기에서는 자주 인용되는 아메리카 대륙의 발견을 말하는 것이 아니다. 아메리카 대륙의 발견에 대해서는 몇 세대가 지난 후에야 이 새로운 대륙을 정치적, 정신적 시야에 포함시켰던 후대 사람들이 떠들썩하게 언급한 바 있다. 오히려 나는 투르크인들의 남동 유럽 침입과 1453년 콘스탄티노플 점령, 수백 년 동안 프랑스와 밀접한 관계를 맺어왔면서도 전쟁을 벌였던 잉글랜드의 1475년 유럽 대륙에서의 철수, 1476년 스페인 왕국 통일, 그리고 몇 년 후 피레네 반도에서 일어난 이슬람 세력의 마지막 추방을 말하고자 한다. 또한 1480년 '타타르인들의 구속'에서 해방된 러시아, 콜럼버스가 아니라 서아프리카에서 서유럽으로 향했던 포르투갈인들의 선로 개척에 의한 지중해 무역의 몰락, 그리고 1472년부터는 폴란드, 1526년부터는 합스부르크 왕가의 보호 아래에서 이루어진 도나우 강 유역의 최종적인 통합을 지적하고 싶다. 이 모든 것들이 새로운 유럽을 창조해냈기 때문이다.

중세라는 **시대**를 네 개의 발전 단계로 구분할 수 있다면 중세 유럽의 **공간**에 대해서도 짚어보아야 할 것이다. 단테는 유럽을 흑해에서 지브롤터, 스칸디나비아 반도, 그리고 다시 동남쪽으로 이어지는 **삼각형**으로 보았다. 이 이탈리아 선원들의 지식에서 얻은 이 식견은 실제로 유럽의 기본적인 형태를 나타내고 있다. 하지만 이 삼각형 지역은 이후 남서부에서 북동쪽으로 점차 넓어졌다. 그 결과 12세기에서 오늘날까지 역사상 유례를 찾아보기 힘든 경제와 생활수준의 향상에 필요한 토대가 갖추어졌다. 그래서 산업혁명이 12세기에 시작되었다고 보는 경제학자들이 있다. 그들은 초기에는 물과 바람이, 지난 200년 동안에는 석탄과 전기가 주요한 동력원이었다고 주장한다. 그들의 견해는 시사하는 바가 큰데, 이는 지하자원과 관련이 있다.

자원의 분포는 근대 유럽의 역사에서 중요한 요소였다. 지중해 지역에는 철이 드물었고 은과 금을 비롯하여 다른 광물들도 거의 없었다. 반면에 스페인 북부와 잉글랜드에서부터 프랑스 중부와 북부, 독일 중부의 산악 지대, 스웨덴 남부와 중부, 보헤미아 지역의 광산 지대와 내부 산악 지대, 그리고 카르파티아 산맥까지는 천연자원 보유지가 산재해 있었다. 결국 지중해 연안에는 들어설 수 없었던 채광장과 탄광이 개발되면서 북유럽이 누리는 경제적 우위의 토대가 마련되었던 것이다.

반면에 유럽의 남부 지역, 즉 고대 이탈리아 지역은 그리스도교를 통해서 고도로 조직화된 고대 문화를 전달했다(이 문화는 특히 체계적인 행정관리라는 측면에서 중요하다). 초창기부터 뛰어났던 고대 세계의 문화는 집중화 단계에 이르러 놀라운 수준으로 발전했다. 그리스도교와의 연계는 라틴 문화와의 결속만큼이나 고대 문화의 특성을 부각시키는 요인이 되었고, 그리스도교 역시 중세 정치 구조의 토대가 되었다.

제1장

중세의 뿌리

황제란 누구인가?

중세를 한마디로 설명한다는 것이 과연 가능할까? 중세는 암흑과 미신의 시대로 정의되거나 신성한 세계 혹은 통일된 교회와 동일시되어야 하는가? 아니면 수공업의 황금시대나 성실한 농민들의 생활과 동일시될 것인가? 기사, 수도사, 과거 유럽 사회 전체, 화려한 대성당과 폐허로 변해버린 성들을 전부 고려해야 할까? 이 질문들과 그 밖의 다른 대답들 속에 분명히 중세의 일부가 숨어 있을 것이다. 하지만 나는 조금 다르게 생각한다.

'중세'가 어떻게 발전해왔고 무엇을 간직하고 있는지를 설명하기 위해서는 전혀 다른 개념이 강조되어야 할 것이다. 중세에 대해서 내가 사용하는 핵심적인 용어가 그리 일반적이지 않다는 사실은 잘 알고 있다. 하지만 그럼에도 불구하고 이 용어로 책을 덮는 마지막까지 중세를 잘 설명할 수 있으리라 생각한다. 아마도 사람들은 그 용어가 정치적인 편견에서 비롯되었다고 여길 것이다. 그러나 나는 그 개념이 역사의 일반화와는 무관하게 중세라는 세계 전체를 함축한다고 생각한다. 그 개념은 바로 '황제권'이다.

황제란 누구인가? 황제는 우리에게 잊혀진 개념이다. 중세 왕정에서 그 뿌리를 찾아볼 수 있는 몇몇 왕들이 이 시대에도 명맥을 이어가고 있지만 황제는 더 이상 존재하지 않는다. 지금도 카를 대제(742~814)가 사망한 1월

28일에는 아헨, 랭스, 프랑크푸르트, 마인츠, 바이에른에 있는 베네딕토회 수도원 메텐, 그리고 프랑스 북부의 몇몇 작은 도시에서 장엄한 가톨릭 미사가 거행되고 있으며, '가장 경건한 아우구스투스이며 신으로부터 황제관을 받은 후 로마 제국을 지배하는 위대한 평화의 전파자인 임페라토르이자 신의 은총을 받은 프랑크인들과 롬바르드인들의 왕' 카를 대제에게 엄숙한 미사 기도문들이 헌사된다[아우구스투스(Augustus)는 '존엄한 자', 임페라토르(Imperator)는 '황제'를 의미하는데 800년에 대관식을 거행한 이후 당대인들은 카를 대제에게 이 칭호들을 부여했다]. 그럼에도 불구하고 우리는 더 이상 황제권에 대해서 기억하지 못한다.

카를 대제는 천상의 대리자로 찬양받았는데, 프랑크족과 롬바르드족을 로마 제국과 연결하면서 그를 칭송하고 있다는 점이 특이하다. 뿐만 아니라 20세기 말의 독일인, 프랑스인, 이탈리아인들도 그의 보호를 받기 위해서 기

루브르 박물관에 보관되어 있는 24센티미터 높이의 카를 대제 기마상. 당대의 주화에 각인된 모습이나 다른 그림들과 흡사한 것이 특징적이며, 말을 탈 때 사용하는 등자(鐙子)가 없는 것이 눈에 띈다.

18 중세, 천년의 빛과 그림자

도하고 있다. 또한 가톨릭 교회에서는 바르바로사('붉은 수염'이라는 뜻으로 황제 프리드리히 1세의 별칭)가 중세 황제의 자리에 처음으로 올랐던 전임자(카를 대제)를 성인으로 축성했던 1165년부터 첫 번째 황제에 대한 추모식이 열리고 있다. 그러나 당대인들은 이미 프랑크족의 지배자이자 '대제'인 카를에게 복종했고, 황제로 대관되기 전부터 그를 '유럽의 아버지'로 부르면서 숭배했다.

이렇게 해서 유럽은 로마인들 이후 두 번째로 황제권과 연결되었다. '신으로부터 황제관을 받았다'는 표현에서 나타나는 것처럼, 황제에게는 지배자로서 천상과 지상 사이를 연결하는 책무가 요구되었다. 정치 현안들과 사회적 행위들, 권력과 사법권 행사의 단순한 동일시('세속 권력'은 '사법권 행사'를 통해서 존재 가치를 지닌다는 것을 의미함)와 같은 문제들을 하늘이 관장한다는 인식은 신에게 대관받은 자에 대한 원초적인 믿음과 더불어 모든 시대의 골격을 형성했다.

중세는 대관식을 올린 지도자의 정통성에 토대를 둔 시기라고 할 수 있다. 즉 중세는 황제권에 의존했고, '신의 은총'에 힘입은 수많은 왕의 권위뿐만 아니라 황제의 권위도 필요로 했다. 이들 덕분에 정치적 어려움과 중세의 통치술이 쉽사리 해결하지 못했던 여러 문제가 극복되었고, 반란자들과 이단자들은 신의 은총으로 대관된 자들에게 응징을 받았다. 중세를 수호하는 전사들은 성직자와 마찬가지로 신의 은총에 대한 확신을 주입받았다. 질서에 역행하는 혁명적 반동자는 단순히 사회질서를 파괴하는 수준이 아니라 궁극적인 차원에서 황제권과 그에 종속된 모든 왕의 신성한 정통성을 파괴하려 한다고 간주되었다.

(500~1500년까지의 시기라는 이유로 자주 중세 천 년이라고 불렸던) 중세 초반의 세계 질서는 한 장수의 개인적인 운명, 달리 표현하면 프랑크족의 대제 카를의 굳은 의지와 군대를 통솔하는 역량에 달려 있었다. 교황권은 전통을 계승하면서도 새로운 것을 창조했고, 황제의 권위를 교황권의 정치적 이해

와 결합시켰다. 무엇보다도 이 과정에서 수세대에 걸쳐 성장을 거듭하며 민족 이동 시기의 다른 지배 세력들보다 훨씬 견고하게 형성된 프랑크 대제국의 구조가 중추적인 토대로 기능했다고 볼 수 있다. 이를 기반으로 중세 유럽은 점차 정치적인 조직으로 탄생하게 되었다.

이제 이렇게 얽혀 있는 발전 과정을 풀어보려고 한다. 지리학자들에 따르면 오늘날의 유럽은 지형상 지브롤터 해협에서 우랄 산맥까지, 그리고 북극에서 시칠리아까지 걸쳐 있다. 그러나 카를 대제의 '유럽'은 현재 유럽 지역의 단지 10분의 1에 해당할 뿐이다. 그의 유럽에는 잉글랜드 제도가 포함되어 있지 않았다. 덧붙이자면 이 섬들은 그리스도교를 [독일 동남부와 체코 사이에 있는] 바이에른의 산림지대로 전파하는 데

1349년에 카를 4세는 카를 대제의 두개골에 씌우기 위해서 두상 성물을 만들게 했다. 이를 통해서 그는 카를 대제를 숭배하는 전통을 부활시키고자 했다. 그의 이름에도 숭배 전통을 계승하려는 의지가 나타나고 있다. 프랑스 백합과 제국을 상징하는 독수리 문양으로 치장된 부분에는 카를 4세가 1349년 아헨에서 거행된 대관식에서 사용했으리라고 추정되는 왕관이 놓여 있다. 두상 성물은 오늘날 아헨에 보관되어 있다.

크게 기여했는데, 아일랜드의 수사들과 이후 앵글로 색슨계 수도사들이 이 과정에서 중요한 역할을 했다. 그들은 6세기 이후로 놀랄 만큼 발전한 수도원 문화를 유럽 대륙에 전달했다. 스칸디나비아 반도 역시 카를의 '유럽'에 포함되지 않았고 지금의 동부 유럽은 단지 간접적으로만 영향을 받았다. 카를 대제의 유럽은 피레네 산맥에서 엘베 강까지, 그리고 서프리슬란트 제도부터 타란토 만까지였다. 이 지역의 중심부, 즉 지금의 프랑스에서 독일, 오스트리아, 스위스, 로마까지 걸쳐 있는 지역의 북부와 이탈리아 중부는 주변부 지역과 구분되어야만 한다. 이 중심부 지역이 여타 지역의 통치 조직 모델로서 수백 년 동안 엄청나게 많은 영향을 끼쳤기 때문이다.

카를 제국이 당시 유럽 대륙에서 영향력을 행사한 유일한 정치조직은 아

니었다. 도나우 강에서 유프라테스 강까지, 그리고 짧은 시기이기는 했지만 이탈리아 남부, 시칠리아, 사르데냐, 달마티아와 베네치아까지 통치한 더 오래된 제국이 있었다. 본래 이 제국은 오늘날의 그리스와 터키를 포함해서 아시아와 유럽을 연결하고 있었다. 이 제국은 로마 제국의 직계였고 4세기부터 '제2의 로마' 콘스탄티노플을 수도로 정했다. 동시에 정치력, 사명감, 경제력, 고대 말기의 전통에 토대를 둔 견고한 문화 등을 통해서 지중해 동부 지역부터 동유럽과 러시아 북부까지 영향력을 행사했다. 그러나 이 동방 제국의 황제도 그 제국의 주민들도 자신들을 '유럽인'으로 칭하지 않았다. 오히려 그들은 '로마인'이고자 했으며 로마 제국이 동서로 분열된 이후 고대 전통의 참된 수호자를 자처했다. 5세기 말경 서부에서 황제권이 몰락한 뒤 수세기 동안 어느 누구도 그들의 주장에 이의를 제기하지 않았다.

'로마인들의 제국'임을 자처했던 동로마 제국의 콘스탄티노플에서 로마 제국의 전통은 계속 이어졌다(콘스탄티누스 황제는 옛 비잔티움을 콘스탄티노플이라고 불렀다). 투르크인들은 콘스탄티노플을 이스탄불로 명명했다. 1,000년이 넘은 이 도시의 성벽은 유럽의 대표적인 기념물이 되었다.

카를의 제국은 로마적이지도 유럽적이지도 않았다. 그의 제국은 게르만적 토양에서 성장했다. 6세기에 여러 소부족으로 구성된 게르만족의 부족 집단이 라인 강 중부를 건너서 로마 제국의 갈리아로 몰려들었다. 그곳에서 그들은 클로트비히(클로비스, 465?~511)의 통솔 아래에 정치적인 대공동체로 성장해갔다. 그들이 '자유인(Freie)'을 뜻하는 새로운 이름 '프랑크(Franke)'를 가지게 된 것은 바로 이 시기였다. 지금도 [솔직하게 또는 자유롭게 표현하다를 뜻하는] '프랑크 운트 프라이(Frank und Frei)'라는 용어가 남아 있다. 새롭게 형성된 대종족의 새 이름으로 인해 소규모 부족들의 이름이 사라지기 시작했다. 원래 그 부족들의 이름은 고대의 신과 연관이 있거나 내부에서 자체적으로 선택한 것이었다. 자유로웠던 소규모 부족들은 승승장구하던 클로트비히가 복속시킨 갈리아 지역에서 자신들을 규합하고 새로운 미래를 제시해주자 옛 이름과 함께 기존의 정치조직들을 포기해야만 했다. 가톨릭으로 개종한 이후 프랑크 왕국은 과거 로마의 영토에서 형성된 게르만족 지배 세력 가운데 유일하게 지속적으로 존속한 국가였다.

영토를 확장하는 과정에서 정복왕 클로트비히를 따르며 그를 호위하던 종사(從士)들과 심복들은 하부 지배권과 영토를 하사받았다. 그러나 잔존하던 로마의 토지 소유자들이 모두 추방된 것은 아니었다. 오히려 로마와 게르만의 상부 계층은 시간이 흐르면서 서로의 입지를 인정하며 흡수, 동화되어 갔다. 실제로 게르만의 지배자들은 종종 로마의 조력자들과 함께 통치하기도 했다. 과거 로마의 영토를 정복한 대다수의 다른 야만적 세력과 달리 프랑크인들은 가톨릭으로 개종했다. 이 때문에 교회는 그들에게 특별한 사상적 무기를 제공함으로써 지배권이 정통성을 유지하도록 도왔다. 이를 계기로 게르만적 요소와 그리스도교적 요소가 섞이기 시작했다.

이러한 이동기에 게르만의 수장들은 지배권의 정통성이 어디에 근거하든 관계없이 '종족왕'으로 대두했고, 부족민에게 신에 의한 구원의 믿음을 전

카를 대제의 성물함. 1165년 카를 대제가 교회에서 인정하는 성인의 지위인 성인품(聖人品)에 오른 것을 기념하기 위해 제작되었으며, 그가 생존했을 당시의 모습을 담고 있다. 두 개의 부조에는 카를 대제의 침상에 나타난 사도 야고보가 스페인 북부로 진격을 명령하는 장면과 점령된 팜플로나에서 신의 도움을 청하며 기도하는 카를 대제의 모습이 새겨져 있다. 통치자들의 환영과 꿈은 중세 말기에도 정치적 결정의 근거가 되는 중요한 계기로 여겨졌다.

달했다. 천상과 현세가 연속적이라는 고대의 종교관은 한 인간, 좀 더 정확히 말하면 신들과 각별히 친밀한 관계에 있음을 자랑스럽게 여겼던 종족 전체를 매개로 한다. 교회가 까다로운 사상의 틀에서 벗어나 선사시대와의 연결 고리를 정당화하면서 동시에 교회 자체를 변화시키기 위해 그 연결 고리를 흡수하는 순간, "프랑크족의 고대 말기"(카를 보슬)는 중세로 전환되었다.

거대한 영역을 지배한 메로빙 왕조가 프랑크족에 대해 가졌던 정치 지도력은 8세기경 귀족 출신이면서 이들의 최고 협력자였던 '궁정 집사'에게 옮겨갔다. 집사는 관리인을 뜻하는데, 그 수가 상당했던 집사들은 모두 각각의 관리 임무에 따라 성(姓)을 가지고 있었다. 집사들 대부분은 조상들이 위탁받아 관리했던 대농장에 거주했다. 궁정 집사는 가장 높은 자리에 있는 집사로 왕궁의 첫 번째 관리였다. 궁정 집사가 왕과 대립하는 것은 그리 놀랄 만한 일이 아니다. 그중 가장 유력한 궁정 집사 가문으로 카롤링 가문을 꼽을 수 있다. 정치적 실세였던 카롤링 가문은 8세기 중엽에 자신들의 입지를 형식상으로도 정당화하는 절차를 밟았다. 이 과정에는 앵글로 색슨족의 수도사이자 선교사였던 보니파키우스(675?~754)가 깊이 관여했다. 그는 프랑크족의 교회를 로마에 충성하도록 조직했으며, 교황의 허락을 근거로 카롤링 가문의 권력 교체를 정당화했다. 보니파키우스는 궁정 집사였던 피핀 3세(재위 751~768)의 몸에 성유를 발랐고, 이 도유식(塗油式)을 통해서 통치 대리인에 불과했던 피핀 3세는 왕으로 등극할 수 있었다. 교회의 축성식이 고대적인 혈통의 신성함을 대신하게 된 것이다. 이와 같은 대관식의 형태는 이후 일종의 전통이 되었고 지금까지도 계속 유지되고 있다. 결국 메로빙 왕가의 마지막 왕 힐데리히 3세는 폐위되었고 프륌의 수도원으로 추방되었다.

왕의 신성성과 관련된 미묘한 문제에 대해서도 교회는 해결책을 가지고 있었다. 이후에도 계속해서 힐데리히 3세의 경우와 유사한 해결책들이 동원되었다. 수도원 구금이 지배자 일족의 단절을 의미하지는 않지만 그 결과는 다르지 않았다. 왕에 대한 경외심은 잊혀졌고 세상에서 격리된 왕들은 후손을 남기지 못했다.

왕과 교회는 서로 의무를 부과했다. 교황은 정치 현실을 인정했고 정치의 옹호자로 나서게 되었다. 교황은 통치 왕조에게 힘을 실어주지는 않았지만 축복을 통해서 새로운 정치 세력을 인정해주었다. 고대 왕조의 절대적인 권위는 성유를 바르는 도유식으로 대치되었고, 가톨릭의 성사[聖事: 신자들에게 하느님의 특별한 은총을 베풀어주는 가톨릭 교회의 종교의식]가 결혼과 사회생활 등 인간의 전 생애를 관장하는 규범을 제정하면서 전통적인 민간신앙은 소멸했다. 이후 교회가 모든 정치적 권위의 어머니로 대두하였다.

로마적 요소 혹은 프랑크적 요소?

왕은 강력해야 하고 황제는 세계를 지배해야 한다. 아마도 신민〔臣民: 관원과 백성을 아울러 이르는 말〕들은 이렇게 생각했을 것이다. 권력의 양상과 그 행사에 대해서 생각해보면, 사람들이 도덕적인 규범에 신경을 쓰지 않고 강자의 편에 서려는 경향이 있음을 알려주는 상황을 종종 목격하게 된다. 독일을 통일한 첫 수상 비스마르크가 말한 것처럼 은혜로운 신뿐만 아니라 인간들 역시 강력한 군대에 의지하려는 경향이 있기 때문이다. 오늘날에도 결단력 있는 정부나 성공한 정치가는 사람들의 마음을 끈다. 카를은 가장 강력하고 성공적인 인물이었으며 유럽의 지도자들 가운데 가장 장수한 사람 중 하나였다.

그는 피핀 3세의 아들로 태어나 12살이 되던 754년에 교황 스테파누스 2세에 의해서 형 카를만과 함께 도유식을 받고 프랑크인들의 왕으로 추대되었다. 아버지 피핀 3세가 사망한 768년에는 관례에 따라서 왕국의 귀족들이 그를 그의 형과 함께 방패에 태웠다〔이는 선출된 지도자를 방패에 대워서 부족에게 소개하는 게르만족의 전통을 따른 것이다〕. 경쟁 대상으로 여겨졌던 형 카를만이 771년에 죽은 뒤 프랑크 왕국의 유일한 지배자가 된 카를은 평생 동안 격렬한 전투를 치렀고 거의 모든 전투를 성공적으로 이끌었다. 그는 실질적인 육군 전투 병력을 통솔하는 야전 사령관이었다. 카를이 교황의 요청을 받고 롬바르드족을 정복한 후 그들의 왕으로 등극하자(이렇게 해서 그는 프랑크족과 롬바르드족의 왕이 되었다), 교황은 그를 '로마인들

로마 시대에 만들어진 한 모자이크 작품은 신으로부터 동등한 권리를 받아 임명된 황제와 교황의 모습을 보여준다. 이러한 모습은 후대에 카를 대제와 교황 레오 3세에게도 계승되었는데 현재는 이 모자이크 작품을 복사한 그림만이 남아 있다. 그림은 황제의 모습을 보여준다.

의 수호자'로 임명했다. 이 칭호는 오래된 것이었지만 카를이 '로마인들의 수호자'로 불리면서 새로운 의미를 지니게 되었다.

'로마인들의 수호자'라는 통치 직분에는 두 가지 상이한 전통이 내포되어 있다. 하나는 고대적 전통이고 다른 하나는 그리스도교적 전통이다. 우리들은 이 통합이 가져온 정신적, 정치적 여파를 제대로 평가할 수 없을 것이다. 고대 로마의 대부분이 폐허가 되었다. 스탈린이 조소를 보내며 의문을 제기했던 것처럼 교황이 군대를 소유하지는 않았지만(얄타회담에서 스탈린은 교황의 정치력을 "교황? 그는 몇 개 사단을 가지고 있지?"라는 말로 일축한 바 있다), 그럼에도 불구하고 고대는 몰락한 이후에도 500년 동안 정치적인 측면에서 지속적으로 영향을 끼쳤고, 교회는 고대의 계보를 따르는 정치권력을 축복해주었다. 결국 고대적 전통과 그리스도교적 전통이 프랑크 왕의 지배권보다 강했고, 이 두 가지 요소가 카를의 궁정에 있는 학식 높은 수도사들이 전파한 '카를의 우상화'를 압도했던 것이다.

799년경 파더보른에서 유래한 시의 한 구절에서 카를이 '유럽의 아버지'로 표현되고는 있지만, 이는 법적 칭호가 아니며 유럽의 아버지가 로마인의 수호자가 될 수는 없었다. 물론 카를의 지배권에 대한 후대의 견해들이 당시의 칭호나 헌사들과 연결되어 있었지만, 이는 고대의 전통보다는 프랑크 왕국의 세력에 근거한 것이었고, 로마와의 관련성보다는 프랑크인들의 충성심을 통해서 정통성을 부여받았던 것이었다. 고대 황제들의 별칭이었던 아우구스투스라는 로마 시대의 칭호가 카를에게 처음으로 부여되기는 했지만 그렇다고 해도 8세기의 유럽은 로마 제국이 아니었다. 오히려 역으로 그 시대는 로마의 이상적인 대안이었다. 비잔티움 제국은 로마 제국의 후계자를 자처했지만 유럽적인 칭호를 사용하지는 않았다. 반면에 카를의 궁정 신학자들과 시인들은 카를의 지배권을 로마적인 것과 확연히 구분되는 프랑크적인 것으로 보았다. 800년 12월 25일에 거행된 황제 대관식이 카를의 궁정에서 전적인 동의를 얻지 못한 것은 이 때문이다. 만약 카를의 전기를 신뢰할 수 있다면 카를 본인도 대관식에 전적으로 찬성하지는 않았던 것으로 보인다.

역사학자 페터 클라센은 이 대관식을 "다양한 색깔로 이루어진 실들의 매듭"으로 본다. 어쨌든 카를의 대관식이 세계사적 의의를 지니는 매듭으로, '로마의 황제들'이 1,000년 후인 1806년까지 존속하는 계기가 되었기 때문이다. 앵글로 색슨 출신의 앨퀸이 798년에 언급한 바 있는 카를의 그리스도교 제국은 이 대관식을 계기로 '임페라토르'를 가지게 되었고 이로써 '현실이 인정되었다'. 이렇게 해서 새로운 황제권이 카를의 궁정에서 수용되었다. 그럼에도 불구하고 앨퀸은 로마에서 대관식이 치러진 이후에도 오랫동안 카를을 황제로 부르기를 꺼렸다.

여기에는 분명히 특별한 이유가 있었을 것이다. 대관식의 준비 과정이 원인이었을까? 800년 12월 25일 로마의 성 베드로 대성당에서 무슨 일이 벌어졌는지는 알 수 없지만, 수도원 연대기는 교황 레오 3세가 미사 도중에 프랑크 왕에게 왕관을 씌워주었고, 이후 '로마의 시민들'이 장엄한 노래로 그에게 충성을 맹세했다고 전하고 있다. 기록에는 비잔티움 제국에서 황제에 대한 복종을 표할 때 관례처럼 쓰였던 '키이사르(Caesar)'라는 칭호가 사용되었다. 그러나 수년 전에도 유사한 칭호가 프랑크 왕국의 왕 카를에게 헌사된 바 있다. 이러한 사실로 추측하건대, 황제위에 오르기 위한 기나긴 준비 과정이 로마에서 마침내 그 정점에 이르기 전에 이미 오래전부터 카를이 자신의 궁정 미사에서 황제와 동일한 예우를 누렸다는 결론을 내릴 수 있지 않을까?

정치 상황과 800년의 황제 대관에 관한 문헌 자료들을 조사해보면, 대관식이라는 사건 자체가 카를과 교황 레오 사이에서 이미 논의되었다는 사실을 알 수 있다. 하지만 법과 전통을 확립한 중세의 첫 번째 황제의 대관식을 설명한 교과서에는 황제권이 아직도 역사적인 익살극으로 서술되고 있다. 또한 첫 번째 황제를 교황과 비교해서 "정치적으로 순박하게"(페터 클라센) 묘사하는 어떤 '얼버무림'이 있기도 하다. 두 가지 모두 설명이 필요할 것이다.

11월 23일 카를은 로마에서 전방으로 약 20킬로미터 떨어진 지점에서 교황으로부터 직접 영접을 받았고 황제 예우를 받았다. 카를과 교황 사이에 진행된 이전의 논의를 염두에 두지 않더라도 당시에는 이와 같은 행위가 당연한 것이었다.

카를은 상대하기 껄끄러웠던 로마인들의 비난으로부터 교황을 보호하려 했고, 그의 이러한 행동은 양측이 협약한 결과였을 것이다. 황제 대관식은 이러한 과정의 정점에 있었다. 카를의 전기 작가가 존재하지 않았다면 그 과정은 1,000년 동안 일종의 비밀외교로 설명되었을 것이다. 그러나 사실은 달랐다. 바이에른-프랑켄 지역 출신의 백작 아들로 카를이 790년경에 궁정으로 들인 아인하르트는 이후 카를의 주위에 머물면서 30년 동안 카를의 생애를 기록했다. 그는 수에토니우스의 『황제전』과 같이 로마적인 양식을 따르면서도 다루는 범위가 지나치게 넓지 않은 『카를 대제전』을 성공리에 완성했다. 이 책은 중세의 전기물 가운데 걸작에 속한다. 그러나 문학적 우수성을 사실의 정확성과 혼동해서는 안 될 것이다. 오늘날 많은 사람들이 카를이 마지못해 황제직을 받아들였다는 아인하르트의 기록을 인정하고 있다. 만약 교황의 의도[황제를 교회로 데리고 오는 것]를 알았더라면 대축일[예수 성탄 대축일이나 예수 부활 대축일 등 가톨릭 교회에서 특히 중요한 축일]임에도 불구하고 교회에 들어가지 않았을 것이라고 카를 본인이 말했다고 아인하르트는 기록하고 있다.

(아인하르트가 쓴 『카를 대제전』의 제28장에 의하면) 교황의 의도는 당연히 알려지지 않았다. 교황의 의도는 최종적으로 대관식이라는 형태로 나타났을 뿐이다. 대관식의 절차 역시 기존의 관례와 차이가 있었으며 카를은 후에 그 절차마저도 변경하려 했다. 실제로 813년 차기 황제의 대관식은 로마가 아닌 아헨에서 거행되었고, 교황은 참석하지 않았다. 성직자들이 관여했는지에

대해서도 알려진 바가 없다. 아인하르트의 보고에 따르면, 카를은 프랑크 왕국의 귀족들을 전부 소집한 후 성대하게 만장일치로 아들 루트비히를 전 제국의 공동통치자이자 황제직의 계승자로 결정했다. 그가 직접 아들에게 황제관을 씌웠고 루트비히를 임페라토르 그리고 아우구스투스로 부르도록 명했다. 카를은 프랑크의 유력 인사들 앞에서 스스로 황제 대관식을 거행함으로써 자신의 취향에 맞는 대관식의 형식을 정하는 동시에 대관식에 독특한 법적 성격을 부여하고자 했던 것으로 보인다. 황제 대관식은 그 자체로 황제직의 수행자에게 권리를 부여하는 행위로 간주될 수 있다. 따라서 800년에 로마에서 거행된 대관식을 카를이 거부하지는 않았을 것이다. 그러나 카를은 대관식에 대해서 내심 다른 생각을 하고 있었다. 그는 황제권이 교황의 대관에 의해서가 아니라 스스로 권력을 재생할 수 있다고 생각했다.

로마에서 진행된 대관식의 형식을 카를이 손수 고안하지는 않았을 것이다. 황제가 가졌던 위세를 고려했을 때, 그가 주도한 대관식이 교황이 집도하는 대관식보다 더 나았기 때문이었다. 비잔티움에서도 황제가 아들을 후계자나 황제로 지목하여 그 자리에 오를 경우 비슷한 의식이 거행되었다. 이런 식으로 새로운 서방의 황제권은 동방과 미찬가지로 종교적인 권위에 기대지 않고 독자적인 권위에 의해서 대대로 이양되었을 것이다. 비잔티움에서 황제권이 교회와 독립적으로 나타났다는 사실은 상징과 권리의 관계라는 점에서 봤을 때 놀랄 만한 일이 아니다. 실제로 아우구스투스 황제 이래로 계승되어온 비잔티움 황제권의 기원은 교회가 등장하기 이전의 아주 먼 과거로 소급된다. 반면에 카를의 황제권은 교황의 세력이 형성되고 몇 세기가 지난 후에야 형성되었다. 따라서 교황권과 협력해야 했다는 사실은 전혀 놀라운 것이 아니다.

813년에 카를이 독단적으로 거행한 황제 대관식은 전통으로 인정받을 수 있는 힘이 없었다. 황제가 아닌 교황이 대관식의 전통을 세웠기 때문이다. 카를이 죽고 3년이 지난 후 루트비히가 두 번째 황제로 대관되었다. 이번에는 교황으로부터 관을 받았다. 아마도 그 관은 대관식을 위해서 교황이 로마에서 가져온 콘스탄티누스의 황제관이었을 것이다(관은 그 이후에도 항상 공식적인 자리에서 통치자들에게 씌워졌다). 루트비히는 이때 다시 한번 성유를 받게 된다. 하지만 카를이 성령의 은총과 구원의 전달을 상징하는 성유를 대관전에 받았듯이 루트비히의 도유식도 단 한 번만 거행되었다(도유식은 교황만 거행할 수 있기 때문에 813년의 대관식에서 루드비히는 도유를 받지 않았으며, 교황이 집도한 대관식에서 도유를 받았다). 816년에 교황이 주재한 대관식은 교황 고유의 확고부동한 행위로 비추어졌다. 카를 1세부터 1530년 볼로냐에서 마지막으로 교황에게 관을 받은 카를 5세까지 황제는 지속적으로 이러한 방식으로 '만들어졌다'. 물론 여기에서 817년과 852년, 그리고 인정되지 않았던 1327년의 불가항력적인 예외들은 제외된다(바이에른의 대공 루트비히는 1327년 로마를 점령한 후 로마 시민들에게 자신을 황제로 추대하게 했고 시민 대표 중 한 사람이 그에게 황제관을 씌워주었다). 이후 선제후(신성 로마 제국의 황제 선출권을 가졌던 제후)들이 선출한 독일의 왕은 자동적으로 황제로 대관되었다. 로마적인 의식은 서서히 독일적인 것으로 변모하였고, 1806년에 이르면 완벽하게 독일적인 것으로 탈바꿈하게 된다.

황제권이 정치적 이념으로서 정신적인 영향력을 행사하는 데에는 많은 시간이 필요했다. 수많은 정치적 이해관계가 연결되어 있었기 때문이다. 그러나 정작 이후에 실질적인 영향력을 행사한 것은 교황권으로, 교황은 카를의 대관식을 통해서 고대 로마 황제의 권위를 서방에서 새로이 '창조'해냈다. 정치적 보호자로서 콘스탄티노플의 황제를 신뢰할 수 없게 되자 교황권은 새로운 정치적 보호자를 찾기 시작했다. 이렇게 해서 교황들이 찾아낸 새로운 '서유럽의' 황제는 교황들에게 동유럽의 황제보다 더 편안한 동반자였다. 왜냐하면 이 새로운 황제를 교황들이 '만들었기' 때문이다. 이러한 사실은 교황과 황제 사이에 각별한 상호 의존 관계를 형성했다. 교황은 장래에 자신을 보호해

유명한 화가 알브레히트 뒤러가 그린 카를 대제의 인물화. 테두리에 쓰여 있는 문구는 다음과 같다. "그림 속의 카를 대제는 신성 로마 제국을 독일인들에게 이양했으며 귀중하게 숭배되고 있는 그의 왕관과 옷은 매년 뉘른베르크에서 다른 신성한 유물들과 함께 전시된다." 이 문구는 황제 숭배가 독일에서도 광범위하게 이루어졌으며, 뉘른베르크에서 제국 유물 전시회가 매년 개최되었음을 기록하고 있다.

줄 이를 황제로 대관하고, 이 과정을 통해서 대관된 황제는 신과 신민들 앞에서 서유럽 그리스도교 세계의 차후 지도자라는 정통성을 가졌다. 오로지 황제만이 교황을 보호할 수 있는 위치에 있었다. 그러나 이후 교황과 황제는 서열 논쟁에 휘말린다. 왜냐하면 권력을 소유했다는 이유로 사람들이 그 인물을 반드시 정의롭다고 생각하지는 않기 때문이다. 이로써 유럽 정치의 도덕적 우위에 대한 논쟁은 개인적인 성격을 띠게 되었다. 라틴 서유럽을 집권한 두 명의 최고 권위자 가운데 한 명[교황]은 로마에 거주했다. 하지만 다른 한 명 [황제]은 카를 대제가 800~801년 겨울에 몇 주 동안 로마에 머문 것을 제외하고는 1,000년의 역사를 통틀어 그보다 오래 이 '영원의 도시'에 거주한 적이 없었다. 공간적인 거리는 정치적 거리감을 심화시켰다. 이는 라틴 유럽의 두 최고 권력자가 각기 자신의 우위를 주장했기 때문만은 아니다. 정신적인 세력(교황)이 정치적 현실과는 무관하게 모든 가능성을 동원해서 성장하려 했기 때문이었다. 교황이 이기심을 버리지 않는 한, 황제 역시 욕심을 포기하지 않았다.

이교도 황제의 상징이자 신성 로마 제국의 상징이었던 독수리는 요한복음서를 상징하기도 한다. 상아로 만들어진 독수리 문양은 이미 카를 대제의 시대에도 등장했다.

황제권과 교황권이 이런 식으로 대립하자 황제는 새로운 정치적 이념을 정립해야 했다. 그 결과 카를의 정신적 조언자 앨퀸과 그가 신임했던 아인하르트는 로마적인 특성을 거부하기에 이르렀다. 그들은 카를을 로마인들의 황제라기보다는 프랑크인들의 왕으로 여겼다. 또다시 칭호 문제가 불거졌고 분열이 일기 시작했다. 멀리 떨어진 콘스탄티노플의 비잔티움 황제는 자신의 칭호에 어떤 수식어도 덧붙이지 않았다. 반면에 카를은 스스로를 프랑크인과 롬바르드인의 왕으로 표현했다. 이 칭호가 이후 황제의 역사에서 사라지기는 했지만 문제의 불씨는 여전히 남아 있었다. 그래서 수백 년이 지난 후에 이중적 함의를 지니는 정치적 수사(修辭)인 '독일 민족의 신성 로마 제국'이라는 표현이 공식적으로 사용되었던 것이다.

황제 칭호는 정치적으로 심오한 의미가 있기 때문에 아직까지도 랭스, 아헨, 메텐, 마인 강변의 프랑크푸르트와 많은 북프랑스의 도시에서는 1월 28일에 위대하고 신성한 황제를 추모하기 위하여 역사가만이 해석할 수 있는 복잡하고 표현하기 어려운 황제 칭호를 사용하고 있다. 황제 칭호는 단순히 칭호상의 문제가 아니기에 이는 그다지 놀랄 만한 일이 아니다.

한편 카를은 황제 칭호를 사용하면서 로마법과 고대적 정통성, 그리스도교적 책임 의식에 기반을 둔 새로운 권위를 주장하기 시작했다. 그는 802년에 귀족을 포함해서 제국의 모든 자유인에게 그리스도교적 생활에 대한 서약을 명했다. 이 서약을 통해서 "신에 대한 죄는 이제는 바로 황제에 대한 충성 위반을 의미한다"고 루돌프 발은 설명하고 있다. 이 서약은 카를이 아닌 '카이사르'의 이름으로 이루어졌는데, 그렇다면 이는 비인격화된 국가 개념의 등장을 의미하는 것일까? 어쨌든 이것은 카를이 사적 권력과 공적 권력, 달리 말해 왕과 왕권을 분리해서 생각할 줄 알았다는 증거이다.

우리는 이 기회에 황제의 명칭, 즉 카이사르라는 이름에 대해서도 조금 다른 각도에서 관찰해야 할 것이다. 카이사르는 집정관 가이우스 율리우스 카이사르의 이름에 기원을 두고 있다. 그는 기원전 45년에 지도자로 등극하여 자신의 이름을 하나의 개념으로 만든 인물이다. 이 이름이 게르만족과의 첫 번째 접촉 시기에 이미 수용되었다는 사실은 잘 알려지지 않았다. 고트어에서 카이사르는 라틴어에서 받아들인 가장 오래된 단어에 속한다. 이 단어는 고트어를 통해서 독일어로 넘어왔으며, 고트인이 가지고 있지 않았던 개념이 함축되어 있다. 고대 독일인도 고트인과 다름없는 상태였다. 왜냐하면 그들은 황제가 무엇인지조차 알지 못했기 때문이다. 카를이 집권했던 시기에도 중부 유럽의 동쪽에서는 왕이 무엇을 뜻하는지 전혀 알지 못하는 상황이었다. 그래서 카를의 이름도 다시 한번 동일한 상황을 맞았다. 카이사르라는 명칭의 의미가 특정 인물을 가리키는 고유 명사에서 하나의 개념으로 변하고 800년이 지났음에도 말이다. 카를이 집권하기 전에는 어떤 위대한 지배자도 섬겨본 적이 없던 러시아인, 리투아니아인, 폴란드인, 체코인, 그리고 헝가리인과 세르비아인, 크로아티아인, 슬라브인들은 모두 카를이라는 이름을 '왕'의 개념으로 받아들이게 되었다. 왕은 이들의 언어에서 카롤(Karol), 크롤(Król), 크랄(Král), 크랄리(Kralj), 키롤(Kyrol), 키랄리(Kyralj)라고 불린다.

언어적으로 라틴어에 친숙했던 로만계 민족들은 게르만족처럼 카이사르를 황제의 칭호로 택하지 않았다. 오히려 그들은 '황제 제위 만세(Vive l'empereur)!'에서 나타나듯 더 본질적인 라틴어 칭호 임페라토르를 택했다. 하지만 나폴레옹은 1805년 자신의 황제 대관식에서 (로마인들이 이전에 카를의 황제직에 찬성을 표했던 것처럼) 파리 사람들이 자신의 새로운 직위에 찬성을 표하게 했다. 그의 의도는 분명히 카를 대제의 황제권에 근거하고 있었다.

황제의 수염에 관하여

카를은 화폐, 즉 은으로 된 주화 데나르를 만들고 그 단위를 통일하여 1:12:20의 비율로 정했다. 잉글랜드에는 이러한 화폐 체계가 1972년까지 남아 있었다. 새 주화에는 황제의 초상이 그려져 있었는데 그 모습은 전기 작가 아인하르트의 서술과 일치한다. 두툼한 코와 두꺼운 목, 강인한 얼굴 모습이 그러하다. 다만 황제가 비잔티움 황제의 구레나룻을 하고 있는지 아니면 프랑크 왕의 콧수염을 하고 있는지는 확실하지 않다. 식자들은 카를의 정책 강령을 설명할 때 늘상 황제의 수염에 대해서 논쟁을 한다. 왜냐하면 이 논쟁을 통해서 황제 칭호, 인장의 문구, 그리고 종종 전해오는 원칙에 대한 언급들이 의미하는 바에 관하여 추측을 하거나 결론을 내릴 수 있기 때문이다. 카를과 그의 조언자들에게 지배란 곧 질서의 정립을 의미했을 것이다. 카를은 신의 섭리에 따라 전 세계를 지배하고자 했기 때문에 질서는 모든 '세계'에 적용된다고 할 수 있다.

그 질서는 이미 알려진 상(像)을 따르고 있다. '질서를 정립하는' 사람은

카를 대제의 은화. 로마 시대의 복장을 하고 월계관을 쓴 황제의 모습을 담고 있다. KAROLUS IMP (ERATOR) AUG(USTUS)라는 문구가 새겨져 있다. 하단의 대문자는 오늘날의 주화와 마찬가지로 은화가 만들어진 장소를 명시하고 있다.

근본적으로 질서 개념을 전제해야만 한다. 물론 그는 질서에 호소해야 하지만 그렇다고 해서 새로운 질서를 제정할 필요는 없을 것이다. '새로운 질서'라는 것 자체가 곰곰이 생각해보면 약간은 모순적이다. 수도사들 본래의 질서 개념과 프랑크인의 전통적인 질서 개념 그리고 로마 제국의 질서 개념에 대한 호소가 카를의 정치 이념에도 흐르고 있기 때문이다. 물론 이러한 정치 강령은 법률, 자주 인용되는 카를의 칙령과 인장들, 황제 칭호의 표현 방식 등에서 단편적으로 파악되고 있다. 종종 '법령을 따른 수정'이라는 표현이 쓰인다. 이 표현은 법령은 이미 알려졌지만 현재 상황에 맞게 실질적으로 법령을 적용할 경우나, 규범이 현실적으로 잘 알려지지 않았기 때문에 과거의 것이 새로운 것을 정당화하는 데 기여할 경우를 말한다.

또한 카를의 개혁을 통해서 새로운 필체가 발전하였다(이전에는 수도원마다 사용하는 필체가 상이했고 전체적으로 제도화되지 않은 채 쓰였지만, 카를의 개혁으로 인해 새로운 필체로 통일되었다). 필체의 발전과 통일은 이후 1,000년 동안 지속적으로 유지되었고, 현재 이 책에서 사용하는 필체의 견본이 되었다.

개혁의 성과는 카롤링 시대의 소문자 같은 필체 모양뿐만 아니라 내용 면에서도 구체적인 형태로 창출되었다. 카를의 격려에 힘입은 카롤링 시대 수도원 필사자들의 노력 덕분에 현재 소장하고 있는 고대 라틴 문학에 관한 모든 것들이 문자 그대로 전해지는 것이다. 실제로 당시에 필사를 하지 않았던 고전 문헌은 전해지지 않고 있다. 아랍과 비잔티움의 번역가들은 후에 그리스 문학만을 추가했다.

카를은 황제가 되기 전에 이미 세계 질서의 창시자로 등장했다. 아인하르트의 서술에 따르면 800년 11월에 카를은 교회의 상황을 "복구하기(Reparandum)" 위해서 로마로 향했다. 이 복구는 현실적이고 관념적인 측면에서 모든 중세 정치 이데올로기의 직접적인 토대가 되었다. 상징적으로도 개념적으로도 접두사 '레(Re)'는 재정립이나 과거로의 회귀를 의미하지 진보를

> INTELLECTUS SIVE COGITATIONES · XVII ·
> Ait alicubi ds denobis. inhabitabo inipsis &
> inambulabo. &ero ipsis ds. &ipsi erunt mihi
> populus. Nec non etiam ipse dns nr ihs xpc.
> ecce ego uenio. &siquis mihi aperuerit. intra
> bo & ego &pater. &mansionem apud ipsu
> faciemus. &apud eum caenabimus; nominati
>
> Qui ęcclesiam tuam inapostolicis tribu
> ish consistere fundamentis. de quoru
> collegio beati iohannis apostoli et euan

로마인의 문제는 언어에서도 '라틴화된' 유럽 문화의 토대가 되었다. 정치체제와 마찬가지로 제대로 '다듬어지지 않았을' 고대 말기의 필체는 중세 초기 아일랜드 수도사들의 영향을 받아 진행된 수도원 필사 학교에서의 개혁과 카를 대제의 결연한 의지에서 시작된 필체 개혁을 통해 여러 차례의 변화를 거쳤다. 이후 오늘날 우리가 사용하는 철자가 되었다. 중세에 사용된 약자 중에 오늘날까지도 사용되는 경우가 있는데, '그리고'를 뜻하는 라틴어 et의 약자는 전 세계적으로 &로 남아 있다. '곧 돌아옴(Kome gleich)!'의 경우처럼 위 세대는 글자 위에 줄을 그음으로써 약자를 표기하기도 했다. 이러한 형태는 9세기와 11세기의 '카롤링' 필체에서도 나타나고 있다.

의미하지는 않았다. 실제로 복구는 개혁과 혁명을 표면적으로 정당화한 것이었다. 왜냐하면 복구를 통해서 새로운 것이 점차 나타나기 때문이다. 초대 교회의 질서를 규정한 교회법이나 유스티니아누스 황제(재위 527~565)의 대법령집과 같은 세속적인 로마법이 과거의 법을 수집해서 변화하는 현실 사회에 적용했다는 사실에서도 이를 알 수 있을 것이다. 종교개혁이 일어나기 전 중세 말기의 핵심 개념이라고 할 수 있는 개혁 공의회와 개혁 운동들 자체도 현실의 질서로의 혹은 명목상 과거의 질서로의 명백한 복귀였음이 지적되었다.

카를은 자신의 인장에 이후 수백 년 동안 황제권과 연관되었던 '로마 제국의 쇄신'이라는 문구를 새겼다. 하지만 이 문구는 로마 제국의 쇄신을 의미하는 것이 아니라 그것과는 다른 정치조직과 통치 영역을 지닌 새로운 중세 정치 질서의 정립을 뜻한다. 아마도 이는 중세 황제의 정치가 고대의 권위를 내포한, 그래서 현실에 부합하지 않는 질서 개념을 통해서 어떻게 자기 정당화를 꾀했는가를 설명할 것이다. 또한 아우구스투스 시대 이래로 로마의 평화를 추구한 '정당한 질서'를 황제권이 어떻게 대변하는지도 설명하고 있다. 이 시대가 바로 그리스도가 이 세상에 강림한 시기이자 중세에 대한 다양한 평가에 의하면 인류 역사상 최상의 시기가 아니었던가? 장담할 수는 없지만 개혁을 위해서는 황제권이 필요했다. '로마 제국의 쇄신'이라는 문구를 통해서 황제권은 현실적으로 새로운 것과 그 외의 것을 창출해냈다. 황제는 '세계 질서의 제정자'였다.

그리스도교로 개종한 황제는 작은 인장을 재판 문서에 첨부했다. 여기에는 주피터의 모습이 새겨져 있다.

카를 대제는 로마 시대의 조각석을 인장으로 사용했다. 각인된 남자가 로마 황제인지는 불확실하지만, 프랑크족의 왕이자 황제로서 카를은 조각석을 인장으로 계속 사용했으며 문구만 새로 새겨 넣었다.

카롤링 시대의 르네상스?

이른바 카롤링 왕조의 르네상스에 대해서 식자들의 평가가 내려지면 황제의 수염에 관한 논쟁에 다시금 빠져들게 될 것이다. 황제의 통치 이념과 지적 세계의 토대는 고대적 전통의 부활이었으며, 이는 수세기가 지난 후 중세에 종말을 고하는 정신적 운동의 선구자와 같은 역할을 하였다. 이런 관점에서 볼 때 질서 정립을 위해서 카를이 노력한 결과라고 할 수 있는 갱신들은 당연히 15, 16세기의 '르네상스'와는 차이가 있었다. 그것은 700년 후에 등장

다양한 모습으로 각인되어 있는 카롤링 시대의 주화들.

하는 제후들의 궁정 생활과도 달랐고 고대 로마 황제의 정신이나 문화와도 동떨어져 있었다.

794년부터 카를이 아헨의 궁정에 머물렀다는 사실을 간과해서는 안 된다. 왜냐하면 이전에도 그리고 이후에도 프랑크족이나 대륙에 위치한 대다수의 왕국에서 왕들이 법정과 의회를 개최하기 위해 오랫동안 이동 생활을 했기 때문이다. 카를의 궁정 질서 또한 모범이 되었다. 궁정 질서에 대해서 다루고 있는 『궁정의 규율』은 두 세대 이후의 작품이지만 그 기원은 카를의 시대까지 거슬러 올라간다. 이 작품에 의하면 황제의 질서가 하늘의 질서를 반영할 수 있도록 모든 분야에서 질서가 현실적으로 그리고 상징적으로 정립되어야 했다.

장차 유럽 궁정 문화의 규범이 될 카를 대제의 궁정 생활은 물론 자유로운 것이었다. 782년에 카를은 명성이 자자했던 앵글로 색슨 출신의 앨퀸을 알게 되었고, 요크 교구 부속학교에서의 활동을 자신의 궁정으로 옮기도록 설득했다. 재능과 카리스마를 겸비한 선생 앨퀸에게 폭넓은 활동 영역을 제공하

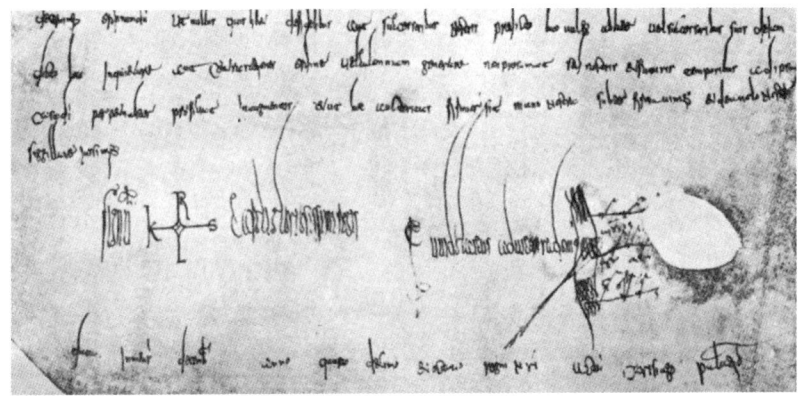

SIGNUM CAROLI GLORIOSISSIMI REGIS(지존한 왕의 인장)이라는 카를 대제의 서명이 위조 방지를 목적으로 특이할 만큼 길게 늘어진 나선형 필체로 적혀 있다. 화압은 십자가 형태로 적힌 카를 대제의 이름 앞에 있다. 성스러운 상징인 십자가는 전 세계를 상징한다는 의미에서 네 개의 선으로 그려졌고 중앙에는 구원의 상징이 들어 있다. 글을 쓰는 법을 알지 못했던 카를이 문서의 완성을 의미하는 증표를 이 중앙 부분에 남겼다. 비스듬하게 삽입된 대문자 A가 그것이다.

고자 했던 것이다. 이를 계기로 이전까지 수도원과 교구 부속학교가 담당했던 고유한 임무들이 권력자의 최측근으로 이동하였다. 프랑크족의 위대한 야전 사령관 카를은 고대와 그리스도교 문학에 대한 관심을 분명하게 보여주었다. 비록 그 자신은 라틴어를 간신히 배웠고 글 쓰는 방법을 습득하지 못했지만 말이다.

이탈리아, 스페인, 잉글랜드의 지식인들을 카를이 자신의 궁정에 초청함으로써 '궁정 아카데미'라는 기관이 생겨났다. 하지만 이는 다소 과장된 표현이다. 실제로 이 기관에서는 매우 기초적인 분야에 국한된 학문 연구가 진행되었기 때문이다. 요크 출신의 앨퀸은 라틴어 문법과 이 언어의 까다로운 수사법과 변론술, 그리고 개념과 표현 방식을 교육하는 방법에 관한 교과서를 만들었다. 이 내용들은 기초 지식이 되었고 후에 모든 교양 학문 중에서 우위를 차지했다. 그는 또한 천문학, 음악 이론, 계산술과 기하학에 관한 당시의 기본 지식에도 많은 기여를 했다. 이로써 '7자유학과(문법, 수사학, 변증술, 산술, 기하학, 천문학, 음악)'로 불리는 과거 교양의 분야가 모두 언급되었다. 이

동고트족의 왕 테오도리쿠스의 조언자이자 탁월한 정치가였던 로마의 학자 보이티우스는 524년에 처형되었지만 저서를 통해서 중세 회화에 중요한 고대적 유산을 전수했다. 언어와 수학적 기본 지식을 담고 있는 '7자유학과'에 대한 지식의 체계화는 그의 공헌으로 돌릴 수 있을 것이다. 9세기 말에 필사된 이 그림에는 음악, 산술, 기하학, 천문학과 같은 수학적 '학문들'이 의인화되어 표현되고 있다.

분야들은 16~17세기까지 라틴 교육의 근간을 이루었다. 그러나 이 학문들은 앨퀸의 지휘 아래에 절충적으로 취합되어 당대와 후세에 정착된 전통적인 학문일 뿐이다. 단지 옛 학문들을 체계화했을 뿐 본질적으로 학문적인 진보를 이룬 것은 아니었다.

그러나 궁정 학문과 광범위한 지적 논의를 통해서 이후 700년 동안 중세 지식인들을 움직였던 싹이 움텄다. 이교적인 라틴 문학과 그리스도교적 라틴 문학이 읽혔고, 필기구가 부족했던 탓에 여백에 주석이 달리기도 했다. 이렇게 여백에 달린 주석인 '난외주'에서 학문적인 서술 양식이 생겨났다. 유럽적인 정신은 독특한 방식으로 서서히 고대의 권위들과 접목되기 시작했다. 스콜라 철학은 12세기에 들어와서야 해석학적인 문제에 대한 독창적 토대를 발전시킬 수 있었다. 이는 당시까지의 학문적 발전 과정을 기록한 양피지 문헌들이 보존되었기 때문에 가능했다. 그 외에도 카를이 집권했던 시기에 이미

800년경 북부 이탈리아와 비잔티움 양식을 모방하여 팔각의 원형 건축물로 지어진 아헨의 궁정 성당은 황제권을 상징하는 건축물이자 당대 북유럽의 가장 장엄한 건축물로 손꼽히고 있다. 다행히 거의 원형 그대로 남아 있어서 지금도 당시에 황제가 가졌던 권위를 상상할 수 있게 한다. 그러나 오늘날에는 이 건축물의 상징적 의미, 즉 천상과 지상을 연결하는 황제권에 대한 유토피아적 이상을 완벽하게 이해하기란 쉽지 않을 것이다.

각별한 관심을 가지고 교회법이 수집되었고, 로마 황제들의 법은 빈약하게나마 당시까지 알려진 것들을 토대로 해서 모였다. 교회법과 로마 황제들의 법 모두 스콜라 철학에 의해서 조직화되었다. 카를의 통치는 건축 기술에서도 대약진을 이루었다. 황제는 자신의 권위를 아헨의 '궁정 부속 성당'뿐 아니라 다른 건축물에서도 드러내고자 했다.

중세의 지적인 생활의 기초가 되었던 이 모든 것들은 어떤 의미에서는 '르네상스', 다시 말해 과거 세계의 잔재로부터의 부활이라고 불러야 할 것이다. 그러나 후대에 끼친 영향력에도 불구하고 카를과 그의 궁정에서 확립된 지적 생활을 '르네상스'라는 동일한 용어로 (즉 문헌학적 방법, 이성적 신앙과 교양적 낙관주의, 그리고 세계와 인간상을 따르는 후대 15세기의 '르네상스'와 같은 용어로) 명명한다면, 우리는 더욱 혼란스러워질 것이다.

카를 시대의 지식인은 대부분이 수도사거나 성직자였다. 그들은 자신들의 정신세계를 소박한 신앙으로 구성했다. 따라서 그들은 14~15세기의 인문주의자들이 포착한 고대의 이교적 사고와 그리스도교적 세계관의 모순을 감지하지 못했다. 또한 소수의 지식인 계층을 중심으로 이루어진 그들의 교육은 30~40개의 수도원에 국한되어 있었다. 따라서 800년경의 상황은, 라틴어 학교가 거의 모든 도시에 산재해 있고 독일에서 가장 큰 에어푸르트 대학에서 신학생의 수가 전체 학생 수의 7퍼센트에 불과했던 1500년과는 달랐다.

그러나 여기에서 많은 것들이 발견된 궁정 문화와 궁정 사회를 떠올려보자. 궁정 문화와 궁정 사회는 중세 유럽에서 지속적으로 보전되었던 놀랄 만한 지식 유형을 발전시켰다. 앨퀸이 제자들을 고대나 라틴, 그리스, 유대의 이

많은 부분이 파괴되기는 했지만 774년에 건축된 로르슈 수도원 입구의 현관은 얼마 남지 않은 카롤링 시대의 건축물이다. 이곳에서 황제가 알현을 받았다는 사실은 '제국에서 수도원의 역할'을 암시한다. 건축물 전면은 기둥, 합각머리 아치, 둥근 아치형 통로 등을 사용해서 로마적인 것과 고대적인 것을 조화시켰다. 여타의 석조 건축물들도 한때는 황제의 위용을 과시했을 것이다.

름으로 불렀다는 우스갯소리도 전해지고 있다. 그는 무조건적으로 고대의 것을 존경한 나머지 황제를 '새로운 다윗'으로 명명하기도 했다. 앨퀸이 학문을 연마하기 위해서 동료를 주위에 불러 모았다는 것, 정확히 표현하면 통치자에게 봉사할 수 있는 동료가 주변에 모인 것은 앨퀸의 인품 덕분이라고도 볼 수 있다. 하지만 교육의 목적이 통치자에 대한 봉사에 국한됨으로써 교육은 강의나 찬사의 헌정, 수수께끼의 해결과 같이 매우 제한된 수준에 머물렀다.

여성들도 궁정 문화에 참여했다. 그들 역시 명성을 얻었고 성 역할의 변화에 한몫을 담당했다. 앨퀸은 궁정 문화 속으로 스며드는 여성적 성향을 탐탁치 않게 생각했다. 그는 제자들에게 궁정의 방 사이로 날아다니는 비둘기와

로르슈 수도원보다 400년 후에 세워진 피작의 주화 주조소도 고딕건축의 경쾌함을 보여준다. 이 주화 주조소 역시 육중한 로르슈 수도원 입구의 현관과 유사한 건축구조를 보여주고 있다.

앨퀸 성서의 첫 번째 쪽에는 800년경에 사용된 중요한 서체들이 쓰여 있다. 첫 머리에 오는 글자인 두문자 INCIPIT LIB(ER) GENESEOS, 두문자를 화려하게 치장하는 이니셜 글자체 IN PRINCIPIO CREAVIT D(EU)S CAELU(M) 그리고 소문자 sub firmamento ab his quae erant super firmamentu(m)…이 그 서체들이다. 성서는 830년 이후에 작성된 것으로 현재는 대영박물관에 보존되어 있다.

같은 관을 쓴 여인들에 대해서 경고했다. 실제로 다음의 사실은 그다지 놀랍지 않다. 카를의 딸 베르타와 궁정 생도 에길베르트 사이의 연애 사건은 유명한 일화로 남아 있다. 두 사람은 황제의 묵인하에 결혼했다.

궁정의 외적 치장물이 아니라 궁정 그 자체의 역사가 황제는 누구인가 그리고 황제는 어떻게 생활했는가를 밝혀주고 있다. 아헨이 '새로운 로마'로, 때로는 '새로운 아테네'로, 그리고 동시에 '새로운 예루살렘'으로 간주되었다는 사실은 고대와 그리스도교 세계의 융합을 나타낸다고 할 수 있다. 이러한 융합은 700년 후에 인문주의자의 비판을 받고 좌절될 때까지 반복해서 시도되었다. 루터는 인문주의자가 아니었고 에라스무스는 종교개혁가가 아니었지만 두 사람은 카를의 궁정이 제국의 수도원들을 통해서 정착시킨 동일한 교육을 받았다. 후대의 궁정들은 모두 카를의 궁정을 모범으로 삼았다.

황제의 권력

질서 유지가 지배자가 되는 데 필요한 충분조건은 아니었다. 물론 황제가 '새로운 예루살렘'에 거주한다는 사실만으로도 세계는 제대로 돌아갈 수 있었을 것이다[예루살렘이 기독교인의 정신적인 고향이라면, '새로운 예루살렘'으로 불린 아헨부터 황제가 통치함으로써 세계의 정치가 올바른 방향으로 나아갈 수 있다는 것을 의미한다]. 그는 새로운 예루살렘, 즉 아헨에서부터 권력과 신앙을 통합하여 전파하고자 했다. 하지만 카를의 개선문을 세운 또 다른 기둥은 팽창정책이었다. 카를은 768년부터 814년까지 46년간 통치했는데, 이후 1,000년 동안 유럽에서 집권한 어떤 황제도 그보다 오래 통치하지는 못했다. 다른 통치자들의 재위 기간과 비교해볼 때, 카를의 재위 기간은 상대적으로 더 큰 영향력을 발휘한 기간이었다. 772년부터 카를은 프랑크족의 공세에 맞서 결속하기 시작한 작센족과 싸웠고, 디멜 강변의 에레스부르크와 루르 강변의 호헨시부르크를 정복했다. 782년에는 알레 강변에 위치한 베르됭 지역의 수많은 반란자를 처형했으며 이보다 더 많은 수의 사람들을 유배시켰다. 'Sachsen-', 'Sassen-', 'Saß-' 등이 붙어 있는 서부 독일의 수많은 지명은 오늘날까지도 이러한 사실을 상기시킨다. 베스트팔렌 지역의 실력자인 작센족 수장 비두킨트는 785년에 강제로 세례를 받았지만 끝까지 저항을 주도했다. 작센족과의 전투는 804년 작센의 마지막 저항을 완전히 진압할 때까지 20년 이상 계속 이어졌다.

이런 와중에 프랑크족의 왕은 롬바르드 문제에 연루되어 교황으로부터 보호 요청을 받았고, 이를 계기로 황제 대관이라는 운명적인 길에 들어서게 되었다. 이탈리아의 롬바르드 왕국은 프랑크인들에게 신뢰를 받고 있는 이웃으로 카를도 롬바르드의 공주와 결혼했다. 이 결혼은 일종의 동맹 관계를 의미했지만, 그럼에도 불구하고 카를은 기회를 주시하고 있었다. 결국 그는 부인을 내쫓았고, 774년에는 장인 데시데리우스를 제압한 후 수도원으로 보냈다. 그리고 교황의 동의를 얻어 롬바르드의 왕위를 차지했다.

불과 몇 년 후인 778년에 새로운 모험이 다시 그를 유혹하기 시작했다. 카를은 피레네 산맥을 넘어서 스페인으로 건너갔다. 그곳에서는 민족 이동

'작센의 대공' 비두킨트는 785년에 세례를 받기 전까지 그리스도교로 개종한 카를 대제가 이끄는 프랑크족에 대항했다. 1100년경에 제작된 묘비에서 비두킨트는 통치자의 모습으로 묘사되어 있다.

시대에 형성되었던 서고트 왕궁이 이슬람의 이름으로 북아프리카에서 온 침략자들에게 741년에 정복을 당했고, 왕국민의 일부가 피레네 산맥 기슭으로 쫓겨나 있었다. 카를은 새로운 적과 겨루기 위해서 피레네 산맥을 넘어 팜플로나를 정복했고 산림지대에서 에브로 유역까지 진격했다. 하지만 상대는 더 우월한 위치에 있었다. 아랍인들은 카를의 군대를 추적하여 후위를 격파했다. 「롤랑의 노래」는 이 비극을 기록한 대표적인 작품으로 스페인어, 프랑스어, 독일어로 번역되어 19세기까지 민간에 전승되었다. "충실한 백작은 죽음에 직면한 상황에서도 뿔피리로 자신의 주인에게 경고를 했다"(「롤랑의 노래」 중에서). 이 작품은 카를에 대한 한 편의 황제 신화일 것이다. 피레네 산맥의 전방 지역인 '스페인의 변방'이 안고 있던 이러한 문제점들은 이후 11세기부터 진행된 스페인 재정복 전쟁의 원인이 되었다. 따라서 중세 스페인의 역사는 카를이 변방 조직을 구성한 후 추진한 재정복의 역사에서부터 시작된다고 할 수 있다. 프랑크족은 스페인 재정복을 통해서 수백 년 동안 지속되었던 전쟁의 출발점을 만들었던 것이다.

한편 카를은 교황령의 창시자이기도 하다. 교황이 통치하는 영역인 교황령은 실질적으로는 1,100년 동안 존속했다. 하지만 법적으로는 1871년 바티칸이 이탈리아에 귀속된 이후에도 교황청과 이탈리아 정부 사이에 '라테란 조약'이 체결된 1929년까지 약 50년간 더 존속했던 것으로 여겨진다. 카를은 자발적이라기보다는 역사적인 필연성 때문에 교황들과 공조하면서 행동했다. 동로마 제국, 즉 비잔티움 제국은 이탈리아의 중부와 남부에서 수백 년 동안 큰 어려움 없이 존속하면서 통치권을 확립했다. 심지어는 동로마 제국의 식민지 개척자들을 지속적으로 이주시키기도 했다. 아드리아 북부 해안의 라벤나에는 황제의 대리인 격인 '총독'이 정주했다. 이제 교황은 이탈리아 중부 지역을 수호해줄 새로운 보호자를 찾기보다는 자신이 스스로 보호자의 위치를 차지할 기회를 맞았던 것이다. 교황령의 핵심은 다섯 개 도시의 지배에 있었는데, 그 권리는 로마 황제와 가톨릭 교회의 동맹이 시작되었던 4세기에 기원을 찾을 수 있다. 카를은 이러한 교황의 권리를 부분적으로 인정함으로써 로마 교황청이 적극적으로 활동할 수 있는 기초를 마련하였다. 이와 같은 분위기 때문인지 몇 년 후에는 콘스탄티누스 황제(재위 310~336)가 교황 실베스테르 1세(재위 314~335)에게 중부 이탈리아를 기증했다는 신화가 만들어졌다. '콘스탄티누스의 기증'으로 인해 '교회 국가'와 로마시에 대한 황제의 통치권이 교황에게 양도되었다는 주장이 제기되었고, 이는 중세의 외교정책에서 중요한 사건이었다. 믿기 어려운 권리들을 구체적으로 주장하고 있는 이 기증 문서는 종종 위조된 것으로 의심을 받았지만, 교황들은 황제와 갈등을 겪을 때마다 이 '문서'를 근거로 해서 논쟁을 벌였다. 그러나 르네상스 시대의 문헌 비판은 이 문서의 진위 여부를 명확하게 밝히고 있다.[르네상스 시대의 인문주의자들은 고전 문헌의 재발굴 외에도 그 진실성을 검증하고자 노력했다. 그들은 고전의 단순한 보존과 모방뿐 아니라 고전 문헌에 대한 비판을 주제로 삼았는데, 이를 르네상스 시대의 문헌 비판이라고 한다.] 인문주의자 로렌초 발라(1407~1457)가 이 기증 문서가 후대의 위작임을 증명했던 것이다. 첫 번째 황제의 도움을 받아 점차 국가주권으로 성장하던 교황의 '교회 국가'는 마지막 황제가 사망한 이후 70년을 버티지 못했다. 1871년 이탈리아인들에게 점령을 당했기 때문이다.

카를은 남동부에서 프랑크 왕국의 상황을 정비했다. 당시에 그는 200년 동안 왕국에 귀속되어 있던 바이에른 공국을 프랑크 왕국에 더욱 공고하게 결속시켰다. 바이에른 공국과 프랑크 왕국의 귀속 관계는 이미 오래전부터 형성되어 있었지만 공국 대귀족들의 반발과 변경 지역의 상황으로 인해 카를은 바이에른 공국을 포기해야 하는 형편이었다. 카를은 바이에른의 대공 타실로 3세를 적당한 구실을 만들어서 관례대로 788년에 수도원으로 보냈고, 바이에른의 대공직은 결국 카를 일가의 수중에 들어왔다. 795년에 벌어진 아바르족과의 전쟁은 역사적인 성과를 남겼다. 이 전쟁에서 카를은 이후에도 중세 그리스도교 세계를 괴롭혔던 문제와 직면하게 되었다. 그 문제는 바로 유럽의 변방인 동쪽에서의 침략이다. 이 지역은 오래전부터 매우 불안정했고 혼란스러웠다. 아시아에서 서쪽으로 유목민의 침입이 계속 이어져 훈족과 아바르족, 마자르족, 몽골족, 타타르족, 투르크족이 잇달아 몰려들었던 것이다.

고대 말기에는 훈족의 왕국이 형성된 바 있다. 이후 아바르족이 7~8세기에 도나우와 타이스 강변의 저지대에서 중부 유럽의 내륙 깊숙이 지배 세력을 확장해갔다. 아마도 폴란드 남부와 보헤미아, 슐레지엔까지 세력을 확장했던 것으로 보인다. 동방에서 온 이 유목민들은 그 지역에 살고 있던 슬라브인들에게 조공을 요구했지만 기존의 정치 구조를 파괴하지는 않았다. 왜냐하면 조세를 징수하기 위해서 정치 구조가 존속되기를 원했기 때문이다. 카를은 도나우 강을 따라 남하하면서 아바르족에 대항했고, 빈 남부의 도나우 강변에 위치했던 난공불락의 원형 진지를 습격해서 파괴했다. 이교도의 성을 뜻하는 '하인부르크'라는 지명은 지금도 과거의 역사를 연상시킨다. 당시에 프랑크족은 엄청난 양의 보화를 전리품으로 획득했다. 이후 중부 유럽의 동쪽은 아바르족의 지배에서 벗어나게 되었다. 잔존하고 있던 아바르족들은 원래 살던 곳에 머무는 것이 용인되었다. 아시아의 침입자들을 격퇴함으로써 카를은 이미 독일 남동부의 바이에른 지역에서 진행되고 있던 동방 이주 정책을 오스트리아 도나우 강가의 주요 골짜기까지 확장할 수 있었다. 이로 인해서 크렘스뮌스터와 인니헨까지 수도원이 설립되었다.

그 밖에도 당시 보헤미아와 모라비아 지역에서는 새로운 독립 세력이 형성되고 있었다. 그러나 805년에 프랑크 원정군의 침입을 받은 이후, 자세한 과정은 알려지지 않았지만 이 지역 역시 강제적으로 조공을 바치게 되었다. 몇 차례의 전투가 끝나고 프랑크 세력은 베네치아 지역과 더 나아가 아드리아 해안의 동부 달마티아 지역까지 뿌리를 내렸다.

프랑크 왕국의 국경은 811년에 아이더 강까지 확장되었다. 카를은 프랑크 왕국을 유틀란트 반도에 정착시키고자 했고 이를 위해서 발트 해 연안의 슬라브족 가운데 가장 발전한 오보드리테족과 결속했다. 카를은 이미 781년에 자신의 군대를 엘베 강 건너의 슬라브인들에게 파견한 바 있지만 아무 소득도 얻지 못했다. 그러나 프랑크 왕국의 힘은 건재했다. 여기에서 그는 엘베 강과 오데르 강 사이의 지역을 두고 이후에 벌어진 대립에 대비하여 폭넓은 세력 공간을 형성할 수 있었다.

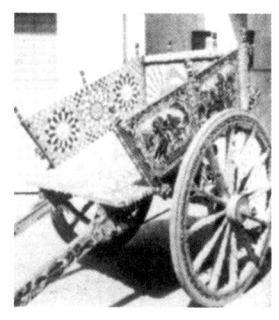

옛 운송 수단인 이륜 수레는 지금도 지중해 연안 국가에서 찾아볼 수 있다. 그러나 예술적으로 장식된 이 수레는 특별한 역사적 의의가 있는데, 카를 대제에 관한 전설들이 수레에 새겨져 있다. 이는 멀리 떨어진 시칠리아에도 황제의 명성이 자자했음을 입증하는 사례일 것이다.

교황에 의한 서유럽 황제권의 재건이 경제적, 정치적, 문화적으로 서유럽을 능가했던 동로마 제국의 수도 콘스탄티노플과 외교적 마찰을 일으킨 것은 당연한 결과였다. 그러나 시기를 잘못 선택한 것이 분쟁의 원인은 아니었다. 그 당시 콘스탄티노플(옛 이름은 비잔티움)에서는 황제직이 공석이었고 황제의 어머니 이레네가 섭정을 하고 있었다. 궁정의 유력자들이 그녀를 인정하기는 했지만 상당수의 사람들은 여성이라는 이유로 이레네를 거부하고 있었다. 이 때문에 로마에서 교황 레오 3세가 프랑크족의 왕 카를에게 황제관을 씌워주었을 때 비잔티움의 정치는 이미 마비된 상황이었다. 비잔티움 측이 카를에게 가졌던 반감은 카를의 대관식을 일종의 비웃음거리로 보고하게 만들었지만 그 반감이 정치적으로 신속하게 표면화되지는 않았다. 이후 달마티아 해안에서 군사적 대립이 있었으나 이때에도 반감이 전면적으로 번지지는 않았다. 카를과 이레네의 결혼 계획 역시 이루어지지 못했다. 서부와 동부의 황제들 사이에서 계속 시도되었던 동맹 관계는 10세기 말에야 비로소 맺어졌다. 하지만 황제 미카일 1세는 812년에 이미 서방의 동료가 자신과 동등한 지위를 가지고 있다고 인정해야만 했다.

이후 1,000년 동안 어떤 황제도 카를의 제국과 비교할 수 있을 만한 제국을 지배하지 못했다. 여기에서 마지막 황제 나폴레옹은 제외될 것이다. 나폴레옹은 카를이 건설한 천년제국의 몰락을 통해서 신분 상승을 기도했고 [나폴레옹과의 전투에서 패배한 신성 로마 제국은 1806년에 해체되었고 이후 나폴레옹은 해체된 영방국가들과 동맹을 맺으면서 세력을 확장하였다], 1805년 파리에서 스스로 황제관을 쓰면서 과거 카롤링 황제의 전통을 다시 한번 분명하게 서약했다. 그러나 카를 대제가 죽고 약 1,000년이 지난 후 워털루에서 최후를 맞았던 나폴레옹의 제국은 단지 10년 동안 존속했을 뿐이다.

하지만 카를이 사망한 후 카를의 제국 역시 그 규모가 지속되지 않았다. 제국이 존속하기는 했지만 분열되었기 때문이다. 그 이유는 "제국이 보편타당한 정책을 수립하거나 관철하지 못했고, 안정적인 정치조직을 구성하거나 이념적인 전통을 확립하지 못했기 때문이었다"(페터 클라센). 둘로 그리고 다시 셋으로 갈라진 이 제국은 결국 100년 후에 여섯 개의 커다란 왕국과 여섯 개 정도의 작은 왕국으로 이루어진 정치 세력에 굴복하였다. 특이한 사실은 적극적으로 자신을 과시하려고 하는 유럽의 '왕가들'이 카를 대제를 모범으로 삼아 그에게서 많은 것을 생생하게 받아들였다는 점이다. 아인하르트가 언급했듯이 카를의 포용력, 위대하며 인내할 줄 아는 고결한 정신, 궁정 생활과 교양에 대한 관심, 관직, 봉토적인 결속으로 맺어진 왕과 귀족의 법적 관계, 마지막으로 왕령지의 농업 경영, 경작지의 윤작, 경사지의 포도 재배, 야채와 채소 경작에 관한 조례를 같이 문자 그대로 생활의 터전과 관련된 영역에 대하여 카를이 반포했던 모든 조례를 본뜨고자 했다. 본래의 모습이 사라지기는 했지만 이런 식으로 후대까지 존속되었던 것들에 대해서 그 과정과 한계를 고찰한다면, 아마도 카를은 '건설자'로 부각될 수 있으리라. 그는 그의 궁정 시인들이 명명한 것처럼 '대제'이자 '유럽의 아버지'로 남을 것이다.

권력 계승 전쟁

정작 거대한 제국을 통합한 것은 황제관도 교황에게 받은 은총도 아니요, 통치 조직이나 귀족 공동체 같은 것도 아니다. 카를 개인의 카리스마가 제국을 통합한 것이다. 그러나 카를의 제국은 그가 814년에 아헨의 대성당에 묻히자마자 붕괴되기 시작했다. 그럼에도 불구하고 카를이 남긴 업적들은 그의 무덤에 오랫동안 보존되어왔다. 아헨은 그 뒤에도 황제의 거처로 사용되었지만, 무엇보다도 카를의 묘지로서 그리고 차후의 황제를 위한 '합당한 대관 장소로서 16세기까지 국가정책상 중요한 임무를 담당했다. 황제들은 상징적인 차원에서나마 카를 대제와의 연결을 원하는 주술적 믿음에서 세 번이나 그의 석관을 열었다. 카를의 유해는 현재 성유물 상자에 보관되어 있기 때문에 아헨의 석관은 비어 있는 상태이다. 보물을 보관하는 대성당의 방에는 실물 크기의 흉상이 있는데, 이 흉상은 카를의 몸의 일부를 묘사한 것으로 14세기 최고의 금세공 예술을 사용했다.

이제 카를의 후손들을 살펴보자. 카를은 혼외 관계에서 수많은 자식을 얻었다. 루트비히는 유일한 적자로 카를과 유사한 용모를 가졌지만 체격은 전혀 달랐다. 카를은 1.9미터가 넘는 장신이었고, 전기에 따르면 정치를 할 때

아헨 성당에 남아 있는 장식 석관. 성인품을 받기 위해 거행된 1165년의 시성식에서 유골을 꺼낼 때까지 카를 대제의 시신은 이 장식 석관에 보관되어 있었다. 황제 프리드리히 1세는 이후 이 성인의 유골을 시대적인 유행에 따라서 고딕 양식으로 만들어진 성모 교회의 성단소에 있는 관에 안치했다.

도 식사 때와 마찬가지로 쾌활했다고 한다. 반면에 단신이었던 루트비히는 열정은 있었지만 국정을 매끄럽게 운영하지는 못했던 것으로 보인다. 카를은 781년에 당시 세 살이었던 아들(루트비히)을 왕으로 임명한 후 아키텐으로 보냈다. 그곳에서 루트비히는 30년 동안 카를을 대신해서 통치했으며 조언자들에게도 순종적이었다. 오랜 세월을 기다린 끝에 황제는 아들을 후계자로 지정할 수 있었다. 마침내 루트비히는 비잔티움의 관습을 따라서 813년에 공동 황제로 대관되었다. 아마도 루트비히는 그때까지 살아남은 유일한 자손이라는 이유로 공동 황제에 임명되었을 것이다.

공동 황제로 등극한 뒤 루트비히는 현실을 도외시한 극단적인 개혁자의 열정을 보이기 시작했다. 먼저 자신의 통치 표어 '프랑크 왕국의 쇄신'을 수도원 개혁에 심층적으로 적용했다. 이 때문에 그가 현실을 외면하고 있다는 비난을 받지는 않았다. 왜냐하면 카롤링 왕국의 수도원은 종교 생활, 교육제도, 병자 간호, 농장 경영 등의 교육장으로 여러 면에서 통치의 골격을 이루고 있었기 때문이다. 과수 접목 기술, 포도 재배 기술, 식물학, 인간과 동물에 대한 의학 지식 등이 수도원에서 전수되었다. 뿐만 아니라 황제의 전령도 황제 자신도 자주 수도원에 머물렀다. 수도원의 시설은 도로망과 황무지의 위치에 따라서 조직되었다. 수도원의 외양이 농장, (지방 순찰을 하는 관헌이나 순례자의 임시 숙소로 이용되었던 중세 수도원인) 숙영지, 병원이나 학교 등 수도원의 종교적, 세속적 임무에 따른다는 사실은 820년경에 설립된 장크트 갈렌 수도원의 '이상적 설계도'

14세기에 제작된 이 세밀화는 813년에 루트비히가 아버지 카를 대제에 의해서 왕으로 대관되었음을 보여주고 있다. 그러나 이 대관식은 교회가 주관하는 대관식 행사에 아무런 영향도 미치지 못했다.

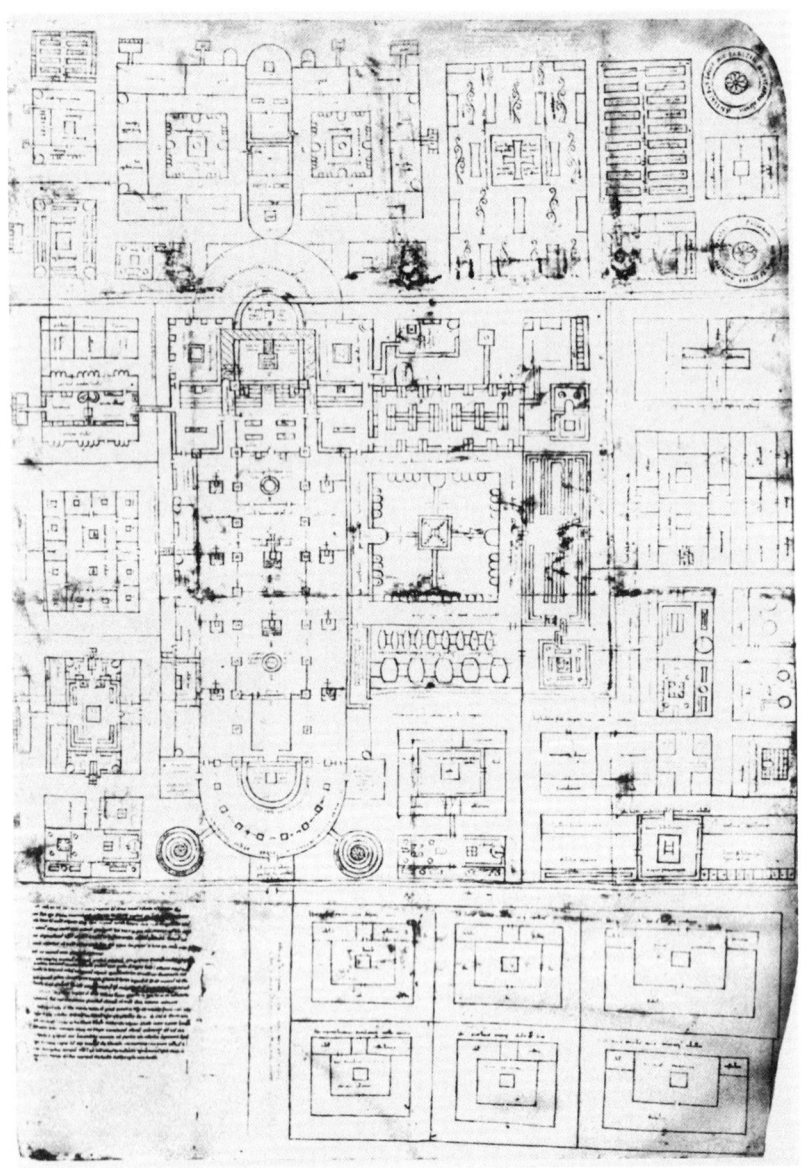

장크트 갈렌 수도원의 이상적 설계도. 도면이 발견된 장소의 명칭을 따서 이름이 붙여진 이 설계도는 결국 실현되지 못했다. 이 설계도는 경건왕 루트비히의 명령에 의해서 9세기 초에 작성된 것으로 보이는데, 최근의 연구에 의하면 설계 도면의 규모 그대로 실현될 가능성이 있었던 것으로 추정된다. 베네딕트 수도회의 수도원들이나 시토 수도회, 프레몽트레 수도회의 수도원들도 유사한 설계 도면을 보유하고 있었기 때문이다. 이 설계도는 그 자체로 놀랄 만큼 완벽한 종교적, 사목적, 장원 경제적 중심부로서의 수도원의 모습을 보여준다.

가 잘 보여주고 있다.

    그러나 위에서 열거한 세속적인 임무들로 인해서 이상적으로 생각되었던 기존의 수도원 생활은 본래의 이상에서 멀어져갔다. 바로 여기에 개혁의 관심이 쏠려 있었다. 아키텐에 위치한 아니안의 수도원장 베네딕투스(750?~821)가 구체적인 계획들을 고안했고 황제의 전령이 그 실행을 감시했다. 수도사들의 생활은 더욱 엄격하게 통제되었고, 수도사들은 본연의 임무에만 충실하도록 요구받았다. 인구밀도가 낮은 주거지역에서 활동했던 사제들의 공동체는 (일반 교구에 소속되어 있는 사제들이 모여 사는 공동체인) 재속 사제 공동체로서 별도로 관리되었다. 공동생활을 했던 재속 사제들은 (사제가 신도를 통솔·지도하여 구원의 길로 이끄는) 사목 활동에 종사하면서 일반인들의 주거지역과도 밀접한 관계를 유지해야만 했다. 이렇게 재속 사제들에 의해서 초기 도시 생활의 기반이 어느 정도 형성되었다. 폴란드, 보헤미아, 헝가리 등지에서 공동체 생활을 했던 재속 사제들은 그리스도교의 전파에 기여한 바가 매우 컸다. 뿐만 아니라 잉글랜드와 프랑스 남부, 독일 북부에서도 유사한 역할을 했다. 웅장한 건축양식으로 지어진 수스트의 파트로클리 수도원 공동체는 이를 뒷받침하는 사례로 자주 인용되고 있다.

비밀서한? 14세기에 기록된 하이델베르크의 노래 대모음집에는 기사 라우테의 하르트비히가 서한을 보내는 장면을 그리고 있다. 그림 속 주인의 행동을 이해하기가 쉽지 않은데, 그는 전령이 말을 하지 못하게끔 입을 붙잡고 있다.

    817년 4월에 루트비히 황제는 암살 기도로 추정되는 사고를 당했다. 3개월 후에 그는 후계자를 정했는데, 이때 황제의 나이는 39세였다. 그는 장자 로타르를 공동통치자로 임명하고 카를 대제의 선례를 따라 로타르에게 황제관을 씌워주었다. 또 다른 아들인 피핀과 루트비히는 아키텐과 바이에른의 왕으로 임명되었다. 그러나

신앙심이 두터워 경건왕으로 불린 루트비히의 왁스로 된 인장들은 카롤링 시대의 작품일 것이다. 세 개의 인장 그림이 매우 유사하다는 점으로 보건대 당시에 이미 인장 제조술이 발달했음을 알 수 있다. 아마도 루트비히는 아버지 카를 대제처럼 고대의 조각석을 인장 제조에 사용할 필요가 없었을 것이다.

카를 대제가 왕으로 임명하여 이탈리아의 섭정자로 있었던 베른하르트는 루트비히의 조카였음에도 불구하고 후계자 지명에서 밀려났다. 그는 저항했지만 저항은 곧바로 무자비하게 진압되고 말았다. 베른하르트는 장님이 되었고 그 후유증으로 죽었다. 루트비히는 다른 반란자들에게도 역시 신속하고 엄격하게 대처했다. 따라서 이후에 보이는 그의 무능력은 놀랄 만한 것이라고 할 수 있다. 후대의 사람들이 '경건왕'이라고 명명한 루트비히는 조언자였던 성직자들의 수중에서 놀아난 꼭두각시에 불과했던 것일까?

이탈리아에서의 반란이 진압된 이후 베른하르트의 눈을 멀게 한 것에 대해서 공식적으로는 5년 동안 황제가 참회를 했다는 사실은 성직자들의 영향력과 어떤 관계가 있을까? 제국의 주교들은 황제를 사면했다. 그러나 제국의 대귀족들 앞에서 반란자들을 처단하며 그가 얻고자 했던 황제권의 도덕적 정당성은 7년 후 황제 자신의 처사로 인해 다시금 의문시되었다. 노년의 루트비히는 두 번째 결혼 상대자로 벨프 가문의 공주 유디트를 택했다. 그녀를 이용해서 늙은 황제를 마음대로 주무르고자 했던 측근들이 그녀가 매우 아름답다고 이야기했기 때문이다. 그녀가 아들 카를(카를 2세, 별칭은 대머리왕 카를)을 낳자 루트비히의 아들이 아니라는 소문이 돌았는데, 이는 궁정의 음모인 동시에 황제가 갖는 권위의 상실을 의미했다. 카를 2세를 양육하면서 루트비히는 806년에 카를 대제가, 817년에는 루트비히 자신이 제정하고 서약했던 유산과 후계 설정의 규칙을 깨뜨리고 말았다. 반란과 폐위, 콜마르의 '음모의 평야'에서의 배신(833년 콜마르에서 황제와 반란군이 대립하던 중 황제의 지지자들이 반란군에 가담했던 사건), 주교들 앞에서의 참회와 황제로의 재등극이라는 일련의 사건은 한편으로는 교회가 가지고 있던 안정적인 질서 개념의 연장이었고 다른 한편으로는 카롤링 지배의 몰락을 상징했다.

루트비히의 아들이자 카를 대제의 손자인 대머리왕 카를(823~877)은 843년부터 프랑크 왕국의 서쪽 지역에 대한 지배권을 공고히 했다. 비록 지역 분권화라는 대가를 치르기는 했지만 이 지역은 그 규모를 그대로 유지하여 미래의 프랑스로 성장했다. 카를이라는 이름을 가진 두 번째 통치자인 그는 875년 로마에서 교황에 의해 황제로 대관되었다.

황제 루트비히는 삼남 루트비히 2세를 프랑크 제국 동부에 있는 왕국의 왕으로 등극시켰다. 이런 이유로 루트비히 2세는 '독일왕 루트비히'(876년 사망)로 알려져 있다. 그러나 영토 분할에 불만을 가진 아들들이 일으킨 내란에 휘말린 루트비히는 루트비히 2세에게 원정을 가던 중 사망했다. 루트비히의 세 아들 가운데 생존해 있던 독일왕 루트비히와 재혼 후에 낳은 아들 카를 2세는 842년 스트라스부르에서 평화적인 서약을 통해 동부와 서부로 제국을 분리했다. 국가 간의 공식적인 협약으로는 처음으로 이 서약은 프랑스어와 독일어로 쓰였다. '스트라스부르의 서약 문서들'은 문학적인 기념비일 뿐만 아니라, 정치적으로 결속한 황제의 아들들이 독자적으로 행동하지 않을 것을 밝히고 있다. 이 서약이 서약문의 형태로 그리고 두 종류의 언어로 편찬되었던 것은 청중, 다시 말해 일종의 대중이 있었기 때문이다. 스트라스부르에서 두 명의 지배자 주위에 모였던 제국의 대귀족들 (또는 유력자들이) 바로 그 청중이었다. 그들은 논의하고 행동했으며 지배자와 대립했다.

그들은 황제가 특별히 신임했던 이들의 자손이었으며 대대로 카롤링 왕조의 조력자였다. 그들은 대략 40여 가문의 혈족으로 구성되어 있었고, 자신들끼리 혼인했으며, 서로의 재산과 정치 세력을 보호했다. 또한 그들은 공작과 백작, 주교와 수도원장을 배출했으며 최고의 봉신과 중요한 가신으로서 제국의 군대를 구성했다.

첫째 아들 로타르는 처음에는 제국의 분할에서 제외되었지만 843년 베르됭 조약에 의해 형성된 새로운 정치에는 참여했다〔스트라스부르서약에서 정치적으로 결속한 '독일왕' 루트비히와 카를 2세는 큰형인 로타르를 협상 테이블로 불러들였고, 그 결과 이루어진 베르됭 조약으로 루트비히 황제의 세 아들들은 제국을 삼분하였다〕. 그가 지배한 영역은 북해에서 리비에라에 이르는 협소한 중간 지대였고, 아헨과 로마가 포함되어 있었다. 두 동생을 압도하는 우월한 지배권을 갖지 못했던 황제권은 정치적 실세를 갖추지 못한 채 명목상으로만 남게 되었다. 황제권과 관련된 이 문제는 중세의 모든 영고성쇠를 거치면서도 해결되지 못했다.

카를의 후계자 계보는 복잡했다. 왕이 사망하면 제국을 분할해서 자식들이 나누어 가지는 것이 원칙이었다. 제국 분할은 숙명적인 정치 유산이 되었다. 분할 과정은 극도로 복잡했는데, 스트라스부르 협정이 결정적인 계기였다. 그러나 카를과 같은 이름을 가졌던 카를의 증손자 '비만왕 카를'은 885년에 다시 한번 대제국을 통일하고 2년 동안 통치했다. 하지만 결국 그는 실각하고 목숨을 잃게 된다. 적자가 아닌 카롤링 왕조의 후손 케른텐의 아르눌프가 이후 다시금 제국의 대부분 지역을 통치했다. 그는 죽기 3년 전인 896년에 황제로 대관되었다. 911년에 그의 아들 유아왕 루트비히가 사망하면서 동쪽에서는 카롤링 왕조가 소멸했다. 그러나 서쪽 프랑스의 카롤링 왕조는 몇 차례의 단절을 제외하고는 987년까지 지속되었다.

동프랑크 왕국의 대귀족들은 지배 영역을 통합할 목적으로 자신들 중한 명을 왕으로 선출했다. 그는 바로 고위 귀족인 포포넨 가문 출신의 콘라트(재위 911~918)이다. 콘라트의 선조는 명백히 카롤링 가문 출신이었고 그는 8~9세기에 라인 강 상류의 영토 확장을 통해서 확대된 독일 프랑켄 지역의 대공이었다. 이와 같은 요건에도 불구하고 선거가 기존의 왕위 세습제를 대체하였다. 성공적인 왕이 되지는 못했지만 콘라트는 정치적 선견지명이 있었다. 새로운 동프랑크 왕국의 형성을 위해서 동생이 아니라 대공 하인리히(재위 919~936)를 후계자로 지명했던 것이다. 당시에 대공 하인리히는 정치 세력을 확보하고 있었다. 이렇게 콘라트는 스트라스부르의 서약이 토대를 닦은 새로운 공동체적 연대 의식을 지속적으로 따랐다.

작센족 출신인 하인리히는 프랑크적 전통과 자신의 역량을 통합하고자 했다. 그는 카를의 제국이 존재하기 전부터 이미 존속했던 대공령들을 통합하려 했고 이러한 통합의 시도를 통해서 연방적 요소를 존속시켰다. 그가 태어났던 작센을 포함해서 바이에른, 슈바벤, 프랑켄, 그리고 대공 대신에 다수의 우두머리가 통치하고 있던 프리센이 통합을 꾀한 대공령 지역에 속한다. ('로타르의 왕국'이라는 뜻으로 지금의 로렌 지역에 해당하는) '로트링겐'이 후에 독일 연방에 속하게 되었다. '로트링겐'은 경건왕 루트비히가 아들 로타르에게 양도했던 중간 지대에서 생겨난 새로운 대공령으로, 아헨, 메스, 쾰른과 같은 중요한 도시들이 위치했던 이 지역은 주변의 왕국들이 서로 차지하기 위해서 다툼을 벌이던 곳이기도 하다.

앨프레드 대왕과 대(大)모라비아

기원후 1000년의 전환을 알리는 진자 소리와 함께 유럽의 각 지역들은 개개 왕국을 중심으로 규합되는 역사적 경험을 하게 된다. 통합화는 여러 과정을 거쳤는데, 몇몇 지역에서는 이 과정이 결코 순탄하지만은 않았다. 잉글랜드의 앨프레드 '대왕'(재위 871~899)은 카를의 후계자들이 대륙에서 분할 전쟁을 치르는 동안 웨식스에서부터 섬의 남부를 통합하기 시작했다. 이를 기반으로 앨프레드는 내륙으로 침입하는 덴마크인에게 대항할 수 있었고, 이로써 정치 세력의 구심점이 형성되었다. 그는 전 잉글랜드의 정치적 통합의 토대를 마련했으며 문화적 기초를 정립했다. 성서를 영어로 번역했고, 고대 서사시를 기록했으며, 법률뿐 아니라 역사까지 민족어로 기록했다. 앵글로 색슨어가 이후에 발전만을 거듭한 것은 아

유럽의 왕들 가운데 가장 통찰력 있고 조직력을 갖추었던 앨프레드 대왕은 방어, 행정, 문화 정책에 두루 관심을 쏟았다. 카롤링 왕조의 주화를 본뜬 그의 주화는 1:12:20의 화폐 본위를 가졌다. 그림의 주화에는 엉성하게 그려진 앨프레드 대왕의 초상화와 '색슨인들의 왕 앨프레드'라는 의미의 AELFRED REX SA(xonum)이라는 문구가 새겨져 있다.

니었지만, 당시에는 대륙의 민족어들에 비해 문학적으로 적극 장려되었다. 한편 앨프레드는 잉글랜드의 진보적인 경제구조에도 불구하고 고정 화폐가치를 준수하는 카를의 보수적인 화폐제도를 수용하였다. 앨프레드는 자신의 왕국을 '주들(Shires)'로 나누어 조직하고 본래 왕령지의 관리인이었던 '주장관들(Shire-Reeves)'에게 통치를 위임했다. 그리고 '지방 관리(Ealdermen)'에게 '주장관들'에 대한 감시를 맡겼다. 중세의 이러한 측면은 현재까지도 몇몇 단어에 남아 있는데 서부 개척 시대의 보안관(Scheriff)과 봉건 시대의 상원을 뜻하는 백작들(Earls)이 그 예이다.

앨프레드는 878년 월트셔에서 야만적인 바이킹족을 격파했다. 이를 통해 소규모의 배를 타고 내륙으로 침입하여 잔인하고도 계획적인 약탈을 일삼았던 바이킹족의 행위를 저지할 수 있었다. 유산을 둘러싸고 벌어진 카롤링 제국의 내분은 바이킹족에 대한 내륙의 저항력을 약화시키는 요인이었을 것이다. 혈기 왕성하고 잔인한 해적이었던 바이킹족은 정치적으로 잘 조직된 집

노르웨이의 오세베르크 무덤에서 출토된 바이킹의 사륜 수레. 정교하게 제작된 마차는 종교적인 목적을 위해서 만들어졌다.

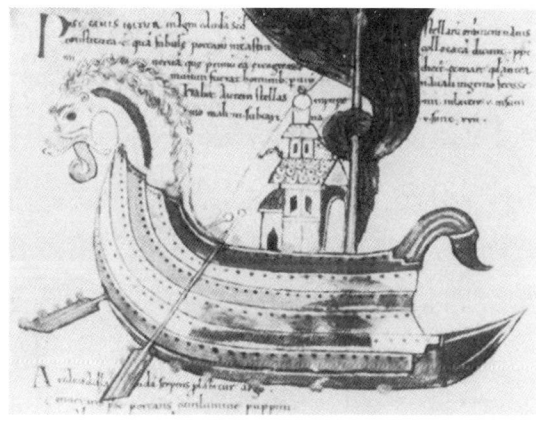

10세기경 앵글로 색슨 양식에 의해서 화려한 장식 문양으로 그려진 바이킹의 배. 선체에 판을 대는 제조술과 편편한 용골[龍骨: 선박의 뒷부분(선미)에서 앞부분(선수)까지 배의 밑바닥(선저) 중앙에 세로 방향으로 설치된 등뼈 구실을 하는 주요 구조재]이 특징적이다(북유럽에서는 13세기가 되어서야 낮은 뱃머리를 이용한 더 큰 규모의 배가 만들어졌다).

단은 아니었지만, 이곳저곳을 떠돌아다니던 '편력 시대'에는 무리를 지어 노획물을 찾아다녔다. 이 때문에 그들은 다소 당혹스러운 명칭인 바이킹으로 불렸다. 바이킹은 비크(Wik)에서 유래한 말인데 비크는 단지 강가의 은밀한 장소를 의미하는 단어이다. 어떤 사람들은 이들을 북부의 사람들, 즉 노르만이라고 불렀는데 이 이름은 100년 후에 널리 알려졌다. 바이킹족은 876년에 독일왕 루트비히에게 정복을 당했고 그로부터 10년 후에는 비만왕 카를에게 조공을 강요받기도 했다. 그렇지만 바이킹족이 수십 년 동안 프랑스 북부와 독일 서북부에서 골칫거리였다는 사실에는 변함이 없다. 그들은 그리스도교 문화와는 관련이 없는 다른 세계에서 왔으며, 그들의 존재에 경악을 금치 못하는 그리스도교 세계에 "먼 북부의 추위와 어둠 속의 선사시대"(존 볼)를 몰고 왔다. '광폭한 사람', '곰과 같은 전사'라는 바이킹족의 단어는 아직까지도 독일어에 남아 있다. 바이킹족은 굳건하게 저항했지만 그럼에도 불구하고 쉽게 동화되었다. 그들은 북해와 러시아의 강줄기를 따라서 비잔티움 지역까지 노예와 가죽의 교역을 담당했다. 많은 사람들이 동슬라브 지역을 지배한 첫 번째 세력인 키예프의 류리크 왕국이 형성되는 데 바이킹족의 공헌이 컸다고 본다. 마침내 프랑스의 왕이 서부 유럽에서 불안을 조성하는 노르만인들에게 '노르망디' 반도를 통치하도록 명했다. 911년에 그들의 우두머리 롤로는 프랑스 왕에게 '노르망디' 반도를 봉토〔封土: 봉토는 봉건영주가 신하에게 하사한 토지로, 이 경우에 영주는 봉주로 신하는 봉신으로 불림〕로 하사받았다. 방랑하던 청년기를 거친 북유럽은 이제 서유럽의 구심점으로 등장하게 되었다. 그리고 100년 후 '노르망디' 지역에서 이탈리아 남부와 잉글랜드까지 영향을 미친 새로운 변혁의 소용돌이가 발생한다.

  이 시기에 동유럽 지역 역시 중요하게 생각되었다. 그것은 단순히 국가 건설과 교역에서 바이킹족이 보여준 조직력 때문만은 아니었다. 유럽의 3대 언어, 즉 라틴어, 게르만어, 슬라브어 중 어떤 언어도 종족의 기원이나 역사와 일치하는 통일된 모습을 하고 있지 않다는 사실에 유의해야 할 것이다. 세 부류의 언어군은 언어적 공간과 생활공간에 의해서, 그리고 숙명적이고 특정한 상황에 의해서 서로 구분된다. 비록 이처럼 상호 간의 특성은 불명확하지만, 이 세 부류의 언어가 차례로 유럽의 역사에 등장했다는 사실만은 확실하다. 라틴계 민족과 게르만족과 마찬가지로 그 기원은 불분명하지만 최종적으로는 슬라브족이 6세기부터 동유럽과 중부 유럽의 동부 지역을 소규모 종족 단위로 잠식하기 시작했다. 이들 가운데 일부 종족의 이름은 지금까지도 남아 있다.

그러나 게르만족과 라틴계 민족들과는 달리 슬라브족은 언어의 측면에서는 정치적 통일을 이루지 못했다. 당시 상황으로는 그것이 불가능했고 당대 사람들 역시 그런 생각 자체를 허무맹랑하다고 여겼을 것이다. 당시만 해도 언어 공동체는 정치적 설득력을 전혀 가지지 못했다. 특히 주인과 종자, 기사와 일반인 같이 계층 사이에 사회적인 언어 장벽이 있는 사회에서는 어떤 특수한 상황에서도 그 장벽이 극복될 수 없었다. 특정한 어떤 공간에서 정치는 언어 공동체가 형성되기 위한 필요조건이 될 수 있었지만, 언어 공동체가 정치 공동체 형성에 충분조건이라고 할 수는 없을 것이다.

슬라브족 역시 이동기를 경험했으나 그 점에 대해서는 알려진 바가 거의 없다. 그러나 8세기경 발트 해 연안의 오보드리테족에게서 광대한 지배 영역이 형성되기 시작했음을 보여주는 싹을 찾을 수 있다. 이들은 카를 대제와 동맹을 맺고 있었다. 더 확실한 또 다른 싹은 일조 시수가 많은 도나우 강 북부의 마르히와 노이트라의 구릉지에서 찾아볼 수 있다. 이 지역에서는 지난 수십 년 동안 수많은 작은 석조 교회가 발굴되었고, 도시의 형태를 갖춘 거주지들의 단면이 드러났다. 고고학적으로도 기록이 입증된 셈이다.

이 지배 영역은 후대에 종종 '대모라비아'로 불렸는데, 이 지역은 모이미리드 왕조의 세력권으로 마르히 지역에 중심지를 형성하고 있었다. 북쪽으로는 오데르 강 상류와 몰다우(블타바) 강과 엘베 강, 남쪽으로는 도나우 강까지 세력을 확대했던 것으로 보인다. 지금까지는 이 영역이 남부로 팽창했다는 점을 과소평가했던 것 같다. 어쨌든 로스티슬라프(재위 846~870)라는 군주

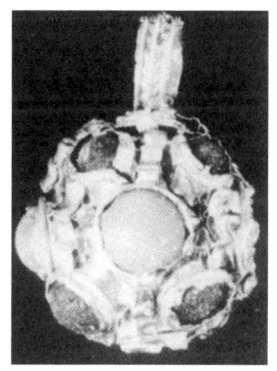

다양한 색상의 유리구슬이 박혀 있는 금 단추. 프라하에서 출토된 것으로 900년경 대모라비아 지역 연금술의 결정체이다.

의 지배력은 프랑크족과 비잔티움 사이에서 독립성을 추구할 만큼 성장했다. 실제로 그는 독일 바이에른 지역에서 파견된 선교사들에 의해 피상적인 수준으로 선교가 이루어진 지역을 담당할 주교를 파견해달라고 비잔티움에 요청하기도 했다.

키릴로스(869년 사망)와 메토디오스(885년 사망) 형제는 살로니카 근교에서 슬라브어를 익혔고 비잔티움의 관례에 따라서 그리스어 대신에 민족어인 슬라브어로 복음을 전파했다. 이들은 또한 [교회에서 공식적인 경배 행위에 사용되는 책인] 전례서를 번역하기도 했다. 그리스도교와 같은 문자 종교[성서와 같이 문자를 사용해서 복음을 전하는 종교]를 위해서 새로운 알파벳이 만들어졌다. 이 알파벳은 그리스어를 토대로 하여 동유럽적인 요소를 첨부한 것이었다. 모라비아 지역에는 라틴어의 자음과 모음이 도입되었는데, 이를 기초로 삼아 후에 세르비아인과 불가리아인, 러시아인들이 사용하는 문자가 고안되었다. 모라비아 지역에서 슬라브어 알파벳이 만들어지자 새로운 도약의 발판이 마련되었다. 폴란드, 체코, 슬로바키아, 크로아티아에서는 독자적인 세속 문학이 비교적 뒤늦게 형성되었는데, 라틴 교회가 이 지역에 복음을 전한 것이 그 원인일 것이다. 그들이 자신들의 언어에 처음부터 라틴 문자를 도용한 것은 이러한 과정에서 비롯했다고 볼 수 있다. 모이미리드인들의 왕국은 모라비아 지역에서 100년 동안 존속할 수 있었다. 그들의 지배권은 프랑크나 비잔티움에 의해서가 아니라 인접한 서유럽 그리스도교 국가들과의 전쟁으로 쇠약해졌고, 그 후 마자르족의 침입을 받아 멸망하였다.

마자르족은 아시아에서 온 기마민족으로 900년경에 이르러 아바르족을 계승하고자 다양한 정책을 펼쳤다. 모라비아 왕국의 몰락은 마자르족의 침공이 원인이었는데, 모라비아와 인접한 오늘날의 독일 지역에 해당하는 동프랑크의 사람들은 모라비아 왕국의 방어를 지원하기보다는 오히려 방해했다. 모라비아의 역사에서 또 다른 비슷한 예를 발견할 수 있다. 그러나 교황은 동프

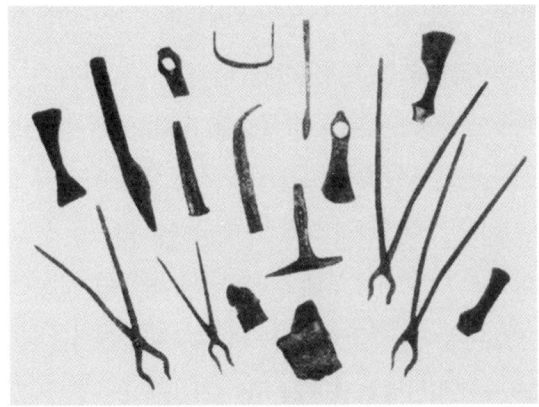

9세기에 모라비아에서 만들어진 철로 된 대장간 도구와 칼. 집게나 망치는 오늘날에 사용되는 도구와 큰 차이가 없다.

랑크 왕국의 태도와는 동떨어진 매우 독자적인 동방 정책을 펼쳤다. '슬라브인들의 사도'로 불리는 비잔티움 제국의 성직자 메토디오스는 수차례 로마를 방문하면서 옛 도시 시르미움의 이름과 더불어 시르미움의 대주교직까지 맡게 되었다(메토디오스가 대주교로 임명된 지역의 이름인 시르미움은 로마 제국에 의해서 정복당한 고대의 지역명이다). 이로써 그의 활동에 장애가 되는 것은 그에게 매우 비우호적이었던 바이에른의 주교들뿐이었다. 그들은 질투 섞인 이유를 들어 메토디오스를 1년 동안 엘방겐에 감금하기도 했다. 교황청은 이후 10, 13, 14세기에 폴란드와 리투아니아에서도 동일한 목적, 즉 선교를 위해서 여러 방면으로 유사한 계획을 추진하였다. 교황청의 동방 정책은 세속적인 의도가 담긴 교황청의 외교술이라고 할 것이다!

독일의 경우

유럽 역사에서 10세기와 11세기에는 독특한 현상이 나타난다. '위대한' 혹은 '신성한' 왕들이 전부 유럽 문화권 동부의 반쪽, 다시 말해 독일, 스칸디나비아 반도, 폴란드, 보헤미아 지역, 헝가리, 러시아, 불가리아 출신이었던 것이다. 이 사실이 역사와 맺고 있는 관련성은 자명하다.

우리는 연대기 기록을 통하여 중부와 동부 유럽에서 전개된 세속적인 대권력의 파란만장했던 통일 과정을 추적할 수 있을 것이다. 또한 연대기 학자들의 연구로부터 노르웨이에서 불가리아까지 놀랄 만큼 유사한 결론을 추출할 수 있다. 성왕 울라프, 성왕 크누트, 대왕 볼레수아프, 성왕 블라디미르, 성왕 바츨라프, 성왕 이슈트반, 대왕 시메온은 그 결론의 대표적인 예이다. 이들은 모두 929년과 1085년 사이에 사망했고, 대부분이 비참한 죽음을 맞았다. 교회의 도움을 받거나 경우에 따라서는 급성장한 종사제도에 의지해 정적을 제압하고 대왕국을 이루면서 특정 왕족의 지배권이 형성되었던 것은 유럽의 동부 반쪽 지역에서는 비교적 일반적인 현상이었다. 제후들과 주교들의 지배권 역시 비슷한 방식으로 실현되었다. '엘베 강 유역의 슬라브인들'은 엘베 강과 오데르 강 사이에 위치한 소규모 부족 전체를 가리킨다. 이들은 서쪽에서는 독일인, 동쪽에서는 폴란드인과 전투를 벌였고 때로는 협공을 당하기도 했다. 이들은 통합된 그리스도교적인 대지배권을 형성하고자 노력했지만, 200년에 걸친 시도는 실패로 끝이 났다. 결국 이 지역은 12세기경 인접 지역의 독일 제후들에 의해서 점령되었다. 이러한 사실은 수없이 언급되는 '동방정책[독일의 동쪽에 있는 슬라브족의 땅을 식민지로 만들려는 독일의 동방 정책]'의 정치적 배후였다. 독일인뿐만 아니라 유럽의 모든 세력이 적어도 한 번은 통일된 형태를 갖추고 동쪽으로 확장해나갔다는 사실에 대해서는 차후에 다시 살펴볼 것이다. 이외에도 특별한 경우이기는 하지만 1066년 노르망디공 기윰(윌리엄 1세)이 의혹의 여지가 많은 상속권을 주장하며 잉글랜드를 정복했다는 사실을 상기해야 할 것이다. 이것은 잉글랜드 왕조의 교체 그 이상을 의미한다. 윌리엄은 전쟁을 일으켰고 추방을 명했으며, 노르만의 귀족들이 앵글로 색슨의 토착 귀족들을 대체했다. 윌리엄은 당연히 '대왕'으로 불려야 하지만, 그의 정치는 노르만적인 특징을 띠고 있었지 결코 그리스도교적인 것이 아니었다. 엄격한 현실주의자인 그는 대왕이나 성왕이 아닌 정복왕으로 역사에 남게 되었다.

일반적으로 독일의 발전 과정은 영토 규합의 과정으로 인정받지 못하고 있는 실정이다. 그러나 이는 정확한 해석이 아닌 것 같다. 물론 뒤늦게 개종된 작센 지역 출신의 오토 '대제'(재위 934~972)가 과거 프랑크 제국이 통치했던 동부 지역의 절반조차 지배하지 못한 것은 사실이다. 그러나 그는 규모가 크지는 않았지만 조공을 받는 통치자로서 직접 동부의 엘베 강 유역으로 진격했고, 더 나아가 마크데부르크를 새로운 대교구의 중심지로 설정했으며, 잘레 강과 엘베 강 동쪽에 새로운 주교 관구들을 제정했다. 그는 이교도에 대한 선교를 장려하고 보호했으며, 독일의 주교들에게 통치 임무를 부여했고, 이후 교황에 의해 황제로 대관되었다.

그 결과 황제권은 동쪽으로 한 발짝 더 나아갔다. 카를 대제 시기부터 프랑크족의 수중에 있었던 황제관은 카를의 손자 때부터는 후에 '로트링겐'으로 불리는 중간 지대에 보관되었는데, 이제 황제관은 멤레벤과 크베들린부르크가 위치한 그리스도교 세계의 변경 지역으로 오게 되었다(오토 시대의 권위 있는 유물인 황제관은 현재 빈의 보물 보관소에 보존되어 있다). 마침내 황제관 아래로 게르만족, 라틴족, 슬라브족으로 이루어진 독일 민족이 형성되었다. 이렇게 탄생한 신성 로마 제국은 1000년경에 그 기반을 확고하게 다지게 된다. 그러나 이 제국은 초창기부터 다음 수세기 동안 짊어져야 할 '초국가적인' 과제를 부여받았다. 황제관이라는 아주 무거운 짐을 지게 된 것이다. 오늘날 이 황제관이 독일 국경 밖에서 보존되고 전시된다는 사실은 분명히 상징적인 의미를 지닌다.

독일 민족이 처했던 난관을 상징적으로 보여주는 또 다른 사례로 명칭을 들 수 있다. 도대체 '독일적'이라는 것은 무엇을 뜻하는가? '잉글랜드적', '러시아적', '폴란드적', '헝가리적'인 것과 '독일적'인 것을 비교했을 때 어떤 역사적인 증언이 숨어 있는가? 유럽의 민족명은 그 자체가 역사적인 결론이라고 할 수 있다. 이 민족명들은 얽히고 설킨 수많은 이야기보다도 신속하게 인식이 가능하며 오랜 역사의 과정까지 진솔하게 밝히고 있다. 프랑스인, 잉글랜드인, 폴란드인, 체코인의 민족명은 민족 이동 시기에 지도적인 역할을 한 부족의 이름을 딴 것이다. 러시아인은 10세기 스칸디나비아에서 유래한 키예프 왕국의 창설자 류리크인에게서 비롯되었다. 마자르로 명명되기도 하

968년 오토 1세는 마크데부르크 대교구를 설립하고 이 교구를 '제국의 성인' 마우리티우스에게 바쳤다. 마르데부르크 대교구는 브란덴부르크, 하벨베르크, 캄민, 마이센, 메르제부르크, 차이츠(후대의 나움부르크) 등의 부속 교구를 관할했다. 대교구는 동유럽 교회를 조직화하려는 목적으로 설립되었고 이후 종교개혁 시기까지 독일의 동쪽 지역을 사목 활동 지역으로 삼았다. 1188년의 마크데부르크 도시법은 동유럽 지역에서 모범이 되었지만, 마크데부르크 시는 중세에 대주교의 세속적 지배권으로부터 자유를 획득하지 못했다. 사진은 13~14세기에 건립된 대성당의 모습.

는 헝가리인들(Ungarn)은 종족의 통합 과정을 민족명으로 선택했다. '온-우구르(On-Ugur)'는 '열 개의 부분'을 뜻한다. 카스티야 왕국과 아라곤 왕국은 1500년이 되어서야 통합되었고, 이탈리아의 제후령들은 이보다 100년 전에 통일되었다. 이러한 과정을 거친 후에 '스페인인들'이나 '이탈리아인들' 같은 단어가 인문주의 시대에 등장하였다. 이 말들은 고전 고대 시대의 '타리'와 '히스파니아' 등의 어휘를 차용한 것이다[이탈리아'는 젊은 황소를 뜻하는 고대 라틴어 '타리'에서, '스페인'은 고대에 스페인을 지칭하던 라틴어 '히스파니아'에서 유래한다]. 독일만이 남는데 독일이라는 명칭은 가장 독특한 이름이다.

카를 대제는 이따금 제국의 성직자들에게 라틴어 외에 민중어로도 설교를 하도록 충고했다. 카를의 논리에 따르면 프랑크인에게는 두 개의 언어, 즉 라틴계 언어와 민중어가 있는 셈이다. 그가 장차 프랑스어의 토대가 될 언어를 '라틴적'이라고 명명한 점은 이해가 갈 것이다. 왜냐하면 카를 대제의 시대에는 오늘날처럼 프랑크인의 언어와 라틴어가 혼합된 언어 형태를 지시할 만한 적절한 표현이 없었기 때문이다. 카를은 라틴어 계통에 속하지 않고 개개의 게르만 종족이 사용하는 말들을 '민중어(Theodisc)'라고 불렀다. 바로 이것이 현재 '독일어(Deutsch)'의 발음 상 원형이다. 독일어라는 말에는 특정한 내용이 담겨 있지 않다. 독일어는 바이에른의 지역어도 아니고 프랑켄 지역의 지방어도 아니며 작센어도 아닌 '민중어'이다. 오늘날에도 어떤 일을 정확하게(Deut-lich) 표현하고자 할 때 혹은 누군가와 '독일어'로 말하려고 할 때, 이 단어의 대중적인 특성이 잘 표현되고 있는 것이다. 이러한 일반적인 표현을 통해서 마침내 독일 민족의 이름이 생겨난다.

'독일'은 단순히 842년에 서프랑크 왕국과 분리된 동프랑크 왕국만을 뜻하는 것은 아니다. '독일'은 이미 오토 대제 시대에 엘베 강과 잘레 강을 넘었다. 또한 독일 민족은 프랑크 시대의 다섯 개 부족에서만 발전한 것이 아니라 남부와 서부의 라틴계를 합병했고, 10세기 이후 적지 않은 수의 슬라브인을 받아들여 '엘베 강 유역의 슬라브인'을 포함한 다른 많은 종족이 독일에 흡수되었다. 오토 대제가 건설한 대표적인 도시였던 마크데부르크는 슬라브 여사제의 이름을 본뜬 것이었다.

잘츠부르크의 수도원 연대기는 920년에 처음으로 '독일인들의 왕국'에 대해서 언급했다. 그러나 한 세대 후에 황제의 권위가 독일을 '독일인들의 왕국'으로 부르는 전통을 가로막기 시작했다. 이 시기부터 '로마의' 왕이기도 한 황제가 독일과 북부 이탈리아를 중심으로 장소를 바꿔가면서 지배했기 때문이다. 서임권 투쟁 이후에는 교황청 서기국으로부터 다시 '독일의 왕'으로 명명되기도 했다. 고대를 회상하면서 스페인과 이탈리아에 근대적인 이름을 부여했던 인문주의자들은 결국 1500년경에 '게르마니아(게르만)'라는 고대 로마 시대의 명칭을 다시 사용하기 시작했다.

처음부터 독일인들이 어떤 종족의 명칭도 받아들이지 않았다는 사실, 그리고 독일인 모두가 오토 황제와 그의 가문을 따라서 '작센인'으로 혹은 호엔슈타우펜(이하 슈타우펜) 왕가를 따라서 '슈바벤인'으로 불리지 않았다는 사실은 아마도 신성 로마 제국 황제관의 보편성 때문일 것이다. 그러나 다섯 개 부족으로 형성된 제국의 연방적 성격도 영향을 미쳤을 것이다. 독일인들은 다른 지역과 우위를 논할 수 없을 정도로 자신들의 구조를 탄탄하게 보존했으며, 특정한 종족의 명칭을 통해서 한 세력이 다른 세력을 지배하는 것을 막고자 했다.

독일은 10세기 초에는 '인적 연합' 국가였다. 즉 제도, 추상적인 국가관, 폐쇄된 공간이 아니라 개인적인 관계가 국가 전체를 유지하고 있었다. 대소 귀족이나 주종 간의 법적 결합의 망이 다양한 분야에서 전체 지배권의 골격을 형성했다.

우리는 오늘날 국가 이념과 국가 영역을 국가 공동체의 기초로 당연하게 여기고 있다. 이런 점에서 볼 때 오토 시대의 독일을 국가라고 하기는 어려울 것이다. 그러나 돌이켜 생각하면 오토 시대의 독일에도 공동체성을 나타내는 여러 요소가 있었다. 그러므로 다음과 같은 사실이 분명하게 언급되어야 할 것이다. 대관된 우두머리가 없었다면 공동체의 연대 의식은 자리를 잡기 힘들었을 것이다. 920년에 이미 '독일인들의 왕국'이라는 표현을 썼던 잘츠부르크의 수도사는 연대기 작가라기보다는 일종의 예언자처럼 보인다. 100년 후 황제 공위 시대에 "한 배에 타고 있는 사람들은 조타수가 없을 경우에 모두 일치단결해야 한다"라는 문구를 적었던 인물도 배의 비유를 통해서 당대 사람들이 결코 쉽사리 납득할 수 없었던 국가라는 공동체의 개념을 앞서 찾아냈던 것이다.

특정한 지배 세력이 하나의 한정된 영역을 지배한다는 의식 또한 보편적이지 않았다. 한 명의 군주가 존재하는 것만으로 충분했으며, 매우 단순했던 당시의 정치 상황으로 인해 군주가 개입할 필요나 여지도 그리 많지 않았다(이는 독일의 연방주의적 특성이기도 하다). 그러나 수세기가 지난 후 관리 업무가 증가하자 평화와 법, 세금과 방어를 위해서 관리들이 필요했다. 분산되어 있던 크고 작은 지배권은 점차 불리해지기 시작했다. 그 후로는 알프스 산맥이나 중앙 산악 지대의 무수한 신흥 성이에서와 마찬가지로, 피레네 산맥의 험난한 통행로에 살던 주민들도 정치적인 불이익, 즉 강력한 군주에 의한 병합을 감내해야만 했다. 과거의 폐쇄적이고 정적인 지배 형태와는 달리, 긴밀한 연락이 중요시되던 시대에는 강이나 포구들이 그다지 큰 장애가 되지 않았다. 오토 시대 독일의 국경이 불명확하기는 했다. 하지만 알프스를 넘어서 에취(아디제) 강과 아드리아 해까지 이르렀다. 보헤미아 지역은 제국의 지배가 느슨하거나 지배에서 벗어나는 시기를 겪기도 했다. 그렇지만 오랜 기간 제국에 종속되었으며, 엘베 강과 오데르 강 사이의 상당 부분 역시 이러한 종속적인 상황에 놓여 있었다.

인적 연합은 명확했다. 대공들은 왕을 선출했고 그와 결합했다. 그들은 왕과 함께 정치권력을 공유했다. 본래 왕은 그들 중 한 명이었다. 작센, 프랑켄, 바이에른, 슈바벤, 그리고 얼마 후에는 로트링겐이 왕의 통치를 받았다. 그 외에 제국의 정치적 변방에서는 프리슬란트인들의 생활공간이 이미 소규모의 지배권 형태로 조직되어 있었다. 대공들도 본래는 대공령 내에 토지, 종속 농민, 무장한 종사를 소유한 유력자들에 의해서 선출되었지만 시간이 흐르면서 상속권을 가진 세습적인 대공 가문이 형성되었다. 가문의 혈통이 끊어질 경우에는 대공령 귀족들의 선출이 아니라 왕이 새로운 대공을 임명할 것을 기대하게 되었다. 또한 대공령 이외에 주교나 수도원장 같은 교회 조직에 속한 독립적인 영토가 있었다. 마지막으로 (변경백, 궁중백, 성백, 방백 또는 일반 백작 등) 백작들이 통치하는 광대한 왕령지가 있었다.〔변경백은 국경 지역의 방어를 담당하는 관리를 말하며, 궁중백은 통치자가 지방의 요충지에 파견한 관리이다. 성백은 특정 성(城)의 방어와 통치를 담당하는 관리이고, 방백은 국방상 중요한 위치는 아니지만 통치를 목적으로 특정 지역에 봉해진 관리를 가리킨다.〕 매우 복잡한 이 모든 것들은 중세의 특징 중 하나로 볼 수 있을 것이다. 질서와 절차의 투명성에 익숙한 우리들의 관념으로는 이와 같은 상황이 낯설게 느껴질 것이다. 왜냐하면 당시의 상황이 오늘날과는 다른 질서와 다른 유형의 통치 조직들을 필요로 했기 때문이다. 결국 우리는 현대의 무지로 인해서 다양성 속에서도 왕권이 그리 간단히 몰락하지 않았다는 사실에 대해서 의구심을 가질 뿐이다.

    왕권은 다양한 계약 관계에 있던 대공과 백작 등 대귀족들의 동의와 지원에 의존했으며, 제도를 통해 인정이 되기보다는 무력 투쟁을 통해 존속했다. 이렇게 복잡한 지배 관계 아래에서 교회만이 명확한 계획에 따라 구획된 질서와 관직을 보유하고 있었다. 오토 대제는 대공권을 주교들에게 넘기려고 생각했다. 독일에서 벌써 오래전에 확고한 기반을 다진 교회는 이로써 다시 한번 정치권력 구조 내에서 특별한 토대를 세우게 되었다. 오토는 교회로부터 단지 왕국의 신성한 기반을 다진 왕으로 추앙받기를 원했을지 모른다. 어쨌든 그는 교회에 의해서 황제가 되었다.

또한 그는 독일에서 '제국 성직 제후'라는 제도의 기틀을 다지기도 했다. 주교들, 카롤링 시대부터 유래하는 오래된 수도원의 원장들, 몇몇 수녀원 원장들이 이 직위를 받았다. 이와 같은 교회와 세속 권력의 특수한 병합은 초창기에는 독일에서, 이후에는 이탈리아 북부와 같은 제국의 영역에서만 이루어졌다. 반면에 유럽의 다른 지역에서는 성직자가 제후가 되는 경우를 결코 찾아볼 수 없다. 이런 상황에서 가문의 이기주의나 인척 관계와는 무관한 제국 교회가 왕권 지배를 지지하는 특수한 세력으로 형성되었다. 교회는 제국 의회의 개최 장소로 제공되었고, 제국 군대로 배정받은 군대를 지원했으며, 왕이나 황제에게 숙박용 건물을 항상 제공했다. 이 모든 것은 왕권이 필요로 하는 물질적 수단을 제공하는 특별한 '조세 부담금'이었다.

그러나 당시의 운송 상황이 불확실하고 많은 시간이 소요되었기 때문에 물질적 지원을 왕에게 전달하는 것은 결코 수월하지 않았다. 이 때문에 왕은 가신들과 함께 카롤링 왕조 이후 나라 곳곳에 산재해 있던 대농장인 팔츠나 수도원을 오가며 자신을 위해 제공된 것들을 소비했다. 이러한 유형의 소비는 화폐경제와 비축 경제가 부재했던 시대에 이용할 수 있는 가장 간단한 방법이었다.

〔정기적으로 신민에게 부과되는 세금으로 국가가 거두는 조세 부담금인〕 일반 조세 부담금과 중앙재판소가 없었기 때문에 왕은 이동하면서 조세를 거두거나 판결을 내렸다. 왕 개인이 '국가'를 의미함과 동시에 국가를 형성했다. 제국의 대공들은 자신들의 지배 영역 안에서 왕과 유사한 방식으로 지배권을 행사했다. 그러나 화폐 주조, 성의 축조, 호위, 유대인이나 다른 상인들을 보호하는 대가로 관세나 조세를 거두는 것 등 몇몇 특정한 권리는 왕에게 귀속되어 있었다. 이는 왕의 권리이자 로마 시대의 어휘로 표현하자면 '국왕고권'이

었다. 왕은 이 권리들을 백작들에게 위임하거나 대공들에게 특별한 은총으로 양도하게 된다. 이로 인해 그들은 왕과 약속한 의무 가운데 상당 부분을 이행하지 않게 되었다. 물론 과거에 행해진 국가주의적 연구 결과에 의하면, 왕의 고권들 가운데 귀족들의 수중에 넘어간 것들이 전부 왕으로부터 '떨어져 나간' 것은 아니었다(국가주의적 관점의 연구자들은 이러한 국왕 고권의 '양도'가 반드시 '소실'을 의미하는 것은 아니라고 보았다).

유럽 전체에서 이러한 상황은 원칙적으로 유사했다. 물론 차이점도 있지만 말이다. 암흑의 선사시대에서 유래하는 단순한 지배 방식은 로마적 전통과 교회에서 습득한 것과 뒤섞였다. 개혁을 위해서 특별한 자극이 유럽 전역으로 전파되는 현상을 반복적으로 목격할 수 있는데, 이는 정치적 다양성에도 불구하고 라틴 유럽이 문화적 통일체였기 때문이다. 놀랍게도 오늘날까지 역사가들은 이러한 자극과 그 전파, 그리고 사회학자들이 말하는 변화의 전달에 대해서도 그다지 관심을 보이지 않았다. 조지프 R. 스트레이어가 1975년에 추측했던 것처럼 아마도 이런 의구심 속에는 전체 유럽 역사의 핵심적인 개념이 담겨 있을 것이다.

독일의 왕은 궁정 부속 성당과 서기 관청을 카롤링 시대의 전통으로부터 물려받았다. 두 가지 모두 최초로 설립된 유일하고 독특한 왕실의 제도였다. 그러나 매우 불완전한 지배 도구였다. 문서고와 목록, 문서화의 경향에 대해서 어떤 통제력도 발휘하지 못했던 서기 관청은 현대인에게는 매우 저급한 통치 도구로 여겨진다. 그러나 서기 관청은 당시로서는 최고의 수준에 도달해 있었다. 서기 관청은 왕의 문서에서 사용되는 문자, 인장, 용어들을 선택하고 구성하는 형식을 고정시킴으로써 왕이 하사한 토지나 특권의 위조를 막고자 했다. 독일의 서기 관청은 이후 수세기 동안 유럽에서 선도적 역할을 하였다. 심지어 11세기 중엽에는 교황의 서기 관청도 교회의 제도적인 우월성에도 불구하고 왕의 선례를 따라서 개혁되었다.

오토 대제

정치사의 한 일면은 10세기부터 11세기 중엽까지 독일이 가졌던 우월성을 명확하게 보여줄 것이다. 새로운 유럽의 형성에 가장 큰 공헌을 했던 초창기 독일 왕국의 형성 과정과 통치 영역에 관련된 문제점 역시 독일의 우월성을 드러낼 것이다. 비록 이 문제점들이 독일 역사를 수세기 동안 얽어매기는 했지만 말이다. 오토 대제의 아버지 하인리히는 오토 대제(재위 936~973)의 선출에서 대관까지 왕권 지배의 융성을 노련하게 준비했다. 일화에 의하면 매사냥 도중에 자신이 왕으로 선출되었다는 보고를 받고 놀랐다는(어쨌든 전혀 기대하지 않았다는) 작센의 대공은 바이에른과 슈바벤 지역의 대공들에게 왕위 계승에 대한 양해를 구함으로써 지배권을 확보할 수 있었다. 그러나 그가 카롤링 왕조의 유산인 부르고뉴, 즉 바젤과 론 강 하구의 중간 지역에 대해서, 그리고 이탈리아 왕국에까지 야망을 품고 있었다는 것이 바로 드러났다. 이탈리아는 바이에른과 슈바벤 대공들의 관심 지역이었다. 간헐적으로 지배권을 행사했던 당시의 형태를 생각하면 알프스의 산등성이 같은 '자연적인 국경'도 특별히 장애가 되지 않았다. 또한 빈번한 소통도 필요하지 않았다. 다만 양쪽에 요새를 설치하여 알프스의 협로를 소유하는 것이 중요할 뿐이었다.

하인리히는 수십 년간 유럽의 가장 큰 위협이었던 외부의 침공들을 성공적으로 물리쳤다. 침공은 사방에서 이루어졌다. 북쪽에서는 바이킹족이 함부르크를 침공하고 쾰른까지 몰려왔으며, 남부에서는 사라센인들이 지중해 연안을 따라서 론 강 유역과 리비에라, 이탈리아 주위를 둘러싸고 아드리아 해 북부까지 포진해 있었다. 그들의 흔적은 지금까지도 지역을 막론하고 속담과 관습, 놀이 속에 남아 있다. 사라센인들은 해적의 무리로, 갑자기 나타나서는 노예를 포획하고 상당한 양의 노획물을 가지고 사라졌다. 그러나 그들은 종종 장기간 한곳에 거주하면서 일정한 영역 내에서 지배권을 형성하기도 했다. 실

시칠리아는 11세기까지 사라센인들의 교두보였다. 이후 시칠리아를 정복한 노르만 통치자들은 이 지역을 매우 효율적으로 통치했다. 이로 인해 시칠리아는 노르만적 요소와 이탈리아적 요소가 아랍적인 요소와 결합한 독특한 양식의 건축물들이 들어섰다. 팔레르모 북쪽에 있는 몬레알레 왕궁은 이러한 건축양식의 대표적인 사례이다.

그리스도를 둘러싸고 있는 천상, 성인, 그리고 황제의 가족들. 상아로 된 이 부조물의 뒷면에는 신성한 제국에 대한 신학적 설명이 기록되어 있다. 10세기에는 두 명의 제국 성인에게 특히 관심이 쏠렸는데, 카를 대제가 궁정 교회를 설립해서 헌사했던 마리아와 마우리티우스가 그 성인들이다. 마우리티우스는 전설에서처럼 제국의 상징적인 창과 밀접한 관련이 있는 인물로 오토 1세가 건설한 마크데부르크 대교구의 수호성인이다. 환호하는 천사들과 성인들을 배경으로 그리스도의 발밑에 엎드린 황제와 그의 아들, 황후 아델하이트가 그리스도를 공경하는 모습을 보여주고 있다.

제로 사라센인들은 몇몇 특정 지역을 지배했다. 프로방스의 프라시네툼에서는 60년 동안 지배했고, 시칠리아에 있는 그들의 성은 11세기가 되어서야 노르만인들에 의해서 파괴되었다. 10세기로 넘어가는 시기에는 작고 날쌘 말을 탄 마자르족이 매년 남쪽에서 라인 강과 엘베 강까지 침략했다. 많은 영주가 조공을 지불하고 조약을 체결했는데 이 때문에 공동방위가 저해되었다. 콘스탄츠의 주교 잘로몬이 910년에 이런 혼란에 대해서 고충을 토로했기 때문에 앞에서 언급한 사실들을 알 수 있는 것이다.

하인리히 역시 방어에 필요한 시간을 벌기 위해서 불청객들과 일단 조약을 체결했다. 성을 축조해야 했고 중장갑 기병이 필요했다. 성을 지음으로써 도시들이 독일 중부와 북부에 형성되었다. 나움부르크, 메르제부르크, 크베들린부르크와 함부르크를 대표적인 도시로 꼽을 수 있을 것이다. 쇠사슬로

12세기 프랑스의 석회 부조물에는 9세기부터 나타난 편자와 7세기부터 사용된 등자를 단 전투마가 새겨져 있다. 뿐만 아니라 10세기부터 널리 퍼지기 시작한 정밀수공업품인 쇠사슬 갑옷을 착용하고, 커다란 보호모 대신에 작은 철모를 쓴 채 안면 보호대를 착용하지 않은 기사도 볼 수 있다. 아직 문장이 새겨지지 않은 기사의 방패에는 고풍적인 문양이 새겨져 있다. 칼을 든 손과 칼이 다소 과장되게 묘사되어 있지만 쇠사슬 장갑과 유사시에 두 손으로 사용할 수 있도록 만든 칼의 큰 손잡이 부분이 특징적이다.

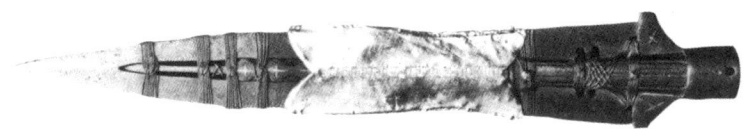

10세기 이후로 제국의 성물 가운데 마우리티우스의 창이라고 불리는 신성한 창이 가장 중시되었다. 이 창은 14세기까지도 제국의 왕관보다 중요한 위치에 있었다. 실제로 7세기에 만들어진 이 고풍스러운 통치자의 무기에는 그리스도가 못 박힌 십자가에서 나온 못이 붙어 있었다. 열정적으로 성물을 수집했던 카를 4세는 자신의 다른 보물을 위해서 이 못의 일부를 떼어냈고 이를 숨기기 위해서 창 둘레에 금박으로 치장을 했다고 사람들은 설명한다. 이 창은 현재 제국의 다른 성물들과 함께 빈에 보관되어 있다.

만든 갑옷과 무거운 방패, 긴 창과 철 투구를 갖춘 기사는 사라센족과 마자르족의 날쌘 궁사들을 방어할 수 있는 최상의 해결책이었다. 이 전투 방법은 전 유럽에서 유행하였고, 새롭게 형성된 전사 집단인 기수와 기사들은 이 방법을 사용해서 신분 상승과 영예를 누릴 수 있었다.

오토는 936년에 이러한 유산들을 물려받았는데, 프랑스에 비해 상당한 골격을 갖춘 상태였다. 그는 이 유산들을 지속해서 확장시켰다. 통치를 시작한 초반 5년은 몇몇 대공의 반란과 일족과의 사투로 확장이 저지되었다. 그러나 이후에 기회를 틈타서 오토는 자기 가문의 왕자들에게 대공령을 하사하고 친동생인 쾰른의 주교 브루노를 로트링겐의 대공으로 임명한다. 이는 주교를 제후화한 첫 번째 시도였다. 다른 주교들과 프랑크 시대 제국 수도원의 원장들은 상당한 규모의 지배 영역을 소유하면서 유사한 세속적 직무를 담당했다.

성직자에게 세속적인 임무들이 부여되었기 때문에 세속권과 성직권 사이의 비판적인 거리감이 아쉬울지도 모른다. 그러나 지배자는 이 거리감을 자각하지 못했다. 오히려 권력과 종교의 선사시대적인 융합이 장려된 탓에 오토의 정치는 그리스도교를 전파하고 수호하는 신성한 임무를 수행하고 있다고 여겨졌다.

오토의 아버지는 부르고뉴의 왕으로부터 그리스도의 십자가 못이 박혀 있는 신성한 창을 획득했다. 이 창은 왕가의 특별한 성유물로, 부르고뉴 왕국

제1장 ǀ 중세의 뿌리 79

이 장차 동프랑크-독일 왕국에 귀속된다는 조건에 대한 담보였다. 이 창에 대한 신화는 무기의 마력과 성유물 숭배가 결합되었음을 알려준다. 십자가의 못이 박힌 창은 그리스도교 수호의 상징으로 로마의 왕이자 황제의 지배권에 대한 표상이었다. 이 창은 14세기에 황제관보다 우위에 있었다. 종종 오토는 군사들의 승리를 위해서 이 창 앞에서 기도를 드렸다. 955년 아우크스부르크 근교의 레히펠트에서 헝가리인들을 대파하자 승리를 기뻐하며 창을 치켜올렸다고도 한다.

당시 전 왕국와 보헤미아 공국에서 군대가 소집된 덕분에 참패를 당한 마자르족은 이후 침략 전쟁을 포기하고 도리어 자신들이 약탈했던 이들의 생활양식을 택해야 했다. 마자르족은 점차 농업경제 체계를 토대로 정착하기 시작했다. 전사들을 거느렸던 기마 도적들은 지배권을 장악하면서 봉건귀족 집단으로 변모하였다. 실제로는 오래전부터 이런 과정이 암암리에 뿌리를 내리고 있었지만, 955년 오토가 마자르족을 성공적으로 방어함으로써 이 과정이 구체적인 실행 단계로 접어들었다.

카롤링 시대에서 유래한 왕조적, 정치적 전통이 독일 왕에게 유럽에서의 명성과 영향력을 선사한 유일한 요소는 아니었다. 독일 왕의 명성은 955년의 성공적인 방어와 그리스도교의 이름으로 행해진 왕국의 팽창에서 비롯된 것이기도 하다. 이웃한 프랑스의 왕은 그리스도교 세계에서 독일 왕이 했던 것과 같은 공헌을 하지 못했다. 왜냐하면 오토의 국경 안에서만 이교도들이 존재했기 때문이다. 헝가리인에게는 칼로써, 엘베 강 유역의 슬라브인에게는 정치권력과 선교로써, 오토는 카롤링 왕조의 붕괴에서 유일하게 살아남은 보편적 제도(그리스도교 교회)를 위해 봉사한다는 명성을 얻었다. 처음에 그는 교회를 위해 봉사하면서 마크데부르크에 수도원을 세웠다. 이후에는 엘베 강과 오데르 강 사이의 슬라브인들을 위해서 차이츠, 메르제부르크, 나움부르크 등의 교구를 만들었다. 다음으로 그는 마크데부르크를 대교구로 승격시켰고,

후대에 망루가 첨가된 11세기의 마인츠 대성당은 옛 제국 도시에서 제국, 교회, 시민 계층 사이의 긴밀한 연결 관계를 보여주고 있다.

이로 인해서 마인츠의 대주교와 팽팽한 외교전을 벌여야 했다(당시 마인츠의 대주교가 마크데부르크 지역과 차이츠, 메르제부르크, 나움부르크 교구를 관장하고 있었는데, 새로운 대교구가 형성되면 그만큼 마인츠가 손실을 감수해야 했기 때문이다). 948년에 이미 오토는 잉겔하임에서 전체 교회 회의의 수호자 역할을 담당했고, 951년의 정치적 혼란기에는 이탈리아로부터 지원 요청을 받았다. 이때 그는 이탈리아 왕의 미망인인 미모의 아델하이트와 결혼했는데, 그 결혼은 이탈리아에 대한 지배권을 주장하기 위한 포석이었다. 카롤링 왕들이 유사한 이유로 그러했듯이 교황의 지원 요청에 응해 962년에 마침내 로마에 온 오토는 그곳에서 황제로 등극하였다.

이는 명백히 중세 황제권의 두 번째 초석을 다진 행위로 볼 수 있을 것이다(중세 황제권은 이후 지속적으로 독일과 연결되었다). 독일인들은 제국의 담당자로서 그리스도교 세계를 위해서 봉사하게 되었고, 황제를 '호위하게' 되었다. 황제는 한 명의 독일인이기도 하지만 이탈리아 북부와 알프스의 서쪽 지방, 서슬라브족의 지배자이기도 했다. 중세 말기에 이 지배 영역 안에 세 개의 왕국이 형성되었고, 세 왕국의 왕관 수여식은 아헨, 밀라노, 아를에서 각각 거행되었다. 보헤미아의 지배 영역도 이 제국의 공국으로 속해 있었다. 이 지역은 13세기부터 독립된 왕국으로, 보헤미아의 왕은 신성 로마 제국의 세속 제후들 가운데 최고의 위상을 점하고 있었다. 신성 로마 제국의 황제와 유럽 각국의 왕들 사이의 정치적 권력관계는 풀리지 않았다. 궁정 시인들은 황제권을 '세계 제패'의 의미로 칭송하기도 했는데, 슈타우펜 왕조 시대에 특히 그러했다.

십자가를 단 제국 지구의로 세계 지배를 상징하고 있다. 이 성물은 12세기 말 독일 서부에서 제작된 것으로, 제국의 다른 성물들처럼 신성 로마 제국 마지막 황제의 거처였던 빈에 보관되어 있다.

그러나 그 후에 황제권은 다시 다른 왕들보다 우위에 있는 명예로운 지위 정도로 받아들여지거나 전 그리스도 교도의 수호자로 여겨졌다. 교회와 교황의 관계 역시 확실하지 않았다. 교회의 정점에 선 교황은 군주에 준하는 지위를 누렸지만 '권력의 토대가 불안전한 세계 지배자'로 생각되었다. 두 개의 검, 즉 세속적인 검과 종교적인 검, 태양과 달, 육신과 영혼은 황제와 교황의 동등성이나 우위와 종속을 각각 '신에 의해서 부여된' 것으로 판정하는 데 사용되었다.

제국 자체는 고유의 개인적인 관계에 기초하고 있었고 오랫동안 세부 조직을 제대로 갖추지 못했다. 지배자는 대귀족들의 선거에 맡겨졌지만, 대귀족들은 이후 300년 동안 항상 왕가 출신의 후보자를 선택했다. 그러나 오토, 잘리어, 슈타우펜 이 세 왕조가 차례로 소멸한 뒤에도 '왕은 선출된다'는 특별한 의식이 남았고, 그와 함께 막대한 규모의 물질적 유산도 남게 되었다. 세 왕조가 남긴 '왕가 직속의 사유재산'은 차례로 '황제위에 속하는 재산'으로 귀속되었다. 다만 1254년에 콘라트 4세가 사망했을 때, '분리 과정'으로 인해서 상당한 손실이 발생했다. 독일적 특징의 또 다른 측면인 왕조 교체는 로마-독일 제국 황제의 역사를 세 번이나 뒤흔들었다[오토(919~1024), 잘리어(1024~1125), 슈타우펜(1138~1250)은 각각 대략 100년 정도 왕위를 영위했다]. 이후에는 룩셈부르크 왕조가 간헐적으로 왕위에 오르면서 3세대에 거쳐 200년 정도 불안한 시대를 이어갔다[하인리히 7세(재위 1308~1313), 카를 4세(재위 1346~1378), 벤첼(보헤미아의 바츨라프 4세, 재위 1378~1400), 지기스문트(재위 1411~1437)]. 황제권은 마침내 1452년

제국 십자가. 역시 독일 서부에서 만들어졌다. 대략 1025년경에 제작된 것으로 추정된다. 77센티미터의 높이로 황금 받침, 진주, 귀금속 등으로 치장되어 있다. 마우리티우스의 신성한 창과 더불어 가장 중요한 제국 성물에 속한다.

에 합스부르크 왕가의 상속물이 되었고, 이는 1806년까지 계속되었다. 이 때문에 1806년까지 제도화된 근대국가를 형성할 기회는 오지 않았다.

일시적이기는 했지만 오토와 그의 후계자들은 '유력 인사들'의 충성 서약과 반란, 백작직과 공작직의 임명을 둘러싼 정치적 분투, 오랫동안 분리주의적 성격을 띠었던 봉기 등을 감수해야만 했다. 결혼과 관직을 통해서 여러 방면으로 연결되는 한편 수시로 변하는 왕가와의 친밀도에 따라 부침을 겪는 40개 정도의 고위 귀족 가문이 맺었던 개인적인 관계가 국내 정치 사건의 근본적인 원천이었다. '궁정 의회'는 기존의 '궁정직'과 봉건 서약에 만족했던 고위 귀족들의 모임이었고, 당대의 지배 구조를 대변하고 있었다. 이러한 구조를 활용한 오토 제국은 일시적으로 라틴 그리스도교 세계에서 가장 안정된 군주 국가로 발전했다. 정밀화와 금세공술이 유럽적 특징을 제국 전역으로 전파한 것과 마찬가지로 다수의 수도원, 황제의 거주지, 주교 관저 등은 독특한 건축양식으로 제국의 특징이 되었다.

962년에 사용되었던 황제관은 매우 고풍스럽게 보인다. 이는 이중적인 의미에서 그러하다. 관의 팔각면은 속이 빈 금줄로 연결되어 있는데 운반상 편의를 위해 왕관을 분리할 목적이었거나 매장을 위한 것으로 보인다(팔각면의 테두리는 11세기에야 만들어졌다). 아마도 이는 성물에 숨겨진 비밀일 것이다. 중세 말기에는 왕관을 보호하기 위해서 정밀하게 제작된 볼록한 가죽 용기를 생산했다. 팔각의 면은 전 세계를 감싸는 형상을 하고 있는데, '여덟'이라는 숫자는 하늘과 땅을 상징한다. 각각의 옥돌은 덕을 의미한다. 여기에는 상징적인 사고가 깔려 있다는 것을 먼

제국의 왕관에 있는 에나멜로 칠해진 판 중 하나. 여기에는 카를 대제의 우상이기도 한 성서 속 다윗 왕이 그려져 있다. 또한 "왕의 명예는 재판을 존중한다"라는 문구가 쓰여 있는데, 실제로 재판관의 임무는 왕의 가장 중요한 임무였다.

황금, 화려한 귀금속 에나멜이 칠해진 판으로 장식된 제국의 왕관은 962년 오토 1세의 황제 대관식을 위해서 만들어진 것으로 추정된다. 경첩을 이용해서 연결된 여덟 개의 판으로 이루어져 있으며, 십자가와 왕관을 가로지르는 연결 부위들은 11세기에 들어서 첨부되었다. '제국 그 자체를 상징하는' 제국의 성물들은 다양한 장소에 보관되어 있었다. 프리드리히 1세의 시대에는 트리펠스 성에, 바이에른 출신 황제 루트비히의 시대에는 티롤에 있는 시토회의 슈탐스 수도원에, 카를 4세 때는 프라하의 카를슈타인 성에, 이후에는 약 400년 동안 뉘른베르크의 황제성에 보관되기도 했다. 나폴레옹의 침공으로부터 보호하기 위해서 성물들은 후대에 빈으로 옮겨졌다.

후에 황제로 등극하는 하인리히 2세와 1000년경에 결혼한 룩셈부르크의 쿠니군데는 1002년부터 왕비이자 황후로서 제국의 통치에 깊이 관여했다. 하인리히가 부재할 경우에는 그녀가 직접 대리 통치를 하기도 했다. 결혼 후에도 자식이 없었던 까닭에 성모마리아의 경우처럼 황후의 처녀성에 대한 전설이 생겨나기도 했다. 그녀의 왕관은 11세기 초 풀다에서 제작된 것으로 보이며, 현재 뮌헨의 시립 박물관에 보관되어 있다.

저 이해해야 한다. 이 사고에 따르면 현실은 성서에 기록된 흥미진진한 비유에 따라서 변화하며, 세계와 초월적 세계 사이의 불변하는 정적인 관계에 기초한다.

상징적인 성서 해석은 초월적인 세계관을 제시한다. 그에 의하면 성서에서 '수치에 따라 정립된' 이 세상은 해석을 요하는 신의 수수께끼를 내포하고 있다. 12세기의 스콜라 철학에 이르러서야 연역과 유추에 대한 교육이 실시되었다. 이 세상은 꽤 오랜 기간 동안 논의와 설명이 아니라 무언가를 넌지시 알리는 암시의 예술로 빠져들었다. 이러한 예술로 인해서 지적 자산이 엄청나게 늘어났다. 물론 이 자산들은 글이나 서적의 형태보다는 예술을 통한 상징적인 묘사의 방법을 택했다. 사료에서도 유추보다 암시적인 방법이 훨씬 더 많이 사용되었다. 12세기에 스콜라철학이 새로운 사고 양식을 통해서 비상하면서 문자 사용이 점점 증가했고 이로 인해 상징주의가 문자 문화 속에 녹아들 수 있었다. 사상적으로 정점에 올랐던 시기에는 더욱 그러했다. 이때 상징주의는 연역적인 개념성에 대한 스콜라적 문제 제기에 신속하게 길을 내주었다. 비록 몰락한 문화적 유산이 되기는 했지만 상징주의는 여전히 교회와 이 세상에 남아 있다.

고대 문화를 보존하려는 경향은 몇몇 정신세계의 영역에서 강하게 뿌리를 내리고 있었다. 여성의 교육 또한 그러했다. 간데르스하임의 로스비타는 고대의 시를 모방하거나 개작하여 여성들의 정숙한 귀를 보호했다. 또한 그녀는 작센의 연대기 작가 코르바이의 비두킨트가 했던 것처럼 오토 황제의 가문이 영예를 얻는 데 기여했다(비두킨트는 왕권의 강화에 기여한 글을 남겼으며, 로스비타 역시 오토 대왕의 위업을 기리는 글을 작성한 바 있다). 다른 역사 서술가들의 기록은 (독일 동남부 레겐스부르크 근교에 위치한) 장크트 에메람 수도원으로, 크레모나의 주교 루이트폴트의 비잔티움 여행기는 이탈리아 북부에 빽빽하게 들어찬 문화 공간으로 우리를 인도한다. 리에주 지역에서 베로나의 라테리우스는 신앙심이 깊은 일반인의 생활에 관한 입문서와 함께 지적인 자서전을 서술했다. 자서전은 12세기에 들어서 본격적으로 서술되기 시작했다. 이와 같은 발전 과정을 지적하는 것은 쉽지만은 않은 일이다. 종종 사람들은 고대 문학의 부활에 원동력이 되었던 것을 내용이나 고대화된 라틴 서법, 서술 양식 등에서 찾기 위해 문화적인 측면에서 '카롤링 르네상스' 다음으로 '오토 르네상스' 그리고 다시 '12세기의 르네상스'를 연결한다. 그러나 당시의 개인적인 의식이나 사회적인 의식은 '고전적인' 것이 아니었다.

모든 시대의 교육 방법은 습자(習字) 학교와 대규모의 예술 보호 중심지를 통해서 계승되었다. 습자 학교는 세밀 화법을 배우는 장소이다. 과거에는 라이헤나우 섬의 수도원 지역에 있었던 것으로 추정되었지만, 현재는 라인 강 중류에 위치했다고 여겨진다. 필사 문화의 중심지인 습자 학교는 황제와 주교들을 위해서 종교 서적을 제작했다. 이 서적들에는 문학적인 발전보다는 고대 사실주의와의 괴리감이 분명하게 나타나고 있다. [당시의 필사 문화에서는 글과 더불어 그림도 함께 베꼈는데] 금빛 바탕으로 전환된 배경은 묘사된 인물을 돋보이게 만드는 한편 인물의 육체를 배경과 분리시켰다. 이렇게 어색하게 표현된 주인공과 주변인 사이의 크기 관계의 변화는 지금과는 다른 세계관을 보여준다. 금 세공술 역시 기술 면에서는 '외부의' 영향을 받았지만 이러한 세계관의 전통에 속한다. 황제관에서 나타나듯이 에나멜 세공 또한 유사한 상징성을 보여주고 있다. 반면에 고대의 사실주의적 특성은 몇몇 대형 조형물에 남아 있다. 쾰른 대

동게르만 부족인 롬바르드족은 6세기부터 북부와 남부 이탈리아의 여러 지역에서 지배권을 형성했다. 이들은 건축, 조형예술, 기타 소공예 분야에서 매우 독특한 작품들을 남겼다. 그중에서도 특히 이 금세공 작품을 들 수 있을 것이다. 십자가 처형 장면을 담은 상아 부조물을 둘러싸고 있는 이 작품은 900년경 프리아울에서 만들어진 것으로 현재는 치비달레의 고고학 박물관에 보관되어 있다.

성당에 있는 게로의 십자가를가 대표적인 예일 것이다. 10세기 중엽에 세워진 게로의 십자가는 당시 유럽에서 가장 큰 그리스도상이었다. 힐데스하임 대성당에 있는 청동 조형물들 역시 고대적 특성을 보여주며 기술적인 수준 또한 최고 경지에 올라 있다. 기원후 1000년 전후에 만들어진 이 조형물들은 회화적 독창성이 돋보인다. 이는 전체적으로 '기하학적'인 구도의 문제점을 극복해서 평면에 표현하기 어려운 입체감을 구현해냈기 때문만은 아니다. 힐데스하임 대성당의 문들이 동적이고 극적인 효과를 보여주는 모양

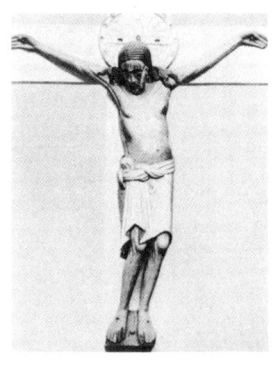

예수 그리스도의 육신을 조각한 대형 십자가. 10세기에 쾰른의 대주교 게로가 기증했다. 당시로서는 유럽의 초기 조형물 가운데 가장 큰 것이었다. 이 형상은 12세기에 나타나는 그리스도의 수난상을 연상시킨다.

배치를 활용하고 있으며, 연속적인 장면들을 하나의 그림 속에 묘사하는 독특한 시도가 이루어졌기 때문이다. 힐데스하임 대성당은 베른바르트 주교의 지시에 따라 만들어졌는데, 그는 당시에 실명으로 알려진 몇 안되는 유명한 예술가 중 한 명이었다. 아마도 교회에서 맡은 높은 직책 덕분에 그의 이름이 알려질 수 있었을 것이다. 그러나 이와 같은 탐구적이고 개인주의적인 성향은 12세기가 되어서야 보편화될 수 있었다.

 독일은 조형예술 분야에서 960년부터 1060년까지 대략 100년 동안 라틴 유럽 국가 가운데 최고의 수준에 도달해 있었다. 오토 시대의 독일 건축 역시 전체 라틴 문화권에서 가장 인상적인 표현 양식을 창조해냈다. 이런 경우는 "이후부터 현재까지 없었다"(만프레트 분드람). 카롤링 시대의 아헨 대성당, 카롤링 왕조의 제국 수도원인 로르슈의 현관, 미헬슈타트의 교회, 프라우엔힘제 수도원에 있는 몇몇 건축물의 잔재를 제외하고는 그 어떤 것도 남아있지 않듯이 오토 시대에도 많은 교회 건축물이 파괴되고 또 증축되었다. 그러나 림부르크, 보름스, 힐데스하임의 대성당들과 장크트 마르틴 대성당, 쾰

양쪽으로 나뉜 웅장한 힐데스하임 대성당의 청동문은 1000년경 베른바르트 주교에 의해서 제작되었다. 이 청동문은 기술적으로나 예술적으로나 상당한 수준의 대작으로, 그리스도의 삶과 속죄를 조물주에 의한 인간의 창조와 타락에 비교하고 있다.

822년 루트비히는 베저 강변에 코르바이 수도원을 설립한다. 수도원의 이름은 솜 강변의 코르비에서 온 수도사들로부터 유래했다. 이 수도원은 10세기 독일에서 새로이 시작된 황제권을 지지했던 중요한 수도원 가운데 하나였다. 여기에서 작센족의 옛날식 이름인 비두킨트로 불렸던 한 수도사가 오토 가문의 황제들에 관한 중요한 역사서를 저술하기도 했다. 12세기 중엽에는 슈타블로 출신의 수도원장 비발트가 황제 하인리히 3세의 외교 조언자로 활약하기도 했다. 10세기에 세워진 수도원 교회의 서쪽 부분은 오토 시대의 대표적인 '황제 건축양식'이다.

슈파이어의 황제 대성당이 천국으로 향하는 신의 성과 같은 모습으로 고풍적 위용을 자랑하는 동안, 서쪽의 프랑스에서는 고딕건축 예술이 싹트고 있었다. 하인리히 3세가 건축을 시작한 대성당은 하인리히 4세 때 완성되었고, 이곳에는 파문된 잘리어 황제의 관이 보관되었다.

른의 사도 교회와 같은 몇몇 대교회 건축물, 그리고 에센-베르덴에 있는 수녀원 건물의 서쪽 면과 코르바이의 수도원 교회가 남아 있다. 이와 같은 건축물들을 구성하는 다양한 작품들은 통일된 이념을 반영한다기보다는 작품 자체가 개별적 의미를 지니는 창조 작업의 결과이다. 하지만 1030년부터 건축에 들어간 슈파이어의 대성당은 다른 특징을 보이기 시작했다. 슈파이어의 대성당에서 처음으로 건물 자체가 하나의 예술 작품으로 체계화되었다. 높이와 넓이에서 건축물 전체를 하나의 통일체로 느끼게 하는 총체적 조형미의 개념이 발견되기 시작한 것이다. 또한 기술과 미학의 새로운 관계가 슈파이어 대성당의 벽면을 구성했음이 드러나고 있다. 대성당의 벽면은 분명 지속적인 조형 작업을 거쳐서 형성되었을 것이다. 엄정한 계획을 따라 작업장의 가설 오두막에서 준비 작업을 마친 후 돌의 모든 유형을 고려해서 짝이 맞는 부분들을 기술적, 미적으로 적절히 조화시킨 총체였던 것이다.

11세기 말의 이러한 건축양식은 서쪽으로 몇백 킬로미터 떨어진 프랑스의 고딕 성당에 사용된 방식과 유사한 형태를 띠고 있다. 당시 사람들이 프랑스식 건축물이라고 불렀던 이 고딕 양식이 모든 면에서 독창적인 것은 아니었다. 왜냐하면 노르만인들이 서프랑스와 시칠리아에 건설한 대형 건축물 중에도 비슷한 것들이 있었기 때문이다. 부유한 해안 도시 피사처럼 발전된 북이탈리아의 지역에 세워진 대성당들 역시 새로운 건축양식을 연상시킨다. 단지 프랑스 북부만이 유난히 고집스럽게 지역 전체에 걸쳐 '고딕적인' 경향을 추구하고 있었다. 우월한 문화로 여겨진 '고딕' 양식은 12세기에 동쪽으로 전파되었으며, 이로써 덜 발달된 비슷한 형태의 건축양식들은 사라졌다. 한편 북부와 남부 이탈리아에서는 독창적인 건축양식이 가져온 합리주의가 독자적인 영향력을 발휘하였다. 합리주의는 중세 전성기에 이 지역에서 지속적으로 건축술에 영향을 미쳤다. 피사와 루카, 팔레르모, 오르비에토와 시에나의 대성당들은 독창적인 건축술로 유럽 전역에서 각별하게 인정받았다.

독일 로마네스크 양식의 전성기에 세워진 림부르크 대성당은 오늘날에도 교회의 대형 건축물이 당대 사람들에게 끼쳤던 엄청난 위압감을 연상시킨다. 당시 사람들은 도시에서도 규모와 장엄함의 측면에서 이와 비견될 만한 석조물을 보지 못했다.

성인과 성녀에 대한 문학적 서술은 이 시기의 가장 중요한 문화유산이었다. 건축술과 마찬가지로 이 사료들은 고전적인 전통을 독창적으로 재해석했다. 문학자들은 양피지를 사용하면서 고전적인 전통을 포기했다(9세기를 전후로 파피루스에서 양피지로의 전환이 이루어졌다). 그러나 9세기 카롤링 시대에 아인하르트가 저술한 카를 대제의 전기는 아직 고전적 전통의 토대를 따르고 있었다. 학자들은 삶의 이상을 위해서 독창적인 표현 방식을 강구했는데 이들이 수도사들이었기 때문에 문학작품들 속에는 교회와 세계의 개혁이라는 클뤼니 수도원의 위대한 개혁 정신이 투영되었다. 실제로 오리야크의 제라르 백작이나 보헤미아의 바츨라프의 성인전들은 그리스도교 고유의 이상을 수도원 생활에서 찾을 수 있다는 관점에서 출발하고 있으며, 이 때문에 작가들은 성인들이 수도원을 동경했다고 서술하고 있다. 그럼에도 불구하고 이

성인들은 '슬퍼하는 정의의 사도'로 희생정신을 발휘하여 세속적 임무에 전념했다. 심지어 악에 대항하는 것이 목적이라면 폭력도 그리스도 교도의 가장 고귀한 임무인 그리스도교적 자선 행위로 해석되었다. 이러한 성인들의 생애에 전 세계를 하나의 통일되고 영속적인 그리스도교적 질서에 묶으려는 '그리스도교의 기사상'이 각인되기 시작했다. 이미 10세기는 양심적 윤리, 특히 클뤼니의 진보적이고 개혁적인 본질을 통해서 그리스도교적 정치의 모순을 해결하고자 했던 시기였다. 그러나 현세를 위해서 수도사들이 가지고 있던 이상이 종국에는 실패하고 말았으리라는 것도 상상할 수 있을 것이다.

위대한 건설자들

오토 '대제'와 그가 10세기 중엽 독일의 정치와 문화에서 '기초를 다졌던 시기'는 10~11세기에 '대왕'과 '성왕'을 지속적으로 배출했다. 이들의 공로는 쉽게 설명할 수 있을 것이다. 그들은 이후 1,000년 동안 약간의 변화를 보이기는 했지만 본질적으로는 거의 변하지 않았던 지배권의 토대를 확립했다. 전체적으로 현재의 유럽 국가들은 이 건설의 아버지들에게 공로를 돌려야 할 것이다. 물론 이들 모두가 그들의 별칭만큼 대단한 인물들은 아니었다. 대왕 또는 성왕이었던 오토, 울라프, 크누트, 볼레수아프, 이슈트반, 시메온, 블라디미르, 바츨라프 등은 사실 정치가도 그리스도 교도도 아니었다. 그들을 그렇게 만들었던 것은 시대였다. 탄탄하게 대지배권이 형성되는 추세와 이와 밀접한 연관을 맺고 있던 교회와의 긴밀한 협조가 바로 그 요인이었다. 상당수의 지배자가 자신들의 선견지명보다는 시대의 조류에 이끌렸다. 광범위하게 확장되었던 1000년 전후의 세계에서 대왕이나 성왕으로 대두하는 것은 그다지 어려운 일이 아니었다. 이들은 종종 100년이 지난 12세기에도 찬양을 받았다. 이 시기에는 국가 건설이라는 새로운 자극이 어느 정도 체계화되었고 정교해졌다. 날로 심화되고 견고해진 새로운 자극이 교회와 유럽 세계에 전파되었다. 어쨌든 이를 계기로 사람들은 어디에서나 건설의 시대의 '대왕들'과 '성왕들'을 기억하였고, 역사적인 위인들에 대해서 우리보다 더 정확히 알고 있었다. 세련된 의지와 판단력, 희생정신의 정도가 당대의 평가 기준은 아니었다. 누가 무엇을 건설했고, 어떻게 지배 영역을 일구었으며, 이것을 '후대'를 위해서 확고하게 만들었는지가 위대한 것으로 인식되었다.

이런 점에서 오토 대제는 생전에 이미 인정을 받았다. 오토와 마찬가지로 불가리아의 차르 시메온(재위 893~927) 역시 남동 유럽에서 '대왕'으로 추앙받았다. 그는 수세대 동안 지속된 반목을 극복하고 이룩한 안정을 토대로 인접한 비잔티움 제국을 위협하기도 했으며 비잔티움의 황제에게 결정적인 도움을 주기도 했다. 보상으로 시메온은 '고귀한 태생'인 황제의 딸과의 결혼을 약속받았고, 그 결과 당대의 종족 관념에 근거해서 황제와 동등한 지위가 인정되었다. 100년 전의 카를 대제나 당대의 오토 대제와 같은 이들 역시 이러한 영예를 차지하고자 했으나 끝내 아무것도 얻지 못했다. 그러나 이후 콘스탄티노플의 황제가 딸을 내주기를 거부하자 시메온은 913년과 924년에 콘스탄티노플을 점령함으로써 불가리아-비잔티움 대제국의 건설을 꾀했다. 그는 911년부터 '카이사르'라는 단어에서 유래한 '차르'의 칭호를 가지고 있었다. 924년에 세르비아까지 점령한 그는 야망의 상당 부분을 실현시켰다. 그러나 동방의 황제가 되지는 못했다. 그가 사망하고 50년이 지난 후 비잔티움에서 황제직을 차지한 바실레이오스(재위 976~1025)는 '대제', '불가리아인들의 학살자'로 불리면서 이후 4세기 동안 지속된 비잔티움-불가리아 제국의 토대를 닦았다. 이 제국은 그가 불가리아인을 정복하고 비잔티움의 국경을 도나우 강까지 확장했기 때문에 탄생할 수 있었다.

같은 시기 폴란드에서는 '용감왕' 볼레수아프(재위 992~1025)가 군림했다. 그는 후대에 '대왕'으로 불렸는데, 이는 자부심에 찬 민족의 정서를 대변한다. 볼레수아프의 용맹함은 그의 지배 형태를 기록한 문헌에 잘 나타나 있다. 정복자 볼레수아프는 오랫동안 폴란드의 동방 확장을 첫 번째로 이끈 인물이자 가장 성공적으로 이끈 대표적인 인물로 여겨졌다. 그는 키예프를 순식간에 점령했고 키예프 제후의 딸을 부인으로 맞았다. 또한 그는 탁월한 정치적 업적을 남겼다. 기원후 1000년경 황제 오토 3세가 클뤼니 출신 조언자들의 협조를 얻어 그리스도교의 부흥을 꾀했던 것처럼 볼레수아프 역시 그리스도교의 심화와 전파에 전념했다. 그는 프라하의 주교 아달베르트의 선교 여행을 지원했는데, 이 여행은 프로이센 이교도에게 복음을 전파하는 것을 목적으로 했다. 오토 황제의 친구이자 신심이 깊었던 주교는 997년에 프로이센에 도착한 후 살해되었다. 황제는 그의 시신을 돈을 주고 사들였고 그니에즈노에 새로 세워진 교회에 안장했다. 아달베르트의 사망으로 큰 충격을 받은 젊은 황제 오토 3세(재위 983~1002)는 성지순례자이자 국가원수로서 순교자의 묘가

1175년에 세워진 그니에즈노 대성당의 청동문은 프라하의 제2대 주교 성 아달베르트의 생애를 그리고 있다. 그는 폴란드의 통치자와 함께 프로이센인들을 개종시키고 997년 그니에즈노에서 순교했다. 그의 순교는 폴란드인과 체코인이 그리스도교 세계의 적극적인 구성원이었음을 보여주고 있다.

있는 그니에즈노를 방문했고, 고대 로마인의 법적 관례에 따라 볼레수아프를 '로마 제국의 친구'로 추대했다. 그니에즈노는 교황의 동의를 받고 폴란드의 대교구가 되었는데, 이는 폴란드 교회와 독일 교회가 전적으로 동등한 위치에 놓임을 뜻하는 동시에 오데르 강을 넘어 전개되었던 독일 동방 포교의 종식을 뜻하는 것이었다. 그 외에도 볼레수아프는 자신의 지배권을 서부의 엘베 강과 오데르 강 사이에 위치한 지역까지 확대했다. 이 지역은 슬라브인이 거주했기 때문에 당시까지 개척되지 않았고 통치 영역에도 포함되지 않았다. 그는 남부의 라우지츠를 정복했고, 이후에 마이센으로 불리는 지역을 정복하기도 했다. 1003년에는 보헤미아 지역까지 들어가서 프라하를 정복했다. 이로 인해 서슬라브인에 의한 대국가 건설이라는 정치적 환상까지 대두했다. 그러나 결국 실현되지는 못했다. 후에 일어난 보헤미아인의 폴란드 진군 역시 성공을 거두지 못했다. 말년에 볼레수아프는 오토 3세가 죽은 뒤 황제와 교황의 동의를 구하지 않고 스스로 폴란드의 왕위에 올랐다. 그가 이룩한 업적을 생각하면 당연한 행동이라고 할 수 있다. 이후에 발생한 우여곡절과는 관계없이 그가 폴란드를 건설했다는 것은 결코 부정할 수 없기 때문이다.

덴마크의 크누트 대왕 역시 1016년에서 1035년까지 상당한 업적을 이루었지만 그 업적은 계승되지 못했다. 당시에 그의 명성은 정세를 파악하거나 왕들을 평가하는 잣대로 사용될 정도였지만, 시대적 요구를 충족시키기에는 역부족이었다. 왜냐하면 크누트의 왕국이 그의 사후에 붕괴되었기 때문이다. 아마도 그가 의도했던 것은 오늘날의 현실 정치와 유사했던 것으로 보인다. 로마인이 한때 지중해 연안을 통합했던 것처럼 그는 북해의 인접국들을 규합했다. 지중해 연안은 폐쇄된 지역이었지만, 북해의 인접국들은 육지와 바다에 서로 떨어져 있었다. 아버지의 세력을 토대로 해서 크누트는 덴마크의 맞은편에 위치한 동잉글랜드와 스코틀랜드, 노르웨이를 정치 공동체 안으로 끌어들였다. 그의 계획은 치밀했지만 바다로 나뉜 물리적 거리 때문에 후계자들은 크누트가 이루고자 했던 바를 계승할 수 없었다. 하지만 덴마크는 통일된 견고한 모습을 유지했다. 그러나 인접국인 노르웨이 왕과의 결속은 끊어졌고 잉글랜드를 스칸디나비아에 결속시키려고 했던 시도조차 비현실적인 것이 되었다. 이후 노르웨이의 왕인 '엄격왕' 하랄이 다시 같은 시도를 했지만 아무것도 이루어진 바가 없었다. 하랄은 스탐퍼드 교각 전투에서 전사했다. 그가 사망하고 불과 19일 후에 다른 침입자인 노르망디공 기욤(기욤 2세, 재위 1035~1087)이 잉글랜드를 무력으로 점령하려 했다. 그의 선조들 역시 스칸디나비아 반도 출신으로 노르망디에 정주했는데, 그들의 존재는 잉글랜드 제도를 불안에 떨게 했다. 노르망디공 기욤은 1066년 10월 14일 헤이스팅스에서 승리를 거두면서 '정복왕' 윌리엄 1세로 역사에 기록되었다. '참회왕'으로 역시 성왕이었던 에드워드의 사후에 벌어진 왕위 쟁탈전에서 세 명의 왕위 쟁탈자가 등장했는데, 바로 웨식스의 백작 해럴드, 노르웨이의 왕 하랄, 노르망디공 기욤이었다. 세 사람 모두 왕위에 대해서 명백한 법적 근거를 내세우지 못했기 때문에 왕위 쟁탈전은 무력을 사용해서 해결되어야 했다. 자국인이었던 웨식스의 백작 해럴드가 먼저 유리한 고지를 차지했고 9월 25일 노르웨이의 적에게 치명적인 패배를 안겨주었다. 그는 그 후 증원군을 기다리지 않고 바로 섬의 남부에 상륙한 노르만인들을 헤이스팅스에서 공격했지만 결국 이 전투에서 패배했고 전사하였다.

성탄절에 노르망디공 기욤은 웨스트민스터에서 앵글로 색슨족의 왕 윌리엄 1세로 즉위했다. 그는 전임자였던 에드워드로부터 많은 것을 받아들이면서 새로운 질서를 만들었다. 그에게 제압당한 귀족 가운데 극소수의 인원만이 토지 소유를 허락받았다. 카를 슈니트는 이 과정을 오랫동안 반란에 맞섰던 정복자들이 "중세 그리스도교 세계에서 그 예를 찾을 수 없을 정도의 대규모 물갈이 작업"에 착수했다고 서술하고 있다. 윌리엄 1세는 왕국을 철저하게 조직화하여 잉글랜드의 왕위를 수세기 동안 안정시켰다. 그는 몰수한 토

노르망디공 기욤(윌리엄 1세)의 침공을 다룬 유일한 자료인 바이외 태피스트리에는 "잉글랜드와 프랑스 양측의 사람들이 죽어갔다"라는 문구가 쓰여 있다. 1080년에 제작된 태피스트리에는 1064년에서 1066년까지 일어난 중요한 사건들이 수놓아져 있다. 이 사건들은 바이외 태피스트리 외에는 어디에서도 찾아볼 수 없는 것으로 위아래의 테두리에도 많은 사실이 수놓아져 있다. 전투용 도끼를 사용하는 잉글랜드의 보병, 약탈을 당하는 전사자들, 긴 방패, 수로 함정, 전투용 말 등등. 중세의 현실을 이처럼 생생하게 보여주는 자료는 없을 것이다.

정당한 전쟁으로서의 잉글랜드 정복. 해럴드는 윌리엄에게 선서를 한다. 이는 프랑스-노르만적 해석에 의하면 종속적 관계의 형성을 의미하며, 1066년 에드워드 왕이 사망한 후 윌리엄과 대립 관계에 있지 않도록 법적으로 규정을 한 것이다. 태피스트리는 성물 절취와 같은 선서 위반 행위를 정치 문제화했고 이를 통해서 윌리엄의 정복을 정당화했다. 제단과 성물 보관함 사이에서 진행된 선서 행위는 성물을 매개로 한 법적 효력의 관례가 광범위하게 퍼졌음을 의미한다.

제1장 | 중세의 뿌리 99

지를 국왕 소유지로 정한 후 대다수의 노르만인에게 양도했다. 이로 인해 무장 능력을 갖췄던 4,000~5,000명의 자유민을 포함하여 앵글로 색슨 귀족들이 모든 경제력을 상실했고 상당수는 이주를 선택하였다.

윌리엄은 선왕의 먼 친척뻘로 그의 후계자로 지명되기도 했다. 그는 교황의 깃발을 들고서 그리스도교의 법적 질서를 준수하라는 교회의 권위를 업고 잉글랜드로 향했다. 그러나 권력을 장악하자 이 새로운 왕은 교회를 자신의

노르만족의 기사들이 정복왕 윌리엄의 경쟁자인 앵글로 색슨족의 왕 해럴드를 죽이고 있다. "왕 해럴드가 살해되었다"라는 문구가 태피스트리에 쓰여 있는 것으로 볼 때 승자 스스로도 해럴드의 왕권을 인정하고 있다. 아래 테두리에는 전사자들을 약탈하는 사람들이 묘사되어 있다.

왕국의 조직 내부로 끌어들였다. 처음에는 교황의 지원을 받아 개혁이 이루어졌지만 차츰 왕이 새로운 조직을 장악하기 시작했다. 앵글로 색슨 출신 주교는 단 한 명만이 유임되었고 로렌, 노르망디, 롬바르디아에서 온 클뤼니 출신의 교회 개혁 세력들이 주교직을 독차지했다. 잉글랜드 교회의 수장직은 요크 대주교에서 캔터베리 대주교로 이양되었고 지금까지도 그러하다. 대륙의 관행에 따라서 주교의 자리는 도시로 이동했고 이는 전체 문화의 발전에 추진력이 되었다. 잉글랜드의 수도원들이 클뤼니의 양식을 따라서 개혁된 것은 당연한 결과였고 노르만 성당의 건축양식이 새로운 바람을 불러일으켰다. 그러나 주교와 수도원장의 임명권은 왕이 장악했다. 이것은 클뤼니의 구상과는 정반대였다. 오랜 논란 끝에 윌리엄의 후계자 시대에 와서야 타협이 시작되었다.

기회가 있을 때마다 윌리엄은 가신들에게 봉건 서약을 받아냈다. 이로 인해서 '왕국의 모든 가신이 왕과 직접적으로 연결되어 있으며 최고의 봉건 영주인 왕에게 충실히 의무를 수행한다'는 사고가 봉건적 피라미드 구조가 자리 잡은 어떤 지역보다도 강하게 뿌리내리기 시작했다. 윌리엄은 생각해낼 수 있는 가능한 모든 수입원을 악착같이 찾아냈고 이를 위해서 그의 정부는 상당한 수준의 조직 능력을 가동하기 시작했다. 위원들이 순회하면서 재산 상태와 조세 의무를 전부 확인하고 기록했는데, 이를 바탕으로 1086년에 두 권으로 구성된 『둠즈데이 북』이 작성되었다. 이 책은 유럽에서 그 전례를 찾기 힘든 토지조사의 결과물이라고 할 수 있을 것이다.

윌리엄은 북부의 스코틀랜드와 서부의 웨일스에도 세력을 확장하고자 했다. 그러나 어느 쪽도 지속적인 성과를 가져오지는 못했다. 이러한 제약에도 불구하고 왕국은 이전의 어떤 시기보다 확고한 터전을 마련했다. 그러나 유럽 대륙과의 연결은 이후 4세기 동안 상당한 의미를 지니게 되었다. 윌리엄이 죽자 일단 단절되었던 관계가 그의 막내아들 헨리 1세(재위 1100~1135)의

음울한 성격의 정복왕 윌리엄을 그린 초상화는 전해지지 않고 있지만 1080년에 세워진 캉의 스테판 성당은 그를 연상시킨다(성당의 탑은 후대에 지어졌다).

통치 시기에 다시 재개되어 해협을 넘어서 지속적으로 대륙과 연결되었다는 점에서 중세 정치는 근대와는 차이점을 보인다. 당시 잉글랜드의 항해 기술이 미숙했음에도 불구하고 후대의 '영광스러운 고립'의 시기보다 부분적이나마 대륙과 더욱 밀접한 관계를 맺었던 것은 매우 특이한 현상이라고 할 수 있다. 대신에 북해를 통한 연결은 끊어졌고, 그 결과 노르웨이와 덴마크의 영향력은 잉글랜드의 역사에서 완전히 사라졌다. 전자나 후자 모두 정복왕의 업적이었으나, 역사의 복합적인 요인으로 인해 한 개인의 영향력이 그다지 확연하게 드러나지는 않고 있다. 1457년에 잉글랜드와 프랑스의 연결이 단절되었을 때, 중세는 종말을 고했다.

민족의 성인들

위대한 왕들은 민족의 역사에서 민족국가를 창시한 인물로 가장 중요한 위치를 차지하고 있다. 최소한 학교 교과서에서는 그러하다. 하지만 민족과 국가의 상호 관계가 어떻게 자리매김될 수 있을 것인가? 또한 점차 성숙해갔던 민족국가의 통일성과 자유주의 시대의 민족 민주주의와 함께 근대 유럽적인 민족 공동체의 형성이 실제로 기원후 1000년 전후로 존재했는가? 혹은 오토가 독일인을, 울라프가 노르웨이인을, 바츨라프가 체코인을, 볼레수아프가 폴란드인을, 이슈트반이 헝가리인을, 그리고 논란이 되고 있는 블라디미르가 러시아인을 통합했다는 사실은 역사적 우연이었는가? 우리는 여기에서 단지 추측하는 정도로 그치지는 않을 것이다.

유럽의 민족어들은 이름만을 놓고 볼 때 최소한 1,000년의 역사를 가지고 있다. 그들의 정치조직은 유사한 과정을 통해 형성되었으며, 사람들이 지속적으로 정주했던 지역에서는 언어와 정치가 밀접한 관계를 맺었다. 이미 기원후 1000년부터 유럽 지역의 사람들은 1,000년 동안 독자적인 목소리, 즉 왕, 귀족, 혹은 선출된 민족 대표들의 목소리를 통해서 유럽의 대화에 관여했다. 어떤 방언들이 승리를 거두었고 어떤 사투리들이 사라졌는가? 왜 저지 독일어가 아닌 고지(표준) 독일어를 사용하고, 왜 바스크 민족국가는 존속하지 않는가? 스페인인은 어째서 카스티야어를 사용하지 않으며, 옥시타니아인은 어디에 있는가? 무엇이 스칸디나비아 반도를 최종적으로 세 개의 국가로 분리했는가? 정치적 통일은 단지 민족, 언어적인 통일의 결과인가? 혹은 반대로 정치적 운명이 민족어를 결정하는가?

이제는 일상적인 것이 된 답변, 즉 이쪽도 저쪽도 아닌 애매한 답변으로는 충분하지 않다. 이 문제들은 역사상의 상호 교환 작용과 연관되어 있기 때문에 이것 *그리고* 저것의 문제이다. 과거의 사례에서 알 수 있듯이 언어적 통일은 정치적 통일에서 유래했고, 대규모 지배권의 형성 또한 언어형식을 규정했다. 고지 독일과 카스티야를 중심으로 진행되었던 발전 과정이 종국에는 독일어와 스페인어를 민족어로 결정했지만, 언어적 통일이 정치적 국경을 확정했다고는 말할 수 없다.

유럽의 민족국가들은 서서히 형성되었는데 이 과정에는 많은 동기가 작용했다. 특히 언어의 공유는 매우 중요한데, 이는 오늘날까지도 '자연적인' 동질감을 형성하는 원인이 되고 있다. 그러나 언어의 공유는 매우 천천히 형성되었다. 정치적 통일, 대지배권 아래에서 이루어진 통합 등은 종종 언어 공동체가 형성되는 배경이 되었다. 10세기에 오토 대제가 장크트 에메람 수도원을 방문했을 때, 바이에른의 연대기 작가는 오토 대제의 '작센풍 억양'을 지적하면서 "황제가 저지 작센어를 사용했기 때문에 만일 바이에른인들이 그의 말을 주의 깊게 경청하지 않았다면 그는 황제로서의 권위를 내세울 수 없었을 것이다"라고 덧붙였다.

언어뿐만 아니라 같은 전통 속에서 한 명의 공동 조상을 섬기는 설화를 창조한 운명 공동체의 역사도 공동체 의식을 조성했다. 교회는 나름의 독특한 방식으로 공동체 의식을 현시화하는 데 박차를 가했다. 성인들의 축일에 성스러운 장소에서 예식과 기도를 통하여 성인을 축성하는 성인 축성식이 대표적인 예인데, 이 축성식은 천국과 지상의 연결을 지속적으로 암시함으로써 공동체 의식을 드러내었다. 성인으로 축성된 왕들은 위대한 영웅들보다 더 인정을 받았다. 이들은 수십 개의 '민족' 왕국들이 난립해 있던 유럽에서 안정을 확립하는 데 중요한 역할을 담당하였다.

그러므로 울라프, 블라디미르, 바츨라프, 이슈트반은 다른 성스러운 성인들과 마찬가지로 성인일 뿐만 아니라 민족 성인이었으며 가톨릭 성인들의 천국에서 특별한 집단을 형성했다. 전설에 따르면 그들은 자신들의 왕국에 그리스도교를 정착시켰고, 교회를 건설했으며, 성직자들을 불러 모았다. 그리고 후대에 전해지는 것처럼 '그리스도 교도의 권리'를 제정하거나 천명했다. '그리스도 교도의 권리'를 어떻게 이해할 것인지는 문제 삼지 않더라도 이는 그리스도교화가 얼마나 깊게 사회질서를 변화시켰는지에 대한 증거가 될 수 있을 것이다.

보헤미아의 성인 바츨라프 1세는 929년에 혹은 935년에 사망한 것으로 알려져 있다. 그는 앞서 언급한 다른 세 명의 지배자보다 대략 100년 정도 전 시대의 인물이었다. 그가 두드러지게 부각된 이유는 먼저 대모라비아 왕국의 역사가 갖는 중요성 때문일 것이다. 전설에 의하면 바츨라프의 조부는 대모라비아의 종교와 통치 구조의 조직화에 공헌했던 것으로 보인다. 그러나 아마도 그는 그리스도교화된 인접국 동프랑크 왕국으로부터 많은 도움을 받았던 것 같다. 845년에는 보헤미아의 귀족들이 처음으로 레겐스부르크에서 세례를 받았다고 전해진다.

바츨라프의 전기는 라틴어와 슬라브어로 쓰였는데, 각각 바이에른과 키예프 왕국에서 광범위하게 전파되었다. 이는 슬라브인 가운데 가장 서쪽에 위치했던 체코인이 로마 가톨릭 교회뿐만 아니라 그리스 정교회와 정교회의 슬라브어와도 연관성을 가졌다는 증거이다. 논란이 될 수는 있겠지만 슬라브식 미사 형태가 보헤미아에 존속하고 있다는 것은 모라비아의 역사적 전통에서 유래된 것으로 보아야 할 것이다. 어쨌든 슬라브 전설에 따르면 젊은 통치자는 양쪽의 문화 언어에 정통해 있었다. 바이에른에서 유래한 라틴어 전설은 바츨라프를 신앙심 깊은 관대한 통치자로서 진정으로 정의를 수호하고자 했으며, 과부와 고아들의 은인이었고, 통치자라기보다는 수도사에 가까운 인물로 전하고 있다. 슬라브 전설은 전혀 다른 모습을 보여준다. 그에 따르면 바츨라프는 스스로를 방어할 줄 아는 영웅이었고 신의 아들에 가까운 인상을 주고 있다. 왜냐하면 그가 12사도와 함께 승리의 자부심으로 충만한 지도자 같이 암시되어 있기 때문이다. 바츨라프는 야만인들의 시대에 빈번하게 일어났던 형제들 사이의 지배권 쟁탈전에서 사망했는데 교회는 그의 죽음을 순교로 공포했다. 다시 말해 그는 라틴어 전설에서는 신의 복종자로, 슬라브 전설에서는 강인하지만 부질없는 저항자로 묘사되었다. 이런 맥락에서 보면 그가 사망한 시기가 왕가 내부의 갈등이 벌어졌던 929년이었는지 아니면 독일의 왕위 교체와 그 이후 오랫동안 지속될 보헤미아와 제국의 분리 과정에 원인을 제공한 935년이었는지의 문제는 아주 사소한 것이다. 후자가 더 설득력 있게 보이지만 바츨라프가 젊은 통치자였으며 신앙과 추진력으로 그리스도교에 기여했다는 것이 보다 중요한 사실일 것이다. 이 점이 그를 100년 후에 죽은 다른 두 명의 성인과 연결하기 때문이다.

  노르웨이의 울라프 2세는 젊은 시절 바이킹족의 원정에 따라나섰다. 그는 19세가 되던 해인 1014년에 루앙에서 세례를 받았다. 그 후에 노르웨이로 돌아온 그는 덴마크인들을 몰아냄으로써 독립적인 노르웨이 왕국의 터전을 마련했다. 바츨라프가 레겐스부르크의 주교와 결속했던 것처럼 울라프 2세 역시 교회를 세우고 성직자들을 불러 모았으며 브레멘의 대주교와 결속했다.

보헤미아의 대공 바츨라프를 형제들이 살해하는 장면은 일련의 사건을 보여준다. 이 장면은 당시의 일반적인 '서술적' 메시지를 담고 있는데, 주목할 만한 지점은 사건에 대한 라틴적인 서술에서 벗어나 슬라브적인 변형이 나타나고 있다는 사실이다. 그에 따르면 성자는 처음에는 성공적으로 방어했다. 이는 지금까지 주목받지 못했던 두 종류의 구전[라틴적 서술과 슬라브적 변형] 사이의 밀접한 관계를 보여주고 있다.

'그리스도 교도의 권리'를 공포했고 이교도에 대해서 단호한 입장을 취했다. 이 또한 다른 문제에서는 매우 관대했던 바츨라프의 태도와 비슷하다고 할 수 있다. 울라프 역시 1029년 정치적으로 혼란스러웠던 상황에서 사망했다. 사후에 그의 신앙심에 대해 명성이 자자했는데 유럽에서는 그에 필적하는 사례를 찾아볼 수 없을 정도였다. 그를 천상에서 온 독립된 노르웨이의 수호자로 추앙했던 교회는 사망 직후에 그의 명성을 적극적으로 기렸다.

보헤미아의 대공 바츨라프 1세는 30세가 채 못 되어 사망했고, 노르웨이의 왕 울라프 2세는 다시 통치권을 장악하려고 했던 35세경에 목숨을 잃었다. 반면에 헝가리의 성왕 이슈반트반 1세는 1038년 그란(에스테르곰)에서 영원히 눈을 감을 때 70세에 가까웠다. 그 역시 젊은 날의 열정으로 헝가리의 그리스도교화를 정치적 사명으로 삼았고 이를 관철했다. 이슈트반은 세례와 동시에 이름을 바꾼 새로운 개종자 가운데 한 명으로 본래 그의 이름은 바이크였다. 그는 [독일 동남부에 있는 교구] 파사우의 사제에게 세례를 받았는데, 파사우 교구의 수호성인 이름은 이를 증명한다.

이슈트반의 전기는 그를 당시의 그리스도 교도들과 연관시키고 있다. 아마도 오토 3세와 클뤼니 수도원장 오딜로의 신임자인 프라하의 주교 아달베르트가 그에게 [신앙을 성숙하게 하는 성사로 세례를 받은 후에 받을 수 있는] 견진성사를 주었던 것으로 보인다. 아달베르트는 젊은 황제 오토와 수도사 출신의 조언자들이 도모했던 클뤼니의 이상과 권력과 사랑으로 이루어진 신성한 제국이라는 유토피아의 열렬한 후원자였다. 이슈트반도 그에게서 비슷한 영향을 받은 것으로 보인다. 그는 황제의 누이동생이자 자신의 부인인 기젤라를 통해서 오토 황제와 밀접한 관계를 유지했다. 뿐만 아니라 주교 아달베르트의 신임자인 수도사 아셔리히를 프라하에서 헝가리로 초빙했는데, 이를 계기로 교회와 세속의 개혁을 추구하며 정치적으로도 높은 수준에 이르렀던 수도원 개혁 운동과도 개인적으로 연관을 가지게 되었다.

이후 헝가리의 대주교가 된 아셔리히는 아달베르트가 세운 프라하의 첫 번째 베네딕트 수도원에서 동료 몇 명을 데리고 왔다. 이들은 모두 아달베르트가 입회했던 로마의 산 알레시오 수도원 출신이었다. 아셔리히와 동료들은 랍이라는 지역에 마르틴스베르크 수도원을 세웠고, 이를 통해 그리스도교의 전파를 매개로 헝가리 왕을 자신들의 편으로 끌어들일 수 있었다. 동시에 그때까지 그리스도교 세계에서 등한시되었던 이 지역이 수도원 문화의 중심지가 되었다. 이렇게 해서 수도원 제도와 정치는 중요한 결정을 내릴 때 서로 밀접한 관계를 맺게 되었다. 헝가리 왕은 유럽의 수도원 제도에 거점을 마련했는데, 여기에는 가톨릭과 그리스 정교회의 수도원까지 모두 포함된다. 수도사들은 현세에서의 그리스도교적 임무와 금욕적인 현세 부정 사이의 엄청난 간

팔레르모 왕궁 근교에 위치한 몬레알레의 베네딕트 수도원은 1174년 굴리엘모 2세에 의해 세워졌다. 이 수도원의 원장은 1183년에 대주교가 되었고 이후 수도사들은 대주교좌 참사회를 조직했다. 이 시기에 건축된 수도원 대성당과 회랑은 비잔티움, 이탈리아, 아랍의 특징들을 조화시켜 정점에 도달한 노르만 시대의 건축술을 보여준다. 분수대 정원의 분수에는 음악적인 효과까지 가미되어 있었다.

극 속에서 임무를 수행해야 했다. 어쨌든 당시에는 개인적이고 지역적인 교류가 상대적으로 제한되어 있었고 또 단순했는데, 이는 사람들의 수가 그리 많지 않았기 때문이었다.

이슈트반은 이러한 인적 관계를 토대로 오토 3세의 계획을 본떠서 그리스도교 제국 내에 주축을 세우려고 했다. 그는 수도사 아셔리히를 (물론 황제의 동의를 받아) 로마로 보내면서, 황제와 교황이 폴란드와 헝가리를 위해서 한 것처럼 왕위와 대주교좌를 허락해달라고 요청했다. 여기에서 우리는 문서상의 기록보다는 역사적 사실과 상징들을 통해서 기원후 1000년경의 정치적 프로그램의 일면을 엿볼 수 있다. 그것은 바로 젊은 황제 오토가 두 명의 교황과 완벽하게 조화를 이루고 있었다는 사실이다. 그중 한 명인 그레고리우스 5세는 황실 출신이었고 다른 한 명은 오리야크의 제르베르였다. 제르베르는 자신을 실베스테르 2세라고 칭함으로써 황제를 제2의 콘스탄티누스로 만들었다(이는 4세기의 황제 콘스탄티누스가 교황 실베스테르 1세로부터 세례를 받았다는 사실에서 유래한다). 그는 오토 황제에게 오랫동안 신임을 받은 인물이기도 하다. 1001년에 이슈트반에게 보낸 왕관은 현재 보존되어 있지 않다. 이에 관련된 교황의 서신 역시 위조된 것으로 판명되었다. 그러나 헝가리가 느슨하지만 고대 로마적인 의미에서 '동맹 관계'를 유지하면서 오토 제국과 결속되었다는 것은 명백한 사실이다. 이로 인해 교황과 황제와 왕들이 개인적으로 서로 밀접한 관계에 있게 되었다. 이 측면은 라틴 서유럽의 역사 변천에서 고대적인 황제 사상과 현세의 그리스도교회 사이의 관계에 대해서 많은 점을 알려준다. 이는 그리스도교적인 유토피아의 일면이라고 할 수 있을 것이다.

오토 3세

우선 젊은 황제에게 초점을 맞추자. 그는 그리스 공주였던 어머니 테오파노의 배려로 서유럽과 그리스식 교육을 받았다. 이미 3세 때 도유식을 통해 왕으로 등극했으며 16세가 되는 996년에 황제관을 차지하면서 천하를 지배하게 되었다. 이후 그가 자신의 웅장한 계획을 실행에 옮기기까지는 불과 6년의 시간만이 필요했다. 그는 '로마 제국의 쇄신'을 실현하고 참된 '로마인들의 존엄한 황제'가 되고자 했지만 그 야망은 실현되지 못했다. 최종적으로 그는 신앙심 깊은 지배자가 아니라 '세계의 경이자'로 사람들의 기억에 남았다. 물론 그는 어느 누구보다도 신앙심 깊은 지배자로 칭송받을 만한 자격이 있었지만 말이다.

'세계의 경이자.' 오토는 스스로를 카를 대제의 후계자로 생각하고 있었는데, 오토가 원했던 것은 카를 대제의 황제 권력을 능가하는 것이었으며 자신의 조부였던 오토 대제의 정치적 야망보다도 놀라운 것이었다. 오토 3세는 제국의 거점을 로마로 정한 후 그곳에 거주했다. 그는 고대의 황제들처럼 팔라티노 언덕 위에 거처를 정한 유일한 황제였다. 물론 단기간에 세워졌을 것이 자명한 그의 궁전은 현재 아무런 흔적도 남아 있지 않지만 말이다. 그는 권력을 교황처럼 행사했고, 또 교황에 대항해서 행사했다. 그는 주교와 대주교들을 임명했고 콘스탄티누스 대제의 기증이 위조된 것임을 밝혔다. 그는 모든 수단을 동원해서 고대 황제의 권력을 추구했다. 이 젊은 통치자는 북해와 시칠리아, 즉 독일과 이탈

그리스도의 축복을 받고 있는 황제 오토 2세와 그의 부인인 비잔티움의 공주 테오파노. 황제의 조카딸로 황실 직계가 아닌 테오파노는 오토가의 황제에게 비잔티움의 황제직을 계승할 권리를 가져다주지는 못했다. 그러나 테오파오는 오토 2세의 미망인으로, 막중한 임무를 수행했던 여성 섭정자 가운데 한 명이었다. 이 상아 부조물은 10세기의 것이다.

리아 사이의 지역을 황제의 직접적인 지배 영역으로 간주했고, 인접국들을 고대의 동맹국이라는 관점에서 종속국으로 보았다. 당시의 정치적 구도에 대하여 확신했던 그는 프랑스 역시 황제의 상위 지배권 아래에 있다고 간주했다. 잉글랜드는 인구밀도가 상당히 낮았을 뿐만 아니라 내부의 권력 다툼과 데인족의 침입으로 인해 오토의 적수가 되지 못했다. 그는 로마 제국의 쇄신을 기도했지만 결국 실패한다. 이는 정치 문제의 대립 때문이 아니라 로마 제국의 이념적인 힘에 대한 그의 맹목적인 신뢰에서 비롯된 것이다.

작센족인 힐데스하임의 베른바르트와 후에 불명예스럽게도 대립교황[교회법에 따라 선출된 교황에 대립하여 교황권을 주장하거나 행사한 성직자]이 되는 그리스인 요안네스 필라가토스가 오토의 교육을 담당했다. 베른바르트는

제1장 | 중세의 뿌리 111

후에 힐데스하임의 주교직에 올랐고 예술가로서 그의 명성은 지금까지도 이어지고 있다. 오토가 얼마나 독선적으로 "카를 대제의 계획을 (…) 선례를 찾아보기 힘들 정도로 철저하게 이행하고자 했는지"(헬무트 뷔만) 파악할 필요가 있을 것이다. 그는 15세가 되던 해인 994년에 성인으로 인정을 받자마자 곧바로 다음 세기의 독일 황제들이 기계적으로 받아들였던 구체적인 행동 강령을 실천에 옮기기 시작했다. 대내적 안정, 동부 국경의 수호, 슬라브 정복 전쟁, 교황의 도움 요청과 로마 원정이 바로 그러한 것들이었다. 28세에 이탈리아에서 사망한 오토의 아버지도 오토의 조부처럼 이러한 절차를 따랐지만 여기에는 차이점이 있었다. 한마디로 말해 오토의 교황 정책은 교회 문제에서도 황제의 주도권을 추구했으며, 로마 제국의 쇄신에 대한 그의 태도는 카를의 정책을 뛰어넘는 것이었다. 로마 제국의 쇄신은 새로 만들어진 금속 인장에 새겨진 카를 대제의 초상화와 함께 998년부터 선언되고 있다. 첫 번째 로마 원정에서 오토의 가까운 친척으로 원정 직전에 오토가 교황으로 임명했던 그레고리우스 5세는 오토의 황제 대관을 거행했다. 997년 초여름부터 몇 달에 걸친 엘베 강 유역의 슬라브인들과의 힘겨운 전쟁을 통해서 동부의 국경이 안정되자 그해 말에 오토는 이탈리아로 돌아간다. 하지만 그는 곧 정치적인 좌절을 맛보게 된다. 먼저 그가 세운 교황이 축출되었다. 이 사건이 일어나기 전에는 황제 직위와의 대등성을 고려해서 '황실 출신의' 공주를 부인으로 맞이하려 했던 오토를 위해 요안네스 필라가토스가 비잔티움에 사절로 방문했지만 결국 실패한다. 어쨌든 오토의 사절은 로마로 돌아오는 길에 대립교황(요한네스 16세)으로 추대되었다.

그러나 승리를 확신하면서 이탈리아에 돌아온 오토는 이전보다 황제권을 강화하고자 했다. 그는 팔라티노 언덕에 자리를 잡고 이탈리아 남부에서 비잔티움의 총독을 몰아냈으며, 스스로를 '로마인들의 황제'라고 칭하면서 단독 황제권을 주장하기 시작했다. 대립교황은 잔인한 형벌에 처해졌다. 그리고

왕의 인장에 새겨진 오토 3세. 고대 로마 통치자의 복장을 하고 왕홀과 제국의 성물인 지구의를 들고 있다.

황제 오토 3세의 인장에는 통치자의 입상이 새겨져 있다. OTTO DEI GRATIA ROMANORUM IMPERATOR AUGUSTUS(신의 은총을 입은 로마인들의 존엄한 황제 오토)라는 문장은 이후 전형적인 문구가 되었다. 그러나 로마의 복장이나 입상의 모습은 다시 등장하지 않는다. 오토 3세만이 이러한 모습을 통해서 자신이 로마 황제들의 계승자임을 보여주고 있다.

오토 3세는 997년의 대관 인장에서 새로운 모습으로 나타났다. 또한 가장 오래된 이 견본에는 누구인지 알 수 없는 한 사람의 지문이 남아 있나.

오토 황제의 주화.

제1장 | 중세의 뿌리 113

리우스 5세가 서거하자 그의 조언자 제르베르가 교황 실베스테르 2세로 등극했다. 이제 그리스도교 세계에서 두 개의 최고 권력은 최상의 조화를 이루었다. 물론 여기에서 황제의 우위는 부인할 수 없었다.

이후 황제는 독단적으로 계획을 수립했고 교황 실베스테르는 관여하지 않았다. 그 계획은 프라하의 제2대 주교가 된 아달베르트(956~997)의 구상에서 비롯되었다. 그는 보헤미아 대공과의 대결에서 995년에 몰살된 귀족 가문 출신으로 일족에게 자행되었던 학살에서 살아남은 인물이다. 그러나 주교로서 아달베르트는 고향에서 격렬한 저항에 부딪혔다. 이후 로마로 피신한 그의 건의가 받아들여져서 중부 유럽의 동쪽에 그리스도교를 정착시키려는 대규모 계획이 수립된다. 이 계획을 위해서 로마의 수도사들이 보헤미아, 폴란드, 헝가리에 들어왔고 그의 이복 형제가 폴란드의 초대 주교로 임명되었다. 그의 신임을 받았다고 추측되는 부르고뉴의 아셔리히는 초창기에는 그란에서, 그 후에는 콜로초에서 헝가리 교회의 건설을 담당하였다. 아달베르트는 중부 유럽의 동쪽 세계에서 그리스도교의 승리를 위하여 전력을 기울였다. 이는 황제의 임무인 이교도 선교와도 일치하는 것이었다. 그리스도교는 제후들을 복속시키는 것이 아니라 서로 연결시킴으로써 초보적인 수준이기는 하지만 상호 협력의 관계를 정립하기도 했다. 아마도 아달베르트와의 접촉을 통해서 고대에 시작된 라틴 그리스도교의 질서가 동방에 전파되기 시작했다고 할 수 있을 것이다. 이 질서는 오토의 조부였던 오토 대제의 계획과는 정반대의 것이었다. 아마 카를 대제 역시 용납하지 않았을 것이다. 한때 동방 포교의 중심지였으며 종교와 정치 양면에서 이 지역에 대한 제국 소유권의 표식으로 건설되었던 마크데부르크 대교구는 비중을 상실하기 시작했다. 남동 유럽의 잘츠부르크 역시 마찬가지였다. 폴란드와 헝가리의 통치자들은 독립적인 대교구를 통해서 교회의 자립성을 획득하였고 '동맹자' 혹은 제국의 '협력자'로 등장했다. 헝가리보다는 폴란드에서 이 특징이 확연히 나타난다. 아마도

신이 황제, 아마도 오토 3세에게 황제관을 씌우고 있는 모습. 이 대관 모습은 황제권에 대한 주장의 직접적인 배경이 된다.

폴란드와 헝가리 모두 황제에게 직접 왕관을 받거나 황제의 중재를 통해서 왕관을 받았을 것이다. 폴란드의 모조품은 현재 크라코프에 남아 있고 독일의 진품은 빈의 황제관 옆에 진열되어 있다.

이런 중요한 사건들을 계기로 폴란드와 헝가리가 그리스도교 민족 집단으로 유입되었다. 그러나 독일의 민족주의적인 역사 서술은 오토 3세의 '포기 정책'을 달가워하지도 않았고, 이를 용서하려고 들지도 않았다. 젊은 황제는 폴란드 계획을 매우 극적으로 연출했다. 이는 그가 황제이자 참회자로서 그니에즈노를 방문했기 때문에 가능한 것이었다. 프라하의 주교 아달베르트가 프로이센에서 오토의 선교 계획의 희생자가 되자 '용감왕'이자 '대왕'으로 불렸던 폴란드의 통치자 볼레수아프는 순교자의 시체를 수거하여 수도 그니에즈노에 장엄한 절차를 밟아 매장했다. 바로 그곳으로 오토가 떠났고 기원후 1000년 3월에 '예수 그리스도의 종'으로 오토는 폴란드 궁전에 도착한다. 도

성직 제후들와 세속 제후들의 대표자에게 둘러싸인 채 왕좌에 앉은 황제 오토 3세. 이 그림은 한 복음서의 필사본에 실려 있는 것으로 황제의 주문을 받아 라이헤나우 수도원에서 그려졌다.

중에 아셔리히가 슐레지엔에서 대주교로 임명되는 바람에 두 가지 계획이 동시에 수행되는 상황이 되었다. 이후 오토는 폴란드에서 아헨으로 이동해서 카를의 무덤을 열었다. 위대한 사자의 십자가 목걸이를 목에 걺으로써 그는 중세의 첫 번째 황제와 육체적으로 결속했다. 이탈리아로 돌아온 후 그는 이전과 변함없이 수도 생활양식의 주창자들과 밀접한 관계를 맺었다. 이들은 더 엄격한 생활을 할 목적으로 몇몇 유명한 장소에 공동으로 거주했다. 이 공동체 가운데 (1012년경에 라벤나 출신의 로무알도가 세운) 카말돌리회 등이 오랫동안 이탈리아의 종교 생활에 영향을 미쳤다.

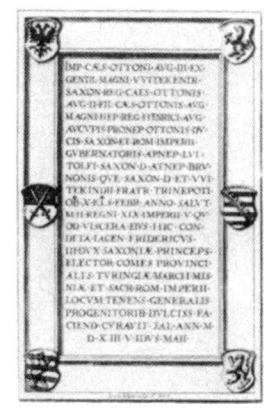

자신을 '로마인들의 황제'로 칭했던 중세의 첫 번째 통치자 오토 3세의 관덮개. 아헨의 대성당에 보관되어 있다. 1513년 작센의 선제후 프리드리히 3세가 기증한 것으로 오토 가문의 황제들이 비두킨트가에 혈통의 뿌리를 두고 있음을 명시하고 있다.

    7, 8년도 채 되지 않는 오토 3세의 짧은 통치 기간에도 불구하고 기록이 드물었던 그 시대의 몇몇 사료에는 오토의 주위에 있었던 인물들이 등장한다. 요제프 플렉켄슈타인은 '오토의 개인적 매력'이라는 말을 사용했다. '대인 관계에서 황제의 천재성'이 없었더라면 상당수의 사람들이 우리에게 알려지지 않았을 것이다. 카를 대제 역시 명망 있는 인재들을 주위에 모았고 그로 인해서 많은 사람의 이름이 알려졌다. 오토가 모은 사람 중에는 교회와 세속의 직책을 맡고 있던 권세가 외에도 현세와 결별한 채 페레움 섬과 다른 수도원의 도피처에 칩거했던 은수자도 있었다. 이는 오토에게도 현실 기피였을까? 라벤나의 클라세에 있는 산타폴리나레의 유서 깊은 성당에서 오토가 수도사들과 함께 40일 동안 참회 생활을 했고 그중 반 정도가 실제로 증명되었다는 기록을 읽을 수 있다. 다른 곳에서도 역시 오토는 속세를 완전히 등진 자들과 참회하는 자세로 교류했다. 그는 은수자들에게도 나름대로 독특한 영향을 미

쳤다고 한다.

역사가들은 인물을 평가할 때 항상 특정한 어떤 사실을 다른 사실과 함께 적용한다. 한편으로는 지배권을 장악하기 위해 로마의 황제권을 근거로 삼아 물러설 줄 몰랐던 젊은 군주의 욕심, 다른 한편으로는 몬테 가르가노, 클라세, 페레움, 그니에즈노에서 피를 흘리고 눈물을 흘리며 참회했던 오토, 혹은 카를 대제의 무덤으로의 장엄한 순례. 당시 사람들은 이런 행동을 전대미문의 행위로 받아들였다. 오토는 황제 아우구스투스가 알렉산드로스 대왕의 묘지를 방문했다는 기록을 재연했던 것이다. 바로 그 오토가 반란을 일으킨 로마인들을 향해 자신이 로마인들 가운데 한 명이 되었으며 그들을 위해서 작센의 고향을 떠났다고 호소했다. 팔라티노 언덕의 새로운 황제궁에서 로마 미녀와의 사랑을 멈춰야 했던 18세의 젊은이, [임기 말년에] 목숨을 위협했던 열병[말라리아]이 엄습했을 때에도 지체 없이 로마인들의 반란을 다시 진압하고자 했던 21세의 청년, 그는 모순에 가득 찬 인물이었던 것일까?

오토는 급진적이고 활동적인 인물들과 교류했던 것으로 보인다. 그러나 그들이 새로운 제국의 건설을 완성하도록 충고했는지 아니면 진실하고 결단력 있는 금욕을 요구했는지는 오토에게 부차적인 문제였다. 오토 자신은 두 가지 모두 병행하고자 했다. 그는 그리스도의 왕국을 현세의 것으로 생각했고 수도사와 황제의 생활이 합일 가능하다고 보았다. 알프스 북부의 클뤼니에서 시작된 광범위한 수도원 운동과 무질서하기는 했지만 파장이 적지 않았던 알프스 남부의 은둔자 운동에서 젊은 황제는 거대한 그리스도교 유토피아 이상의 상징이었다(클뤼니의 수도원장 오딜로는 여러 차례 오토의 손님이 되었다). 이것은 수세기가 지난 후에 등장한 유토피아, 즉 목가적인 섬에서 추상적이고 합리적인 순결함을 찾는 이상향이 아니었다. 이는 천상의 한 부분을 현세로 불러와서 극단적인 금욕주의자들이 바라는 대로 황제권과 세계 지배가 완벽하게 조화를 이루는 것이었다. 비현실적이기는 하지만 그는 그리스도교와 정치의 통합을 이행하고자 했다. 이는 중세 황제권의 성격에서도 쉽게 짐작할 수 있다. 이를 통해서 극단적인 유토피아 이상에 젖어 있던 오토는 당대와 이후의 모든 시대에 생명력을 불어넣으려 했던 것이다. 많은 역사가들이 짧았던 황제의 생애에 대해서 명확하게 평가할 수 없다는 사실을 상당히 안타까워하고 있다. 그러나 이는 수백 년에 걸쳐서 추구되었던 중세 세계의 이상에 직면한 현대인이 느끼는 당혹감이라고도 할 수 있을 것이다.

. FRIVERI ... C. ROMAN.
. IMPF   RATOR

황제 프리드리히의 모습

▲ 통치자의 즉위식 장면. 하인리히 5세가 자신의 아버지로부터 칼과 반지를 받고 있다.

◀ 파울 요제프 키드리히가 1847년에 그린 〈황제 하인리히 5세〉. 프랑크푸르트 시청에 소재해 있다.

1	2
3	

1. 황제 오토 3세의 부인 테오파노.
2. 황제 하인리히 4세.
3. 프리드리히 2세와 매.

▲ 사자공 하인리히가 슬라브인을 정복하고 있다. 18세기의 역사화.

► 하인리히 4세의 대적자였던 루돌프 폰 슈바벤의 석관묘.

황제 하인리히 4세와 대립했던 교황 그레고리우스 7세의 모습. 그가 생존했던 시기에 그려진 작품이다.

성에서 적과 대립하고 있는 왕 콘라트 3세의 모습. 당대의 갑옷과 무기가 상세하게 그려져 있다.

1. 황제의 망토. 파란색 실크 다마스크 직물에 수를 놓았다.
2. 독수리 브로치. 이 브로치는 콘라트 2세의 왕비의 것이다.
3. 공식 행사에서 착용하거나 몸에 지니는 왕권의 상징물들. 황제의 관, 검, 십자가를 단 지구의 등이 여기에 속한다.

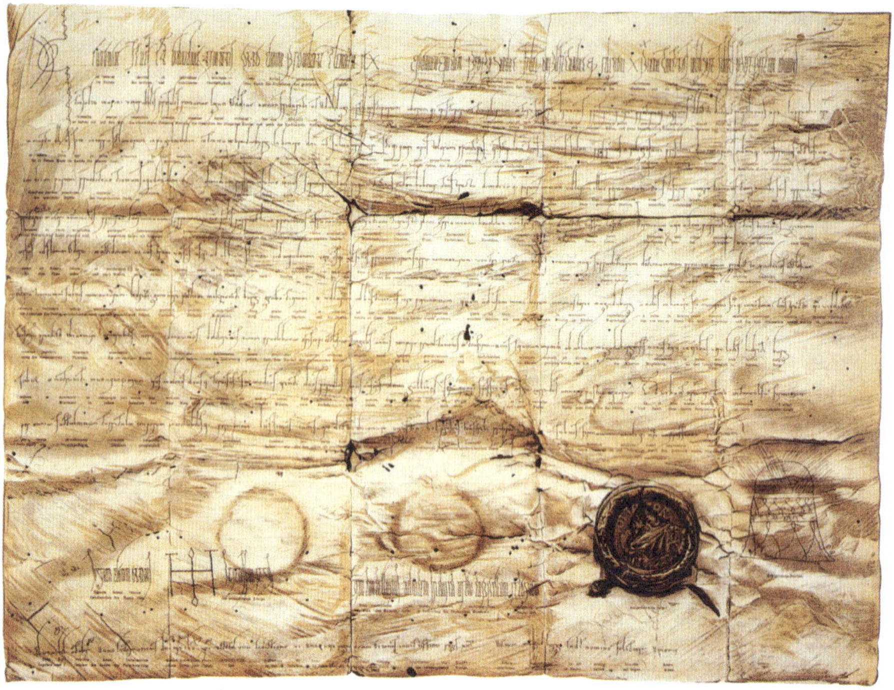

▲ 마크데부르크 주교구의 설립 문서. 오토 1세의 인장이 달려 있다.

▲ 왕좌에 앉아 있는 신성 로마 제국의 황제 오토 대제와 그의 첫 번째 부인.

프리드리히 바르바로사와 그의 아들들. 1180년경의 작품.

미하엘 에히터가 1860년에 그린 역사화로, 955년의 레히펠트 전투 장면.

십자군 원정에서 귀국하던 도중에 오스트리아에서 생포된 영국의 사자심왕 리처드가 황제의 발아래 엎드려 용서를 빌고 있다. 그는 막대한 몸값을 지불하고서야 석방될 수 있었다. 1196년에 그려진 필사화.

◀ 슬라브인, 게르만인, 갈리아인, 로마인들을 상징적으로 묘사한 그림. 이들은 황제에게 복종하고 있다. 10세기 말기의 작품.

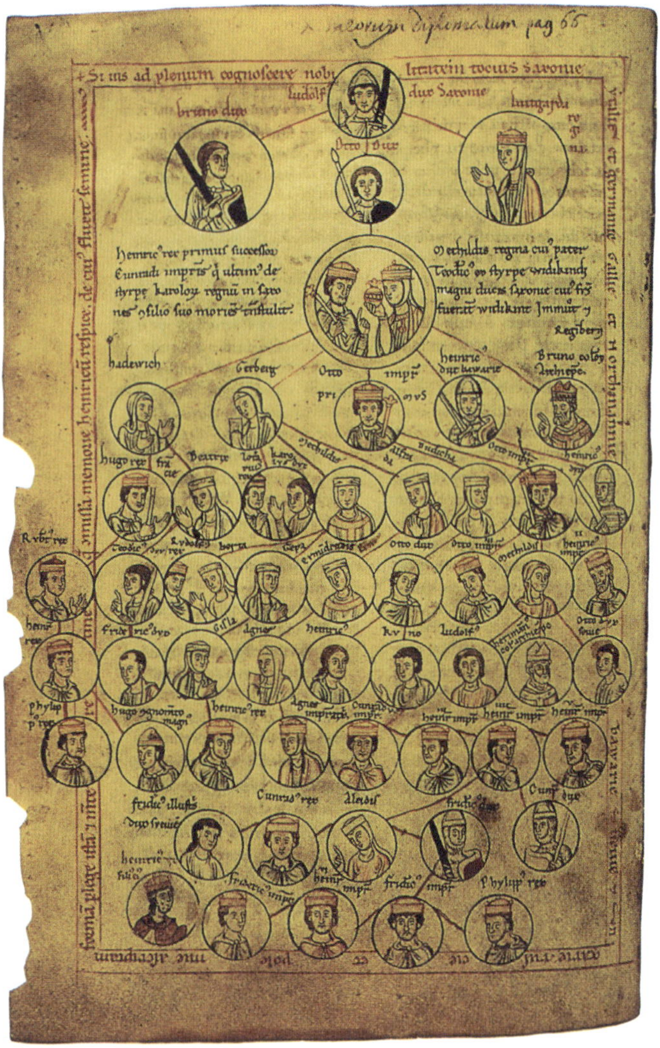

◀ 오토 왕가와 슈타우퍼 왕가의 가계 계보도. 1235년경 제작.

◀ 프리드리히 바르바로사. 당시에 이와 같은 현실적인 초상은 매우 드물었다.

▲ 작센, 바이에른, 프랑켄, 슈바벤 등의 독일의 네 부족. 머리 옆에 있는 왕관은 이 지역이 본래 왕국이었음을 상징한다.

▲ 왕이 주교(왼쪽)와 세속 귀족에게 분봉을 하고 있다.

▲ 교황 인노켄티우스 4세, 프리드리히 2세의 대적자.

▲ 콘스탄츠 공의회의 예배 의식은 매우 화려했다.

▶ 14세기 프랑스의 미사 성가 악보.

◀ 중세 영국의 악보.

두 명의 수도원장이 논쟁을 벌이는 장면으로, 1150년경 오스트리아에서 제작된 채색화.

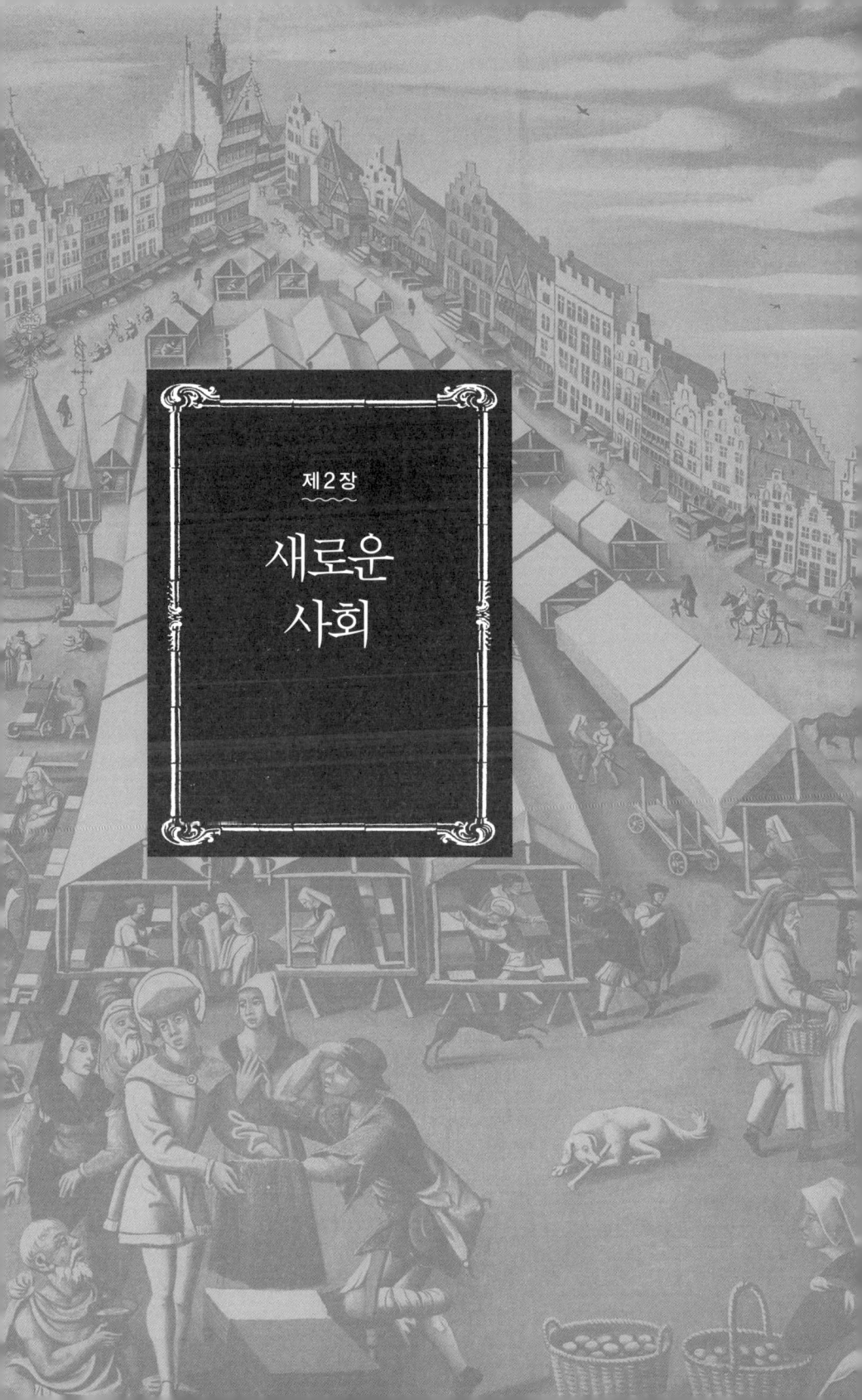

제 2 장
새로운 사회

주인과 노예

과거에는 '주인'이라는 단어와 '집'이라는 단어가 서로 밀접한 관계를 맺고 있었다. 주인과 집은 라틴어로는 도미누스(Dominus)와 도무스(Domus), 슬라브어로는 고스포딘(Gospodin)과 고스포다(Gospoda)였다. 도미누스는 '최고의 주인', 즉 '신'을 지칭하기도 했다. 체코와 폴란드에서는 신을 뜻하는 이 오래된 단어가 오늘날까지 존속하고 있다. 독일어도 마찬가지이다. 1,000년 전 중세 독일어에서 사용되었던 '프로(Frō)'는 주인을 의미하는데 간혹 미사 용어나 역사 용어로 사용되고 있다. 예를 들면 성체를 뜻하는 프론라이히남(Fronleichnam)은 주의 시신을 가리키는 헤른 라이히남(Herrn Leichnam)과 같은 의미를 가진 단어로, 그리스도교에서 [성체에 대한 신앙심을 고백하는 축일] 성체 축일을 뜻한다. 최고의 주인이라는 의미에서 신의 제단을 뜻하는 프론알타(Fronaltar)나 장원의 지배를 받는 하인을 뜻하는 프론보테(Fronbote) 역시 유사한 경우이다. 주인의 농장을 의미하는 프론호프(Fronhof)는 전문용어로만 사용되고 있다. 그러나 주인이라는 고어는 사장되었고 주인의 여성형인 프라우(Frau)만이 남아 있는 상태이다. 기원후 1000년을 전후로 독일어뿐만 아니라 3대 언어 집단인 로만어, 게르만어, 슬라브어에서 모두 특이할 만한 변화가 있었던 것이 분명하다. 주인이라는 고어를 대체해서 새로운 용어가 등장했다. 시니어(Senior), 시뇨레(Signore), 세뇨르(Seigneur)는 본래 '연장자'를 의미했다. 이는 독일어에서 주인(Herr)이라는 단어가 '숭고한', '존엄한' 우리 주(主)가 된 것과 같다. 남부 슬라브, 체코, 폴란드에서 판(Pan)이 어떻게 '고스포딘'을 대체했는지 연유는 알 수 없지만 아마도 아바르인에게서 유래한 것으로 보인다.

우리가 줄줄 외우는 연대기들도 이해하기 곤란한 점들을 내포하고 있다. 연대기에 등장하는 용어들은 의미와 소리가 변하면서 전래되었기 때문에 독일어와 가장 유사한 최초의 역사 사료가 어떤 것인지조차 구분하기가 쉽지 않다. 옛 용어들에 대해서 많은 의문이 솟아오르지만 우리는 그 의미를 제대로 이해할 수 없을 것이다.

주인이라는 단어의 역사적 유래를 추적하다보면 노예라는 용어와 마주치게 될 것이다. 주인의 농장은 오래된 영주의 장원이며, 농장의 부역은 노예의 일이었다. 장원의 부역은 주인을 위한 농민들의 노동이었고 1848년까지는 토지 소유자에 대한 노동 의무였다. 특이한 점은 예속민과 노동의 개념이 기원후 1000년을 전후로 바뀌었지만 그 이유가 알려지지 않고 있다는 것이다. 이는 아마도 라틴어를 중세로 전달한 고대적인 언어 개념 때문일 것이다. 그러나 '주인'을 의미하는 라틴어 도미누스가 미사 용어뿐만 아니라 생활 라틴어와 현대의 라틴어 사료에 남아 있는 것에 반해 노예라는 단어는 모든 언어에서 그 흔적을 찾기 힘든 실정이다.

라틴어에서 하인을 의미하는 단어는 세르부스(Servus)이다. 이 단어는 수백 년 동안 계속 사용되었고 오스트리아에서는 '충실한 하인'을 뜻하는 일상적인 인사말로 아직까지 통용되고 있다. 실제 하층 하인인 노예를 뜻하는 라틴어 법률 용어 만키피움(Mancipium)은 중성 명사인데, 여기에서 대상을 비인격화하거나 단순한 법적 소유물로 파악했음을 알 수 있다. 그러나 이 단어는 중세에 들어와 점차 사라졌다. 집이나 농장과 함께 구입되거나 기증되었던 이름 없는 노예들을 대신해서 8~9세기경에는 재산 목록에 이름이 등장했다. 즉 성(姓)을 가진 자유민, 농노, 농민들의 조세가 기입되었고 그들의 부역 의무도 기록되었다. 이들은 주인의 가계 유지에 동참했으며, 자세하게 알려져 있지는 않지만 각자의 생계도 꾸려야 했다. 많은 용어가 이러한 종속 관계를 설명하고 있지만, 어떤 특정한 용어도 모든 것을 포괄적으로 서술하지는 못하고 있다. 종속 관계는 매년 두 마리의 닭과 한 되의 곡물을 바치는 정도로 단순히 종속을 인정하는 수준부터 매년 수확의 상당 부분을 바치는 정도까지 꽤 다양했을 것이다. 독일의 전문 서적들은 이런 종속 관계를 대체로 예속이라는 명칭으로 통일했다. 그러나 이 단어는 북부 독일, 정확하게는 베스트팔렌 지역에서만 지속적으로 사용되었다. 물론 이 지역에서도 예속이라는 단어는 중세 말기까지도 일반화되지 않았다. 예속이라는 용어는 주인과 하인의 관계에 대해서 그다지 많은 것을 밝히지는 못하고 있다. 실제로 주인들은 복종을 요구했지 예속을 요구하지는 않았다.

    1000년을 전후로 사회에는 다양한 예속 관계가 있었다. 새로운 연구들이 예속 관계의 여러 유형을 밝혀냈고, 그 결과 옛 역사 서적에서 언급된 자유농민의 수는 상당히 감소했다. 실제로 당시의 주인들은 이 세상을 단지 몇 명의 동료와 수많은 하인으로 구분하곤 했다. 이와 같은 이원론적인 사회 관념은 농경 사회의 초기 발전 단계에 해당한다. 그러나 현실적으로 사회구조는 더 복잡했다. 과거의 협약 관계, 다시 말해 민족 이동기에 정착민이 가졌던 안정된 지위, 로마의 국유지와 이후 왕령지의 농민이 누렸던 향상된 지위로 돌아가기 위하여 여기저기에서 농민들은 공납을 바쳤다. 공납에서 나타나듯이 차등적인 예속 관계가 존속했다. 남부 독일에서는 이러한 집단을 자발적인 복종을 맹세했던 예속민을 뜻하는 바르샬크로 명명했다. 전쟁 부역에서 바르샬크가 더 이상 필요하지 않을 경우, 왕은 교회 영토에 이들을 기증하기도 했다. 교회에 예속된 바르샬크들은 반(半)자유를 누릴 수 있었다.

예속 농민들처럼, 사회적으로 다양한 '복종하는 자들'이 존재했다. 영주의 장원에는 영주 직영지의 경영에 직접적으로 관여하는 하인들이 있었다. 이들은 건초와 곡물, 포도를 수확할 때에는 종속적 관계에 있던 농민들의 도움을 받기도 했다. 로마 제국의 지배권이 미쳤던 스페인, 프랑스, 이탈리아, 서부와 남부 독일에서 농민들의 예속 관계는 지속적으로 로마의 전통에서 유래했다. 후기 로마 제국의 토지 소유자들과 소작 농민 사이의 농지 제도는 게르만 자유민들 그리고 예속 농민들과의 부역 농지 제도와 거의 일치했다고 할 수 있다. 그러나 어느 누구도 이러한 상호 관계를 해명할 수는 없을 것이다. 사람들은 대체로 슬라브 지역의 국가들도 비슷한 상황에 처해 있었다는 점을 간과한다. 슬라브 지역에도 예속 수공업자가 있었다. 그들은 방직과 대장질, 가죽 손질을 위해서 이주하기도 했다. 그러나 이들의 권리에 대해서는 알려진 바가 거의 없다.

　이와 같은 다양성에도 불구하고 고대적 개념의 노예 역시 사라지지 않았던 것으로 보인다. 여기에서도 하나의 단어가 연대기 작가들도 그다지 중요하게 생각하지 않았던, 그래서 큰 가치를 부여하지 않았던 세계로 우리를 인도한다. 스클라부스(Sclavus)가 바로 그것으로, 이는 6세기에 들어서야 라틴어에 등장하는 단어이며 고대 라틴어에는 없던 것이었다. 이 단어는 우선 슬라부스(Slavus)라는 형태로 동로마에서 등장했고 그리스인들이 여기에 'k'를 추가했다. 이렇게 해서 후대에 이 단어는 슬라브어로 '명성'이나 '구원'을 의미하는 민족 명칭 '슬라바(Sláva)'로 사용되었다. 이후 슬라브인들은 스스로를 그렇게 불렀다. 전투력 때문에 종종 공포의 대상이 되기도 했던 슬라브족이 동로마 제국을 위협하던 시기에는 슬라브족 출신의 전쟁 포로와 가족에 의해서 노예 상인에게 팔렸다고 추정되는 사람들이 '노예(Sklave)'의 대다수를 차지했다. 노예라는 말은 이렇게 해서 역사 속에 등장하였다. 이 시기에 슬라브인들은 그리스도교를 믿는 노예 소유자에게 부담이 전혀 없는 획득물이었다.

왜냐하면 슬라브인들이 이교도였기 때문이다. 그래서 이 불행한 사람들은 먼 교역로를 따라서 이슬람 세계까지 가게 되었다. 자기 발로 걸어서 이동할 수 있다니 얼마나 간편하게 수송되는 물품이란 말인가! 1050년경 코블렌츠의 관세 대장에도 라인 강에서의 노예 거래에 대한 기록이 남아 있다. 같은 시기 잉글랜드에서도 노예는 일상적인 현상이었다. 9~10세기에 시장은 바이킹과 유대인이 장악하고 있었는데, 이들은 해로와 육로를 통해서 세계적인 연락망을 보유했다.

흉작을 동반한 기근과 질병은 항상 삶을 위협했다. 유아사망률이 높았고 평균수명은 40세를 넘기지 못했다. 또한 사회적 유동성이 낮았음에도 불구하고, 가난한 자와 부유한 자 사이의 빈부 격차가 존재했다. 쇠사슬로 만든 갑옷, 말, 방패, 창과 같은 새로운 전쟁 장비를 구비할 수 없는 자유민이 존재했을 뿐만 아니라 돈으로 자유를 살 수 있었던 농민들 사이에도 빈자와 부자가 공존했다.

공납을 바치는 농부들. 모자를 쓰지 않고 박차가 달린 장화를 신었으며 자신의 신분을 상징하는 작은 칼을 찬 농부가 주인에게 치즈 한 덩이를 바치고 있다. 다른 농부는 자신이 예속되어 있다는 것을 인정한다는 의미로 닭과 계란을 가지고 왔으며, 세 번째 농부는 양을 바치고 있다. 주인에게 공납을 바치는 행위나 주인이 공납을 받는 행위는 모두 법적인 성격을 띤다. 농부들은 사회적, 물질적으로 결코 '가난하지' 않았지만 세력가의 보호에 의존해야 했다. 따라서 당시의 개념에 따르면 농부들은 보호 능력이 없는 '가난한 자'였다.

극소수는 '사회의 망'에서 완전히 격리되었다. 장원에는 노약자와 일거리가 없는 이들을 위한 구호 장치가 마련되어 있었지만 여기저기를 배회하면서 '마을에 해가 되는 사람들'도 있었다. 이들은 도망자거나 떠돌이 악사 혹은 어디에도 소속되지 않은 사람들이었기 때문에 '비사회적인' 존재였다(이들이 모두 남성으로 국한되지는 않았을 것이다). 이들은 이미 뿌리가 뽑힌 사람들이었으며 아마도 정말로 가난한 자들이었을 것이다. 그러나 '가난과 부유함'이라는 말은 그다지 일상적인 말이 아니었고 현실을 반영하는 대립 개념도 아니었다. 오히려 '가난한 자와 부유한 자'를 대신해서 '강자와 약자'라는 표현을 사용할 수 있는데, 이 대립 개념은 전자와는 다른 의미를 지닌다. 강자는 칼을 차고 다니는 주인이며 그는 자신과 타인을 보호할 수 있는 권력의 소유자이다. 그에 반대되는 개념인 '약자'는 재산 때문이 아니라 권력의 무소유라는 의미에서 약자이다.

기원후 1000년경 열 명 가운데 아홉 명은 농민이었다. 도시 거주자의 수는 매우 적은 편이었다. 특히 알프스 북부에서 그러했다. 따라서 농경 사회가 대다수 사람들의 생활에 영향을 미쳤다. 에너지를 모두 소모할 정도로 일은 고되었다. 여성들은 아이를 분만하면서 지쳐버렸고 지금이라면 손쉽게 치료되는 질병으로 목숨을 잃기도 했다. 2월의 낮 시간에 사람들은 땀에 흠뻑 젖었다. 의복은 대체로 '옷'과 비슷한 형태였지만 윗옷의 팔 길이는 각양각색이었다. 추운 계절에도 바지는 양말의 형태였고 이 때문에 바지라는 단어는 복수형으로 쓰이게 되었다. 신발 수선공이 있었지만 신발은 눈과 진흙 때문에 금세 망가지고 말았다. 이런 이유로 사람들은 따뜻한 지역을 동경했다.

농부들의 일은 대부분 힘들었다. 자루가 긴 농기구와 갈퀴, 나무로 된 꼬챙이는 지금과 비슷한 모양이었다. 손도끼는 귀중품이었고 톱은 매우 드물었다. 삽은 대체로 나무로 된 '삽'이었고 자루가 긴 큰 낫은 아직 만들어지지 않았다. 납작하고 톱니가 달린 낫을 사용하는 것은 상당히 힘들었다. 가장 고된

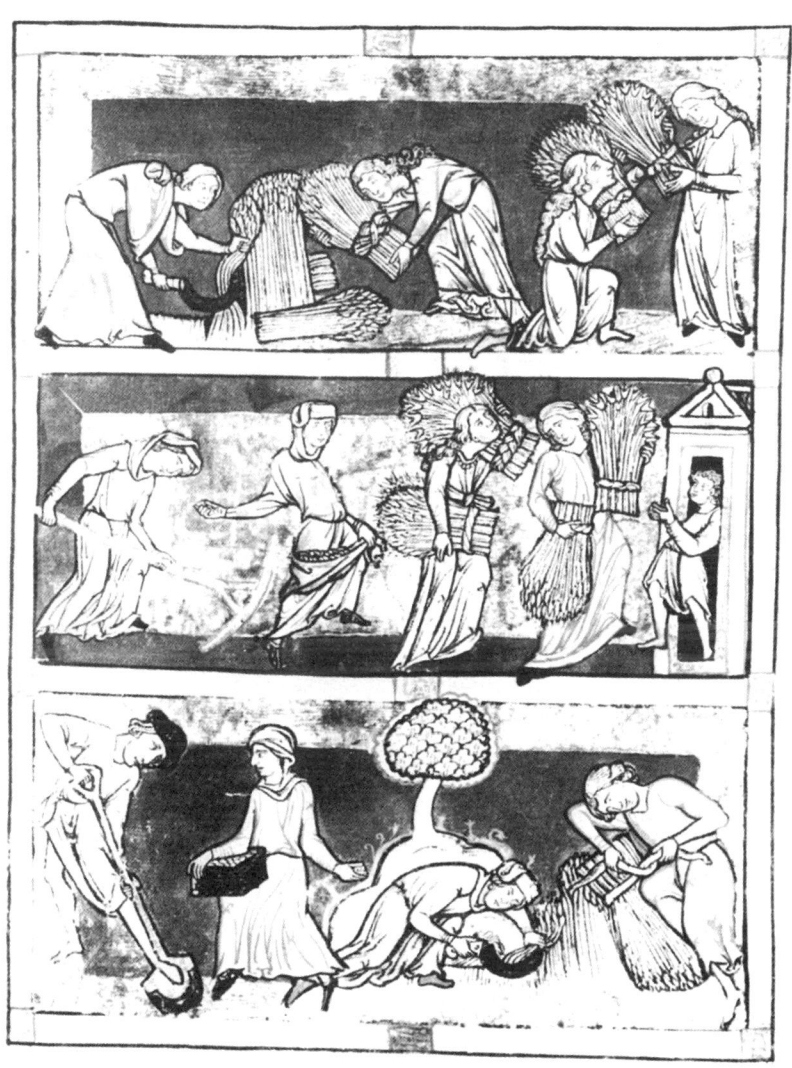

남성의 고유한 임무였던 수확과 파종을 하는 여성들. 올바른 생활 지침서인 『젊은 처녀들을 위한 규범집』에 실려 있는 장면으로 삽질은 남자가 맡았다. 나무 '삽'은 테두리만 쇠로 둘러져 있다.

일은 쟁기질인데 바퀴가 달린 쟁기가 개발되기 전까지는 대체로 황소의 힘에 의지했다. 그렇지만 쟁기질은 가장 중요한 일이었다. 실제로 삼포제 경작이 가져온 효과는 엄청났다. 이후 전체 경작지의 3분의 1은 휴경지로 변했고 나머지 토지는 가을과 봄 수확에 이용되었다. 그 결과 쟁기질이 1년 동안 계획적으로 진행될 수 있었다. 6월에는 휴경지가 다시 일구어졌다. 그래서 카를 대제 시대에는 6월 달이 '경작의 달'로 불렸지만, 우리에게는 이것이 그저 생소할 따름이다.

1080년경에 제작된 바이외 태피스트리에는 고된 농경 생활이 묘사되어 있다. 여기에서도 200년 전 카롤링 시대의 세밀화에 묘사된 것과 동일한 의복과 작업 도구가 사용되고 있다. 소와 바퀴 달린 쟁기, 이륜 짐수레, 큰 규모의 운반용 바구니, 무릎까지 내려온 윗옷과 구부러진 등, 비바람에도 여전히 진행되는 농사일 등등이 자세하게 묘사되었다. 이런 생활을 단지 힘들다고 표현하는 것만으로는 충분하지 않을 것이다. 그 생활은 괴롭고 고통스러우

네 마리의 소를 이용한 쟁기질 장면과 파종 전에 곡괭이를 이용해서 흙덩이들을 잘게 부수는 장면. 그러나 써레는 아직 사용되지 않았다.

며 항상 죽음과 직면하는 그런 종류의 것이었다. 계산상 카를 대제 시대에는 1제곱킬로미터당 네 명에서 다섯 명 정도의 사람들이 살았는데, 숲과 늪으로 둘러싸인 섬과 같은 황무지 내의 거주지에서는 인구밀도가 더 높았을 것이다. 기원후 1000년을 전후로 생존을 위해서 농촌 한 가구당 10헥타르 정도가 필요했다고 한다. 농가의 크기는 [중세의 토지 측량에 사용된 척도인] 만제(Manse)나 후베(Hube)와 같이 일반화되기는 했지만 그 크기가 명확하게 규정되지 않았던 척도에 의해서 산출되었다.

주거지 건축, 특히 농가 건축은 매우 엉성했다. 뮌헨 근교 아우프하우젠의 1,000년 된 작은 통나무집과 같은 희귀한 잔존물을 살펴보면 작은 창문 한 개, 실내가 벽으로 나뉘지 않은 어두운 내부 공간, [철이 귀했던 시기였기 때문에] 뚜껑이 없는 아궁이가 있었다. 발라프리트 스트라보와 관련이 있는 것으로 알려진 마인츠의 석조 건축물은 더욱 시사하는 바가 많다. 이 건물이 카롤링 시대의 유명한 인물의 이름과 관련이 있다 하더라도 본래 초기의 모습은 매우 소박한 것이었다. 교회, 왕, 소수 귀족들의 건축물을 무시한다면, 석조와 목조가 북유럽과 남유럽을 구분짓는다고 할 수 있다. 지금도 이러한 전문 건축물의 경계는 잉글랜드에서 시작해서 프랑스 북부를 거쳐 도나우 강의 오래된 지역까지 이어진다. 물론 이 경계는 국가적, 언어적 경계와는 관계가 없는 것이다.

가장 중요한 가구였던 식탁과 의자조차 매우 단순했다. 독일어의 책상(Tisch)이라는 말에

1488년도 아우크스부르크 달력의 장식화들. 카를 대제는 라틴어식으로 붙여진 달의 이름을 프랑크식으로 바꾸었다. 그러나 그 어원은 확실하지 않다. 프랑크식 달의 이름은 라틴식과는 달리 농부들이 사용하는 계절 주기에 따라 불렸고 오늘날 독일어에도 흔적이 남아 있다. 이런 식으로 농부들의 노동이 기억되었고 그들의 일상이 지속적으로 그려졌다.

뮌스터아이펠에 있는 로마네스크 양식의 가옥. 거칠게 자른 돌로 쌓은 담, 담장 이음새, 창문 등이 옛 가옥을 연상시킨다. 가옥 옆에는 낯익은 거리가 있다.

서 유래한 '접시(dish)'라는 단어는 오늘날도 영어권에서는 쟁반 모양을 한 물건을 묘사하는 데 사용되고 있다. 여기서 아마도 중세의 책상의 모습을 연상할 수 있으리라. 독일어의 '의자'는 슬라브어에서 책상의 외래어가 되었다. 사람들은 판자로 된 칸막이 사이에 놓인 짚더미 위에서 잠을 잤다. 아마도 12세기 이후 직물 생산이 증가하면서 짚으로 채운 담요가 사용되었을 것이다. 시대마다 약간의 차이는 있지만 민요는 사람들이 귀리 짚을 가장 선호했다는 사실을 알려준다. 당시 사람들도 작은 벌레들 때문에 고생을 했다. 선뜻 말하고 싶지는 않지만 우리의 할아버지 세대도 벼룩과 이 때문에 시달렸을 정도이니 당시의 상황은 더욱 심각했을 것이다.

그러나 교회 건물들은 크건 작건 돌로 만들어졌다. 당시 사람들의 세계관, 특히 평범한 사람들의 사고는 단순하고 감정적이었다. 문맹자를 대상으로 한 '가난한 자들을 위한 성서'의 주요 구원 이론을 상징적으로 묘사한 옛 교회의 야수들의 벽화는 이러한 사고의 일면을 보여준다. 탑과 멀리까지 울려

팀파눔[건축에서 상인방 위의 아치 안에 있는 삼각형 혹은 반원형 부분]이라고 불리는 교회 문 위의 장식 공간은 고대에도 천상의 모습을 장식하는 최상의 장소였다. 중세의 팀파눔은 신의 옥좌 주위에 성인들이 모여 있는 천상의 모습을 보여준다. 프랑스 남부 미미장부르의 수도원 교회.

퍼지는 교회 종, 채색된 벽화 때문에 교회 건물들은 보통 기적의 작품으로 여겨졌다. 이처럼 교회는 그 구조와 역할에 있어서 마치 어두운 세상 속의 낙원처럼 보였던 것이다. 교회들만이 오랫동안 '마을에 남아 있었던' 것은 아니다. 기원후 1000년까지 소수의 건축물들이 존속했는데, 이 건축물은 모두 수도원과 귀족의 주거지에 국한되었다.

당시에는 숲이 사람들의 사고를 압도했다. 알프스 산맥 이북 지역에서는 더욱 그러했다. 이 점은 숲에 대한 현대인의 관점에서는 이해될 수 없을 것이다. 반면에 남부 사람들은 적막한 황무지나 덤불로 덮인 지역, 늪지대의 위험한 길을 두려워했다. 그곳에는 한 번 물리면 생존 가망이 없는 뱀, 늑대, 곰과 같은 위험한 동물들, 그리고 악귀와 난쟁이가 산재해 있었다. '혀의 연대기[구전]'는 다음의 것들을 전하고 있다. 사악한 요정이 불러오는 악몽, 요정의 왕, 산신령, 물귀신, 길손을 유혹하는 요정, 바다 귀신, 아궁이 속에 숨어 있다가 호기심 많은 사람들의 얼굴을 그을리게 한다는 귀신 등이 기록되어 있다. 사

인간을 잡아먹으려 하고 있는 마귀의 모습을 그로테스크하게 묘사한 작품. 고대 양식을 모방한 그로테스크한 문양은 르네상스 시대의 재발견으로 여겨진다. 그러나 이미 12세기부터 이러한 작품이 만들어졌다는 사실은 잘 알려져 있지 않다.

람들은 귀신들 앞에서 무기력했다. 따라서 이들은 보호와 방어, 두려움의 극복을 보장하는 성수를 찾는 것에 연연했다.

그리스도교는 악령에 대한 두려움을 극복하는 데 기여했고, 무기력함으로부터의 탈출을 시사했다. 또한 개개인에게 이름을 부여함으로써 구원을 약속하기도 했다. 이 이름이 점차 변하기 시작했는데 사람들은 과거와 현재 교회의 성인들의 이름을 자신의 이름으로 택했다. 이를 통해 무력한 이들을 보호하는 천상의 강력한 수호성인들이 이 세상에 강림하게 되었다. 이 사실은 상당한 의미를 지닌다. 왜냐하면 여기에서부터 주인과 노예라는 논리에 대항하는 강력한 역풍이 불기 시작했기 때문이다.

수도사와 수도원

유럽의 그리스도교 세계는 수도사들의 업적이었다. 이 문장이 과대 포장처럼 느껴질 수도 있을 것이다. 그러나 조용하고 희생정신을 갖추었으며 자신들의 삶에서 극단적일 정도로 원칙에 충실했던 수십만 명의 그리스도 교인은 놀랄 만한 업적을 남겼다. 이를 살펴본다면 일반화된 다른 역사적 사실들과 마찬가지로 위의 사실 역시 인정하게 될 것이다.

이 문장은 매우 역설적일지도 모른다. 왜냐하면 수도사, 즉 그리스어로 '은둔자'는 세상을 등진 사람이기 때문이다. 그럼에도 불구하고 모범적인 그들의 행동과 업적, 현명한 조직 능력과 절제 있는 생활 태도는 현세의 삶에 영향을 미쳤다. 그러나 그리스도 이전의 생활양식이나 비그리스도교적인 수도사들의 생활 방식에 대해서, 또한 아직도 정확하게 연구되지 않은 에세네파의 생활 유형과 예수 그리스도와의 접촉 가능성을 포함해서, 초기 그리스도교 수도원 제도는 아무것도 전하고 있지 않다. 오히려 수도원은 로마 제국의 타락한 현실에 자포자기한 상류층 가문 자제들의 피신처였다. 행동력이 있는 몇몇 사람들은 수도사의 복장으로 그들이 떠났던 세계에 다시 영향력을 행사하기 시작했다. 5세기 전환기의 오스트리아 성인 세베리누스를 대표적인 인물로 들 수 있다. 또 100년 후에는 귀족 출신의 로마인 누르시아의 베네딕투스가 수도원 회칙을 작성하기 전에 서방과 동방의 수도원을 조사했고, 이것이 라틴 서유럽에서 오늘날까지 토대가 되고 있다.

그리스도교의 전파와 더불어 그리스도교 수도원 제도 역시 아일랜드에 전파되었다. 수도원 제도는 그곳에서 상당한 호응을 얻었는데, 이를 단순히 변경 지역의 호기심으로 생각할 수도 있겠지만 다른 관점에서 관찰할 필요가 있다. 아일랜드 해 근처와 세인트 조지 해협, 잉글랜드와 프랑스의 도버 해협 주위에는 켈트 문화가 뿌리를 내리고 있었다. 이 문화가 브르타뉴인과 브

수도원 내부 정원 주위의 회랑은 건축 설계의 기본으로 개개 건축물들을 연결하는 역할을 하는 한편 명상을 위한 장소로 이용되기도 했다. 동시에 영원의 세계를 지향하는 수도원의 묘지이기도 하다. 1146년에 설립된 시토 수도원 토로네의 잔해는 (웅장한 로마네스크 양식이든 날렵한 고딕 양식이든 관계없이) 다른 수백 개의 회랑들과 유사하다.

리튼인, 스콧인, 웨일스인, 아일랜드인들을 연결시켰다. 6세기경 앵글족과 색슨족이 이주해오면서 켈트 문화 영역을 압박했고, 이후 바이킹족의 침입은 이를 더욱 혼란스러운 상황으로 몰고 갔다. 마침내 1066년 노르만인의 정복으로 이 문화가 파괴되었고, 이후 수백 년 동안 섬나라 잉글랜드는 유럽 대륙과 연결되었다. 이미 과거에 오늘날과 같이 대륙에 섬을 연결했다는 사실은 우리의 역사적 인식으로는 낯설게 느껴진다. 그러나 켈트 문화의 거점이었던 이 섬에서 소제후들을 중심으로 결집한 켈트족은 강압적 통합에 쉽사리 동의하지 않았다. 토인비가 지적했듯이 이러한 통합 과정은 '잘못된 발전'이었다.

섬 문화에서 수도원 제도는 상당한 비중을 차지했다. 아일랜드에는 대수도원들이 건립되었다. 이는 부분적으로 왕권을 노리며 끊임없는 경쟁을 벌였던 소제후들의 영향 아래에 세워진 것이다. 교회는 대체로 안정적인 기반을 제공했지만 그렇다고 해도 왕국의 안정화를 정착시키기에는 역부족이었다. 초대 아일랜드 주교 팔라디우스의 뒤를 이어 430년경 정열적인 성 패트릭(파트리키우스, 385~461)이 주교직에 올랐다. 그는 로마적 전통을 고수하던 인물이었다. 이후부터 아일랜드의 그리스도교는 수도사들에 의해서 유지되기 시작했다. 이들은 [교구 제도가 확립되기 이전에 담당 교구를 순회하면서 임무를 수행했던] 순회 주교를 내세웠고, 상당한 규모의 도시들을 만들었으며 많은 수의 남녀 봉직자를 거느렸다. 6세기에서 7세기로의 변혁기에 섬으로 침투한 후 섬의 남부와 서부에서 활동했던 앵글족과 색슨족의 그리스도교화에는 아일랜드의 수도사들이 결정적인 공헌을 했다.

베네딕트 수도회의 회칙을 따르지 않았던 아일랜드 수도사들에게 타지에서의 선교 활동은 그리스도의 삶에 대한 모방인 동시에 그리스도교 세계의 완성을 위한 최상의 시험이었다. 이미 아일랜드에서 그들은 [켈트족의 성직자로서 제사를 주관했을 뿐 아니라 학자와 시인으로도 활동했던] 이교적인 사제이자 시인인 켈트족의 드루이드 마법사들과는 별도로 전사와 종사들 사이에 위치하는 별도의 사회 계층을 형성하고 있었다. 이 계층은 바로 종교적 지식인 계층이었다. 유럽 대륙에서는 알프스 남부, 프랑스 남부, 에게 해의 섬들, 그리스 본토의 적막한 바위산 지역에 수도사들의 공동체가 있었다. 이로써 은둔자들의 거처와 수도원 사이의 상호 작용이 이루어지게 되었다. 은둔 생활은 특히 완전한 존재 유형으로 인식되기도 했다. 반면에 수도원 생활이 항상 공동체 안에서의 신에 대한 숭배를 의미하는 것은 아니었다. 오히려 예상하지 못한 '신의

데브니쉬 섬에 위치한 성 몰레즈 수도원의 세심하게 건축된 망루처럼 아일랜드 수도원의 원형 망루들은 피난처의 역할을 했다.

노예 상태'로 영락(零落)할 수도 있었다.

지중해 연안의 수도원 제도는 리비에라 해안에 위치한 레랭 섬과 투르를 통해서 전파되어 프랑스 남서부 지역에 정착했다. 아일랜드 출신의 선교 수도사 성 콜룸바누스가 유럽 대륙에 오면서 서쪽에서 새로운 바람이 불기 시작했다. 이 아일랜드인은 자신의 추종자들, 즉 당시 로마 지배하의 갈리아를 점령했던 프랑크 왕국 귀족의 지원을 받으면서 프랑스 북부와 동부에 다수의 수도원을 창설했다. 뤽세이유가 그중 가장 대표적인 수도원이다. 수도원은 고대 로마의 중심 도시들뿐만 아니라 숲과 늪지대에도 세워졌다. 그 결과 수도사들은 노동과 '세속적' 현실에 대해서 특별한 관계를 맺게 되었고, 이 관계는 자연스럽게 발전하기 시작했다. 프랑크 왕국의 수도원 제도는 왕국의 형성과 긴밀하게 보조를 맞추었는데 8세기 초부터 앵글로 색슨족의 윈프리드, 즉 보니파키우스(756년 사망)에게서 시작된 새로운 수도원 창설 분위기에 의해서 더욱 확실한 기반을 다졌다. 이제 창설의 바람은 프랑크 왕국의 세력과 결합하여 위트레흐트에서 에어푸르트를 거쳐 바이에른 지역의 삼림지대에 있는 캄퓬스터와 잘츠캄머구트에 있는 몬트 호수까지 이어졌다.

지중해 연안의 수도원과는 달리 이 수도원들은 아일랜드와 잉글랜드의 수도원 관습으로 인해서 세속 회피적인 경향이 덜했다. 그 결과 이 수도원 제도는 상부 지배 계층에 흡수되어갔다. 귀족의 자제가 수도사가 되었고 귀족 출신 여성이 수녀원을 건립했다. 왕령지에 수도원을 건설하는 경향은 8세기에 카롤링 왕조가 세력을 확장하면서 동쪽으로 확산되어갔고, 이 '제국 수도원들'은 교통, 경제, 문화의 중요한 주춧돌이 되었다. 수도원은 중요한 고갯길마다 건설되었으며, 8세기에는 프랑크와 바이에른의 첫 번째 식민 운동을 계획하고 주도했다. 이 과정에서 생활 형태와 농업, 조경술에 대해서 어느 정도 교과서적으로 축적된 수도원의 월등한 지식이 정신적으로나 경제적으로나 발전의 촉매 역할을 했던 것으로 보인다. 수도원은 귀족이 주도하는 그리스도교

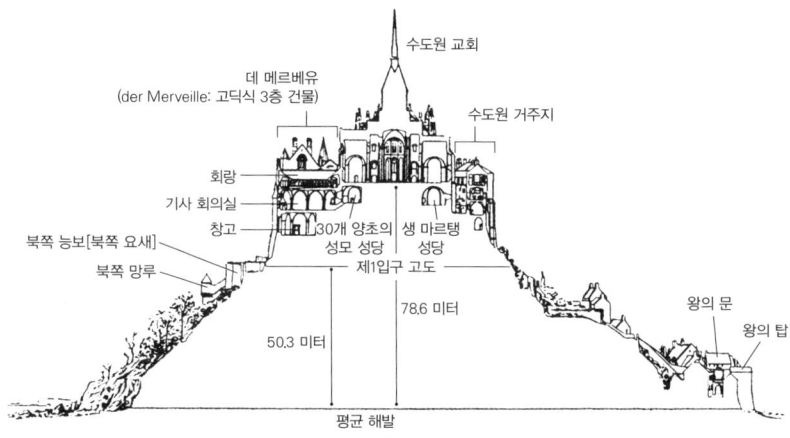

켈트족의 뒤를 이은 로마인의 성지에 세워진 생 미셀 수도원 요새. 고대와 그리스도교 이전 시대의 종교적 특징을 상징적으로 대변하는 지형을 그리스도교 성자의 모습으로 '인간화시킴으로써' 새로운 형태의 종교적인 분위기를 자아내고 있다. 대천사 미카엘 숭배는 8세기 남부 이탈리아의 몬테 가르가노가 계승했으며 그의 유해도 그곳으로 옮겨졌다. 10~11세기에는 노르만 공작들, 12세기에는 이들의 뒤를 이어서 잉글랜드의 왕들, 다음 세기에는 프랑스 통치자들이 요새와 수도원을 계속 건설했다. 이곳에는 처음에는 재속 성직자들이, 이후에는 베네딕트회 수도사들이 거주했다.

적인 문화 운동의 중요한 활동 중심지로 변해갔다. 기원후 1000년 전에는 귀족 출신이 아닌 수도사의 이름은 알려지지 않았다.

그러나 귀족은 전쟁과 사냥을 위해서 태어났지, 결코 육체노동을 위해서 태어나지는 않았다고 생각되었다. 여기에는 로마적인 사고와 야만적인 사고가 결합되어 있는데, 이에 따르면 육체노동은 노예의 일로 경시되었다. 수도원에도 하인이 있었지만 수도원 공동체는 자급자족을 원칙으로 삼았기 때문에 육체노동은 생존을 위해서 필요로 되었다. 당시의 수도원 문학작품에는 우리에게도 익숙한 사도 바울로의 문구가 자주 기록되었다. "일하지 않은 자는 먹지도 말라!"

이외에도 육체노동의 필요성은 바울로의 편지와 같은 성서 구절, 초기 수도사들의 전기, 교부〔고대 교회에서 교의 발달에 크게 공헌한 교회 사상가들〕 아우구스티누스의 저작물, 특히 7세기 이래로 전파되었던 베네딕투스 성인의 수도원 규율에도 기록되어 있다. 그러나 이 작품들에서 수공업은 미덕으로까지 찬양되지 않았고 단지 필요한 것으로 기록되었을 뿐이다. 베네딕투스는 수공업을 나태한 게으름에서 벗어나기 위한 수단으로 보았다. 다른 한편에서 수공업은 불명예스러운 것으로 간주되지 않았고, 비록 그 자체가 목적이 되지는 않았지만 가치 있는 일로 인정되었다. 이러한 전주곡에 맞추어 육체노동은 중세의 세계로 전파되어갔다. 수도원 제도가 서유럽의 노동 개념에 토대를 마련했다고는 할 수 없지만 그에 대한 장애물을 제거하는 역할을 했던 것으로 보인다.

전체적으로 보면 수도원 문화를 통해서 귀족과 하층민 사이에 위치하는 새로운 사회집단이 형성되었다. 이는 수도원의 구성원이 지속적으로 귀족 계층에서 충원되었기 때문일 것이다. 물론 이들이 수적으로 귀족 계층을 능가하지는 않았다. 수도사의 노동은 결코 농노의 노동과 동일한 것이 아니었다. 싸움으로 얼룩졌던 당시 상황에서 수도사의 삶은 귀족과 하층민의 특성 모두

많은 비난에도 불구하고 수도사들은 자신들을 그리스도교 세계에서 완벽한 계층이라고 생각했다. 15세기 말경 얀 폴락이 그린 이 제단화는 라틴 그리스도교 수도사의 아버지인 성 베네딕투스가 사람들을 가르치는 모습이다. 그는 교부, 성직자, 수녀에게 둘러싸여 있다.

를 내포하고 있었다. 그 결과 제3의 새로운 특성이 형성되었다. 단순하고 치장되지 않은 수도사의 복장이 고위 귀족 자제들을 감쌌다. 수도사의 생활은 칼보다는 삽과 친근했다. 그들의 생활은 어떤 것에도 구속되지 않았고 사후 세계를 향하고 있었다. 부인과 자녀를 가지지 않은 채 신이라는 최상의 주인에게 복종하는 종으로서 몇 시간 동안 진행되는 공동 기도를 드렸고, 신의 찬미라는 본연의 임무를 밤낮으로 수행했다. 이렇게 해서 수도사들은 주인과 예속민이라는 이분적 구도에서 독자적인 사회 계층으로 등장하였다. 개인적 무소유와 수도원 규율에 의거해 독선과 세속적 아집을 포기함으로써 이제 상층부의 사람들이 공동체를 위한 봉사에 전념했다. 가장 부유한 사람들과 그 자녀들이 이러한 중간적 지위에서 지속적으로 빈민 구호 활동을 펼친 결과 독립적인 사회 계층이 성장했다. 이 계층은 칼과 같은 권력과 억압에 근거하지 않았고 사랑을 통해 포교하고 보살핌으로써 만민을 평등하게 여기는 그리스도교의 교리에 충실하고자 했다. 이는 단순히 공동체적 연대 의식을 형성하는 데 집중했던 그리스도교 이전의 고대 종교와 비교했을 때 차별적인 것으로, 이는 중세의 새로운 주춧돌이 되었다.

카를 대제는 제국 수도원을 자신의 정책에 이용했다. 그의 '르네상스'도 이 수도원들을 통해서 이루어졌다. 카를의 아들 경건왕 루트비히는 수도원 개혁을 황제의 임무로 생각했다. 제국에 산재해 있던 수십 개의 수도원을 감독

알자스 북부 오트마스하임에 있는 베네딕트회 수녀원의 교회 건물은 11세기 중엽에 세워졌음에도 불구하고 거의 완벽하게 보존되어 있다. 아헨의 궁정 교회를 동일한 규모로 모방한 건축물로 '제국 수도원'의 종교적 삶에 황제가 미친 영향력을 보여주는 사례라 할 수 있다. 1175년부터 수녀원장으로 재직한 란츠베르크의 헤라트는 이곳에서 중세 전성기의 신비주의적 세계관을 기록한 그녀의 인상 깊은 대표작 『기쁨의 정원』을 서술했다.

하는 조직이 아직 정비되지 않았고 중앙화가 제대로 이루어지지 않은 상황에서 형식적으로나마 통제 역할을 담당하는 기구가 필요했다는 것은 자명한 일이었다. 루트비히는 아키텐 지역 출신으로 개혁에 열정을 쏟았던 아니안의 수도원장 베네딕투스(821년 사망)에게 몇 년 동안 개혁 임무를 총괄하게 했다. 이제 개혁 작업은 탄력을 받았고 베네딕트회 수도원의 규율은 프랑크 제국의 모든 수도원에 필수 불가결한 것이 되었다.

수도원은 왕이나 제후와 결속하는 것을 근본적으로 반대하지는 않았다. 그러나 바이킹과 사라센, 마자르족의 파괴와 약탈을 경험한 후 수도원은 자립성을 강조하기 시작했다. 대규모의 개혁 운동이 진행되었고, 수도원장의 개인적인 인간관계를 통해서 한 수도원에서 다른 수도원으로 이 운동이 전파되었

라틴적인 수도원 문화는 북쪽으로부터 스페인에 전래되었고 이후 재정복 전쟁을 거치면서 전파되기 시작했다. 수도원은 황무지 경작에서 주도적인 역할을 담당했고, 이슬람의 영향을 받은 건축술은 상당한 수준에 도달했다. 사진은 10세기에 세워진 레온의 옛 베네딕트회 수도원 산 미겔 데 에스칼라이다.

밖에서 본 산 미겔 수도원의 교회 건물과 방어용 망루.

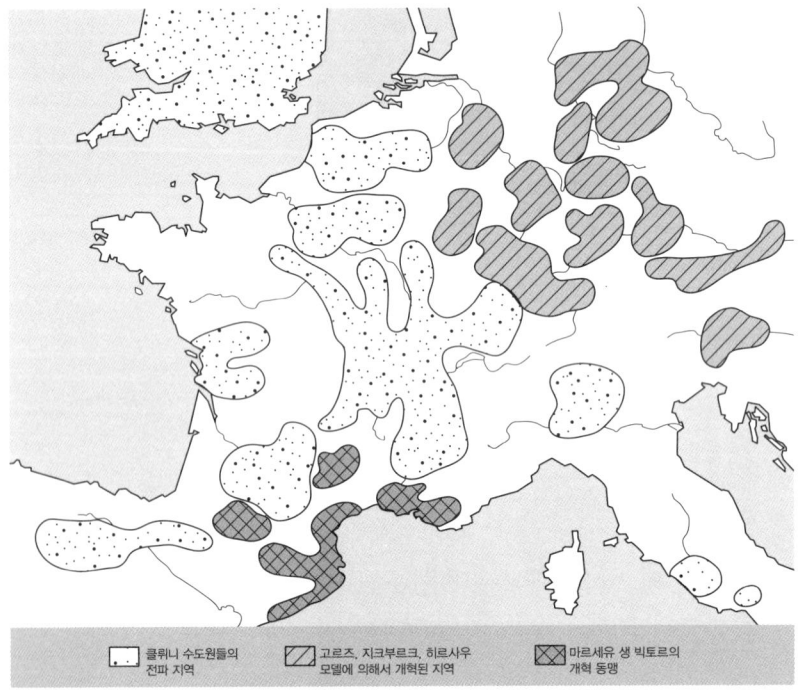

| | 클뤼니 수도원들의 전파 지역 | | 고르즈, 지크부르크, 히르사우 모델에 의해서 개혁된 지역 | | 마르세유 생 빅토르의 개혁 동맹 |

개혁 수도원들 사이의 연계는 새로운 연결 고리를 형성했다. 그리고 각 수도원의 지배권은 지역별로 구획되었다.

다. 결국 10세기에 이르러 일종의 중앙 집중화가 이루어졌다. 메스 근교의 고르체, 트리어 근교의 장크트 막시민, 마르세유 근교의 생 빅토르 수도원, 특히 아키텐의 경건공 기욤 1세가 마콩에 세운 클뤼니 수도원(909~910년 창설)은 개혁의 거점이 되었다. 이 수도원들은 개혁된 수도원과 긴밀한 결합을 유지하면서 점차 자(子)수도원들의 그물 구조를 형성했다[클뤼니에 소속된 모든 수도원은 일종의 자수도원으로서 서로 밀접한 연결망을 그물처럼 형성하고 있었다]. 클뤼니 수도원은 대단한 업적을 이루었다. 베네딕트 수도회 회칙의 '원문을 충실히' 조사해서 다른 수도원들이 강화된 생활 규범을 의무적으로 따르도록 했을 뿐만 아니라 그 개혁이 다음 세대에 프랑스, 잉글랜드, 스페인, 신성 로마 제국에 속했던 이탈리아, 스위스에 전파되도록 했기 때문이다. 개혁은 중앙의 모(母)수도원에 대한 개개 수도원의 종속성을 지나치게 강조했기 때문에 수도원장이 아니라 언제든 해임될 수 있는 분원장이 개개 수도원을 대표하였다. 이렇게 해서 광범위한 결합 관계가 형성되었다. 이는 그때까지 유럽이 이루지 못했던 것이었다. 이외에도 클뤼니의 수도원들은 여타의 교회와 세속적 통제로부터 자유로워질 수 있었고, 성 베드로와 그의 세속 대리인인 교황에게만 복속하게 되었다. 이제 수도원 제도는 그 본연의 모습으로 돌아가게끔 조직화되어 지금까지와는 차별적인 면모를 띠었다.

클뤼니 수도회

클뤼니 수도원 제국은 폐쇄적인 공간은 아니었으나, 계획적인 지배 영역 확장 정책은 12세기 이후에야 전개되었다. 그때까지는 기존의 방식으로 집중화가 진행되었다. 중앙에서 통제되는 영역 정책이 이루어지지 않은 채 토지 소유가 증가했기 때문에, 수도원의 토지 재산은 잉글랜드 중부 지역에서부터 피레네 산맥을 넘어 곳곳에 산재해 있었다. 포 강 유역과 티베르 강 하류에 집중되어 있던 고립 지역들도 수도원에 속했다. 수도원장은 클뤼니 수도사들의 왕으로 불릴 만큼 강력한 힘을 가지게 되었고, 남부 프랑스 지역에서 마르세유에 있는 생 빅토르 수도원 공동체의 '교회 국가'와 경쟁을 벌였다(당시 생 빅토르 수도원 공동체의 영향력이 막강하여 후대의 역사가들은 이를 '교회국가'로 명명하기도 했다). 일련의 인물들이 클뤼니 수도원 제국을 이끌었다. 오도 원장(942년 사망)에서 위그 원장(1109년 사망)까지 장수했던 다섯 명의 수도원장이 연속해서 약 200년 동안 권위를 지속시켰다. 그 사이에 모젤 강 서부의 독일에서는 북부 이탈리아의 프루투아리라 수도원에서 시작된 다른 개혁 운동이 전파되었다. 더 광범위하게 일어났던 제3의 운동은 슈바르츠발트 지역의 히르사우에서 출발하여 라인 강의 좌우에서 남부와 중부 독일을 거쳐 엘베 강까지 전개되었다. 최근의 조사에 따르면 10세기 서부와 중부 유럽에는 855개의 개혁 수도원이 있었다. 973년의 독일에서 108개였던 수도원들이 100년 후에는 700개를 넘어가고 있었다.

이 "역사상 가장 정적이고 가치 있으며 건설적인 혁명들"(A. 블라조비치)은 경제적, 정신적 측면에서 정당하게 평가받지 못하고 있다. 베네딕트 수도회 회칙 제57장은 좋은 의도에서 무소유를 원칙으

수도원의 필사 예술은 전체적인 구도보다는 첫 글자의 장식에 치중했다. 12세기에 필사된 요한복음의 첫자 I.

162　중세, 천년의 빛과 그림자

로 하는 근면한 공동체에는 자신(수도사)이 생산한 모든 물품을 세속인들이 제공하는 것보다 더 저렴한 가격으로 공급하도록 규정하고 있다. 유럽 경제의 발전이라는 측면에서 볼 때, 다행스럽게도 이 규칙이 지켜지지 않았다. 그럼에도 불구하고 세속인들은 수도원과의 경쟁에 대해서 거칠게 불만을 토로하기도 했다. 시장의 확산이 경제적 발전을 불러올수록 불만은 커져갔다. 다른 한편으로 초기 시장경제에서 사람들은 항상 수도사들의 조직력, 능률과 충돌하게 되었다.

서부, 중부, 남부 유럽에서 긴밀한 공조망을 형성했던 수도원 문화는 경제적으로뿐만 아니라 정신적으로도 분명하게 진보를 이루었다. 이는 교회를 구성하는 주축이 되었다. 910년경에 클뤼니가 건설되었을 때 로마에는 교황 세르기우스 3세가 기거하고 있었다. 그는 두 명의 전임자를 살해했고 상당히 불명예스럽게 교황의 직위를 차지했다. 비학문적인 표현이기는 하지만 우리는 이 상황을 '매춘부들의 시대[세르기우스 3세가 통치하던 시기에 일부 상류층 여성들이 정부(情夫)와 사생아를 교황좌에 앉히기 위해서 미모와 재산을 동원하는 등 혼란이 극에 달했던 시대]'라고 표현할 수 있을 것이다. 그의 후계자들 몇몇도 비슷한 호기를 부려서 교황지에 올랐다. 동시대인들의 보고에 따르면 그의 아들 요한네스 11세도 그러했다. 이러한 분위기 속에서 당시에 여자 교황 요한나의 전설이 생겨났다[요한나는 9세기에 재위했다고 여겨지는 여자 교황을 말하는데, 학구열이 강한 여성으로 남장을 하고 교황으로 선출되었으나, 아기를 출산하는 바람에 성별이 밝혀졌다고 전해진다]. 그러나 교회 조직에서 불명예스러운 성직자를 찾아내기 위해 굳이 로마를 주시할 필요는 없다. 낭트와 캉페르에서는 성직매매가 공공연하게 이루어졌고 주교들은 자신의 직책을 아들에게 물려주었다. 이러한 부패는 언제나 황제권이나 왕권의 약화와 관계가 있었다. 과연 교회가 이런 상황에서 세속적인 권력의 도움을 받지 않고 자력으로 혁신과 개혁을 할 수 있었을까?

클뤼니 수도원은 이와 같은 상황, 특히 프랑스의 혼란스러운 상황에서 아마도 가장 어려운 문제를 해결해야 했을 것이다. 그러나 클뤼니는 최선의 노력을 기울였으며 계속해서 성과를 거두었다. 클뤼니 수도원의 창설자이자 '경건공'이라고 불렸던 아키텐의 공작 기욤은 종교 생활과 자신의 영적 구원을 걱정했다. 이 때문에 그의 보호를 받았던 클뤼니의 베네딕트회 수도사들 역시 처음부터 특별한 지위를 차지할 수 있었다. 그들의 수도원은 주교나 왕의 책임 관할구역에 속하지 않았으며, 성 베드로와 그의 세속 대리인인 교황을 제외하고는 누구에게도 종속되지 않았다. 따라서 수도사들은 자신들에게 절대적으로 복종하고 언제든 다시 해임시킬 수 있는 세속 보호인을 선택하고자 했다. 그때까지는 수도

육식은 대부분의 수도회에서 금지되었으나 생선은 특별한 날에 수도원 식탁에 올랐다. 이 때문에 그물이나 낚싯대를 이용한 낚시는 수도원의 일상사였다. 오스트리아에 있는 시토 수도원 하일리겐크로이츠의 필사본에 그려진 첫 글자 장식에도 이와 같은 모습이 나타나고 있다.

원 재산에 대한 재판권과 치안권을 위해 필요했던 수도원 보호 제도인 보호권을 귀족들이 남용해왔다.

개혁된 수도 공동체의 생활은 우선 9~10세기에 자주 경제적 혼란에 직면했던 개개 수도원의 경제적인 생활 능력을 회복시키고자 했다. 경제력의 회복은 클뤼니 수도사들의 생활을 위해서는 필수 불가결한 것이었다. 그들은 매일 일곱 번 거행되는 성무일도〔聖務日禱: 하루 중 정해진 시간에 맞추어 올리는 가톨릭 교회의 공식적인 기도〕를 통해서 신에게 헌신했다. 노동이나 사역 활동은 클뤼니에서 이루어지지 않았다. "클뤼니는 결코 사고하는 장소가 아니며, 그곳에서 사람들은 지속적으로 기도를 드렸다"라고 J. 돈트는 기록하고 있다. 웅장한 교회 건물이 자리한 질서 정연한 수도원 공동체에서 천국의 예루살렘

을 찾으려는 신자들을 위해 거행된 미사 집전에서도 그러했다. 이러한 이유로 클뤼니의 총대수도원을 포함한 개혁자들의 교회는 점점 더 비현실적인 세계로 빠져들었다.

신자를 위해서가 아니라 신을 숭앙하기 위해서 교회가 건설되었고 현실적인 문제들에 대한 의문은 제기되지 않았다. 성무일도 외에 클뤼니의 수도원에서는 음악으로 구성된 특별한 미사가 이루어졌다. 합창과 오르간 연주는 황홀하지만 격정적이지 않았고 '정신의 냉정한 도취 상태'에서 현세와 거리를 유지하고자 했다.

이와 같은 현실과의 괴리감 때문에 클뤼니 수도회의 수도원들은 살아 있는 사람보다 죽은 사람에게 더 많은 관심을 보였다. 그들의 교회가 종교적인 사랑으로 맺어진 남성 집단처럼 보이는 것에서 알 수 있듯이, 수도원들은 현세적인 삶보다는 '친교의 서[수도원의 후원자와 기증자의 명단이 들어 있는 책으로, 수도사들은 이들의 사후 기일에 미사를 드렸음]'와 죽은 자의 기일에 미사를 드리는 것에 전념했다. [모든 사자(死者)를 위해 기도하는 날인] 11월 2일의 '위령의 날'과 같이 오늘날 가톨릭 교회가 집도하고 있는 죽은 자에 대한 기일 행사는 클뤼니에서 유래했다. 그러나 이 기념일은 살아 있는 사람들과도 연관되어 있다. 그리스도교적인 사랑의 정신과 관련되어 있기는 하지만 죽은 자를 추모하기 위해서 가난한 사람들이 식사에 초대되어 대접을 받았던 것이다. 이는 그리스도교적이라기보다는 이교적인 것이었다. 이런 의무는 자선의 횟수를 점차 증가시켰다. 특히 총대수도원에서 그러했다. 장기적인 안목에서 볼 때 이것은 명백히 계산 착오였다. 12세기에 이미 수도원 경제는 재정적인 한계에 봉착하여 궁핍해졌고 아마도 이것이 개혁 공동체가 몰락하는 원인이 되었을 것이다. 모(母)수도원은 대다수의 분원들처럼 프랑스혁명 시기까지 남아 있었지만, 혁명은 수도회를 해체시켰고 고귀한 로마네스크 양식의 성당을 파괴했다. 그때까지 클뤼니 수도원들을 유지시켰고 전대미문의 방식으로 공동체를 단기간에 성장시켰던 종교적인 관심은 소멸되었다(공동체의 성장은 기존 수도원의 통합과 수도자가 되고자 몰려드는 청원자들, 제3회원인 평신도 형제들로서 수도원 공동체 안에 살려고 하는 전 연령층 신자들의 '개종'으로 가능한 것이었다).

〈명상 중인 수도사〉는 시토 수도원 하일리겐크로이츠에서 제작된 것으로 이 작품은 훌륭한 수도사와 타락한 수도사를 비교한 화집에 수록되어 있다.

약 200년 동안 지속되었던 개혁 운동의 승리는 불타는 종교적 열정이라는 관점으로만 설명이 가능할 것이다. 특히 이 운동의 성공을 당시 프랑스에서 나타난 봉건적인 무질서와 연결해서 생각할 수도 있을 것이다. 물론 봉건적 무질서에 대한 여타의 다양한 시도가 이루어지기도 했다. 그러나 11세기 말에 이미 금욕주의에 대한 수도사들의 바람은 의식적인 전례(典禮: 가톨릭 교회가 단체로 하는 공식적인 경배 행위)에 대한 욕구보다 더 강했다. 보다 엄격한 종교적 고립과 고행 생활을 규율로 삼는 새로운 수도회들이 형성되었다. 또한 (수도원 내의 분리된 건물에 남자와 여자가 거주하는 수도원인) 이중 수도원이 설립되어 여성들의 종교적인 욕구에 대해서 처음으로 특별한 가능성을 열어주었다. 프랑스 북동부에서는 다음 세기에 대규모의 수도회들이 새로이 형성되어 그 모습을 갖추었다. 1098년 시토에서 시토 수도회, 1120년 프레몽트레에서 프레몽트레 수도회, 11세기 말경 라 그랑 샤르트뢰즈에서 카르투지오 수도회가 설립되었다. 비귀족 출신의 독일인인 쾰른의 브로노가 선두에 섰다. 클뤼니에서 멀리 떨어지지 않은 곳에서 그 수는 많지 않았지만 높은 평가를 받았던 수도회가 형성된 것이다. 이 수도회는 전체 수도원 제도에서 가장 안정된 수도회 중 하나였다. "카르투지오 수도회는 개혁되지 않았는데 이는 이 수도회가 결코 타락하지 않았기 때문이다!"라고 후대에 전해지고 있다. 카르투지오 수도회에서는 많은 학문적 업적이 있었지만, 대중적인 인기를 얻지는 못했다. 종교개혁 시기에 카르투지

오회 수도사들은 1,000명 정도에 불과했다.

이 시기는 단연코 클뤼니 수도회의 시대였다. 수도회는 가장 번성했던 프랑스에서 종교적인 세계관을 각인시켰고 오토 3세, 하인리히 2세, 하인리히 3세가 통치했던 반세기 동안은 황실에도 영향을 미쳤다. 그러나 궁극적으로는 역사적인 변증법이 작용했다. 클뤼니와 황제들의 협력이 아니라 클뤼니의 저항이 중세 세계를 변화시킨 것이다. 그러나 이 변화에는 오늘날의 '합리적인 제도 정립을 통한 발전' 같은 것들이 결여되어 있었다.

교회와 왕

서임권 투쟁은 지금도 교과과정에 포함되어 있는 주제 가운데 하나로 낯익은 정치 용어일 것이다. 이른바 '문화 투쟁[독일 총리 비스마르크가 로마 가톨릭 교회를 국가의 통제 아래에 두기 위해서 1871~1887년 동안 격렬하게 벌였던 싸움]' 시기 동안 비스마르크는 "우리는 카노사로 가지 않을 것이다"라고 주장하면서 당시 가톨릭 측이 가졌던 권력욕에 낙인을 찍고자 했다.

서임이란 고위 성직자를 임명하는 것을 말한다. 주교를 임명하지는 않더라도 최소한 법률상으로 그들에게 직무를 부여할 권리를 의미한다. 초대 교회법에 따르면 성직자와 평신도가 주교를 선출해야 했지만 관례적으로 왕들이 주교를 선택하고 임명했다. 과거 카롤링 왕조의 핵심부나 변두리 지역을 막론하고 서유럽 어디에서나 그러했다. 따라서 언젠가는 이 문제를 놓고 교회와 왕들 사이에 갈등이 발생하리라고 생각되었다. 시간이 경과하면서 1075년 전후로 대립이 가시화되었고 라틴 그리스도교 사회 전체가 이 싸움에 휘말렸다. 그러나 대립은 주교들과 왕들에 의해서가 아니라 교황과 황제 사이에서 시작되어 번져나갔다. 이는 단순한 정치적 대립이 아니라 지배권과 세계 질서를 둘러싼 근본적 사고에 대한 원론적인 대립으로 전개되었다. 중세의 보편주의, 즉 라틴 그리스도교 세계의 통일성은 황제와 교황에 의해서 어렵게 유지되었으나, 결국은 두 개의 보편 권력이 대립하면서 그 실체의 한계가 드러났다.

황제 하인리히 4세(재위 1056~1106)와 그의 적수였던 교황 그레고리우스 7세(재위 1073~1085) 사이의 대결은 독일 중세 학자들이 가장 즐겨 다루는 주제 가운데 하나이다. 당대에 작성된 서신들과 오늘날에도 계속해서 새롭게 발견되고 있는 논쟁서, 그 외에도 외교 문서들이 잘 보존된 상태로 현재까지 전해지고 있다. 그러나 정치적인 관점에서뿐만 아니라 사상적, 사회적 발전이라는 폭넓은 관점에서 이 투쟁을 바라보기까지는 상당한 시간이 걸렸다. 왜냐하면 1076년의 황제를 파문하겠다는 교황의 위협과 그로부터 1년 후에 발생한 카노사의 참회가 그리스도교 세계에서 황제의 종교적 주도권론을 봉

11세기 초의 인상적인 황제 자화상. 신으로부터 직접 대관받은 하인리히 2세의 옆에는 성직자들이 성서에서 모세가 전하는 기도 자세를 취한 채 서 있고, 황제는 천사들에 의해 천상의 보호를 받는 칼과 제국의 창을 들고 있다. 여기에서 황제는 신의 대리인으로 묘사되고 있다.

168 중세, 천년의 빛과 그림자

쇄하여, 지배권을 둘러싼 신화들이 흔히 그렇듯이 다시는 황제의 주장이 신뢰를 회복하지 못했기 때문이다. 서임권 투쟁은 황제 측과 교황 측의 법학자들이 처음으로 격돌하는 대결의 장이 되었다. 또한 양자의 대립은 그때까지 유럽 역사에서 무력했던 익명의 대중이 정치에 참여하는 최초의 계기가 되기도 했다. 이런 변화는 황제와 교황의 지배권론의 운명만큼이나 유럽 정치의 발전에 영향을 끼쳤다. 이것은 교회 측의 주장처럼 예상치 못하게 정치적으로 중요해진 개혁 운동의 결과였다. 여기에서 말하는 개혁 운동으로는 수도원 개혁과 10세기의 '신의 평화[9~10세기 중세 유럽에서 교회가 주도한 특정 기간 동안의 전투 행위 금지 제도로 '신의 휴전'이라고도 함]'를 들 수 있을 것이다.

일단 1070년경 유럽의 상황을 살펴보자. 잉글랜드에서는 새로이 왕권을 차지한 윌리엄이 토착 귀족을 자신의 노르만 종사들로 대체했고 노르만, 프랑크 롬바르드인만을 주교로 임명했다. 그 결과 윌리엄은 잉글랜드 교회를 장악할 수 있었다. 스칸디나비아 반도에서는 브레멘의 대주교 아달베르트가 총대교구를 세우려고 했다. 당시에는 로마를 제외하고는 서유럽에서 보편적으로 인정받는 총대교구가 없었기 때문에 그의 시도는 다소 무리한 욕심이었다고 할 수 있다. 결국 아달베르트는 아무런 소득도 얻지 못했고 스칸디나비아 반도의 교회는 덴마크 왕에 의해서 [스웨덴 남부에 위치한 도시인] 룬드 대교구를 거점으로 조직되었다. 폴란드와 보헤미아에서는 왕과 대공이 그니에즈노 대교구와 프라하 교구의 교회를 장악했다. 프라하 교구의 교회는 당시 마인츠 대교구에서 벗어나고자 했으나 실패로 끝이 났다. 헝가리에서는 1050년대에 이교도 반란이 일어났지만 곧 진압되었다. 이후 1070년경에는 비록 짧은 기간에 불과했지만 독일 제국과의 봉건적인 관계가 재정립되기도 했다. 이탈리아 남부에서는 본래 용병이었던 노르만족 출신의 제후들이 베네벤토와 카푸아 공작령을 만들었다. 교황은 이 공작령을 봉토로 인정했지만 이후에 밝혀진 것처럼 노르만족은 교황에게 충실하지 않은 봉신이었다. 피레네 산맥의 남부에 있던 스페인의 소규모 왕국들도 독자적인 교회 정책을 폈다. 그러나 문제의 진원지는 오히려 과거 카롤링 왕조의 핵심부였던 프랑스, 독일, 이탈리아 북부였다.

프랑스와 독일에서는 정치적 상황이 매우 다르게 전개되었다. 세속 권력 못지 않게 교회도 그러했다. 프랑스의 카롤링 왕조는 독일의 카롤링 왕조보다 80년 정도 더 오래 존속했지만 987년에 와해되었다. 그 직후 남성 쪽 혈통은 소멸되었다. 카롤링 왕조는 파리의 백작 위그 카페(재위 987~996)에 의해서 쫓겨났는데, 위그의 후손들은 '경이적인 생식력'으로 카페, 발루아, 부르봉 왕가를 이루어 프랑스혁명 시기까지 통치했다. 다시 말하면 프랑스에서는 독일의 중세와는 달리 3, 4세대마다 왕권의 무기력화를 초래했던 왕조의 교체가 이루어지지 않았다. 12세기까지 아버지 생전에 아들이 공동통치자로 왕위에 등극함으로써 왕위 계승 문제가 독일과 비교할 수 없을 정도로 안정되어 있었던 것이다.

이는 당시 프랑스 왕권의 가장 유리한 이점이었다. 프랑스와 비교했을 때 독일이나 잉글랜드의 왕권은 오히려 왕권의 무기력함을 보여주고 있다. 11세기에 프랑크족의 왕은 파리 강변 중심부의 가족 소유지, 베리 지역과 운하 지역에 흩어져 있던 영토만을 통제했다. 그 외에는 카롤링 왕조로부터 물려받은 약간의 유산과 기회가 있을 때마다 획득한 백작령들이 추가되었을 뿐이다. 이렇게 협소한 통치 영역 안에서 대략 20여 개의 교구들이 특별한 비중을 차지하고 있었다. 랭스 대교구도 그중 하나였다. 랭스 대교구에서는 왕이 주교를 임명함으로써 간접 통치가 가능했고 주교직이 공석인 동안에는 세수입도 획득할 수 있었다. 프랑스의 백작과 공작 가운데 주교직에 견줄 만한 대규모 지배권을 소유한 인물은 없었을 것이다. 그럼에도 불구하고 직간접적으로 왕권의 지배를 받는 협소한 지역들조차 제대로 통제되지 못하는 실정이었다. 아마도 왕권의 핵심부였던 파리의 백작령에서도 세속의 권력층이나 수도원 세력이 왕의 지배권에 저항했을 것이다.

공작이나 백작 등 세속 제후들은 각기 우위를 가늠할 수 없을 정도로 나름의 강력한 지배 구조를 형성했다. 이론상 이들은 모두 봉신으로서 왕과 연결되어 있었지만 현실 정치에서는 논란의 여지가 많은 통일체를 형성했다. 잘 알려진 것처럼 프랑스 중부와 남부는 언어적으로 북부와 구분된다. 보통 이러한 언어적 경계를 프랑스어로 '그렇다'를 표기하는 방식에 따라 북부에서는 랑그도일[Langue d'oil: 루아르 강 이북의 북쪽에서 사용된 오크어로, 오일(Oil)은 긍정을 뜻하는 위(Oui)의 고어]로, 남부에서는 랑그도크[Langue d'oc: 중세 프로방스 지역에서 통용된 오크어]로 불렀다. 이 경계는 남부 프랑스에서 성문화되어 발전했던 로마의 법률 전통에 의해서 더욱 확연하게 구분되었다. 왜냐하면 북부는 남부와는 반대로 수세기 동안 관습법을 준수했기 때문이다. 또한 이 경계는 프랑스 왕의 영향력이 미치는 범주를 결정하기도 했는데, 카페 왕조가 통치한 시기부터 12세기까지 랑그도크 지역은 실질적으로 파리의 왕가와는 정치적인 관계를 맺지 않았다. 그 예로 987년부터 1108년까지 랑그도크 지역으로 왕이 보낸 문서는 단 하나도 없었다. 이 지역의 제후들 역시 거의 왕을 알현하지 않았다. 실제로 궁정을 방문했다 하더라도 왕을 알현하지 않는 경우가 많았다. 심지어 가스코뉴 공작령은 마치 프랑스에 속하지 않은 것처럼 독립적인 입지를 차지하고 있었다. 이는 중세 말기에 잉글랜드가 프랑스와 대립하고 있을 때 잉글랜드의 법률가들이 강하게 주장했던 바였다. 그 외에도 또 다른 세 명의 왕의 가신들, 즉 북부의 플랑드르 백작, 동부의 부르고뉴 공작, 남부의 툴루즈 백작은 11세기에 프랑스 왕의 봉신인 동시에 황제의 봉신이기도 했다. 그들 영토의 일부가 프랑스 왕의 영토에 속했기 때문에 봉신으로 간주된 것도 있지만 어쨌든 왕은 이들 가신을 신뢰할 수 없었다. 더군다나 프랑스 왕을 주군으로 인정했던 다른 무리들 역시 충성심이 부족했기 때문에 전쟁이 발발했을 때 봉신으로서의 소임을 다하지 않았다. 경우에 따라서는 반란을 일으키기도 했다.

노르망디 지역만이 유일하게 전 프랑스에 만연했던 내부 정치의 무질서와 거리를 두었다. 921년부터 봉건제도(봉토를 매개로 하는 주군과 가신의 인적 관계)를 엄격하게 준수했던 노르만족의 공작들이 노르망디 지역을 조직화했다. 이 공작령에는 사유지, 즉 개인 소유의 토지는 존재하지 않았다. 모든 땅은 봉토였고 모든 것이 공작들에게 양도됨으로써 공작들은 이 지역을 확실하게 통제할 수 있었다. 다만 단절된 프랑스 왕과 맺은 봉건적 충성만이 문제로 남았다.

만약 공작령이나 백작령 같은 대규모 지배 세력들의 내부까지 프랑스 왕국 전역에서 나타나는 것과 유사한 양상을 보였다면 아마도 프랑스 왕은 더욱 어려운 상황에 처했을 것이다. 세속 영주와 성직 영주들은 조각조각 분할되어 토지가 그리 광범하지 않았던 장원을 소유하고 있었다. 이외에 직경 10킬로미터 규모나 그것을 웃도는 다양한 규모의 성(城)을 통치의 중심으로 하는 지배 세력들이 있었다. 이곳의 성주들은 제후의 통치 대리인으로 서로 다른 능력을 보유했던 정치권력의 담당자들이었다. 당시에도 어느 정도의 사회적 유동성은 존재했는데 전투 능력을 소유한 사람이라면 백작, 성주, 성직 영주와 같은 세력가들과 가신 관계를 맺을 수 있었다. 전투 능력을 구비하기 위해서는 농가 한 채 정도에 해당하는 금전이 필요했다. 더 나아가 무력 봉사에 대해서 충분한 대가를 받고자 했던 이들은 의무 관계를 동시에 여러 번 체결할 수 있었는데, 당시에는 이러한 경향이 일반화되어 있었다. 여러 영주를 한꺼번에 섬기면서 봉사의 가치가 하락한 것은 당연한 일이었다. 따라서 하위 계층 귀족들의 정치 관계에서는 봉건적인 의무보다 가문 관계, 출신, 특히 교회가 강조하던 기사의 영예가 더 중요한 역할을 했다고 평가된다. 귀족적 명예심은 12세기 이후로 신분 계층의 형성에 기여했다. 이를 통해 프랑스의 귀족은 신분 상승을 원하는 자들과는 차별성을 가지면서 독립적인 신분 계층을 형성할 수 있었다.

이러한 과정을 거치면서 프랑스의 귀족 사회는 "모든 가신들의 충성이 계서 조직을 통하여 종국에 가서는 왕에게 이득이 되는 피라미드 모양과는 거리가 멀어졌으며 (…) 그 구조는 수직적이 아니라 수평적이 되었다"(로베르트 폴츠). 그렇지만 바로 이렇게 연약했던 왕권이 미래에 중요한 변화를 가져왔다. 앞서 말한 상황에서 연상되는 것과는 달리 왕의 권위는 정치적인 부분에서가 아니라 정신적인 근원으로부터 유래했다. 랭스에서 거행된 왕의 도유식은 하늘에서 전해진 신성한 기름을 통해서 왕에게 특별한 신력을 부여했으며 그를 초월적인 존재로 만들었다. 카페 왕조의 제2대 왕인 경건왕 로베르는 공동통치자로서 988년부터 1031년까지 재임했는데, 사람들은 그가 기적의 힘을 소유하고 있다고 믿었다. 그가 재임했던 기간은 왕조의 명성에서 아주 중요한 시기였다. 로베르의 후손인 루이 16세 역시 프랑스혁명이 발생하기 몇 년 전 병원을 방문해서 선병〔腺病: 피부샘병〕 환자들을 어루만지며 "짐이 너를 치유하노라!"고 말했다고 전해진다. 이후에 루이 16세도 사람들로부터 기적의 힘을 소유하고 있다는 믿음을 얻었다.

프랑스 군주와 그의 조력자인 성직자들은 특히 왕권의 회복을 중요 과제로 삼았다. 이들의 책략에 따라 왕가의 힘이 커졌다. 이런 상황에서 교황과의 관계에 대해서도 현명한 대처 방안이 모색되어야 했다. 프랑스 왕은 독일의 경우와는 달리 결코 교황과 우위권을 놓고 격론을 벌이지 않았다. 프랑스 왕의 세력은 독일과는 다르게 제국 제후인 주교들에게 의존하지 않았다.

바로 이러한 상황 때문에 11세기 중엽 신성 로마 제국 황제의 입지가 프랑스 왕의 입지와 차이를 보였던 것이다. 절대적인 황제권, 다시 말해 다른 왕들을 압도하는 황제의 우위에 대해 인정하는 견해가 황제의 궁정 서사시에서만 부각되고 있지만 현실적인 면에서도 황제의 우위를 쉽게 추측할 수 있다. 11세기 중엽 황제 하인리히 3세는 덴마크, 폴란드, 헝가리를 봉건적인 예속 관계 아래에 두었고, 보헤미아 역시 이러한 상황에 놓여 있었다. 1020년대에 살레르노, 카푸아, 베네벤토의 롬바르드족 공작에 의해서 사라센족에게 대항하는 용병으로 온 후 그곳의 주인이 되어버린 이탈리아 남부의 노르만 제후들도 황제와 교황에게 복종했다. 제국 자체는 독일, 이탈리아, 부르고뉴 세 개의 왕국으로 구성되어 있었다. 서유럽 세계에서 황제에게 대적할 수 있는 자는 존재하지 않았다. 부득이하게 황제의 제국 내에서는 황제와 귀족들 사이에 분쟁이 벌어졌을지도 모르지만 그곳에서도 황제의 지배권에 대해서는 어떤 본질적인 논쟁도 일지 않았다. 따라서 지배권을 장악하고 7년이 지나 1046년에 황제 대관식을 위해 로마로 떠난 하인리히 3세의 원정 역시 황제의 권위를 과시하고자 했던 특별한 조처였다.

황제 하인리히 3세. 황제의 좌상은 중세 말까지 지속적으로 나타난다.

하인리히와 힐데브란트

1045년을 전후로 즉위식을 마친 세 명의 교황(베네딕투스 9세, 실베스테르 3세, 그레고리우스 6세)이 공존했다. 이는 (도중에 두 명이 사임했기 때문에) 경쟁이 아니라 잘못된 정치와 비효율성의 결과라고 할 수 있다. 그러자 교황이 아닌 황제가 수트리에 공의회를 소집해서 세 명 모두 폐위시킨 후 독일 출신의 제국 주교를 신임 교황으로 선출했다. 그가 바로 황제 가문 출신의 밤베르크의 쉬트거이다. 신임 교황은 스스로를 클레멘스 2세(재위 1046~1047)로 칭했다. 그의 뒤를 이어서 독일 출신의 교황들이 차례로 등극함으로써, 총 다섯 명의 독일인이 베드로의 의자에 앉았다. 그러나 이들은 모두 단명했다. 그들이 재위한 시기는 교황청 개혁의 시대였다. 물론 수도원 개혁을 기점으로 넓은 의미에서 교회 개혁을 위한 토대는 이전에 이미 갖추어졌다. 수도원 개혁은 교회 조직과 성직자, 세속인에게도 많은 영향을 미쳤는데, 이제는 최고위로부터 후원과 지지를 받게 된 것이다.

과거를 돌아보면서 세세한 사건들의 고리에 얽매일 필요는 없을 것이다. 황제 하인리히 4세의 생애를 보면 특히 그러하다. 그는 1050년에 출생했고 클뤼니의 대수도원장 후고에게 세례를 받았다. 3세 때 왕으로 대관되었고 하인리히 3세의 급작스러운 서거로 6세 때 독일, 부르고뉴, 이탈리아 왕국의 지배자가 되었다. 물론 그는 그리스도교 개혁과 클뤼니 수도원 개혁 운동의 분위기 속에서 성장했다. 아버지와 나중에 수녀가 된 어머니 푸아투의 아그네스, 그리고 그의 주변 인물들 모두 이러한 영향을 받았다. 황제에 반기를 들었던 대주교 안노는 라인 강에 위치한 섬 카이저스베르트에서 12세가 된 왕자를 납치하려고 했다. 어린 군주 하인리히는 위험에서 벗어나고자 강물 속으로 뛰어들었지만 탈출 시도는 실패로 돌아갔다. 그 후로 피후견인과 피후견인이 임명한 후견인 사이에서 좋은 관계를 기대한다는 것은 사실 불가능했다. 16세 때 성년이 된 하인리히 4세는 브레멘의 대주교 아딜베르트를 특별 고문으로 임명했다. 원대한 야망을 품었던 교회 제후 아달베르트는 북부의 총대주교직을 차지하고자 했으나 제후들의 견제로 결국 포기해야만 했다. 권력욕에 사로잡힌 하인리히는 19세 때 사보이의 베르타와의 유아결혼[어린 나이에 형식적인 결혼식을 올리고 성인이 되었을 때 제2의 결혼식을 올리는 풍습]을 무효화하려고 했다. 그러나 이 계획은 결국 실패로 돌아갔는데, 대표적인 개혁 신학자 가운데 한 명인 페트루스 다미아니가 교황의 사신으로 왕의 의도에 정면으로 맞섰던 것이 실패의 중요한 원인이었다. 이러한 이유로 개혁 교황권에 대해 젊은 군주의 지지를 기대하기란 쉽지 않았다. 2년 후 하인리히는 관례대로 밀라노 대주교 임명에 영향력을 행사했고 이 과정에서 하인리히의 조언자들이 파문

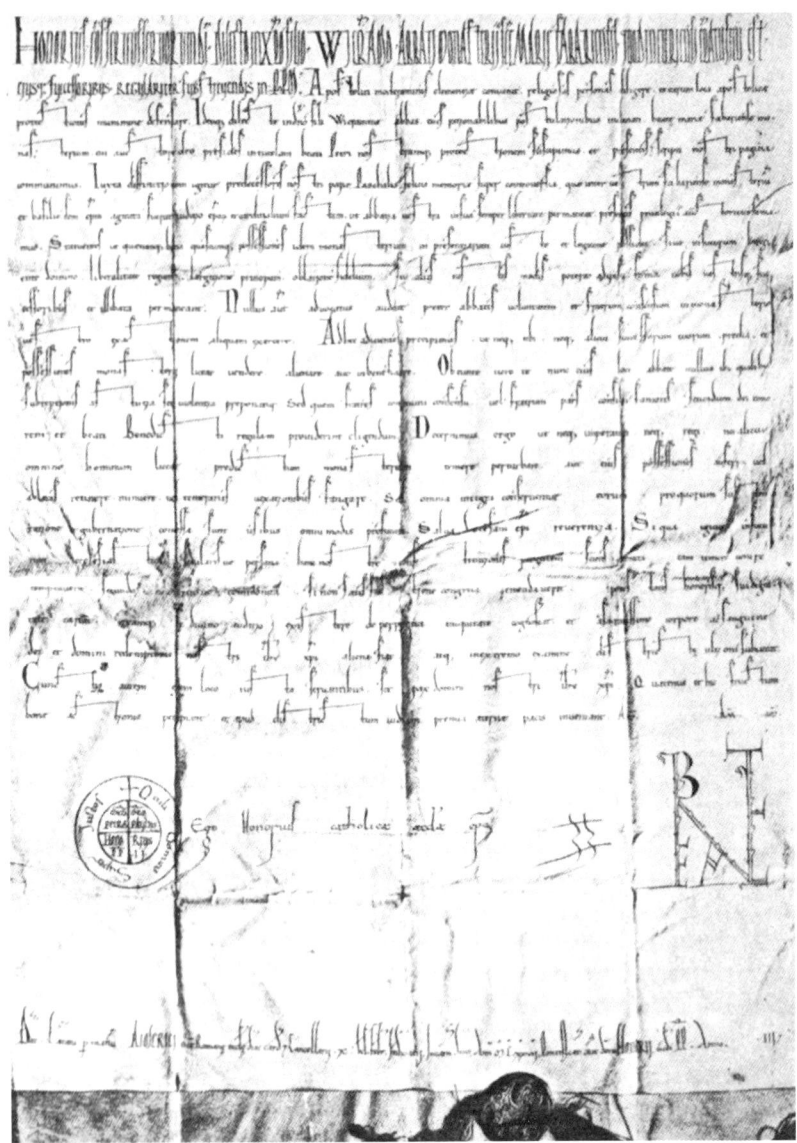

교회의 문서가 세속의 문서를 작성할 때도 일종의 규범이 되면서 문서는 점차 완벽한 모양새를 갖추었다. 인장을 찍은 양피지 문서는 거의 모든 황제와 왕의 궁정에서 제작되었다. 각각의 서기청은 위조를 방지하기 위해 인장, 화압(花押), 서명 외에도 고유한 문서 필체를 고안해내느라 고심했다. 1127년 교황 호노리우스 2세의 양피지에는 두 개의 인장이 찍혀 있는데, 양피지 하단 왼쪽 인장에는 "주님의 눈은 의인을 보신다"라는 표어가, 오른쪽에는 "잘 지내기를 기원하며"라는 내용의 화압이 있으며, 그 사이에는 "나, 모든 가톨릭 교회의 주교인 호노리우스가 서명했다"라는 설명이 쓰여 있다. SS는 이름을 서명한 것이 아니라 '서명하다'의 약자이다.

을 당했다. 교황은 이 문제에 대해서 점차 확고부동한 태도를 취했다. 또한 이 시기에 개혁가들은 곧 다가올 왕과의 대결에 대비하여 신앙심이 깊은 평신도를 제3의 세력으로 끌어들였다. 교황과 황제의 대립에서 처음으로 '민중'이 정치 세력으로 등장하면서, 민중은 이제 귀족의 전유물이었던 무력 사용을 통하여 스스로의 세력을 과시하고자 했다. 북부 이탈리아의 다른 지역과 마찬가지로 밀라노에서도 개혁 운동이 전개되었다. 사제, 기사, 하위 성직자, 하위 귀족이 이 운동을 주도했는데 교회의 정화와 성직매매의 철폐를 주장했다. 이들은 성직자와 평신도가 선출하여 교황이 인준하는 절차를 통해 주교가 임명되는 방식을 지지했고 그 이외의 다른 임명 방식에 대해서는 반대했다.

제3세력의 집결체인 민중 종교운동이 확산된 지역이 바로 이탈리아 북부와 프랑스 남부였다는 사실은 매우 특이한 현상이라고 할 수 있다. 이 지역은 인구밀도가 높고, 도시가 발달했으며, 당시 라틴 그리스도교 세계에서 가장 발전한 곳이었다. 정치 세력 간의 갈등이 라틴 서유럽의 중심부에서 시작하여 수세대를 걸치면서 주변부로 확산되었던 것이다. '신의 의지'를 따른다고 여겨졌던 밀라노의 민중운동은 반란적 성향을 띠고 있었으며 혁명적인 요소들이 내재해 있었다. 이는 신의 의지에 대한 확신, '진리'와 그들의 운동에 대한 초월적 대의명분 같은 급진적인 주장 때문만은 아니다. 그보다는 이 운동이 도시 내부의 중산층을 중심으로 한 정치 운동으로, 상류 계층에 조직적으로 대항했기 때문이다. 밀라노의 민중운동은 종교 자체를 부정하기보다는 상류층의 부도덕성을 비난하고 모든 정치-종교적 사회조직을 전복한 후 자신들의 종교관에 근거한 대안적 사회 모델의 형성을 목적으로 했다. 이러한 방식은 차후 서유럽 사회에서 있을 혁명 노선들을 예견하고 있었다. 상대편에게 파타리노라고 조롱을 받았던 밀라노인의 과격성은 교황의 지지를 받게 된다.(파타리노는 성직자들이 첩을 두거나 결혼하는 것을 허용했던 당시의 교회 제도에 반대해서 1058년경 기술자, 상인, 농민 같은 평신도들이 밀라노에서 조직한 단체의 회원을 말한다. 이들이 밀라노의 한 구역인 파타리아에서 집회를 가졌기 때문에 이 이름으로 불렸는데 파타리아는 '넝마'를 뜻하는 이 지역 방언이다.] 시가전은 교황의 깃발 아래 전개되었고 전사한 지도자인 밀라노의 기사 에르렘발트는 순교자로 추앙되었다. 하지만 교황 측은 자격을 갖춘 사제만이 유효한 성사를 줄 수 있다는 문구를 인정하지 않았다. 왜냐하면 아마도 이 문구가 교회 전체의 계서 조직을 위태롭게 할 수도 있었기 때문일 것이다[당시 교회에는 교회법이 정한 자격을 갖추지 못한 성직자의 수가 많았기 때문이다].

옛 제도를 옹호했던 왕권 우위론의 주창자에게로 돌아가보자. 하인리히

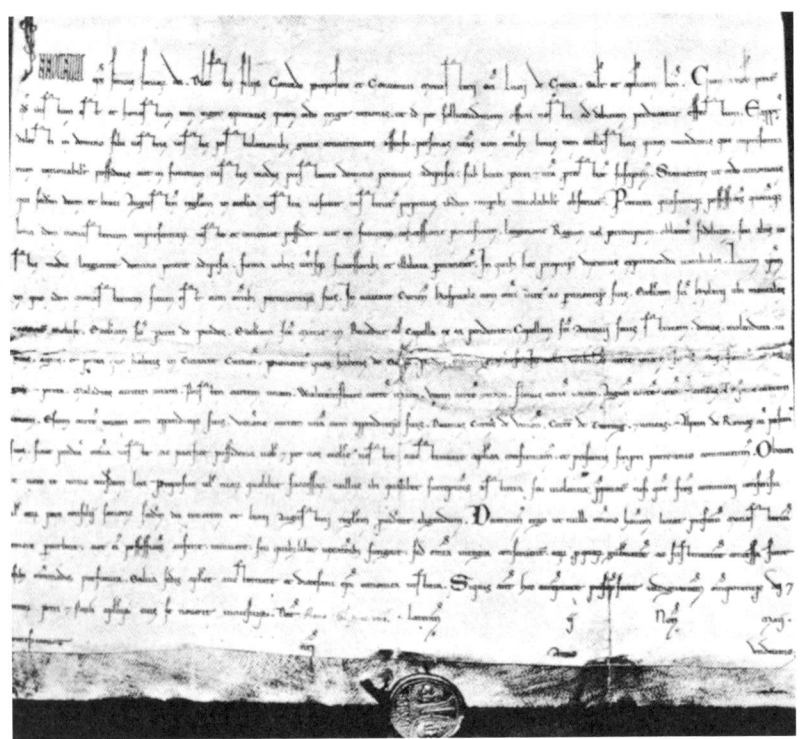

1208년 교황 인노켄티우스 3세의 문서. 규격화된 필체가 보여주듯이 새로운 발전 양상을 분명하게 보여주고 있다. 위조 방지를 위한 기하학적 문양은 찾아볼 수 없으며 납 인장만이 그대로 남아 있다. 교황청의 인장은 전통적으로 두 명의 수도사가 만들었는데 이 수도사들은 문맹이었다고 한다.

는 밀라노 대주교 문제로 파문을 당하고도 굴하지 않았다. 그러나 2년 후인 1074년 새로 선출된 교황 그레고리우스 7세 앞으로 굴욕적인 사죄문을 쓰게 되는데, 이는 "그때까지 왕이 사용하지 않았던 언어로 로마의 수신인도 놀라움을 금하지 못했다고 한다"(하랄트 침머만). 하지만 하인리히는 2년 후에 하르츠의 은광을 두고 작센족과 벌였던 영토 정책에 성공하면서 승리감에 젖는다. 1076년 1월에 그는 주교 회의를 소집하여 교황 그레고리우스 7세의 폐위를 선언했다. 이러한 급진적인 변혁은 중대한 결과를 초래했다. 이는 하인리히의 아버지가 서거한 이후 20년 동안 전개되었던 정치적 변화를 무시하는 처사였다. 아마도 우리는 오만함으로 기고만장했던 젊은 왕과 그의 조언자들에게 아래의 사실을 충고할 수 있을 것이다. 그것은 보름스 교회 회의에서 단칼에 폐위시켰다고 생각했던 교황이 누구이며, 또 그가 지난 20년간 교회 행정부 내부에서뿐만 아니라 유럽에서 정치 세력으로 무엇을 달성했는지이다. 클뤼니파의 주요 개혁 수도원장 가운데 한 명이자 자신의 저작을 통해서 이탈리아 북부, 독일, 폴란드까지 영향력을 미쳤던 볼피아노의 빌헬름은 이미 황제권이 토대를 갖춘 단계였던 1031년에 다음과 같이 확신했다. "근자에야 로마 황제의 권력이 모든 세속 군주를 책임지고 있지만, 실제로 그의 권력은 여러 지역에서 다수의 왕들에 의해 대행되고 있다. 하지만 하늘과 땅에서 묶고 푸는 베드로의 영적 권세[베드로는 그리스도로부터 규범을 결정하는 권능을 부여받음]는 신성 불가침한 것으로 남아 있다."

1056년 이후 로마 교황은 외교적으로 유리한 지위를 확립하기 시작했다. 새로운 교황 선출 방식이 변화의 토대가 되었다. 왜냐하면 고령으로 선출된 대다수 교황들의 짧은 재위 기간을 고려하면 후계자 문제가 가문 중심의 왕조들과는 달리 매우 중요한 문제였기 때문이다. 부르고뉴 출신으로 제국의 귀족 계층에 속했으며 피렌체의 주교였던 니콜라우스 2세가 1059년에 반포한 교황 선출 법령은 처음으로 교황을 선출하는 과정을 확정했다. 이를 계기

지역 공의회 장면. 13세기 중엽에 그려진 스페인 공의회 장면은 왕과 대주교가 정점에 있었으며 수도사들도 토론에 참여하고 있었다는 것을 보여준다.

로 개혁의 토대가 마련되었다. 이 법령은 점차 수정되어 오늘날까지도 통용되고 있다. 이후 교황 선출은 추기경들에게 위임되었고 로마의 성직자와 시민들은 승인만을 담당하게 되었다. 이렇게 해서 결정은 다수의 원칙을 따르지 않게 되었고, 과거의 융통성 있는 원칙에 의거해서 '현자들'이 결정을 내렸다. 이는 이후의 다수결 원칙과 거의 같은 것이 되었다. 하인리히 3세처럼 황제가 교황 선출을 유도하거나 주도하지는 않았지만 그때까지도 황제는 선출 동의권을 행사하고 있었다. 그런 황제에게 앞의 개혁 법령은 상당한 협상 절충안을 내놓았다. 1059년의 교황 선출 법령 원문에서 하인리히의 황제권은 더 이상 하나의 제도로 인정되지 않았고 현존하는 왕이자 미래의 황제로서 그에 대한 경의와 존경이 표현되어 있을 뿐이다. 이러한 재치 있는 눈가림 때문에 원문은 수수께끼와 함께 매우 다른 해석의 여지를 남긴다. 이는 당시의 정치가에게도 그러했고 오늘날의 역사가에게도 그러하다.

이러한 상황 속에서 대외 협상이 진행되었다. 교황들은 콘스탄티누스의 기증을 근거로 가깝게는 사르데냐와 코르시카 또는 시칠리아, 멀리는 잉글랜드까지 모든 섬에 대해서 지배권을 주장했다. 그레고리우스 7세의 방대한 서한집에 나타나듯이 교황 측은 외교정책을 통해서 라틴 서유럽의 북부 전체 및 동부의 주변부와 관계를 가지면서 그리스도교 세계의 주도 세력으로 그 모습을 드러냈다. 반면에 황제 진영은 이에 상응하는 어떤 역할도 해내지 못했다. 폴란드, 보헤미아, 헝가리, 스칸디나비아에서 교황의 외교정책은 효과를 거두었고 아라곤 왕국도 호응했다. 이탈리아 남부의 노르만족까지도 황제가 아니라 교황에게 복종했다. 이런 상황에서 교황의 폐위가 한 통의 서신만으로 인정될 리 없었다. 적어도 그레고리우스 7세의 경우에는 그러했다.

수도원장에게 보낸 서한과 인장.

1073년부터 1085년까지 재임한 교황 그레고리우스(1020년경 출생) 7세는 수도사 힐데브란트로 처음 교황청에 들어왔다. 그는 폐위되거나 퇴위를 강요받았던 역대 교황 가운데 유일하게 존경받은 그레고리우스 6세의 신임을 한몸에 받았던 인물로, 그레고리우스의 유배지인 독일까지 동행한 바 있다. 그는 클뤼니를 알게 된 후(1048년에 클뤼니의 수도사로 입회했던 것으로 추정된다), 1049년에 로마로 돌아와 수도원장으로 취임했다. 그 직후 특별 임무를 담당하는 교황 칙사가 되었고, 이후 그의 영향력은 교황청에서 점차 커졌다. 그의 이름은 유배지까지 동행했던 불행한 전임자 그레고리우스를 연상시키는 한편 그와 마찬가지로 수도사로서 교황이 된 그레고리우스 1세를 생각나게 한다. 교회사(史)에서 그레고리우스 1세는 그레고리우스 대교황으로, 그레고리우스 7세는 정열적인 성인으로 기록된다. 그러나 그레고리우스 7세의 시성식은 17세기에 비로소 이루어졌고, 그가 살았던 시대에 그는 오히려 여러 면에서 '신성한 악마'였다.

그레고리우스는 20년 이상 개혁 교황의 정치적 입지를 강화하고자 노력했다. 몇 년 후에 그레고리우스의 구상들은 "성 베드로는 왕궁과의 어떤 협약도 없이 동서 황제의 후계직을 계승했다"(헤르만 야콥스)는 문구를 확인시켜주었다. '목수의 아들'인 수도사가 수백 년만에 귀족과 고귀한 가문 출신들을 제치고 교황으로 선출되었다는 자신감이 힐데브란트에게 매우 강하게 작용했을지도 모른다. 1075년 3월부터 27개 항의 교황 성명이 발표되었다. 이 성명은 교황에게 교회 내의 절대 권력과 세속의 최고 권력을 부여했다. 교황은 주교를 임명하거나 이동시킬 수 있었고, 가신들의 봉건 서약을 파기하거나 법률을 공포할 수 있게 되었다. 전통적으로 이것은 황제 고유의 권리였다. 더 나아가 교황은 살아 있는 동안 성인과 동일한 지위를 부여받았다. 그레고리우스의 후계자들은 교황의 권력을 드러내는 이러한 측면에 대하여 매우 신중하게 대처했다. 그러나 돌파구는 이미 열리고 있었다.

아직 황제로 대관되지 못했던 26세의 로마 왕은 서신을 통해서 그레고리우스를 폐위시키는 데 실패했다. 그 증거가 바로 한 달이 채 못 되어 반포된 교황의 파문령이다. 한 세대 전만 해도 이런 식의 조치는 상상할 수조차 없는 일이었다. 교황의 파문령에는 정치적 낙관주의뿐만 아니라 개혁 교황이 이룩한 정책과 종교적 명성이 영향을 미쳤을 것이다. 상당수의 독일 제후가 하인리히에게 등을 돌렸다. 심지어 이들은 다른 왕을 선출하겠다고 으름장을 놓았다. 이 소동은 교황 칙사에 의해서 간신히 무마되었으나 제후들은 왕에게 교황과의 화친을 계속 강요했다. 그 결과 교황은 정치가가 아닌 성직자로서 그리스도교 개혁에 대해 품었던 확고한 신념을 부각시킬 수 있었다.

이런 맥락을 고려할 때에만 1076~1077년 왕의 행차를 제대로 이해할 수 있을 것이다. 당시 왕은 교황을 만나기 위해 부인과 아이, 소수의 수행원만을 동반한 상태로 알프스를 넘었다. 독일로 가고 있던 교황은 지지자이자 후원자인 토스카나 백작 부인 마틸데 소유의 카노사 성으로 몸을 숨겼다. 카노사에서 3일 동안 맨발로 문을 두드린 끝에 왕은 굴욕적으로 사면을 받았다. 아마도 백작 부인의 청원과 클뤼니 대수도원장 후고의 변론이 교황의 마음을 돌렸던 것으로 보인다. (여타의 전설과 마찬가지로) 그곳에 있었던 사람들이 전하는 바에 따르면 교황은 자신이 성직자이며 교황 최고의 정치적 무기인 파

카노사의 굴욕 장면. 하인리히 4세가 카노사 성의 여주인인 토스카나의 백작 부인 마틸데와 당시에 교황 그레고리우스 7세 편에 섰던 클뤼니 수도원의 후고 원장 앞에서 무릎을 꿇고 있다. 하단의 문장은 "왕의 부탁을 받은 후고가 마틸데에게 청하여 (…)"라고 설명하고 있다. 이는 상세한 내용이 알려지지 않았던 사건에 대해서 교황 측의 입장을 대변하고 있다!

문이 이중적인 성격을 띠고 있다는 점을 인정해야 했다[파문은 종교적인 파급 효과를 가지고 있었지만 정치적 실효성은 없었으며, 교황 역시 파문의 양면성을 인식하고 있었기 때문에 왕을 사면함으로써 정치적 실익을 얻고자 했다]. 아마 교황이 끝까지 사면을 거부했다면 그는 전 그리스도교 세계에서 매정한 인물로 기억되었을 것이다.

이 사건의 결과는 자신의 감정을 누르고 참회를 택했던 왕의 극기심에 대한 평판이 아니었다. 황제는 신에게 직접 부여받았다고 스스로가 주장했던 신정적인 직책을 포기해야 했으며 동시에 교황의 종교적 우위를 인정해야 했다. 비록 수십 년 동안 황제 옹호자들이 다른 의미의 해석을 제시하면서 논쟁을 벌였지만 결국 이들도 다른 대안책이 없다는 사실을 인정하게 되었을 뿐이다. [세속 통치자를 신의 대리자로 간주하는 내용이 핵심으로 중세의 황제권 옹호론자들이 주장했던] 과거의 '제국 신학'은 무너졌다. 이 시기에 가장 합리적이고 신뢰할 수 있으며 이론적 토대가 확고했던 논의는 로마 시대 황제의 권리들을 근거로 황제의 편에 섰던 라벤나 출신의 법학자 페트루스 크라수스에 의해서 제기되었다. 고대의 황제권은 당대의 역사주의에서 높이 평가되었으며 교황의 파문 위협에도 흔들리지 않았다. 후대의 바르바로사처럼 권력의 우위성에 근거하지는 않았을지라도 이론상 고대의 황제권은 교황에게 대항할 수 있는 최상의 무기였다.

당시의 상황으로 돌아가보자. 맨발의 참회에도 불구하고 하인리히는 독일로 돌아오자마자 어려운 문제에 부딪히게 된다. 제후들이 하인리히에 맞서 대립왕[현재 국왕에 반대하는 이들이 별도로 추대한 왕]을 선출함으로써 내란과 유사한 상황이 발생했기 때문이다. 교황은 하인리히와 그의 대립왕 라인펠덴의 루돌프 사이에서 어떤 결론도 내리지 못했다. 그러나 1078년도에 와서는 왕이 주교를 서임하는 것을 분명하게 금지했다. 이는 독일만이 아니라 프랑스의 왕 필리프 1세에게도 동일하게 적용되었다. 그들은 운명의 동반자였던 것일까? 필리프에게 보낸 하인리히의 서신이 그들을 운명 공동체로 느끼게 하지만 교황에게 대항하는 왕들의 공동전선은 형성되지 못했다.

먼저 하인리히는 대립왕과 담판을 지어야 했다. 카노사 이후 3년 만에 교황이 다시 파문을 명했지만 그다지 큰 반향을 일으키지는 못했다. 두 번째 파문은 근거부터 분명하지 않았다. 왜냐하면 카노사에서 교황은 자신이 왕이 아니라 한 인간을 파문에서 구원했다고 주장했기 때문이다. 그러나 교황의 발언과 행동은 달랐다. 그는 전대미문의 적극적인 정책을 주도하면서 동조자를 끌어모아 황제와 대결 구도를 형성했다. 세계를 지배하는 두 세력의 대립은 제후만이 아니라 민중까지 끌어들였다. 그러나 그레고리우스는 지지자들을 잃고 말았으며, 독일에서는 권력의 중심이 이동하고 있었다. 하인리히는 대립왕 라인펠덴의 루돌프를 슈바벤의 대공직에서 폐위시켰고 대공위직을 슈타우펜 왕가의 시조인 뷰렌의 프리드리히에게 양도했다. 이로써 슈타우펜 가문이 중앙 정치 무대에 등장하게 되었다. 하인리히와 대립왕 사이의 군사적 대립은 현실 정치의 측면과 신화를 모두 반영하고 있다. 대립왕의 군대가 유리한 위치를 차지했지만 루돌프는 이 대결에서 서약의 손인 오른손을 잃었고 후유증으로 사망한다. 이 사건을 당대 사람들은 '신의 심판'으로 받아들였다.

이제 하인리히는 이탈리아 문제에 관심을 쏟기 시작한다. 그는 그레고리우스의 두 번째 파문에 대항하여 그레고리우스 7세를 폐위시키는 것으로 맞대응했고 동시에 대립교황의 선출을 계획했다. 일찍이 1076년에 전체 추기경단의 이름을 내세워 교황 폐위에 간여했던, 하지만 이후 추기경 자리에서 쫓겨났던 후고 칸디두스가 이 계획에 동참했다. 하인리히는 로마로 출정했지만 로마의 문은 굳게 닫혀 있었다. 그러나 2년에 걸친 포위와 호소력 있는 선언들이 마침내 성공적인 효과를 거두었다. 1084년에 하인리히는 승전군으로 '영원의 도시'에 입성했고 그가 세운 대립교황은 클레멘스 3세로 즉위했다. 일주일 후 하인리히는 부인과 함께 대관되었다.

그러나 황제의 이러한 강압적 정책은 지속적으로 영향을 미치지는 못했다. 교황 그레고리우스는 황제를 피해서 산탄젤로 성으로 도망을 갔는데 이 요새의 지형에 특히 주목해야 한다. 로마는 상당 부분이 폐허였고 폐허들 사이에 콜로세움, 판테온, 하드리아누스 황제의 무덤이었던 산탄젤로 성 등이 위치하고 있었다. 이런 건축물들은 상당한 수준의 기술을 이용해서 지어졌기 때문에 모방하기가 쉽지 않았으며 난공불락의 요새로 이용되었다. 이렇게 고대 세계는 매우 현실적인 모습으로 중세의 세계에 우뚝 솟아 있었다.

교황이 이탈리아 남부의 노르만족으로부터 지원을 받자 황제는 로마에서 군대를 철수시켰다. 하지만 교황을 구한 로베르 기스카르의 병사들이 로마에서 매우 난폭하게 행동했기 때문에 이후에는 교황도 머물기 어려웠다. 이는 실로 비극적인 해방이라고 할 수 있다. 노르만족과 함께 남쪽으로 내려간

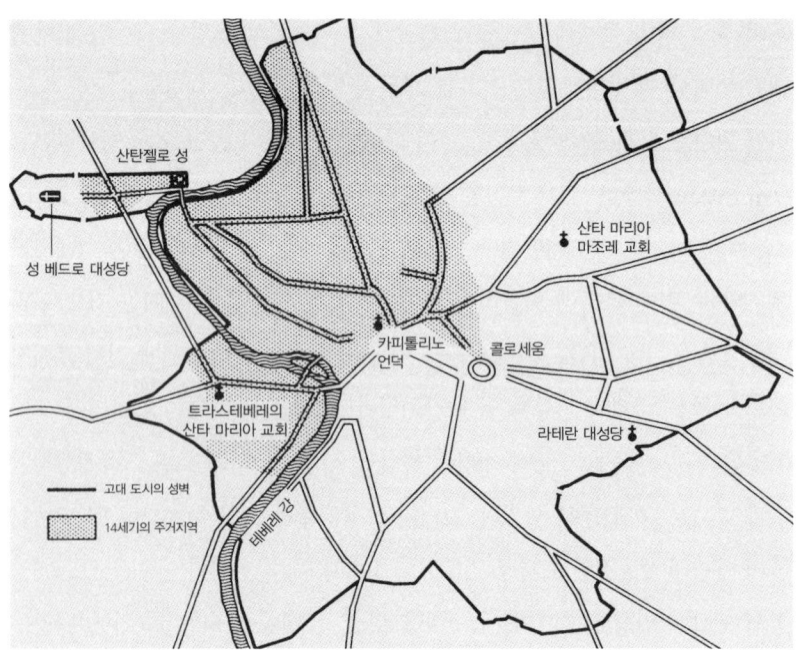

고대 로마시의 성벽과 주요 도로망. 어둡게 표시된 지역이 중세의 거주지이다.

교황은 1085년 5월 25일 살레르노에서 숨을 거두었다. 최후까지 그는 승자임을 자부했고 자신이 박해받는 예언자의 임무를 수행했다고 여겼다. 성서의 한 구절을 통해서 그는 이러한 생각을 다시금 확인했다.

하인리히에게도 상황은 유리하지 않았다. 그가 세운 교황은 인정을 받지 못했다. 로마의 추기경들 대부분이 그레고리우스의 후계자로 수도사였던 몬테 카시노의 수도원장을 선출했다. 그가 바로 후에 중요한 역할을 하게 되는 우르바누스 2세(재위 1088~1099)이다. 그 역시 수도사 출신으로 프랑스인이었다. 그에게는 클뤼니의 수도원장직이 첫 번째 성직이었다. 그는 개혁 주도 세력의 지지 기반을 확대하기 위해서 바이에른의 젊은 대공 벨프 5세와 나이든 미망인이었던 토스카나의 마틸데의 결혼을 주선했다. 논란의 여지가 많았던 이 결혼을 이용해서 우르바누스는 알프스의 통로를 봉쇄했고 황제 하

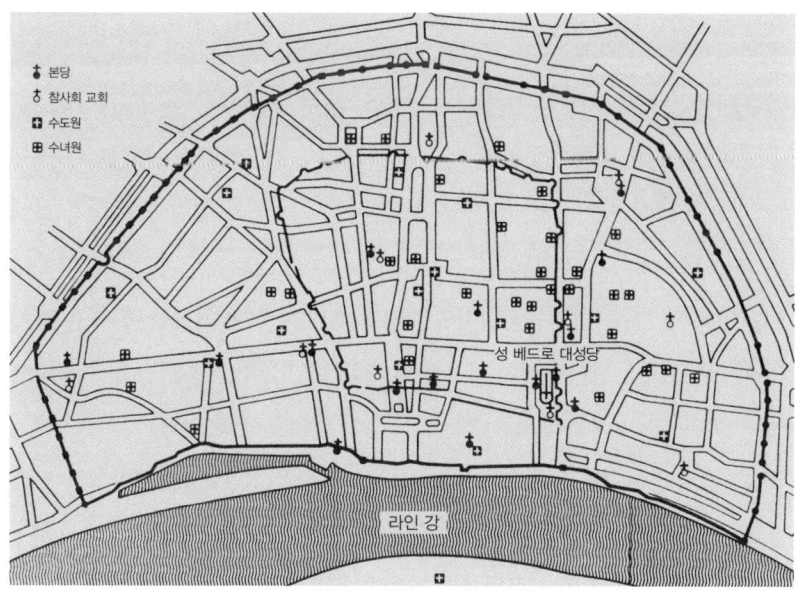

중세에 쾰른은 로마 시대의 중심지에서 세 방향으로 성장해갔다. 교회와 많은 수의 수녀원이 거주지의 밀집성과 종교적 번성을 보여준다.

인리히의 퇴로를 차단했다. 당시 하인리히는 이탈리아 북부를 차지하기 위해서 혈안이 되어 있었다. 그때 노르만족은 시칠리아의 이슬람 세력과 대립하고 있었기 때문에 그들이 하인리히의 계획에 방해가 되지는 않았다. 그럼에도 불구하고 〔카노사의 성주 마틸데의 저항이 만만치 않았기 때문에〕 하인리히의 군대는 1092년에 카노사 성을 공략하는 데 많은 어려움을 겪었다. 롬바르디아의 도시들이 1093년에 황제에 대항해서 동맹을 결성했기 때문이다. 이렇게 해서 밀라노, 로디, 크레모나, 피아첸차는 중세사에서 최초로 도시동맹을 결성하였다.

이제 도시들도 권세가들의 싸움이 벌어지는 정치라는 장기판에서 새로운 세력으로 등장하게 되었다. 이 시기 독일에서는 파리의 수도원에서 수학한 라우텐바흐의 마네골트(1030~1103)가 등장했다. 그는 떠돌이 교사로 부인과 함께 프랑스의 서부와 남부를 돌아다녔고 부인이 죽은 후에는 라우텐바흐의 수도사가 되어 참회를 권하는 정열적인 성직자로 활동했다. 그는 황제를 피해서 바이에른의 라이텐부흐 수도원으로 피신하기도 했다. 그의 설교에 의하면 왕과 민중 사이에는 봉건 관계의 충성 서약과 유사한 계약이 성립하는데, 만약 왕이 계약을 지키지 못하면 폐위되어야 했다. 그 외에도 마네골트는 증오를 설파했다. 이는 기존의 그리스도교적 전통과는 거리가 먼 것이었다. 실제로 그는 전투에서 사망한 하인리히의 지지자들을 그리스도교적으로 매장하지도 말고 또 그들의 명복을 빌지도 말라고 했다. 이러한 처사는 후대 유럽 국가들의 혁명기에 벌어졌던 적대자들에 대한 비인격적인 처우와 유사한 것이었다. 그러나 서임권 투쟁의 기간에는 혁명이 일어나지 않았다.

혁명적인 사건은 프랑스에서 일어났다. 교황은 1095년에 피아첸차 교회 회의에서 가르다 호수에 머물렀던 황제와 그의 두 번째 부인을 화해시켰다. 키예프 제후의 딸인 황후 프락세디스가 그녀의 비정상적인 결혼 생활에 대해서 호소했기 때문이었다. 이러한 상황에서 하인리히의 맏아들 콘라트가 독일의 왕으로 대관되었다. 아버지가 부재했기 때문에 그가 독일을 섭정했다. 그는 교황의 진영에 가담했고 교황의 편에 섬으로써 면죄를 받았다. 아들이 아버지를 등 뒤에서 덮치는 격이 된 것이다. 교황은 프랑스로 가서 1095년의 성탄절에 전 그리스도 교도, 특히 프랑스의 그리스도 교도들에게 새로운 위대한 임무를 부여했다. 바로 성지 탈환이다! 이 주장은 열렬한 호응을 얻었고 신의 뜻으로 받아들여졌다! 황제가 아닌 교황의 주도로 그리스도교적 서유럽이 첫 번째 대원정을 나선 것이다. 이 원정에서 수많은 사람이 목숨을 잃는 유혈 사태가 벌어졌지만 성지 탈환이라는 명목으로 정당화되었다. 아미앵의 수도사 페트루스 같은 광신자들이 원정을 주도했고 다음 해 봄에는 엄청난 수의 가난한 사람들이 프랑스에서 동방으로 몰려갔다. 이 과정에서 그들은 마스(뫼즈) 강과 라인 강변의 유대인 거주지를 약탈했고 학살을 자행했다. 도시 영주들의 대항에도 불구하고 약탈은 계속되었다. 원정을 떠난 가난한 자들의 흔적은 헝가리에서 사라졌다. 추측컨대 5만~7만 명 정도의 사람들이 성지 탈환을 위한 긴 여정에서 실종되었다고 한다.

정치적 타협을 위하여

자포자기 상태에 있던 무력한 황제는 1097년에 독일로 향했다. 그러나 세력을 정비하고 아들들을 제압하는 데 10년의 세월이 걸렸다. 콘라트는 자리에서 물러났고 둘째 아들 하인리히가 기대와 신뢰를 받으며 왕위에 올랐지만 그 역시 아버지를 배반하게 된다. 교황 정책이 분쟁의 원인이기도 했지만 황제가 신흥도시들 그리고 비(非)자유민 출신이었으나 주군에 대한 봉사를 통해서 신분 상승을 꾀했던 미니스테리알렌(중세 독일에서 고급 직무에 종사한 특수 계층)과 맺었던 이익 관계 때문이기도 했다. 이런 상황에서 보름스, 쾰른,

리에주는 황제의 지지 기반이 되었다. 반대로 독일의 고위 귀족들은 황제의 아들을 자신들의 편으로 끌어들이고자 했다. 아들에게 배신당하고 굴욕적으로 구금된 아버지는 제국 인장을 넘기도록 강요받았다. 도시들의 원조로 군대를 소집하여 아들과의 무력 대결을 준비하던 중 1106년 8월 7일에 그는 예기치 못하게 급사한다. 5년 후 그의 아들은 사망한 황제가 심혈을 기울여 완성했던 슈파이어의 황제 대성당에 유해를 매장했다.

하인리히 4세가 경건한 황제였는지 아니면 불경한 자였는지는 알 수 없다. 그러나 그의 정적 그레고리우스가 천재적인 외교가였고 신의 사명으로 충만했다는 것은 잘 알려진 사실이다. 그가 남긴 방대한 규모의 서신과 교황 정책을 가장 잘 반영하고 있는 1075년의 교황 훈령이 이러한 사실을 알려준다. 그러나 이 모든 것은 그저 백일몽에 불과한 현실성 없는 희망이거나 그레고리우스가 마음속으로만 품고 있던 생각이 아니었을까? 아집의 결과이기도 했지만 운명적으로 지배자의 드라마에 발을 들였던 하인리히는 임종하는 순간에 모든 적대자를 용서했다. 그러나 잘 알려진 것처럼 그레고리우스는 최후의 순간에도 황제와 대립교황을 결코 용서하지 않았다.

잉글랜드와 프랑스의 왕이 주교 서임권에 관해서 벌인 논쟁은 1107년에 아주 다른 방식으로 해결되었다. 교황 파스칼리스가 프랑스의 필리프 1세를 찾아갔고 교황과 황제 사이에 합의가 이루어졌다. 두 사람이 무엇을 합의했는지는 역사적 사실들을 통해서만 알 수 있다. 왕의 지배권하에 있던 20여 명의 주교는 당시까지 왕이 임명했다. 그러나 이제는 주교좌 교회 참사회가 주교를 선출하고 서품을 주게 되었다. 물론 여기에는 왕의 인준이 필요했다. 이후 주교는 특별한 의식을 거치지 않고 왕에게 세속적인 지배권을 양도받았다. 이런 절차는 '왕의' 주교에게만 해당되었지만 프랑스의 몇몇 대제후도 이와 같은 과정을 따랐던 것으로 보인다. 그러나 다른 제후들은 동조하지 않았다. 아마도 상황은 이론적인 차원에서만 해결되었던 것으로 보이는데, 샤르트르의 이보가 정의한 주교의 성직과 세속직의 구분이 근거가 되었다. 주교직을 종교적 측면과 세속적 측면에서 구분했다는 점에서 프랑스는 독일과 상당한 차이를 보였다. 잉글랜드에서도 상황은 다르게 전개되었다. 잉글랜드의 주교와 수도원장은 선출되기는 하지만 왕의 감독을 받으며 기능한다. 그들의 세속적인 권위는 서품식 전에 주어지는 것으로 의견이 절충되었다. 잉글랜드 왕의 세력은 당시에도 그리고 그 후로도 잉글랜드 교회에서 영향력을 발휘했다.

독일의 상황은 결과적으로는 잉글랜드와 유사하게 해결되었다. 그러나 독일에서는 더욱 근본적인 해결책이 강구되어야 했다. 이는 독일에 '제국 교회'가 존속했고, 주교들과 오래된 수도원의 원장들이 제국 제후를 겸함으로써 세속 지배권을 행사했다는 사실과 밀접하게 관련되어 있다. 모든 '조직화'는

14세기 뮌헨에서 필사된 『그리티아누스 교령집』. 이 교령집은 12세기에 수집되어 이후 교회 법령집으로 인정받았다. 교령의 수집은 로마 가톨릭 교회의 구조를 법적으로 체계화하는 데 기여했다.

과거의 황제들이 자의적으로 교회에 개입하고 관리해온 결과였다. 이러한 이유로 개혁 교회에 대해서 더욱 강도 높은 대응책이 필요했던 것이다.

아버지를 정치적인 낙관론에서 멀어지게 했고 아버지가 서거한 직후 교황에게 대항했던 하인리히 5세는 확실히 현명한 사람이었다. 몇 차례의 예비 접촉과 그가 옹립했던 대립교황의 불명예스러운 종말 후에 하인리히는 로마로 향했다. 하인리히는 파스칼리스 2세와 만난 자리에서 '교회는 모든 세속적 지배권을 포기한다'는 교황의 제안을 받아들였다. 비록 일부 재산에 대한 교회의 세속 지배권은 예외가 적용되었지만, 이 제안은 수백 명의 교회 개혁자들이 오랫동안 희망했던 것으로 중세의 지배 구조를 순식간에 변화시켰다. 세속 지배권의 포기는 다른 한편으로 세속 지배자가 교회 조직에 개입하는 것을 포기함을 의미했다. 이 협상에서 교황은 교회의 완전한 자유를 얻는 대가로 세속 권력의 행사를 포기했던 것이다.

그러나 이 제안은 황제가 아니라 독일 제국 주교들이 거부했다. 물론 주교들의 거부에 황제가 얼마나 개입했는지는 알 수 없지만 어쨌든 제후화된 주교들 가운데 한 명은 교황에게 칼날을 향했다. 그러자 황제는 보호 감호를 빙자하여 교황을 구금했고, 이러한 억압적 상황에서 교황은 어떤 제약도 없는 서임권을 황제에게 허락하는 다른 협정에 서명하게 되었다.

교황이 구금에서 풀려나자 교황 측은 바로 이 제안들을 무효화했다. 11년이 지난 1122년 보름스에서 마침내 또다시 의견이 조율되었다. 교회 역사상 최초라고 할 수 있는 이 정교조약(동등한 권리를 가진 조약 당사자 사이에서 이루어진 문서상의 협정)에 의하면 주교의 선출은 황제의 배석하에 이루어지며 이어서 왕홀을 통한 세속 지배권의 이양이 진행된다. 그러나 독일에서는 지배권의 이양이 서품식 **이전에**, 이탈리아와 부르고뉴에서는 그 이후에 이루어졌다. 정교조약을 통한 상호 간 협약은 하인리히 5세에게만 해당되었다. 이후에 이 조약이 다시 연장되지 않았던 까닭에 독일에서는 개개 통치자의 정치적 성향에 따라 조약의 장기적 여파가 달라졌다. 한 세대 후의 바르바로사나 200년 후의 카를 4세와 같이 권력을 장악한 인물들은 과거 제국의 질서를 준수하면서 거의 아무런 방해 없이 주교에 대한 서임권 정책을 추구해나갔다. 그러나 더 이상 황제의 지원을 기대할 수 없었던 부르고뉴와 특히 이탈리아의 도시들에서 제국 주교들은 한꺼번에 밀어닥친 도시동맹 운동의 희생양이 되었다〔도시의 자유를 획득하기 위해 시작된 코뮌 운동이 계층 갈등이라는 혁명적 성격을 지니게 되면서, 주교들은 이에 힘겹게 맞서야만 했다〕.

　서임권 투쟁 자체는 종결된 것 같았지만 투쟁의 원인이 된 문제들은 여전히 잔존하고 있었다. 교황과 황제 사이의 싸움은 거의 지속적으로 일어났다. 때때로 이 싸움은 외교정책 내지는 이론적 대립의 형태로 나타나거나 교황이

마인 강변의 작은 마을 교회는 당대에 있었던 세계사적인 대결을 생각나게 한다. 1300년경 이 교회에는 두 개의 입으로 칼을 물고 있는 그리스도의 프레스코화가 그려졌다. 이 그림은 교권과 세속권이 동등하다는 이론을 암시하고 있다. 그러나 1300년경 고위 성직자들의 서임권 투쟁은 이미 동등성의 문제를 넘어섰으며, 황제권과 교황권은 격렬한 싸움에 휩싸이고 있었다.

'세3의 세력'인 북부 이탈리아의 도시에 의존하면서 주기적으로 일어난 군사 충돌의 형태를 띠었다. 이 도시들은 자유를 얻으려는 노력의 일환으로 황제의 감독권에 저항했다는 점에서 교황과 공동의 이해관계를 가지고 있었다. 이러한 분쟁으로 슈타우펜 왕조는 1250년 이후 몰락하게 된다.

잉글랜드는 서임권 문제를 왕권에 유리한 방향으로 해결했다. 잉글랜드에서는 더 이상 서임권 문제를 언급할 필요가 없었다. 잉글랜드의 종교개혁이 매우 간단하게 진행되었다는 표현은 상당히 적절하다. 왕은 교황의 자리를 차지하고 교회의 수장이 되었으며 이에 대한 저항은 거의 없었다. 단 한 명의 순교자[토머스 모어]만이 있었을 뿐이다. 마지막으로 프랑스의 상황은 왕의 입지만큼이나 불확실했다. 그러나 왕권 강화와 함께 교황에 대한 프랑스 교회의 독립적인 성격이 커졌다. 1303년에 필리프 4세는 법률가들과 함께 출정했다. 이는 성직 서임권 문제 때문이 아니라 프랑스 성직자들에 대하여 우위권을 주장한 교황에 대한 반발에서 비롯된 것이었다. 결과만을 말하자면 왕의 돌격대는 교황의 궁정에 교황을 감금함으로써 왕의 권위를 과시했다. 이로써 교황의 세력은 다시 한번 신앙에만 의지하게 되었다. 왜냐하면 교황의 세력 기반이 매우 미약하고 유동적이었기 때문이다.

클뤼니는 교회의 자유를 쟁취하기 위해 수도원 제도를 이용하여 최후까지 투쟁을 벌였다. 계속해서 교황청에 뛰어난 인물들을 보냈고 그 결과 12세기 중엽에는 약 2,000개의 자(子)수도원과 분원을 보유하기에 이르렀다. 클뤼니는 서유럽에서 가장 화려하고 가장 거대한 교회를 건축했는데, 이 교회는 천상의 예루살렘을 모방한 것으로 그 자체가 하나의 목적인 종교예술품이었다. 이 건축물이 수도원 재정에 미친 과중한 부담 때문에 교회의 중앙 천장이 무너졌다는 것은 너무도 자명한 사실이다. 1122년에는 수도원장 폰티우스가 재정 낭비로 물러나기도 했다. 그의 뒤를 절약 의지가 강하고 꿈이 컸던 존자〔尊者: 학문과 덕행이 뛰어난 사람〕 페트루스(재임 1122~1156)가 이었다. 페트루스는 생전에도 이미 '존엄자'로 추앙받았다. 200년에 걸친 클뤼니의 위대한 시대는 매우 특이한 방향으로 전개되었다. 연구에 따르면 엄격한 수도원장 오도 때부터 12세기의 수도원 인문주의 시기까지 새로운 경향이 나타났다(존자 페트루스는 12세기의 수도원 인문주의를 대표하는 인물이다). 오도는 우선 그의 수도사들을 그리스도의 군단으로 만들었다. 프랑스의 귀족들이 여기에 상당히 호응했다. 이러한 호응을 얻을 수 있었던 것은 서유럽 귀족들의 광범위한

세계 최대 규모의 그리스도교 교회는 12세기에 로마가 아닌 클뤼니에서 건축되었다. 넓이 187미터, 높이 50미터에 달하는 클뤼니 수도원 교회는 세로 부분은 다섯 개의 회랑으로, 가로 부분은 두 개의 회랑으로 구성되어 있다. 일곱 개의 탑이 있는 이 교회는 대표적인 로마네스크 건축물이다. 안타깝게도 프랑스혁명 시기에 상당 부분이 파괴되었다.

교육열 때문이었다. 교육은 클뤼니의 성모마리아 공경 사상과 함께 세속적인 궁정 문화를 전파시키는 데 일익을 담당하기도 했다. 수도원 제도는 그때까지 경험하지 못했던 화려한 미사를 통해서 죽은 자와 산 자를 연결했고 현실에 영원성을 부여하기 위해서 신을 숭배하도록 서유럽의 귀족들을 계몽했다. 특히 수도원 제도와 사회가 맺은 상호 연관 관계는 탈세속적으로만 여겨졌던 수도원 문화의 정적인 영향력을 다시 생각하게 했다. 카롤링 왕조의 제국 수도원 이후 수도원은 두 번째로 사상과 사회에 깊은 인상을 남겼다. 그러나 그 전개 과정에서 첫 번째와 두 번째 충격은 명확한 차이를 보였다. 제3의 물결, 즉 시토 수도회, 프레몽트레 수도회, 그리고 이들 수도회와 연결된 수녀원들의 '금욕주의'와 민중과 밀접하게 연결된 '생활양식'은 교황과 황제 사이에서 대결투가 일어난 직후인 12세기 수도원 문화에 다시금 새로운 모습을 부여했다. 그러나 여전히 귀족적인 부분이 남아 있었다. 13세기에 들어와 탁발 수도회와 함께 제4의 충격이 또 다른 새로운 수도원 제도를 형성했다. 새롭게 등장한 수도원 제도는 귀족 문화와 단절되는 양상을 보였고 시민 계층과 도시 민중을 색다른 방식으로 끌어들였다.

그 이후부터 수도원의 주도력이 쇠퇴하기

1150년경 샤르트르 대성당의 왕의 문 옆에 조각된 성인. 세속적인 혼탁을 거부하는 성인의 초월적인 모습을 보여주고 있다.

시작했다. 클뤼니와 그 동반자들이 그리스도교 정신세계에 영향을 미쳤던 것처럼 12세기부터는 경쟁적으로 성장하기 시작한 평신도 문화가 힘을 발휘했다. 14~15세기의 중세 말기에는 새로운 수도회가 출현하지 않았다. 평신도 공동체들은 정해진 생활 규칙이 없었다. 이 때문에 엄격한 의미에서는 교회 규율을 벗어나거나 교회의 감독을 받지 않는 독립적인 주택에 거주하면서 공동체가 형성되었다. 중세와 수도원 제도가 문화 공동체라는 확고한 관계에 있다고 한다면, 이와 같은 수도원 제도의 속인화는 한 시대의 종말을 대변하는 동시에 옛 수도원 제도의 생명력이 14~15세기에 새로운 수도회에 의해서 쇄신되기에는 너무도 쇠약해졌음을 보여준다. 따라서 수도원 제도의 개혁에 반대하는 교황청의 분위기는 좀처럼 수그러들지 않았다.

그럼에도 불구하고 수도원은 종교개혁 이후의 근대 초기에도 새로운 수도회의 창설을 통해서 그리스도교의 길을 더욱 확장했다. 그리스 정교회와 가톨릭 교회는 오늘날까지도 수도원 생활을 이상적인 삶으로 규정한다. 공식적으로는 수도원 제도를 '최고의 경지'로 밝히고 있다. 그러나 16세기의 종교 개혁자들은 수도원의 이상을 올바른 평신도 생활로, 금욕의 공적을 은총의 선택이나 예정설로 대체해갔다[예정설은 인간의 구원이 신에 의해 예정되어 있으므로 세속 직업에서의 근면한 생활이 구원에 이르는 길임을 강조한다].

삼위계의 표어

사회란 무엇인가? 중세 사회라는 표현은 적절한 것인가? 용어 문제는 역사가들에게 상당히 애매한 문제인데 독일의 역사가들에게 특히 그러하다. 그러나 근대적 개념을 중세의 상황에 적용하기를 주저한다면 우리는 중세에 대해서 언급조차 할 수 없을 것이다. 현대에 살며 현대의 언어를 사용하는 우리는 독자들의 이해와 협조를 구해야 할 것이다. 잉글랜드 철학자 브라이언 매기의 말을 빌리면 표현하고자 하는 바와 가장 유사한 용어를 찾아야 할 것이다. 따라서 여기에서는 중세 사회라는 표현을 쓰려고 하지만 이 표현은 오늘날 '정치, 경제, 문화, 사회'라는 도식에 위치하는 사회와는 구분되어야 할 것이다. 왜냐하면 중세 사회가 그리스도교 공동체라는 전체 그리스도교 사회를 포괄하기 때문이다.

그리스의 국가 사상가 아리스토텔레스(기원전 321년경 사망)는 이미 국가와 사회를 구분했다. 그의 저서들은 12세기 이후에 다시 점차 알려졌고 전성기의 스콜라 철학이 그의 저서에 대해서 논의했다. 그때까지는 초기 그리스도교가 전 인류의 총체적인 모습을 각인시켰다. 아마도 북아프리카의 주교이자 교부였던 히포의 아우구스티누스(430년 사망)가 가장 큰 영향을 미쳤을 것이다. 도성을 뜻하는 키비타스(Civitas)는 아우구스티누스에게 '사회'를 의미하는 것으로 신과 악마의 사회를 가리킨다. 현세의 도성인 키비타스 테레나(Civitas Terrena)는 신과 악마 두 가지가 섞인 것인데, 아우구스티누스에 의하면 신과 악마가 뒤섞인 이 세상에서 어느 누구도 신에게 복종하고 있는지 악마에게 복종하고 있는지 알 수 없다고 한다. 현세의 질서는 현세의 필연성을 따르고 있기에 독자적인 법을 가지게 된다. 그러나 아우구스티누스는 그러한 현실에 정당성을 부여할 수 없었다. 따라서 그는 로마나 그리스도교화된 국가를 신성시하거나 국가의 운명을 신의 의지와 동일시하는 것에 반대했다.

그리스의 사상가 아리스토텔레스와 로마의 사상가 아우구스티누스, 즉 포괄적인 이론적 학문의 창시자와 초기 그리스도교의 심오한 신학자 사이에는 700년이라는 시간 차가 있지만 두 사람 다 중세 시기 대단히 존경을 받았다. 아리스토텔레스는 '철학자'로 여겨졌고 아우구스티누스는 4대 '교부들' 가운데 한 명이었다. 그러나 두 사람 모두 올바로 이해되지는 못했다. 13~15세기에 이르러 몇몇 이론가들이 정확한 해석을 했지만 이론은 현실과 거리가 있었다.

현실적으로 중세 사회는 '광범위했지만' 깊은 내적 구렁으로 갈라져 있었다. 쉽게 설명하면 중세 사회가 신분으로 구분되어 있었지만 이 '신분'이 무엇인지를 정확하게 밝힐 수 없다는 이야기이다. 중세 시기에도 이에 대해서 의견이 분분했다. 중세 사회는 적어도 12세기까지는 '어둠에' 갇혀 있었고 신의 인도를 받는 하나의 폐쇄된 집단, 즉 아우구스티누스의 정의와는 다른 의미의 신의 왕국으로 파악할 수 있을 것이다. 이 왕국의 구원은 '로마' 황제들이 통치하는 신성 로마 제국의 전통에 달려 있다고 생각되었으나, 다른 한편으로는 왕에 대한 신의 은총에서 비롯한다고 생각되었다. 황제권과 황제의 것을 모방하고자 했던 당시 몇몇 왕국의 정치 질서 안에서 사람들은 출생 신분에 따라서 농부로, 왕으로, 제후와 기사로, 시민과 걸인으로 생활했다. 그들은 과연 태어난 '목적'에 따라서 생활했을까?

중세 사회는 부동적인 것처럼 보이지만 겉으로 드러나는 모습과 현실은 일치하지 않았다. 시간이 갈수록 중세 사회에서는 더 많은 유동성이 나타났다. 교회의 직책은 처음부터 계서적으로 구분되었지만 '개인적 경력'이 존재했다. 군사적 의무나 개간 사업, 부의 축적, 승전이나 지적 성과는 세속적인 분야에서 신분 상승을 가능하게 했던 견인차였다. 행운과 우연 역시 그러했다. 물론 공주로 또는 일용 노동자의 아들로 태어나는 것이 전적으로 인생을 결정했지만 예외적인 일화들도 적지 않았다.

어떤 사람은 주인이고 어떤 사람은 노예라는 당시의 사회질서에 대해서는 분명 고찰이 필요하다. 1300년경 트림베르크의 후고가 쓴 작품은 인기가 높았다. 이 저서에서 그는 심각한 사회적 격차로 인하여 주인이나 성직자 같은 사람은 고되지 않은 삶을 보장받았지만 대다수의 사람들은 경작 의무에 짓눌려 있다는 것을 조소 띤 필체로 다음과 같이 설명했다. 어떤 마을에서 농부들이 길을 걷고 있던 후고를 둘러싸고는 우리는 이렇게 고통받고 있는데 어째서 당신은 편안하게 살아가고 있는가라고 물었다고 한다. 그들은 후고가 편안한 삶을 영위할 뿐만 아니라 자신들이 접할 수 없는 책의 세계를 통해서 대답을 알고 있다고 생각했던 것이다. 사람들은 1300년경에 벌써 이런 질문을 던졌던 것이다. 정작 후고의 대답은 책 중의 책인 성서에서 나왔다. 그러나 자세히 보면 성서는 복음서의 복음과는 상당한 거리를 두고 있으며 자비롭지 않은 세계관과 고정된 운명에 대한 예시를 증명하고 있다. 왜냐하면 후고가 다음과 같은 대답을 했기 때문이다. "너희들은 아버지 노아가 저주하여 노예로 정해진 함의 후손들이다. 그렇기 때문에 너희들은 노예여야만 한다."

농부들은 성서에 그렇게 적혀 있다는 말을 듣고는 만족했던 것 같다. 영악한 후고는 자신의 머리에서 나온 답이 아니라 성경을 인용한 답을 농부들

11~12세기 라인-마스 강 유역에서 제작된 금, 귀금속, 상아 세공, 보석으로 치장된 성서의 겉표지.

에게 주었다. 사람들은 주인과 노예의 구분이 신에 의해 주어진 것이라고 설명하기 위해서 종종 그 이야기를 했다. 이러한 비유에 관심이 있다면 창세기 9장의 성서 구절을 검토해야 할 것이다. 알려진 바와 같이 노아는 술에 취해 벌거벗은 채로 천막에 누워 있었다. 그의 아들 함은 이 일을 형제들에게 알릴 수밖에 없었다. 형제들은 차분하게 행동했고 아버지를 이불로 덮어 그의 명예를 지켰다. 이 사건 후에 함은 경솔하고, 결단력이 없으며, 일을 제대로 처리할 능력이 없다고 여겨졌다. 결국 아버지 노아는 함을 형제들의 종으로 보냈다. 그 외에도 후고의 저작에서 다음의 것들을 읽을 수 있다.

> 사제와 기사 그리고 농민들은
> 모두 혈족 관계에 있으며
> 형제처럼 살아야 할 것이다.

후고의 '사회'는 사제, 기사, 농민이라는 세 사회집단을 분리하고 있지만 동시에 인류의 동질성을 상기시킨다. 형제애에 대한 그의 주장은 '타고난' 보편적 평등성이라는 법적 토대 위에 놓여 있었다.

후고의 글은 무엇이 중세 사회를 이끌어갔는지에 대해서 재정리하고 있다. 그의 글은 당대 현실과 관련된 이론을 연구한 결과는 아니지만, 현실을 정확하게 반영했다. 물론 성과 궁정, 교회와 수도원, 마을과 도시, 그리고 어떤 사람에게는 아마포 이외의 것을 걸치는 것이 허락되지 않았고 어떤 사람에게는 비단, 담비의 모피와 족제비 가죽을 입는 것이 허락되었다는 사실을 무시할 수는 없을 것이다. 하지만 중세 사회의 다양한 생활 유형, 즉 수세기에 걸쳐 형성된 신분 간의 경계를 계층 간의 사회규범에 따라 분류하고, 또한 수많은 계급과 직책, 사회적 이해관계와 경계 속에서 세 개의 생활 영역을 부각하려고 한다면(오늘날에도 3은 '길한 숫자'이다), 후고가 내린 평가는 유효하다고 할 수 있을 것이다. 왜냐하면 그의 평가가 중세 사회에 통용되었던 기본적인 생각을 대변하고 있기 때문이다.

중세 사회는 내적 질서뿐만 아니라 대외적으로도 칼에 의해 보호받아야 했다. 군사력이 지배권으로 직접 전환되는 것도 당연하게 여겨졌다. 현대와 다른 중요한 차이점은 다음과 같은 사실이다. 군사력과 지배권을 동일시하는 것을 비난하거나 중세 귀족 계층의 존재 이유와 정당성을 무시하는 태도는 사실 귀족의 당위적 필요성을 간과하는 것이다. 가난한 기사의 성에서든 제후의 위용 아래에서든 무력 충돌이 발생하면 귀족들이 목숨을 내놓고 싸움에 개입해야 했기 때문이다. 그래서 칼은 법의 집행, 권력 독점, 정의 실현 등 모든 것을 행할 수 있는 특정한 사회 계층의 상징이 되었다. 칼을 지니는 것, 그리고 중세 이후 수백 년 동안 군도(軍刀)와 승마, 기마용 장화와 장갑은 별다른 이의 없이 귀족 신분의 장엄한 생활 방식의 상징으로 여겨지고 있다. 이는 오늘날에도 달라지지 않았다.

귀족들의 생활은 시기별로 구분이 가능할 정도로 시대마다 독특한 생활양식을 발전시켰다. 또한 서양의 문화 곳곳에 이 생활양식의 자취가 남아 있기도 하다. 귀족적 생활 방식에는 누구도 쉽게 꿰뚫어 볼 수 없는 수천 가지의 개인적인 특성이 담겨 있었다. 칼로 지배하고 칼로 방어하는 자는 강하건 약하건 특별한 자부심과 더불어 무력을 추구하는 성향을 가졌다. 그는 어떻게 죽든지 개의치 않고, 즉 비참한 죽음, 정의로운 죽음, 영웅적인 죽음 등 어떤 형태의 죽음이든 관여치 않고 항상 같은 계층의 무리들과 함께 말을 탔다. 지극히 인간적인 한 개인의 최후를 인상 깊고 '고귀한' 방식으로 승화하는 서술 방식은 그에게 칼의 허무한 권력 외에도 명예를 부여했다.

또한 우리의 이성적 범주를 뛰어넘는 죽음과의 밀접한 연관성도 작용했는데, 이는 예로부터 신성시되어온 '인간의 한계성 극복'의 전통이었다. 오늘날 우리가 생각하는 것과는 달리 일대일 결투나 전쟁에서 원인이 아니라 결과가 정당성을 가진다는 것, 그리고 스콜라 철학이 자세히 정의했던 것처럼 정당한 **이유**가 전쟁을 정당화하는 것이 아니라 정당한 **일**이 승리하고 결과로 인정된다는 것은 일단 결정이 내려진 후에는 다시 음모를 꾸미거나 계획을 구상하지 않는 관례를 만들었다. 승리자는 신이 인간의 운명과 함께한다는 기존의 사고방식을 확신시켰다. 이러한 낙관주의, 특히 십자가의 종교와 함께 진리의 왜곡이 사라지게 되었다. 이런 이유로 중세 초기에는 현세로부터 멀어진 수난의 그리스도상이 아닌 승리의 군주로서의 그리스도상이 십자가에 새겨졌다. 죽음이나 신의 심판과 관련된 특이한 사실들 때문에 사람들의 삶은 처음부터 끝까지 신비한 현상으로 충만했다. 이것이 오늘날까지도 우리의 뇌리에 새겨져 있는 까닭에 사람들은 귀족의 생활 속에서 나타나는 망자의 귀환 같은 귀신 이야기를 당황하지 않고 받아들인다. 이는 귀족적 삶의 신비에 대한 믿음 때문이었다. 그래서 귀신들이 출몰하는 곳은 당연히 성(城)이었다.

다른 한편에는 노동을 해야 하는 사람들이 있었다. 노동은 고통 그 자체였기 때문에 원래는 노예의 임무였다. 또한 노동은 본디 농민의 임무이기도 했으므로 중세의 삼위계 구조에서 농민은 항상 노동의 세계를 상징했다. 도시 생활권의 발전은 노동 소득을 증대시켰고 노동의 고통을 감소시켰다. 그 결과 기계가 발명되었고 자본이 필요로 되었다. 농민과 시민의 독특한 임무는 스스로를 부양하거나 다른 계층을 위해서 노동에 종사하는 것이었다. 시간이 흐르자 사회적인 연관 관계의 불투명성에도 불구하고 이러한 임무

정교하게 다듬어진 낫이 13세기부터 벌초에 사용되었다. 14세기부터는 고도의 정교함을 요하는 곡물 수확에 사용될 만큼 금속 세공술이 발전했다. 파리의 노트르담 성당에 새겨진 숫돌을 사용해서 풀을 베는 사람의 모습은 이를 보여주는 최초의 예이다.

가 농민과 시민을 구분하는 가장 효율적인 방식이 되었다. 시민사회 역시 스스로를 방어하고자 했다. 시민사회의 구성원 가운데 몇몇은 말을 타고 칼을 소유함으로써 귀족과 같은 생활을 영위하려 했다. 그러나 상업 활동에 재정적으로 참여한다는 점이나 부유한 농민과 가난한 귀족 영주의 일상생활에서의 유사성을 제외한다면 자신의 손으로 빵을 얻는 귀족은 없었다.

'노동의 비참함'이 '노동에 대한 찬양'으로 발전하기까지는 수백 년을 더 기다려야 했다. 수도원 제도가 노동에 대한 인식의 변화에 결정적인 기여를 했다. 라틴 그리스도교 세계의 수도사들은 기원후 1000년경까지 거의 대다수가 귀족 출신이었다. 그러나 이들은 모두 노동에 대한 베네딕트회의 계율에 복종했다. 종종 간과되는 측면이지만 이들의 노동은 노동 자체가 목적이 아니었기 때문에 노동에 대한 찬양은 제한적일 수밖에 없었다. 노동은 죄와 같은 게으름에서 탈피하기 위한 육체적 고행의 수단이었다. 낙원에서의 추방과 함께 노동은 저주를 받았다. 현세에서의 고통이 이를 암시하고 있다. 정당한 노동을 통해서 노동자가 느끼는 만족감은 그리 크지 않았다. 노동의 고통은 책임지고 생산한 결과에 대해서 개인적인 이익 보상이 결여되어 있을 때 더욱 컸다. '노동의 숭고함'이라는 자주 인용되는 유럽적 노동관은 중산층이 만들어냈는데, 이는 중세 전성기의 경제 혁명에서부터 비롯되었다.

그러나 후고가 사제라고 불렀던 사람들을 먼저 언급해야 할 것이다. 이들은 칼로 생계를 유지하지 않았고 그렇다고 노동을 통해서 생계를 유지하지도 않았다. 이들의 임무는 기도하는

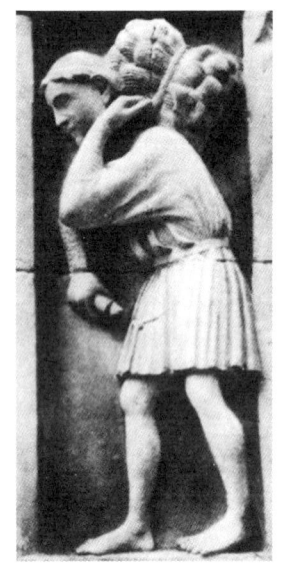

볏단을 지고 있는지 밧줄을 묘사했는지는 정확히 알 수 없지만 노동자의 복장과 인체 묘사는 매우 사실적이다. 파리의 노트르담 대성당.

것이었다. 기도라는 특별한 임무 때문에 중세는 '신성한' 세계, 저 세상에 완성된 사회, 경건한 시대 등으로 명명되었다. 그러나 기도하는 사람이 기도만으로 죄악에서 벗어날 수는 없을 것이다. 또한 '신성한' 세계라는 개념은 일종의 자기표현으로도 볼 수 있기 때문에 자화자찬으로 생각할 수 있다. 기도하는 계층은 사회의 다른 계층에게 큰 의미를 지니지 않는다. 이 계층은 중세적 특징과 그 한계를 보여주는 계층이라고 할 수 있다. 인구의 10분의 1 혹은 그 이상의 사람들이 신의 은총을 전달한다는 명목으로 명성과 부를 누리는 한, 그리고 그들의 기도가 의미하는 바를 나머지 사람들이 스스로의 노력을 통해서 바꾸려 들지 않는 한, 삼위계의 강력한 사회질서는 다른 무엇으로도 대체될 수 없었다. 성직은 수호하는 능력이나 노동하는 능력보다 중요해졌다. 종교개혁 시기에 그리스도 교인이라면 누구나 성직자로 선택될 수 있다는 성직에 대한 보편적 인식을 통해서 비로소 중세적인 개념이 해체되었다. 성직자들은 사회에 편입되었고 결혼이 가능해졌으며 은총의 전달이라는 특별한 임무도 사라졌다.

이러한 변화는 칼뱅파와 재세례파[종교개혁 시기에 유아 세례에 반대했던 과격파로, 자녀들이 자주적 사고를 할 수 있을 때까지 세례를 주지 않았음]와 같은 새로운 공동체의 관념을 통해서 매우 뚜렷하게 가시화되었다. 그렇다고 해서 근대사회가 중세와 다른 토대 위에 세워진 것은 아니었다. 단지 초점이 변했을 뿐이다. 후고가 던진 짧은 경구는 이미 이러한 사실을 암시하고 있다. "(…) 모두가 자연의 창조물이다." 생각이 깊은 사람들이 사회의 계급 구조에 이의를 제기했듯이 그리스도교 역시 모든 인간의 천부적 평등을 주장했고 고대 인문주의를 통해서 이를 확인시켰다. 좀 더 설명하자면 그리스도교는 천부적인 평등을 말만이 아니라 행동을 통해서도 중시했다. 후고도 '(…) 형제처럼 살아야 한다'고 믿게 했다.

그렇다면 수녀는 어디에 있었는가? 당시의 세계관이 만들어낸 삼위계의 사회질서, 즉 한 계층을 다른 계층과 불가분의 관계로 연관시키고 놀랄 만큼 단순하게 사회관계를 정리한 이 질서가 우리에게 완벽하게 보이는 것만큼 중세 사회는 완벽하게 남성 중심적인 사회로 보인다. 중세 사회는 명백히 남성 사회로 불릴 수 있을 것이다. 이는 여성이 제외되었음을 말하는 것도 아니며 여성이 억압되었다는 것을 말하는 것도 아니다. 여성은 관심의 대상이 아니었기 때문에 언급되지 않았을 뿐이다. 여성은 배려를 받았고 어떤 '인간'도 여성의 중요성과 필요에 대해서 의심하지 않았다.

바로 이 '인간'이라는 단어에 지금도 여전히 유효한 과거의 언어와 사고의 양식이 뚜렷하게 나타나고 있다. 독일어에서 '인간(Mensch)'이라는 단어는 그리스어나 라틴어와 마찬가지로 '남성(Mann)'이라는 말에서 유래했다. 따라서 여성에게는 공적 발언권이 없었다. 교회는 남성들의 집단이었기 때문에 여성들은 세속 공동체와 마찬가지로 교회에서도 침묵을 강요받았다. 그렇다고 여성의 역할이 간과되지는 않았다. 구약과 신약은 여성을 중요한 인물로 묘사하고 있다. 여성은 인간이 타락할 때는 사탄의 중개자였고 구원을 얻을 때는 신의 중개인이었다. 이브에서 마리아로. 이러한 평가는 남성 세계의 것이었다. 남자들은 여성이 아궁이를 지피고 아이를 낳는 존재라고 말할 수 있을 것이다. 두 역할 모두 지금까지 이어지고 있으며 일상생활을 뛰어넘어 믿고 기도하는 곳[종교계]에서도 지속되고 있다.

남성의 세계에서는 세 개로 나뉜 사회의 규정을 태곳적인 것으로 명시하기 위해서 일일이 설명할 수 없는 주장들이 난무했다. 삼위계적 사회구조는 후고에 따르면 사제, 기사, 농부로, 다른 규정에 의하면 기도하는 자, 싸우는 자, 노동하는 자로 구성되었다. 그리고 모든 사람이 지켜야 했던 라틴어 계율 "너는 기도하고, 너는 통치하고, 너는 노동하라!"가 아직도 전해 내려오고 있다. 1517년까지만 해도 바젤의 시민들이 비슷한 문구를 시청에 적었다. 이렇게 분할된 역할의 이면에는 서로 규합하고 있던 신분 집단들이 중요한 역할을

"너희들은 열심히 기도하고, 수호하고, 일하라." 그리스도가 팔을 펼치며 세상에 전파한 말이다. 이러한 지배자의 위풍 아래에 삼위계의 사회 계층, 즉 종교인, 귀족, 노동자가 모여 있는데, 곡괭이를 사용하는 농부가 노동자 계층을 대변한다. 이 그림에는 여성들이 보이지 않는데 남성이 사회를 대표했기 때문이다.

담당했다고 볼 수 있는데, 수도사와 재속 성직자, 기사와 제후, 농민과 시민이 그 집단이다. 물론 전혀 다른 구분을 생각할 수도 있을 것이다. 지배자와 피지배자 사이의 구분을 강조할 수도 있고, 신앙심이 깊은 그리스도 교도와 사제, 즉 평신도와 성직자를 구분할 수도 있다. 또는 그리스도 교도와 수백 년 동안 교회 건설을 담당했던 수도사의 구분을 강조할 수도 있을 것이다. 도시와 농촌의 구분에 대해서도 질문을 던질 수 있을 것이다. 또한 유럽 사회를 구분하려고 할 때 쉽게 연상할 수 있는 프랑스인과 독일인, 잉글랜드인과 아일랜드인, 러시아인과 폴란드인 같은 구분법을 생각할 수도 있다. 그렇다면 왜 이와 같은 다른 가능성을 제치고 수호와 기도, 노동이라는 삼위계의 질서가 발달한 것일까?

고대 세계는 주인과 노예만을 인정했다. 중세 초기에도 이런 유사한 관점이 존재했다는 것이 입증되고 있다. 그렇다면 삼위계의 질서에는 '상호 인정'이라는 전혀 새로운 관점이 내포되어 있는 것이 아닐까? 삼분법이 유럽 이외의 지역에도 전파되어 인도 게르만어나 인도 유럽어족에서 중요한 역할을 했다는 사실이 밝혀졌다. 그러나 중세 유럽은 게르만족과 슬라브족의 민족 대이동 시기를 거쳐 바이킹족과 사라센인, 마자르족의 침략을 받고 나서야 삼위계 질서를 생각해냈다고 추측할 수 있다. 그럼에도 불구하고 이유가 무엇이든 삼위계 질서에는 기원후 1000년까지의 사회상과 비교할 때 엄청난 변화가 담겨 있다. 왜냐하면 기원후 1000년까지의 사회는 단지 주인과 노예만을 인정하고 있었기 때문이다.

그러나 중세 철학자들을 지배했던 두 명의 위대한 그리스인 가운데 한 사람인 플라톤 역시 이미 기원전 4세기에 자신의 이상 국가를 세 개로 나누었다. 플라톤은 12세기가 되어서야 중세의 세계에 알려졌다. 그러나 '기도하는 자, 싸우는 자, 노동하는 자'라는 삼위계의 사회는 11세기 초반에 벌써 언급되었다. 점차 강화되어가는 왕국들이 조직적인 생활의 형태를 발전시키는 동안 삼위계적 사회구조는 이미 만연하고 있었다. 특히 12세기의 서유럽에서는 의문의 여지가 없을 정도로 널리 퍼져 있었다. 하지만 비슷한 시기에 폴란드의 첫 번째 연대기 작가는 모든 사회를 전사와 농부로 파악했다.

발단은 아마도 잉글랜드였을 것이다. 앨프레드 대왕은 9세기 중엽에 이미 기도하는 자, 싸우는 자, 일하는 자라는 말을 사용했고, 잉글랜드에서는 이러한 삼분법이 결코 사라진 적이 없었다. 그러나 프랑스에서는 명망이 높고 정치적으로 왕성하게 활동했던 주교 가운데 한 명인 랑의 아달베로(1035년 사망)와 그의 사촌인 캉브레의 주교 제라르가 삼위계의 표어를 정치적인 구호로 만들었다. 프랑스의 왕 로베르를 지지하면서 왕의 적들을 언급한 장문의 경고문에서 아달베로는 위협적인 새로운 조류에 대한 올바른 세계 질서를 다음과 같이 규정하고 있다.

> 삼위일체이신 신의 왕국은 삼등분되어 있다.
> 기도하는 자, 싸우는 자 그리고 노동하는 자.
> 이 셋은 신의 왕국 안에 통일되어 있으며, 어떤 분열도 용납되지 않는다.
> 한 계층은 다른 두 계층에게 봉사하고 있으며,
> 임무의 교류를 통해서 모든 이에게 위안이 싹트고 있다.

프랑스 고위 귀족 출신의 주교 아달베로가 자신의 도움으로 왕위에 오른 왕의 주위를 환기시킬 목적으로 이 문구를 썼을 때 다음의 측면에 중점을 두었다. 왕국의 방어와 수호는 왕의 손에 달려 있는 것이지 수도원의 지도를 받은 민중 속에서 싹튼 평화 운동에 있지 않다는 것이다. 실제로 11세기 초반에는 클뤼니의 개혁으로 통합된 수도원들이 새로운 사회를 건설하려 했던 것으로 보인다. 이러한 맥락에서 아달베로가 '수도사의 왕'으로 불렸던 클뤼니의 오딜로를 비꼬았던 것이다. 자신이 고안하지는 않았지만 아달베로는 삼위계적 사회라는 구호를 정치 논쟁의 무기로 사용하고자 했던 것 같다.

그러나 아달베로의 논조는 특별한 사회적 관심사를 보여주고 있다. 그가 얼마나 교황의 우위를 중요하게 생각했는지는 일단 고려하지 않기로 하자. 카를 대제가 집권하던 시대에는 두 종류의 사회적 역할만이 존재했던 것으로 보인다. 전체 사회를 위한 두 종류의 임무, 즉 모든 그리스도 교도를 보호하고 그들을 위해서 기도하는 것이 바로 그 역할이다. 넓은 의미에서는 귀족과 성직자, 개인적으로는 황제와 교황이 이 역할을 대행했다. 앞서 언급한 것처럼 삼위계는 잉글랜드에서 먼저 시작하여 대륙으로 전파되었으며 특히 대다수의 노동하는 자들이 적극적으로 수용하였다. 이후 다른 두 계층은 자신들의 옆에 노동자의 자리를 마련해주었고 그 필요성을 확실히 인정했다. 삼위계적 사회구조는 당시의 세력 구조, 그리고 함과 그의 후손들 같은 간결한 풍자를 통해서 역할 분담론의 토대를 마련했다. 심지어 아달베로는 아무런 평계도 대지 않고 묵묵히 힘든 삶을 살아가는 사람들의 고통을 "중세 초기와는 비교할 수 없을 정도로"(오토 G. 윅슬레) 명확하게 서술하고 있다. 어떤 주인도 예속민의 노동 없이는 살아갈 수 없었으며, 주교나 왕은 양들을 먹이는 목자라기보다는 오히려 양들이 그들을 먹여 살렸다. 아달베로는 사회적 대립 관계는 전혀 고려하지 않은 채 노동하는 사람들의 고통만을 언급하고 있다. 물론 노동의 비참함은 확인시키고 있다. 하지만 그는 신분 계층 사이의 상호 보완과 전체 사회를 지탱하는 데 필요한 각 계층의 역할 분할을 역설하면서 어떠한 변화도 용납하지 않았다. 다른 두 집단을 위해서 헌신하고 싸우는 자들의 삶 역시 고되며, 기도하는 자들의 삶 또한 고단하다고 주장한 점은 구태여 언급할 필요조차 없을 것이다.

아달베로는 클뤼니를 기점으로 프랑스와 전 유럽을 조직하려는 수도사들에게 삼위계의 질서 중 어떤 자리도 내주지 않았다. 참고로 한 세대 전에 이 수도사들은 황제 오토 3세를 자신들의 편으로 만들어서 '신의 평화'를 수호하는 독립적인 평화 군대를 조직한 바 있다. 시기적으로는 클뤼니 출신의 수도사 힐데브란트가 교황 그레고리우스 7세로 등극하여 그리스도교 세계의 최고 지위에 오르면서 클뤼니의 영향력이 정점에 도달했지만, 성직자 집단에게는 (지배권이 아니라) 특정한 불가분의 자리를 남겨두는 삼분된 사회질서가 정착되어 있었다. 노동하는 자에는 먼저 농부가 포함되었다. 수공업 역시 '농부의 일'이었다. 11세기 초에는 도시들이 중요한 위치를 전혀 점하지 못했기 때문이다. '전사들'은 귀족과 비귀족의 구분 없이 말을 타기만 하면 모든 일에 관여할 수 있었다. 이 때문에 포괄적인 의미의 '기사'라는 용어가 이 시대부터 지금까지 전해지고 있다. 왕 또한 기사 계층의 일원이었다.

삼분된 '신의 왕국' 내부에서 개개의 임무와 그리스도교 사회에 대한 구원의 약속이 어느 정도 신빙성을 가지는 한, 삼위계의 질서가 어떤 종류의 흡입력을 가지고 있었는지 그리고 그 질서가 사회적 저항을 해소하는 데 얼마나 적합했는지에 대해서는 무수한 추측이 가능할 것이다. 삼위계적 질서에 대한 믿음은 그 질서가 개인의 존재 가치를 무시하고 있음에도 불구하고 전혀 수그러들지 않았다. 왜냐하면 사회가 이러한 믿음이 계속해서 존속하기를 원했기 때문이다. 또한 이 신앙은 중세 사회에 특별한 사회적 안정을 약속하기도 했다. 이는 '성스러운' 세계나 성스러움을 지향하는 사유의 세계의 차원이 아니라 실제적인 사건에서도 그러했다. 대규모의 사회적 저항운동은 14세기 중엽까지는 발생하지 않았다. 도시동맹과 제후 사이의 지루한 싸움, 특히 12~13세기의 롬바르디아 도시동맹과 황제 사이의 대립 역시 사회질서의 혼란을 유발하지도 않았고 사회적인 저항도 아니었다. 단지 개개의 자유를 위한 권력투쟁이었을 뿐 자유 자체를 목적으로 한 것은 아니었다.

한편으로 삼위계는 대대적인 변혁을 받아들일 준비가 되어 있었다. 아마도 삼위계는 이미 그 변화에 영향을 받았을지도 모른다. 즉 '기사'와 '사제'의 보호 아래에 전 사회적으로 노동의 기능적 참여가 보장되었다. 이는 로마 시대 메네니우스 아그리파의 우화[일하지 않고 먹을 것만 받아먹는 배에 대해서 분노하여 손, 입, 이 등이 더 이상 음식을 배에 공급하지 않기로 작정하였으나 결국 그로 말미암아 영양이 공급되지 않아 몸 전체가 빈사 상태에 이르게 되었다는 내용의 우화]와는 달랐다. 그는 반항적인 평민들에게 사회라는 신체가 전체의 안녕을 위해서, 일을 하지는 않지만 부양을 받아야 하는 위(胃)를 필요로 한다고 설명했다. '사회라는 신체'의 이미지는 중세 라틴어 서적에도 등장하는데 머리, 발과 팔, 배가 각각 존재했다. 하지만 엄밀하게 따지면 삼분 구조는 한 부분을 다른 부분과 마찬가지로 중요하게 여긴다. 이 구조는 머리와 팔다리가 동일한 가치를 가진다고 평가하고 있다. 마찬가지로 주인들 역시 11세기 이후로 이전보다 세력이 약해졌기 때문에 예속민들은 독자적인 책임을 지고

아달베로가 사망한 지 450년이 지난 후 신분 계층에 대한 이미지는 근본적으로 변했다. 1487년 메밍겐에서 작성된 전단에는 제국과 제국의 계층에 대한 혁명적 해석이 실려 있다. 여전히 황제와 제후들이 상석을 차지하고 있지만 이들의 관계는 수직적인 것이 아닌 순환적인 것으로 설명되고 있다. 실체를 알 수 없는 '참사회장 혹은 기사장'이 핵심적인 위치에 있고 가운데에는 수공업자의 모습이 그려져 있다. 전체적인 구도를 봤을 때, 도시의 성벽 위에 "이는 전체의 복리를 위함"이라는 문구가 배열되어 있고 '서민'과 황제는 직접 연결되어 있다. 이러한 관계는 농민전쟁 시기에 새로운 정치 질서를 확립하기 위해서 무력 충돌을 불러왔던 중세 말의 위기 현상 가운데 하나였다.

노동에 종사할 수 있는 공간을 더 많이 확보했다. 이로써 노동하는 자들의 특별한 생활공간이 점차 인정을 받았고, 이들의 정치적, 종교적 직분도 동등하게 인정되기 시작했다. 이것은 단지 경제활동이나 내적, 법칙적 생산 양식의 발전만은 아니었다. 전쟁이나 기도를 통해서가 아니라 노동으로 생계를 유지했던 사람들의 생활에서 보다 폭넓은 '활동 공간'이 인정되었던 것이다.

라틴 유럽은 상대적으로 소규모 지역을 정복했고 그리 많지 않은 외부 왕국을 지배했다. 아마 중세에도 매우 구차한 핑계로 전쟁을 정당화했을 것이며, 잔인한 전쟁을 동반한 정복 전쟁이 한몫을 했을 것이다. 특히 십자군 전쟁에서 이러한 측면이 두드러진다. 그러나 로마의 세계 제국이나 알렉산드로스의 원정 또는 페르시아에서 스페인까지 이르는 이슬람의 지배 영역과 비교하면, 라틴 그리스도교 세계는 수적으로 많은 왕국이 있었음에도 불구하고 그 범위가 선조 때부터 내려오는 영역에만 머물러 있었다. 그러나 세계 제국들 중 어떤 제국도 라틴 유럽만큼 다양한 사회 세력을 성장시키지 못했다. 뿐만 아니라 확고한 지배 영역 안에 거주하는 인구의 4분의 3가량이 노동을 통해서 자기 발전을 이루었던 내적 발전을 경험하지도 못했다. 발전은 농업경제의 대전환을 바탕으로 이루어졌다. 북서부에서 시작된 발전은 프랑스 북부와 네덜란드로 번져갔고 이는 도시 제도의 비약적인 발전으로 이어졌다. 이로써 라틴 유럽은 정복에 의해서가 아니라 고도로 발전된 과거의 문화가 가졌던 한계를 뛰어넘음으로써 성장하게 되었다.

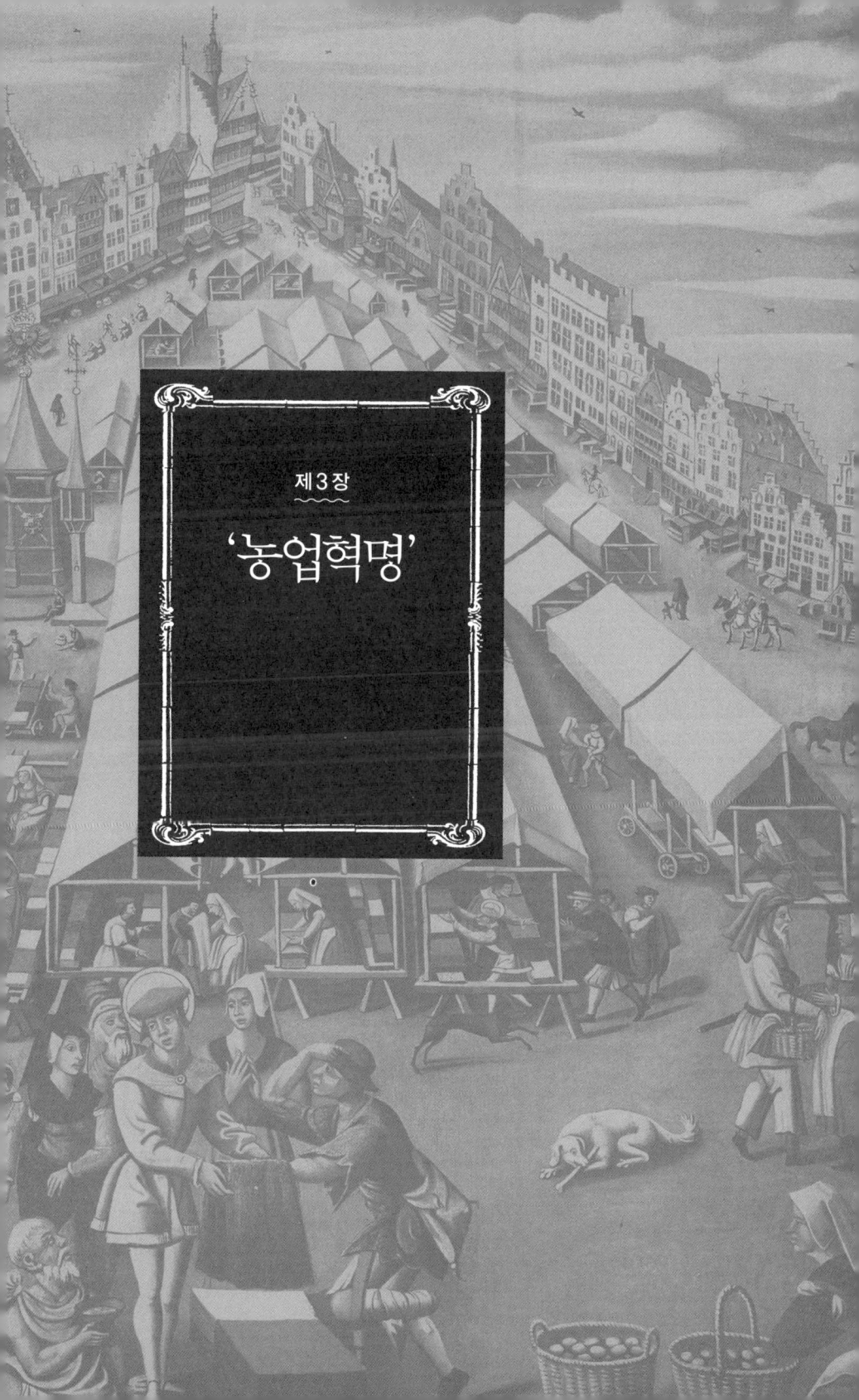

제3장

'농업혁명'

새로운 기술-새로운 조직

여전히 자동차들은 절묘하게 고안된 회전 장치를 앞 축에 부착한 네 개의 바퀴로 달리고 있다. 만약 1100년경 수레를 더 길고 강하게 만들어 이후 2~3톤 정도의 짐을 실을 수 있게끔 이륜 짐수레가 사륜 수레로 개조되지 않았다면 상황은 달라졌을지도 모른다. 왜냐하면 앞서 설명한 혁신이 사륜 차량을 움직이는 데 필요했기 때문이다. 수레는 튼튼한 수평축을 이용해서 작동했는데, 이탈리아인이 롱가 카레타라고 불렀던 긴 수레 형태의 새로운 차량에는 보다 강력한 견인력이 필요했다. 그래서 견인력이 더 커질 수 있도록 수레를 끄는 동물들에게 박차를 가하는 새로운 기술이 개발되었다. 말은 이미 4,000년 전에 인간의 역사와 밀접한 관계를 맺고 있었다. 우리는 말이 고대 세계의 필수 요소라고 생각하지만 유럽인들이 말과 친숙해지는 데는 상당한 시간이 필요했다. 말은 아마도 먼저 신들을 섬기고 다음으로 인간에게 봉사를 했던 것 같다 (신들을 섬겼다고 할 만큼 말은 태곳적부터 존재했지만, 인간과 관계를 맺은 것은 수천 년에 불과하다는 의미이다).

어쨌든 처음에는 그리스인이, 이후에는 로마인이 말을 다루는 방법을 전파했다. 그러나 그들은 등자 없이 말을 탔고 마구(馬具) 역시 처음에는 엉성하게 달려 있었다. 수천 개의 화병 그림과 모자이크 무늬들은 말의 목과 가슴

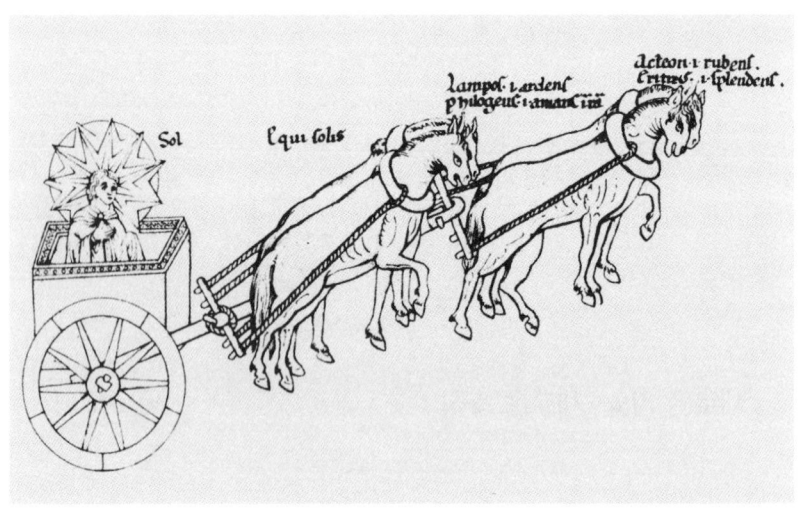

란츠베르크의 헤라트 수녀원장이 저술한 『기쁨의 정원』에는 목테가 그려져 있다. 이 목테는 네 필의 말이 수레를 끌 게끔 장착되는데 지금도 널리 사용되고 있다. 말들은 네 개의 바퀴가 달린 긴 수레 대신에 두 개의 바퀴가 달린 이륜 수레를 끌고 있다. 고대 로마에도 네 필의 말이 두 개의 바퀴가 달린 태양 마차를 끄는 4두 2륜 마차가 있었다. 그러나 고대에는 말을 쌍으로 묶는 중세의 방식을 알지 못했다!

쪽에만 가죽끈을 둘렀기 때문에 소량의 짐을 운반하거나 가벼운 전차는 끌 수 있었지만 큰 짐을 끌 정도로 그 힘이 효율적으로 이용되지는 못했다는 것을 알려준다. 가죽끈은 때로 말의 살 속으로 파고들기도 했다. 기원후 1000년 이후에야 중국식을 본뜬 것으로 보이는 말의 목테가 전파되었다. 이 목테는 가죽으로 둘러싸고 목재를 사용한 것으로, 목테 주위에 가죽끈을 연결할 수 있기 때문에 마차나 짐을 끌 때 말들이 보다 안정된 자세를 취할 수 있었다. 목테 덕분에 견인력은 대략 두 배 이상 상승했고 말에 몇 겹으로 줄을 두르는 것이 가능해졌다. 고대의 그림들에서 나타나는 것처럼 둘이나 셋 또는 네 마리의 말을 옆으로 나란히 묶는 것이 아니라 쌍으로 해서 앞뒤로 묶을 수 있었기 때문에 견인력은 더욱 상승했다.

이후에는 소 역시 나무로 된 멍에를 메지 않았다. 뿔 사이에 나무판자를 묶음으로써 소가 가진 힘 전부를 한곳에 집중시킬 수 있었다. 시기상 말보다

마차를 끌기 위해 마차 앞쪽의 양옆에 대는 긴 나무인 채와 안전을 위해서 보완된 바퀴통을 장착한 중세 말기의 여행용 마차.

는 늦긴 했지만 견인력은 더욱 강해졌다. 새로운 견인력이 전체 농업경제에 얼마나 큰 진척을 이루었던가! 지금도 옛 시절의 풍경을 접할 수 있다. 여전히 움브리아 지역의 아펜니노 산맥에서는 두 마리씩 짝을 지은 흰 소들이 목재로 된 멍에를 두르고 이륜 수레를 끌고 있다. 그곳에서는 그것만으로도 충분할 것이다.

올리브와 포도 재배를 통해 상당한 발전을 이루었던 고대 농업경제는 비옥하고 경작이 수월한 토양에 기초하고 있었다. 그러나 북부의 검은 빵은 점토질 토양에서 생산되어야 했다. 사람들이 이러한 토양 조건을 간파하자마자 농업이 급속하게 발전하기 시작했다. 그러나 토양이 비옥했던 남유럽에는 농업 기술의 급속한 발전이 그다지 필요하지 않았기 때문에 그 여파는 남쪽까지 전달되지 않았다. 대신에 알프스 이남과 프랑스 남부는 도시가 발달하면서 대약진을 이루었다. 하지만 북부에서는 '농업혁명'을 계기로 농경지가 정비

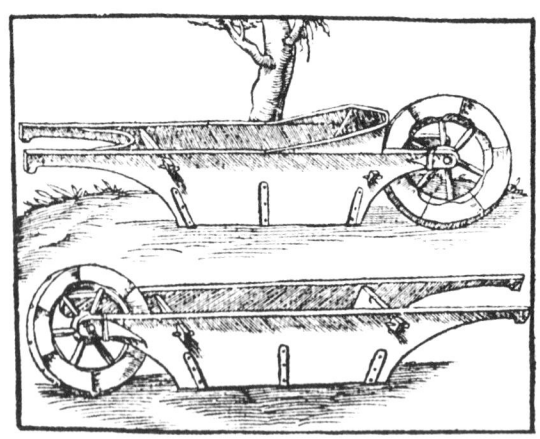

외바퀴 손수레는 바퀴와 지레의 원리를 기발하게 접목시킨 중세의 발명품이다. 이 손수레는 새로운 농업기술이 발전하는 과정에서 개발되었다.

되었고 새로운 농경지에서 농민의 노동으로부터 (정신적인 삶에 대한 고대 라틴어의 표현 방식을 인용하면) 자연의 인위적 개발을 의미하는 '문화'가 싹텄다.

여기에는 향상된 견인력 이상의 요소가 중요한 역할을 했을 것이다. 새로운 수레와 쟁기가 그런 요소들에 속하는데, 거친 땅을 갈기 위해 고르지 않은 날이 부착된 쟁기에는 육중한 바퀴가 달려 있었다. 1170년경 헤라트 수녀원장은 이 도구들을 화보 사전에 그렸다. 뿐만 아니라 토양 관리용 써레, 철로 주조된 삽, 도끼, 톱, 그리고 처음에는 풀을 이후에는 곡식을 베는 데 쓰였던 긴 날을 가진 낫과 같은 농기구들이 마침내 농부들의 수중에 들어왔다.

이 도구들을 제작하고 사용하기 위해서 상당한 비용이 소요되었을 것이다. 하지만 새로운 장비를 이용하는 데 필요한 경비가 어떤 형태로 지원되었는지는 알 수가 없다. 사실 농업의 쇄신 과정에 대해서는 알려진 것이 그다지 많지 않다. 농부들이 자신들의 삶에 관해서 기록을 많이 남기지 않았기 때문이다. 관찰력이 날카로운 수도

1260년경 폴란드의 달력에 그려진 벌초 장면. 낫은 그림의 소재로 자주 등장했던 농기구이다. 중세의 발명품인 낫은 12~14세기에 걸쳐 점차 개선되었고, 이후에는 형태가 변하지 않은 채 사용되었다.

사가 가끔 농경지의 작업 과정을 그리지 않았다면 토지만이 역사적인 사료로 남았으리라. 이는 농부가 매년 토지에 자기 나름의 역사를 기록했기 때문에 가능한 것이었다.

농경지의 모습에서 무거운 쟁기를 사용하여 소폭의 직사각의 농지를 긴 고랑에서 일구기 시작한 시기를 알 수 있을 것이다. 이전의 쟁기는 토지가 가로세로 열십자 모양으로 구획되었기 때문에 정방형의 농경지에 사용하기 쉬웠다.

새로운 경작제도를 위해서 수많은 농부가 한곳으로 모였다는 사실도 중요하다. 농부들은 농경지를 매년 공동으로 돌아가면서 겨울의 작물 재배지와 여름의 작물 재배지로 나누어 경작하거나, 일정 분량의 토지는 가축을 방목하거나, 토지가 자연적으로 비옥해지도록 1년 동안 쉬게 하거나 했다. 이른바 '삼포제 경작'은 8세기 카롤링 왕조의 왕령지에서 시작되었다. 경작지 유형에

정복왕 윌리엄의 동생으로 바이외의 주교이자 후에 켄트의 백작이 된 오도가 직접 주문했던 바이외 태피스트리는 노르만족이 군사적으로 그리고 기술적으로 탁월했음을 보여주고 있다. 50센티미터 너비에 70미터 길이의 이 아마포에는 여덟 가지 색상의 털실을 이용한 자수가 수놓아져 있다. 정치적 사건을 중심으로 구성되어 있으며, 하층민의 삶과 현재까지 그 내용을 확실히 알 수 없는 우화들이 그려져 있다. 위의 그림에는 목테를 두르고 고삐에 메인 말이 끄는 써레를 뒤따라가며 파종하는 과정이 묘사되어 있다. 이 농경법은 11세기 이후에 새로이 전파된 방법으로 목테의 사용으로 말의 견인력이 향상되었다. 써레에는 쇠로 된 징이 박혀 있는데 몽둥이를 이용해서 흙덩이를 다듬었던 것에 비하면 상당히 개선된 것이다. 아래의 그림은 바이외 태피스트리의 쟁기질 장면으로 옛 방식대로 목테를 두르지 않은 노새가 쟁기를 끌고 있다. 바퀴가 달린 쟁기, 쇠로 만들어진 밭갈이용 보습, 흙덩이를 뒤집기 위한 쟁기의 술바닥이 보인다.

제3장 | '농업혁명' 221

지중해 지역은 유럽 북부에서 발생한 '농업혁명'의 영향을 받지 않았다. 북부의 농업기술은 지중해 지역의 기후와 토양에 오히려 해가 될 수 있었다. 쟁기질과 삼포제 경작 방식은 지중해 지역의 토양을 황폐화시킬 수도 있었을 것이다. 그림의 비잔티움 농부는 토질이 단단하지 않은 메마른 토양에 적합한 가래를 사용하고 있다. 11세기에도 원시적인 농경 방식을 고수했다기보다는 소에게 목테를 두르는 북쪽의 새로운 기술이 필요하지 않았다고 볼 수 있다.

서 밝혀졌듯이 이러한 삼포제 경작 방식이 서서히 전파되어 12세기에는 엘베 강 동쪽에도 정착되었다는 것이 입증되었다. 특히 수도원은 삼포제 경작 방식의 전파에 많은 기여를 했다.

경작 양식은 역사가에게 매우 신뢰할 만한 사료이다. 경작 양식을 통해서 당시 사람들이 11~12세기 이후로 기존의 격리된 촌락공동체를 확장하기 시작했으며, 숲을 개간하고 늪을 메우고 제방을 쌓아서 북해의 해안선을 내륙으로부터 점차 넓혀갔다는 사실을 알 수 있다. 인구 증가로 박차가 가해진 경작지 개간을 통해서 사람들이 다시 고용되었고 인구 증가가 촉진되었다. 이로써 북방 지역의 생활수준은 차츰 남부 유럽 수준까지 향상되었다.

20세기의 북부 유럽인들은 남부의 역사적인 매력을 파악하고 있을까? 겨울에도 먹고 사는 문제를 걱정할 필요가 없고, 얼어 죽지 않으며, 춥고 서리가 앉으며 연기가 나는 동굴 같은 거주지의 괴로움이 없는 남부의 기후가 바로 그것이다. 폴란드와 러시아의 역사가는 자국의 농부를 지칭하는 중세의 단어에 내포된 불명예스러운 의미를 없애고자 노력했다. 실제로 농부는 중세 사료에 '지저분한 사람'으로 기록되어 있다. 지금도 '농부'라는 말은 상당히 불쾌한 조롱이 될 수 있다. 그러나 '농사'를 지었던 로마 농부의 생활양식은 문화적인 것에 근접해 있었다.

여타의 중세 문학에서는 농민들이 조롱의 대상으로 묘사되었지만, 13세기 리모주의 시편에 수록된 6~9월의 달력 그림들은 일상의 양식과 농민 노동에 대한 신성함을 느끼게 한다. 15세기에 들어서 광범위하게 전개된 농민 반란의 여파로 인해 지식인층 사이에도 농민의 중요성이 인식되기 시작했다.

　　12세기의 성장을 이해하기에 앞서 우리는 알프스 북부 유럽의 경작지 개간을 엄청난 경제적, 통계적 성장의 근원으로 파악해야 할 것이다. 통계를 믿을 수 있다면 개간을 통해서 11세기 말에서 14세기 중엽까지 잉글랜드의 인구는 150만 명에서 약 500만 명으로, 프랑스의 인구는 600만 명에서 2,200만 명으로 거의 네 배나 증가했다. 개간으로 독일 인구도 500만에서 1,500만 명으로 급증했다. 현대적인 농업 구조를 통해서 변화가 생겨난 것처럼 경작지 개간은 토지개혁과 경작지 정리 등의 경작 유형을 창출했다. 황무지와 여기저기에 산재한 늪과 거친 땅에서 지금보다 더 많은 경작지가 생겨났고 마침내 인간은 불모지를 정복하게 되었다. 두려움의 대상이었고 거대했으며 개간되지 않았던 숲은 더 이상 현실과 무관하게 여겨지지 않았다. 이제 사람들은 숲을 마음 놓고 지나갈 수 있었다. 숲에 대한 달라진 인식은 중세 말기의 사고에 자리매김했고 이후 동화의 단골 소재가 되었다. 숲 속의 길을 발견한 삼 형제[나무를 베러 숲에 가는 도중에 불쌍한 노인을 만난 삼 형제 중 노인에게 자신의 음식을 나누어 준 막내아우만이 노인의 도움으로 부자가 될 수 있었다는 이야기], 용감한 꼬마 재봉사[재봉사가 지혜를 발휘해서 왕이 되었다는 성공 이야기], 착한 빨간 모자 소녀, 일곱 마리 형제 양의 어머니와 같은 동화는 모두 숲에 대한 두려움의 극복을 이야기하고 있다.

인구밀도는 점차 높아졌고 1제곱킬로미터당 20~80명의 사람들이 모여 살게 되었다. 이는 도시로 인구가 몰려들었기 때문에 가능한 것이었다. 플랑드르, 파리 분지, 센 강, 론, 강, 라인 강을 따라서, 그리고 남부 독일의 강 지류 주변에서 도시화가 이루어졌다. 이 지역들 가운데 플랑드르만이 유일하게 북부 이탈리아의 인구밀도와 비교할 수 있는 수준이었지만 어쨌든 도시화로 인해서 많은 사람의 생활 방식이 바뀌었다. 최근 조사에 의하면 전체 인구의 4분의 1 정도가 도시에 살았던 것으로 보인다. '도시화'가 이루어졌지만, 도시민들은 여전히 시골의 농가처럼 마구간, 곡식 창고, 별채가 딸려 있는 비좁은 주택에서 살았다. 오늘날 '여관'이라는 단어는 과거의 건물 모습을 연상시킨다. 좁은 공간, 소음, 도시의 불결한 위생 수준과 더불어 이웃과의 지속적인 대화와 공동체 의식이 가난한 자와 부유한 자를 연결해주었고 여기에서 시민 공동체가 형성되었다.

주거지의 모습이 변했을 뿐만 아니라 환경이 전부 달라졌다. 새로운 마을과 도시들이 시장과 성지순례를 통해서 서로 연결되었고 도로를 통한 왕래가 빈번해졌다. 이전에는 칼을 가진 기사들만이 자신과 예속민을 무력으로 보호할 수 있었으나, 평화 구역이 설정되면서 이제는 누구나 무력으로부터 보호를 받을 수 있었다. '신의 평화운동'이 특정인들에게 일정 기간 동안에 평화를 보장해주었기 때문에, 사람들이 협정이나 일반적인 협약을 통하여 무력에서 보호받을 수 있는 시대가 도래한 것이다. 새로운 거주지들과 도로들은 다른 생활양식을 싹트게 했다.

농부들의 생활에도 변화가 있기는 마찬가지였다. 농부들이 거주한 지역의 역사는 도시의 역사보다 알려진 것이 적다. 특히 경작지 개간 활동 이전에 존재했던 거주지 형태에 대해서는 알려진 바가 거의 없다고 할 수 있다. 로마 시대 말기의 전통에서 유래한 장원과 그 장원에 예속된 소작인이 있었으며, 11~12세기에 장원들이 임대 체계에 유리하게 해체되었다는 사실 정도만을 알 수 있을 뿐이다. 소작인과 영주가 어디에서 어떻게 살았는지에 대해서도 알려진 것이 거의 없다. 다시 말해 여러 단계의 발전을 거쳤던 촌락의 역사는 지금까지도 잘 알려져 있지 않다. 어떤 지역에는 독립 농가들이 있었다. 다른 지역은 농업 계획의 결과이자 경작지 개간과 함께 탄생한 경제, 법 공동체로 형성된 촌락들로 이루어졌다.

이와 같은 사실은 지역명에서도 나타난다. 오래된 거주지에는 옛날식 이름이 붙어 있고, 그 외에도 군델핑겐(Gundelfingen)과 프라이징(Freising)처럼 '~ing'나 '~ingen' 같은 음절이 포함된 독일의 오래된 지역명은 그 지역들이 농부가 거주한 장원이었음을 암시한다. 잉글랜드와 스칸디나비아 반도의 오래된 촌락의 이름도 마찬가지이다. 슬라브 지역의 서부, 즉 폴란드와 체코에서는 가장 오래된 지역명이 복수형으로 되어 있다. 이 지역명은 '루찬 사람들'이나 '리토메리츠 사람들'에서 나타나듯이 소수 원주민 부족과 관련이 있다. 종종 새로운 촌락 이름은 경작지 개간에 관한 유일한 증거가 되기도 한다. 그래서 프랑스어로 새로운 촌락을 뜻하는 빌뇌브는 개간을 통해 형성된 새로운 거주지를 의미하는 레제사르, 아르티그로 불리었다. 개간을 통해 얻어진 경작지는 소브테, 즉 이주민을 위한 안전지대로 여겨지거나 바스티드, 즉 도시풍의 정주지로 그때까지 이주민들이 성장시켰던 요새로 인식되었다. 새로운 땅이라는 뜻의 노바 테라는 플라망족(왈론족과 함께 벨기에의 주요 민족으로, 주로 벨기에 북부와 서부에 거주하며 네덜란드 방언을 사용)의 사료를 검토했을 때 1050년경 통용어가 되었음을 알 수 있다. 노바 테라와 프랑스에서 새로운 거주지 건설의 물결이 일기 시작했다. 잉글랜드에서도 과거에 경작지 개간이 있었으나, 12세기부터 앵글로 색슨족과 데인족이 숲과 늪의 개간을 본격적으로 진행했다. 개간지는 특히 서부와 북서부, 아일랜드에서 형성되었다.

기원후 1000년을 전후로 젊은 세대들이 바이킹의 침입을 피해서 고향을 떠날 필요가 없어지자 북부 유럽에서는 인구 증가로 인한 인구 압력 현상이 발생했다. 이 때문에 덴마크에서는 촌락이 형성되었고 개별 농가들이 한데 모이면서 13세기부터는 촌락공동체가 법 집행자로 대두하기 시작했다. 덴마크에서 나타난 이러한 집중화는 아마도 밭을 깊이 갈 수 있는 무겁고 바퀴 달린 쟁기가 농경에 도입된 것이 원인일 것이다(쟁기는 마을의 공동 소유였다). 이 쟁기는 당시 농업 구조를 결정했던 삼포제 경작 방식처럼 거주 공동체가 형성되었음을 암시한다. 그러나 노르웨이에는 무거운 쟁기나 삼포제 경작 방식이 유입되지 않았다. 노르웨이에서는 독일의 '로데(Rode)', '로트(Rot)', '라트(Rath)' 지역과 같이 개간을 연상시키는 새로운 지역명인 수많은 신흥 '개척(Rud)' 이주 지역에도 독립 농가들이 존속하고 있었다. 12~13세기에 스웨덴 농부는 잉글랜드의 농부처럼 바다를 건너서 사람들이 거의 살지 않던 삼림지대인 핀란드의 발트 해 연안에 정착했다. 이로써 핀란드는 스웨덴의 지배를 받게 되었다. 이 또한 지역명을 통해서 알 수 있다.

 중부 유럽에서도 경작지 개간은 대규모로 이루어졌다. 첫 번째 경작지 개간은 이미 8~9세기에 시작되었으며, 그 결과 오랫동안 섬처럼 격리되어 있

노르만족이 침입하기 두 세대 전 잉글랜드에서는 곡괭이로 밭을 갈았던 것으로 보인다. 비잔티움 양식의 영향을 받은 이 그림은 현실을 극복하려는 모습을 보여주고 있다. 전면에는 옛 지중해 지역에서 보편적으로 사용되었던 기술, 즉 어깨에 멍에를 맨 황소와 포크 형태의 나무를 이용한 나무 쟁기로 농지를 개간하는 경작 방식이 보인다. 11세기 초의 『할리-시편』에 수록되어 있다[할리 시편은 현재 영국 할리 도서관에 소장되어 있는 중세 시편의 필사본을 말한다].

었던 거주지들이 확장되어갔다. 많은 촌락이 그때 형성되었는데, 기존의 왕이나 영주의 거주지와 병합되어 성장했다. 이 촌락들은 설립된 방향을 따라서 '동~', '북~', '서~', '~해안'으로 이름이 붙여졌다. 바이에른의 이주자들은 후대에 '발(Wall)', '발흐(Walch)' 등의 이름이 들어간 알프스 지역에서 로만계 이주자와 융화하여 협곡과 그 아래 지역을 개간했다. 그 사이에 하노버 지역의 '벤트란트'에서 동프랑크를 거쳐 오스트리아 남부까지 슬라브인의 개간지가 확장되었고, 레자트와 페그니츠에서는 슬라브족 포로와 수도원 예속민으로 구성된 거주지가 형성되었다. 뷔르츠부르크 근교의 압츠빈트를 예로 들 수 있을 것이다.

개간은 11세기에 마자르족의 침입이 끝난 후에야 비로소 재개될 수 있었다. 개간이 가져온 새로운 파장은 유럽에서 '농업혁명'의 발전 과정과 맞물리기도 했다. 독일에서는 지역마다 개간에 따른 상이한 발전 양상이 나타났는데, 후대의 연구에서 독일의 '내부 경작지 개간'으로 명명된 곳에서는 지류를 포함한 라인 강 지역이 특히 중요했다. 쾰른에서 바젤까지 라인 강의 주류를

1340년 잉글랜드 동부에서 그려진 새로운 농경 방법. 성에[쟁기의 술의 윗머리에서 앞으로 뻗어나간 가장 긴 나무]를 이용한 써레가 보이고 까마귀들을 새총으로 쫓아내고 있다.

따라서 오래된 거주 지역이 산재해 있었다. 마인 강 상류 지역과 모젤 강 연안에서도 상황은 비슷했다. 북쪽으로는 오래된 소금 운송로였던 헬베크가 예전부터 사람들이 살았던 뮌스터, 조스트, 파더보른 지역의 황토 평야와 라인 지역을 연결했다. 지크 강과 베스터발트, 란 강과 림부르크 근처에도 오래된 거주지들이 있었는데, 이 지역에서는 10세기 이후로 점차 새로운 개간지가 개척되었다. 처음에는 저지대에서 시작하여 춥고 습한 자우얼란트 지역을 거쳐서 고지대의 삼림지대와 베스터발트까지 개간되었다.

라인 강은 10세기에서 13세기까지 독일인의 생활에서 동맥의 기능을 했다. 라인 강변에서 경작지 개간 운동을 300년 넘게 지속시킨 특별한 힘은 바로 라인 강이다. 수송로와 오래된 도로들이 강과 하천을 따라 건설되었기 때문에 강과 하천의 전체 구조망이 프라이부르크에서 베젤까지 중요한 역할을 담당했다. 이런 망을 통해서 독일 서남부의 슈바르츠발트 지역과 아이펠, 북부 스위스까지 연결되었다. 베른과 프라이부르크를 건설한 체링그 가문 같은 세속 제후들과 팽창하고 있던 수도원의 지배권이 연결망을 구축하거나 조직하기도 했다. 히르사우의 개혁파 수도원, 슈바르츠발트의 장크트 블라지엔 수도원, 아이펠 제국 수도원 프륌, 독일에서 가장 큰 재산 규모를 자랑하며 지금도 세간의 존경을 받고 있는 풀다 같은 수도원들을 예로 들 수 있을 것이다.

도나우 강을 따라 형성된 독일에서 두 번째로 큰 하천 구조망은 라인 강과 그 지류들만큼 중요한 비중을 차지하지 못했다. 이 지역과 관련된 과거의 연구는 슈바벤의 '원시 촌락들'에서 출발했다. 알레마니아족이 형성된 7세기부터 오래된 고립 주거지였던 알고이에서 크라히가우에 이르는 비옥한 황토 평야지대를 중심으로 소규모의 농촌 거주지가 성장했다. 지역명과 경작 양식, 출토품을 통해서는 개별 농가만이 산재하고 있었다는 사실이 입증되었다. 잉글랜드 남부, 뮌스터란트와 북방의 인접 지역, 바이에른의 평야지대도 그러했다. 분할 상속제[부모의 재산을 자식들이 나누어 상속하는 제도로 장자 상속제의

원시림을 개간하는 장면. 얽히고 설킨 야생 식물들을 그대로 묘사하려고 한 화가의 노력이 엿보인다. 아래는 추수한 곡물을 도리깨로 타작하고 둥근 키를 이용해서 불순물과 낟알을 골라내는 장면으로 곡물이 자루로 옮겨지고 있다.

대립적 개념)가 일반적이었던 초창기에 작은 마을을 뜻하는 바일러(로마 시대의 대농장에 해당하는 '빌라')는 종종 지역명으로 바뀌었다. '바덴바일러' 혹은 '바일 데어 슈타트'는 그렇게 해서 생겨난 이름이다. 10세기 이후로는 도나우 강 연안에서도 개간지가 점진적으로 확장되었다. 다른 곳과 마찬가지로 이주자들은 무리를 지어 다녔고 베른의 고지대와 바이에른의 삼림지대에 이르는 지역에 마을을 건설했다. 도나우 강 북부에서 헤센의 고지대에 걸쳐 있는 지역의 고지대와 구릉지에는 이주가 늦어졌다. 11세기와 14세기 사이에는 숲이 점차 사라졌다. 이는 '슈벤디(Schwendi)'나 '파펜슈벤트(Pfaffengschwendt)' 등의 지역명에서도 알 수 있다(슈벤데(Schwende)가 화전으로 일군 개간지를 뜻하기 때문이다). 결국 더 이상 숲 속에 사는 사람들이 존재하지 않게 되었다.

사람의 발길이 미치기 힘들었던 독일 북부, 즉 서부 프리슬란트부터 유틀란트까지의 지역에는 개간되어야 할 숲이 아니라 제방으로 둘러야 하는 해안 습지와 불모지로 버려진 땅들이 산재해 있었다. 습지는 최근 몇 세기 동안에 경작되었다. 이 지역에도 11~12세기의 경작지 개간 활동 이전에는 촌락이 거의 없었다. 그나마 농부들의 주거지가 편차가 매우 심한 토양의 질에 따라서 느슨하게 모여 있었다. 연구에 의하면 드루벨른에서 특히 그러했다. 더 크고 정돈된 형태의 촌락공동체는 토지 개간을 통해 경작 개발이 이루어진 후에야 형성되었다.

중부 유럽의 동쪽 역시 비슷한 양상을 보였다. 폴란드, 보헤미아, 당시 카르파티아 산맥 입구까지 팽창했던 헝가리와 오늘날의 유고슬라비아 지역에서는 경작지 개간 시대에 농부들의 중심 거주지가 형성되었고 또 확산되었다. 그러나 전체적으로 보면 쟁기질은 쉬웠지만 그리 비옥하지 않았던 토양에 세워진 고립된 촌락들이었다. 중부 유럽 동쪽에 위치한 농촌 지역의 거주 유형에 대해서는 역시 기록이 전해지지 않고 있다. 지명과 경작 형태 혹은 고고학적 발굴물을 통해서 알 수 있는 소량의 정보는 이 지역의 거주 유형이 이전의 서유럽과 커다란 차이가 없다는 것을 보여준다. 서유럽보다 조금 뒤늦게 농경지의 확장을 꾀하기는 했지만 말이다. 먼저 기존의 마을 거주지에서 가까운 곳부터 농경지 확장이 시작되었다. 여기에서도 개척 이주자에게 프랑스에서의 추적[예속된 장원을 이탈해서 개척지로 도망 온 농노에 대한 장원 영주의 추적을 의미]에 대한 보호나 다른 곳과 마찬가지로 조세 감면과 같은 특별한 보상이 이루어져야 했다. 또한 이 지역에도 새로운 규칙들 중에서 지명에 대한 특별한 기록이 있다. 폴란드와 보헤미아에서 '자유'를 뜻하는 '볼라(Whola)'나 '이호타(Ihota)'라는 지명이 등장한 것은 특정한 법 조직이 형성되기 전에 이미 이주자들과 맺은 특별한 약속이 있었음을 암시한다[이 약속은 경작지 개간 이후 이주자들에게 자유를 보장한다는 약속을 말한다].

12세기부터 토지 개간은 대규모로 인구가 유동하는 동기가 되었다. 자주 언급되는 시기인 1106년에 브레멘 주교는 플라망족을 베저 강 쪽으로 이주시켰다. 그 후로 경작지를 찾는 무수한 사람들이 제국의 오래된 동부 국경을 넘어 튀링겐, 마이센, 브란덴부르크에서 개간지를 획득했다. 이는 개인적 차원의 시도가 아니라 교회 영주와 세속 영주의 모집으로 가능한 것이었다. 이동 규모에 대해서 억측이 제기되기도 했는데 최근에는 이주자의 수를 대략 20만 명 정도로 추정하고 있다. 물론 생활 조건은 열악했고 개간 작업 또한 고되었다. 그러나 고향에서 한정된 공간과 토지 부족이라는 문제로 결혼에 제약이 있었던 사람들에게 이주는 대단히 큰 희망을 선사했다. 그 결과 100년 안에 이주자의 수가 배로 증가했다. 이와 같은 시대적 상황을 이주자들은 기억하고 있겠지만 애석하게도 기록은 전혀 남아 있지 않다. 새로운 삶에 대한 희망으로 사람들은 놀라운 개척 정신을 발휘했다. 이러한 추세에 힘입어 2, 3세대 후에는 슐레지엔, 폴란드, 보헤미아로의 이주 운동이 재개되었고, 11세기부터는 헝가리 왕의 권유로 슬로바키아와 트란실바니아까지 이주가 가능해졌다.

'문화의 전달자'라는 용어를 사용하면서 이주자의 수를 수백만 명까지 추정하던 과거 독일의 역사 교과서들처럼 인구 이동의 파장을 과장해서는 안 될 것이다. 그렇다고 해서 민족주의적인 과장에 대한 불신으로 지난 40년 동안 그랬던 것처럼 이동에 대해 침묵해서도 안 될 것이다. 이 문제와 관련해서 폴란드, 체코, 헝가리, 독일의 연구자들은 지난 수십 년 동안 상호 학술적 소통의 어려움에도 불구하고 몇 가지 일치된 결론을 내린 바 있다. 중부 유럽 동쪽에서 이주 운동이 1350년 페스트가 엄습했던 때와 그 후의 시기까지 영향을 미치기는 했지만, 대단한 가시적인 발전을 초래하지는 않았다는 사실이다. 이주 운동은 전혀 다른 영향을 미쳤다. 이주자들은 '문화의 전달자'가 아니라 농부와 수공업자였고, 종종 차남이나 삼남이었으며, 대부분 젊은 부부로 상당수가 빈곤했다. 그러나 그들은 축적된 경험을 가지고 있었다. 또한 직물공이나 개간 전문가 같은 중간층의 사업가 계층 또는 성숙 단계에 있던 초기 농업 자본주의 아래에서 자본을 제공하고 이자 수익으로 투기했던 사람들에게 환영받았다. 상호 보완적인 발전 가능성을 정확히 평가했던 세속, 성직 장원 영주들, 백작, 왕들이 이주민의 특권을 보장했고, 실제로 그들을 보호했다. 이주는 자발적으로 이루어졌다. 상황에 얽매인 선택이기는 했지만 이주민들은 진취적이었고 확실히 능력이 있었다. 따라서 대부분의 개간 사업은 성공을 거두었다.

그럼에도 불구하고 최근 학계의 동향에 따르면, 플라망족과 왈론족〔프랑스 방언을 사용하며 벨기에 동남부에 사는 라틴화된 켈트족〕까지 참여한 독일의 대규모 동방 이주는 범유럽적 시각에서 비교되어야 한다. 그리고 중세 독일 제국의 규모와도 비교해야 하고 또 새로이 해석되어야 한다. 스페인 북부, 웨일스, 아일랜드, 프랑스 남부, 핀란드, 달마티아에서와 마찬가지로 이주자 집단은 먼 거리를 이동했다. 북부 이탈리아, 남부 프랑스, 잉글랜드, 스웨덴과 비교했을 때 미래의 민족 개념의 형성이라는 측면에서 결과는 상이했다. 대다수의 이주자들이 새로운 거류민과 융합했다. 동유럽의 독일인들이 600~700년 동안 자신들의 언어를 보존했던 것은 아마도 그 수와 관계가 있을 것이다. 어쨌든 그들이 새로운 고향에서 누렸던 법적인 보호는 그들이 세운 집중화된 도시망과도 연관이 있을 것이다. 그들은 특히 중부 독일, 엘베 강과 오데르 강 사이, 슐레지엔 지역에서 그들 나름대로 기존의 슬라브인을 흡수했다.

유럽 경작기 개간의 역사는 앞서 밝혔던 것처럼 촌락의 역사와도 관련되어 있다. 그렇다고 해서 이전 시대나 개간 활동이 확산된 지역의 외부에 '촌락들'이 없었던 것은 아니다. 그러나 개간지 경작으로 인해서 촌락은 분명히 특수한 공동체적 성격을 띠게 되었다. 이는 촌락이 영주의 지시나 지도로 생겨난 것이 아니라 동등한 위치에 있는 사람들이 집단으로 이루어내는 개간 사업에서 비롯했기 때문이다. 새로운 발전은 중요한 사회적 변화를 불러왔다. 새로운 촌락들이 그러한 변화를 잘 반영하고 있다. 경제를 꾸리는 사람들, 즉

11세기 라틴어 사료의 증인 명단에 올라 있던 수공업자나 농부들은 개간이라는 특별한 목적을 달성하기 위해서 조직화되었다. 그들은 법적으로 독립적인 협약 체결 대상자였다.

이러한 발전이 단기간에 이루어진 것은 아니다. 협약을 맺은 '노동하는 자들'의 몇몇 부류는 8~9세기에 이미 그 존재를 찾아볼 수 있다. 협약을 토대로 왕과 '함께 일하고' 왕의 보호를 받으면서 조세를 지불하는 상인 집단을 예로 들 수 있을 것이다. 그러나 '계약 관계'는 점차 일반화되었다. 새로운 법률관계의 여파는 지속적으로 파급되었고 지금도 피부로 느껴지고 있다. 예를 들면 잉글랜드의 경작지 개간 사업에서 토지 소유자와 계약을 맺은 자는 이후 자유인으로 간주되었다. 이렇게 해서 새로운 발전이 가능해졌다. 대체로 계약은 쌍방 간에 구두로만 협약되었던 탓에 별도로 문서화 작업이 이루어지지는 않았다. 그러나 프랑스와 플랑드르에서 계약 조건의 문서화가 상대적으로 일찍 진행되었고, 이후 다른 지역에서도 유사한 변화가 있었다. 12세기 중엽 프랑스에서는 개간 지원자와의 협약을 위한 규정이 정해졌다. 1155년의 로리 장 가티네의 '문서'와 1182년의 보몽의 법은 특수한 경작제도의 구조에서 모든 개간지 이주자에게 자유, 즉 농토를 상속하고 경우에 따라서는 강제 이주나 강압적 결혼을 거부할 수 있는 권리를 부여했다. 또 부역 의무 대신에 일정한 조세가 부과되었다. 유사한 방식으로 전 유럽에 새로운 자유 개념이 전파되었다. 인구의 4분의 3 이상이 농경을 통해서 식량을 생산하는 사회에서 수십만 명이 이러한 자유를 향유할 수 있었고, 자유가 확산됨에 따라 기존의 거주 지역으로도 자유의 개념이 전파되었다. 요약하면 새로운 자유들은 농촌과 점차 성장하는 도시망에서 새로운 유럽적 '중산층'의 토대가 되었다. 이 자유들이 몇 세대 안에 유럽 사회를 변화시켰는데, 세계 역사상 다른 사회에서는 찾아볼 수 없는 현상이었다. 스스로 책임을 지고 제한적이기는 하지만 조금씩 커져가는 정치적 권리를 누리면서 자유롭게 노동하는 인간은 수백 년 동안 귀족과 교회가 이루어놓은 정치적인 틀 속에서 살아왔다. 그는 황제와 왕들의 신민이었고 그들의 도움으로 신적 질서에 귀속된다고 생각했다. 그러나 그는 자신의 영역에서 독립적인 '자유'를 누렸다. 이는 오늘날 우리에게 보장된 정치적 독립성 같은 것이 아니다. 자율적인 재산 처분권과 더불어 '주인' 밑에서 동등한 위치에 있는 사람들과 공동체를 형성하고 자신의 노동 방식, 경제적 삶, 이에 필요한 정치적 활동의 자유를 독자적이지는 않더라도 함께 결정할 수 있는 권리를 의미하는 것이었다. 그 배경에는 새로운 사회의식의 성장이 있었다.

이런 의식은 다른 영역으로도 성장해갔다. 전체 개간 사업은 유럽적인 현상으로 일부의 인구에게만 직접적으로 영향을 끼쳤다. 하지만 새로운 생활 습성과 인간의 성장 가능성이라는 새로운 개념을 확산시켰다. 과거에서 전래된 관습의 범주에서 행해졌던 것들이 만민에 의해서 계획적으로 변화되기 시작했다. 왕의 궁정에서만이 아니라 가난하고 무지하며 세속사와 무관했던 농부들도 여기에 참여했다. 3,000년 전 고대 이탈리아인들이 아펜니노 산맥 쪽으로 왔을 때나 유럽의 토지 획득 시기, 그러니까 1,500년 전 롬바르드족이 이탈리아에, 고트족이 스페인에, 슬라브족이 중부 유럽의 동쪽에 정착했을 때와 비교할 만한 민족 이동[중세의 개간지 경작을 위한 인구 이동]에 관해서는 알려진 바가 없다. 과거의 대이동은 종종 소규모 집단의 점진적 이동이었고, 감성적인 면에서도 다음 세대에 영향을 미쳤을 것이다. 이런 이동들 모두가 특정 '지도자들'의 인도를 받아 진행되었으리라고 추측된다. 집단의 운명, 구원, 죽음, 성스러움 등을 결정했던 고대의 지도자들은 민족 이동을 통해서 추종자들에게 삶의 방향을 제시하고자 했다. 그러나 이제는 정치적인 지배 계층, 즉 수도원과 유력자, 왕들이 나서서 개척 운동을 추진하는 상황이 되었기 때문에 보다 광범위하게 계획적인 사고가 이루어졌다. 지배 계층들은 고된 노동을 통해 전체 사회를 지탱하던 힘겹게 '일하는 사람들' 중에서 계약 상대자를 찾음으로써 이들과 책임을 나누었다. 뿐만 아니라 새로운 시각에서 세계와 인간의 발전 가능성을 발견하고자 했다.

발전은 당시 사람들의 평균수명인 30～40년보다 더 오래 지속되었다. 그러나 당대인들은 역사의 변천 과정을 통찰할 만한 능력이 결여되어 있었기 때문에 이 발전들을 글로 남기려고 하지 않았다. 민족어로 여성과 모험에 관한 노래들을 불렀으며 대체로 학식을 갖추지는 않았지만 시대적 상황을 솔직하게 노래했던 수백 명의 기사 시인 중 한 사람인 포겔바이데의 발터는 유일하게 당시의 변화에 대해서 매서운 시각을 가지고 있었다. 그의 개성을 잘 보여주는 시 한 편은 인생을 회고하는 애가로 다음과 같다. "맙소사, 나의 세월은 어디로 사라졌는가 (…)." 이를 통해 그는 자신의 운명과 당시의 사회, 심지어 환경에까지 불어닥친 변화에 대해서 한탄하고 있다. "(…) 사라진 것은 숲이고 확장된 것은 농경지라네!" 이는 1215년경 독일 남부의 상황이었다. 아직 젊은 나이였던 그에게는 어울리지 않았지만, 정작 그는 "물도 마치 잠시 머물다가 가는 것처럼 흐른다"고 적고 있다. 그러나 개간 지역에서 사람들은 수로망을 불변한다고 보았을 것이다. 당시 독일의 숲은 오늘날의 수준으로 줄어들었다. 포겔바이데 출신으로 여기저기를 떠돌았던 편력 기사의 짧은 일생에 비할 수는

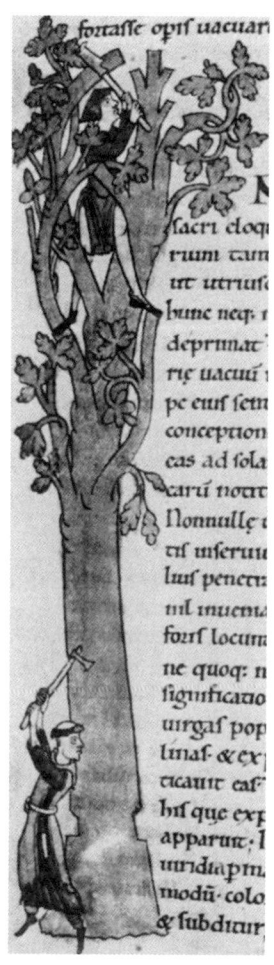

12세기 시토 수도원의 필사본 중 벌목하는 시토회의 수도사. 수도사가 도끼질을 하고 있으며, 서품을 받지 못했기 때문에 머리의 가운데 부분을 삭발하지 않은 남자가 나무 꼭대기에 올라가 있다. 어려운 경작 임무를 수행하기 위해 필요한 기술적인 측면이 엿보인다.

없겠지만 그렇다 하더라도 상당히 짧은 시간에 숲의 반 이상이 벌목되었을 것이다. 자신과 같은 신분의 사람들 역시 달라졌다고 시인은 보고 있다. 이전의 궁정 생활은 그저 유희였다. 시간을 보내기 위해 고안된 모든 종류의 궁정 놀음은 시간 낭비 그 자체가 목적이었다. 그러나 이제 새로

동일 인물이 그린 벌목 장면. 징과 망치로 나무뿌리를 자르고 있다.

운 시대적 분위기가 동일한 신분 계층의 사람들에게 스며들면서 '근심이 먼저 앞서게 되었다'. '근심'이 무엇인지는 구체적으로 묘사되지 않았지만 개간된 숲이나 경작지 확장과 긴밀한 관계에 있었다(급격한 생태 환경의 변화는 보수적 성향의 기사 계층에게는 위협이자 도전으로 받아들여졌다). 발터와 같은 신분의 사람들과 더 상위 신분의 사람들은 경제적 환경의 변화로 인해서 더욱 분주해졌다(발터는 상위 신분 사람들의 궁정에서 '환대'를 받았다). 이주자들이 정착하고 관리인들이 임명되어 조세가 주화로 거둬지면서 1년 이상의 가계 예산을 산출할 수 있을 정도로 그들의 재정 운영은 계획적으로 변해갔다. 이로써 새로운 삶의 방식이 시작되었다.

이 모든 것에도 불구하고 귀족들은 경제 활성화에 직접 참여하기를 꺼렸다. 자신들의 영토를 개간하게는 했지만 지대 수입에만 관심이 있었다. 귀족들의 장원 경영은 오히려 위축되었다. 영주들은 독자적인 장원 경영을 통해 직접적으로 대규모 개간 사업에 참여하는 것을 꺼렸다. 대신에 예속민들이 영주와 임대 관계를 맺었고 그로 인해 새로운 경작의 자유를 얻었다. 결과적으로 영주에게 있어서, 경영하는 것이 중심이 아니라 지배하는 것이 주(主)가 되었다. 그러나 지배자가 노동하는 사람을 동반자로 인식하게 되었다는 점은 경제적인 측면에서 확실히 특별한 활력소가 되었다.

반면에 장원 영주이기도 했던 성직자들은 경작지 개간에도 적극적이었다. 이전에도 수도사들은 노동을 평생의 임무로 여겼다. 새로운 연구 결과에

의하면 정착지 이주라는 각본을

계획하거나 구상한 것은 수도원으로 보인다. 베네딕트 수도회 특유의 회칙, 즉 기도하고 일하라는 규율을 받아들였던 수도원들은 처음부터 노동하는 사람들을 동반자로 생각했다. 어쨌든 주거지 이주 사업은 수도사들에 의해서 전 유럽으로 확산되었다. 자유 이주자를 보호하기 위해 구역의 경계를 표시한 집단 공동체를 프랑스에서 처음으로 형성했던 옛 베네딕트회 수도원뿐만 아니라 11세기 말경 프랑스에서 전파된 금욕적인 수공업을 강조하는 새로운 수도회들도 이주 사업을 추진하였다. 특히 시토 수도회는 그리스도교 내부에 신선한 자극을 주었다. 시토 수도회는 클뤼니에서 멀지 않은 부르고뉴의 시토에서 1086년에 설립되었고 한 세대가 지난 후에 전 유럽적인 운동으로 발전했다. 시토 수도회의

쾰른 근교의 시토 수도원 알텐베르크는 위에 그려진 레크노(루크나)와 론드(린다) 같은 여러 수도원을 폴란드에 설립했다. 16세기까지 이 수도원들 대부분이 독일 수도사로 충원되었다. 1517년에 제작된 이 그림들은 현재 뒤셀도르프의 시립 도서관에 보관되어 있다.

수도사들은 100년 동안 '개간 수도회'로서 활동했는데, 야생의 숲으로 들어가서 항상 개울가 옆에 정착했다. 여기에서 이들은 수도회의 규율에 위배되기는 했지만 소작인을 고용하여 토지세를 받아 살아갔다. 1216년의 수도회 총회는 이러한 조치를 인정했다. 옛 수도회의 모범적인 장원 경영은 카를 대제 시대에 세속 지배권과 밀접한 관계를 맺은 후부터 농촌 경제에 많은 도움을 주었다. 특히 11~12세기에 걸쳐서 잉글랜드부터 폴란드까지 확산된 경작지 개간 사업은 수도원의 도움이 없었다면 생각하기 어려웠을 것이다. 이로써 세속과 격리되어 침묵의 계율을 지키며 살았던 수도사들이 세계를 변화시키는 데 큰 역할을 담당하게 되었다.

일용할 양식

생산과 소비는 언제나 상호 작용 관계에 있다. 중세의 농업도 예외는 아닐 것이다. 그러나 오늘날처럼 상호 작용이 두드러지지는 않았다. 왜냐하면 농부들이 필요한 모든 것을 밭에서 수확했기 때문이다. 그러므로 풍작이나 흉작이 인간의 운명을 결정했다. 심한 경우 기근이 든 해에, 더 정확히 말하면 새로운 수확이 시작되기 전에 먹을 양식이 모자라 굶주려야 했던 몇 주 동안 사람들은 나무뿌리와 풀로 연명해야 했다. 따라서 세속과 격리되어 나무뿌리와 약초만으로 목숨을 부지했던 신앙심 깊은 은둔자들의 이야기를 단순히 지어낸 것으로만 볼 수는 없을 것이다.

먹을 것이 충분히 있었다면 곡물이 가장 중요했을 것이다. 그리스도는 이미 제자들에게 일용할 양식을 위해서 기도하도록 가르쳤다. 일용할 양식은 사실 모든 생활필수품 그 자체를 의미했다. '혀의 연대기'가 이를 잘 반영하고 있다. 중세 문화어의 토대가 된 생동감 넘치는 프랑크족의 고대 말기 라틴어

추수하고 있는 시토 수도사. 수도사를 둘러싼 철자 Q는 우연히 그려진 것이 아니리라. 이 그림은 힘들게 노동하는 수도사의 모습을 잘 보여주고 있다. 그의 오른손에는 톱니가 달린 낫이 들려 있는데, 그림이 그려진 12세기 초에는 이러한 연장들이 유일한 수확용 도구였다. 수확에 사용되는 큰 낫은 생산기술이 발전한 14세기에 들어서 보급되었다.

에서 현대의 식습관에서 주식이 된 육류, 야채, 과일은 단순히 '빵과 같이 먹는 것'이었다. 이와 같은 표현은 지금도 쓰이고 있는데 '저녁 식사용 빵'이라고 말하거나 '점심 식사용 빵'이라는 표현을 쓸 때에는 빵이 주식임을 의미한다. 바이에른에서는 노동 중간의 휴식을 빵 먹는 시간이라고 표현한다. 과거의 언어 습관대로 아직도 우리는 급여와 빵의 연관성상에 있다. 최소한 우리는 어디에서나 빵을 벌어야 한다는(밥벌이는 해야 한다는) 평범한 진리를 잘 알고 있다. 그래서 아직도 고용주는 빵을 주는 사람이라는 의미에서 완전히 벗어나지 못하고 있다. 영어에서 '빵을 주는 사람'이라는 단어는 이미 1,000년 전에 귀족의 작위가 되었다. 영주(Lord)라는 단어는 빵을 보관하고 관리하는 직책을 맡은 흘라보르드(Hlavord)라는 단어에서 유래했고, 후대 직인(수공업자)들의 생활에서 유래한 단어인 '동료(Compagnon)'는 함께(com) 빵(pan)을 나누어 먹는 자를 말한다.

그렇다면 중세의 빵은 어떻게 생겼을까? 고대에 최고급 빵은 흰색 밀가루로 만들어졌다. 질이 떨어지며 스펠트나 딩켈 같이 수확이 잘되지 않는 밀은 노예의 음식으로 사용되거나 호밀이나 귀리처럼 동물 사료로 쓰였다(딩켈은 남부 독일의 아름다운 소규모 도시의 이름이 되었다). 밀의 성장에는 기후와 토양의 질이 결정적인데, 두 가지 모두 처음부터 알프스 북부의 농업에서는 장애 요인이었다. 이는 게르만인들의 세계가 왜 상대적으로 매우 낙후되었는지, 그리고 이러한 후진적 상황을 극복하고 성장하는 데 얼마나 큰 힘이 들었는지를 이해하기 위한 단서가 될 수 있다. 그러나 한번 비약을 하자. 그 세계는 많은 장애 요소에 더욱 강력하게 도전했다. 오늘날 중부 유럽에서 밀의 생산 한계는 독일 북동부이고, 알프스 북부 접경 지역에서는 대략 고도 800미터이다. 하지만 기후가 오늘날보다 온화했던 중세 시기에는 폴란드와 스칸디나비아 반도에서도 독일 북부의 검은 빵이 생산되었을 것이다.

지방질이 많은 식생활에서 기후는 더욱 중요하다. 지중해 연안은 수천 년

곡물을 수확하는 장면. 14세기 초 임에도 불구하고 여전히 낫을 사용하고 있으며 관리자의 감독 아래에 부역이 이루어지고 있다.

전부터 방아로 짠 올리브유를 항아리에 담아 사용했고, 북부에서는 다양한 동물의 지방을 사용했다. 올리브의 경작 한계는 문화의 경계를 연상시킨다. 프랑스에서는 올리브의 경작 한계가 반드시 한계선은 아니었지만 남부 랑그도크 지역과 북부 랑그도일 지역 사람들의 언어, 법 문화, 생활양식의 수많은 차이점을 두드러지게 보여주고 있다. 이탈리아 북부에서 이 경계는 거의 고대 로마 세계의 팽창 지역과 일치했다. 북부의 동물성 지방은 돼지에서 얻었는데 소금에 절이거나 훈제하여 보존했다. 또한 유제품에서 지방을 얻기도 했다. 보관이 어려웠던 버터는 큰 비중을 차지하지 못했다. 즉 식량을 생산하는 것뿐만 아니라 보존하는 것도 문제였다. 따라서 다양한 종류의 치즈 제품이 우유의 단백질과 지방을 보존하는 좋은 방안이 되었다. 흥미롭게도 치즈에서도 지역상 차이가 나타난다. 유럽에는 응유(凝乳: 우유를 응고시킨 것으로 이를 성형하여 치즈로 만듦)를 가열해서 에멘탈 치즈나 에담 치즈와 같은 고체형 고급 치즈를 만드는 지역들이 있는 반면에 최종적인 생산 제품이 응유 치즈의 형태를 띤 지역도 있었다. 그래서 이러한 지역, 즉 알프스 지역, 프랑스, 이탈리아, 스페인 등에서는 고급 치즈 제품을 수입했다.

인간은 탄수화물, 지방, 단백질로 살아간다. 특히 우유는 단백질의 주된 공급원이다. 우유는 어느 지역에서든 중요한 역할을 했기 때문에 만일 젖소가 없었다면 문화가 발전할 수 있었을까라는 문제는 다시 한번 깊게 생각해야 할 것이다. 육류 역시 중요한 역할을 했는데 남부보다는 북부에서 더욱 그러했다. 이러한 차이는 일반적으로 오늘날에는 사회적 차이로 이해되고 있으나, 과거에는 섭취하는 음식의 종류가 시간에 따라서 차이가 있었다. 중세 전성기에는 농경의 집중화로 곡물 섭취가 늘어나면서 기초 음식의 종류가 다양해졌다. 육류 소비는 중세 말기부터 증가했는데, 사회적 신분에 따라 소비의 차이가 명확해졌다.

현대의 식단에서 빼놓을 수 없는 채소는 중세에는 빵의 대용품이었다. 감자는 값싼 식량이었다. 중세 말기 동양에서 수입된 쌀이 더 높은 비중을 차지하기 전에 가난한 사람들은 완두, 콩, 채소를 주식으로 살았다. 그러나 이 음식들은 지방질 함유량이 적었다.

농부들이 수확한 식량은 식탁에 오르기 전에 수공업자가 다시 가공해야만 했다. 본래 이런 종류의 수공업은 여성들에게 음식 준비를 맡겼던 예전의 노동 분업에서 유래한 것이다. 제분업자는 물레방아로 연자질의 부담에서 여성들을 해방시켰다. 물레방아는 처음에는 사치품이었지만 기원전 3~4세기부터는 널리 보급되었다. 간단하기는 하지만 효율성이 떨어졌던 풍차는 12세기 직후에 보급되었다. 1080년경에 잉글랜드에는 이미 수천 개의 물레방아가 있었고, 지주들은 종종 방앗간 건설에 관심을 보였다 농부들은 제분 시에 사용료를 지불해야 했다. 그래서 제분업자는 농촌에서 공적인 직무를 담당했다.

반대로 제분업자의 도움을 받는 빵 제조업자는 오랫동안 도시의 수공업자였다. 농가는 제빵업자를 필요로 하지 않았다. 곧 육류 가공업이 전문화되었다. 남부 유럽의 많은 지역에서는 지금도 육류 가공과 소시지 가공이 구분되어 있다. 오스트리아는 아직도 '푸줏간 주인'과 '훈제품 제조업자'와 같이 명칭을 구분한다. 우리는 종종 북부 독일의 푸줏간 주인(Metzger)이라는 단어가 육류를 의미하는 고어에 가깝다는 사실을 잊고 있는 것 같다. 참고로 메트 부르스트(Mettwurst: 지방이 없는 돼지고기 소시지]나 '도살(Gemetzel)'이라는 단어는 여기에서 예외가 될 것이다. 부족의 육류 분배는 본래 종교적인 행위로 사냥 획득물에 대한 태고의 기억에서 유래한다는 사실을 우리는 이미 오래전에 잊어버렸다. 곡물을 섭취하는 문화를 영유하는 우리는 지금도 [예수의 살을 상징하는 빵과 피를 상징하는 포도주를 나누어 먹는 의식인] 성찬식을 통해서 감사의 마음을 표시하며, 심지어 미사 중에 빵을 신격화할 정도이다.

식량 획득을 신의 은총으로 생각하고 감사하는 종교적 의식이 개인적 차원의 명상을 통해서는 성취될 수 없다는 생각이 종교적 관습 속에 남아 있다. 식량 섭취와 인간의 삶이 맺고 있는 관계는 현실에서도 드러나는데, 좋은 영양 상태는 사회적 기득권 가운데 하나였다. "국은 배를 만들고, 배는 명성을 만들고, 명성은 소비를 낳는다." 바이에른에서는 '뚱뚱한 사람'으로 불렸으며, 이탈리아어에서는 포폴로 그라소(Popolo Grasso)로 불렸던 사람, 즉 비만한 사람은 도시의 상류 계층을 의미했다. 반면에 일반 민중은 포폴로 마그로(Popolo Magro), 다시 말해 마른 사람으로 불렸다.

농민과 평야

그동안 '평야'는 학문적 연구에서 그다지 큰 관심을 끌지 못했다. 어쨌든 '평평한'이라고 말할 때는 방어하기가 어렵다는 것을 의미한다. 왜냐하면 성벽과 망루가 없어서 '평평하기' 때문이다. 저지 독일에서 도시와 촌락을 이렇게 구분하는 것은 오랜 역사적 의미를 지니고 있다. 다른 곳과 마찬가지로 독일 북부에서도 촌락은 세력 확장과 관련이 있었지만 성벽으로 둘러싸여 있지는 않았다. 따라서 촌락은 방어력을 구비하지 못한 사회조직의 성격을 띠고 있었다. 그러나 촌락공동체는 대규모의 농경지 개간 운동을 통해서 뒤늦게나마 중요한 자유와 권리를 조금씩 누리게 되었다. 이는 중부 유럽의 동쪽 촌락에서도 마찬가지였다. 그러나 자유와 권리의 획득이 공동체에만 국한된 것은 아니었다. 공동체의 구성원들도 자유와 권리를 행사할 수 있었다. 이러한 자유들은 제한적이기는 했지만 경제적, 정치적 독립성, 촌락의 우두머리와 함께 법정을 개정하는 독자적인 공동체 위원회의 구성, 그리고 촌락 소유의 물레방아, 숲, 물, 목초지의 공동 사용 등을 가능하게 했다. 수세대 동안 이어진 유럽의 경제성장은 지역별로 차이는 있지만 지속적으로 일손을 필요로 했고, 새로운 소비자들의 소비 욕구를 충족시켰다. 이로써 제한적이나마 '신성한 중세 세계'로 불리는 것이 형성되었는데, 이를 경제적으로 해석하면 "수공업의 황금시대였다"(빌헬름 아벨).

그러나 14세기 초에 잉여 농산물이 거의 고갈되었던 것으로 보인다. 그나마 동유럽에만 약간의 여유가 있었다. 인구과잉이 압박을 가했고 기근이 확대되면서 전염병이 번졌다. 1347년부터 100년 동안 반복적으로 페스트가 유럽을 휩쓸었다. 인구의 반 정도가, 많은 지역에서는 인구의 3분의 2 정도가 페스트로 목숨을 잃었다. 경제성장은 좌초되었고 사회적 활력도 오랫동안 되살아나지 못했다. 권력자들은 차츰 농민을 새로운 예속 관계로 끌어들였고 농부들은 이에 저항했다. 1358년 프랑스에서 대규모의 반란이 일어나자 중세 유럽에서 그때까지 전례가 없던 반란들이 잉글랜드, 보헤미아, 독일, 헝가리에서 이후 200년 동안 반복되었다. 마침내 농민들이 반란을 일으킨 것이다.

농민의 삶을 올바로 이해하기 위해서는 좀 더 자세한 고찰이 필요할 것이다. 전반적으로 농민들은 유럽 사회에서 자신들의 위상을 높이지 못했다. 그 결과 중세 말기의 대위기가 지나가자 절대주의 정책을 확산시키고 있던 제후와 왕들은 국가 체제 속으로 농민을 밀어넣었다. 귀족들이 '새로운' 농노제를 통해서 농민을 압박했던 것이다. 그러나 [계몽사상을 현실 정치에 실현하려고 했던 국가 이념인] '계몽적 국가주의'가 농민을 돌보기 시작했고, 농민의 복지를 위해서는 이들의 경제적 자립이 필요하다는 사실을 인식하게 되었다. 1762년 이래 사부아의 공작, 1781년 황제 요제프 2세, 1789년 프랑스혁명,

1807년 이래 슈타인과 독일의 다른 개혁가들, 그리고 마지막으로 1848년 유럽 혁명이 점진적으로 '농민해방'을 이루었다. 그러나 진정한 의미의 농민해방이 과연 오늘날까지 실현된 적이 있었던가?

'농업혁명'의 발발과 더불어 공간적 이동성과 사회적 지위의 유동성은 경작지 개간과 이주 운동 이외에 농민들에게 사회적 신분 상승의 중요한 토대를 마련해주었다. 농민을 토지에 결박시키는 새로운 농노제가 농민들을 구속했지만 '농민해방'은 이들의 지위를 다시 높였다. 그러나 생산수단이 토지였던 까닭에 농민들은 산업 노동자와 같은 유동성을 가지지는 못했다. 참고로 오늘날 동유럽에서 시행되고 있는 대규모 집단화와 집단 농장들은 농민의 재산을 압수했고 이들을 토지에 묶어두었다[사회주의 체제하의 동유럽 국가에서 농민들은 집단 농장에 강제적으로 거주하면서 공동 노동에 의한 생산을 해야만 했다]. 그러나 개방된 현대사회에서 정말로 농부는 우리와 같은 권리를 가지는 동반자일까? 농민의 신분으로 태어나 그 신분에 결박된 농부는 아직도 중세 세계의 정체성을 견뎌야 하는 것은 아닐까? 존재감과 고향의 상실, 인생의 좌절 등과 같은 불안한 운명에도 불구하고 농부는 전근대사회의 '순수한 세계'를 구체적으로 연상시켜주는 최후의 한 사람이 아닐까? 어쨌든 경제체제의 유형을 막론하고 농부들은 모두 토지에 묶여 있었다. 아마도 이러한 이유로 경작지 개간이 활발했던 중세의 대개방 시대와 비교해볼 때, 현대의 농업 정책은 농부들에게 덜 유리해 보인다.

새로운 '중산층'

중세의 중산층은 의심할 여지 없이 현대의 중산층과는 분명한 차이가 있다. 그러나 공통점도 없지는 않다. 현대의 중산층은 경제 수준이나 가구당

중세 시기에는 범죄와 그 형벌에 관해 법률을 적용할 때나 재산권 문제와 같은 증명하기 어려운 사건의 경우, 일정한 수의 '선서 보조자들[재판에서 피의자의 무죄를 입증했던 증인들]'의 선서 행위를 통해서 도움을 받았다. 레프고의 아이케의 『작센 법전』에 따르면 봉토 소유와 사유지 소유 문제는 그림에서처럼 같은 신분에 속하는 여섯 명이 각각 성물 앞에서 선서함으로써 증명될 수 있었다.

보유 주택, 자동차의 수준에 따라서 규정된다. 반면에 중세의 중산층은 출생 신분이자 법적 신분이었다. 이들은 임의로 유산을 상속받거나 물려줄 수 있었으며 영주의 허락 없이 결혼할 수 있었다. 뿐만 아니라 13세기까지 재판 과정에서 결투와 같은 신명 재판[피고에게 육체적 고통이나 시련을 가한 후 그 결과에 따라 죄의 유무를 판단하는 중세의 재판 방법으로, 재판의 결과는 신만이 알 수 있다는 이유에서 신명 재판으로 불렸지만 이후 배심원 재판으로 대체되었음]이 아니라 같은 신분에 속한 일정 수의 사람들에 의해서 무죄를 입증할 자유를 가지고 있었다. 이들은 선서를 통해서 피고의 무죄를 보증했다. 또한 제한된 한도 내에서 사적인 이윤 추구를 목적으로 사업을 수행할 수도 있었다. 오늘날 우리가 지불하는 것처럼 약정된 조세를 영주나 교회 혹은 도시 공동체에 지불하기만 하면 사업 운영에는 아무런 문제도 없었다. 당시 조세는 중세 유럽 지역의 대부분에서 현대의 세율보다 낮으면 낮았지 결코 높지는 않았다.

전체적으로 중산층은 광범위한 경제적 자율권을 보유하고 있었다. 제한적이기는 했지만 정치적 자유도 있었다. 지붕을 맞대고 살았던 이들은 동등한 신분 계층의 사람들과 '공동체'를 형성했다. 여기에서 위원회, 대표자, 시장 등을 선출했는데 이러한 자율권은 영주에게 돈을 주고 사거나 싸워서 쟁취한 결과였다. 왜냐하면 중세 세계에서는 그 누구도 주인 없이 살지 않았기 때문이다. 도시 공동체에는 도시의 영주가, 촌락공동체에는 장원의 영주가 있었다. 도시 중산층은 도시 대표자의 선출, 독립적인 시장 개설, 공동체의 배심원으로 구성된 배심 재판소나 도시 자치행정의 중심인 시청 설립 등의 권한을 일단 도시 영주로부터 획득해야 했다. 이는 '특권'으로 영주로부터 보장을 받았고 수세기 동안 적극적으로 보호되었던 특별한 '자유'였다.

경작지 개간을 통해 설립된 촌락에서도 중산 계층이 등장했다. (슐레지엔과 프로이센의 경우처럼) 촌락이 도시로 성장한 곳에서도 중산 계층은 형성되었다. 방어력이 없던 촌락에 비해 도시들은 자치행정, 장터, 성벽이라는 세 개의 기본적인 권리를 이용해서 도시 중산층의 자유를 더 확실하게 보장했다. 경제성장과 인구 증가가 지속되고, 해안에 제방을 두르고 숲을 개간하고 황무지를 경작하는 한 중산층은 가장 잘 보호를 받았다. 사회적 수요가 계속

본래의 모습 그대로 보존되고 있는 고슬라의 시청사 건물과 시장터. 12~13세기를 지나면서 도시민들은 자치행정의 중심지 역할을 하는 독립적인 시청사 건축을 위해서 설계 허가를 받아야만 했다. 소박한 건축양식에도 불구하고 이 시기에 지어진 대부분의 독일 시청사들은 위용을 자랑하고 있다.

증가하면서 농부와 수공업자가 필요했고 이를 통해 장원 영주의 수입도 증가했다. 그 대가로 장원 영주들은 중산층의 자유를 제한적인 수준이기는 했지만 보장하고 또 보호했으며, 이는 농민 생활의 안정에 확고한 토대가 되었다. 이후 경작지 측량이 시작되면서 경작지 개간이 이루어졌던 모든 지역에서 (이런 표현이 적절하다면) 생활 능력이 있는 중산 농민층이 형성되기도 했다. 경작지 농민의 법적 자유는 12~13세기에 기존 거주지의 농민에게도 전파되었다. 처음에는 잉글랜드, 네덜란드, 프랑스, 독일로, 그리고 나중에는 보헤미아와 폴란드에도 퍼져나갔다. 모든 변동과 지역적인 차이에도 불구하고 농민들의 평균 경작지는 16~25헥타르 정도였다. 16~17세기에 중부 유럽 동쪽, 엘베 강 동부, 폴란드, 헝가리, 보헤미아 지역, 잉글랜드에서처럼 개간 시기에 유래된 농민의 권리를 제한하고 농지 보유를 폐기하여 농민을 '재배치함으로써' 사유 대토지제가 도입되었을 때조차도, 북유럽의 평균적인 경작지는 수천 헥타르에 달하는 남부 유럽의 대토지제와 비교했을 때 차이가 있었다.

도시는 중산층의 철옹성이었다. 도시에서 전 유럽의 문화를 일구어낸 힘이 형성되었다. 이러한 사실 역시 문자화되지 않은 '혀의 연대기'에 보존되어 있다. 문명(Zivilisation)이라는 단어 자체는 도시(Civiltà)에서 유래한 것이었다. 키비타스(Civitas)는 모든 시민(Cives)의 총체를 의미하며 고대 로마의 도시국가가 본보기였다. 어쩌면 고대 로마는 모방할 수 없는 본보기일지도 모른다. 왜냐하면 11세기에 도시들이 가졌던 자부심보다 고대 로마의 모든 것들이 훨씬 더 세련되었기 때문이다. 실제로 로마의 모든 도시에는 자체의 도시위원회를 선출할 권리가 부여되었다. 하지만 이러한 고대의 전통은 중세인들에게 자신감을 불어넣었다. 도시와 도시의 자치권은 현재의 문화가 형성되는 데 각별한 기여를 했다. 중세 말기에 제후와 왕들은 도시민의 예를 본떠 자신들의 영토에서 국민들을 교육하고 외부인을 '귀화시켰다'. 로만어계 지역의 시투아앵(Citoyen), 시티즌(Citi-zen), 치타디노(Cittadino), 중부 유럽과 독일 그리고 독일어의 차용어에서 시민을 뜻하는 뷔르거(Bürger)라는 용어는 새로운 법적 지위의 확산을 가리킨다. 헝가리의 폴가르(Polgár), 체코의 푸르크미스트르(Purkmistr), 저지 독일어를 모방한 폴란드어의 변형인 부르미스트슈(Burmistrz) 역시 마찬가지이다.

도시

중세 도시의 다양한 기원과 특성을 알기 위해서는 고도로 발달했던 모든 문화가 수천 년 전부터 유럽, 아시아, 아메리카를 비롯하여 세계 어느 곳에서든 도시의 거주민과 관련이 있었다는 점을 염두에 두어야 할 것이다. 중세 이슬람과 비잔티움, 고대 슬라브 지역에서 고대 세계의 도시는 본래 신전과 성채를 보유한 도시 지배 기구를 의미했다. 물론 고대 그리스처럼 '민주화', 즉 도시국가 내에 다양한 통치 기구들이 정립되고 제한된 범주의 시민 공동체에게 주도권을 물려준 공동체의 형성이 어디에서나 가능한 것은 아니었다. 그러나 중세 도시의 특징은 시민운동에 있었다. 시민들은 도시 자치권을 획득하기 위해서 왕과 황제에게 복속하기도 했다. 이 경우 도시는 비록 '국가조직'에 결속되어 있었지만 도시 운영에서는 완전한 자치권을 보장받았다.

이러한 움직임의 첫 번째 조짐은 이탈리아에서 있었던 것 같다. 물론 이탈리아에서도 도시마다 초기 상황은 전혀 달랐다. 그러나 비잔티움 총독의 지배를 받았던 남부 이탈리아의 해안 도시들, 주교나 롬바르드족의 지배하에 있던 해안에서 멀리 떨어진 도시들, 중부 이탈리아의 교황 도시, 황제가 지배하는 북부 이탈리아의 도시들은 모두 11세기를 지나면서 유사한 발전 과정을 겪었다. 도시 영주의 휘하에 있던 귀족 전사들은 해양 교역의 발달로 강력해진 부유한 상인층과 함께 '코뮌[공동체]'을 형성하고 자치권을 요구하였다. 사

성, 도시 거주지, 반대편 교두(橋頭)의 새로운 거주지는 약간의 차이는 있지만 유럽의 전형적인 도시 모습이다. 1493년에 하르트만 셰델의 저작 『세계 연대기』에 있는 목판화 속의 도시 크라코프는 '존경받는 부유한 시민들'로 인해 각별한 칭송을 받았다. 15세기 시민들의 자의식은 문학작품의 소재가 되었다.

라센과의 전투, 비잔티움 황제 권력의 쇠퇴, 북부 유럽의 교역 활성화와 격렬한 경쟁을 통해서 북부 이탈리아의 도시들이 점차 성장해갔다. 경제의 활성화와 더불어 정치적 공동 의사결정권에 대한 코뮌의 요구 또한 커졌다. 남부 프랑스와 마찬가지로 이탈리아에서도 도시 주민의 '자유'는 로마적인 전통에 근거했다. 여기에서는 차후 북유럽에서 모방의 대상이 되었던 법 제도의 정립이 강조되었다. 이는 계약을 토대로 성장하는 '합리적인' 정치 구조를 형성하려는 의지의 표현이었다. 즉 '도시의 권리'가 형성되었고 전파되어갔다.

이탈리아에서 도시국가는 명백히 귀족들의 주도로 형성되었다. 이탈리아에서는 처음부터 고대적 전통에 기초를 두고 도시와 그 주위를 병합함으로써 쉽게 도시국가가 형성될 수 있었다. 하지만 북유럽은 다른 과정을 거쳤다. 북유럽의 도시는 고대 로마의 도시처럼 지배권의 중심지가 아니었다. 도시는 오히려 격리되었고 귀족들은 농촌을 다스렸다. 시민 공동체는 원거리 무역 상인이나 하위 귀족 출신의 도시 관리의 주도로 조직되었다. 그래서 북유럽의 도시는 남유럽에 비해 더 '시민적'이었다. 이탈리아에서는 13세기 후반이 되어서야 하위 계층 사람들이 도시 행정부의 내부로 들어올 수 있었다. 이 과정에서 이들은 폭동과 같은 폭력적인 수단을 동원해서 귀족들을 도시 밖으로 몰아내기도 했다.

시민사회의 내적 불평등은 어디에서나 마찬가지였다. 초창기 도시 영주들과의 대립 단계에서는, 상인으로서 부를 축적하면서 공동체 운영에 관여했던 사람들이나 귀족 출신의 관리들만이 '시민'으로 여겨졌다. 이들은 도시 영주와 계약을 체결했다. 알려진 바에 의하면 알프스 북부 지역에서 맺은 첫 번째 계약은 1066년 플랑드르의 위이에서 체결되었다. 후에는 크든 작든 도시에 집을 소유한 사람들은 모두 시민이 되었다. 최종적으로는 이에 상응하는 액수의 돈을 지불하고 세금을 낼 수 있으면 시민이 되었다. 이 모든 규정은 재산 소유 공동체가 정치 공동체의 기초가 된다는 고대의 원칙에 따른 것이었다. 즉 공동체에 소속되기 위해서는 지키고 싶은 무언가를 소유해야만 했다.

시민 공동체는 '상호 결속'을 서약했는데, 이는 법적 구속성을 갖는 상징적 행위로 오늘날에도 많은 곳에서 이를 기념하기 위한 기념식이 열리고 있다. 공동체는 시민과 모든 거주민에게 도시 영주가 그들에게 짓도록 허락했던 성벽 안에서의 자유를 보장했다. 따라서 이주권이 특별한 관심사가 되었다. (도시로 들어온 농민이 전 주인에게 납부해야 하는 조세에 대한 연체금 납부 유예 기간에 해당하는) '1년하고 하루 동안' 도시에 머물고 주인으로부터 반환 요구가 없는 사람은 자유로워졌다. 여기에서 말하는 사람이란 단지 남성들만으로 여성은 남성의 권리를 따라가게 되어 있었다. 어느 누구도 여성의 자유는 안중에 두지 않았다.

특별한 의미를 지닌 '도시법'은 상인의 권리에서 유래했다. 먼저 이 법은 모든 시민이 한 도시의 자치 특권에 참여할 수 있을 때까지는 상인에게만 보장되었던 것으로 보인다. 도시 영주는 개시권(開市權), 다시 말해 매주 혹은 매년 치안 유지가 보장되는 특정한 장소에서 공개적으로 몇 차례의 장을 열

수 있는 권리를 보호해주었다. 개시권은 도시경제에서 가장 중요한 것이었다. 놀랄 만한 일은 로마 시대의 도로가 오래전에 쇠퇴했다 하더라도 당시의 도로이정표를 보존하고 있던 오래된 교역로에 위치한 도시들과 소비 증가로 새롭게 활력을 띠었던 과거 게르만 세계의 오래된 대상 무역로에 위치했던 도시들이 곧 다른 도시들에 비해 월등한 지위를 차지했다는 것이다. 여울과 고갯길에 위치한 도시와 항구도시 또한 상당한 이점을 가졌다. 기원후 1000년 이

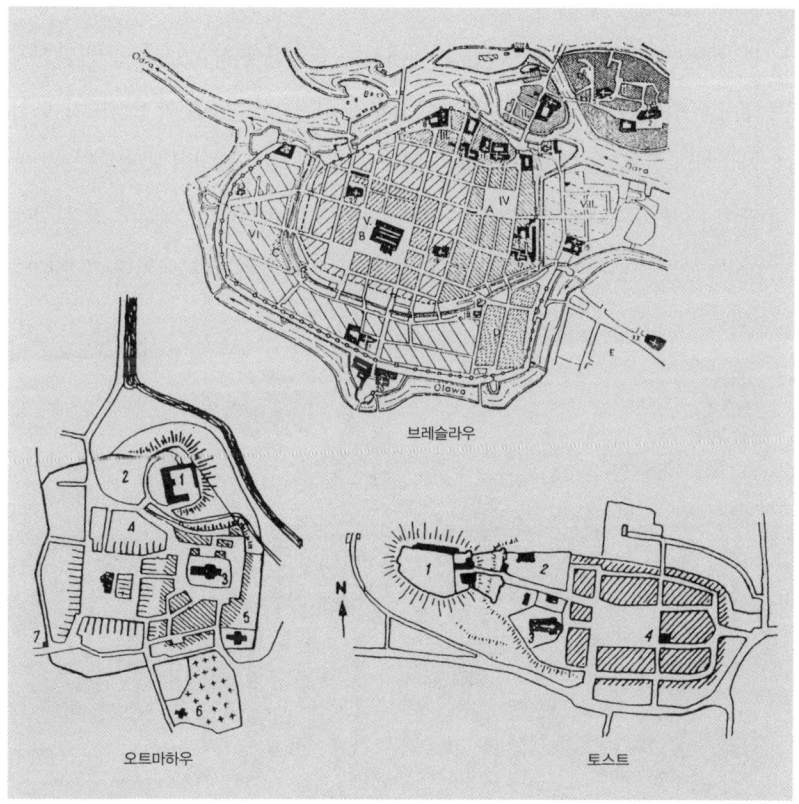

슐레지엔의 세 도시 브레슬라우(브로츠와프), 오트마하우, 토스트의 기본적인 구조는 규모와 지형의 측면에서는 서로 다르지만 그럼에도 불구하고 공통점을 가지고 있다. 개간지 확장 시기에 만들어진 새로운 거주지는 이전의 거주 중심지와 성, 경우에 따라서는 오데르 강의 섬과 분리되었다. 그리고 대규모 거주지 설계의 일환으로 직각의 도로망이 세워졌다. 전체 규모가 클수록 이러한 특징이 확연하게 나타난다.

전에 오랫동안 원거리 무역에 기여한 많은 도시가 바이킹족의 침입으로 슐레스비히홀슈타인의 하이타부처럼 사라져갔지만 같은 시기에 새로운 도시들이 생겨났다. '새로운 성'을 뜻하며 러시아 교역에서 중요했던 노브고로트나 템스강변의 옛 론디니움(런던)인 런던위크가 그 예이다. 후자는 중세 말기 잉글랜드에서 가장 중요한 교역지였고 결국 왕국의 수도가 되었다. '위크'라는 이름에서 바이킹족에 대한 기억이 남아 있었다는 사실을 알 수 있다.

이탈리아 북부와 마찬가지로 플랑드르 역시 밀집된 도시망이 발달했다. 플랑드르에서도 이탈리아 북부처럼 중세 말기에는 대략 인구의 반 정도가 도시에 거주했다. 이는 중세의 다른 지역에서는 생경한 현상이었다. 중세 말기에는 대략 유럽 인구의 5분의 1 정도가, 최근의 의견으로는 4분의 1 정도가 도시에 거주했다. 고도로 중앙 집중화된 행정 기구를 갖춘 도시의 통치 구조는 중세 말에 대규모 영역을 지배했던 지역 국가[신성 로마 제국의 제후국]의 형성에 모범이 되었다. 도시의 제도는 '도시법 가족'에서 본보기가 되기에 충분했다

중세 말기에 엄청난 비용을 투자했던 교량의 건설과 포장 및 도로망 확충 장면이 사실적으로 묘사되어 있다. 그림 속의 장소가 부유한 플랑드르의 지역이라는 것을 주목해야 한다. 다리를 포장하는 공사에는 현재와 동일하게 망치와 높이가 낮은 의자가 사용되었다.

〔중세 도시법이 이 도시에서 저 도시로 전파되면서 각 도시들이 저마다 유사한 도시법을 가지게 되었는데, 이렇게 서로 비슷한 권리를 전수받은 도시들을 도시법 가족이라고 부른다〕. 이는 원거리 무역 도시든 지역 시장의 역할을 하는 소규모 촌락 도시든 마찬가지였다. 프랑스 남서부의 요새 도시와 중부 유럽의 동쪽에서 개간 사업으로 생겨난 '새로운' 도시들 사이에도 상당한 공통점이 보인다. 이 도시들은 지리적으로 서로 가장 멀리 떨어진 도시들임에도 불구하고 건축 골격, 도시 구조, 제도 등에서 유사한 측면이 있었다.

도시의 수는 11세기 이후로 급격히 증가했다. 1000년을 전후로 독일에는 대략 150개의 도시 혹은 도시와 유사한 모습을 가진 거주지들이 존재했다. 그런데 200년 후에는 그 수가 대략 1,000개 정도로 늘어났다. 경제성장과 개간 사업이 끝날 무렵인 14세기 중엽에는 몇몇 대도시와 100개 정도의 중소 도시, 주민 수가 수백 명 정도였던 소규모 도시들을 모두 합쳐 대략 3,000개의 도시가 있었다. 그러나 유럽 북쪽에는 단 하나의 도시, 즉 파리에만 10만 명 정도의 도시민이 거주했다고 한다. 이 또한 논란의 여지가 많은 수치이다. 3만~4만 명 정도의 시민들이 거주한 도시는 여덟 개였다. 이탈리아에는 대도시가 흔했다. 북부 이탈리아에서 1만 명 이상의 주민이 거주했던 도시의 숫자만 꼽아도 비슷한 규모를 가진 유럽 전역의 도시를 전부 합한 숫자와 비슷할 정도였다. 스페인은 규모 면만 따졌을 때 이슬람의 지배를 받았던 시기에 도시 제도가 절정기에 이르렀다. 〔이슬람 세계의 통치자인〕 칼리프의 거주지였던 코르도바는 아마도 유럽에서 인구가 가장 많은 도시였으리라. 세비야, 톨레도와 같은 도시들도 최소한 유럽 대도시의 인구 수준을 유지했을 것이다. 그러나 이슬람은 유럽의 도시들처럼 시민의 자유를 보장하지는 못했다.

라틴 유럽에서는 성벽으로 둘러싸인 도시들이 정치적 역량을 가지게 되었다. 시민 방어군은 직업 전사에게 어느 정도 대항이 가능한 능력을 갖추었다. 그 결과 1127년 플랑드르의 도시들이 자신들을 지배하는 백작에게 대항하기도 했다. 11세기 중엽과 12세기에 롬바르디아의 도시들이 황제에게 대항했을 때, 그리고 100년 후에 라인 강 유역의 도시들이 처음으로 독일의 제후들에게 대항했을 때, 도시는 특유의 전략적인 위치로 인해 가공할 만한 군사력을 보유한 공간으로 성장했다. 그럼에도 불구하고 도시동맹은 군주들의 확고한 정책에 대해서 오랜 기간 승리를 거두지 못했다. 이탈리아의 도시들만이 고대부터 인근 농촌을 지배할 수 있었고, 그 도시들만이 인근의 농촌 지역까지 지배하는 공화국으로 성장할 수 있었다. 북부 유럽에서는 단 한 번 예외가 있었는데, 도시동맹체인 스위스 연방이 장기간의 노력 끝에 정치적 독립을 획득했던 것이다. 반대로 비슷한 시기에 후스파가 활동했던 보헤미아에서는 도시동맹들이 군주의 속박에서 벗어나지 못했다.

도시들은 동맹체로도 도시 그 자체로도 통일된 모습을 가지지 못했다. 모든 거주민이 도시의 자유를 누리기는 했지만 거주민의 최소 3분의 1은 시민권을 가지지 못했다. 그 이유는 이들이 집도 토지도 소유하고 있지 않거나 조세를 지불할 능력이 없었기 때문이다. 일반적으로 예속민, 하인, 임금 노동

이중의 성벽으로 둘러싸인 프랑스 남부의 카르카손은 13~14세기의 건축 형태를 지금까지 그대로 보존하고 있다. 도시 영주와 백작들, 그리고 이후의 대리 백작들은 각각 성벽의 일부를 차지하고 그 근처에 거주했다. 이러한 풍경이 전 유럽의 전형적인 모습이 되었다. 대성당 주변의 독립적인 주교 영지 역시 다른 도시들의 본보기가 되었다. 교역로에 위치하고 있는 지리적인 여건과 직물 산업은 오드 강변의 도시 카르카손이 중요해진 배경이기도 하다.

자 등이 이 계층에 속했으며 일부는 가난하고 비참한 생활을 꾸려나가야 했다. 그러나 시민 공동체는 초창기부터 이미 수공업 분야의 종사자와 다른 분야의 종사자 사이에 명확한 구분이 있었다. 상인으로 구성된 상류층은 대도시에서 귀족적인 생활을 누렸고 보통 상거래를 목적으로 한 여행에서 칼을 지참했다. 그래서 적지 않은 상업 도시들의 내부는 소규모 성이나 망루가 결집해 있는 모습이었다. 이러한 경향은 지금도 산 지미냐노, 볼로냐, 아를, 브루게, 레겐스부르크 등지에서 볼 수 있다. 상류층 시민들은 고유의 시민 의식을 개발하기보다는 기사도적인 이상을 추구했다. 그러나 수공업자들은 이탈리아와 이탈리아를 본뜬 모든 지역에서 동업조합에 소속되어 있었다. 이들은 경제적 팽창만을 꾀하지는 않았으며, 예술적 창의성과 자기 절제라는 규율 속에서 생활했다. 결국 기술적 진보는 어디에서든 수공업을 통해서 이루어졌다. 날로 성장하던 지식인 계층이 도시 생활에 발을 붙이고 수공업의 의미와 특징을 문학적으로 전파하기 시작하자 수공업에 대한 칭송이 점차 수공업자의 자긍심을 형성하기 시작했다. 또한 주교의 거처이자 도시 성인(聖人)들을 섬겼으며 수많은 교회가 세워졌던 도시는 종교적 삶의 중심지인 수도원의 지위를 점하게 되었다. 도시의 성벽 안에 대학들이 자리잡았고 세속인들도 독자적으로 학교를 설립하려 했다. 중세 말기에 이르러 마침내 제후들이 도시에 거주하기 위해서 이주했을 때, 시민 계층은 이미 유럽적 생활양식을 구축하고 있었다. 한 국가의 국민이라는 공동체적 소속감을 바탕으로 민족적인 동질성이 형성되었던 시기에 시민적인 질서는 생활의 한가운데로 스며들었다.

도로, 상품, 화폐

새로운 도시 문화는 새로운 경제형태의 소산물로, 도로, 상품, 화폐가 전부 바뀌면서 새로운 경제활동이 진행되었다. 도로는 프랑스와 스페인, 남부와 서부 독일에서 고대 로마의 길을 따라 세워졌다. 그래서 12세기에도 북해에서 아드리아 해를 거쳐 북아프리카의 대상로까지 연결되었던 로마의 도로 이정표를 표시한 지도를 이용하는 것이 보다 효율적이었다. 뉘른베르크의 도시 귀족 콘라트 포이팅거는 비록 어설프고 정확하지는 않지만 12세기에 제작된 이러한 지도를 소유하고 있었다. 로마 시대의 도로는 기원후 1~2세기 동안 알프스 북부에 군사용 도로로 건설된 것으로 이후 속주 문화의 발달에 기여하게 된다[속주는 고대 로마의 행정 단위로 정치와 문화의 중심지를 말한다]. 흙 위에 석판을 올려놓고 점토로 고정시킨 도로는 수백 년을 견뎠다. 지금도 뮌헨 근교의 아잉거 숲에서는 평평한 제방 형태로 넓이가 2.5미터 정도

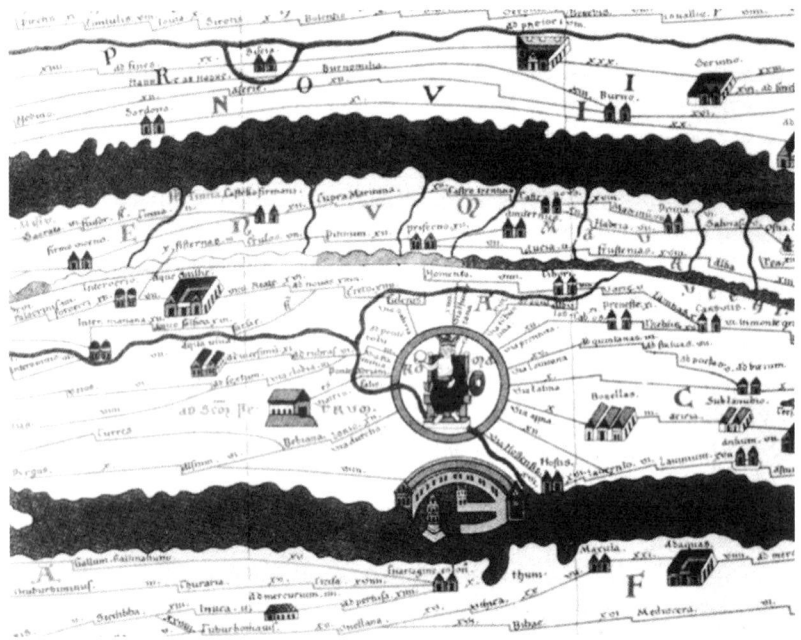

고대의 도로 지도를 모방해서 만든 12세기의 도로 지도로 1500년경 뉘른베르크의 인문주의자 콘라트 포이팅거가 소유하고 있었다. 로마와 중부 이탈리아에는 황제의 초상화가 그려져 있고, 강과 산맥과 거리 표기가 되어 있는 도로망은 여행자들이 방향을 설정하는 데 도움을 주었다.

에 이르는 도로를 볼 수 있다. 고대 로마 시대에 도로망을 따라 벌어졌던 전투를 조사하면 현재까지 이 도로망이 얼마나 남아 있는지, 이후에 북부와 동부 유럽에서 급증한 교역과 도로 건설을 통해서 이 도로망이 얼마나 변화했는지 알 수 있다. 도로망을 표기해둔 로마의 지도를 보면 이따금 놀라움을 금하지 않을 수 없다.

당시 유럽 문화의 혈액 순환은 북유럽과 남유럽을 잇는 동맥[유럽을 남북으로 연결해주는 육로와 수로 등의 교역로]으로 흘러들어갔다. 그러나 동유럽이 건설되면서 그곳의 인구가 급증했고 지배권이 확립되었으며 협소하지만 지역을 연결하는 도시망이 형성되었다. 이로 인해 유럽 경제에서 서부와 동부의 교역은 지중해 지역과의 교역 못지않게 중요해졌다. 16세기까지 지중해 세계는 수입품을 주로 취급했기 때문에 어느 쪽의 교역이 더 많은 비중을 차지했는지는 알 수 없을 것이다. 아라비아의 대상로나 지중해 수로를 따라서 동남아시아의 수입품을 이탈리아 북부로 들여오고, 거기에서 다시 알프스를 넘는 대신에 히말라야 북부의 '비단길'을 따라 흑해로 그리고 흑해에서 도나우 강이나 드네프르 강을 거슬러 올라가는 방법이 선택되기도 했지만, 지중해 무역의 중요성은 여전히 사라지지 않았다.

지리상의 새로운 중심은 남북 연결로로 이동했다. 그러나 이후에 이 연결로는 동쪽으로 이동하거나 동쪽 도로들이 이 연결로의 역할을 대체했다. 처음에는 지중해에서 마르세유, 리옹, 샹파뉴를 거쳐서 플랑드르로 이어지는 도로가 중요했지만, 이후에는 론-손-마스 강과 스헬데 강 혹은 센 강을 잇는 연결망이 등장했다. 이는 일반적으로 육로가 강을 따라서 형성되었기 때문이다. 그 결과 플랑드르와 브라반트가 전례 없이 빠른 속도로 성장했고 샹파뉴는 매년 북부와 남부 상인의 집합 장소이자 상품의 견본시장으로 각광을 받았다. 그러나 남북 교역은 13세기에 이미 동쪽으로 옮겨 갔다. 이제는 생 고타르나 생 베르나르 고개 같은 스위스의 알프스 통로가 중요해졌고, 이로 인해서 지금까지 역사의 흐름에서 배제되었던 중앙 알프스 계곡 지역의 정치적인 비중이 커졌다. 그러자 황제는 이 지역이 제국 직할지임을 주장함으로써 그 지역이 동시에 자신의 관할권이라는 것을 확고히 했다. 이전에 토리노와 사부아의 지배권이 미쳤던 지역들과 스위스 북부의 체링그 가문이 지배하는 지역은 알프스 통로 덕분에 정치적인 중추 세력으로 성장할 수 있었다. 이들은 도시에 거점을 확보했고, 이탈리아 북부의 오래되고 중요한 도로변에 위치한 도시명을 따서 자신들의 도시에 이름을 붙였다. 베른은 바로 베로나에서 유래한 것이다. 이름을 모방했다고 해서 알프스를 넘는 견고한 다리가 생겨나지는 않았다. 대신에 알프스 통로의 남쪽 교두보로서 밀라노의 중요성이 증가했다. 해발 1,300미터에 위치한 가장 낮은 통행로이자 2세기부터 이용되었던 브렌네르 고개의 통행이 재개되면서 페른 고개와 아우크스부르크가 연결되었다. 스위스의 통행로가 12세기부터 라인 강 상류까지 이어지면서 라인 강변의 도로가 중요해졌다. 아우크스부르크에서 남부 독일로 향하는 도로가 갈라져 나왔고 그 도로를 따라서 밀집된 독일의 도시망이 형성되었다. 이 도시들은 황제의 보호를 받으며 성장했다. 독일의 80개 제국 도시 가운데 50개가 독일 남서부에 위치했는데, 이는 이 지역이 경제적 중심지였음을 암시한다. 경제성장과 함께 문화의 발전이 뒤따랐다고 할 수 있다. 이로 인해 표준(고지) 독일어가 독일 남부를 중심으로 형성되었다. 제국의 북쪽에서 표준 독일어는 거의 외국어에 가까운 상황이었다.

한편 프랑스, 잉글랜드, 스페인으로 연결되는 도로망도 생겨났다. 그러나 이 도로망들은 이탈리아의 교역로와 비교했을 때 중요성이 떨어진다. 이탈리아에서는 바리, 아말피, 나폴리, 피사, 제노바, 그리고 특히 베네치아가 수백 년 동안 지중해 교역의 중심지로 자리했다. 그 외에 13세기까지 독립 상태에 있었던 발레아레스 제도와 팔레르모 역시 교역의 거점이었다. 격렬했으며 항상 평화적으로 해결되지 않았던 경쟁 끝에〔북부 이탈리아의 지배권을 장악하려

대운하에 있는 대표적인 궁정인 '황금의 집'. 야만족의 침입을 피하기 위한 도피처로 개발된 베네치아는 수많은 섬으로 이루어졌기 때문에 지금도 100개 이상의 섬이 다리로 연결되어 있다. 나무 말뚝을 촘촘히 박은 뒤 나무판자를 얹고 그 위에 대리석을 깔아서 지반을 다진 다음 건물을 세웠으며, 수로 사업을 통해서 물줄기를 조절했다. 동서의 황제들 사이에서 현명하게 처신했던 베네치아는 해상 교역과 해군력에서는 귀족 과두적 정치 구조를 유지했다. 12세기 이후 정치적으로 독립한 베네치아는 아드리아 해에서 주도권을 장악하는 한편 제노바와 쌍벽을 이루면서 지중해 동부 연안에서 주도적인 위치를 차지했다.

던 신성 로마 제국 황제와의 갈등을 말함) 마침내 북부 이탈리아의 도시들이 승리를 거두었다. 북쪽으로 가는 지름길, 달리 표현하면 성장하는 북부 알프스 지역과 직접적으로 연결된다는 이점 덕분에 유리한 고지를 점할 수 있었기 때문이다. 시칠리아 왕국은 11세기에 사라센의 지배에서 해방되었지만 유대인들의 중개를 통해서 아프리카와의 연결을 유지했다. 이 왕국은 교역을 통해서 오랫동안 부를 축적했다. 피사의 뒤를 이은 밀라노, 베네치아, 제노바, 피렌체는 13세기에 각각 8만 명 정도의 인구를 보유한 상태였다. 이 도시들을 제외하면 이탈리아에는 주로 소도시들이 밀집하고 있었다. 그중에는 페라라, 알레산드리아처럼 로마적 전통이 없던 몇몇 신흥 도시들도 끼어 있었다. 볼로냐와 베로나, 토리노와 아퀼레이아 사이의 지역 외에는, 영역이 그다지 넓지 않았던 플랑드르-브라반트 지역에만 도시들이 밀집해 있었다. 이 지역은 동쪽으로는 마스 강, 남쪽으로는 샹파뉴와 접했고 브루게에서 해양 교역과 연결되었다. 브루게는 '북부의 지중해'로 불렸던 북해와 발트 해를 대륙과 연결하는 교량 역할을 담당했다. 브루게로 이어지는 교역로는 지브롤터와 리스본을 지나는 우회로임에도 불구하고, 해로 운송이 육로 운송에 비해 비용이 저렴했기 때문에 이후 번성할 수 있었다.

해양 교역로의 수요가 증가하고 수지 타산이 맞을 가능성이 높아지면서 운송 수단을 쇄신할 필요성이 대두했다. 처음에 지중해에서는 방향키와 돛을 함께 장착하고 움직였던 갈레온선이 크기와 속도에서 다른 화물선들을 능가했다. 곧 북유럽에서는 바이킹 시대의 낮고 평평한 배를 크고 운송 능력이 있도록 개조할 수 있게 되었다. 13세기에는 전복될 위험이 적은 용골 선박이 개

브루게는 지중해에서 론 강을 거슬러 올라가 샹파뉴 지역을 거쳐 플랑드르 지역을 잇는 매우 중요한 연결로에 위치하고 있었기 때문에 북해 연안으로의 연결 장소가 되었다. 13~14세기의 대표적인 교역 중개소이자 한자동맹의 중심지였던 항구도시 브루게에 14세기 말에 지어진 이 시청사 건물은 부유했던 플랑드르 지역의 상징이자 새로운 도시 공동체의 자치행정에 대한 표상이 되었다.

발되었다. 그 후에는 특히 [중세 시기 북해와 발트 해 연안의 여러 도시가 상업상의 목적으로 결성한 동맹인 한자동맹 당시의 무역선으로 뱃전이 높은 것이 특징이었던] 코게가 약 200년 동안 느슨하기는 했지만 차차 강화되었던 북부와 중부 독일 상인의 동맹을 강력하게 만들었다. 노브고로트와 런던 사이에서는 이들 동맹에 필적할 만한 경쟁 상대를 찾을 수 없을 정도였다.

때로는 교역로의 위치가 도시의 운명을 결정하기도 했다. 피사는 오늘날에도 11~12세기의 생성과 번영의 시기(피렌체인의 지배를 받으면서 피사가 비중을 상실하기 이전까지의 시기)를 생생하게 보여주고 있다. 이후 피사는 깊은 잠에 빠져들었지만 당시의 황금기는 아직도 도시의 모습에서 찾아볼 수 있다. 브루게 역시 14세기에 과거의 명성이 모래 속으로 사라졌다. 그러나 위대했던 시기의 브루게의 위용은 여전히 보는 이들을 놀라게 한다. 팔레르모 또

한자동맹의 코게. 기존의 배와는 비교할 수 없을 정도로 넓은 갑판을 보유한 이 배는 선박 바닥의 중앙을 받치는 길고 큰 용골이 물속 깊이까지 내려가기 때문에 상갑판이 높은데도 불구하고 배가 뒤집히는 것을 방지할 수 있다. 이를 통해 더 많은 화물을 빨리 운반할 수 있었다.

한 13세기의 발전 단계에 그대로 머물렀으며, 13세기까지 위풍당당하게 발전했던 레겐스부르크도 역시 이후로는 침체되면서 뉘른베르크와 아우크스부르크보다 뒤처지게 되었다. 프랑스에서는 샹파뉴의 도시들이 이 시기에 다시 몰락했고 스페인 역시 무어인들로 인해서 쇠퇴의 길로 들어섰다.

도시의 번영에 대해서도 알아보자! 피렌체와 밀라노, 베네치아와 겐트, 파리나 살라망카와 같이 집과 집이 붙어 있는 밀집된 공간은 이제까지 설명

12~13세기 독일 남부에서 가장 중요한 교역 도시인 레겐스부르크에는 원거리 무역 상인이 거주했던, 망루 형태를 한 80개 정도의 석조 건축물이 아직도 남아 있다. 현재의 '라틴구' 지역에는 주로 이탈리아 상인이 거주했다. 이 도시는 중세 말에 중요성을 상실했는데 그렇기 때문에 옛 모습이 더 잘 보존되어 있을 것이다.

한 수도원이나 귀족들의 건축양식과는 분명히 달랐다. 이 조밀한 공간에서 어떻게 시민의 영광이 표현되었는지를 단어 몇 개로 설명할 수는 없을 것이다. 성공한 상인들은 종종 이곳저곳에서 제후와 비슷한 수입을 올렸다. 1293년 제노바의 해상 교역량 매상은 프랑스 왕의 수입의 세 배 정도에 이르렀다. 대표적인 한자도시[한자동맹에 가입한 도시]인 뤼베크조차도 전성기였던 1368년의 교역량이 제노바의 10분의 1에 불과했다. 규모에서도 제노바에 비교할 수준이 아니었고 인구 역시 2만 명 이하에 불과했다. 알프스 북부의 도시 중에서는 보헤미아의 수도였던 프라하가 카를 4세의 통치하에 진행된 대대적인 도시 확장을 통해서 가장 광범위하게 팽창했지만, 거대했던 도시 규모에 비해서 인구는 그다지 증가하지 않았다. 중세 시기 프라하의 인구는 3만 명을 넘지 못했다. 하지만 중세인들은 사람 수를 세지 않고 굴뚝, 아궁이, 주택의 수를 세거나 조세를 납부하는 사람들의 수만을 헤아렸기 때문에 현재 우리가 가지고 있는 수치는 부정확하다고 할 수 있다. 게다가 이러한 조사 결과는 대체로 공개되지 않았다.

도시법은 장소에 국한된 것이었지 지역 거주민과 관계가 있는 것은 아니었다. 도시법의 핵심은 시장 개시권이었다. 북부에서는 두시라는 새로운 제도를 지역별로 다르게 불렀다. 먼저 네덜란드어의 '스타트(Stad)', 독일어의 '슈타트(Stadt)', 동유럽에서 유대인이 사용했던 '슈테틀(Schtetl)'은 새로운 생활양식이 자리 잡은 '장소(Stätte)'였다[이 단어들은 모두 '도시'를 의미한다]. 이탈리아어와 스페인어, 프랑스어는 라틴어의 '키비타스'를 고수했다. 세 번째 부류인 슬라브 지역의 도시들은 새로운 도시가 건설되던 시기에 독일인을 통해서 알려졌다. 때문에 이에 상응하는 독일어 단어가 번역되었다. 따라서 도시는 미아스토, 메스토와 같이 '장소'를 의미하는 단어로 번역되었다. 새로운 제도가 전파되지 않았던 러시아와 세르비아에서만 거주 집중지에 옛날 표기를 사용했다. 이곳은 시민의 자유가 보장되지 않았던 성의 인근에 위치한 곳이었다

[이곳에서는 시민의 자치권이 아니라 성주의 영향력이 절대적이었다]. 페트로그라드에서 베오그라드까지 '성(城)'을 의미하는 접미어 '-grad'가 붙어 있는 것은 이 때문이다.

농민과 수공업자가 노력한 결과를 수백 배나 능가했던 대도시의 부는 어디에서 온 것일까? 제한된 수송 능력 때문에 사람들은 처음에 사치품만을 거래했다. 이는 수천 명이 공들여 만든 물건이 소수에게만 분배되었음을 의미한다. 13세기 이후에야 이탈리아 북부와 프랑스 남부에서 만들어진 벨벳과 비단, 다마스쿠스라는 도시의 이름을 딴 [무늬를 넣어 짠 직물인] 다마스크, 수를 놓은 비단, 아페니노 산맥과 잉글랜드의 양모에서 생산되는 모직물, 이집트의 아마와 면화실로 만들어진 직물 등이 거래될 수 있었다. 앞서 열거한 직물들은 품격 높은 물건에 대한 욕구를 만족시키는 데 중요한 역할을 했다. 처음에는 이탈리아에서, 14세기 이후로는 남부 독일에서도 이 직물들이 가공되었다. 옷의 재질이 아마이든 헝겊이든 관계없이 "벨벳과 비단을 걸치고 다닌다"는 표현은 우리에게도 익히 알려져 있다[이 표현은 좋은 옷을 입고 다닌다는 것을 뜻한다]. 이 시대 화가들이 묘사한 당시 일상생활의 일면에서 알 수 있듯이 편하고 위생적인 셔츠를 입는 것이 14세기에는 더 이상 특권이 아니었다. 동화도 이러한 상황을 반영하고 있다. 마음에 드는 셔츠를 찾던 왕은 백성 가운데 유일하게 만족하며 살고 있던 돼지치기가 셔츠를 입고 있지 않았기 때문에 결국 옷을 찾는 데 실패하고 만다.[불면증에 시달리던 왕은 '행복하게 사는 백성'의 셔츠를 입으면 잠을 잘 잘 수 있다'는 신하의 조언을 듣고 즐겁게 살아가는 돼지치기를 찾아낸다. 왕은 돼지치기의 셔츠로 갈아입으려고 했지만 돼지치기는 셔츠를 입고 있지 않았다. 대신에 돼지치기는 왕에게 충고를 해주는데, 왕은 그의 충고대로 농부의 일상적 삶을 체험한 후에 지친 나머지 깊은 잠에 빠진다.]

빼놓을 수 없는 생활필수품인 소금과 다양한 이름으로 불렸던 양념인 후추가 거래되었다. 소금과 후추 모두 음식 저장에 필요했는데 저장 문제는 당시의 생활필수품 교역에서 관건이었다. 소금에 절여 용기에 담은 청어나 햇빛에 말린 대구(대구를 뜻하는 단어 카벨야유는 포르투갈어의 바칼라우와 라틴어의 바쿨룸의 변형이다), 다마스쿠스의 철, 코린트의 설탕과 계피, 동요에서 과자를 노랗게 만드는 사프란, 자기나 가죽으로 만들어진 수공품, 잉글랜드인이 성인 키 정도의 크기로 만드는 유명한 활에 사용하는 물푸레나무 같은 목재 등이 교역을 통해 거래되었다. 정리하면 남부에서는 정교한 고급품이 생산되었고, 서부에서 동부로는 일상 용품이 반입되었으며, 원자재는 그 반대 방향으로 유입되었다.

동서 교역은 원자재와 완제품의 단순한 교역이었기 때문에 다루기가 덜 복잡하다. 이 교역은 이미 기원후 1000년 이전부터 이루어졌고, 현대 경제 관계의 토대가 되었다. 숲에서 나오는 목재, 가죽, 꿀, 왁스, 역청, 탄산칼륨, 그리고 12세기까지는 노예가 남쪽으로 보내졌다. 경작지 개간 이후로는 서쪽, 즉 네덜란드, 프랑스 북부, 독일, 지중해로 운송되었다. 그 외에 유럽 내륙에서 사순절 기간 동안 중요한 음식이었던 청어가 발트 해에서 운반되었다. 경작지 개간과 더불어 14세기 이래로 서유럽으로 보내는 곡물 운송이 급증했다. 곡물은 폴란드의 그다니스크에서 적하된 후 비수아 강을 따라서 네덜란드의 도시로 보내졌다.

돌은 어디에서나 필요한 물품이었다. 12세기 이래로 여러 곳에서 건축되어 기적의 작품으로 칭송받았던 대성당, 화려한 도시 건축물, 성과 다리의 축조에 건축용 돌이 필요했기 때문이다. 돌은 아마도 중세에서 가장 대량으로 운송된 품목이었을 것이다. 현재까지 남아 있는 건축물들을 통해서 돌의 운송 규모를 제곱미터로 계산할 수 있다. 또한 광물학을 통해서 돌의 출처를 찾을 수도 있다. 가급적 산출된 현장에서 돌을 쪼갰고, 돌을 운송하기 위해서 값싼 운반 수단이 강구되었다. 혹은 파리처럼 주택 건설을 위한 채석장이 지하에 건설되기도 했다. 육로를 통한 수송은 거리가 짧더라도 비용이 배 이상

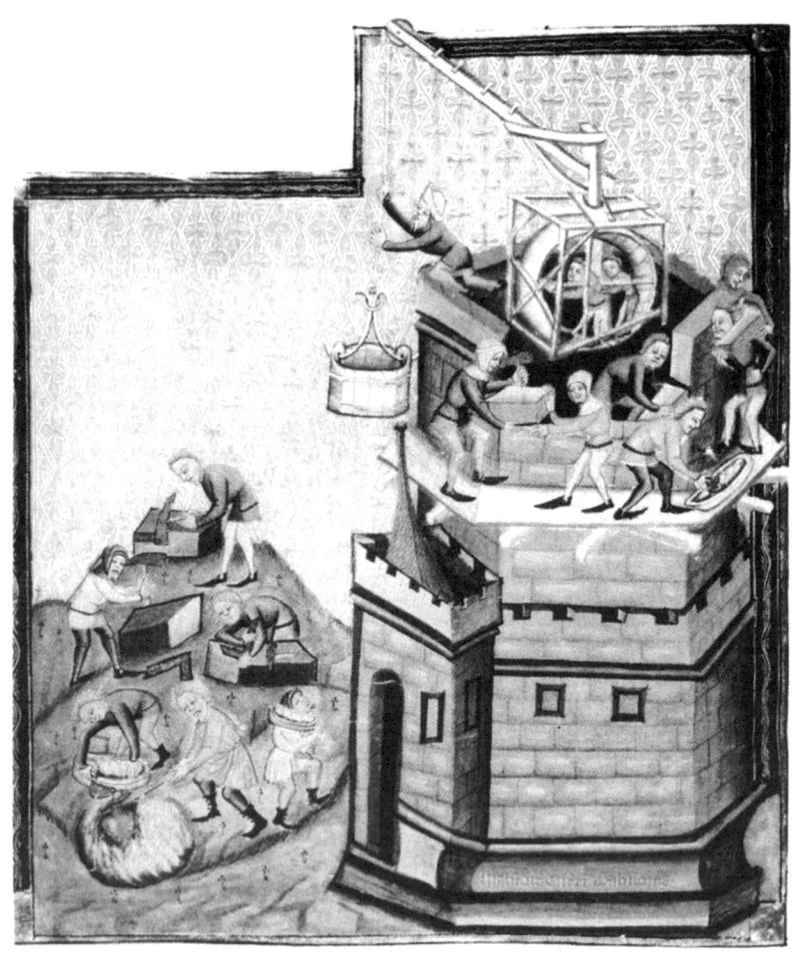

바벨탑도 중세의 다른 교회탑과 유사한 방식으로 건축되었을 것이다. 그림에서는 발로 작동을 시키는 기중기와 장비들이 보이는데, 사암을 이용해서 건물 골격을 세울 때 석공들이 얼마나 중요한 역할을 했는지를 알 수 있다. 모르타르를 배합하는 과정과 '새(Vögeln)'라고 불리는 통을 어깨에 짊어지고 나르는 모습도 볼 수 있다. 이 모습들은 오늘날도 소규모 건축장에서 흔히 볼 수 있다.

높아지기 때문이었다.

11세기 이후에 전개된 "상업 혁명"(R. 로페스)이라는 단어가 어떤 의미를 내포하는지 알기 위해서는 먼저 운송 경로들을 확인할 필요가 있다. 처음에 '상업 혁명'은 남북 사이의 단순한 상업적 교류였다. 그런데 영토 확장의 결과로 원자재 생산지가 동쪽으로 이동했고, 서부와 중부 유럽에서는 수공업 제품이 독자적으로 제조되었다. 직물, 아마포, 무명, 도자기와 철제품은 시간이 지날수록 정교하게 제작되어 차츰 동쪽으로 판매되기 시작했다. 동시에 서유럽이 남유럽으로 보내는 상품을 적재하는 역할을 담당하게 되었다. 중부 유럽의 동쪽은 상당한 시간이 지난 후 남부 유럽과 직교역을 시도했다. 기존의 수로를 바이킹족이 점령하기도 했다. 1240년 이후에는 몽골족이 동유럽에 침입하여 많은 장애가 생겼다.

이로써 원거리 무역의 주요 운송로가 대략적으로 그려졌다. 그렇다면 왜 경제와 인구 문제에서 많은 비중을 차지했던 '농업혁명'에 뒤이어 '상업 혁명'이 진행되었는가? 대답은 간단하다. 영토 확장의 결과로 인구밀도가 증가하면서 생겨난 대규모 경제력이 막대한 금전 유입을 통해서 활성화되었기 때문이다. 자본은 12세기 이래로 전 유럽 대륙의 원거리 무역을 통해서 유입되었다. 원거리 무역 분야에서 타의 추종을 불허하는 선두 주자였던 이탈리아인은 본국으로 상당한 양의 자본을 가져갔다. 이것은 지중해 남부 해안의 이점과 농업 경기의 점진적인 상승 덕분에 주요 교역 상대자로 성장한 알프스 북부 유럽과 교역한 결과였다. 이탈리아인은 항해자였다. 반면에 내륙에서는 이들보다 앞서서 유대 상인들이 혁혁한 역할을 담당하고 있었다. 유대인 카라반 [낙타의 등에 짐을 싣고 무리로 다니며 특산물을 팔고 사는 상인 집단]은 스페인에서 키예프까지 활동 영역을 계속 확장해갔다. 초기 유대인 공동체 건설의 역사가 이러한 경제적 지리를 증명한다. 유대인의 정주지는 라인 강과 피레네 산맥 사이의 오래된 원거리 무역로를 따라서 세워졌다. 시간이 흐르면서 정주지는 동쪽으로 확장되었고 이후에는 중요도가 낮은 교역로를 따라서 건설되었다.

해로와 마찬가지로 육로 교역도 재정적, 육체적으로 위험 부담이 있었다. 정확한 계획이 필요했고, 도적들의 약탈 행위를 경계해야 했다. 일반적으로 11~12세기의 상인들은 칼을 차고 다녔으며 무장 병력을 동반했다. 그러나 그들의 후손은 은행 구좌를 이용해서 상품과 대금을 조절했다. 그 결과 12세기부터는 현금 없이도 대금을 지급할 수 있는 수단이 강구되었다. 여기에서도 역시 은행 용어의 발생지인 이탈리아의 단어들이 선구적인 역할을 했다. 은행 계좌를 뜻하는 콘토, 정화 할증금을 의미하는 디사조, 〔13세기 초 롬바르디아 지역의 상인들이 동산 저당 대부를 시작했다는 이유로 명칭이 유래된〕 롬바르드 등이 그 예이다. '상사〔콤파니엔(Kompanien): 무역이나 상업 활동을 위해 결성된 상업 조직〕', '길드' 혹은 한자동맹과의 결속은 절대적인 신용도를 높였다. 유대 상인은 공동 식사와 기도를 통해서 같은 신앙을 가진 동료와의 각별한 신용 관계를 확인했으며, 개개 사무소의 연락망을 연결해서 처음으로 교역 조직을 창설하였다. 이탈리아의 상인들 역시 원거리 무역지에 자국민 단체를 조직했고, 그곳에서도 본국의 법에 따라 독립적인 생활을 보장하는 특권장 발부에 영향력을 행사했다. 이러한 조직은 신용망도 강화시켰다. "너희들은 독일인이 자유로운 사람임을 명심해야 한다!" 자주 인용되는 이 문구는 보헤미아의 대공이 프라하의 독일 상인을 위해서 11세기에 제정한 것이다. 물론 이 문구가 독일인의 특별한 법적 우월성을 인정한 것은 아니다. 단지 전 유럽에 익히 알려져 있던 상인들의 자유를 확인한 것뿐이다.

원거리 무역 상인들 사이로 은행가와 환전상이 끼어들었다. 이들의 환전소에서는 투자가 가능했다. 공식적으로 수수료를 덧붙여서 환전이 되었고 대출 업무와 그 밖의 편리 업무가 이루어졌다. 상당수의 소규모 은행가들은 단기간에 대규모 여신 업무를 담당할 능력을 갖추었다. 은행업에서는 자본의

상인들의 일상생활. 시장의 치안을 담당하는 관리들과의 다툼, 상품 진열대, 다양한 가치의 주화를 환전하기 위한 계산판. 이 그림 역시 다른 그림과 마찬가지로 유대 상인을 묘사하고 있다. 중세의 경제와 문화에서 유대인의 기여도는 종종 과소평가되거나 무시되곤 했다.

출자도 이루어졌다. 선박 하적 시에 출자 수익을 보장하는 자본 투자가 있었지만 13세기부터는 토지 개발에 대규모 출자가 이루어졌다. 대규모 이주 계획에도 (투자를 목적으로) 선금이 지불되었다. 이후에는 지대(地代)에서 이자가 나왔는데 저당증권처럼 매매가 가능했다. 이렇게 해서 유대, 비잔티움, 아랍, 이탈리아의 관습과 관념으로부터 상업 자본주의가 시작되었고, 점차 '국제적인' 양상을 띠기 시작했다.

상인들에게 반드시 필요한 계산술은 당시에는 매우 초보적인 수준에 머물러 있었다. 라틴 유럽의 상인들은 로마 숫자를 사용했지만 로마 숫자로는 소수점 이하의 계산이 불가능했기 때문에 주판을 사용하기 시작했다. 유럽 상인들은 14세기가 되어서야 아랍인으로부터 십진법의 표기 방식을 배웠고 로마 숫자에는 없던 0의 개념을 도입하게 되었다. 이들은 이제 사칙연산을 더욱 손쉽게 이용할 수 있었지만 계산은 이자를 산출하는 수준에 머물렀다. 따라서 중세에는 단리만을 계산할 수 있었다. 복리 계산법이나 부채 삭감 계산 방식은 알려져 있지 않았다. 단기 대출은 보통 10~40퍼센트의 이자로 계산한 반면에 장기 대출은 '고정 금리'였다. 토지 개발 시의 금리 역시 '고정 금리'로 간주할 수 있을 것이다.

이러한 유형의 자본주의 시대에 화폐는 어떤 모양이었을까? 중세의 통화 형식은 오늘날과는 다소 다른 원칙에 근거하고 있었다. 화폐는 귀금속으로 만들어졌지만 액면가 그대로 인정받지는 못했다. 일반적으로 화폐의 가치는 귀금속이 통용되는 가격에 기초했으며 금속의 순도도 고려되었다. 그 배후에는 현실적인 모순이 숨어 있었는데, 화폐의 가치를 보장하는 권위가 하락한 당시 상황에 의해 모순은 더욱 심화되었다. 이유는 다음과 같다. 이탈리아의 교역 도시들은 전부 제각기 화폐를 주조했다. 북유럽에서는 잉글랜드만이 노르만족의 정복 이후 유일하게 화폐제도를 중앙 집중화했다. 보헤미아에서는 은광이 개발되면서 중앙 통제가 이루어졌다. 남동 유럽에서는 비잔티움인들이 행정 구조를 중앙 집중화하면서 화폐제도가 통제되기 시작했다. 그러나 과거 카롤링 왕조의 핵심 지역, 즉 프랑스와 독일에서는 대소(大小) 영주들이 화폐를 주조했고 이는 매우 다른 결과를 가져왔다. 프랑스에서는 화폐의 주조가 왕권에 유리하게 작용했던 반면 독일에서는 16세기의 제국 개혁을 통해서도 화폐제도가 통일되지 못했을 만큼 화폐 주조가 분산되어 있었다.

유럽에서는 소액의 가치를 지닌 은화가 주조되었고, 중량과 계산 단위로 파운드나 마르크 혹은 쇼크가 사용되었다. 대단위 교역을 위해서 비잔티움과 아랍인들은 금화를 준비했다. 이 금화는 13세기에 피렌체에서 처음으로 독자적인 금화가 주조될 때까지 이탈리아에서도 통용되었다. 이후 황제와 왕들이 '피렌체 금화'를 모방했고, '피렌체 금화'는 네덜란드와 헝가리에서도 역시 '통용되었다!'

금화와 은화가 함께 존재했던 까닭에 주화의 과부족 현상이 발생하기도 했다. 금화는 안정적이었고, 재정적인 필요에 의해서 마구 주조되었으며, 강제적으로 환전되었다. 그리고 공권력의 통제로 '유통 금지'되거나 저질 주화로 다시 주조되기도 했다. 이는 주화를 이용한 일종의 과세 정책으로 효과적인 조세 조직이 부재했기 때문에 이용되었다. 따라서 체계적인 화폐 관리 기구가 필요했다. 되돌아보면 화폐제도도 옛 시대의 기계처럼 시행착오를 일으켰지만 사실 그 기계들은 산업 발전의 원동력이었다.

대자본이 경제에 활력을 불어넣었다고 한다면, 이는 소액의 주화가 모여서 가능한 것이었다. 그렇다면 누가 '소액'을 벌었으며 그 방법은 무엇이었는지 의문을 제기해야 할 것이다. 소액의 화폐라는 표현은 지금도 자연스럽게 사용되는데, 재미있는 사실은 소액 화폐의 반의어가 크고 두꺼운 주화가 아닌 고급 지폐라는 점이다. 중세의 '소액 화폐'는 명칭에 걸맞게 동(銅)으로 주조된 작은 주화나 얇은 은박 형태 혹은 반쪽 면에 각인이 된 얇은 주화였다. 아주 일찍부터 로마 시대를 본떠서 제후들의 이름을 주화에 새겼다. 12세기에는 선전 문구를 새기기도 했다. 이는 그런 식으로도 정치적인 정보가 전파될 수 있다는 인식에서 비롯되었다. 물론 소액 화폐를 소유하게 된 '평범한 사람들'은 선전 문구를 읽을 수 없었을 것이다.

평범한 사람들은 소액이기는 하지만 돈을 가지고 있다는 사실에 감사해야 할 것이다. 왜냐하면 이전에는 많은 금액을 소유한 귀족과 그와는 아무 관련이 없는 자들로 사람을 구분했기 때문이다. 이 사람에게서 저 사람에게로 전달되면서 주화는 더 이상 희귀한 물건으로도 보호해야 할 가보로도 여겨지지 않았다. 그러자 즉시 주화의 새로운 유통 분야가 개척되었다. 평범한 사람들이 원거리 무역을 하지는 않았지만 평범한 사람들로 구성된 상인 조합은 대교역망의 좁은 줄을 지역 시장과 연결했다. 소매인, 농민, 수공업자가 여기에서 물건을 팔았고 모든 사람이 손님이 되었다.

수공업자들이 조직 형태를 고대에서 모방했다는 것은 여러 가지 이유로 납득할 만하다. 직접적인 증거가 부족하기는 하지만 로마의 교회, 법, 황제, 교육을 신뢰한다면, 로마의 동업조합에 대해서도 생각해보아야 할 것이다. 유럽 수공업의 역사에 대해서는 아직 연구가 진척되지 않았기 때문에, 동로마 제국에서 황제권과 함께 지속되었던 비잔티움의 상업적 전통과의 연계성, 로마 제국 말기에 수공업자들을 강압적으로 조직화했던 것에서 유래한 이탈리아

동업조합사(史)의 전통은 잘 알려져 있지 않다. 추측하건대 조합의 구성은 도시 제도와 더불어 이탈리아에서부터 북쪽으로 전파된 것으로 보인다.

흔히 생각하는 것처럼 촌락과 도시의 새로운 중산층이 단순히 돈에 의해서 결속된 것 같지는 않다. 그렇다고 돈이 이들을 격리시킨 것도 아니다. 오히려 중세의 중산층은 오늘날까지 영향력을 미치는 전혀 다른 특징을 가지고 있었다. 그것은 바로 도시 성벽 내의 생활공동체를 직군에 따라서 분류하는 수공업이다.

왜냐하면 제일 먼저 시민이 된 부유한 자들, 도시 영주의 종사들, 원거리 무역 상인들은 바로 일가를 이루고 인척 관계를 형성했으며, 형제회와 조합을 통해서 서로 각별한 신뢰의 의무를 졌기 때문이다. 그들, 구체적으로 원거리 무역 상인의 토대는 금전에 의한 지배권 장악이었으며, 간접적으로는 '대시민적' 역량이라는 지배권을 통한 금전의 획득이었다. 이런 역량들이 시민의 자부심을 보여주기는 했지만 '시민적' 생활의 이상을 발전시키지는 못했다. 그들은 오히려 귀족과 비슷해지기를 원했다.

자본을 이용한 지배가 아닌 수공업을 영위함으로써 살고자 했던 사람들은 동료와 함께 동업조합을 형성했다. 이를 통해서 공통의 경제적 이익이 표출되었다. 뿐만 아니라 남자 형제회도 조직되었다. 남자 형제회는 일종의 생활공동체로 중세 말에는 수공업 조합 내의 평등을 이유로 여성들도 가입했다. 쾰른의 여성 견직공 조합은 최근 여성사 연구에서 자주 인용되고 있다. 그러나 지나칠 정도로 많이 인용되는 것 같다.

같은 직군의 수공업은 동일한 권리를 원했으며 경쟁과 수입을 자율적으로 조율하고자 했다. 중세 시기 노동계 전체가 성장했던 것처럼 조합들은 수세기 동안 폭발적으로 성장했다. 그러나 아마도 후대에 와서는 '제로성장'을 조절하는 데 불행히도 실패했던 것 같다. 11세기 이래로 자신들의 존재에 대해서 문헌상의 기록을 남기기 시작한 도시의 동업조합들은 같은 도시 성벽 안에 있던 타지 출신의 상인, 유대인, 성직자 참사회[사제들의 공동체로, 참사회원들은 각자의 임무를 수행함], 대학과 마찬가지로 공동체 내부의 또 다른 공동체였다.

이처럼 중세 도시의 특징은 독특한 다양성이라고 할 수 있다. 도시는 크고 작은 집단의 복잡한 융합체이자 이 집단들의 생활공간이었다. 그러나 각 집단은 저마다 서로 다른 세계관을 가지고 있었다. 수공업자들은 단순한 양적 성장이 아닌 동업조합의 규율을 준수하면서 '정당한 방법을 통해서 빵을

13세기 중엽 쾰른에 세워진 오베르슈톨츠가의 집. [오베르슈톨츠는 '자만심'을 의미하는데] 단어의 뜻처럼 웅장하고 화려한 장식을 한 이 집은 이탈리아 풍의 인상을 오래된 교역 도시에 주고 있다. [메밀이 풍족함'을 뜻하는] 하이덴라이히라는 성(姓)이 보여주듯이 '자만'이라는 의미의 가문명은 당시 도시 귀족의 자만심을 대변한다.

제3장 | '농업혁명' 273

얻고자' 했다. 돈이 아닌 합법적 노동이 질서의 중심이었다. 때문에 이들은 상도의(商道義)를 버리면서까지 상업적 팽창을 추구하지 않았다. 대신에 독창적이고 내실 있는 상업 기술의 발전을 강조했다. 무모함과 이윤 추구가 아니라 일에 대한 충실함과 창의성이 특별한 미덕으로 간주되었다.

꽤 오랫동안 알프스 북부 유럽의 수공업은 지중해 연안 수공업의 수준을 따라가지 못했다. 그럼에도 불구하고 아직까지도 베일에 싸인 대표적인 작품들, 예를 들면 기원후 1000년경 힐데스하임의 청동 주조물, 프랑스 대성당의 사암으로 만들어진 반원형 천장의 정밀 공법, 마스 강과 라인 강 사이의 지역에서 성유물 상자에 자주 사용된 에나멜 유약술 등은 수공업의 높은 수준을 짐작하게 한다. 그러나 제작에 관련된 기법은 현재 전혀 전승되지 않고 있으며 단지 유물만이 남아 있을 뿐이다. '기술(예술)', 즉 당시 사람들이 '할 수 있었던' 모든 수공업 기술은 이론적으로는 계승되지 않았고 중세 말까지도 단지 구두상으로만 전승되었다. 그러나 이런 형태로 수공업 기술이 전수되면서 몇몇 '유파'의 운명이 알려졌다.

이런 맥락에서 유럽 노동사에 색다른 장이 열렸다. 장기간에 걸쳐서 방법과 양식 면에서 창의성이 풍부한 기술과 예술의 시대가 시작되었다. 목재와 가죽, 직물, 사기와 유리로 만들어진 것들은 대부분 소실되었다. 그러나 건축에서 디자인의 기본 유형은 독창적인 전통이 입증되고 있다. 그 예로 수공업에 이용되는 석공의 도구들은 오늘날에도 그 모양이 고대 로마의 것과 거의 흡사하다고 할 수 있다. 구두 수선공, 목수, 기와공, 가구공 혹은 대장장이의 망치는 이미 중세 시기에 다양하게 만들어져서 지금까지도 기술자들의 작업대에 놓여 있다. 참고로 석공(Steinmertz)이라는 명칭은 로마의 지배하에 있던 갈리아 지역에서 형성된 중세 초기 라틴어에서 유래한 것이다. 이 단어는 '미장공(Maurer)'에 해당하는 프랑스어 단어 마송(Maçon), 영어 단어 메이슨(Mason)과 유사하다. 이것은 바로 로마 수공업의 전통이다!

중세의 수공업은 오랜 노력을 통해 1500년경 기술적으로 정점에 도달했다고 생각된다. 그러나 몇몇 부분은 이미 그 이전에 최상의 업적을 달성했다. 예를 들어 힐데스하임 대성당에서 베른바르트의 문에 있는 청동 부조물은 탁월한 부조 기술을 보여준다. 이와 같은 수준의 기술은 일반적으로는 르네상스 시대에 와서야 가능한 것으로 여겨졌다.

많은 기술이 타지에서 도입되었다. 가죽을 만지는 스페인의 기술, 보석을 다루는 아랍의 기술, 이탈리아의 유리 기술 등이 그 예이다. 가죽, 유리, 직물, 석공과 금속술은 대부분 해당 분야의 장인들과 함께 수입되었다. 이들이 만든 생산품과 우리가 생활하는 데 꼭 필요한 '성실한' 수공업은 시간이 흐르면서 서로 분리되어 새로운 분야를 형성했다. 그 결과 목재, 금속, 점토, 석재, 가죽, 직물이 전문화되었다. 14세기 뉘른베르크에는 다양한 제품을 생산하는 금속 공예술 분야에 60개 이상의 동업조합이 있었다.

"천 리 길도 한 걸음부터"라는 속담처럼 전통을 고수하는 수공업도 서서히 발전했다. "도제는 무엇인가를 시작한 자이고, 직인은 무엇인가를 할 수 있는 자이며, 장인은 무엇인가를 고안해낼 줄 아는 사람이다"라는 문구에서도 알 수 있듯이, 장인의 명품과 같이 수련 기간의 직인은 천천히 그리고 계획적으로 발전을 향한 발걸음을 재촉했다.

가난한 사람들

교역과 수공업, 상품과 도로가 부유한 사람들에게 걱정거리를 제공했으리라고 추측할 수 있을 것이다. 적어도 유복한 사람들에게는 그러했을 것이다. 이는 구걸용 지팡이만을 가지고 있는 가난한 사람들의 문제는 아니었을 것이다.

걸인은 중세 스웨덴에서 '지팡이 든 자'로 불렸다. 걸인의 지팡이는 방랑자의 지팡이였다. 어떻게 해서 걸인의 지팡이가 생겨난 것인지는 알 수 없다. 그러나 스칸디나비아 반도에서는 이미 1,000년 전에 사람들이 노동을 통해서 빵을 얻었던 것이 아니라 지팡이에 의지해서 빵을 구걸했다는 것을 알 수 있다. 이는 특정 지역이 빈민 구호의 부담을 너무 많이 지지 않도록 이곳저곳으로 구걸을 하러 다니기 위함이었으리라. 이러한 생활은 궁정에 정착하지 않고 이동하면서 판결을 내리고 왕령지에 모인 곡식을 종자들과 함께 소비했던 왕의 생활 습관과 유사했을 것이다. 구걸은 어쨌든 가난한 이웃에게 달리 도움을 줄 수 없었던 사회에서 살아남기 위한 유일한 강구책이었다. 그렇다고 해서 당시 사회에 자비심이 전혀 없었던 것은 아니다. 걸인이 대문을 두들기는 것은 [다른 집으로 또 구걸하러 가야 하기 때문에] 그 걸인이 곧바로 돌아오지는 않는다는 것을 암시했지만, 되돌아오는 걸인을 어느 누구도 막지 않았다.

걸인은 공동체에서 배제되었기 때문에 법적인 권리가 없었다. 주인, 친족, 공동체와 같이 집단에 소속된 사람만이 권리를 가질 수 있었다. 걸인들이 뭉치려고 했던 시도가 없었던 것은 아니지만 중세 말기까지는 걸인 조합이 형성되지

15세기 목판화 속 걸인 집단. 다른 사람과 차이를 보이는 걸인 집단의 복장이 특징적이다.

않았다. 하지만 구걸 행위는 재산 소유자나 노동자의 공동체에서 소외되는 것을 의미했다. 집과 농가 또는 최소한 부모의 집을 떠나거나 잃어버린 상태로, 어려움에서 벗어날 수 있는 장소를 찾아 여기저기 떠돌아다니는 것을 의미했다. 토지를 소유한 귀족과 예속 농민으로 단순하게 구분되었던 옛 사회에서는 노동 능력을 상실한 사

환자를 치료하고 있는 안과 의사.

람도 공동체의 보호를 받을 수 있었기 때문에 사회적 결속력이 더욱 강했다. 우리의 할아버지들도 마을의 걸인이 농가를 돌아다니면서 음식을 구할 수 있었다고 회상한다. 그러나 영주가 부역 농장 제도, 영주 제도, 장원 제도에 필요한 인력만을 남기고 남아도는 예속민들을 해방시켰을 때 이들 중 상당수는 개간이나 도시로의 이주를 통해서 성공했지만 나머지는 비참한 상태에 빠졌다. 아마도 당시에는 아주 오래되고 초보적인 단계였던 사회 보장, 즉 노동 능력을 상실한 사람을 구제해주던 사회적인 결속력이 작동하지 않았을 것이다. '비참'이란 바로 '토지 밖으로 밀려난' 상태를 의미했다.

'가난'이라는 단어의 어원은 주고받음의 원칙만큼이나 오래된 것이다. 오늘날에도 세계 인구의 3분의 1 정도는 빈곤으로 고통받고 있으며 이들에게 도움의 손길이 주어지고 있다. 우리는 말로는 나눔을 이야기하지만 역사적으로 사람들은 진정한 나눔을 실천하지 못했다. 성서의 충고대로 두 개의 의복 가운데 한 개를 가난한 자에게 준다면 우리의 문화는 종말을 고하고 말 것이다. 그리스도교적 중세 역시 야만적인 원시시대와 마찬가지였다. 여러 면에서 우리 시대 역시 자선 이외의 다른 방도를 찾지 못하는 실정이다.

'자선'이라는 말은 아주 일찍부터 이교도였던 게르만족에게 전해진 초대 교회의 언어이다. 가난한 자에게 자선을 베푸는 것은 교회의 특별한 계율이었으며, 자선 행위는 구원을 약속했다. 그러나 이러한 종교적 계율을 통해서 그

리스도교가 독창적인 무언가를 창조하지는 않았다. 왜냐하면 이슬람교나 유대교 같은 다른 세계 종교들도 동일한 행위를 요구하고 권장하며, 기본적으로 자선 행위가 인간의 원초적인 자비심에 근거하기 때문이다. 어느 누구도 자선 행위를 통해서 사회를 변화시키지는 못했다. 토지와 토지 소유권의 박탈, 재산 이동이 이제 막 시작되던 9세기에 이미 중세 그리스도교 사회는 바이센부르크의 수도사 오트프리트의 말에 따라서 '가난한 자와 부유한 자'의 총체로 사회를 파악되었다. 가난한 사람들은 도움을 받아야만 했다.

초대 교회 시대부터 가난한 사람들에게는 본래 신자들의 수입의 10분의 1이 분배되었다. 오랫동안 교회의 십일조는 중세의 유일한 일반 조세였다. 이는 교회의 탁월한 조직력에서 나온 것이다. 십일조는 상황에 따라 차이가 있었지만 '교회', 즉 교회 건축물, 성직자, 교회가 부양하는 가난한 이들을 위한

1477년에 제작된 아우크스부르크의 목판화. 걸인, 장애인, 환자들은 중세 말기 사회의 필연적인 구성원이었다. 그림 속 축제 장면에서 나타나듯 구걸하는 가난한 이들은 어느 곳에서나 찾아볼 수 있었다.

것이었다. 그리스도교 세계 내에서 공납을 수납하는 경로는 나라들마다 다양했지만, 대체로 교회와 세속 영주들이 가난한 사람들보다 더 많은 혜택을 누렸다. 걸인이 여러 사람들에게서 조금씩 구걸을 하듯이, 교회와 가족의 축일, 결혼과 장례식 날은 서로가 부담을 나누는 날이었다. 장례에는 특별한 의미가 있었다. 그리스도교는 가난한 자를 도움이 필요한 사람으로 여겼다.

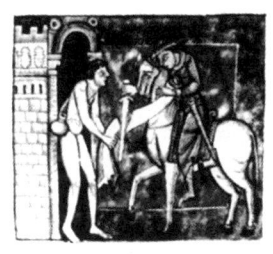

성 마르티누스에 대한 전설은 그리스도교적인 사회봉사의 원형으로 조형예술 분야에서 빈번하게 소재로 채택되었다.

뿐만 아니라 자선을 베푼 사람에 대한 종교적 감사의 표시로 특별한 보답을 걸인에게 요구했다. 가난한 자의 보답은 기도였다. 천상의 신의 심판에서 기도보다 더 가치 있는 것은 아마도 없으리라. 성서나 성인들의 일생이 주는 수많은 교훈과 심지어 사람들을 올바른 길로 인도한다고 믿어지는 민간신앙에 의하면, 자선은 바로 천국으로 가는 길이었다. 왜냐하면 그리스도교적 자비에 대한 보답으로 진심에서 우러나온 기원은 저 세상까지 닿으므로, 걸인이 자선을 베푼 사람을 위해 한 기도는 저 세상에서 영원한 효력을 발휘하기 때문이다. 이렇게 해서 자선 행위는 매년 기일이 되면 죽은 자를 추모하는 것을 목적으로 이루어졌다. 자선을 위한 교회의 특별 기구인 수도원은 매일 '가난한 자들을 위한 음식' 배분을 통해서 사회봉사를 수행했다. 지금도 수도원의 문 앞에서는 이러한 형태의 경건한 사회봉사 활동이 이루어지고 있다. 수도원은 신앙심에서 우러나온 기증에 대한 보답으로 죽은 자를 위하여 추모 기도를 드리고 자선을 베풀었다. 특정 추모일에는 사자(死者)의 식사에 초대를 받고 가난한 사람들이 구름처럼 몰려들기도 했는데 클뤼니 수도원이 특히 그러했다. 하지만 가난한 이들은 점차 수도원 재정에 부담이 되었다.

교회는 빈곤에 대처하기 위해서 다른 수단을 찾아냈다. 이미 성서에서 현세의 보상은 이 세상을 살아가는 사람들에게만 이루어진다고 밝히고 있기에 새로운 수단은 이 세상의 것과 관련이 없었다. 오히려 그리스도교 세계의 가난한 사람들은 내세에서의 확실한 보상을 더 기원했을 것이다. 이 또한 새로운 것은 아니었다. 초대 교회 시대 이래로 모든 수도사는 개인 재산의 소유를 포기했다. 하지만 그리스도교가 유럽에 확산되면서 맺은 교회와 세속 간의 타협은 빈곤에 대한 그리스도교적 이상과 대립하였다. 물론 양자 사이의 모순을 강조하는 것은 교회와 문화에 대한 값싼 비난에 불과하다고 할 수도

14세기의 장례 장면. 마르부르크의 엘리자베트 성당에서 볼 수 있다. 장례 장면에서 성녀는 세 번 등장하는데, 먼저 양손을 펼친 전형적인 모습이 아니라 손으로 십자가 형태를 취한 채 관 속에 누워 있는 모습이 특이하다. 다음으로 사후의 모습을 다룬 작은 그림에서는 다른 영혼들과는 달리 어린아이의 모습으로 묘사되어 있지 않다. 마지막으로 그리스도와 십자군 원정 중에 사망한 콘라트 백작 사이에서 후광이 그려져 있는 그녀의 모습이 보인다(콘라트는 독일 기사단의 복장을 하고 있다). 여기에서 콘라트는 '수도원의 건설자'로서 복자위[福者位: '복자'는 생전의 덕성과 행적이 매우 뛰어나서 모든 신자의 귀감이 되어 추앙받는 인물로 복자위는 그러한 지위를 말함]에 올려졌다. 이 작품에서도 지팡이와 버팀목에 의지한 채 비참한 모습으로 윗옷만을 걸치고 있는 장애인과 같은 가난한 이들에게 관심이 쏠려 있다.

있겠지만, 인간 존재에 대하여 깊이 생각해본 사람이라면 아마도 이 모순이 인간의 존재성과 관련이 있다고 결론을 내릴 것이다. 천국에 대한 약속이 천국으로 인도하지는 않는다.

바꿔 말하면 그리스도 교도는 그리스도가 가난했다는 사실을 자각하려고 했으며, 그리스도와 같은 삶을 선택함으로써 추종자가 되고자 했다. 11~12세기에 토지에 대한 속박이 사라지고 유동성이 늘어나면서 새로운 도

베른의 성내 도서관에 소장된 12세기의 필사본. 말과 함께 살레프 강에 빠진 황제 프리드리히 1세가 익사하고 있다. 일반적으로 아기는 내세에서의 새로운 삶을 상징하는데, 포대기에 싸인 아기의 모습으로 그려진 그의 영혼을 천사가 신에게 넘겨주고 있다.

병원이나 환자 치료소는 처음에는 수도원에 의해, 12세기 이후로는 종교적 형제단에 의해, 중세 말부터는 도시 자치 행정부에 의해 설립, 운영되었다. 도시들은 독자적으로 공공의를 고용하고 가난한 이들을 위한 호민관과 걸인 담당 관리를 임명하여 수도원의 사회봉사 활동을 대체했다. 프랑스 토네르의 병원은 이러한 사회보장의 규모를 잘 보여주고 있다.

시의 흡입력이 강화되자, 빈곤과 부는 이제 수십만 명의 비귀족 계층 속으로 번져갔다. 그 결과 처음부터 권력을 차지하거나 아니면 죽임을 당해야 하는 거대한 인생의 드라마가 시작되었다. '강자와 약자'라는 오래된 대립은 새로운 의미를 가지게 되었다. 「니벨룽겐의 노래」에서도 한 쌍의 개념으로 묶어서 표현했던 '고귀함과 부유함'의 개념은 해체되기 시작했다. 인구 증가의 숙명적 결과인 가난하고 스스로를 보호할 수 없는 사람들은 '빈곤'으로 빠져들었지만 설교와 복음을 통해서 교화된 그리스도 교도들은 자발적 빈곤을 천국으로 가는 확실한 길로 인식했다. 그물망을 이루며 전파되었던 교회의 본당들은 성서에 나오는 이야기를 교회 벽면에 묘사함으로써 이를 뒷받침했다. '그리스도를 모방하라.' 그는 마침내 가지만 남은 앙상한 나무에 못 박힌 벌거벗은 인간의 모습으로 다가왔고, 가시면류관을 쓴 헐벗고 메마른 그리스도의 모습이 이후 교회에 새겨졌다. 이 상(像)은 '로마네스크 양식'의 교회가 만들었던

같은 시대에 세워진 본의 시립 병원 역시 도시가 환자의 보호에 관심을 가지고 있었다는 확실한 증거이다.

세계 지배자로서의 그리스도상을 대체했다. 대관식을 거행하는 그리스도가 성당의 반원형 벽감[벽체의 일부가 오목하게 패인 부분으로 일반적으로 이곳에 조각품을 세움]에 새겨져 있었는데, 그 모습은 가까이 다가가기 어려울 정도의 위엄을 보인다. 바로 그곳에서 로마의 황제들이 대관식을 올렸다. 옛 교회의 모자이크와 석조 양각에는 세계의 지배자인 그리스도가 추상적인 대상이자 도저히 근접할 수 없는 대상으로 표현되었다. 반면에 십자가상의 그리스도는 입체적으로 묘사되었다. 허리가 굽어 있고 고통을 받으며 피 흘리는 남자는 육체적으로 친근하게 다가왔다. 10세기에 쾰른의 주교 게로가 주문 제작한 십자가를 제외하면, 고통 받는 그리스도상은 11세기 이후에 불기 시작했던 새로운 종교적 소망의 예술적 표현이었다. 새로운 그리스도는 강렬한 인간적 친근감을 대변하는 동시에 매우 거세게 일었던 평신도의 자의식을 입증한다. 평신도들은 가난하고 초라했던 그리스도의 삶을 가난 속에서, 그리고 순회 설교를 하면서 본받으려 했다.

클뤼니의 수도원 개혁은 사도들의 청빈을 따르지 않았다. 수도사의 개인적인 청빈은 당연한 것으로 생각되었지만 그것과는 반대로 전체 수도회는 거대한 부를 소유하고 있었다. 이는 격식에 어울리는 미사를 거행하기 위한 전제 조건이었다. 고귀한 신앙심의 소유자들은 자발적으로 인간적인 욕망을 포기했다. 그렇다고 해서 그들이 세속적 권력을 전부 포기한 것은 아니었다. 클뤼니의 이상이 수도원 제도 안에서 관철되고 또 교황을 끌어들이면서 황제의 권리 대신에 교황의 주장(1074년의 교황 교령은 교황이 모든 이를 심판할 수 있으며 어느 누구도 교황을 심판할 수 없다고 명백히 주장하고 있음)을 인정하자 그리스도교 세계의 변혁을 요구하는 화살이 팽팽하게 당겨지기 시작했다. 활은 부러지지 않았다. 반대로 최하위 사회 계층의 저항 세력을 불러 모았다. 청빈이 부에 맞섰고 순종이 지배에 맞섰다. 뿐만 아니라 처음으로 여성들이 독자적인 방식으로 그리스도교 남성 세계를 변혁시키고자 했다.

평신도의 종교운동은 도시 생활이 가장 발전한 곳에서 시작되었다. 롬바르디아, 프랑스 남부, 프랑스 북부와 벨기에가 그 장소이다. 아르브리셀의 로베르, 티론의 베르나르, 로잔의 앙리와 같은 순회 설교사들은 12세기로 전환되던 시기에 수많은 남녀 추종자를 주위에 모았다. 그리고 청빈한 사도의 삶을 지속적으로 실천하고 하느님의 말씀을 전파하고 또 들으면서 세계를 변혁하고자 했다(이는 역사 속에서 기성 교회와 대립하여 즉시 사라져버린 여타의 유사한 민중운동과 견줄 만하다). 교회는 같은 변혁의 시도를 제한된 범위 안에서만 용납했다. 이 설교사들은 순회 설교를 위해서 장래가 보장된 외교관직을 포기한 독일의 성직자 크산텐의 노르베르트처럼 이단이라는 비난에 현명하게 대처했다. 그들은 민중 선교를 위해서 임시로나마 교회의 허락을 받기도 했다. 그러나 성직자 계급의 불안은 가중되어갔다. 귀족적인 기성 교회에 대한 도전은 너무도 거셌다. 마침내 순회 선교사들은 새로운 수도회 설립을 통

순회하는 탁발 수도회의 수도사. 13세기 말부터 탁발 수도회가 이탈리아, 프랑스 남부, 네덜란드와 같은 인구 밀집 지역에서 대거 등장한 이후, 개방적인 종교 공동체가 형성되었다. 유래가 확실하지 않은 베가르트회[12세기 네덜란드에 설립된 반(半)세속적인 종교 단체]나 베긴회[12세기경 벨기에에서 설립된 여성 수도회로 이단의 혐의를 받기도 했음]와 같이 제도권 속으로 들어온 속인 수도회는 기존 교회로부터 의심의 눈총을 받아야 했다.

해서 도피처를 찾았고, 대중운동은 수도원의 벽 뒤에서 막을 내렸다.

그럼에도 불구하고 새로운 경향이 대두했다. 바로 이중 수도원이다. 수사와 수녀를 위해서 창립된 병렬적인 수도 단체와 유사한 기구들은 고대 교회에도 존재했다. 이중 수도원은 비잔티움에서는 8세기에 완전히 금지되었지만 서유럽 그리스도교 세계에서는 계속 존속했으며, 12세기에 와서는 놀랄 만한 혁신을 보였다. 남성과 여성은 공동으로 같은 수도 장소에 머물렀고 같은 교회를 사용했다. 물론 생활은 별도의 건물에서 이루어졌다. 수도원 전체의 운영에 대해서는 종종 수녀원장이 책임을 졌다. 이들은 종교적 에로스를 순화시키면서 공동체적 수도 생활을 영위했다. 남성 사제가 존경을 받았지만 그럼에도 불구하고 귀족과 시민 출신 여성들이 무리를 지어 이러한 종교 단체로 몰려들었다. 아마도 이들은 사회적으로 궁핍한 생활 때문에, 원하지 않는 결혼을 피하기 위해서, 혹은 종교적 자기실현을 하고자 수도원에 들어왔던 것으로 보인다(물론 종교적 자기실현에 대한 동경을 입증하는 직접적인 증거는 전혀 남아 있지 않다).

새로운 이중 수도원은 프랑스, 독일 서부, 벨기에, 잉글랜드에서 그리 오랫동안 지속되지 않았다. 반면에 크산텐의 노르베르트가 세운 새 수도회 프레몽트레회는 다수의 여성을 받아들였다. 그러나 이 수도회는 12세기 말경 여성 수도사와 다시 결별했다. 1098년 수도원 내부의 개혁 논의를 통해서 설립된 시토 수도회는 본래 민중운동과는 거리가 있었지만, 많은 수녀원을 세우고 관리하면서 지금까지 이어지고 있다. 따라서 여성들의 종교적 각성에 대해서는 이목을 집중하지 않았다. 그 결과 여성들은 경로를 모색하였고, 이렇게 해서 13세기에 베긴회로 불렸던 독자적인 종교 단체가 발전했다. 교회에서는 수도회로 인정받지 못했지만 베긴회는 프랑스 북부, 라인 강 하류 지역, 네덜란드로 확산되었다.

클뤼니와 시토 수도회 그리고 그레고리우스파의 개혁자들 가운데 그 누구도 초대 교회 시대의 사도들의 교회로 다시 돌아가자고 강조하지 않았고 청빈에 대해서도 설교하지 않았다. 교회법과 신학은 오히려 이러한 설교로부터 멀어져가고 있었다. 바로 이 때문에 청빈 운동으로부터 교회 내부에 대해 비판적인 반대파가 대두했다. 그들의 외침은 지금까지도 잠잠해지지 않고 있다. 어렵게 형성된 교회 제도가 붕괴의 위험에 처했지만 몇몇 사람만이 위급 상황을 인지하고 있었다. 그러나 이러한 인식은 오히려 올바른 신앙으로부터의 이탈로 여겨져 적대적으로 다루어지거나 정죄되었다. 흥분한 민중의 지지가 없었다면 교회에 대한 이들의 비판은 불가능했을 것이다. 동조자는 특정 집단에 국한되지 않았다. 종교적 각성을 경험한 평신도들은 성서의 가르침에 신념을 가지고 제대로 교육받지 못한 사람들의 귀와 마음을 열기 위한 투쟁에 돌입했다. 이들은 비록 교회의 식자층에 의해서 시골뜨기, 문맹자, 무식한 사람, 무지한 농민들로 불리고 속임과 억압을 당했지만, 현실을 직시하는 정의로운 자들이었다. 동시에 철저히 성서에 근거해서 진행된 하부 지향적 교육과정을 주장했던 주역들이기도 했다. 비판적 반대파들은 민중을 교화하라는 성서의 요구에 토대를 두었으며, 제도화된 교회가 맡은 바 소임을 등한시한다고 비난했다. 이로써 개개인의 자아의식에 관한 논쟁이 시작되었다. 교회의 사목 활동은 당시까지 개인을 축복하는 수준에 그쳤지만, 개인들은 이제 축복에 대한 확신을 얻고자 했다. 그렇지만 기초 교육의 저변 확대가 모든 문화적 발전의 전제 조건은 아니다. 아마도 사도들의 가르침을 준수하는 엄숙주의(엄격한 도덕적 규칙을 따르려는 입장)가 없었다면, 로마네스크 양식의 대성당이나 화려한 필사본, 심지어 세속 예술조차 우리에게 전해지지 않았을 것이다. 정의를 판단의 기준으로 삼아 '다른 중세'를 찾으려는 사람은 한 시대의 문화가 항상 과잉, 즉 개인과 개인 혹은 집단과 집단 사이의 불평등한 분배에서 비롯된 과잉의 결과임을 인식해야 할 것이다. 분배 과정을 정의하고 그 과정을 제도화시키는 작업도 문화적 특성에 속한다. 오늘날 우리의 가치 기준에 따르면 개개인의 존엄성을 존중하는 정도는 문화 수준과 비례한다. 그러나 클뤼니의 논객들에게 아직 익숙하지 않았던 청빈 논쟁은 그레고리우스 시대의 교황청에서도, 서임권 논쟁이 발생하기 이전의 반(反)교회적인 몇몇 문헌에서도 논쟁의 대상으로 다루어지지 못했다. 그러나 이 논쟁은 이후 중세 그리스도교 세계에서 결코 멈춘 적이 없으며 후스파에 의해 교회 재산이 세속으로 환원되고 개혁적인 국가 교회 제도가 형성될 때까지 지속되었다. 후기 스콜라 학파의 신학적 추상화의 결과로 그리스도인의 개인적 청빈에 대한 문제가 첨예하게 다루어졌고, 이후 관심이 집중되면서 사회정의에 관해서 그리고 부와 문화의 연관 관계에 대해서 이론적 논의가 차차 확대되었다. 때로 목숨까지 담보로 했던 이런 논쟁이 수그러들지 않았다는 사실은 권력자 대 권력자, 피보호자 대 권력자가 대립했던 문화에서 중요한 역할을 담당했다. 권력자와 피보호자는 동일한 그리스도교 세계를 놓고 대립을 벌여왔으며 둘 다 각자의 정당성을 주장했다.

이단

그리스도를 등지는 행위는 그리스도교의 역사만큼 오래된 것이다. 유다는 이를 입증하는 인물이다. 과거의 생활을 뉘우치고 신앙에 눈떠 정반대의 길로 들어선 사도 바울로는 이단에 특별한 관심을 보였다. 그는 "이단은 존재해야만 한다"고 말했으며 "이로써 올바른 믿음에 대한 이해가 더욱 깊어질 수 있기 때문이다"라고 덧붙이고 있다.

역사의 흐름 속에서 교회는 이단 문제와 지속적으로 맞부딪쳤다. 초기 수세기 동안에는 그리스도에 대한 올바른 이론을 정립하기 위해서 많은 논쟁이 이루어졌다. 박해가 끝나자 공의회는 곧바로 올바른 교리를 찾았고 이를 인정해나갔다. 그러나 로마 황제 역시 스스로 교리를 정립하려 들었기 때문에 교회는 우선 교회 내부의 문제에 개입하는 황제의 권력에서부터 벗어나야만 했다. 이후 서부에 있던 제국의 반쪽은 수도원의 비호를 받아 위험에서 벗어날 수 있었지만 교회사에서 적지 않은 수의 수도사들이 이단으로 몰렸다. 그러나 이단자들은 결코 수도원을 설립하지 않았다. 프랑스 남부, 이탈리아, 아일랜드에 있던 서유럽의 대표적인 수도원들이 신앙을 수호하는 데 앞장섰다. 이 지역의 선교자들은 6~7세기에 로마 제국의 영토 내에 건설되었던 게르만족의 거대한 지배 영역, 특히 프랑크족과 롬바르드족이 이단으로 정의했던 아리우스파를 물리칠 수 있었다. 그러나 4세기에 교회를 거의 분열시켰던 아리우스파는 제국의 북쪽 변방에 있던 고트족에게 전파되었다. 이는 삼위일체론, 그리스도의 신성(神性)과 인간화, 성사(聖事)의 초월성에 관한 문제였다.

심층적인 영향력 때문에 과소평가할 수 없었던 새로운 이단이 7~8세기 비잔티움 제국에서 확산되었다. 이번에는 천사들의 타락에 대한 성서의 기록이 발단이 되어 신의 장남인 사탄이 신의 초월적 창조에 맞서 가시적 세계를 만들었다는 주장이 제기되었다. 가시적인 모든 것이 악마의 작품이라는 믿음이다. 따라서 구원으로 가는 길은 이 세상에서 찾을 수 없으며 대신에 극단적인 금욕, 자신의 욕정에 대한 부정, 행복한 죽음에의 기대를 통해 초현실적인 것에 의존하면 스스로를 구원할 수 있다는 것이다. 이 이론은 인간적인 욕망과 감정 등에서 초탈하는 초(超)인간성을 인간에게 요구하고 있다. 이러한 측면 때문에 이 이론은 지식인 계층에게만 국한되었다. 그러나 정치적 상황이 변동하면서 추종자들이 모였고, 심지어 9세기에는 비잔티움 제국의 남쪽 변경에 있던 북부 유프라테스에서 일시적이나마 정치적 독립을 이루었다. 그 이후 북부 변경에서 새로이 개종된 불가리아에 이식되어 이단적인 사회 저항 세력을 지원하기도 했다.

10~11세기에 이러한 극단적인 이원론이 새로이 개종된 지역인 보스니아에서도 대두했다. 그 결과 이 지역은 보고밀파로 개혁되었다[보고밀파는 창시자인 보고밀 신부의 이름에서 유래한 이단 종파로, 이원론을 바탕으로 하여 물질계를 악마가 만든 것으로 보았고 결혼, 육식, 음주를 멀리 했다]. 보고밀파는 아마도 상인들을 통해서 프랑스 남부와 이탈리아 북부로 전파된 것으로 보이는데, 탄압을 받아 오랫동안 소멸된 것으로 여겨졌다. 그러나 12세기 말에 프랑스 남부와 롬바르디아 지역에서 이원론적인 교리가 다시 죄로 가득한 현세와 천국을 분리하기 시작했다. 이후 순회 설교사들이 교리를 급속히 전파하면서 광범위한 추종자 집단이 형성되었다. 사람들은 순회 설교사가 현세에서 죄를 범한 신자들까지 천국으로 인도할 수 있다고 믿었다. 임종의 침대에서도 콘솔라멘쿰, 즉 물을 사용하지 않는 안수 세례로 성령을 전달할 수 있다고 생각되었고, 순회 설교사들만이 '순수한 자들'이 될 수 있다고 여겨졌다. '순수한 자들'은 그리스어로 '카타로이(Katharoi)'인데, 여기에서 이단이라는 뜻의 이탈리아어 '가차리(Ggazari)', 독일어 '케쳐(Ketzer)'가 생겨났다.

따라서 교리적으로 볼 때, 카타리파만이 이단이었다[카타리파는 보고밀파의 영향을 받아 극단적인 이원론과 금욕주의가 특징이었던 무리로 '카타르파'라고도 하며, 프랑스 남부 툴루즈 주변 지역을 중심으로 활동한 분파는 별도로 '알비파'라고 부른다]. 이는 어느 정도 타당하다고 볼 수 있다. 왜냐하면 그 밖의 많은 '이단들'은 교회의 신앙에서 교리적으로 이탈했던 것이 아니라, 권위와 교리에 대한 복종에서 멀어졌기 때문이다. 그러나 교회법에서 카타리파는 모든 유형의 '이단'을 총칭하는 용어로 규정되었다. 교리상의 차이점만 가지고는 이단의 여부를 판단할 수 없었을 것이다. 이전에는 교회 회의와 주교 회의에서 교리상의 차이에 대해 당사자들과 설전을 벌이기도 했다. 그러나 개개인은 어떤 처벌도 받지 않았다. 종종 성직자들에게 수도원 구금이 내려지거나, 민중의 분노가 폭발해서 이교도 시대부터 사용된 화형장으로 이탈자를 끌고 가는 비극적인 결과를 낳기는 했지만 말이다. 상당수의 문제는 교회 내에서 해결되지 않았다. 투르의 베렌가리우스와 주교 사이에 벌어진 대결 같은 것들은 그 파장이 특히 심각했다. 교구에서 주교 다음의 위치에 있는 사제이자 주교좌 성당 부속학교의 교사였던 베렌가리우스는 축성된 성체 안에 현존하는 그리스도의 자연적인 육신을 인정하려 들지 않았다. 그는 단지 육신의 상징적 신성화로 보고자 했다〔중세 이전에는 예수의 현존이라는 실재가 미사에서 사용되는 빵의 표징 안에 있다고 보았던 것에 반해서 중세에는 빵의 형상은 그대로 남아 있고 실체, 곧 빵의 실재와 본성이 그리스도 자신이 된다고 해석했다〕. 몇 차례의 담판을 거친 후에 로마에서 온 추기경 힐데브란트, 즉 후의 그레고리우스 7세도 동조하는 것으로 보였다. 그는 베렌가리우스에게 로마에서 변론의 기회를 부여했지만 별다른 진전을 이끌어내지는 못했다. 1079년 교황의 자격으로 그는 다시 한번 베렌가리우스를 교황청으로 초대했으나 그곳의 사람들은 이 문제에 대해서 확신이 없었다. 결국 베렌가리우스는 자신의 주장을 철회해야 했고, 이 문제는 오늘날까지도 몇몇 그리스도교 교회를 갈라놓고 있는 실정이다.

이러한 상황에서 이단을 규정한다는 것은 쉬운 일이 아니었으며, 확실히 정할 수 있는 문제가 아니었다. 오히려 한두 세대가 지난 후, 신앙을 증명하고 합리적으로 가르치려는 시도에서 '신학'을 발견했을 때 비로소 사람를 확고부동한 자세를 보였다.

이러한 노력으로 스콜라 철학과 엄청난 사상적 위업이 이루어지게 되었다. 그러나 사상적 발전으로 인해서 몇몇 사상가들이 분열하는 대립적 상황이 전개되었다. 구체적으로는 백작의 아들이었던 피에르 아벨라르(페트루스 아벨라르두스)를 들 수 있는데, 그의 이성 신학은 삼위일체의 신비를 설명하고자 했다. 한편으로는 그리스도 교도와 다른 한편으로는 유대 교도 또는 이슬람 교도 사이의 이해를 돕고자 했다. 그의 스승이자 동료였던 질베르 드 라 포레, 수백 년 동안 사용된 신학 교과서의 저자였던 페트루스 롬바르두스, 한 세대 후에 지대한 영향력을 행사했던 피오레(플로리스)의 요아킴과 같은 인물들도 거명할 수 있을 것이다. 요아킴의 이론은 우리에게도 생각할 여지를 남기지만 당대인들은 그로 인해서 골머리를 앓는 수준이었다.

이상으로 신학에 관한 이야기를 마치고자 한다. 평신도들 사이에서도 '이단'이 나태함이나 정통 교리로부터 이반(離反)의 결과는 아니었다. 반대로 평신도들은 자신들의 종교적 열정이 다르게 표현되었을 뿐이라고 생각했다. 이는 민족어로 쓰인 성서에 대한 열망이었으며, 순회 설교사나 사도들의 삶을 그대로 모방하는 후계자로서 품었던 근본적인 생활 변혁에 대한 열망이었다. 또한 모든 그리스도교 교도가 설교를 할 수 있는 자유에 대한 열정이기도 했다. 이 열망들이 교회의 생활 형식과 일치하지는 않았지만 아마도 충족되었을 것이다. '올바른 교리' 안에 머물러 있는 한, 사도들이 걸어가는 모든 길은 수도원으로 이어졌기 때문이다. 그러나 설교의 자유에 대한 갈망은 교회를 해체할 정도로 위협적이었다. 자격이 있는 성직자에게만 성사를 받겠다는 주장 역시 위협적인 것은 마찬가지였다.

사도로서의 청빈한 삶과 평신도 설교와는 달리, 성사에 대한 주장은 이미 클뤼니의 수도원 개혁과 맞물려 있었다. 이 주장은 구체적으로는 고위 성직자들, 즉 결혼, 귀족적 지위, 정치적 이해관계 등에 의해 임명된 주교좌 성당 참사회원들이나 주교들에 대한 도전이었다. 개혁자들의 기준으로 볼 때, '성직매매자들'이나 '결혼한 사제들'은 직책에 부적합한 자들이었다.

이런 맥락에서 교회는 고대 말기의 통치 관례를 부정할 수 없었다. 특히 이단과의 전쟁에서 확고한 입장을 정립하려던 시기에는 더욱 그러했다. 물론 여기에는 황제의 정책에 대항해서 교황의 이익을 관철시키려는 의도도 숨어 있었다. 황제의 편에 섰던 대주교와 그 추종자들에게 대항하여 밀라노에서 파타리노의 반란이 일어난 것은 이 때문이다. 자세한 사항은 이미 2장에서 이야기했다. 그레고리우스의 지지자들이 로마에서 승리를 거두자 급진적인 동반자들은 더 이상 환영받지 못했다. 북부 이탈리아의 파타리노는 개혁에 대한 열정에도 불구하고 관심 밖에 놓였다. 이는 다른 평신도 운동도 마찬가지였다. 이들은 참된 공동체 안에서 겸손을 받드는 수도원 생활을 영위하고자 했다. 그러나 그것이 종교적인 색채를 띠든 그렇지 않든 간에 단지 시도하는 수준에 그쳤을 뿐 성공적으로 전개되지는 못했다. 억겸파〔12세기 이탈리아에

평신도가 수도원 같은 공동체 생활을 영위했던 북부 이탈리아의 '억겸파'를 소재로 한 그림. 실 짜기, 양모 손질, 길쌈과 같은 여성의 일을 보여준다. 그림에서 나타나는 것처럼 기계화가 상당히 진전되어 있었고 페달을 이용한 베틀은 모직물 산업의 발전에 지대한 기여를 했다. 15세기에 제작.

시토 수도회의 건축양식은 중앙 집중적인 수도회의 조직 구조만큼이나 구조적인 통일성을 보여준다. 평평하지만 거대한 수도원은 그 규모에도 불구하고 아름답다. 금욕적인 시토 수도회의 교회는 교회를 치장하는 장식품과 내부 장식을 생략하고 있다.

서 결성된 급진적 성향의 수도회로, 고행의 생활을 하면서 가난한 사람들을 도왔음] 역시 실패하고 말았다.

개혁에 대한 열정이 교회 내부에 자리를 잡자 더 많은 시도가 나타나기 시작했다. 새로운 수도회의 창설이 대표적인 예이다. 억겸파의 노력이 동조를 얻지는 못했지만 12세기로 전환되는 시기에 순회 설교사들은 수도회의 창설자가 되었다. 수도회 설립지인 프랑스 '프레몽트레'의 지명을 딴 프레몽트레회는 크산텐의 노르베르트가 회칙을 제정하고 교황의 승인을 받았는데 젊은이들 사이에서 큰 호응을 얻었다. 꽤 오랫동안 이중 수도원이 운영되기도 했다.

한편 새로운 수도회 하나가 갑자기 특별한 비중을 차지했다. 본래 이 수도회는 베네딕트 수도회에 관한 논의를 계기로 생겨났는데, 평신도들은 이 논의에 참여하지 않았다. 이 수도회는 11세기 말에 많은 사람이 클뤼니 수도회 역시 개혁할 필요가 있다고 생각하면서 탄생했다. 구체적으로는 더욱 엄격한 금욕주의를 주장했고, 교회와 미사에서 나타나는 귀족주의적인 화려함과 너무 세세한 교회 의식에 대해서도 문제를 제기했다. 시토에서는 베네딕트 수도회의 새로운 형태가 생겨났다. 이 시토 수도회는 20년 후에 클레르보의 베르나르두스라는 정열적인 젊은이를 유럽에서 일순간에 유명하게 만들었다. 그 결과 이 수도회는 이후 수세기에 걸쳐서 250개 이상의 수도원을 보유하게 되었다.

현대와 고고학적 발굴 자료를 토대로 하여 재구성한 1100년경의 촌락 모습. 개개 농가에는 목책 바리케이드가 있고, 뒤편에는 석조 건물도 보인다. 강 건너편은 경작지이다.

1	2
3	

중세의 놀이용 카드에 등장하는 다양한 직업들.
1. 급사.
2. 전령.
3. 궁정 관리.

14세기의 필사화. 도시에 거주하던 다양한 신분 계층을 묘사한 작품으로, 당대의 의복과 다양한 작업 도구를 살펴볼 수 있는 귀중한 사료적 가치를 가진다. 인력으로 작동하는 기중기의 모습이 매우 특이하다.

◀ 토지 상속과 관련된 소송 장면. 제일 위의 그림에서는 촌락공동체 대표가 분쟁을 조정하고 있다. 뒤이어 토지를 분봉받는 남성의 모습이 등장하고, 그와는 반대로 그의 형제들이 자신의 상속분을 요구하는 모습이 이어진다. 마지막 장면에서 백작이 등장하여 분쟁을 해결한다. 독일 중북부의 볼펜뷔텔에 보관되어 있는 『작센 법전』의 한 장면이다.

▼ (왼쪽) 와인을 마시는 장면. / (오른쪽) 와인 제조 과정.

한 농부는 낫을 이용하여 풀을 베고, 다른 농부는 도끼로 나무줄기를 자르고 있다. 건초는 동물의 사료로 사용되었고, 나무는 건축과 땔감으로 사용되었다. 『작센 법전』의 필사화.

▲ 주거지, 교회, 물레가 방어용 성벽으로 둘러싸여 있다. 출처는 레프고의 아이케가 수집한 관습법집인 『작센 법전』이다.

▲ 농경지 정리, 과실수 식목, 고기잡이, 경작지 개간 등 농부들의 다양한 노동 장면.

◀ 농부가 쇠스랑을 가지고 작업을 하는 장면.

▲ 영주가 농부에게 세습임차료에 관한 문서를 전달하는 장면. 계약이 작성된 후에 농부들은 새로운 토지를 경작하고 살 집을 건축했다.

▲ 토지를 소유하지 못한 시골 사람들은 보통 떠돌이 생활을 했다.

4월의 농사 장면. 독일 트리어에 있는 한 성탑에서 그려진 이 프레스코화에는 쟁기질, 써레질, 파종을 하는 농부의 모습이 보인다. 정원에서 즐기고 있는 귀부인들의 모습과는 대조적이다. 15세기에 제작된 것으로 화려한 색채가 특징적이며, 궁정 문화와 농촌의 삶을 동시에 보여준다.

독일 밤베르크시의 전경. 1493년에 제작된 목판화로, 하르트만 셰델이 작성한 『세계 연대기』에 들어 있다.

▲ 독일 밤베르크의 화려한 건축물과 궁정 생활의 모습.

▲ 이상적인 중세 도시의 모습. 독일 로텐부르크시를 묘사한 이 그림에는 도심 한복판에 위치한 교회를 중심으로 규격화된 상가들이 배치되어 있다. 도시 전체의 이상적인 모습을 보여주기 위해서 허름한 일부 건축물은 생략된 상태이다.

◀ 다양한 운송 수단. 직접 나무를 끄는 사람, 짐마차, 짐을 나르는 소와 말 등을 볼 수 있다.

▼ 수력, 풍력, 인력을 이용한 기구는 전근대사회의 대표적인 작업 수단이었다.

직업군에 따른 다양한 도구들.

▲ 여가를 즐기는 모습을 그린 중세의 프레스코화로, 이러한 모습을 소재로 삼은 프레스코화는 매우 드물다. 귀족들의 주요 여가 활동은 춤이었으며, 그림 하단에서처럼 사냥 역시 중요한 여가 활동이었다.

▶

화려한 복장을 한 궁정의 여인들. 이들이 늘 이런 복장을 착용했던 것은 아니고, 대중들의 앞에서만 과시적으로 화려한 복장을 착용했다. 중세 말기의 복장 규정은 비귀족 계층이 귀족들의 복식을 답습하는 것을 금지했다.

▲ 도시 한복판에 위치한 우물은 시민에게 식수를 제공하는 실용적인 목적보다는 도시의 상징물로서 대외적인 전시효과가 더 컸다.

◀ 독일 레겐스부르크시의 분수.
도시 생활에서 분수는 소통의 장소였다.

이탈리아 피렌체의 환전소 모습으로, 현대적 기법에 의해서 재구성된 것이다.

중세의 광산. 중세 말기에 채굴용 열차의 도입으로 광산 개발에서 상당한 진전이 나타났다. 당시 광부들이 사용했던 모자와 의자를 볼 수 있다.

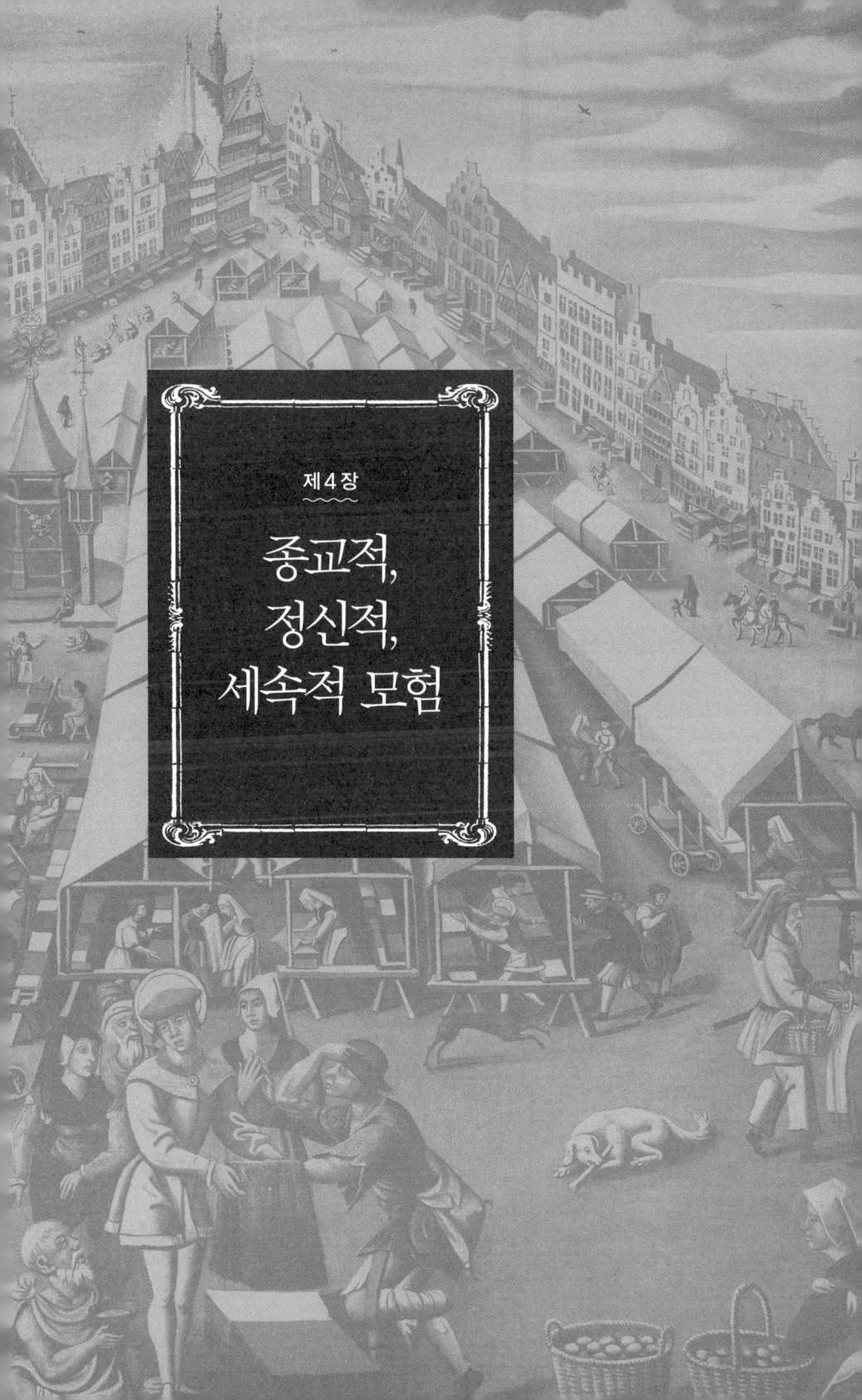

제4장

종교적,
정신적,
세속적 모험

새로운 이단-새로운 수도회

    11세기 초에 샹파뉴, 마인츠, 아키텐, 오를레앙, 아라스, 그리고 다시 토리노에서 발견된 이단들은 스페인과 고슬라까지 자신들의 교리를 전파했다. 이 과정에서 이단들은 체포되어 심문을 받기도 했다. 그들은 동방의 보고밀파의 영향을 받았던 것으로 보이는데, 그럼에도 불구하고 "단순히 교회의 교리와 성직자들에게 의존하지 않고 대신에 매우 다양한 계층에서 다양한 방식으로 독자적인 그리스도 교도의 삶을 살면서 그리스도교적으로 사고하려고 했던 것이 이들의 특징이었다"(헤르베르트 그룬트만). 그들은 밀라노에서 '넝마주이'를 뜻하는 조소적인 의미의 파타리노로 불렸다. 그러나 이들은 교황청 개혁파를 옹호하는 활동으로 그레고리우스 7세의 축복을 받기도 했던 저항적 성향의 평신도들이었다. 90년이 지나고 교회의 신앙에서 이탈하는 사람들이 다시 등장하기 시작했다. 이들을 통해 생겨난 새로운 이단 종교는 1143년에 처음으로 쾰른에서 선교가 이루어졌고 한 세대 동안 급속하게 전파되었다. 이후 툴루즈에서 개최된 이단 '주교들'의 공의회에서 이들의 신앙은 더욱 확실하게 동방의 이원론으로 귀착되었다. 이로써 '카타리파'로 구성된 조직적인 대립 교회가 형성되었다. 이들이 신봉했던 신과 악마의 이원론은 본래 출산 금지를 비롯해서 극단적인 현실 기피를 요구한다. 그럼에도 불구하고 귀족들 사이에서 '선한 그리스도 교도들'을 추종하는 집단의 수는 좀처럼 줄어들지 않았다. 남부 프랑스 지역의 귀족들이 특히 그러했다. 지역적으로는 도시에서 이러한 분위기가 수그러들지 않았다. 물론 기존의 교회 역시 대립 교회에 상응하는 금욕주의적 사고를 함양했다. 평신도를 구원하기 위하여 수도사들은 만민을 대신해서 세속과 결별했고 사제들은 만민을 위해서 계속 기도했다. 그러나 종교적 기만죄로 질책을 받았던 많은 성직자와는 달리 '순수한 자들'은 사도들의 규범을 본받아 정열적인 선교자의 삶을 살았다[카타리(Cathari)는 '순수하다'는 의미로 카타리파의 성직자는 '순수한 자', '선한 그리스도 교도'로 불렸다]. 적어도 그들을 추종하는 사람들의 눈에는 그렇게 보였다. 그들은 순회 설교를 했으며, 직공으로 일하면서 노동으로 생계를 유지했다. 이로 인해 이런 직업들은 남부 프랑스에서 이단의 위장용 명칭이나 이단 동의어가 되었다.

처음 얼마 동안 교회는 속수무책이었다. 죄의식만이 그 이유는 아니었다. 교회 역시 자체적으로 내부 개혁을 단행하기 위해서 평신도를 증거자로 그리고 공동 발언권자로 내세웠고, 이러한 시도를 통하여 평신도의 종교적인 자각에 대해서 호소했다. 그레고리우스파 교황권의 지지자들은 서임권 투쟁 전후로 계몽을 위한 순회를 했다. 교회의 올바른 개혁을 위한 순회 설교는 여러 모습을 띠고 있었지만 교회가 모든 순회 설교를 인정한 것은 아니었다. 리옹의 상인 왈도는 내적 회심을 체험하고 가난한 자에게 소유물을 나누어 주라는 성서의 모범을 따르기로 결심한 후 가족과의 이별을 택하고 순회 설교사로서 동지들을 규합했다(왈도의 내적 회심의 체험에 대해서는 많은 사람들이 기록한 바 있다). 이때 교회에 충실하고자 했던 평신도 운동이 대규모로 전개되었다. 교황청은 자구책을 고안해서 이단을 붕괴시킬 기회를 이용하지도 못하고 결국에는 놓치고 말았다. 기록에 의하면 1179년 로마에서 개최된 제3차 라테란 공의회에 친히 참석해서 설교권을 요청했던 왈도는 그곳에서 교황을 알현했다. 교황은 그와 포옹했고 그의 열정에 대해서 칭찬했지만 왈도는 교황이 비타협적이고 거만한 성직자임을 깨달았다. 익살스러운 이야기꾼이자 상당히 냉소적인 인물로 잉글랜드 왕의 총애를 받았던 월터 맵은 경건성에 대해서는 일말의 이해심도 없는 현실주의자였다. 그도 '왈도파'를 한마디 말로 단죄하더니, 그들의 성실한 순박성을 업신여기고 깔봤다. 몇 년 후 왈도파 역시 대립 교회가 되어 박해를 경험했다. 왈도파가 시도한 것은 서유럽 그리스도교 세계의 (보는 각도에 따라서는) 첫 번째 종교개혁이었다. 그렇지만 왈도파는 곧 지하로 숨어들었다. 왈도파는 근대의 종교적 관용 덕분에 지금까지도 존속할 수 있었다. 오늘날 바티칸에서 멀지 않은 곳에 왈도파의 대학이 존속하고 있다.

    1184년에 이르러 교황들은 비로소 신앙의 문제에 대해 최초로 천명했다. 이를 통해서 교황들은 이탈자들에게 저항하고자 했으나 적절한 수단을 강구하지 못했고, 교황들의 태도 역시 분명하지 않았다. 그러나 이때에도 평신도들의 신앙심 깊은 열정이 다시 한번 도움이 되었다. 아주 새로운 종류의 수도회들이 형성되었는데, 이들은 정도(正道)에서 벗어났던 프레몽트레 수도회보다도 더 완고한 입장을 취했다. 이러한 종류의 수도회들은 극단적인 수준의 사도적 청빈을 실현하고, 전적으로 사목 활동에 전념하며, 길 잃은 양들 특히 카타리파의 사상을 바꾸기 위해서 살고자 했다.

    우선 스페인의 고위 귀족 출신인 도밍고 데 구스만(이하 도미니쿠스, 1170~1221)을 들 수 있다. 그는 스페인과 남부 프랑스, 북부 이탈리아의 교회를 구하고자 길을 나섰다. 젊은 주교좌 성당 참사회원으로 주교와 동행했던 그는 이단 운동의 확산과 더불어 그에 대한 교회의 회심 설교가 얼마나 무력한지를 경험한다. 그래서 그는 일생을 사도적 청빈과 순회 설교에 바치면서 교회를 돕고자 했다. 1218년에 그가 제정한 수도회 회칙을 토대로 새로운 수도 단체가 설립되었다. 이 단체는 베네딕트 수도회와도 차이가 있었으며 12세

13세기 프랑스의 필사화. 복장으로 짐작하건대 도미니크 수도회 소속의 한 수도사가 다양한 부류의 참회자 앞에서 설교를 하고 있다. 사람들의 서로 다른 고갯짓과 얼굴 인상이 특징적이다.

기에 모습을 드러낸 시토 수도회나 프레몽트레 수도회와도 아주 달랐다. 일정 지역에 제한을 두고 집단으로 장원을 경영하면서 수도원장에게 절대 복종하고 미사에 전념했던 수도사 대신에, 순회 설교를 하고 탁발을 하지만 잘 훈련된 새로운 유형의 수도 사제가 등장한 것이다. 이들은 정해진 어떤 특정한 수도원에 정주하지도 않았다. 또한 이 수도사들은 3년 임기로 선출된 수도원장에게 아들처럼 복종하지 않았다. 대신에 선출된 기사회장에게 평생 동안 개인적인 충성을 서약했던 종교 기사단 소속의 수도자 기사와 같은 생활을 했다[십자군 운동 기간에 탄생한 종교 기사단은 성지순례자들에 대한 봉사와 성지 보호를 회칙으로 택하고 있으며 대표적인 종교 기사단으로는 요한 기사단, 성전 기사단, 독일 기사단 등이 있다]. 알베르트 하우크는 도미니크회 수도사들의 회칙을 '중세에 형성된 수도 단체의 정수'라고 표현했다. 그러나 우리는 이러한 특

민심은 종교재판의 임무를 수행했던 도미니크 수도회에 반발했던 것으로 보인다. 실제로 이 수도회는 설립자의 이름인 도미니쿠스 대신에 '주의 개'를 의미하는 도미니 카네스로 불리기도 했다. 14세기 피렌체의 프레스코화에는 검은색과 회색의 수도복을 입고 설교를 하면서 교리를 설파하는 설교 수도사들이 그려져 있는데, 수도사들의 발아래에서 얼룩무늬의 개들이 늑대와 싸우는 것은 이 맥락과 일맥상통한다고 볼 수 있다.

징을 시대적 맥락을 통해서 바라보아야 한다. 도미니쿠스와 그의 조언자들은 통찰력을 바탕으로 고위 성직자들보다 더 확실하게 이단 전도 사업을 수행했다. 뿐만 아니라 성장 중이던 도시, 도시 대표자의 교체, 새로운 유동성을 내포하고 있는 도시 공동체의 규칙 등도 염두에 두고 있었다. 그 외에도 처음부터 수도회에 면학의 기회를 부여했는데, 바로 이 수도회 출신의 교수들이 새로운 파리 대학을 주도했다.

중부 유럽에서 도미니크 수도회의 급속한 번성은 눈에 띨 정도였다. 그 결과 작센 출신의 요한(1222~1237)이 수도회 창시자의 후계자가 되었다. 이미 그의 시대에 도미니크 수도회는 잉글랜드에서 예루살렘까지 전파되었다. 100년 전의 시토 수도회와 프레몽트레 수도회처럼 이제는 수천 명의 젊은이들이 도미니크회로 몰려들었다. 수도회가 설립되고 3세대 후인 1300년경의

툴루즈 소재 옛 프란체스코회 교회의 반원형 천장의 종석에는 수도회 설립자의 모습이 새겨져 있다. 이 조각은 그리스도의 성스러운 흔적을 통해서 그리스도에 대한 설립자의 무조건적 복속을 표현하고 있다.

회원 수는 무려 3만 명이 넘었다.

교회의 교육을 받지는 않았지만 급진적인 자발적 청빈 사상에 영감을 받은 청년들 사이에 다른 경로를 통해서 또 다른 대규모 탁발 수도회가 형성되었다. 이 수도회 역시 설립자의 이름을 따서 명명되었다. 상인의 아들로 태어난 아시시의 프란체스코(프란키스쿠스, 1182~1226)가 이 수도회를 세웠다. 중부 이탈리아의 도시적 환경에서 자란 완고한 성격의 소유자 프란체스코는 극단적인 무소유 정신으로 젊은이들과 급진적인 종교적 열정을 지닌 '이탈자'를 주위에 모았다(프란체스코의 삶에 대해서는 다른 어떤 인물들보다 더 많은 정보가 전해지고 있다). 교회에 대한 절대적인 충성이 평신도였던 프란체스코를 박해로부터 보호했다. 두 명의 교황, 즉 인노켄티우스 3세와 그의 후임자 호노리우스의 선견(先見)으로 이 수도회는 확고한 회칙을 구축하게 되었다. 이를 계기로 교회 상층부의 반목이 해소되었다. 수도회는 두 번의 시도 끝에 마침내 1223년에 교황으로부터 수도회 회칙을 인준받았다.

이렇게 해서 기존 수도회와는 상당히 다른 회칙이 탄생했다. 한 명의 총장(수도회의 최고 관리자), 관구장(수도회의 지역 관리자), 각 수도원의 수도원장으로 구성된 수도회 조직은 지역적인 분할을 토대로 중앙 집중화되었다. 수도회는 교세를 전 세계로 확산시키고자 노력했다. 수도사들은 탁발을 하거나 도미니크 수도회와는 달리 수공업으로 생계를 유지해야 했다. 이 수도회의 회칙은 민주적이라고 오해를 받았을 만큼 상당히 유연했다. 하지만 '설교 수도회'로 불렸던 도미니크 수도회처럼 처음부터 그 목적이 적극적인 설교 활동과 개종에 있지는 않았다. 오히려 겸손과 인내를 영성으로 삼았던 가난한 자들이 모여서 공동체를 형성했다. 그래서 '작은 형제들(프란체스코회 수도사들)'이라고 불리는 이 수도회는 목적 지향적이라기보다는 모범적인 삶을 실천하면서 활동하고 있다.

프란체스코에게서 특히 이러한 경향이 두드러졌다. 그는 도미니쿠스보다 약간 젊었다. 프란체스코는 쉬지 않고 청빈한 생활을 했고 즐거운 마음으로 40년 동안 수도회에 헌신했다. '작은 형제들'은 도미니크 수도회보다도 더 빠르고 더 강력하게 그리스도 교도 사이에 확산되었고 특히 도시를 중심으로 번져나갔다. 이 수도회는 입회 조건으로 일정 정도의 교육이나 재산, 사제직을 요구하지 않았다. 1300년경에는 4만 명 정도의 프란체스코회 수도사들이 라틴 그리스 도교 세계에서 활동하고 있었다. 하지만 설립자가 의도했던 올바른 수도 생활에 대해서는 완벽한 의견의 합의를 보지 못한 상태였다. 그러나 다소 차이는 있다 하더라도 그들은 극단적으로 청빈

프란체스코가 사망한 뒤 두 세대가 지나 화가 치마부에가 그린 위엄 있는 성인의 모습. 조반니 치마부에는 유럽적인 새로운 회화 장르를 개척하는 과정에서 대두한 개인의 숭고한 면을 집중적으로 조명하고 해석한 대가였다.

했으며, 그보다 100년 전에는 전혀 들어보지 못한 신교회주의의 대표자들이 었다.

13세기를 지나면서 전체적으로 네 개의 대규모 탁발 수도회가 형성되었다. 설립자의 개인적인 헌신을 특징으로 하는 도미니크회와 프란체스코회, 두 수도회가 탄생하고 한 세대가 지난 1245년에는 카르멜회, 1256년에는 아우구스티노 은수자회(隱修者會)가 탁발 수도회의 자격을 부여받았다. 이렇게 해서 이들 수도회가 추구했던 이념이 공인되었다. 그러나 카르멜회와 아우구스티노 은수자회는 도시 생활에서의 종교 활동보다는 학문과 명상 활동에 집중했다. 250년 후에 아우구스티노 은수자회의 수도사들이 특별히 주목을 받았는데, 이 수도회가 독일 종교개혁의 초창기에 마르틴 루터와 루터의 많은 동반자를 배출했기 때문이다.

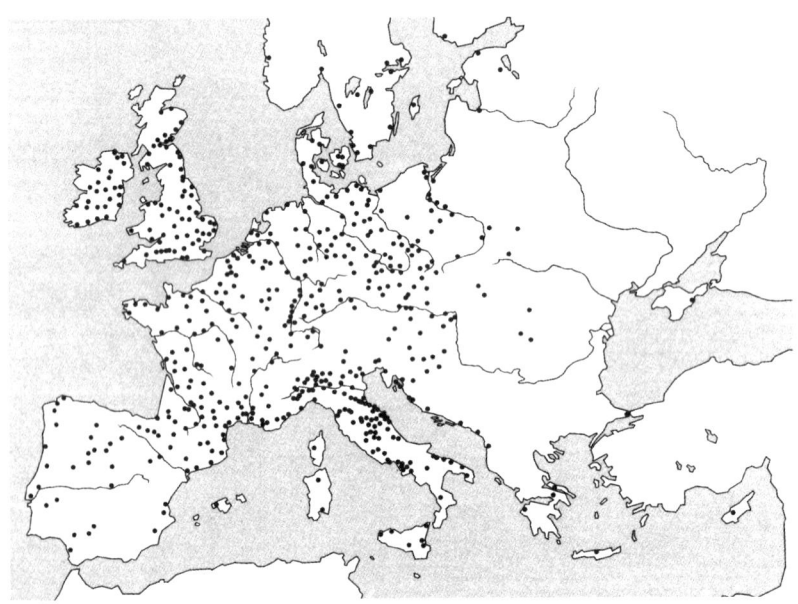

설교와 종교재판의 임무를 담당했던 탓에 도시에 뿌리를 내린 도미니크 수도회는 재산을 소유하지 않았다. 도미니크 수도회는 1300년경 라틴 그리스도교 세계에 대한 감시망을 확산해갔다.

청빈 운동과 수천 명에 달하는 여성들의 종교적인 열정에 대한 탁발 수도회들의 화답은 시기가 조금 늦기는 했지만 매우 효과적이었다. 도미니크 수녀회는 남자 수도회와 더불어 신속하게 전파되었고 독일에서는 이미 1226년에 자리를 잡았다. 프란체스코는 같은 고향 출신 귀족의 딸인 성녀 클라라(1194~1253)에게 큰 영향을 미쳤고, 그녀는 그의 삶을 모방하고 수녀회의 창설자가 되었다. 그녀는 여성 종교운동의 상징이 되었다. 수녀원의 보호를 받고자 여성들이 구름처럼 모여든 것에는 역시 경제적, 개인적, 사회적 이유를 빼놓을 수 없겠지만 종교적인 열정이 없었다면 이 모든 운동은 쉽사리 설명되지 않을 것이다. 부유했던 부모의 집에서 도망쳐 나온 클라라를 프란체스코가 받아주었다. 그 후에 그녀는 아시시에서 멀지 않은 곳에 수녀원을 설립했다. 그녀는 나중에 어머니와 여동생을 수녀원으로 불러왔다. 몸이 쇠약해진 탓에

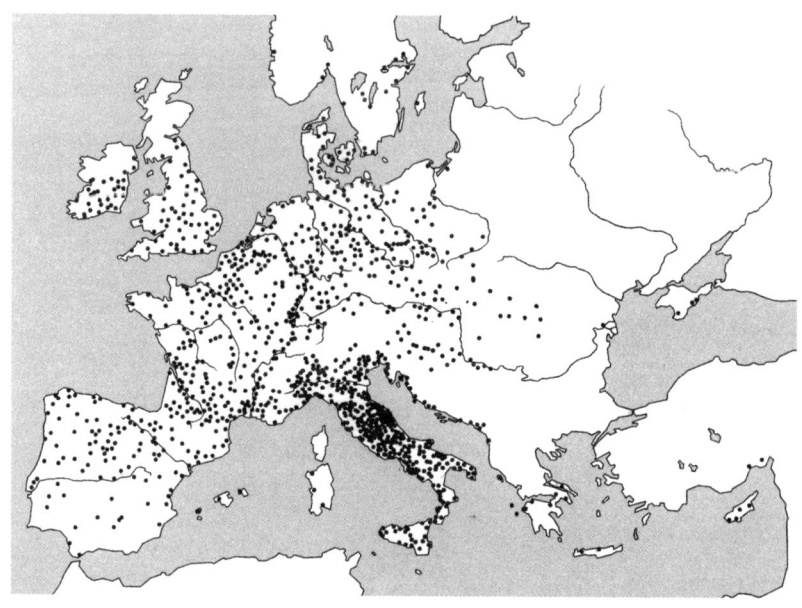

프란체스코회는 수도원 수가 증가하면서, 그리고 평신도로 구성된 '제3회'를 통해서, 이탈리아와 교역 도시들을 중심으로 확산되었다. 청빈 사상을 중핵으로 한 수도회 조직은 도시망을 따라 전 그리스도교 세계로 퍼져나갔다.

힐데스하임 대성당의 세례반(세례에 쓰이는 성수를 넣는 용기). 1230년 제작. 이 작품은 아마도 엘리자베트 백작 부인을 다룬 최초의 작품일 것이다. 그녀가 자선을 베풀고 있는 장면을 비유적으로 그렸다.

여생의 반을 침상에서 보내면서 속세와 결별해야 했지만, 그럼에도 불구하고 그녀의 불타는 열정은 얼마 안 가서 그녀에게 기적(클라라가 1240년에 아시시를 침공한 사라센인을 쫓아냈던 기적)을 일으켰다. 그녀는 자신의 수녀원과 이탈리아에서 급성장하고 있던 수녀회의 생활 규율을 만들었고 이를 교황과 추기경들 앞에서 한 치도 물러서지 않고 변호했다(교황청은 너무 엄격한 클라라 수녀회의 규칙에 반대했다). 여기에서 그녀의 연약한 육신 안에 숨 쉬던 종교적인 열정을 느낄 수 있을 것이다.

클라라 수녀회 역시 빠른 속도로 이탈리아 밖으로 전파되었다. 그 결과 보헤미아 왕국의 공주 아그네스와 같이 비중 있는 인물이 중부 유럽에 수녀원을 세우게 되었다. 프라하에 있는 이 수녀원에서 후에 남성들로 이루어진 병자 간호 수도회가 창설되었다. 이러한 사실을 통해서 도시 조직이 덜 발달한 중부 유럽에서는 탁발 수도회가 남부와 다른 임무를 수행했다는 것을 알 수 있다. 사람들을 탄복시키는 귀부인들의 헌신도 이러한 맥락에서 이해할

힐데스하임 대성당의 비유적인 묘사와는 달리 마르부르크에 있는 엘리자베트의 성유물 상자 부조물은 엘리자베트 백작 부인을 매우 사실적으로 묘사하고 있다. 헌신적인 그녀의 사랑과 그녀가 장애인에게 먹을 것을 주는 모습, 그리고 젊고 건장하지만 헐벗고 가난했던 사람들의 식사 장면을 볼 수 있다. 물컵, 복장, 가구 등이 특히 인상적이다.

수 있다. 보헤미아의 아그네스 공주만이 왕궁을 떠나 번창하던 수도의 병자들과 고통을 함께 나눈 것은 아니다. 헝가리의 공주 마르가레테, 리그니츠(레그니차) 공작의 미망인 헤트비히, 튀링겐 지역의 백작 부인 엘리자베트도 마찬가지였다. 그러나 이들은 인척 관계였거나 그들의 가문이 탁발 수도회와 연관이 있었기 때문에, 이러한 당시의 시대적 상황도 고려되어야 할 것이다.

신앙심에서 우러나온 귀부인들의 자발적 청빈에 대한 경외심은 사회를 규합하는 데 중요한 역할을 했다. 그들에 대한 평판은 당시 계층 간 소통에 도움이 되었다. 생전에 만들어진 귀부인들에 대한 전설은 사후에 바로 종교적인 숭배로 이어졌다. 프란체스코나 도미니쿠스 역시 신자들에 의해서 자발적으로 교회 제단에서 숭배 대상이 되었다. 교회는 새로운 이상을 받아들였고 그 이상에 대해서 전적으로 찬성했다.

탁발 수도회와 새로운 대학들의 관계는 매우 중요한 의미가 있다. 대학이 탄생하는 과정은 수도회의 설립 과정과 유사했으며, 이에 대해서는 뒤에서 자세히 살펴볼 것이다. 도미니쿠스가 제자들을 대학에 보냈다는 사실만으로도 당시 대학이 가졌던 위상을 알 수 있다. 본래 숭고한 신앙에 자신을 봉헌했던 프란체스코 역시 내적으로 충만한 종교 생활을 위해 학문을 활용하는 것을 배제하지 않았다.

도미니크회는 파도바에서 수도회 총장이 개인적으로 발탁한 법학도(파도바의 마르실리우스)를 기초 교육이 끝나자마자 파리로 보내 더 많은 공부를 하도록 했다. 후에 세간에 널리 알려지는 볼슈테트의 알베르트(이하 알베르투스, 1193~1280)라는 독일인도 그러했다. 그 연원은 확실하지 않지만 '위대하다'는 의미의 '마그누스'라는 별칭으로 불린 알베르투스는 경험이 많았고 부지런했으며 놀랄 만큼 장수했다. 알베르투스는 그리스 철학의 방법론을 이용하여 그리스도교 학문의 중흥을 이루는 데 기여했지만, 이에 대해서는 추후에 더 자세하게 설명할 것이다. 다른 한편으로 첫 번째 독일인 교수였던 알베르투스가 수제자 토마스 아퀴나스를 포함하여 프란체스코회 소속인 로버트 그로스테스테, 요한네스 보나벤투라, 요한네스 둔스 스코투스와 함께 파리에서 탁발 수도사가 교수직을 맡는 시대를 열었다는 사실은 주목할 필요가 있다. 이러한 탁발 수도회의 우위에 대항해서 재속 성직자들이 벌인 1256년의 저항은 별다른 성과 없이 끝이 났다. 두 수도회는 이후 100년 이상 당대의 가장 중요한 인물들을 배출해냈다.

새로운 대학

새로운 이단들과 새로운 수도회들 그리고 그 외에 여성들의 종교운동, 이것들의 공통점을 찾아야 할 이유가 실제로 있을까? 그리고 다른 한편으로는 이러한 종교적 움직임에 대한 교회의 대응을 문제로 들 수 있다. 이단 운동에 대해 신학적 논의가 아닌 존재론적 논의가 이루어지고 통일된 방법으로 대응하려는 준비 과정에서, 새로운 대비책과 신학적 이론들에 대해 보다 성숙한 규정이 필요하다는 것을 깨닫기까지 상당한 시간이 흘렀다(결국 이러한 새로운 신학적 이론들이 교회 자체를 정의했고, 정통 교리에서 벗어나는 그 밖의 다른 것들은 모두 이단으로 간주되었다). 이와 같은 교회의 변화는 당대의 종교운동과 어떠한 관계에 있었을까?

더 많은 질문을 제기하면 아마 더 손쉽게 해답을 찾을 수 있을 것이다. 예를 들면 이런 상황에서 당시의 학교 제도와 관련된 변화들도 이루어졌는가? 특히 주교좌 대성당 부속학교와 법학자를 위한 북부 이탈리아의 전문교육 시설에서 말이다. 비록 북부 이탈리아에서 성문화된 로마법의 전통이 단절되기는 했지만, 법률행위를 수사학적으로 성문화하고 재판 절차와 연결하려는 노력은 결코 멈춘 적이 없다. 전혀 다른 방식이기는 하지만 프랑스 북부나 이탈리아 북부에서 수십 년 동안 진행된 대규모 종교 건축을 통해 호황을 누렸으며 새로운 기술을 발전시켰던 건축 현장에서도 이러한 상황을 발견할 수 있을까? 프랑스 북부에는 당대 사람들이 프랑스풍이라고 불렀던 '고딕 양식'의 건축물이 세워졌다. 피사, 루카, 피스토이아, 시에나, 오르비에토, 피렌체 등의 이탈리아 북부에서는 슈파이어나 힐데스하임 대성당과 같이 미리 만들어진 부분들을 이용하는 연결 건축 방식을 사용해서 새로운 건축 기법이나 장식 혹은 '고딕적인 모양'이 없는 교회들이 건축되었다. 이러한 유형의 건축은 프랑스 북부와 노르만족이 거주했던 지역에 많이 보급되었다.

귀족 사회에서도 새로운 생활 방식이 시작되었다. 고지대에 거주지나 방어용 망루를 세웠으며, 흙으로 만들어진 건축물이나 나무 울타리들을 돌로 된 성벽으로 대체했다. 해자(垓子)를 두른 성(城)을 주거지로 만들기도 했다. 영주의 집과 난방이 가능한 여성용 거처가 딸린 대규모의 새로운 성이 본래의 '성 주위'에 건축되면서 본래 통치 중심지였던 성이 관청과 영주의 거주지로 활용되었다. 귀족들은 새롭고 세련된 삶을 영위하고자 했다. [각지를 떠돌며 영웅의 전설 등을 소재로 노래를 부르던] 편력시인을 초대해서 축제를 열었

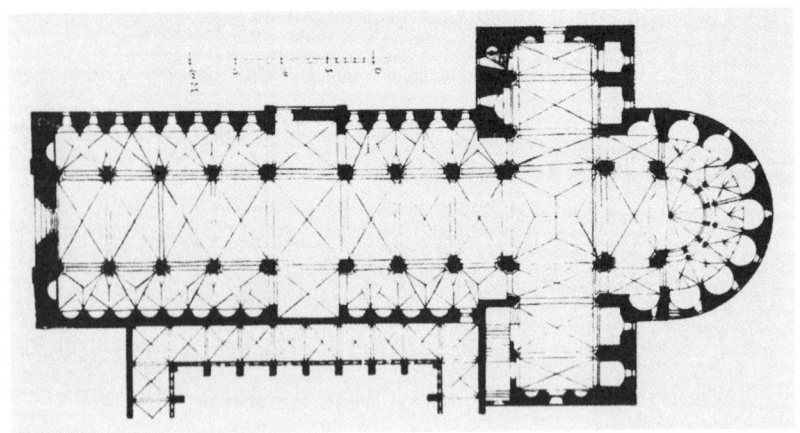

1200년경 수도원과 교회의 건축이 활발하게 이루어졌는데 시토 수도원 하이스터바흐도 이 시기에 건설되었다. 그러나 1803년에 폐쇄된 이후에는 건물의 상당 부분이 파괴되었다. 성가대석은 독일 초기 고딕건축양식의 대표적인 예이다.

고, 예술의 보호자 역할을 자처했다. 간단히 말해서 고위 귀족과 그 외의 나머지 귀족들이 새로운 자기 과시욕을 가지기 시작했다. 이 모든 것은 새로운 사회적, 공간적 유동성과 연관이 있을 뿐만 아니라 강화된 자의식과도 관련이 있다. 새로운 자의식을 경제적인 사업욕, 종교적인 충동, 기사적인 모험심에서도 찾을 수 있을 것인가?

우선 새로운 대학들의 사정을 살펴보기로 하자. 대략 1150년경과 12세기 말 사이에 이탈리아, 프랑스 북부와 남부, 잉글랜드, 스페인에서 새로운 단체가 설립되었다. 바로 대학이다. 대학은 수도 생활을 위한 것도 아니었고 경제적인 영리를 목적으로 하지도 않았다. 대체로 대학들은 주교좌 성당 부속학교에서 병설학교 형태로 설립되어 있었지만 독립적인 조직 구조를 취했다. 상인들과 마찬가지로 대학들은 상당수가 타지에서 온 이방인과 순례자의 공동체로 구성되어 있었다. 젊은이들은 대체로 이미 기본 교육을 마쳤거나 교회에서 충분히 경력을 쌓은 사람들이었고, 신분의 구별이 없었다. 그 외에 나이든 교수들이 있었는데, 이들은 어떤 조직에도 구속되지 않았고 학생들의 희사(喜捨)로 살아갔다.

　이 새로운 공동체는 특정한 학풍을 유지했는데, 서로 가르치고 서로 배우는 것이 아니라 서로에게 질문을 던지는 것이었다. 그 이상도 이하도 아니었지만 그럼에도 불구하고 올바른 교육이 이루어졌다. 당시까지 확고한 권위를 자랑하던 원전들에 대해서 일정한 방식으로 질문을 제기하며 성서와 현세를 설명하고자 했던 것이다. 정보들을 분류하고 비교하면서 그 정보들에 대해서 토론하는 방법을 고안했다. 이 새로운 집단을 토론 공동체로 규정한다면 아마도 가장 적합할 것이다. 그러나 논쟁에서 자신을 부각시키고 정신적인 수련과 지식을 사회에 적용하려는 시도 이외에 무엇이 정말로 이들을 결합시킨 것일까? 북부 이탈리아에서 중점적으로 행해진 법률 교육에는 실질적인 목적이 있었지만 프랑스 대학들의 매력은 설명이 곤란하기 때문이다.

　어쩌면 새로운 학자들 가운데 가장 유명했던 피에르 아벨라르(1070~1142)의 고민들이 이해를 도울지도 모르겠다. 그의 '개인 학교(아직 체계화된 대학 교육기관이 부재했던 당시에는 교습자 개개인이 학교를 운영했음)'는 주교의 허락만 있으면 누구나 입학이 가능했다. 이는 새로운 지적 생활의 가장 취약한 면을 보여준다. 후대 사람들은 이 대철학자가 진리 외에도 명성과 금전 수입을 추구했다고 말하고 있다. 이 시기에 (특정한 조직에 소속되어 정기적인 보수를 받지 않았던) 자유로운 선생들은 학생의 수업료에 의존했기 때문에 대학은 이후에 다른 수입원을 찾고 있었다. 실제로 탁발 수도회가 설립될 때까지도 모든 교회 조직이 생계를 걱정하는 상황이었다. 이러한 숙명적인 공존이 오늘날까지도 대학을 괴롭히고 있다. 대학들은 교수들에게 성직록(聖職祿: 성직자의 생활비로 교회가 부여하는 부동산 같은 수입)을 줌으로써 문제를 해결하려 했다. 1256년 이후에는 교황들이 매년 필요로 하는 교수들에게 주임 신부나 (본당 신부의 임무를 돕는 사제인) 부좌 신부의 수입이 되었던 성직록을 하사했다. 몇몇 대학은 해마다 교황청에 장학생을 추천하기도 했다. 이런 방식으로 당시에 이미 대학과 교황청의 종속적인 관계가 형성되었다는 것은 당연한 결과이다.

곧 황제와 왕들이 대학을 돌보게 되었다. 황제에게는 특별한 지출 부담을 의미하지 않았던 1158년의 바르바로사의 보호 특권(학문의 자유를 보장하는 내용을 담은 황제 특허장)은 아마도 로마 말기의 황제들이 교육 시설을 배려했던 전통에 근거하고 있을 것이다. 이 시기에 특히 볼로냐에서 다시 장려되었던 유스티니아누스 황제(재위 527~565)의 법전이 이를 입증한다. 66년이 지난 1224년에는 황제 프리드리히 2세가 탁월한 선견지명으로 관리 양성을 목적으로 하는 전문교육 시설을 나폴리에 설치함으로써 대학이 세속 군주로부터 상당한 배려를 받았다. 스페인의 왕들도 왕령지의 대학 건설에 관심을 쏟았다. 카스티야와 레온의 현명왕 알폰소(1223~1284)는 대학 건설에 대한 세세한 규칙을 제정했다. 프랑스의 왕들도 이 시기에 파리 대학에 관심을 보였다. 파리 대학 외에도 다른 대학들이 설립되었는데, 부분적으로는 파리 대학과 마찬가지로 '철학부', 문예 학부, 신학부에 중점을 두거나 법학을 중심으로 한 대학들이었다. 왕권의 세력 범위 밖에는 1180년부터 의학에 중점을 둔 몽펠리에 대학이 있었다. 이 대학의 교수진은 살레르노에 있는 옛 의학교 출신이었다. 잘 알려진 것처럼 아우에의 하르트만이 썼던 작품의 주인공 '가련한 하인리히'가 살레르노에서 치료를 받았다. 스페인 출신의 유대인 의사들이 몽펠리에 대학에 있었다는 것은 중요한 사실이다. 이들은 꽤 오랜 기간 강의를 하면서 살레르노의 아랍 지식을 전파했다. 살레르노에서 아랍의 의학 지식에 대한 준비 단계 수준의 번역이 이루어진 후 몽펠리에에서도 의학이 학문으로 공인되었고 학과로 인정을 받았다. 살레르노와 마찬가지로 몽펠리에에서도 학부는 병원과 긴밀하게 연결되었고, 대학 병원이 의학부와 더불어 생겨났다.

이탈리아와 프랑스에는 시립 대학들이 있었고, 옥스퍼드 같은 소도시에

1357년에 카를 4세가 시에나 대학을 위해서 작성한 증서. 필체의 수려함과 황제 서기소의 조직적인 체계를 보여주고 있다. 인장에 부착된 명주실은 아직도 남아 있으며, 카를 대제 이후에 등장했던 통치자들의 화압이 여러 철자로 구성되어 있다. 서기소에서 증서가 작성되었다는 것을 알려주는 문구가 양피지의 오른쪽 하단에 적혀 있다.

도 교통이 편한 곳에 대학 시설이 설립되었다(나중에 여기에서 케임브리지가 분리되었다). 나폴리, 파리, 이베리아 반도에는 왕의 배려로 대학이 설립되었다. 그렇다면 독일에는 대학이 없었는가? 이로써 '왜 대학이 설립되었는가'라는 문제에 다시금 직면하게 된다. 헤르베르트 그룬트만이 지적한 '학문적 관심 (…) 자발적인 학문과 지식 욕구' 같은 동기들은 지금도 미래의 강사들에게 적용될 수 있으리라. 12세기에도 상황이 다르지 않았을 것이다. 단지 당시에는 논증적 학문이 대세였기 때문에, 수사학에 근거한 자기주장이 오늘날보다 더 중요한 역할을 했다. [수사학과 논리학의 대가로서 독특한 신학적 주장을 전개했던] 아벨라르의 증언도 이 사실을 입증하고 있다. 그러나 독일의 정신생활은 오랜 전통을 가진 주교좌 성당 부속학교로 만족하고 있었다[새로운 건축

현명한 통치자였던 카스티야의 왕 알폰소의 위엄 있는 모습. 알폰소는 자서전을 쓰고 대학을 후원했다. 1283년에 그려진 스페인의 이 세밀화에서 서기관과 관리들의 '동양적인' 자태가 흥미롭다.

양식인 고딕 양식보다 기존의 로마네스크 양식을 선호할 정도로 독일은 교육 시스템에서도 전통적인 방식을 고수했다. 제후의 지위에 있던 제국 주교들도, 그들과 같은 신분의 세속 동료들도 쇄신에는 별다른 관심을 보이지 않았다. 특히 13세기 초반에는 황제 프리드리히 2세(재위 1216~1250)가 남부 이탈리아에서 거의 대부분 거주했다는 사실과 13세기 중반에 황제직이 공석이 되어 합스부르크가의 루돌프(재위 1273~1291)가 어렵사리 왕권을 회복해야만 했던 것도 중요한 원인이라고 할 수 있다.

하지만 이것만으로는 설명이 충분하지 않을 것이다. 중부 유럽 사회는 서부나 남부보다 움직임이 둔했다. 이리저리 떠돌던 모험심에 충만한 학생들은 파리나 몽펠리에 또는 볼로냐로 몰려들었다. 하지만 독일의 도시 환경은 학생을 유치하려는 준비 자세부터 위의 도시들과 비교할 수 없는 수준이었다. 유동성이 있는 지역들과 비교했을 때 새로운 수도회나 대학들, 사회 혁명을 계획하던 대표적인 이단 인물들의 도전은 독일에서 영향력이 크지 않았다. 새로운 수도회의 설립, 종교재판소의 설치, 새로운 대학의 설립 등은 이러한 측면을 잘 보여준다. 수많은 실패가 있었지만 1300년경에는 라인 강 서부와 알프스 남부에 15개의 대학이 있었다. 황제 카를 4세에 의해서 일기 시작한 대학의 설립이 대유행하면서 14세기 후반에는 그 수가 배로 늘어났다. 이때 중부 유럽에서 프라하, 빈, 크라코프, 하이델베르크, 에어푸르트, 쾰른 대학과 같은 새로운 대학들이 설립되었다.

학문적인 지식욕뿐만 아니라 "비교할 수 없을 정도로 창조적이었던 12세기"(페터 클라센)에 자유로운 삶을 살았던 개인들의 모험심과 자기주장이 대학을 설립하게 만든 본래 이유였다면 대학 설립과 관련된 기록 역시 학문적인 서적 이외의 것에 기대해야 할 것이다.

학문이라는 꽃이 피자
곧 구역질이 일기 시작했고 (…)

'옛날식 학교'의 추종자 가운데 한 사람은 이렇게 비난했다. 그가 가르치고 배웠던 것들이 새로운 방법론으로 인하여 밀려난다고 생각했기 때문이다. 다시 말해 옛날의 폭넓은 지식이 더 새로운 형식적인 토론 기술 때문에 밀려난다고 본 것이다. 토론에서 자신의 의견을 제시하려면 일단 많은 작가의 작품을 살펴보는 것이 필요하겠지만 말이다.

이제는 심지어 10대도
과거의 전통적인 학교 교육을 받지 않고,
선생직을 떠맡기 때문에
장님이 장님 앞에서 돌에 걸려 넘어진다.

세대 간 갈등만이 아니라 자유로운 학교 운영과 선생들 사이의 경쟁이 가져온 사회적인 여파 역시 비난을 받았다.

아, 학문적 방법이라고 일컬어지는 변증법
너는 우리와 친숙해질 수 없을 것이다!
네가 비참하게 만들었던 수많은 성직자들을
너는 심지어 빈궁 속으로 몰아가는구나!

대학은 교육 장소일 뿐만 아니라 만남과 성숙의 장소인 동시에 평생의 우정을 결정하고 맺는 장소이기도 했다. 나이가 많은 연장자들은 주로 대학의 자치행정에 적극적으로 참여할 수 있었던 이탈리아의 법 학교에서 수학했다. 반면에 12~20세의 남자들은 대학에서 공부를 하겠다는 일념 외에도 대도시의 낯선 분위기를 경험하고 싶어 했다. 특히 파리의 매력은 당시에도 명성이 자자했다. 이러한 이유로 강의록과 학위증, 서간집 이외에도 음주와 사랑에 대한 높은 수준의 노래들이 생겨났다. 익명의 사람들이 지은 즉흥시들도 상당수 알려졌다. 오를레앙의 프리마스가 쓴 시도 그중 하나였는데 그는 「음유시인 고백」에서 마음을 사로잡는 생생한 언어 기술력을 보여주었다. 그 선율이 당장이라도 귀에 들어올 것만 같다.

속으로 상처입고
매우 분노하면서,
쓴 맛을 다시면서
턱수염에 대고 말을 하는구나.

서정시는 노래를 부르기 위해 지어진 것으로, 서정시의 악보도 전해지고

주사위 놀이용 책상의 주변에 있는 젊은이들의 모습. 학생들의 생활을 그린 그림으로 바이에른의 베네딕트보이에른 수도원에서 필사된 「카르미나 부라나」에 「편력시인들의 노래」와 함께 수록되어 있다.

있다. 서정시를 암송하고 있던 누군가에 의해 악보가 기록되어 전해지는 것이다. 이처럼 독일은 12~13세기 대학의 대약진에 동참하지는 않았으나, 대신에 편력시인의 주옥같은 서정시를 보존하고 있다. 대표적인 사례가 바로 익명의 작가가 제카우의 주교궁에서 작성한 노래책이다. 성직자를 위한 서정적인 노래책이라니 이 얼마나 모순적인가! 어쨌든 이렇게 해서 베네딕트보이에른의 수도원 도서관에는 세계적인 문학작품의 정수인 「카르미나 부라나」가 전해지고 있다. 카를 오르프는 여기에 곡을 붙여 현대에 다시 재현했다.

새로운 이론-과거의 이론

대학의 기원에 대해서는 정확히 알려져 있지 않다. 단지 대학들이 12세기 후반에 설립되었다는 것과 (본래는 볼로냐 대학 학생들을 보호하기 위한 것이었던) 1158년 바르바로사의 보호 특권이 대학이 발전할 계기를 마련해주었다는 사실, 그리고 12년 후에는 교황 측도 황제의 후원에 대해서 교회법상으로 지지를 했고, 1200년경 필리프 2세가 파리에서 자연 발생적으로 생겨난 교수와 학생의 공동체를 정식 조합으로 인가했으며, 카스티야의 왕 알폰소 8세가 1202년경에 스페인의 첫 번째 대학인 발렌시아 대학을 인가했다는 사실이 알려져 있다. 그러나 이와 같은 법률적 조치들이 새로운 대학이 설립된 이유에 대해서 명확한 해답을 주고 있지는 않다. 더욱이 위의 사실들은 중부 유럽에 새로운 대학이 설립되지 않았던 이유를 좀처럼 해명하지 못한다. 황제는 볼로냐에서 학생들을 보호하려 했고, 볼로냐 대학처럼 황제의 보호를 받으며 성장했던 라벤나, 파비아, 밀라노, 만토바, 베로나의 법 학교와 같은 오래된 법률 학교들을 보호했다. 그러나 정작 자신이 수장으로 있던 중부 유럽에는 대학을 설립하지 않았다.

1179년의 제3차 라테란 공의회에서 대학 교육의 자유가 정식화되었다. 1234년에는 교회법상으로도 대학 교육의 자유가 인정되었다. 그렇지만 교수라고 하더라도 초임 교수는 다양한 과정의 교육을 받아야만 했다. 신흥 대학의 초창기에는 교수들에게 정주할 자유 같은 것이 있었다. 교수들이 조직한 새로운 집단은 점차 조합화되었다. 피에르 아벨라르도 자서전에서 이에 대해 언급하고 있다. 하지만 그렇다고 해도 이 모든 것들이 백작의 장남이었던 아벨라르가 스스로의 지적 역량을 발견하고 나서 기사의 신분을 포기한 까닭에 대해서는 결코 해명하지 못한다. 그가 창과 칼을 사용하는 대신에 정신적인 마상 시합에서 대결하고자 했으니 말이다. 아벨라르의 언급은 정신의 새로운 모험이 어떠했는지에 대해서는 밝히고 있다. 교황 호노리우스 3세는 1216년에 '이익이 되는 학문'이라는 말을 했다. 단순했던 사람들은 학자들에게 (연금술사가 사용하는 돌로 쇠를 금으로 바꾸는 기적을 행한다고 믿어지던) 현자의 돌을 기대하기도 했다. 이러한 폭넓은 활동 속에서 새로운 공동체들은 명성을 얻었고 자의식을 가지게 되었다.

시민, 기사, 탁발 수도사와 마찬가지로 교수와 학생은 서유럽 사회에서 새로운 부류의 사람들이었다. 신흥 대학들도 당대에 매우 독특한 존재였다. 이것은 주관적인 생각이 아닐 것이다. 왜냐하면 비잔티움에는 철학 대학이 있었으나 폐교 직전이었고, 아테네의 [교육과 연구 기관인] 무제이온은 9세기에 사라진 것으로 보이기 때문이다. 코란을 배우는 학생들을 위한 대학이자 1970년에 개교 1,000주년을 맞았던 카이로 대학이 12세기에 이슬람 세계에서 학문적 자유를 얻기는 했지만 이를 끝까지 관철하지는 못했다. 유럽에서 학문적인 자유의 발전은 위로부터의 관점과 아래로부터의 관점이라는 두 가지 시각에서 판단해야 한다. 군주와 교황은 학문적 자유의 발전을 인정했고, 교수들은 이 발전이 필수 불가결하다고 생각했다. 아래로부터의 관점에서 학문적 자유의 발전은 교수와 학생의 결합을 통해서 '공동체'로 성장했다. 이러한 대학 공동체는 사회에서 일반적으로 인정을 받았다. 이후 도시에 거주하는 상인과 유대인 혹은 탁발 수도사와 동일한 권리가 새로운 대학의 구성원들에게 부여되었다. 교황과 왕 역시 대학 공동체의 고유한 질서에 대해서 대체적으로 승인했다.

확실히 대학의 형성은 래슈덜이 명명한 '12세기의 르네상스'와 관계가 있다. 이러한 '르네상스 운동들'은 라틴 유럽의 정신생활 리듬을 규정했다. 고전 교양어, 즉 그리스어와 라틴어로 된 교과 내용의 저자들 다수가 이교도였음에도 불구하고 유럽 교회는 (그들이 주도한) 고전 문화의 부활을 기꺼이 받아들였다. 하지만 때로는 불쾌한 심정으로 (르네상스를) 인정하기도 했다. 중세 초기에는 사명감으로 충만했던 카롤링 왕조나 오토 왕조의 황제들이 르네상스를 후원했다. 반면에 '12세기의 르네상스'는 고전 작가들을 발견한 학자들의 환호성 속에서, 그리고 (6세기에 유스티니아누스 황제가 로마법을 기록하게 했던 것처럼) 북부 이탈리아에서의 로마법의 재발견[그동안 잊혔던 로마법에 대한 새로운 관심과 연구]을 통해서 자연 발생적으로 성장했다.

'르네상스 운동들[8, 12, 15세기의 르네상스를 모두 가리키는 것으로, 과거에

12세기경 대학을 설립하려는 움직임이 교수들과 학생들의 자발적 결속을 통해서 (정확한 설립연도는 알 수 없지만) 볼로냐, 살레르노, 파리, 옥스퍼드 등으로 확산되어갔다. 1200년경과 13세기 후반, 세기말에 서유럽과 남부 유럽에 대학 설립이 추진되었음을 알 수 있다. 중부 유럽에서는 14세기 후반에 처음으로 대학이 설립되었다. 대학을 설립하려는 마지막 흐름은 종교개혁 직전에 설립된 독일의 '제후 대학'에서 나타난다[지도에 명기된 연도는 대학이 설립된 연도이며, 루카 대학의 경우처럼 / 로 구분된 연도는 전자는 교황령에 의해서 후자는 황제령에 의해서 대학이 설립된 시기를 가리킨다].

는 15~16세기 르네상스에 대해서만 이야기했지만, 지금은 8, 12세기에도 르네상스, 즉 고전문화의 부활이 있었다고 봄」 역시 라틴 유럽의 독특한 현상들 중 하나이다. 그러나 비잔티움 문화권에서는 (정확히 들어맞는 표현은 아니지만) 고대의 전통이 끊어지지 않고 계속 이어졌기 때문에 '재발견'이 필요하지 않았다고 주장한다. 때문에 비잔티움에서는 '재발견'의 추진력이 없었고 그리스어가 아닌 슬라브어와 같은 민족어로 성서가 전파되었다. 따라서 비잔티움 문화는 그리스 정교회에 의해서 그리스도교 문화권으로 들어온 어떤 지역에도 르네상스를 전파하지 않았다. 예를 들면 동유럽에서 집중적이고 혁명적인 '서유럽화'가 진행되었음에도 불구하고, 러시아 문화는 18세기까지 르네상스도 대학도 경험하지 못했다. 이런 차이점은 오늘날에도 느껴지고 있다.

대학의 형성이 '12세기 르네상스'에서 직접적으로 유래한 것은 아니다. 오히려 한쪽이 다른 쪽을 격려하여 상호 발전할 수 있었지만, 이를 통해서 근본적인 발전이 이루어지지는 않았다. 위의 설명으로는 우리의 의문점들이 해결되지 않을 것이다. 대학이 설립되기 전에는 수도원과 주교좌 성당의 부속학교가 존속했다. 고대의 학교 제도도 단편적으로 이어져왔지만 그 골격을 이루는 '7자유학과'가 새로운 학교 제도에는 오히려 장애물이 되었다. 그럼에도 불구하고 이 문제는 완전히 해결되지 않았는데, 실제로 철학부에서는 19세기까지도 7자유학과를 유지하는 경우가 있었다. 이러한 조직상의 모순이 아직도 대학에서 논쟁거리가 되고 있다. 주교좌 성당과 수도원의 부속학교들은 독립적인 권리와 자유를 보유한 새로운 교육기관으로 성장하지 않고도 쉽사리 고전 교육의 심화를 위한 효율적인 공간이 될 수 있었다. '학교를 만드는' 것은 개혁을 내포하기도 하고 개혁과 대립하기도 한다.

1세기가 경과하면서 문법, 수사학, 변증법, 산술, 기하학, 천문학, 음악을 가르치는 '옛날식 학교'에 대항해서 철학, 신학, 법학, 의학의 네 개 학부로 구성된 새로운 학교, 즉 대학이 설립되어 점차 타 교육기관의 모델이 되었다는 사실은 새로운 정신적 활력과 관계가 있다. 뿐만 아니라 개인에게 어느 정도의 재정적인 여유를 허락함으로써 '정신적 모험'을 가능하게 했던 새로운 공간적, 사회적 활동성과도 관련되어 있다. 그러나 이보다는 새로운 '스콜라 철학'이 옛날식 학교 제도를 극복했다고 할 수 있을 것이다. 스콜라 철학은 아주 뛰어난 질의응답식 교육과정을 운영했고, 연구와 교육을 통합했으며, 지속적인 토론을 통해서 발전했다. "상당수의 학생들을 끌어모으고 종종 이 학생들을 수년간 머물게 했던 학문적, 교육적 업적"(요제프 코흐)이 교수와 학생의 대학이라는 공동체 의식의 토대가 되었으며, 오늘날의 대학이 주장하는 교육과 연구의 통합을 보여주고 있다. 동시에 '강의' 교재에 대해서 비판하거나, 주석서와 해석서에 별도의 주를 달거나, 또는 강의실에서 토론을 벌이는 방법이

고대의 학문적 전통을 계승한 '7자유학과'가 교수들의 복장을 통해서 은유적으로 묘사되어 있다. 12세기부터는 대학들도 '7자유학과'를 고차원적인 학문을 위한 준비 단계로 간주하여 최하위 교육과정으로 준수했다. 그 결과 19세기에 철학부가 설립되었다. 개와 나귀가 우화적으로 끼어든 이 그림에서는 왼쪽부터 순서대로 문법, 수사학, 변증법, 산술, 천문학, 음악, 기하학을 나타낸다.

새로운 연구 방법의 실마리가 되곤 했다. 이처럼 중세의 대학은 논쟁과 기록, 비판적 반론이 전개되는 토론의 광장이었다.

중세의 교회가 설교의 장소였다면 시청은 논쟁의 공간이었다. 사회 전체가 이전과는 비교할 수 없을 정도로 엄청난 토론 능력을 발휘하기 시작했다. 학자의 교단에서는 엄격한 토론 형식이 준수되었다. 일반인도 글이나 공적인 모임을 통해서 느슨하나마 일정한 형식을 갖춘 논쟁을 벌였다. 이는 모두 공동 발언권이 급성장한 결과였다. 그러나 이 발언권에 제한이 없던 것은 아니었다. 새롭게 형성되는 공동체, 신분 계층, 혹은 세속 사회로 그 범위가 한정되었다. 이렇게 개개 영역에 한정되었지만, 공동 발언권은 점차 일반적인 변화의 추세를 따랐다. 변화의 흐름은 농부와 시민 대 영주, 귀족 대 예속민과 같이 기존의 종속 관계에 놓여 있는 '권력자'와 '약자'를 구두상으로나 문서상으로 동등한 관계의 계약 당사자로 만들었다. 이러한 발전 속에서 일반 신자들도 교회 개혁에 동참할 수 있었다. 이와 같은 분위기에서 새로운 수도회가 탄생했던 것이다. 이 수도회는 1179년에 공의회가 금지했던 것처럼 입회금에는 동의하지 않았다. 하지만 과거의 수도원 관습을 근대까지 유지하는 역할을 담당했다. 이러한 추세는 주인에 대한 봉사의 의무에서 하위 귀족들을 '해방'시켰다. 이들은 더 이상 음유시인으로서 제후와 왕들에게 보편적인 기사도 정신을 선전할 필요가 없었다. 과거에 했던 것처럼 발라드 양식의 음유시를 통해서 위인들의 영웅적 행위를 칭송할 필요가 없게 된 것이다.

스콜라 철학은 개인의 사고에도 영향을 미쳤으며, 이렇게 해서 교수와 학생 사이에 토론 공동체가 형성되는 데 필요한 기틀을 마련했다. 시기를 규정할 수는 없지만 옛날에는 몇몇 예외적인 경우를 제외하고는 합리적인 사고가 이루어지지 않았고 단지 모호한 비유와 암시만이 있었다. 따라서 이러한 발전은 "세계사의 분수령"(벤저민 넬슨)의 전후 상황을 고찰해야만 이해할 수 있을 것이다.

예나 지금이나 다양한 세계관이 있지만 주의 깊은 어떤 관찰자도 '처음으로'나 '이제부터'라는 표현에 주의를 기울이지 않았다. 더욱이 12세기에 과거의 상징적인 세계관〔세계를 창조한 신의 계시는 사실적으로 설명될 수 없고, 상징적 표현을 통해서만 가능하다고 보는 해석 방식〕이 절정에 다다랐을 때, 동시에 스콜라 철학의 세계관도 대두했다는 사실 역시 전적으로 간과되었다. 비록 스콜라적 사유 방식이 승리하기는 했지만 전통적인 사유 방식도 일종의 문화유산으로 오랫동안 유지되었고, 심지어 민간에서는 오늘날까지 존속하고 있다. 단순한 예를 들자면 노루귀라는 꽃에서 간장(肝臟)차라는 이름의 차가 만들어지는데, 그 이름은 꽃의 잎사귀가 간의 한쪽 부분과 비슷하기 때문에 붙여진 것이다. 질병의 치유는 우주와의 재통합으로 생각되었다. "이론

인간 중심적인 구원 계획에 의거하여 전통적인 창조 순서에 따라 배열되어 있는 12세기의 이 동물화는 아름다움과 경이로움을 보여준다.

병리학의 역사적 개념"(하인리히 시퍼게스)은 성서를 토대로 세계와 인간에 대한 통합적 고찰을 낳았다. 생 빅토르 위그(1141년 사망)는 다음과 같은 말을 남겼다. "모든 자연이 인간을 가르친다. 모든 자연이 이성을 낳는다. 만물은 생산적이다." 물질과 언어는 의미를 가지고 있다. 파리의 아우구스티노 참사회원 출신의 유명한 학자 리샤르(1173년 사망)는 "신의 말씀이 세속의 지혜보다 훨씬 우위에 있는데, 이는 언어의 울림뿐만 아니라 물질 역시 의미를 내포하고 있기 때문이다"라고 말한 바 있다.

피오레의 요아킴(1130~1202)은 성서를 고찰하면서, 세계와 시간의 상징적 의미에 있어서 매우 중요한 기여를 했다. 시토회의 수도사이며, 칼라브리아의 피오레에 있는 작지만 엄격했던 수도원의 설립자이자 원장이었던 요아킴은 당대 독일인 수도사 학자 가운데 몇몇이 그러했듯이 당시의 수도 생활에서 그리스도교의 완성을 보았다. 뿐만 아니라 성령의 지배를 받는 제3제국이 도래하는 새로운 시대를 예견했다. 이 시대에는 신이 인간을 직접 계몽하기 때문에 모든 외적 질서와 교회 제도들이 전부 불필요하게 된다. 그는 천상의 예루살렘을 맞이하기 위해서 새로운 수도회가 이러한 시대적 변혁에 앞장서야 한다고 보았다. 프란체스코회 수도사들의 급진적인 청빈과 개혁 이념을 실천하는 개혁 설교사들은 천상의 예루살렘을 수도원의 이상향으로 생각했다. 요아킴은 1260년을 세계 변혁의 해로 예언했다. 그의 희망은 계속해서 심오한 사상들을 흡수하여 이단적인 신앙과 예언을 낳았고 이는 수백 년 동안 지속되었다.

상징적 세계관을 가졌던 사람들은 자연현상의 의미를 유추함으로써 세계를 이해했다. 때문에 이런 자들과 합리적 토론을 할 수는 없을 것이다. 자신의 정리(定理)와 전체의 일치라는 전제 아래에서 유추되는 그의 암시를 사람들이 먼저 인정해야만 하기 때문이다. 암시를 해석하는 능력을 비합리적이라고 생각하지는 않더라도, 학교의 교사에게 더 많은 권위를 부여하는 그러한 사유 방식은 공동체적 사고의 형성에 장애가 됨을 쉽게 알 수 있다. 이러한 학교에서는 '동료들'과의 사변적인 논쟁이나 학문적인 '발전'도 없으며, 단지 암시하고자 했던 것에 대한 주입식 교육만이 있을 것이다. 모든 암시는 단순한 반복도 새로운 창조도 아니다. 또한 다양한 권위들을 심층적으로 저울질해보거나 음미하려고 들지도 않는다. 그래서 의견이 대립할 때에 암시는 쉽게 혼란으로 빠져든다.

새로운 이론의 막강한 권위자로 한 명의 '철학자'를 들 수 있다. 그의 저서들은 12~13세기에 부분적으로는 아랍인과 유대인의 중개를 통해서, 부분

구약성서와 신약성서 사이의 관계를 상징적으로 표현한 그림. 신은 바벨탑을 건축한 벌로 인간의 언어 소통을 혼란스럽게 만들었지만 사도들에게는 [예수께서 부활하신 지 50일이 되는 날인] 성령 강림절에 복음을 전파하도록 언어 능력을 부여했다. 오늘날의 것과 유사한 흙손을 사용하여 바벨탑을 건축하는 석공들은 의사소통의 어려움을 겪고 있다. [그림에 붙여서 내용을 설명하는 중세의 글띠인] 명대에는 제각기 다른 언어가 적혀 있다.

적으로는 비잔티움 문화의 전통이 강했던 지역에서 번역되기 시작하면서 차츰 발견되었다. 그는 바로 아리스토텔레스(기원전 383~321)이다. "가장 위대한 철학자 중의 한 명이자 소크라테스, 플라톤과 더불어 유럽 고전 철학 전통의 창시자"(H. 쿤)인 아리스토텔레스는 그의 사상을 해석한 사람들과 함께 유럽에 알려졌다. 페르시아의 철학자 이븐 시나(아비켄나, 980~1037), 유대인 사상가 벤가비롤(아비케브론, 1020~1070), 아랍인 이븐 루슈드(아베로에스, 1126~1198)는 이 위대한 그리스인에 대한 해석을 통해서 신과 세계와의 일치 사상을 펼쳤다. 이 일치를 통해서 현세적인 것은 영원히 변하지 않는 것으로, 즉 소멸하지 않는 질료로 승화된다. 이러한 이유로 개별 인간의 육체는 인간의 질료가 되며, 신과 더불어 위대한 세계정신의 일부인 그의 영혼은 불멸한다. 그러나 그리스도교는 사후에 영혼은 '개별적 실체로서' 존재하지 않으며, 신이 인간을 창조했음에도 불구하고 육체와 분리된 영혼은 부활된 육체를 통해서 자동적으로 승천하지 않는다고 가르쳐 왔다. 상징적인 세계 해석은 이런 비그리스도교적 세계의 철학적 도전에 대응할 만큼 성숙하지 못했다. 이런 주장에 대해서는 침묵이 있을 뿐이었다. 그러나 세계를 개념에 따라 분석하는 스콜라적인 기법이 이러한 도전에 대응하는 역할을 수행함으로써 한 세기 동안 진행된 재정복 전쟁 이후에도 '육체는 인간의 질료이고, 영혼은 불멸한다'는 이론이 그리스도교 세계에서 존속할 수 있게 되었다. 스콜라 철학의 대두는 과거의 상징

상단에 기재된 글귀의 내용은 다음과 같다. "지존하신 신의 이름으로 세비야의 주교 이시도르가 브라우리옹의 주교에게 헌사하는 책이 이제부터 시작된다." 7세기에 스페인의 주교가 수집한 대작 『만물의 어원』이 수록되어 있는 대략 1,000개 정도의 필사본 가운데 하나로, 20권의 책 속에는 옛 학문적 업적들이 수록되어 있다. 이시도르는 세계의 질서가 언어 속에 있다고 생각했는데 이러한 사고는 중세 상징주의의 근원이 되었다.

주의에 대한 승리를 의미했다.

그러나 사실 스콜라 철학은 다른 의도에서 형성되었다. 이 철학은 수집된 많은 '권위적인 제해석들'을 성서의 개개 구절과 고대 철학의 원리를 통해서 검증하고 이를 차례대로 정리하는 것이 필요하다는 인식에서 생겨났다. 따라서 엄격한 체계를 통한 교육적인 접근 방식이 발달했다. 진술은 우선 상응하는 문장들을 통해서 확인된 후 이에 대한 질문이 제기되며, 최종적으로는 결론으로 돌아가 적어도 해석적인 맥락에서 진술이 논리적으로 입증되어야 했다. 세대를 거치면서 접근 방식이 더욱 진전하여 13세기 중엽에는 '대전(大全: 체계적으로 신학을 개진하기 위해서 스콜라 학자들이 사용하는 일반적인 저술 형식)'을 편찬할 정도로 커다란 통합 능력을 가지게 되었다. 스콜라 철학은 대규모의 개념 조직을 통해서 세계에 대한 모든 인식을 성서의 진술과 조화시키려 했다. 따라서 신학 대전도 과거의 상징적인 해석들과 마찬가지로 세계 전체를 설명하고자 하였다. 그러나 사람들은 이제 한 개념을 다른 개념으로부터 유추해내고자 했고, 동시에 모든 논증적 비판과 학문적 발전에도 개방적인 입장을 취했다. 캔터베리의 안셀름(베크의 안셀무스), 샹포의 기욤, 질베르드 라 포레, 특히 피에르 아벨라르는 이런 기법의 위대한 스승들이며 논쟁가들이었다. "당신의 문제점은" 이렇게 아벨라르는 자신의 오랜 스승 질베르를 교회 우두머리들 앞에서 극렬하게 몰아붙였다고 한다. 이때 그는 성서가 아니라 호라티우스를 인용했다. 1,000년의 한계를 넘어서 새로운 지식인 계층은 다시금 자신들의 토론 능력에 의존했다. 신성한 질서 개념으로 세계와 인간을 해석하려 했던 이전의 수도사들과는 스스로에 대한 생각도 전혀 달랐다. 이들은 자유로웠으며 논쟁적이었다. 하지만 다수의 소인은 소수의 위인을 따라갈 수가 없었다.

기사들에 대하여

중세를 상징하는 모습을 찾는다면 아마도 가장 먼저 기사를 떠올릴 것이다. 투구와 갑옷이 이 시대를 대변한다고 해도 결코 과장된 표현은 아닐 것이다. 물론 중세는 수도복, 농부의 쟁기, 왕들을 무시하면 이해하기 힘들다. 왕의 부인들을 제외해도 역시 이해하기 어려울 것이다(왕의 부인들은 개척의 여지가 많은 새로운 연구 분야로 당대 상황을 고려해서 토론이 이루어져야 할 것이다). 왕비나 공주들 역시 간과해서는 안 될 것이다. 수녀원에 입회한 후 이웃을 위해서 조용히 공헌했던, 다시 말해 역사적 사료를 통해 파악할 수 있는 것 이상으로 더 많은 공헌을 했던 수많은 익명의 여인이 있었다. 불평하지 않고 남자들 이상으로 힘든 일상생활을 꾸려나갔던 농민과 시민의 부인도 있었다. 그리고 '시중을 드는' 하녀 같이 의지할 곳 없고 어느 집단에도 소속되지 않은 여성의 수는 아마도 당시 인구의 3분의 1 이상이었을 것이다. 이들 대부분이 불운하게 자식도 없이 고통스러운 노년을 보냈다. 동화처럼 모험을 통해서 세상의 반경을 좁혔고, 부유한 남쪽 지역의 보물을 가난한 우리 지역으로 가져왔던 상인들을 빼놓는다면 또한 중세는 설명이 불가능할 것이다. 파우스트 박사나 테오필루스(간데르스하임의 로스비타가 쓴 작품의 주인공으로, 악마와의 계약을 다룬 그의 작품이 『파우스트』에 영향을 주었음)와 같은 인물들, 악마와의 계약, 스콜라 철학의 상아탑을 염두에 두지 않는다면 중세를 이해하기란 상당히 곤란하다. 마지막으로 수공업과 수공업이 이룬 업적이 없었다면 중세는 없었다고 주장할 수 있다.

그러나 기사는 다른 세속인 집단들과 비교했을 때 특별한 기념비적인 업적을 세웠다는 점에서 매우 상징적인 중요성을 지닌다. 놀랍게도 이것은 전투와 마상 시합이 아니라 문학작품을 통해서 가능했다. 기사문학은 민족어로 된 유럽 문학의 토대를 마련했고, 이후 낭만주의 시대에 재탄생될 수 있었다.

성숙해가고 있던 민족의식 속에서 기사문학은 종종 민족적 전통과 동일시되었다.

중세 사회는 오랫동안 귀족이라는 지배 계층에 의해서 정의되어왔다. 하지만 새로운 의견들이 제기되면서 '봉건주의 시대'의 보다 다양한 모습이 드러났다. 그러나 이러한 새로운 이론들을 통해서 중세의 귀족 계층, 즉 고위 귀족뿐만 아니라 하위 귀족 계층에 대한 고정된 인식이 오히려 더욱 커졌다. 봉건 시대에 대한 일반적인 마르크스주의적 정의, 그러니까 지주들이 경제 외적인 권력을 이용해서 예속 농민을 착취했다는 입장은 마르크스주의적인 연구에서도 상당 부분 의문시되거나 심지어 반박을 받았다(마르크스주의적 정의와 같은 도식적인 해석으로 말미암아 1950년대에는 동유럽만이 아니라 서방 세계에

랭스 대성당의 서쪽 면에 새겨진 순교자 니카시우스의 처형 장면에는 당시의 복장을 한 무장 기사가 그려져 있다. 당대만이 아니라 중세 말까지도 교회 예술은 종교적인 사건들을 후대에 전하려고 애썼다. 그 결과 문화사적으로 중요한 많은 사실이 전해지고 있다. 구속사의 주요 등장인물들은 시대를 초월하여 고대 의복을 착용하고 있다.

서도 매우 조잡한 중세 서술이 이루어졌다). 중세에 대한 이런 논쟁들은 이따금 긴장감 넘치는, 물론 서유럽에서는 상당히 예외적이라고 할 수 있는 격한 어조로 진행된 토론을 통해서 발전했다.

농민과 마찬가지로 중세 귀족들 사이에도 수세대에 걸쳐서 각인되어 날로 확고해진 존재 의식이 있었다. 가족 간의 소속감이 바로 그것으로, 이것을 잊지 않았던 이유는 가족의 세습 재산에 대한 상속과 가문의 명성을 차지할 수 있는 기회 때문이었다. '귀족(Adel)'이라는 말이 '상속(Erbe)'이라는 고어에서 유래했을 정도로, 두 가지 모두 밀접한 관련을 가지고 있었다.

유서 깊은 귀족 가문들은 재산과 명성을 자손들에게 상속했는데, 기원후 1000년을 전후로 이 생활 습관을 바꾸어야 했다. 씨족적인 결합이 가족적인 계보보다 약화되면서 가계가 핵심 주거지에서만 의미를 가졌기 때문이다. 이전에는 각 씨족이 씨족 창시자의 이름을 따서 반복적으로 명명되었는데, 이제는 대가족들이 '가문'에 따라서 분리되었다. 그러나 이 가문들이 각각의 성(城)에 따라 명명되면서, 유산 분할이 문제가 되었다. 장자 상속권은 훨씬 시간이 지난 후에야 가족 정책과 통치 정책의 유형으로 자리 잡았기 때문에, 그때까지 상속자들은 한정된 재산을 둘러싸고 치열한 경쟁을 벌일 수밖에 없었다.

전쟁의 기술도 변했다. 7세기 이후에 등자가 유럽에 등장하면서 말안장 위에 편안히 앉는 것이 가능해지자, 기사들은 무거운 창을 들고 돌진할 수 있게 되었다. 이로 말미암아 귀족의 종사제도에 변화가 나타났다. 법적 구속력을 지니는 쌍무 서약과 군사적 봉사에 기초한 서유럽의 봉건제도, 그리고 토지 양도라는 느슨한 형태로 '공헌자들'의 공로를 보상했던 북유럽과 동유럽의 방식은 이제 변화하는 시대적 조건에 맞는 군사 조직의 개편을 필요로 하고 있었다. 군사 장비는 철 생산과 무기 제조가 증가했던 12세기 이전에는 모두 고가였고 이후에도 무기가 발전하면서 비싼 가격에 제작되었다. 봉신들 모

14세기에 제작. 본래 성년식에서 유래한 기사 취임식은 전투 참가 행사 의식으로 바뀌었다. 증인들이 참석한 가운데 기사 취임식이 진행되는데, 취임식이 거행되는 동안 축제 음악이 울리는 병영에서 화려한 무장 착의식을 선보였다.

두가 자비로 무장해야 하는 부담을 가지고 있었지만, 병역은 신분 상승의 기회를 제공했다. 카스티야에서는 재정복 전쟁[이베리아 반도의 이슬람 교도를 대상으로 벌어진 국토 회복 전쟁] 시기에 무장이 가능했던 농민들은 모두 기사가 되었다. 독일에서 [법적으로 기관이나 개인에게 예속되어 있던] 부자유민들은 주군에 대한 봉사를 통해서 미니스테리알렌으로 신분이 상승했고 후에 기사 계층이 되었다. 이렇게 전 유럽에서는 다양한 출신 성분의 전사적인 소(小)귀족층이 형성되었다. 그러나 봉건적인 군사 소집이 1년 중 40일에 불과했기 때문에 곧 용병 기사들 없이 전투를 수행하는 것이 어려워졌다. 기사들에게도 전투는 단지 부수적인 수입만을 보장했다.

이런 사람들이 수적으로 얼마나 존재했는지 측정하기는 어렵지만, 당시 상황으로 보아 아마도 전체 인구의 5퍼센트 정도였을 것이다. 영주, 기사, 종자, 하인들은 귀부인, 부인, 하녀들과 함께 크고 작은 성에 거주했다. 이들은 도시나 촌락의 사람들, 수도사들이나 수녀들, 수도원이나 사제관의 성직자들과는 다른 삶을 살았다. 그들은 '궁정풍'의 삶을 살았고, 주군에게 봉사하면서 주군과 비슷한 삶을 영위하고자 했다. 이렇게 해서 시민과 농민들 위로 극소수의 귀족 계층이 정치 엘리트 계층으로 등장했다고 할 수 있다. 그러나 이들과 이들을 지지하고 이들에게 봉사했던 자들의 삶은 총체적으로 파악되어야 할 것이다. 이 5퍼센트의 특징을 알기 위해서는 하위 귀족이나 고위 귀족의 주거지와 장원이 시민, 농민 혹은 성직자의 거주지와 어떻게 다른지 생각해보아야 할 것이다.

요컨대 귀족은 '축조된 집', '주거지'를 가지고 있었다. 이것이 항상 성을 의미하는 것은 아니었다. 석조로 토대를 만든 집도 있었을 것이고, 목조를 사

수스트의 옛 거주지 중심부에 있는 13세기 초 로마네스크 양식의 건축물. 상당히 품위 있는 석조 건물이다.

용한 집도 있었을 것이다. 또는 정사각형 기반의 모퉁이에 〔위에서는 불쑥 나온 것처럼 보이는〕 약간 돌출된 창을 낸 건물도 있었을 것이다(이 창은 건물 벽을 방어하는 데 용이했으며 로마 시대의 전통이었다). 돌출된 창은 군사적 목적을 위해 사용되었기에, 일반 도시민의 집에는 돌출 창문의 건축이 허가되지 않았다. 지금도 폴란드에서는 정자에서 목재 기둥으로 지지되는 단순한 형태의 차양의 유무로 귀족의 집과 농민의 집을 구분할 수 있다.

어쨌든 귀족적인 생활양식은 귀족의 거주지와 불가분의 관계에 있었다. 룩셈부르크가, 플랜태저넷가, 오스트리아의 합스부르크가처럼 제후의 거주지는 가문과 동의어가 되었다. '가문'이라는 것은 당시의 법적 사고를 따르면 특별한 의미를 지니고 있다. 오늘날에도 '가택 불가침권(Hausrecht)'은 주거지를 법적으로 보호해주고 있다. 권리와 평화의 영역인 집은 '가장'의 직접적인 통치권 아래에 있는 영역이다. 또한 지붕은 특별한 상징성을 띠고 있기 때문에 지금도 이탈리아에서는 지붕이 완성된 후에는 불법으로 신축된 건물이라 하더라도 철거할 수 없도록 되어 있다. 아궁이, 문, 문턱들은 법의 보호를 받는 것들로 한 가족, 즉 가장과 주부, 아이들과 하인들을 외부 세계, 자연, 인간들로부터 '보호해준다'. 그래서 그곳에 '살지 않는 자들'은 외부인이었다.

이제 귀족의 거처는 특별한 영역이 되었다. 이것은 그의 가정이 대가족을 형성하고 있을 뿐 아니라 당시의 법 감정이 가장의 '귀족적 자유'를 인정했기 때문이다. 그의 집은 그를 보호하는 역할을 할 뿐만 아니라 '그의 보호를 받는 자들'을 보호한다. 주인의 방어 능력은 단순히 성벽을 통한 방어이기도 하지만 성탑을 통해서 성벽을 넘는 공격적인 것이기도 하다. 내부가 깊숙이 은폐된 귀족의 집은 과거의 종교적 특성을 내포하고 있다. 고대 군주들의 대규모 '거주지들'에서 이런 특징이 확연하게 드러난다. 왜냐하면 그곳에는 지배자의 거주지와 신전이 함께 있었기 때문이다. 중세 귀족의 거점은 이러한 일면을 보여준다. 성은 외견상 고대 전통에 기원을 두고 있지만, 그것과는 전혀

레 테르네 지역에 우뚝 솟아 있는 교회와 성은 700년 전에 세워진 오래된 건축물이다.

상관없이 상층 귀족의 자기과시와 신분의 신성함을 증명하는 역할을 하고 있다. 중세 유럽 전역에서 왕이 자주 거주하던 특정한 장소에 세워진 소성당, 성의 소성당, 궁정 성당들이 이를 입증한다. 반대로 농민과 시민의 거주지에는 어떤 종교적인 장소도 들어서지 않았다. 기원후 1000년 이전에 초창기 교회가 조직되는 동안 초기의 민중 교회는 고대에 그리스도교가 전파되었던 지역 이외, 즉 잉글랜드, 프랑스, 독일, 스칸디나비아 반도, 서부 슬라브 지역에서는 성에 부속된 교회였다. 심지어 이 교회들은 성주들의 '사유 교회'였다. 물론 법률적인 소유관계가 서임권 투쟁 이후 교회에 유리하게 전개되었지만 말이다.

성

중세 유럽에서 귀족들의 주거지 건설은 다양한 기원을 가지고 있다. 주거지의 본래 목적 중 하나는 주인을 위한 '공간'이었다. 그래서 이 공간은 군사적 방어를 목적으로 하기보다는 연회와 모임을 위한 공간이었으며, 종사들을 위한 주거 공간이기도 했다. 야만 세계의 영웅들에 관한 가장 오래된 보고 역시 오래된 영주 거주지의 요새적인 특성에 대해서는 전혀 언급하지 않았다. 그래서 「니벨룽겐의 노래」 역시 성벽 앞이 아니라 에첼[아틸라, 훈족의 왕]의 연회장에서 대미를 장식한다. 다행히도 9세기 중엽 스페인의 나랑코에 세워진 연회장이 있는 영주관(領主官) 하나가 현재까지도 잘 보존되고 있다.

자주 간과되는 두 번째 전통은 로마의 건축술에서 유래한다. 물론 직접적으로 입증되지는 않았지만 고대 건축양식을 답습했을 가능성을 바탕으로 이러한 결론을 내릴 수 있을 것이다. 3~4세기에 저 멀리 북쪽에 있던 로마의 행정 도시 트리어나 '영원의 도시' 로마, 특히 팔라티노 언덕에 세워졌던 고대 황제의 건축물들이 이러한 증거 자료가 될지도 모른다. 로마에서는 팔라티노 언덕에 주로 지어졌다. 달마티아의 스플리트에 있는 고대 최대의 황제궁도 예로 들 수 있다. 로마 시대 방위 건축물 중 상당수는 잉글랜드, 독일, 헝가리, 루마니아의 야만족 침입에 대비한 방어벽이었거나 로마 군대의 주둔을 위한 성채였다. 돌로 된 성벽과 성문들, 그리고 무엇보다도 탑들이 부분적이나마 계속 사용되고 있다. 레겐스부르크와 아를, 스플리트의 통치 구조물들이 대표적인 예로, 이 건축물들은 적어

'영주의 집'은 본래 레겐스부르크나 산 지미냐노 같은 도시에서도 사진에서 보이는 것처럼 망루 형태의 요새였다. 성을 지을 때 요새의 망루는 성의 중심부였다.

도 고대와 중세 건축술의 연관성을 입증하는 주춧돌 역할을 하고 있다. 트리어시의 성문인 검은 문 포르타 니그라는 "가장 잘 보존되어 있고 예술적으로도 가장 중요한 알프스 북쪽의 방어 건축물이다"(W. 호츠).

또 다른 전통은 노르만족에 의해서 세워졌다. 10~11세기에 프랑스 북부와 잉글랜드에 세워진 단 하나의 성탑으로 구성된 성채들은 어쨌든 노르만족과 관계가 있다. 프랑스어의 성탑(Dongjon)이라는 단어는 지배권을 뜻하는 라틴어 도미니움(Dominium)에서 유래했다. 이 사실은 성탑이 어떤 역할을 하고 있었는지를 잘 설명한다. 법적 의미를 지니는 거주용 탑들은 성벽의 일부가 아닌 성의 중심부로, 지배권을 뜻하는 '성탑'이라는 용어에서 나타나듯이 탑은 모든 성 안 조성물의 중심이 된다. 12세기에 와서는 크고 작은 성벽 안에 성주의 거주지인 궁정이 다수의 하인들의 주거지나 성의 살림살이 공간

기원후 175년경에 세워진 포르타 니그라. '검은 문'을 뜻하는 이 건축물은 로마 시대의 도시 문화를 보여주는 가장 인상 깊은 잔재로 독일 라인란트팔츠주 트리어에 위치하고 있다. 교회이자 요새였던 이 웅장한 건물은 중세의 도시 성벽 안에 남아 있으며 정방형의 실내 구조는 웅장한 건축 형태를 보여준다.

들을 포함한 별관과 함께 축조되었다. 중부 유럽의 산악 지대, 알프스, 스페인과 이탈리아의 산악 지대에 있는 산성들은 북유럽의 평지에 지어진 수성과는 구조상 차이가 있다.

대다수의 성채는 초기부터 지배적인 성격을 확고하게 지니고 있었다. 이는 (특히 서로 분리된 요새화된 건물들을 조성하면서) 제후와 주교의 거주지를 통합하고자 했던 시도에 잘 나타나 있다. 그 예로 레겐스부르크에서는 몇몇 권력자, 황제, 공작, (성의 관리와 수호의 임무를 부여받은) 성백작, 주교가 각기 '궁정'을 소유하고 있었다. 세속의 권력 형성이 교회에 선행했던 중부 유럽의 동쪽에서는 주교들이 영주의 궁정에 거주해야 했다. 그래서 900년경에 프라하 북부의 흐라드차니에 건설되었던 보헤미아 왕의 거주지에는 대성당과 궁정이 나란히 설립됨으로써 확고한 지배권의 구심체가 형성되었다. 같은 시기

트리어의 시민들은 12세기에 로마풍의 포르타 니그라 옆에 색다른 돌을 사용하여 특이한 형태의 로마네스크 교회를 세웠다.

에 프랑스의 왕권도 파리의 주교와 함께 센 강 복판의 섬[시테 섬: 파리의 발생지]에서 세력을 확장해갔다. 플랑드르 백작령 역시 겐트 성에서 (교회의 지원 없이) 매우 일찍부터 성채를 지배권의 중심으로 삼았다. 웅장한 정사각형의 성탑이 중심부였는데 성벽으로 둘러싸인 넓은 마당 안에 성탑이 있었다. 여기에는 성탑을 방위하는 성문이 있었다. 이 성문은 외성을 보호하는 역할을 하기도 했다. 이것이 바로 바르베카네로 아마도 십자군 원정을 통해서 생겨났던 것 같다.

성 가운데에 위치한 성탑들은 성의 중심적인 건물인 동시에 성의 붕괴를 막아내는 역할을 했다. 그 결과 성탑은 지금도 기념비적인 건물로 남아 있다. 사진은 동티롤 지역의 리엔츠.

11~12세기에 성을 축조하는 것은 유럽 어디에서나 확고부동한 왕의 권리로 간주되었고, 따라서 성은 왕의 안정적인 권력 기반이었다. 잉글랜드의 정복왕 윌리엄과 같은 절대 지배자는 허가받지 않은 요새들을 파괴하도록 명했다. 독일의 연방주의는 성을 축조할 권리, 즉 축성권을 제후의 권리로 인정했다.

일반적으로 봉건제도에서 성은 봉주에게 귀속되었다. 그러나 성의 소유자가 봉신이 아닐 경우, 그는 특정 제후가 필요로 할 때만 예외적으로 자신의 성을 '개방'할 수 있었다. 오펜부르크라는 지명은 여기에서 유래한 것이다[오펜부르크(Offenburg)라는 지명은 성(Burg)과 출입이 자유로운(offen)이라는 단어의 합성어이다]. 축성은 왕으로부터 특별한 승인이 없었음에도 불구하고 13세기까지 왕국의 대부분을 지배했던 공작들과 백작들의 권한으로 인식되어갔다. 또한 십자군들이 서유럽에 가까운 동양의 서쪽 지역 해안과 내륙에 약 100여개의 성을 남겼다. 크라크 데 슈발리에 같은 거대한 규모의 성채가 대표적이다['기사의 성'을 뜻하는 크라크 데 슈발리에는 유럽의 십자군이 시리아와 팔

830년경 제작된 서양 중세 초기의 시편서 사본인 『위트레흐트 시편』에는 서유럽 성의 특징이 나타나지 않는다. 아마도 이 그림은 비잔티움 양식을 따라 그려진 것으로 보인다. 서부와 중부 유럽의 성에는 성의 중심부이자 최후의 보루였던 탑이 있었다.

레스타인에 커다란 요새이다]. 이미 이름에 나타나 있듯이 크라크 데 슈발리에를 포함한 성채들은 성전 기사단으로부터 유래한 것이다[성전 기사단은 십자군 원정 기간인 1118년에 프랑스 기사들이 설립한 종교 기사단으로 '템플 기사단'이라고도 한다]. 대체로 이 성채들을 건축하는 데는 상당한 수준의 기술이 필요로 되었다. 유럽의 축성 양식은 식민지에서 규모가 거대해진 듯한 인상을 준다. '성지' 예루살렘에서는 인근 지역과 격리된 산 정상에 산성 '손'을 짓기 위해서 17만 톤의 암석이 운반되었다.

유럽에서도 축성으로 인해 풍경이 달라졌다. 옛 풍경화는 현재의 풍경화 이상으로 이와 같은 사실을 명확하게 그려내고 있다. 론-손 강, 라인 강, 엘베 강 상류, 피레네 산맥과 알프스 산맥을 통과하는 중세의 대규모 교통로에 위치한 성들은 지금도 여전히 여행자의 걸음을 멈추게 한다. 구체적으로 프리드리히 바르바로사는 직접적으로 왕의 지배를 받았던 알자스, 라인팔츠 지역, 마인강, 페그니츠, 에게르 강 유역에 있던 상당 부분의 지역에서 영

미니어처로 재현된 아헨의 궁정 모형. 황제의 위용을 과시하는 듯한 거대한 규모를 자랑한다. 중심부의 궁정 성당은 지금도 천장이 있는 통로를 통해서 아헨 시청 건물의 일부를 구성하는 황제의 거처와 연결되어 있다.

역 지배를 확장하고자 했으며, 그 계획을 축성을 통해서 이룩하고자 했다. 그러나 그 계획은 아직까지도 학계에서 제대로 평가받지 못하고 있다. 그의 이러한 축성 정책은 특히 가문적 전통에 근거한 것이었다. 왜냐하면 12세기에서 14세기까지 더 많은 '영방 제후들'이 영방의 경계 수호 외에도 영방의 평화와 지배에서 축성이 차지하는 비중을 인식했기 때문이다[중세 말 이후 신성 로마 제국의 제후들은 독자적인 정치 세력인 '영방'을 형성했다]. 한 연대기 작가의 기록에 의하면, 프리드리히와 이름이 같았던 그의 아버지는 항상 말꼬리에 성(城)을 달고 다녔다고 한다[이는 그가 가는 곳마다 축성을 했다는 의미이다]. 이 역사가가 신중한 표현보다는 익살스러운 묘사를 통해서 독자들에게 더 강한 인상을 주고자 했음을 알 수 있다.

그러나 프리드리히는 또한 위대한 궁정 건설가이자 보수자로서 황제의 지배를 받았던 독일과 이탈리아에서 유럽 축성의 전 분야를 완성했다. 카를 대제는 미래의 모든 황제의 본보기였다. 그의 아헨 궁정은 이후 400년 동안 궁정 건설의 표본이 되었다. 여기에서 궁정(Pfalz)이라는 말은 로마 황제의 주

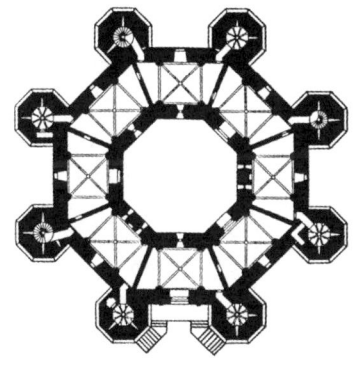
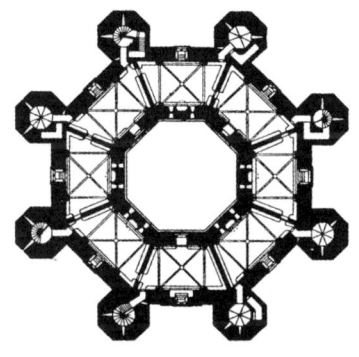

카스텔 델 몬테의 평면도. 두 층의 기본적인 구조는 기술적이고 미적인 감각, 쾌적한 주거 환경, 독특한 팔각의 상징적인 구조에서 드러나는 황제의 위용 등의 요소를 정교하게 짜 맞추고 있다. 시토 수도회와 당시 인접 지역을 관리했던 독일 기사단의 건축술에 영향을 받은 이 건축물은 자신이 새로운 메시아가 되기를 소망했던 최후의 황제 프리드리히 2세의 황제 신화에 걸맞게 지어져 있다. 최근의 연구 결과에 따르면 건물에는 둥근 지붕이 씌워져 있었던 것으로 보인다.

거지였던 팔라티움(Palatium)에서 유래했고, 팔라스트(Palast), 팔레(Palais), 팔라초(Pala-zzo)와 동의어이다. 카를의 주임 건축사였던 메스의 우도는 황제궁 건설에 참여한 다른 구성원들과 함께 종교적 건축과 주거용 건축의 통합체인 고대의 모형을 본떠서 원형 건축물인 아헨 대성당과 모퉁이에 웅장한 탑을 보유한 황제의 궁을 창조해냈다. 아헨의 시민들은 이 황궁을 나중에 시청으로 개조했다. 성당과 황궁은 통로로 이어졌다. 바르바로사는 니더잉겔하임, 네이메헨과 같이 카를 대제의 재임 말기에 지어진 궁정들을 재건했다. 당시의 사람들은 바르바로사의 행동을 당연히 황제 전통의 강화로 이해했다. 바르바로사도 뒤셀도르프 근교에 위치한 라인 강의 섬 카이저스베르트에 세워진 비문을 통해서 이 점을 강조했다. 이 비문은 '프리데리쿠스 황제'가 '정의의 수호자이자 불의의 징벌자'로서 '제국의 번영'을 위하여 '정의를 확립하고자' 했으며 어디에서나 평화가 지배하기를 천명했다고 밝히고 있다. 건축물은 1702년에 파괴되었지만 비문은 남아 있다.

바르바로사는 카롤링 시대의 궁정 전통을 계승한 마지막 인물이었다. 그

건축 과정을 보여주는 1448년의 프랑스 필사본. 건축의 각 단계를 사실적인 묘사를 통해서 보여주고 있다. 탑을 지탱하는 구조물과 동쪽에서 서쪽으로 진행되는 건축 과정이 흥미롭다. 동에서 서로 진행되는 건축의 방향은 교회 건축에 관한 사료를 통해 알 수 있다.

의 손자 황제 프리드리히 2세는 남부 이탈리아에서 다른 건축양식을 따랐다. 프리드리히 2세가 건설한 대담하고 '현대적인' 건축물들은 의심의 여지없이 비잔티움과 아랍의 영향을 받았지만, 그럼에도 불구하고 잘 알려진 것처럼 '세계 통치자'를 지향했던 황제의 개인적 야망을 따랐을 것이다. 프리드리히의 건축물들은 견고한 거대 석조 건물이다. 일부는 루체라의 건물들과 마찬가지로 비스듬한 벽으로 이루어져 있거나 카스텔 델 몬테처럼 팔각형의 형태를 하고 있다. 다양한 건축 유형에도 불구하고 그의 건축 이념은 거대하고 유기적으로 완성된 석조물을 기본 개념으로 삼았다. 내부의 아치형 통로를 위에서부터 아래까지 밝히기 위해 석조물의 가운데에는 채광을 목적으로 안뜰이 고안되어 있다. 모자이크와 대리석 장식은 현재로서는 추측만이 가능할 뿐이다. 카스텔 델 몬테에서만은 프리드리히 2세가 당시로서는 엄청나게 경이적이었던 이 건축물을 통하여 확고한 고품격 주거 문화 공간을 창출했다는 사실이 입증되었다. 상하수도 시설, 견고한 돌로 만들어진 벽의 시원함과 일조 효과는 아마도 통치자를 세계의 경이자로 입증했을 것이다.

절벽에 단순하게 조성된 성도 이따금 경이감을 불러일으킨다. 특히 상당수의 성들이 몇 달이나 1년이라는 짧은 건축 기간 안에 완성되었다는 사실은 경이감을 배가시킬 것이다. 건축 직인 조합의 존재가 이러한 점을 가장 쉽게 설명할 것이다. 이 조합은 수십 명의 전문가로 구성된 일종의 이동 작업장이라고 할 수 있는데, 예속 농민들의 부역만으로는 이루어질 수 없는 부분을 담당했다. 당시에도 그러했지만 기술적인 지식은 이미 오래전부터 거의 구두로만 전해졌다. 요새의 건축은 언제나 모험적인 시도를 요구했다. 그러나 교회 건축에 반드시 필요한 정역학(靜力學: 물체에 작용하는 힘의 균형을 연구하는 역학)의 기술, 성벽과 탑의 건축 가능성에 대한 현장에서의 통찰력, 교각 건설과 돌출부의 구조 등에 관해서 작업장의 장인들은 양피지 기록에 의존하지 않았다. 부득이한 경우에만 나무로 된 제도판의 도움을 받았다. 전반적으로 그들은 예로부터 꼼꼼하게 보존되어온 '주먹구구식 이론'에 의지했다. 이 말은 아주 적합한 표현일 것이다! 바르바로사의 시대에 당대 사람들이 '빈손'으로도 건축물을 만들 수 있었던 것은 '궁정 건축 조합'의 공헌으로 돌릴 수 있을 것 같다. 그러나 이 역시 발터 호츠의 추측일 뿐이다. 바르바로사가 행한 수많은 궁정 재건축 사업에서처럼, 통치자의 건축적 구상과 황제 이념 사이의 유사성은 그 둘 사이의 관련성을 가장 잘 설명해줄 것이다.

봉건법

질서에 대한 신화는 인간이 자신과 동등한 사람들에 대한 지배권을 정당화하려는 이론 가운데 하나이다. 오늘날보다 1,000년 전에 더 그러했다. 황제나 왕은 항상 질서의 필요성을 주장했고, 영주조차 (시종에 비해 높은 위치에 있었음에도 불구하고) 엄격하게 보존된 질서 체제 속에 편입되어 있었다. 토지가 인간을 구속했던 농경 사회에서 상대적으로 낮았던 이동성도 질서 체제의 정적인 특성을 강조했다.

13세기 독일의 법령집 『작센 법전』의 삽화. 태양과 달로 표현된 봉주와 봉신은 서로에게 무관심한 자세를 취하고 있지만, 상징적 법률 행위를 통해서 상호 간의 신의를 서약했다. 달이 태양으로부터 그 빛을 '양도받기' 때문에 태양은 봉주를, 달은 봉신을 상징한다.

주군들 사이의 질서는 봉건제도에 의해서 규정되었다. 중세 라틴어 사료에 등장하는 봉건성과 봉건주의라는 개념이 프랑스혁명 이래로 중세를 표현하는 데 사용되었다. 그러나 협의(狹義)적이고 고유한 의미에서 봉건주의는 쌍방에게 유효한 의무 조항 아래에서의 봉사와 이에 대한 반대급부로서의 주군과 가신의 결합을 뜻한다. 이 체제는 명백하게 카롤링 왕조의

펼쳐진 주군의 두 손 사이에 두 손을 넣으면서 이루어지는 봉건 서약 장면(왼쪽)과 후견인 역할을 서약하는 장면. 그림에는 법적 구속력을 지닌 다양한 상징적 행위들이 묘사되어 있다.

성물 앞에서의 봉건 서약과 신분에 따라 문을 통과하는 순서가 다름을 보여주는 그림. 당시에는 예의범절의 기준이 순서의 문제였다고 할 수 있다. 『니벨룽겐의 노래』에서도 누구의 남편이 봉주이고 따라서 누가 먼저 대성당의 문을 통과해야 하는가의 문제로 왕비들이 다투는 장면이 나온다.

발명품으로 8세기부터 기존의 단순한 종사 관계를 대체했다. 주군은 가신에게 '토지'를 '대여했고' 그 대가로 군사적 봉사의 의무를 받았다. 봉토의 수혜자는 다른 주군에게 결속되지 않은 '자유인'이어야 했다. 주군과 가신 사이에 체결된 계약은 상징적인 형태를 취했다. 당시의 모든 법질서가 그러했듯이 몸짓과 동작 그리고 [상급자에게 안전과 보호를 부탁하는 행위인] 인간적 탁신(託身)과 같은 상징적인 질서로 표현되었다. 가신은 양손을 주군의 손 사이에 넣음으로써 그의 보호 아래에 자신의 몸을 의탁하고 그 대가로 봉사를 서약했다. 이러한 형태의 봉건 서약은 쌍방의 의견 일치를 가시화하는 법률행위의 성격을 가지게 되었다.

그렇다고 해서 실제 생활에서 이러한 질서들이 절대 변하지 않았다고 할 수는 없다. 봉건제도는 점차 변화를 겪었고, 8세기부터 12세기까지 라틴 서유럽의 대부분 지역에 전파되어 상위와 하위 지배 계층으로 엄격하게 구분되는 사회 신분의 피라미드를 만들었다. 독일에서는 봉건제도가 '군기로 상징되는 질서'로 변해서 '군기령[軍旗領: 황제가 군기를 상징물로 수여함으로써 대제후에게 지배권이 부여된 봉건 영지]'이 최상층의 제후들에게 상징적 표식으로 수여되었다. 최하위에 위치하는 '소기사들' 대부분이 봉토를 받을 수는 있었지만 그 봉토를 누군가에게 다시 수여할 수는 없었다. 이로써 봉건 질서는 수세기 동안 국가 형태를 구성하는 기본 골격이 되었다. 봉건법은 종종 지배권 행사의 유일한 법적 근거였다. 12세기 이후로 '영방'의 귀족과 성직자들, 마지막으로는 시민과 농민까지 참여해서 '신분제 의회'를 형성할 때까지, 정치적 문제에 관한 한 봉건 법정이 최종적인 결정 기구였다. 신분제 의회는 동등한 법적 지위를 가지고 있던 모든 소속민의 대표이자 전체 영방의 대표임을 주장하면서 독자적인 자신들의 '영방법'을 발전시켰고 이를 통해서 군주의 특권에

13세기 중엽에 작성된 기본적인 법령집인 『작센 법전』은 황제와 교황의 통일적인 지배 구조의 단면을 보여주고 있다.

대응했다.

더 자세하게 살펴보면 라틴 유럽의 몇몇 지역에서는 봉건법이 완전히 관철되지 않았거나 한참 후에야 관철되었다. 그나마도 표면적으로만 수용되었다. 스칸디나비아, 폴란드, 보헤미아, 헝가리, 남부 슬라브와 같이 북부와 동부에 위치한 문명의 주변부에서 특히 그러했다. 무장 능력을 갖추고 왕에게 봉사했던 자유민과 왕들 사이에 유사한 관계가 형성되기는 했지만 봉건 서약, 봉건법, 봉건 법정 등은 존재하지 않았다. 오히려 토지 소유자들은 자신들의 권익을 보호할 목적으로 서로 규합하여 통치자에게 대항했고 곧 자신들을 전 왕국의 대표자로 선언했다.

프랑스, 잉글랜드, 이탈리아, 신성 로마 제국은 정도의 차이는 있지만 고전적인 봉건법의 지역이 되었다. 이전까지는 북부와 동부 유럽과 마찬가지로 느슨한 종속 관계가 존속했던 잉글랜드에서도, 노르만족의 정복 토지를 보유한 자유민과 주군들 사이에 완벽할 정도의 봉건적 특성들이 뿌리내리기 시작했다. 모든 토지가 봉토로서 남김없이 엄격하게 분할되었는데, 전래하는 관습과 장원제에 대한 로마법적인 해석을 통하여 대소 영주들이 사유지에 대해 권리를 주장하던 프랑스와 독일에서는 왕들이 감히 할 수 없던 일이었다. 잉글랜드의 봉신들은 1086년에 정복왕 윌리엄의 강요로 직속 주군을 뛰어넘어 왕을 자신의 최고 봉주로 섬긴다는 서약을 해야만 했다.

연애 봉사

성을 둘러싼 환경이나 봉건제도의 서열이 아니라 궁정 사회, 궁정 사회의 잘 조직된 직능 구조, 궁정 사회에 대한 동경심이 궁정 문화를 형성했다. 다수의 크고 작은 궁정들은 궁정 문화를 받아들이는 데 적극적이었다. 이러한 상황에서 귀족 사회는 수도사의 이상에서 해방되어 독창적인 삶을 살고자 했다. 이로 인해 귀족 사회에서는 우아함, 정신, 예술 감각 등이 발전하게 되었다. 수도사의 금욕주의에 대항하여 '고귀한 봉사'에 대한 동경심이 귀족들의 생활을 주도했으며, 크고 작은 궁정들이 교육 장소가 되었다.

독일에서는 '고차원적, 저차원적' 구애 사이의 의미상 차이가 불명확했지만[고차원적, 저차원적 구애는 각각 정신적, 육체적 사랑을 의미함], '연애 봉사[중세의 문학작품에 의하면 중세 기사는 여성을 육체가 아닌 정신적 사랑의 대상으로 섬길 것을 맹세했다고 하는데 이를 연애 봉사라고 함]'가 궁정 문화의 한 부분이었다. 발생지인 남부 프랑스에서 연애 봉사는 남녀 사이의 윤리와는 전혀 관계가 없었다. 단지 사회의 문학적인 에로틱화를 의미했다. 종종 무비판적으로 칭송되는 중세 독일의 연애시는 프랑스의 원작들보다 무거운 음조를 가지고 있었다. "대체로 문맹이었던 독일의 세속 사회로 이런 프랑스 문학이 전달되면서 궁정 문학이 독일에서는 전혀 다른 역할을 하는 결과를 가져왔다"(요아힘 붐케). 독일의 연애시는 프랑스의 우아한 지적 유희와는 거리가 멀었다. '세

궁정 축제 동안 육각형의 우물 주위에서 벌어지는 아름다움과 사랑에 관한 대화 장면. 주제와는 관계없이 '연애 봉사'는 귀족 문화의 기본적인 요소였다.

계관에 대한 시'로서 추상적이고 의미가 심오했으며 내용 전달이 어려웠다. 또한 편력시인의 시에 비해 울림이 덜했고 생동감이 적었다.

주군에 대한 군사적 봉사는 본래 시나 송가에서는 자주 언급되었으나, 중세 기사문학에서는 덜 다루어졌다. 왜냐하면 분쟁이나 아서왕 전설, 성배 모티프와 같은 서사시의 주제들이 그리스도교적 가치관에 더 적합했기 때문이다. 중세 전성기의 신판「니벨룽겐의 노래」처럼 이러한 주제들은 혈연 중심적인 사고와는 반대로 점차 강해지는 법제화의 추세를 반영하고 있다. 중세 초기의 구판에서는 크림힐트가 형제들이 흘린 피에 대해서 복수했지만 신판에서는 남편을 위해서 복수했다. 양쪽 모두 서방[프랑스]의 원본에 토대를 두고 있다. 슬라브의 초기 서사시는 물론 남아 있지도 않지만 슬라브의 연애시 역시 만개하지 못했던 것 같다. 그러나 독일의 연애시인들이 슬라브의 환경에 활기를 불어넣었다. 특히 '황제 공위' 시대, 즉 독일에서 궁정 문화가 쇠퇴했던 13세기 후반의 보헤미아 왕궁에서 그러했다. 북부 이탈리아에서도 연애시가 일반화되지 못했다. 아마 북부 이탈리아에서도 역시 도시 문화가 발달하여, 귀족들이 성벽 안에서 생활했기 때문일 것이다. 북부 이탈리아에서는 르네상스 군주들의 시대에 와서야 궁정 문화가 싹트기 시작했다. 반대로 남부 이탈리아에서는 노르만, 슈타우펜, 프랑스, 스페인 왕들의 궁정이 있었기 때문에 기사문학뿐만 아니라 우아한 형식을 갖춘 14행시인 소네트도 발전했다. 페트라르카 시대의 신감미형식주의는 부유한 시민들에게 전파되는 과정에서 이러한 시의 유형을 이탈리아 표준어를 전달하는 중요한 매체로 삼았다. 그러나 여기에서는 주제와 감정이 변화했다.

주제보다 전달 과정에 더욱 많은 관심이 쏠렸다. 궁정 문화가 서에서 동으로 전파될 때 친인척 간의 연결 고리가 물론 중요한 역할을 했다. 아키텐의 공작 기욤 5세(1030년 사망)는 음유시인의 열렬한 후원자였다. 그의 딸 아그네스(1077년 사망)는 황제 하인리히 3세와 결혼했는데, 이 결혼은 매우 중요

14세기의 음악 필사본으로 현재 하이델베르크 대학이 소장하고 있다. '연애시인들'의 시낭송에 맞춰 악사들이 [바이올린의 전신으로 9세기부터 서유럽에서 사용된 현악기인] 피델, 백파이프, 플루트, [옛 현악기의 일종인] 라우테를 사용해서 반주를 하고 있다. 심판 역할을 맡은 제후가 앉아 있고 유명한 가수 하인리히 프라우엔로프가 그려져 있다. 오른쪽 그림에는 자신의 문장에 새겨진 동물로 치장한 스바네고의 힐트볼트가 그려져 있다.

한 결합이었다. 황후가 동반한 사람들의 이국적인 옷과 수염 없는 얼굴, '궁정풍'의 점잖은 예절은 독일에서 곧바로 눈에 띄었다. 귀족 젊은이들은 이를 모방하려고 들었다. 하지만 성직자들은 이러한 분위기에 대해서 언짢아했다. 그러나 프랑스에서 전해진 '유행'에 대해 종교계가 신의 노여움을 이야기했지만, 궁정 문화의 전파를 막을 수는 없었다.

귀족 문화는 독단적으로 교회에 대항하기도 했으며, 현세적인 경향을 보였지만 내세와도 관련이 있었다. 귀족 문화는 아직도 고찰할 여지가 많다. 이와 같은 '서방적 취향'이 기원지뿐만 아니라 전 유럽에서 오늘날에도 사교 예절에 영향을 미치고 있기 때문이다. 단어 자체만이 아니라 단어들의 내용적인 면에서도 우리는 '궁정식', '불명예', '귀부인풍'과 같은 것들에 대해서 확실하게 개념적으로 파악하고 있다. 유럽 각국의 사회질서의 차이에 따라서 그 속도는 달랐지만 20세기가 되어서 이러한 행동 유형들이 결국 사라지게 되었

하이델베르크 음악 필사본. 기마 대회의 승자는 귀부인에게 화관을 받았다. 우승을 축하하는 행렬에서 창과 투구를 든 기사가 앞장서고 있다. 이 광경은 궁정 축제의 화려함을 연상시킨다. 기마 대회, 사냥, 전투 후의 휴식, 아름다운 여인의 무릎을 베고 누워 있는 장면들이 궁정 문화를 보여준다.

다. 결속력이 없는 대도시 환경에서 가족 구조의 해체나 복지사회에 대한 강한 열망은 이러한 귀족적 형태의 행동에는 불리한 것이었다. 과연 오늘날 누가 '봉사를 하려고' 하겠는가?

'더욱 숭고한 관계를 맺기 위해서' 에로스를 포기하는 남녀 사이의 정신적 관계가 한편으로는 이상적인 모습으로 인식되기 시작했다. 시간이 지나면서 신분 사회 내에서는 특히 교양 있는 계층이 이러한 긴장 상태를 생활의 일부로 받아들이게 되었다. 물론 어느 정도는 옆길로 새거나 무례한 행동도 없지는 않았지만 말이다. 우리 시대에는 이러한 귀족적 생활양식이 해체되어 사라졌지만, 소실된 생활양식에 대한 '기원 규명'이 동시에 진행되고 있다는 사실은 역사 연구의 특수성이라 할 수 있을 것이다. 그러나 이러한 생활양식과 관련해서 실제로 밝힐 것은 그다지 많지 않다. 현명한 관찰자라면 어느 시대에서든 이상과 현실을 구분할 수 있을 것이다.

이렇게 해서 중세 귀족 사회에는 교회가 발전시킨 그리스도교의 이상적 삶과는 대조적인 상이 형성되었다. 교회의 주요한 관점들과는 많은 차이를 보였던 이 모습은 그리스도교의 이상적 삶과는 구분되는 세속적 이상이었다. 물론 이것이 모든 평신도에게 해당되지는 않았다. 반대로 그것은 상류 계층의 특권으로 이해되었다. 상류층만이 이 집단의 표현 방식 일부를 받아들였을 뿐이다. 그러나 여타의 흡수력 역시 이 집단으로부터 왔다. 하지만 다른 사회 이념들과 마찬가지로 이 역시 인간이 안고 있는 궁극적인 문제의 해결 방법을 제시하지 못했다. 단지 일상생활 속에서의 판단과 결정이 그 가치만으로 정당화될 수 없었던 시대에, 일정한 사회윤리로서 역할을 했을 뿐이다. 문제가 발생할 경우 귀족들은 중용, 즉 욕구를 자제하는 금욕이나 자기통제와 같은 '절제'에 근거해서 해결하고자 했다. 이는 그리스도교적인 동시에 고대 철학에 근거한 것으로[특히 플라톤과 아리스토텔레스의 절제와 중용 개념을 들 수

궁정 문화를 보여주는 기마 대회.

있음), 수도사의 헌신적인 봉사를 통한 자기희생과는 달리 현세에서의 목적 달성을 추구했다. 그러나 신분적으로 규제되는 '절제된' 행동을 타파하는 트리스탄과 이졸데의 사랑 이야기 역시 폭넓게 전파되었지만, 이는 궁정적 사고의 유토피아적인 부분이 되었다.

새로이 세워진 대학들에서와 마찬가지로 성에서도 책은 새로운 생활 방식이 정착하는 데 중요한 역할을 했다. 물론 책을 접하는 것이 흔한 일은 아니었지만 이전에 비해 사람들은 책을 가까이 했다. 자국어로 된 책뿐만 아니라 프랑스어로 쓰인 시를 읽으면서 '교양을 쌓은' 기사들은 상당수가 마스 강, 손 강, 라인 강 사이에 있는 독일과 프랑스의 접경 지역 출신이었다. 이 지역의 이중 언어 습관은 확실히 유럽 문화를 전파하는 중요한 매개체가 되었다. 하지만 정형화된 형식에 의거해서 '시작(詩作) 활동을 했고' 자신들의 시를 기록한 기사들은 대다수가 독일에서도 하위 귀족 출신이었다. 약간의 예외를 제

궁정 음악은 주로 실내와 정원에서 연주되었는데, 이론과 [음악을 가시적으로 표기하는] 기보법이 14세기부터 점차 발전하면서 근대적인 다성음악이 등장하였다. 그 외에도 화음을 내기 위해서 박자가 발전했다. 라우테 연주는 귀족 자제의 교육 프로그램에 속하기도 했다.

앙주의 궁정에서 연주하는 악사들. 궁정 생활에 동반된 음악과 춤은 단순히 시간을 보내기 위한 것만은 아니었다. 음악과 춤을 통해 고도의 미적이고 지적인 이상적 생활양식이 형성되어갔다. '종교적' 음악과 '세속적' 음악은 처음부터 각기 다른 길을 걸었다.

외하고는 기존의 고위 귀족들은 글을 쓰는 것을 귀찮은 수작업으로 여기고 있었다. 그래서 '연애시'는 전문 직업 계층에 의해서 왕성하게 쓰였다. 귀족적 이상은 프랑스와 독일에서는 대체로 하위 귀족층에서 유래한 것이었고, 독일에서부터 전파가 이루어진 중부 유럽의 동쪽 지역에서도 양상은 비슷했다.

시작과 가창에서 여성들이 초창기에 차지한 비중은 주목할 만한 부분이다. 연애시의 기원지인 프로방스, 즉 프랑스와 스페인 사이의 지중해 연안 '옥시타니아'에는 11~12세기에 대략 25명의 여성 '작가들(창작자들이나 시인들)'이 있었다. 그런데 아마도 12세기 이래의 커다란 변화로 인해 활기가 넘쳤던 유럽 여성들이 점차 가정주부의 역할만을 담당하면서 여성 참여율이 감소했다. 물론 여성들은 시작 활동의 대상으로 모든 시의 중심 소재가 되었고, 이상적인 여성상을 추구하는 작품들에서 효율적인 역할을 담당했다. 뿐만 아니라 모든 존재 가치를 여성의 입장에서 확인하고자 했으며, 이런 노력을 통해서 이상적 인간성의 구체적인 상을 찾고자 했다. 그러나 이러한 대상화 자체가 이미 남성 사회의 산물이었다.

우직한 기사들은 '궁정 교육'을 통해서 세련되어갔다. 십자군 원정을 통해 도입되어 12세기부터 귀족 생활에서 확실하게 자리 잡은 서양 장기(체스)가 이러한 사실을 확인시킨다. 서양 장기에서 '왕비'나 '여왕'은 활용도가 가장 높은 장기알이다. 서양 장기의 정신적 배경을 분석해보면 장기판은 남녀 사이의 전투장이 되었다. 여성은 장기알의 중요도에서뿐만 아니라 대등한 경기 상대자로서 핵심적인 역할을 맡았다. 말을 타거나 달리는 능력은 남성에 비해 뒤떨어졌고 남성들의 폭넓은 대외 활동 때문에 대화 상대자로서도 불이익이 있었다. 그러나 장기는 고도로 두뇌를 사용하는 정신적인 대립 상황에서 여성에게 균등한 기회를 제공한다. 서양 장기에서 '여왕'에게

체스를 두는 사람을 그린 중세의 그림

체스를 고안한 인도인이나 체스를 11세기에 유럽으로 전달한 아랍인도 '여왕'을 생각해내지는 못했다. 12세기 초 이탈리아 남부에서 만들어진 이 상아조각은 체스에서 여왕의 등장이 매우 중요한 의미를 가지고 있음을 입증한다.

최강의 장기알 역할을 부여했다는 사실은 매우 중요하다. 인도의 장기, 그리고 장기를 유럽 지역에 전달한 아랍인들은 '여왕'을 고안하지 못했다. 대신에 장기에서 왕을 보호하는 재상이 있었는데, 재상은 제한된 행동반경 안에서만 움직여야 했다. 여왕 장기알의 막강한 힘과 명칭 변경은 유럽에 와서 이루어진 것이다.

사냥

사냥에 대한 귀족들의 열정으로, 사냥은 '궁정 교육'의 주요 부분이 되었다. 귀족들의 자아의식이나 인간 본성과 깊은 연관이 있던 사냥의 열정에 대해서는 오늘날까지도 정확하게 평가되지 않고 있다. 기원과 민족학적인 비교, 그리고 고대의 사냥 문화를 둘러싼 관념에서 보면 사냥은 오늘날의 관습에도

귀족들의 사냥 장면.

어느 정도 남아 있다. 현대의 사냥 제도가 스포츠로 미화될 수 없는 것처럼 중세에 사냥은 귀족들의 스포츠가 아니었다. 오히려 사냥은 인간과 동물 사이의 오래된 연계성, 즉 일종의 먹이사슬과 관련이 있다. 인간은 동물과 대결하고, 또 사냥 포획물에 대해서 의례 행위를 통해 속죄하기도 했다. 사냥은 과정도 목적도 비그리스도교적이다. 사도행전에 따르면 그리스도교는 초창기부터 낚시만을 허용했다.

난폭한 세속성을 질책하고자 수도원 제도가 등장하면서, 사냥꾼은 죄인으로 규정되었다. 블라시우스, 에우스타키우스 혹은 중세의 후베르투스와 같은 옛 성인들에 관한 성인전에서도 근거를 찾을 수 있다. 잘 알려진 것처럼 10세기에 아르덴 지역의 백작은 한 마리의 사슴을 뒤쫓다가 갑자기 사슴의 뿔에서 나타난 십자가 형상에 경건한 감동을 받아 수도사가 되었다. 사냥과 살상에 대한 욕구, 그리고 '마이스터 브라운', '마이스터 람페', '라이네케'와 같은 가명으로 숨어 지내는 악마들과 옛 귀족들의 신비스러운 접촉은 그리스

『잉게보르그 시편』에 그려진 귀부인의 매사냥 장면. 시편의 소유자인 덴마크의 잉게보르그 공주에게는 행운이 따르지 않았던 것으로 보인다. 1193년 필리프 2세와의 결혼이 성사된 후 얼마 되지 않아 필리프 2세가 교황에게 이혼을 요청하는 등 그녀의 불행한 결혼 생활은 필리프 2세와의 오랜 법적 싸움의 원인이 되었다. 궁정의 화려한 생활도 그녀에게는 별다른 위안을 주지 못했던 것 같다.

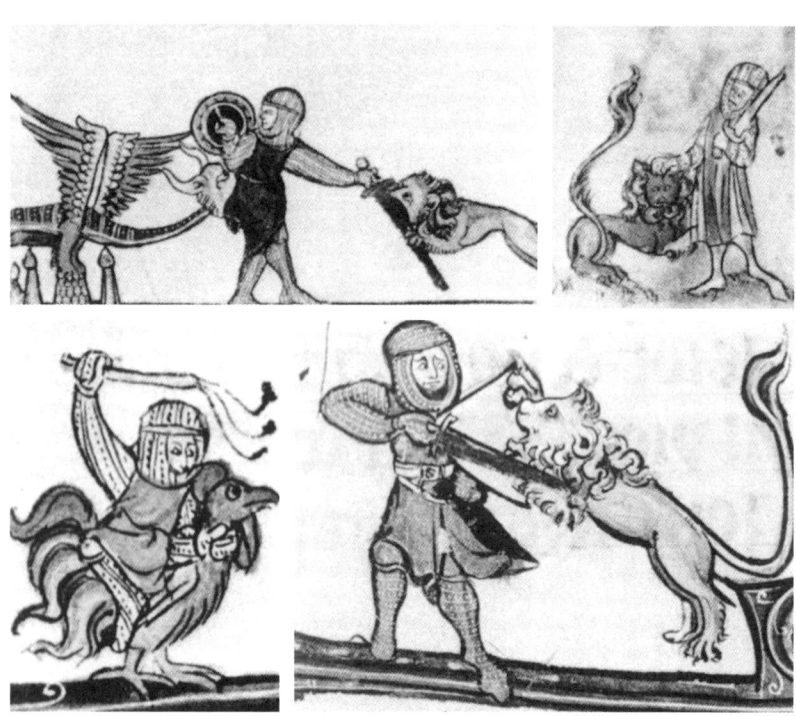

칼과 방패를 사용해서 사자를 사냥하는 장면. 캐리커처적인 표현이 눈에 띈다.

여타의 사냥 장면 가운데 맹수를 사냥하는 장면은 특히 많은 관심을 끌었다. 11세기 바이외 태피스트리에 그려진 곰 사냥용 덫은 400년 뒤에도 사용되었다. 덫은 아래로 굽혀진 나뭇가지의 힘으로 닫혔다.

멧돼지를 사냥하는 장면. 성직자가 짐승을 찔러 죽이는 장면이 충격적이다. 사냥개를 이용한 몰이사냥이 성직자에게 금지되었기 때문에 더욱 충격적이다.

도교가 자체적으로 정한 규율과는 맞지 않았다[마이스터 브라운, 마이스터 람페, 라이네케는 각각 곰, 토끼, 여우를 의인화한 명칭이다]. '사냥의 행운'은 사냥꾼의 용맹성뿐만 아니라 세속을 초월한 비밀스러운 행운을 의미하기도 했기 때문이다. 이는 단순히 개인의 영예이기에 앞서, 태고의 세계에서 유래한 신성한 것과의 교류를 뜻하는 비그리스도교적 관념을 의미하기도 했다.

하지만 덩치가 큰 동물들을 사냥할 권리는 신분에 따라 제한되었다. 그러나 마침내 교회가 이를 용납했다. 12세기 이래로 귀족 가문들이 동물을 문장의 상징으로 삼으면서 초기 그리스도교의 상징적인 비유들은 사라지게 되었다. 악마의 개들에게 쫓기는 사슴, 살기등등한 매에게 내던져진 비둘기, 특히 그리스도의 상징인 양을 예로 들 수 있다. 평화로운 그리스도교적 동물들이 아니라 독수리, 사자, 표범, 곰, 독수리의 머리와 날개에 사자의 몸을 한 그리핀 같은 맹수가 귀족들의 문장으로 방패에 새겨졌던 것이다. 그러나 비잔티움에서 유래한 용은 거대한 악마로 의심을 받았다. 기사 계층과 밀접한 연관이 있기는 했지만 말은 가문의 상징으로 거의 사용되지 않았다. 여우와 개는 불성실하다고 여겨졌다.

사냥에 대한 열정과 사냥할 때의 행운 그리고 육식을 할 때의 야만적인 사고방식, 예를 들면 잘 뛰기 위해서는 발, 용기를 얻으려고 할 때는 심장, 노쇠한 기사를 위해서는 사슴의 고환을 먹는 것과 같은 사고방식이 오늘날 우리의 사고에도 남아 있다. 인간 본연의 잔재, 다시 말해 사냥한 들짐승을 박제해서 뿔, 알프스 영양의 털, 산돼지의 엄니 등 죽은 '적'의 잔재로 자신을 치장하거나 심지어 그 잔재로 자신을 보호하려는 독특한 관습은 민간신앙에서와 마찬가지로 귀족 가문에도 남아 있다. 이러한 믿음 때문에 들짐승은 물질적인 유용성보다 더 많은 매력을 지니고 있었다. 부엌 쓰레기를 조사한 연구는 일상적으로 먹는 음식에서 사냥한 짐승의 고기가 차지하는 비율을 과대평가 했다는 것을 보여준다. 이 조사 결과는 당대의 기록과는 상당히 어긋나는 것이기도 하다. 아마도 이는 사냥 행위 자체가 너무 높게 평가되었기 때문일 것이다. 성공적인 사냥의 업적은 지금도 과장되고 있다.

생동력 있는 사회조직에서 이데올로기가 변화하면서 교회가 사냥을 허용했다. 하지만 수도사들에게는 사냥이 금지되었고 재속 성직자와 종교 기사단원도 마찬가지였다. 그러나 맹수로부터 몸을 보호하기 위해서나 석궁의 사격 연습을 위해서, 또 제한적이기는 하지만 영양 섭취를 위해서 사냥이 허용되기도 했다. 비버는 냉혈동물로 오해받았기 때문에 종교 기사단원의 사냥감이 되었다(비늘로 덮인 꼬리 때문에 냉혈동물로 인식되었던 비버는 약용과 식용으로 이용되었고, 이러한 이유로 비버 사냥이 허용되었다).

자의식의 형성

수도사와 교구 사제, 기사와 철학자들은 삶의 이상을 종이에 기록했다. 이 점에 있어서 스페인, 프랑스, 잉글랜드, 독일이 특히 많은 영향을 받은 것으로 보인다. 이탈리아의 도시들에서는 초창기에 (프랑스로부터 탁월한 영향을 받은 몇몇 예외를 제외하면) 기사문학이건 수도사 문학이건 어떤 특정한 문학 활동도 활발하지 않았다는 사실이 눈에 띈다. 대신에 12세기 이래로 이탈리아와 남부 프랑스에서는 '파블리오(일종의 우화시(寓話詩)로 12~13세기에 프랑스에서 유행한 풍자적인 짧은 이야기들)'가 등장하여 상당한 문학적인 반향을 불러일으켰다. 여러 곳을 여행했던 잉글랜드의 궁정 신하 월터 맵의 재담과 우화, 풍자시에서도 1175년경의 이러한 반향을 느낄 수가 있다. '파블리오들'은 전혀 다른 인생관을 보여준다. 하지만 어떤 수단을 동원해서든 목적을 관철시키고 인생의 향락에서 한몫을 차지하는 데 공통적으로 초점을 두고 있다. 책략과 기만이 난무하고 중용과 자기 규율의 원칙을 포기하는 행위는 문학적 성찰의 다른 면, 아마도 도시적인 면을 보여주는 것 같다. 파블리오에서는 필요하기만 하면 모든 것이 허락되었고 또 그것들이 최대한 활용되었다. 인생은 바로 책략과 그에 대응하는 반대 책략이 가득 찬 싸움이었다. 거친 유머가 난무했는데, 「눈의 아이」는 대표적인 예이다. 「눈의 아이」는 남부 프랑스에서 라틴어로 쓰인 서사시이다. 장기간 집을 비웠던 상인이 집에 돌아와 새로 태어난 아이를 발견한다는 널리 알려진 모티프를 사용했다. 그의 부인은 어깨를 움츠리며 겨울에게 책임을 전가하고는 눈의 아이라고 속인다. 상인은 이 불쌍한 아이를 노예로 팔고 나서 눈의 아이가 녹아버렸다고 답한다.

힐데베르트와 에퍼빈의 자화상은 12세기의 가장 특징적인 회화 작품이다. 졸지 않고 깨어 있던 힐데베르트가 라틴어로 "이 천벌을 받아 마땅한 더러운 쥐 놈아!"라고 자신의 분노를 적고 있다.

사람들은 대모험을 통해서 자아를 형성해갔다. 그 장소가 대학인 경우도 있었지만, 유럽 남부의 도시에서는 재물과 여성들의 눈길 사이를 오가면서 성공을 하려는 사람들도 있었다. 화가들 역시 소묘를 통해서 자아 형성의 과정을 화폭의 테두리에 남모르게 그려 넣어 전달하고 있다. 이들이 종종 붓으로 대작을 만들어내면 여기에는 항상 조그마한 자화상과 서명이 들어 있었다. 란츠베르크 수녀원의 원장 헤라트는 널리 알려진 책에 수녀들 전원을 그려 넣게 했다. 아직 개인적 자의식이 부각되지 않은 시기에 이것은 확실히 유일무이한 것이었다.

올뮈츠(올로모우츠) 지역의 자화상 스케치는 더욱 익살스럽다. 그곳에서 힐데베르트와 에퍼빈은 '자유' 화가로 활동했다. 작품 유형으로 볼 때 아마도 두 사람 모두 쾰른 출신이었을 것이다. 주교는 힐데베르트와 에퍼빈을 적극 고용했다. 이들은 주교의 도서관을 위해서 두세 권의 책을 필사하고 삽화를 그렸다. 두 사람은 작업실 풍경을 양피지에 남겼는데, 책상은 덮여 있고 작업 중

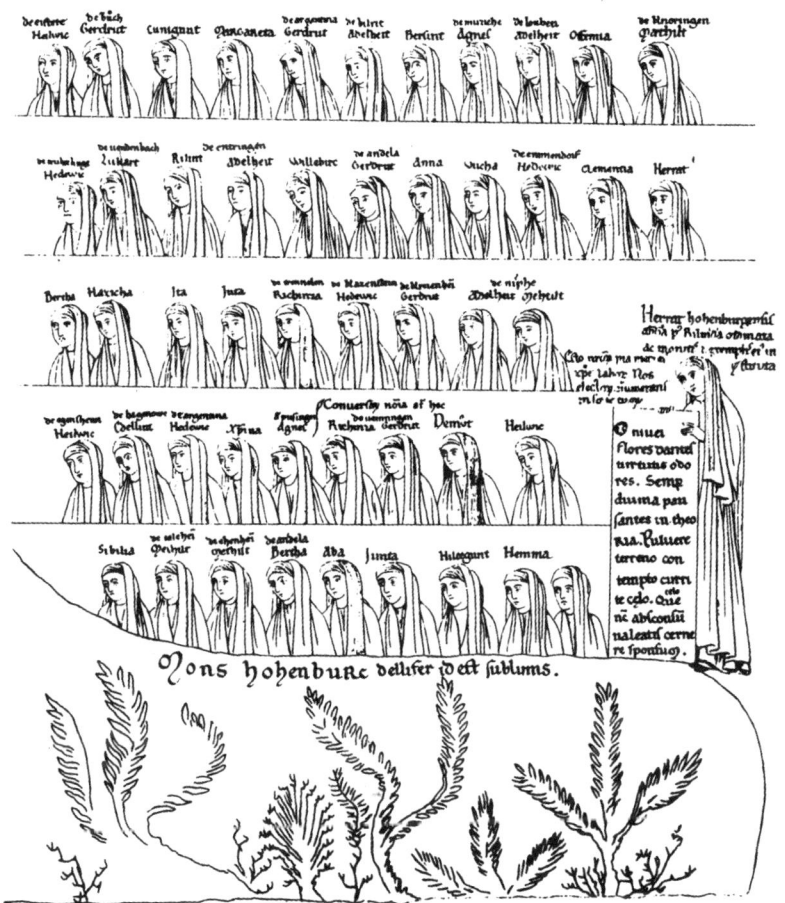

란츠베르크의 헤라트는 그녀의 저서 『기쁨의 정원』에 오딜리엔베르크 수녀원의 모든 수녀를 그려 넣었다. 60명의 얼굴 묘사가 인상적이다. 적힌 이름 가운데 반 이상에 귀족 칭호가 있다.

인 힐데베르트는 더 크고 뚜렷하게 그려져 있다. 아마도 힐데베르트가 팀의 '주장'으로 묘사되었던 것으로 보인다. 에퍼빈 역시 낮은 의자에 앉아서 작업에 열중하고 있다. 이때 쥐 한 마리가 책상 위로 몰래 기어올라와 이들의 작업에 동참하려고 하는데 힐데베르트는 쥐를 향해 무엇인가를 던지고 있다. 그렇게 그들은 살았으리라.

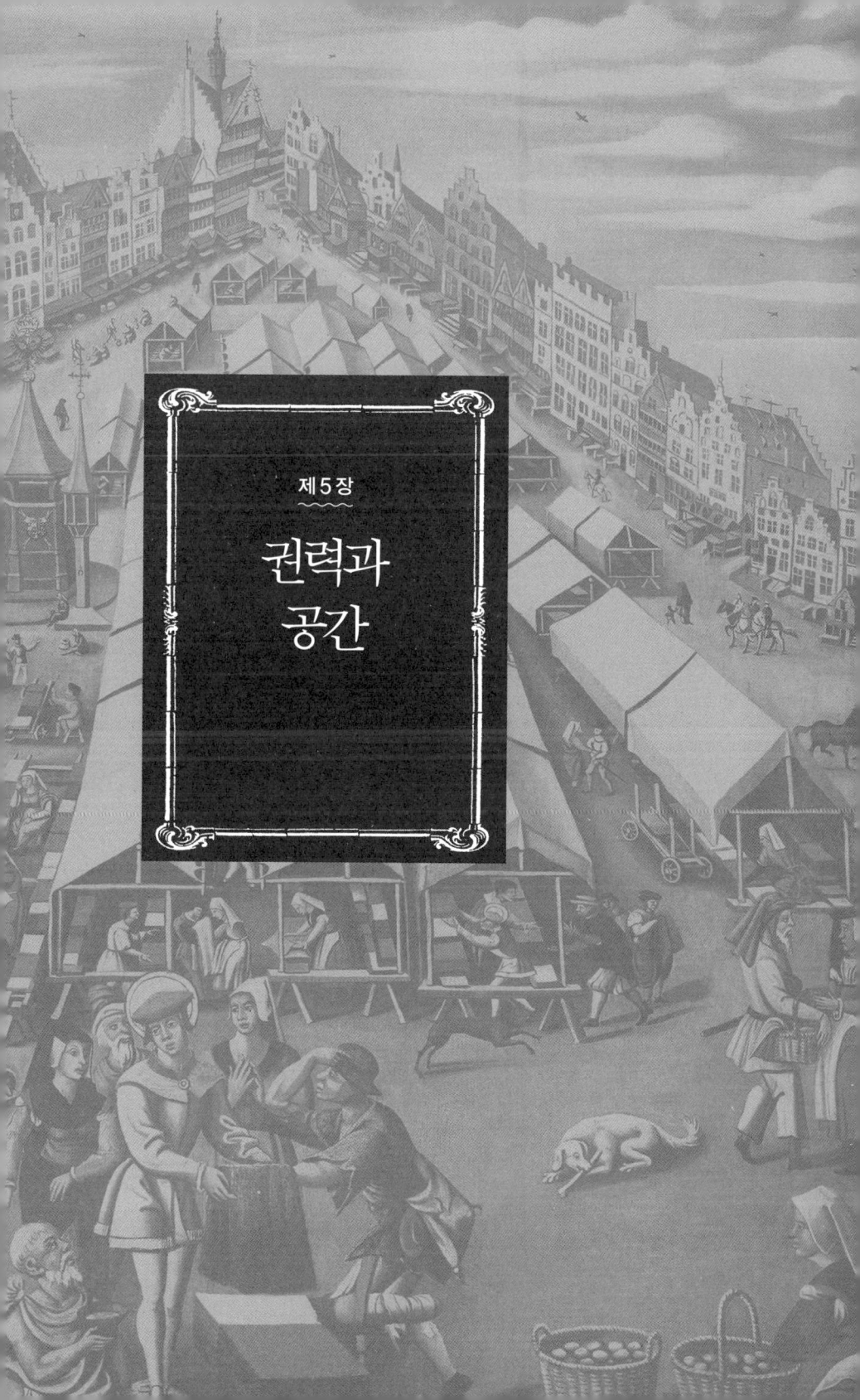

제5장

권력과 공간

국경과 팽창

중세에는 국경이라는 개념이 없었다. 로마인들은 국경을 설정하고 잉글랜드, 라인 강변, 도나우 강변을 따라 수백 킬로미터에 걸쳐서 방어벽과 망루를 설치했다. 그 결과 국경의 방호벽을 의미하는 '리메스(Limes)'가 로만어권에서는 일상어가 되었다. 독일어의 '국경(Grenze)'이라는 단어는 슬라브어에서 유래했다. 특이한 점은 독일 기사단이 동프로이센 지역을 폴란드 지역과 '경계 지으려고(abgrenzen)' 했을 때 이 단어가 만들어졌다는 것이다. 국경은 고대 독일어에서는 변경을 뜻하는 단어로 선이 아니라 경계의 영역으로 이해되었다. 경작지에 따라서 정확하게 구역을 설정하려 했던 13세기의 재산대장에서는 이미 산의 능선과 강이 경계로 설정되기도 했다. 그러나 바이에른 지역의 경우 16세기 초반의 '국경 보고서'가 논란거리였던 보헤미아의 국경선을 정확히 설정할 때까지는 지도상에 명확한 국경이 표기되지 않았다.

이는 토지 소유의 가치가 평가절하되었다는 의미가 아니다. 경작지를 측량하기 시작했던 12세기에 이르러서야 경계선을 확정하기 시작했다는 뜻이다. 특히 인접 지역이 숲과 같은 장벽으로 분리되지 않았거나 스페인이나 동유럽의 이교도 지역처럼 위험 요소가 점증하고 있어서 경계에 관심이 쏠렸던 곳, 또는 '녹채〔鹿砦: 나뭇가지나 나무토막을 사슴뿔처럼 얼기설기 놓거나 막아서

적을 막는 장애물)' 같은 반쯤 베인 나무들을 심어서 후에 가지들이 무성하게 자라 국경의 숲 지역을 통과할 수 없게 된 지역들에서는 국경의 개념이 더욱 확고해졌다.

토지의 경계가 명확해지던 상황에서 통치 세력 간의 영토 소유권 주장 역시 자주 논란이 되었고, 이에 대한 판결 또한 애매했다. 황제는 모든 그리스도 교도의 군주로 여겨졌다. 적어도 슈타우펜 왕가의 궁정에서 유래한 수사적 표현에서는 그러했다. 그러나 현실은 그러한 미사여구와는 거리가 멀었다. 실제로 프랑스의 왕은 서프랑크 왕국의 유산 전체에 대해서 지배권을 주장했다. 그렇지만 현실적으로 10~11세기에 들어서는 왕국의 제후들, 특히 남부의 제후들이 왕에 대한 봉건 서약의 수행이나 왕궁 방문과 같은 의무들을 거부하기 시작했다. 카스티야의 왕은 스페인의 다른 다섯 개 왕국에 대한 우위권을 과시하고자 11세기에 황제의 칭호를 사용하기도 했다.

이처럼 중세의 공간적인 질서가 상당 기간 불명확했음에도 불구하고, 새로운 정치적 거점에서부터 공간적 팽창도 진행되고 있었다. 12세기까지는 문화적 발전을 포함한 사회, 경제적 발전이 800년경에 카롤링 왕국이 형성되었던 지역에서부터 전개되었다. 이 중에서도 특히 북부 프랑스, 플랑드르, 프로방스, 롬바르디아는 11~12세기 이래로 알프스 북부와 남부의 교역 중심지이자 수공업 생산의 중심지였다. 기원후 1000년 전후로 중부 유럽의 오토 제국이 정치권의 새로운 핵심으로 등장했다. 엘베 강과 마스 강, 이손조 강과 론 강 사이에 위치하고 있던 오토 제국은 아펜니노 반도의 교회 국가와도 국경을 접하고 있었다. 종종 국경 분쟁이 발생하기도 했지만, 노르만인들까지 확실히 터전을 잡은 이후에 그리스도교적 유럽이 점차 자리를 잡아가면서 통치 세력들 간의 공간적 위계질서는 그다지 문제시되지 않았다. 노르만인들은 10세기에는 노르망디, 11세기에는 남부 이탈리아와 잉글랜드에서 터전을 닦았다. 1016년에서 1061년 사이에 노르만 제후들은 종사들의 지원을 받아서 남부 이탈리아의 왕국들을 점령했다. 그 결과 이들은 자신들을 용병으로 불러들였던 롬바르디아의 제후 자리를 수중에 넣었다. 그러나 이들이 용병 고용주와 해안 지역에서 그리스어를 사용하는 일부 지역민을 통치하게 되면서 호전적이었던 비잔티움 총독과의 대립을 자초하는 결과를 낳았다. 이로 인해서 비잔티움은 11세기에 이탈리아 남서부의 칼라브리아에 그리스 신화 시대를 연상케 하는 '트로야'라는 이름의 도시를 건설하기에 이른다. 어쨌든 노르만 제후들은 자신들의 영토 팽창을 정당화하는 데 어려움을 겪어야만 했다. '정복왕' 윌리엄은 1066년 교황의 축복을 받으면서 섬나라 잉글랜드에 첫발을 디뎠다. 남부 이탈리아에 있던 윌리엄의 친척들, 즉 로베르 기스카르와 로베르의 형제들도 봉신에게 군사적 의무 조항을 준수할 것을 강요했던 교황의 정책에 호응했다. 그러나 잉글랜드의 새로운 왕도, 아풀리아의 새로운 공작들도, 다음 세대에 사라센인을 시칠리아에서 몰아냈던 노르만 왕도, 교황의 충직한 봉신이 되지는 못했다.

    서유럽의 대외적 팽창은 교황에 의해서 주도되었다. 교황은 이러한 팽창을 위한 전제 조건으로서 봉건 관계라는 법적 토대를 구축하고자 했다. 이는 로마 교회가 종교의 힘에 의해서가 아니라 종교적 정통성을 획득한 법질서 확립을 통해서 전 그리스도 교도와 이 세상을 조직화하고 구원으로 이끌려고 했다는 것을 뜻한다. 이러한 유럽의 팽창은 경작지 개간, 도시 건설, 통치 조직의 확립, 그리스도교의 확산, 표기법의 통일 등과 같은 힘의 축적 과정을 거치면서 가속화되었다. 이 과정에서 일련의 사건들이 급진적 도약의 발판이 되었다. 11세기 초반에 농업혁명을 경험했던 프랑스에서는 1096년 교황 우르바누스 2세가 주장한 십자군 원정이 수만 명을 불러 모았다. 이런 새로운 대중운동은 이슬람과 비잔티움, 이교도의 인접 지역으로 유럽이 대규모로 팽창하는 결과를 불러왔고 서유럽의 거의 모든 민족이 여기에 참여했다. 이러한 과정에서 점차 형성되고 있던 민족의식에 자극을 받아 민족 공동체가 대두하기 시작했다. 프랑스, 서임권 투쟁 이후로 다시금 독일인의 왕국으로 인식되기 시작한 독일 왕국, 마지막으로 스페인 왕국이 그 공동체들이다. 또한 팽창이 진행되었던 지역을 매우 다른 조건을 가진 발전 지역과 연결하던 두 개의 내해가 있다. 바로 이슬람과 비잔티움 '대적자들'을 사이에 두고 있는 지중해와 북해-발트 해이다. 이 해안가에는 그리스도교 세계의 지배권 형성과는 상당한 거리를 두고 있던 핀란드인, 발트 해 연안의 주민들, 슬라브인이 거주하고 있었다.

십자군 원정

그리스도교는 정치성을 내포한 종교이다. 즉 인간의 공동체적인 삶, 좀 더 구체적으로 말하면 비폭력적인 공동생활을 지향했던 종교이다. 이와 같은 이유로 위대한 암시자이자 지도자였던 성 아우구스티누스가 그리스도 교도들이 폭력에 대항할 수 있도록 더 나아가 무력을 통해서 손상된 질서를 회복할 수 있도록 세 가지 조건을 마련하기 전까지, 그리스도 교도들은 처음부터 전쟁을 거부했다. 세 가지 조건이란 바로 전쟁의 정당한 이유, 정당한 의도, 그리고 이 두 가지를 설명하고 실천에 옮길 수 있는 올바른 정치적 권위를 의미한다. 이런 전제 조건 아래에서는 선교를 목적으로 하는 종교전쟁이나 정치적 팽창을 목적으로 하는 어떤 전쟁도 수행될 수 없었다. 그러나 왕위에 대한 제후들의 주장이나 그들의 상속 문제 또는 친인척 관계와 같은 법적 문제들은 무력을 통해서 실현될 수 있었다. 또한 군사력을 이용해 그리스도교를 전파하지는 못했지만, 적어도 이 종교를 무력으로 수호할 수는 있었다.

물론 모든 무력 행위는 나름대로 그 행위 자체를 정당화해왔다. 그리스도교적인 유럽은 로마 제국의 지배와 수세대 동안 지속되었던 정복 전쟁 그리고 무력을 동원한 카롤링 왕조의 통합 과정 이후에도 무력으로 유지되었다. 손상된 권리를 스스로의 힘으로 회복하고자 하는 원칙은 태고부터 존재해왔기 때문에 그리스도교는 이 원칙을 철폐하거나 보다 나은 방법으로 이를 대체할 만한 능력을 보유하지는 못했다. 수도사들이 11세기에 '신의 평화운동'을 통해서 귀족들 사이의 크고 작은 전쟁을 미력하게나마 제한하려고 노력했지만, 훨씬 시간이 흐른 뒤에야 국가가 나서서 이런 임무들을 담당할 수 있었다(국가는 다른 개념들과 마찬가지로 중세 말기에야 대두되었다). 결과적으로 당시에는 신의 평화운동을 계기로 '그리스도교 기사들'의 힘을 빌려 약자와 교회를 보호해야만 했다. 이는 스스로를 무력을 통해서 지키려는 강구책이었다. 이것은 십자군 이념의 사상적 배경 가운데 하나로, 1096년에 첫 번째 십자군 원정을 주창했던 클뤼니 수도원 출신의 교황으로부터 나온 것이었다. "신의 군대라는 종교적 이데올로기의 토대는 바로 봉건주의를 그리스도교적인 관점에서 해석한 것으로, (세속에서 교황에 의해 대표되는) 그리스도 자신은 세속

12세기 스페인에서 제작된 상아 부조물. 이 부조물은 죽음에서 부활한 그리스도가 순례자들과 만나는 엠마오의 유명한 장면을 보여주고 있다. 이는 성지순례가 성서에 근거함을 암시한다.

적인 전쟁 목적에 의해서 좌우되었던 봉건 계층의 최고 봉주였다"(라이너 C. 슈빙게스, 1987).

그리스도교는 정치성을 띤 종교이며 역사의 흐름과 매우 밀접한 관련을 맺고 있는 종교이다. 이 종교의 교리는 시간적으로나 공간적으로나 모두 과거 지향적이라고 할 수 있다. 그리스도교의 교리는 이스라엘이 그리스도와 사도들의 활동 영역이었음을 거듭 상기시킨다. 이러한 동방과의 연계성은 개인적 차원의 접촉을 통해서 지속되어왔다. 그리스도교의 영향권 안에 있는 그리스 지역과 마찬가지로 라틴 유럽 지역에서도 매년 수천 명에 달하는 순례자가 그리스도의 삶의 역정을 현장에서 직접 '체험하고' 이를 통해 천국에서 그 보답을 받고자 길을 떠났다. 성지순례는 신앙심에서 우러나온 참회 행위로 신의 은총은 참회를 통해서 내려왔다. "십자군 원정은 이러한 참회 사상의 결과였다"(한스 에버하르트 마이어). 그리스도교의 교리에서 성지순례는 교회가 정한 다른 유형의 참회 행위였다. 그리스도교적 관행에 따르면 성지순례는 죄를 '탕감했다'. 십자군 원정대도 성지순례자들도 원시 종교의 유산인 천상과 지상의 연결을 확신했다. 교회는 신학적으로 확신하지는 못했지만 이 같은 민간의 관행을 따랐다. 이러한 이유로 십자군 원정 참가자들은 성지순례자들처럼 천상으로부터 내려오는 은총의 혜택을 확신했고, 순교자의 관(冠)은 육신을 희생한 대가라고 생각했다.

유명한 순례지들은 순례자에게 방문의 증거로 기장(紀章)을 발행했다. 쾰른의 기장처럼 다른 기장들도 주석과 납을 혼합하여 만들어졌다. 쾰른의 기장은 세 명의 동방박사가 예수에게 경의를 표하는 모습을 보여주고 있다. 동방박사들의 성유물로 추측되는 유물들은 1156년 쾰른 대주교의 지시를 받아 정복당한 밀라노에서 쾰른으로 옮겨졌다고 알려져 있다. 쾰른의 기장은 성서의 기록처럼 아기 예수를 찾아 나선 최초의 '순례'를 연상시킨다.

교회법상의 관행 역시 이러한 관념을 부추겼다. 십자군 원정을 법적으로 서약한 원정 참가자들은 모든 부채와 의무 조항에서 해방되거나 일정 기간 동안 자유를 얻었다. 원정 참가자 본인과 그 가족들은 더 이상 세속 법정의 구속에 얽매이지 않았다. 대신에 교회 법정에 귀속되었다. 참가자나 그의 재산에 대한 침해는 교회로부터의 처벌을 감수해야만 했다. 따라서 십자군 원정 참여 서약은 구속력을 지닌 동시에 해방을 뜻하는 것이었다. 이전에도 대규모 순례 행렬이 대부분 지역이 이슬람화되었던 스페인 북동부의 산티아고 데 콤포스텔라에 있는 성 야고보의 무덤, 사도 베드로와 바울로의 묘지, 대천사 미카엘이 나타났던 남부 이탈리아의 몬테 가르가노 혹은 그리스도 교도들의 기억 한가운데에 자리 잡고 있는 예루살렘과 같은 이슬람 세계의 인접 지역까지 이르렀다. 이제 십자군 원정은 그리스도교 본래의 소유지인 성지 예루살렘과 여기에 인접한 모든 지역을 이교도의 지배

많은 비난을 받았지만 중세 그리스도 교도에게 성지순례는 자아를 실험하는 현실적인 무대였다. 모든 구속에서 해방된 순례자들은 장기간의 여정을 운명에 맡겼다. 순례자의 모자와 야고보의 조개는 내외적으로 모든 것을 스스로 해결해야 하는 순례자의 길을 걷고 있음을 보여준다.

로부터 해방시켜야 한다는 의미를 가지게 되었다. 십자군 원정은 무력을 동원한 성지순례였지만 13세기까지는 단순히 성지순례로 일컬어졌다. 그러나 이후에는 원정이라는 단어가 프랑스어, 라틴어, 독일어, 특히 200년 전의 근대 고지 독일어에서 다시 사용되었다.

1805년 당시의 역사가들은 십자군 원정을 혁명사의 첫머리에 올려놓았다. 실제로 이 대중운동에는 혁명적 특성들이 내포되어 있었다. 환상에 휩싸인 수천 명의 사람들이 집과 경작지를 떠났다는 사실 외에도 십자군 원정은 일종의 사회운동이었다. 만민이 평등하다는 교회법에 근거해서 계층에 관계없이 남자와 여자 모두가 성지순례에 참가했듯이 십자군에 가담하도록 요청을 받았다. 그 결과 여성을 포함해서 셀 수 없을 만큼 많은 사람이 십자군에 참여했다. 특히 프랑스 북동부 지역에서 그러했다. 여기에는 물론 사회적인 동

기 역시 중요한 역할을 했다. 즉 한편으로는 귀족이나 농민의 경작지가 물려받은 유산으로만 제한되었던 지역에서 수천 명의 사람들이 인구과잉으로 인한 절박한 위기적 상황에 대응하고자 했기 때문이며, 다른 한편으로는 선택을 받았다는 자부심이 십자군 원정 참가자들의 의식 전환에 기여했기 때문이다. 이러한 사고의 전환은 더 이상 최하층민만이 아니라 사회 엘리트들도 참여하는 동기가 되었다. 이렇게 해서 십자군 원정은 그동안 교회가 공공연하게 터부시했던 모험이라는 기사도적 이상에 대한 대체물이 되었다.

십자군 원정의 열기 속에서 그리스도교화된 서유럽에는 새로운 공동체 의식이 형성되었다. 특히 기사도적인 이상과 관련해서 말하자면, 주인에 대한 봉사로 신분 상승의 기회를 가졌던 하위 전사 계층과 수백 년의 가문적 전통을 지닌 고위 귀족 계층 사이에 십자군 원정의 이념이라는 초월적 힘을 통해

1508년 루카스 반 레이덴의 작품 〈순례하는 부부〉. 조개로 된 모자에 달려 있는 순례 기장을 보면 두 사람이 산티아고에서 돌아오는 것임을 알 수 있다. 두 사람의 기진맥진한 모습에서 이러한 사실이 잘 나타난다.

서 공동체 의식이 조성되었다. 그 결과 장기간 지속되었던 십자군 원정의 경험과 교회법상의 관념에 의하여 십자가의 표식 아래에서 왕과 무장 능력을 갖춘 신하, 그것도 가장 미천한 계층 사이에서 유대감이 조성되었다. 십자군 원정의 이념을 통해서 클뤼니 수도사들이 시작한 '세계의 정치적 변혁'이 정점에 도달했다. 이들이 이루고자 했던 바는 황제가 아닌 교황의 주도로 12세기에 비로소 이루어졌다. 교황들이 추구했던 것은 바로 카를 대제 이후 발전했던 그리스도교적 세계 통치의 이념을 파문당한 황제와 같은 부패한 세속 권력으로부터 되찾는 것이었다.

익명의 설교자들이 사람들을 원정에 참여하도록 고무시켰는데, 이 설교자들의 대다수는 행적만이 남아 있을 뿐이다. 아미앵의 은둔자 페트루스는 그중 예외였다. 그는 대다수가 일자무식이었던 열광적인 대중을 거느리고 1096년에 성지 예루살렘으로 출발했다. 그리고 바로 그 직후에 이교도와의 전쟁을 개시했다. 그는 기존의 교역로를 따라서 위치하고 있던 루앙, 쾰른, 마인츠, 보름수, 슈파이어, 트리어, 프라하 같은 유대인 마을에서 이교도를 발견할 수 있었다. 트리어의 연대기 작가는 '그리스도 교도의 광신'에 대해 보고하면서 놀라움을 금치 못했다. 이 작가는 주교의 힘으로 도시의 유대인들을 보호하기란 역부족이었고, 속수무책이었던 유대인 아버지들이 결국 어떻게 자식들을 죽이게 되었으며, 피에 굶주린 사람들의 손에 잡히지 않으려고 유대인 여자들이 옷에 돌을 가득 채운 후 모젤 강으로 뛰어들었다는 이야기를 전해주었다. 십자군에 참가한 대중들은 예루살렘에 도착하지도 못했다. 그러나 말과 배를 타고 예루살렘에 도착한 다른 사람들이 벌인 신성한 전쟁도 별반 다르지는 않았다.

스페인 재정복과 사르데냐, 코르시카, 시칠리아 등에서 이루어진 사라센인의 추방은 예루살렘 재탈환과 많은 유사성을 지녔다. 전쟁을 정당화하기가 좀 더 어려웠던 중부 유럽의 동쪽에서 전개된 상당수의 슬라브족 정벌과 발틱 전쟁 또한 그러했다. 십자군 참가자들은 이 모두를 옛 소유지의 수호나 재탈환 정도로 여겼다. 그러나 터키, 이란, 이라크, 시리아, 이스라엘 등 서유럽에 가까운 동양의 서쪽 지역에서 일어났던 정치적 팽창은 그리 오래 지속되지 않았다. 1097년에 정복된 예루살렘은 1187년까지만 그리스도 교도의 수중에 있었다. 스스로를 '성묘(聖墓)의 수호자'로 부르며 만족했던 초대 예루살렘의 왕 고드프루아 드 부용(고드프루아 4세)만이 십자군 전쟁 시기의 예외적인 영웅이었다[왜냐하면 십자군 전쟁 기간에 부용만큼 확고한 정치적 기반을 다진 인물이 드물었기 때문이다].

키프로스 섬이 정복되었고 크레타 섬, 로도스 섬, 몰타 섬처럼 오랜 기간 '라틴적'이었던 수많은 십자군 원정 국가가 생겨났다. 그러나 이 국가들은 12~13세기의 역공 또는 14세기 이래로 투르크의 보호하에 진행된 이슬람 세력의 새로운 팽창으로 멸망했다. 반면에 이슬람 왕조의 내분 덕분으로 11세기에 이미 이슬람 지배 세력의 상당 부분을 정복했던 스페인 재정복은 이후에도 장기간 지속되어 1492년에 마침내 종결되었다.

『프랑스인들을 통한 신의 계시』는 첫 번째 십자군 원정 연대기이다. 이 연대기는 당시에 그리스도교와 라틴어를 공유했던 새로운 유럽 민족을 만들어낸 서유럽 지역의 팽창 의도를 여실히 보여준다. 이후 십자군 원정 참가는 귀족적 스포츠 정도로 의미가 변질되었다. 독일, 체코, 잉글랜드, 프랑스의 귀족들은 13~14세기에 독일 기사단의 요청으로 동프로이센으로 진군했다. 그들은 겨울 동안 얼어붙었던 늪지대를 넘어서 종교적 자기기만으로 위장을 하고는 마치 사냥감을 쫓듯이 이교도였던 리투아니아인들을 사냥했다.

그러나 발트 해 연안 지역으로의 십자군 원정은 성지순례가 아니었기 때문에 예루살렘 원정에 비해 이데올로기적인 면에서 매력이 덜했다. 그럼에도 불구하고 군사력을 동반한 이교도 선교는 유럽 문화의 전파라는 관점에서 후대에 많은 영향력을 미쳤다. 독일 기사단이 이곳에서 지배권을 확립할 수 있

십자군단의 승선 장면. 출정군의 머리 위로 교황, 프랑스, 잉글랜드의 문장이 그려져 있다. 이탈리아의 선주들은 십자군단의 승선을 통해서 많은 이득을 얻을 수 있었다. 예루살렘의 십자가 옆에 성령의 깃발이 있는 것이 특이하다. 원정이 맹목적인 믿음의 소산이었든 잘 계획된 정치적인 구상이었든 간에 십자군 원정은 12세기 지중해 세계에 큰 파장을 불러일으켰다. 그러나 그림의 풍경을 과대평가해서는 안 될 것이다. 출정군이 무거운 장비를 가지고 승선하는 것은 사실 불가능했기 때문이다.

었던 것은 발트 해 연안의 십자군 원정 때문에 가능한 것이었다. 비록 처음에는 폴란드와 보헤미아의 지원을 받아 좁은 지역에서 지배권이 확립되었지만, 이후 13~14세기에는 모범적인 식민지화를 통해서 매우 효율적인 통치 조직이 구성되었다. 그러나 리투아니아인들의 개종과 그들의 광대한 왕국을 그리스도교 민족 공동체 속으로 받아들인 사건은 무력의 결과가 아니라 폴란드의 역사와 밀접하게 연관되어 있다. 여기에는 개인적인 운명이 작용했다. 폴란드의 상속녀는 사랑하는 사람과의 결혼을 포기하고 조언자들의 의도에 '굴복해야 했다'. 그녀가 왕위를 물려주었던 리투아니아의 통치자는 이교도였고 문맹이었다. 물론 그녀가 이전에 그를 한 번도 본 적이 없다는 것은 당연하다. 여왕들의 운명이랄까?

십자군 원정은 엄청난 조직력을 필요로 했는데 교회만이 그럴 만한 여력이 있었다. 교황청에 의한 성직자들의 특별세 부과, 면죄부 판매, 십자군 원정 서약을 금전으로 대체하는 행위, 그리고 항시 대기하고 있던 일련의 십자군 원정 설교가, 모집책, 조세 징수자, 면죄부 판매업자 등등이 원정을 지지해주었다. 많은 참가자가 스스로 경비를 부담하기는 했다. 하지만 프랑스의 성왕 루이 9세처럼 상당한 규모의 재정 지원이 가능했던 사람은 많지 않았다. 루이가 주도한 제7차 십자군 원정(1248~1254)에서 소요된 비용은 왕의 연간 수입의 12배에 상응했다고 한다. 중세 말에도 후스파와 투르크인을 상대로 벌인 전쟁으로 인해 교황, 황제, 왕들은 십자군 원정의 재정을 지원할 방법을 고민해야 했다.

제1차 십자군 원정이 유럽에서 처음으로 유대인 박해의 시위를 당했던 것처럼 후대의 십자군 원정도 그리스도교 세계에서 이단과의 싸움에 이용되었다. 이는 다양한 집단의 대립적인 세력이 형성되었다는 증거로 볼 수 있을 것이다. 그러나 이러한 상황에서도 십자군 원정은 정치적 수단으로서 중요한 자리를 차지했다. 왕들도 교회에 지원을 요청했다. 무엇보다도 이 의무 조항이 종교 문제로 인해서 군대를 소집하는 데 크게 강제력을 발휘하지 못했기 때문이다. 그래서 프랑스의 카타리파는 1209~1229년에 십자군 원정군에게 공격을 받았다. 독일 북부의 슈테딩거파(브레멘의 대주교 게프하르트 2세에게 대항해서 십일조 납부를 거부했던 베저 강변의 농부들)는 1230~1234년, 러시아 정교회는 스웨덴에서 1348~1351년, 보헤미아의 후스파는 1420~1431년에 공격을 받았다. 1245~1268년에 슈타우펜가의 황제 프리드리히 2세와 그의 아들들 사이에서 벌어졌던 싸움에서도 '십자군 원정'이 주창되었다.

1096년 1차 십자군 원정 이후 예루살렘으로 두 번째 원정이 추진되었다. 1146~1149년의 제2차 십자군 원정에는 프랑스의 왕 루이 7세뿐만 아니라 로마의 왕이자 장차 황제가 될 콘라트 3세도 참가했다. 그러나 두 사람 가운데 누구도 원정을 지휘하지 않았고 뚜렷한 공적도 없었다. 예루살렘 점령이 일어난 후, 1190년에 이루어진 제3차 원정에서는 바르바로사가 선두에 나섰지만 그는 성지에 도착하지도 못한 채 아나톨리아에서 익사하고 말았다. 그러나 그의 군대는 잉글랜드의 왕이었던 사자심왕 리처드와 프랑스 군대의 후원을 받아서 아콘을 탈환할 수 있었다. 제4차 십자군 원정은 엉뚱한 방향으로 진행되었다. 회유와 협박을 이용하여 베네치아인들은 선박 수송 과정에서 콘스탄티노플을 경유하는 우회로를 주선하는 데 성공했다. 이 과정에서 이슬람이 아닌 그리스도교의 형제들이 공격을 받았고, 1204년에는 예루살렘 대신에 콘스탄티노플이 함락되었다. 이것은 성지에서 거두었던 모든 성공을 능가하는 '군사적 대성공'이었다[4차 십자군 원정 기간에는 베니스 상인들의 농간으로 원정대가 콘스탄티노플을 함락시켰다]. 그로 인해서 이후 60년 동안 비잔티움 제국에 대해서 '라틴인들'의 적대적인 통치가 진행되었다. 이들 대부분은 황제, 왕, 제후직과 같은 행운을 차지하려 했던 프랑스의 대소 귀족들이었다.

제5차 십자군 원정은 외교적 승리를 거두었다. 순례자에게 예루살렘이 개방되었고 심지어 왕의 대관식을 거행하는 장소로 예루살렘이 검토되었다. 그러나 정작 원정 지도자였던 황제 프리드리히 2세는 이 시기에 교회로부터 파문을 당한 상황이었다. 프랑스의 성왕 루이가 선두에 섰던 제6차 원정은 부분적인 성공을 거두었지만 그의 주도로 다시 진행된 제7차 원정은 튀니스에서 파국으로 끝났다.

이후 이슬람 측에서는 용병으로 소집되었다가 예언자 무함마드(마흐메트)에게 귀의한 투르크인들이 주도권을 잡았다. 이들은 아나톨리아에서 이집트까지 이르는 지중해 연안에 새로운 거대 세력을 형성했다. 투르크인들은 1389년에 암셀 평원에서 세르비아인을 물리칠 수 있었다. 이후 1396년에 남동 유럽에서는 투르크인들을 몰아내고자 새로운 십자군이 조직되었지만 니코폴리스 전투는 비참한 패배로 끝났다. 이 전투를 계기로 이슬람 세력의 대공세가 시작되었다. 콘스탄티노플이 점령되었던 1453년 이후에는 전 그리스도교 세계에 이슬람의 침공에 대해 경종이 울렸다.

이후 새로운 십자군 원정 계획들이 수립되었지만 패배가 줄을 이었다. 십자군 원정의 역사는 투르크와의 전투에서 그리스도교 최후의 승리를 알리는 1572년의 레판토 해전까지 지속되었다. 이 전투로 인해 투르크 함대가 지중해를 차지하려는 싸움에서 물러났지만 유럽 대륙에서 위험의 불씨는 사라지지 않았다. 100년 뒤에 빈이 투르크 군대에 의해서 점령되자 참전을 선택한 폴란드 왕의 원병과 뒤이은 그리스도교 측의 공세를 통해서 이 불씨는 마침내 소멸했다. 그러나 그리스도교 세계의 십자군 원정의 역사는 이로써 막을 내리게 되었다.

십자군 원정사는 중세의 가장 중요한 일면임에 틀림없다. 사람들은 항상 이렇게 결론을 내렸고, 당시 사람들도 역시 마찬가지였다. 선전, 재정적 지원, 조직, 현실의 가시적 이익, 천상에서 약속된 보상 등은 당대인들에게 동정적이고 비판적인 목소리를 동시에 내게 했다. 이 두 가지 목소리를 모두 염두에 두었다는 사실은 당대의 가장 대표적인 소식통이자 비평가이며 송시[頌詩: 공덕을 기리는 시] 작가였던 포겔바이데의 발터가 보여주고 있다. 발터는 연애시와 더불어 그의 가장 대표적인 작품이라고 할 수 있는 정치시를 지어서 사

13세기 아콘에서 그려진 필사본으로 십자군 기사들의 기마행렬을 보여준다. 현재 파리 국립도서관에 소장되어 있다. 머리와 얼굴을 보호하기 위해 12세기에 개량된 냄비 모양의 투구가 인상적이다. 각 기사들의 문장은 소속 기사단에 따라서 다르다.

람들에게 전파했다. "헌금 상자 선생, 혹 교황님께서 우리의 주머니를 비워서 로마의 성직자들에게 갖다 주라고 당신을 우리에게 파견한 것이 아닌지 한번 말해보시지요?" 헌금 상자 선생이란 상당수의 옛 교회에서 지금도 볼 수 있는 속이 비고 철을 덮어씌운 목재 헌금함을 의인화한 것이다. 보통 헌금함은 도난을 방지하기 위해서 교회 바닥에 고정되어 있었다. 헌금함은 파급 효과가 크고 효과적인 재정 지원 방식일 것이다. 발터는 다른 작품에서 황제의 십자군 원정 재창이 어떻게 귀족적 생활양식의 완성으로 승화되는지를 살펴보기도 했다.

프랑스의 음유시인들 사이에서도 알비파 정벌 십자군의 음흉한 계획과 배신 행위들을 진정한 십자군 원정의 이상에서의 이탈로 보는 개탄의 목소리가 울려퍼졌다. 엘베 강 동쪽에서도, 스페인에서도, 십자군의 이념은 현실적인 정치 상황과 일치하지 않았고, 어디에서도 소기의 목적을 달성하지 못했다.

마지막으로 성지에서 십자군 원정을 향해 쏟아졌던 비난의 목소리가 특히 주목을 끈다. 이는 1096년 이후 일곱 차례에 걸쳐 진행된 대규모 동방 원정에 대해 전반적인 평가를 내리는 데 있어서 매우 중요한 의미를 지닌다. 십자군 운동의 돌풍에 휩싸였던 프랑스 태생의 부모를 두었고 1130년경 예루살렘에서 태어난 한 작가가 이때 붓을 들었다. 그는 아직 그 수가 잘 파악되지 않았던 프랑스 출신 동방 이주자들의 대변인 역할을 했다. 시간이 흐르자 이들은, 특히 제2세대부터는 새로운 고향에서 십자군 이념에서 벗어나 이슬람과 전혀 다른 관계를 유지하기 시작했다. 티루스(티레)의 대주교이자 예루살렘 왕국의 재상으로 성공한 기욤은 이슬람교도 궁극적으로는 성서에 계시된 동일한 신에게 순종한다는 이슬람의 유일신주의를 강조했다. 이런 이유를 들어 기욤은 이슬람 세력의 고유한 권리를 그리스도교나 유대교와 동등하게 보호하기 시작했다. 이로써 그는 기존의 그리스도교적인 유럽의 자기 정체성 형성과는 거리를 둔 문제, 즉 법 원리의 국제성이라는 문제를 제시했던 것이다. 이에 의하면 그리스도 교도만이 아니라 이슬람 교도 역시 비슷한 이유에서 성 아우구스티누스가 제안했던 방어를 목적으로 하는 정당한 전쟁을 수행할 수 있다. 특히 이러한 법 해석은 그리스도 교도와 비그리스도 교도 사이에 신뢰할 수 있는 협정의 체결을 가능하게 했다. 기욤의 이러한 생각은 십자군 전체에 대한 기본적인 비판이었다. 하지만 십자군 참가자들은 자신들이 악마의 세력에 대항하는 전쟁을 수행한다고 생각했기 때문에 모든 도덕적 의무감으로부터 자유로워질 수 있었다. 그 결과 전쟁에서 만행과 학살이 현실로 나타났다. 그러나 이 상황이 유럽의 십자군 모집책과 신자들의 귀에까지 들어가지는 않았다. 이러한 만행 때문에 참다운 신앙을 소유했던 이슬람 지배자들과의 지속적인 협상은 불가능했다.

체험에서 비롯된 기욤의 비판은 두 종교가 공존을 모색한 결과였다. 이후 동방의 그리스도교도들, 특히 이주자들은 호전적인 십자군 병사들의 열광적인 광신에서 빠르게 이탈하기 시작했다. 십자군 원정을 역사적으로 평가하려는 노력이 지난 수십 년 동안 다시 활발해졌다. "희생자의 수가 수십만에 달했다는 사실을 보면 십자군 원정에 대해서 전체적으로 부정적인 평가가 내려질 것이다"라고 1987년에 슈빙게스는 평했다.

16세기에서 18세기까지 그리스도교적인 유럽의 수호라는 명목으로 진행된 투르크인들과의 전쟁은 정당화될 수 없다. 이 전쟁을 방어를 위한 전쟁으로 생각하면, 십자가라는 표상 아래 성지에서 진행된 군사적 팽창, 스페인 재정복 전쟁, 발트 해 연안으로의 십자군 원정 가운데 그 어느 것도 정당화될 수 없기 때문이다. 처음에는 그렇지 않았지만 점차 시간이 흐르면서 십자군 이념과 연관되었던 무력을 통한 선교는 그리스도교

안타키아(안티오키아)를 공격하는 십자군 기사들의 모습. 생 드니 수도원 초기의 스테인드글라스로 현실성이 결여되어 있다. 그럼에도 불구하고 공격용 사다리와 성벽에서 싸우는 병사들의 힘겨운 전투 장면이 인상적이다.

적 세계관과 전적으로 모순적인 상태가 되었다고 할 수 있을 것이다. 이슬람과의 신학적 대화는 다른 경로를 통해서 싹트기 시작했다. 아시시의 프란체스코와 스페인의 독창적인 철학자 라이문두스 룰루스는 이슬람교에 대해서 이해한 후에야 자신들의 선교 활동에 자신감을 가졌다.

십자군 원정이 수천 명의 희생자를 낳았음에도 불구하고 이 원정을 지지하는 사람들도 상당수 생겨났다. 수많은 호전적인 소규모 원정대를 비롯하여 수세기 동안 유지되면서 견고한 조직을 형성했던 종교 기사단들 역시 지지 세력이었다. 1118~1119년, 솔로몬의 성전으로 알려진 곳에 상주하고 있던 한 무리의 기사들이 예루살렘으로 가는 순례 도로를 보호한다는 구실로 항구도시 자파에서 결속했다. 12세기 중반에는 본래 병든 순례자를 위한 장소였던 성 요한 구빈원 소속의 두 번째 기사 집단이 군사적 행동을 위해서 결속했다. 1190년대에 와서 독일의 주도로 종교 기사단이 창설되었는데, 이 기사단 역시 처음에는 환자 간호를 목적으로 했다. 팔레스티나의 중요한 세 종교 기사단은 이후에도 프랑스와 독일에서 후속 조직을 형성했고, 선교와 성지에서의 전쟁을 재정적으로 지원했다. 성지를 잃은 후에는 이들에게 다양한 임무가 부여되기도 했다. 당시 독일 기사단은 처음에는 헝가리 동부 국경에서 벌어진 이교도 전쟁에 파견되었다. 이후에는 이교적인 프로이센에 대항하기 위해서 마조비아(마조프셰)의 대공이 이들을 파견했다. 성전 기사단은 성지에서 프랑스까지 이르는 재정적 연결망을 포함한 대규모 조직망을 구축하기도 했다. 요한 기사단은 16세기까지 로도스 섬에서 투르크인들에게 대항했고, 이후 이 기사단의 후신인 '몰타 기사단'이 시칠리아와 북아프리카 사이의 작지만 중요한 거점을 방어했다.

Sigillum Militum Christi(성전 기사단 소속 십자군 기사의 인장).

십자군 원정의 열정은 처음부터 귀족뿐만

아니라 종교적인 청빈 운동 속에도 뿌리를 내렸다. 이 때문에 1187년 예루살렘이 다시금 함락되자, 그리스도교적 신앙심으로 새롭게 무장한 청빈 운동 참여자들이 길을 떠났다. 그러나 이 무리들은 성지에 다다르지도 못했다. 1212년의 소년 십자군은 실제로는 아이들이 아니라 대부분 농민 출신의 젊은이들로 구성되었다. 프랑스어로 목동들이라는 뜻의 이름을 붙인 사람들의 행렬이 1251년 전 유럽으로 흩어졌다. 그러나 여기에서 기적에 대한 믿음과 종말론적 희망으로 충만했던 십자군 원정에 대해서 색다른 해석이 대두했다. 예루살렘은 신과 현세를 화해시켰던 그리스도가 수난을 겪은 장소였고, 현세에 대한 최후의 심판이 시작되리라고 예언된 신비의 장소였다. 또한 낙원과 같은 최후의 천년왕국이기도 했다. 어쨌든 종교예술에서 예루살렘이 항상 세계의 중심으로서 상징적으로 묘사되었던 것처럼, 예루살렘은 현실의 도시이자 천상의 도시로 기억되었으며, 역사의 종말이 시작되는 낙원인 동시에 천상으로 가는 다리였다.

중세 세계는 오래전부터 종교전쟁을 준비하고 있었다. 실제로 11~12세기에는 사목 활동의 활성화를 통해서 종교전쟁을 대비했다. 그로 인해서 교황의 십자군 원정 주창에 대한 반향도 놀랄 만큼 강력하게 전파되었다. 이후 교회는 이러한 반향을 신중하게 이용하는 정책을 전개해갔다. 타인에게 다시 주기 위해서 신이 우리에게 선사했다는 오래된 관념, 초월적인 존재와의 직접적이고 가시적 연결을 구하고 찾으려는 기적에 대한 믿음, 현세적인 것에 대한 과소평가, 현세의 물질적 포기에 상응한 천상에서의 보상에 이르기까지 모든 유형의 중세적 신앙은 아주 세세한 부분까지도 사회현상과 연관되어 있었고 다분히 현실 지향적이었다. 마치 수수께끼와도 같은 신에 의한 은총의 선택[예정설]이라는 후대 루터 신학의 입장은 수세기 전의 위대한 종교 사상가 아우렐리우스 아우구스티누스의 저서에서 이미 읽을 수 있다. 그러나 바로 이러한 측면이 거의 반향을 얻지 못했으며 신학적 저서들 속에서 새롭게 부각되지 못했다. 하지만 이런 이유 때문에 십자군 원정에 깔려 있는 심리 상태가 중세 사상과 매우 밀접하게 연관되어 있다는 해석이 잘못된 것은 아니다. '신의 은총'이 교황에 의해서 황제와 왕에게 내려지며 교황이 최고의 정치적 권위를 갖는다는 주장에서 나타나듯이, 종교와 정치가 직접적으로 연결되어 있다는 사실은 익히 알려져 있다. 중세 사회는 종교적 사고에 영향을 받았을 뿐만 아니라 그 사고에 의해서 인도되었다. 초월적인 존재와의 직접적 연결. 십자군 원정에 대한 우리의 평가는 이에 의해서 결정되어야 할 것이다.

이후 유럽은 더 이상 십자군 전쟁을 치르지 않았다. '자유를 위한 십자군 원정', 제2차 세계대전 동안 히틀러 제국에 대항한 연합군 진영에서 나왔던 십자군 사상은 단지 용어 사용의 필요성 때문에 등장한 것이었다. 그러나 '성스러운 가치들'을 전쟁을 통해서 수호하려 했던 근대의 민족주의적 선전 문구들은 십자군 이상의 일부를 '성스러운 조국'을 위해서 이용하기도 했다. 11세기의 전체주의적인 수도원 제도와 보편주의를 추구했던 교회가 발전시키고 이념적 토대로 삼았던 '정의로운 전쟁론'은 민족을 신성시하는 근대의 정치 공동체가 이를 수용할 때까지 존속했다. 그러나 양자 사이에는 차이점도 존재하는데, 이는 구원의 계시를 직접 내린 최고 존엄자(신)를 위해 더 이상 종교전쟁이 수행되지 않을 것이라는 점이다. 우리는 역사의 흐름을 우리 시대의 관점에서만이 아니라 과거 당대의 집단적 사고를 통해서도 평가할 수 있을 것이다. 또한 모든 형태의 광신주의를 철저히 부정하는 초시대적이고 보편적 인간성이라는 기준을 통해서 평가할 수도 있을 것이다.

"그러나 순수하게 식민 운동으로 파악될 수 없는 십자군은 전반적인 사회 변동의 추이를 따랐으며 실제로 당시 유럽은 자신의 지배 영역과 경제적 터전을 확장하고 있었다"(슈빙게스). 동방 십자군 원정들은 대체적으로 프랑스에서 일어난 팽창 운동의 일환이었다. 이 원정은 그 수가 정확하게 알려지지 않은 프랑스 이주자와 호전적이고 지배욕으로 팽배했던 귀족들을 위한 것이었다. 스페인 십자군 원정은 재정복이라는 명목으로 현실 정치적 목적과 결탁했지만, 이 역시 식민지 확장을 추구했던 스페인과 프랑스 식민 이주자의 호응 아래 이루어졌다. 프로이센에서 독일 기사단의 활약은 식민지 개척자들과 농부들을 끌어모았고 그 결과 비수아 강과 메멜(네만) 강 사이의 지역에서 가장 조직적인 대규모 식민 운동이 전개되었다. 이는 오랫동안 전개되었던 중부 유럽 동쪽의 경작지 개간 운동의 일환이었다. 십자군 원정은 사회적, 경제적 발전과 폭넓게 연결되는 한편 넓은 의미에서 이슬람, 비잔티움 제국과 통합된 라틴 그리스도교 세계 사이에 벌어진 세력 대결의 일환으로서 광범위한 정치조직의 발달에 특별한 활력소가 되었다.

헤게모니와 세력 균형

기원후 1000년경의 유럽에서는 광범위한 지역을 통치했던 권력의 상호 관계가 비교적 단순했다. 오토 왕가에 귀속되어 있던 서유럽의 황제권과 비잔티움 황제권이 이러한 정치 구조의 골격을 결정했다. 이슬람 세력이 스페인, 사르데냐, 코르시카, 시칠리아 등에 잔류하면서 지중해 연안을 지속적으로 위협했지만 서유럽의 정치에는 영향을 미치지 못하고 있었다. 동서 두 제국 사이의 관계 역시 막연했기 때문에 광범위한 정치 세력의 메커니즘이 작용했다고는 할 수 없을 것이다.

라틴 유럽 내의 세력 판도 역시 불확정적이었고 황제의 권위도 라틴 그리스도교 세계를 실질적으로 지배하지는 못했다. 단지 중부 유럽에서만 1000년을 전후로 오토 3세가 로마 교회와 우호적인 동맹 관계를 유지하면서 교황의 지원하에 폴란드, 헝가리와 관계를 맺으려고 시도했다. 그 후 앞서 서술한 것과 같은 체제 구성의 싹이 트기 시작했다. 하지만 오토 3세의 후계자들은 덜 복잡한 권력 행사 방법에 의존했다. 구체적인 예를 들자면 전임 황제들의 정치적, 종교적 권위를 정점에 올려놓았던 하인리히 3세(재위 1032~1056)의 통치 기간에는 북, 동, 남동 방향으로 봉건적 결속이 이루어졌다. 이렇게 해서 덴마크, 폴란드, 헝가리의 왕들은 일정 기간 동안 제국에 결속되었다. 이 경우 봉건 서약을 통해서 확약된 황제의 최고 봉주권을 인정하는 범주에서 보헤미아의 내적 자립이 보장되었다. 특이하게도 서부 프랑스, 잉글랜드, 스페인 반도의 왕국들에 대한 황제의 법적 권위는 불명확했다. 더 자세히 말하자면 이 지역에서 황제권은 별다른 의미가 없었다.

서임권 투쟁으로 인해서 신의 대리자로서 황제가 갖는 권위가 박탈되었다. 그로 인해서 정치권력 구조상 명확한 위상 정립이 어려웠던 황제와 교황의 이원주의가 개별 왕국에서의 성직-세속 지배권의 대립 관계로 대체되었다. 그나마 중부 유럽, 프랑스, 잉글랜드에서만 종교와 정치의 대립이 지속되었다. 라틴 유럽의 주변부를 카롤링 왕조의 중심부와 로마에 결속시키는 광범위한 봉건 구조를 형성하려 했던 교황의 시도는 실패하고 말았다. 이 계획은 본래 폴란드, 헝가리, 스페인 반도의 왕국들과 노르만 왕조의 잉글랜드, 그리고 남부 이탈리아의 새로운 노르만족 지배 세력들을 봉건법적으로 교황에게 복속시키려 했다. 후에는 적절한 기회를 틈타 12세기에 상속자가 없는 상태였던 토스카나 변경백령을 봉건적으로 귀속시키고자 했다. 그러나 권력이 없이는 어떤 봉건적 우위도 불가능했다.

이러한 과정을 거치며 중부 유럽에서도 광범위한 정치 판도가 형성되고 있었다. 전체적으로 볼 때 여기에서는 현실 정치가 작동의 원리였다. 오토와 초기의 하인리히가 계획했던 봉건적 결속은 무용지물이 되었고, 현실 정치의 범주 내에서 결성된 동맹 관계들이 점차 봉건적 결속을 대신했다. 이로써 수많은 크고 작은 독립적 정치 세력과 기원후 1000년 이후로 자리를 잡으면서 내적으로 조직화되었던 '민족적 정체성을 기반으로 삼은 군주국' 사이에 정치 메커니즘의 기본 원리가 확산되었다. 즉 자기주장의 추세, 약한 인접 국들의 희생을 대가로 한 세력 확산, 공동의 인접국에 대항하는 '광범위한 동맹 결속'의 경향, 세력 균형에 대한 동경 등이 그것이다. 이러한 새로운 발전은 이후 개개 지배 영역의 형성을 통한 내적 강화와 보조를 맞추었으며 어느 정도는 이에 의존했다. 점차 세력 중심이 변화되었다. 라틴 그리스도교 세계의 초월적인 지배 세력이자 카롤링 왕조의 최대 상속자였던 신성 로마 제국이 날로 강력해지는 프랑스 왕국과 쌍벽을 이루었다. 프랑스 역시 유럽 대륙에 적극적으로 발을 뻗으려는 잉글랜드와 대립하고 있었다. 이 모든 것들이 12세기를 지나면서 형성되기 시작했다.

그러나 처음에는 알프스 이북의 황제들과 십자군 원정을 실질적으로 주도했던 북부 이탈리아의 도시들이 대립의 격전장이 되었다. 베네치아를 선두로 제노바, 피사, 이후에는 밀라노를 중심으로 한 동맹 도시들이 각자의 이해관계에 따라서 교황의 지원군으로 황제와의 싸움을 지원했다. 그들은 비록 황제권 자체를 부정하지는 않았지만, 경제와 조직적 우위 그리고 도시 공동체 운동의 정치 세력화로 인해서 황제와 대립각을 세울 수 있었다. 이러한 대립은 이후 약 200년간 신성 로마 제국의 역사와 밀접하게 연결되었고, 제국의 세력을 견제하는 역할을 했다.

13세기 이래로 라틴 유럽에서는 동맹과 대립이 서로 우위를 차지하려고 다투는 특이한 각축장이 광범위하게 확산되었다. 지중해 연안이 특히 그러했다. 여기에서는 황제, 프랑스 왕, 아라곤 왕, 이탈리아 해양 도시들과 같은 지중해 연안 국가들이 세력을 키우면서 서로 주도권 쟁탈전을 벌였다. 두 번째 세력 각축장에서는 잉글랜드와 프랑스 사이에 대결이 전개되었다. 결혼을 통한 결속으로 인해서 12세기 초반부터는 독일의 이해관계가 잉글랜드의 정치와 뒤얽히게 되었다. 덕분에 광범위한 동맹 관계의 한가운데에서 초반에 곤란을 겪었던 프랑스가 이후에는 황제의 자리를 두고 벌인 싸움에서 지속적으로 성공을 거둘 수 있었다. 제3의 각축장은 발트 해가 되었는데, 발트 해는 12세기부터 독일 상인들에게 발전 가능성이 있는 경제 구역이었다. 이후 스칸디나비아 반도의 다른 두 왕국에 대해 덴마크가 지배권을 주장하고 스웨덴이 동쪽의 핀란드 해안으로 진출하면서 긴장이 고조되었다. 12~13세기에 프로이센과 리투아니아에서 이교도 선교를 통해 라틴 그리스도교 세계를 확장, 통합하는 과정이나 14세기에 해안선 진입로를 놓고 벌어진 싸움은 이미 발트 해의 주도권을 사이에 둔 싸움의 전초전이었다. 즉 바로크 시대부터 끈질기게 지속된 발트 해 주도권 싸움이 시작된 것이다. 네 번째로 13세기 이래 중부 유럽의 동쪽이 유럽의 거대 각축장이 되었다. 지리적으로 비잔티움 제국과 서유럽의 중간에 위치한 헝가리는 기회가 있을 때마다 노르만족에게 지원을 요청할 수밖에 없었지만, 달마티아 연안으로 진출한 뒤에는 크로아티아와 슬로베니아를 병합하면서 국경을 서부와 남동부로 확장해갔다. 이 과정에서 초지역적 세력으로 매우 빠르게 성장한 보헤미아 왕국과 경쟁을 벌이기도 했다. 그러나 제4의 세력인 중부 유럽의 동쪽이 각축장에 전적으로 참여한 것은 14세기의 일이었다.

카드 게임 속의 왕들

전래되고 있는 스카트〔세 사람이 32장의 카드를 가지고 하는 카드 놀이〕는 각자의 왕국 안에 궁정을 보유한 네 명의 왕으로 구성되어 있다. 이 게임에 대해서는 종종 흥미로운 이야기가 전해온다. 왜냐하면 네 명의 왕 가운데 단 한 명만이 칼과 더불어 〔황제나 국왕의 권력을 상징하는〕 '십자가를 단 지구의'를 가지고, 다른 왕들은 왕홀을 가지기 때문이다. 그들 중 한 명은 왕관 둘레에 월계관을 쓰고 있고 다른 두명은 하프와 방패로 치장하고 있다. 그러나 카드

속의 네 명의 왕에 대해서는 확실히 알려진 바가 없다. 프랑스, 잉글랜드, 스코틀랜드, 신성 로마 제국, 아라곤 혹은 헝가리의 왕으로 추정될 뿐이다. 카드 게임은 서양 장기와 마찬가지로 14세기 말경에 동방에서 전래되어 이탈리아의 해양 도시들에서 인기를 끌다가 10년 만에 전 유럽으로 전파되었는데, 이 게임 속의 왕들은 당당한 주권자로 역할을 수행한다.

현실 정치에서의 게임이 네 가지 색의 카드와 동일시될 수는 없겠지만 잠시 카드와의 비교에 주목할 필요는 있을 것 같다. 카드의 한 왕이 게임에 들어오기 전에 먼저 그는 자신의 색을 결정해야 한다. 유럽의 스카트에서 어떤 카드의 왕은 권력이 있고 어떤 왕은 그렇지 않다. 그들의 권력은 거의 비슷한 조건들을 가지고 있는데 그중 세 가지 요소가 왕의 역량을 결정한다. 정도의 차이는 있지만 전체적인 정치 세력 판도에서 제후들의 정치적 비중 역시 이 세 가지 요소에 의해 결정된다고 할 것이다. 그 이유는 '국가'라는 것이 근본적으로 무엇을 의미하는가에 대해서 아직 정의가 내려지지 않았고, 중앙 지배 권력의 권력 독점이라는 것이 없었으며, 오히려 대소 제후들이 왕과 유사한 권력 집중화의 가능성을 가지고 있었기 때문이다(중앙 지배 권력을 제외한 그 밖의 모든 정치권력은 '사적인 것'에서 유래했다고 할 수 있다). 최고 세력자가 왕관을 차지했는데 그 수는 열 손가락으로 셀 수 있을 정도였다. 그러나 근대 국가가 형성되기 이전에 왕들의 통치 영역 내에는 수십 명의 대제후와 귀족이 있었고, 수백 명에 달하는 중간 세력자와 수천 명의 하위 귀족이 포진하고 있었다. 이들 모두가 비슷한 조직에 근거한 권력을 가지고 있었다.

첫 번째 조직으로는 가족 소유지, 상속 토지, 사유지와 같은 가문 직영지나 왕의 직영지를 꼽을 수 있을 것이다. 이 토지들은 상속, 분할될 수 있었고, 다른 영주의 간섭에서 벗어나 있었으며, 본시 귀족 계층의 구성원이 되는 데 필요한 자격 요건이었다. 시간이 흐르면서 이런 종류의 토지들은 봉사를 통한 획득, 결혼에 의한 상속 구매, 혹은 무력으로 획득이 가능해졌다. 기원후

궁정의 위계질서를 보여주는 15세기 오스트리아의 카드. 의사, 이발사, 재단사, 제빵업자 같은 인물들을 통해서 중세 말기의 일상을 엿볼 수 있다. 오늘날의 카드에 남아 있는 왕과 여왕은 '고수'와 '하수'라는 명칭으로 불리는데, 이는 중세의 궁정 질서를 보여준다.

1000년을 전후로 유럽에서는 광범위한 영역을 소유한 왕국들이 자리를 잡아 갔는데 왕령지는 규모가 매우 다양했다. 유럽 주변부에 위치한 왕령지들의 규모가 가장 컸다. 봉건 질서가 성립되기 이전의 '전(前) 봉건적인' 근원을 가지고 있던 이 지역의 왕령지 가운데 현재까지 원인이 밝혀지지 않은 예외적인 경우를 제외하고는 거의 모든 영토가 왕에게 집중되었기 때문이다. 유럽 주변부에서 고위 귀족들과 교회의 소유지는 중세 말기에 들어서야 증가했는데, 마침내는 이 소유지들이 왕령지를 잠식했다.

반면에 옛 카롤링 왕조의 중심부에서는 왕, 귀족, 교회의 소유지 사이의 소유관계가 복잡하게 얽혀 있었다. 이곳의 토지 소유관계는 예로부터 왕에게 불리했다. 이는 그 기원이 로마 시대까지 거슬러 올라가는 과거의 법적 소유관계 때문이었다. 그럼에도 불구하고 소유관계는 안정적이었다. 왕령지는 관리되고 경작되었으며, 이에 상응해서 조직화되었다. 카롤링 시대의 왕령지 관리 조직에서 그 초기 형태를 찾아볼 수 있다. 유럽 대부분의 지역에서 경작지 개발은 숲이나 황무지 같은 공간을 경작할 기회를 제공했다. 대규모 상업로를 이용한 도시 정책 역시 여기에 속할 것이다. 일반적으로 도시 정책은 왕령지와 관련이 있었다.

두 번째 조직인 봉건 체제는 왕들에게 전혀 다른 유형의 권력 기반이었다. 여기에서도 제후들의 권력 기반과 기본적인 유사점이 있다는 사실을 잊어서는 안 될 것이다. 봉주는 계약을 토대로 봉신에게 권력을 행사할 수 있었다. 그 결과 주군과 신하는 군대 파견을 포함해서 서로에게 조언과 도움을 주는 관계라는 의미를 가지게 되었다. 이상적인 봉건법에 의하면 왕은 최고의 봉주로, 모든 봉건 서약은 충성을 전제로 그에게 행해지게 되어 있었다. 그러나 그러한 서약이 항상 어디에서나 반드시 지켜야 하는 절대 원칙은 아니었다. 봉건 체제는 잉글랜드에서 가장 잘 조직되었다. 정복왕 윌리엄이 무력을 이용해서 봉건 체제를 철저하게 재정비한 후 봉토가 아닌 토지는 사라졌고 봉신들의 의식 속에 왕은 최고의 봉주로 남았다. 프랑스의 봉건제도는 잉글랜드처럼 철저하게 전개되지 않았으며 현실적으로도 그러했다. 12세기가 지나서야 봉건 피라미드가 제대로 운영되기 시작했다. 독일의 봉건 체제는 처음부터 큰 어려움 없이 조직되었고, 12세기에는 최하위인 '평기사'부터 왕이나 황제까지 이르는 '봉건 질서'의 이론적인 조직화가 이루어졌다. 그러나 대제후들의 개인적 이해관계와 교회 파문에 의한 봉건 서약의 철폐로 이러한 체제는 이미 의문시되었다. 다른 유럽 국가들에서 봉건 체제는 매우 상이한 발전 과정을 겪었다. 스페인 반도의 왕국들은 주군과 봉신 사이에 봉건 서약이 부재했던 까닭에 초반에는 "전(前) 봉건적인 상황"(오딜로 엥겔스)에 놓여 있었다. 봉토 역시 특별한 사유 없이 압수되기도 했다. 폴란드, 보헤미아, 헝가리에서도 봉토의 하사는 '공로 보상'의 성격만을 가졌을 뿐 봉토에 대한 어떤 법적 권리도 제기할 수 없었다. 스칸디나비아 반도와 마찬가지로 이 지역에서도 봉건 관계의 완전한 법적 조직화가 중세 말기에 징후를 보였지만 결코 이루어지지 않았다. 8세기에 봉건법이 발달하여 12세기에 정점에 이르렀던 카롤링 왕조의 중심부(프랑스의 봉신들이 정복한 잉글랜드를 포함한 중심부)나 변경 지역에서도 봉건법은 '내란', 즉 대제후들 상호 간의 전쟁이나 제후들과 왕 사이의 전쟁을 방지할 수 없었다.

향후 결정적인 영향을 미쳤던 왕의 세 번째 세력 기반은 신하들과의 직접적인 교류, 보호와 조세 징수, 사법고권[왕국 내에서 최고의 재판권을 행사할 수 있는 권리], 신하의 방어력 등이었다. 이러한 요소들은 지속적인 왕권의 내적 강화와 조세 징수를 바탕으로 발전했으며, 대외적 침략을 감행할 수 있는 왕권의 성장을 가장 확실하게 보장했다. 그러나 조지프 R. 스트레이어가 지적한 것처럼 13세기가 되어서야 비로소 몇몇 국가조직이 교회가 이미 12세기에 이룩한 수준에 어느 정도 도달했다는 사실을 염두에 두어야 할 것이다. 교회는 우선 '신하들'을 찾으면 종교적 결속과 함께 십일조로 불리는 중세 최초의 일반 조세 납부 의무를 통해서 이들과 직접적인 결속 관계를 맺었다. 프랑스 같은 세속 국가들은 13세기 말이 되어서야 이와 유사한 대응책을 마련할 수 있었다. 또한 교회는 전체를 통괄하는 완벽한 통치 조직을 형성했다. 반면에 카를 대제의 초기 통치 구조는 기본적인 '지배권' 행사를 통해서 왕령 직속지 거주자들만을 '신하'로 통치하는 수준이었다. 왕의 가장 본질적인 임무 가운데 하나였던 재판도 대귀족에게만 적용되었다. 이후 왕권 확립은 헨리 2세(재위 1154~1189)가 집권하던 시기의 잉글랜드에서 최초로 가능해졌다. 이는 특별한 형태의 조직망에 토대를 두었다. 유동성이 미약했던 중세 세계에서 헨리는 모든 분쟁 사항이 중앙의 왕에게 전달되기 전에 이미 순회 재판관을 이용해서 자신의 왕국을 장악하고 있었다. 교황 사절을 이용했던 교회는 벌써 오래전에 같은 길을 걸었다.

어느 지역, 어느 경우에도 '대귀족들'은 왕과 신하 사이의 결속을 방해했다. 그러나 방식에서는 많은 차이가 있었다. 옛 카롤링 왕조의 중심부는 근본적으로 두 개의 층으로 조직화되었다. 중심부에는 많은 수의 공작이 자리를 잡고 있었다. 이 공작들은 자신들의 영역 안에서 '소(小) 왕들'처럼 군림했고, 서로 공조하면서 '제국의 대제후' 자격으로 왕을 선출했으며, 왕에게 조언을 했다. 또한 이들은 최상층의 봉신이었고 동시에 왕의 권력을 견제했다. 백작들은 공작령들을 가로지르는 왕령지를 관할할 책무를 맡았다. 이외에도 교회가 왕국 내에 교회 소유의 토지와 지배 영역을 보유했다. 이와는 달리 스페인, 잉글랜드, 스칸디나비아 반도, 중부 유럽의 동쪽, 노르만족에 의해서 형성된 남부 이탈리아와 시칠리아의 제후령 등 유럽 주변부에서 대제후들은 이에 상응하는 영방을 구성할 만한 위치에 있지 못했다. 대지주이자 귀족이었던 이들은 서로 규합하여 각자의 왕에게 대립하는 입장을 취하고 있었다. 매우 개괄적인 서술이지만 왕권 확립 정책에 대한 저항은 저마다 다르게 도출되었다. 그럼에도 불구하고 상황은 전반적으로 유사했다.

남부 이탈리아의 노르만인들은 도로망 보호, 도시 관리, 조세 독점과 같은 '왕의 고권들'의 장악, 개개 신하들에 대한 직접적인 재판권 행사, 조세 징수, 그리고 자기 방어의 가장 효율적인 방법을 찾을 수 있었다. 노르만인들은 1139년에 시칠리아를 점령했는데, 시칠리아의 수도 팔레르모는 콘스탄티노플과 코르도바 다음으로 유럽에서 인구가 가장 많았다. 그들은 언제든지 해임이 가능한 관리들을 대소 영지에 임명하고, 출신이 아닌 능력에 따라서 선발된 왕국 행정 담당관을 정점으로 전 왕국을 포괄하는 통치 조직을 형성하기에 이르렀다. 조직은 독자적인 재정과 사법 기구, 개개 경제 분야에 대한 국가의 독점으로 유지될 수 있었다. 이렇게 효율적인 국가조직은 틀림없이 이슬람 국가를 모범으로 삼았을 것이다. 정치적 지위를 놓고 궁정 관리들과 경쟁을 벌여야 했던 유럽 귀족들의 거센 저항에도 불구하고 이러한 통치 조직이 전파되어 자리를 잡기 시작했다. 13세기 초반에 슈타우펜 왕가를 통치한 프리드리히 2세는 이 조직을 정점으로 이끌었다. 후에도 이와 같은 통치 조직의 형태는 대륙에서는 앙주 왕가의 통치와 시칠리아에서는 아라곤 왕가의 지배에 의해서 지속되었지만 중세 말기 이후 유약한 왕들이 집권했던 시기에 붕괴되었다.

알프스 이북에서도 최강의 국가조직은 노르만인들에 의해 만들어졌다. 바로 잉글랜드이다. 잉글랜드에서는 이미 정복왕 윌리엄이 정권을 장악하고 있었다. 그는 정권 장악 후 20년이 지난 1086년에 당시 유럽에서 유일한 토지대장 『둠즈데이 북』을 작성하게 했으며, 이를 모든 통치 조직의 근본으로 삼았다. 그의 아들 헨리 1세

잉글랜드에서 왕의 통치와 문서 보관은 특히 1066년 노르만족의 침입 이후 효율적으로 독자적인 길을 모색했다. 그러나 이미 이전부터 왕의 통치와 문서 보관 방식에서 고유한 특징이 드러나기 시작했다. 앵글로 색슨족 최후의 왕인 '참회왕' 에드워드(1066년 사망)는 대륙의 왕들처럼 왕좌에 앉은 모습으로 새겨져 있다. 그러나 왕을 뜻하는 라틴식 표기 '렉스(Rex)'가 아닌 그리스식 표기 '바실레우스 Basilesus(SIGILLUM EADWARDI ANGLORUM BASILEI)'로 표현되어 있다.

(재위 1100~1135)와 헨리의 손자 헨리 2세(재위 1154~1189)도 이를 따랐으며, 그 결과 12세기에 잉글랜드의 국가조직이 창출된 것으로 평가받고 있다. 지방행정은 앵글로 색슨인의 수중에 있었지만 봉건제도는 아래에서 위까지 철저하게 조직되었다. 순회 재판관 덕분에 어디에서나 왕의 재판권 행사가 가능했으며, 궁정 재무 담당 부서는 백작령을 포함하여 지방행정관들의 연간 재정 결산을 담당했다. 공조직에 의한 법 관리는 익히 알려진 것처럼 로마법의 영향을 받지 않았고, 현재까지 존속되고 있는 잉글랜드의 관습법을 제정하게 했다. 13세기에 헨리 드 브랙턴이 이를 체계적으로 정리해서 성문화시켰다. 또한 왕은 각 주의 귀족들에게 명예직으로서 특별한 임무를 부여했다. 그렇게 해서 국정 업무는 귀족들의 특별한 임무가 되었다. 반면에 프랑스의 왕은 관리를 등용했다. 이러한 관점에서 조지프 R. 스트레이어는 잉글랜드에서는 12세기에서 19세기까지 젠트리〔중산적(中産的) 토지 소유자층〕 계층 사이에 자발적인 공동체 의식이 존속했던 반면에 프랑스에서는 관료 조직이 국가의 핵심 기구로 등장했다는 결론을 내렸다.

프랑스의 왕 중심적인 중앙집권적 통치 조직은 루이 6세(재위 1108~1137)와 생 드니 수도원의 통찰력 있는 원장 쉬제(재임 1122~1152)가 영향력을 행사했던 12세기에 싹트기 시작했다. 서민 출신의 베네딕트회 수도사 쉬제는 한때 왕세자와 함께 생 드니 수도원 학교를 다니기도 했다. 그는 카페 왕가 소유인 이 수도원의 정신적 위상을 프랑스 왕권의 초월적 중요성만큼 높였다. 그는 수도원에 유해가 보존되어 있던 성 디오니시우스와 프랑스 왕 사이의 연관 관계에 대해서 선전했고, 프랑스 군주제의 상징으

프랑스에서도 왕좌에 앉아 있는 모습의 인장이 사용되었다. 필리프 2세(1165~1223)는 오른손에 백합을 들고 있는데 12세기부터 백합은 왕의 상징이 되었다. 인장을 둘러싼 글씨는 PHILIPPUS DEI GRATIA FRANCORUM REX(신의 은총을 받은 프랑스인들의 왕 필리프)이다.

전통적으로 프랑스의 왕들은 수도 파리의 성당이 아닌 랭스의 대성당에서 18세기까지 대관식을 거행했다. 중세 독일의 통치자들은 아헨에서, 잉글랜드의 왕은 웨스트민스터에서, 폴란드의 왕은 처음에는 그니에즈노에서 후에는 크라코프에서 대관식을 치렀다. '합법적 장소'인 대관식 성당은 예로부터 왕이 수행해왔던 법의 수호라는 임무와 축성식을 통해서 격상된 왕의 초월적 존재가 어우러지던 장소였다.

11. 12세기 건축물들로 이루어진 고슬라의 황제궁은 잘리어 왕조 시대에 황제가 가장 아끼고 사랑했던 궁이다. 람멜스베르크 근교에서 은광이 발견되면서 고슬라의 황제궁은 그 중요성이 배가되었다.

로 적색 군기를 제작하기도 했다. 쉬제 역시 루이라고 불렸던 왕의 아들(재위 1137~1180)의 고문이었다. 왕의 손자 필리프 2세(재위 1180~1223)는 '대법관들'을 왕의 관리로 왕국의 각 지역에 임명했다. 이들은 통일된 법 조직을 형성했지만 재판관인 왕의 대리자 역할을 하는 데 그쳤다. 외교적 수완을 발휘하여 왕의 재판권과 왕권에 명성을 부여했고, 1214년 부빈 전투에서 연합군을 격파하여 처음으로 유럽의 전장에서 승리한 사람도 필리프였다.

독일적이자 '로마적'인 국가조직의 발전은 프랑스나 잉글랜드보다 훨씬 복잡하게 진행되었다. 이중적인 관계가 이를 이미 암시한다고 할 것이다. 독일의 국가조직은 상대적으로 '고풍스러웠다'. 미래의 정치적 대세인 중앙 집중화 경향은 독일에서는 찾아볼 수 없었는데 신성 로마 제국의 분극성(分極性: 지방분권적 성향) 때문만은 아니었다. 프랑크 제국의 분열로 아헨이 중요성을 상실한 후에는 수도가 정해지지 않았다. 고슬라는 11세기 중엽 하인리히 3세가 선호했던 거처였지만, 이후 두 명의 다른 하인리히(하인리히 4세와 하인리히 5세)와 주플린부르크의 로타르(재위 1125~1137) 그리고 그를 계승한 슈타우펜 왕가의 왕들은 [특정한 장소에 정주하지 않고 필요에 따라 옮겨 다니며 통치권을 행사했던] 편력 왕들이었다. 콘라트 3세(재위 1138~1152)와 바르바로사(재위 1152~1190)는 특정 인물 집단을 이용해서 왕령지를 유지하고 관리하려 했다. 부자유 신분 출신으로 '미니스테리알렌'으로 불렸던 이들은 왕의 관리로서 새로 건립된 성의 치안, 재판, 재정 관리라는 아직 역할의 구분이 명확하지 않았던 임무를 맡았다. 라인 강 중부에서 알자스, 에거란트까지의 프랑켄 지역과 슈바벤 지역에 산재해 있던 왕령지는 미니스테리알렌의 관리를 통해서 조직화되었고 경작지 개척의 대상이 되었다. 또한 도시 건설에 의해서 경제적으로 활성화되었고 동시에 견고하게 보호받았다. 그러나 중앙 기구는 아직 만들어지지 않았다. 왕권의 운명은 왕조의 운명에 달려 있었다. 1268년 슈타우펜 왕가의 혈통이 단절되고 그 후 선출된 홀란트의 빌렘(빌헬름)이 1256년에 사망한 뒤 1273년까지 독일에서 왕이 등극하지 않자, 상당수의 제국 영토가 '다른 사람들의 손으로 넘어갔다'. 관세권, 보호권, 시장 개설권, 유대인 보호권, 화폐 주조권, 광산 개발권과 같이 왕권에 속해 있던 많은 권리와 조세 수입은 여러 경로를 통해서 이미 제후들의 수중으로 넘어갔다. 그중 일부는 빼앗겼고, (과거의 연구 조사는 인정하려고 하지 않지만) 일부는 공작이나 백작이 더 잘 관리할 수 있다고 생각한 왕에 의해서 그들에게 이양되었다. 새로

프랑스의 기사도 정신과 더불어 기마상과 같은 새로운 유형의 인장 그림이 독일로 유입되었다. 독일에서는 룩셈부르크의 백작 콘라트 1세가 1089년에 새로운 유형의 인장 그림을 처음 사용했던 것으로 보인다. 그는 인장에서 자신이 통치하는 중심지를 '뤼첼렌부르크'로 명시했다. 이 인장을 통해서 라인 강의 오른쪽 지역이 동방으로 문화를 전달하는 데 중요한 역할을 담당했다는 것이 다시 한번 입증되었다.

기마상 인장은 섭정을 했던 여성들에게는 어울리지 않았다. 그래서 공작 부인 엘리자베트는 기마 시합용 투구와 문장이 새겨진 방패를 들고 서 있으며, 포메른의 공작 부인 아그네스도 옥좌에 앉아서 두 개의 기마 시합용 투구를 양손에 들고 있다.

형성된 미니스테리알렌 제도의 조직화에도 불구하고 제국 전역에 걸친 광범위한 임무와 관리 조직 같은 것은 존재하지 않았다(미니스테리알렌 제도의 조직화는 '하위 귀족'으로 성장할 수 있는 가장 신속한 신분 상승의 기회였고, 오늘날도 레겐스부르크에 거주하고 있는 투른-탁시스와 같은 몇몇 가문들이 제후의 지위까지 오를 수 있었던 기회가 되었다).

헝가리, 보헤미아, 폴란드 같은 중부 유럽의 동쪽 지역에서 중앙 집중적인 왕권은 미숙한 상태였다. 전반적으로 정치적 관심의 초점은 영토보다는 사람들에 대한 지배권에 있었다. 11세기 이래로는 몇몇 서유럽의 수도원들이, 12세기부터는 토착 귀족들이, 13세기부터는 각별한 관심을 가졌던 왕들이 주도한 식민 경작지 개척은 통합적인 조직을 창출해냈다. 경작지 개척을 바탕으로 남아도는 경제력이 조직적으로 정비될 수 있었고, 인구의 균등한 분배, 도로망 연결, 도시망 건설 등을 통해서 왕권이 확립될 수 있었다. 스페인 왕국의 상황도 점차 유사하게 전개되었다. 반도의 해안 지역과 남부에 도시가 집중되었고, 경제가 활성화된 지역이 이슬람 세력의 지배에서 해방되었다. 동부와 마찬가지로 서부에서도 왕권 유지에는 확고한 왕위 계승 원칙이 중요했다. 왕위 계승은 (왕족의 최연장자가 계승권을 가지는) 연장자 상속이라는 사고에서 출발했지만 동부와는 다른 과정을 거쳐서 장자 상속권, 즉 첫 번째 아들의 후계 계승권으로 발달했다.

덴마크와 노르웨이, 100년 정도가 지나 12세기를 경과하면서 스웨덴에서도 왕의 지배권이 정착되기 시작했다. 가장 중요한 기반은 서유럽과 덴마크의 미니스테리알렌 제도를 본뜬 것이었다. 이는 덴마크 왕의 헤레드, 노르웨이의 히르드처럼 왕을 따라다니면서 통치 임무를 수행했던 상층 농민들과 부자유민 출신에 기반을 둔 제도였다. 덴마크에서 교회는 왕권 중심의 통치 조직을 형성하는 데 결정적인 역할을 했다.

1201년에 제작된 홀란트의 아델하이트 백작 부인의 인장. 아델하이트 백작 부인은 말 위에 여성스럽게 앉은 모습을 사용함으로써 여성의 기마상 인장에서 발생하는 문제를 해결했다.

'성왕' 크누트와 울라프가 주도한 왕권의 이데올로기적 부상과 정당화 과정에서 특히 그러했다. 1144년 파리의 디오니시우스, 1147년 황제 하인리히 2세, 1163년 잉글랜드의 참회왕 에드워드, 1165년 카를 대제, 1192년 헝가리의 왕 라슬로 1세 등 다른 민족 성인들과 같이 크누트와 울라프도 12세기 '성인화의 물결' 속에서 민족 군주로 성별(聖別: 숭상)되었다. 이로써 라틴 서유럽의 정치적 구분이 이루어졌다.

위인들의 세계로

궁정 시인과 궁정 연대기 작가들은 10~11세기에 로마-독일의 통치자들이 유럽의 권력을 장악했다는 사실을 널리 알렸다. 그러나 서임권 투쟁은 그들의 이데올로기적인 무기와 정치적 입지를 무력화시켰다. 힘겹게 안정을 찾은 제국 내에 대립왕이 등장했고, 교황은 왕에 대항하는 연합 전선을 구축하도록 제후들을 설득했다. 제1차 십자군 원정 기간 동안 서유럽은 황제가 아니

황제와 왕들이 옥좌에 앉아 있는 모습의 인장을 사용했던 반면에 중부 유럽의 제후들은 일반적으로 기마상 인장을 사용했다. 중세 말기에 들어와 제후들의 인장이 화려해지기 시작하면서 금세공업자들이 만든 예술 작품이 사용되었다. 그림은 15세기 로렌의 공작 앙투안의 인장과 보헤미아의 왕이 되었던 황제의 차남 요한[보헤미아의 장님왕 안]의 인장이다.

라 교황의 깃발 아래에서 통합되는 양상을 보였다. 이때 파문되어 자금원이 끊겼던 황제 하인리히 4세는 북부 이탈리아에 칩거하고 있었다. 아버지의 불행한 종말을 목격했던 하인리히 5세는 마침내 정치권력을 회복했고 잉글랜드 왕 헨리 1세의 딸 마틸다와 결혼했다. 프랑스 북서부의 강력한 공작이기도 했던 헨리는 자신의 봉주인 프랑스 왕을 위협하던 경쟁 세력이었다. 따라서 프랑스의 왕권은 한동안 양쪽에서 위협을 받았다. 한 세대 뒤에 바르바로사는 북부 이탈리아의 도시들과 정치적인 싸움을 벌였고, 월등한 정치력을 보유했던 교황과도 대립했다. 심지어 1163년에는 프랑스의 왕을 아군으로 끌어들이려고까지 했다. 그러나 프랑스의 군주는 자부심이 대단했고 황제의 정책으로 위협받고 있던 교황의 지지 속에서 성장했다. 프랑스 왕권에 대한 도전은 동쪽에서 오지 않았다. 새로운 상속 결혼으로 잉글랜드의 헨리 2세는 노르망디와 브르타뉴, 앙주 백작령의 영주이자 아키텐의 공작으로서, 그리고 멘과 투렌의 지배자로서 프랑스 최대의 영방 군주가 되었다. 재위 기간의 대부분을 자신의 프랑스 영토에서 거주했던 헨리 2세는 당시 유럽 최고의 세력가였다. 그는 대륙에서 지중해까지, 그리고 웨일스와 아일랜드의 아일랜드 해까지 영토 확장을 꾀했던 유능한 정치가였다. 항상 성공을 거둔 것은 아니지만 목표

옥좌에 앉아 있는 모습을 한 통치자의 인장은 이론적으로는 아직 정립되지 못했던 '군주권'을 가시적으로 표현하고 있다. 인장의 모양은 차후 많은 변화를 겪는데, 카를 4세의 재위 기간에는 인장의 문양 형태가 완숙 단계에 접어들어 옥좌는 천개[天蓋: 제단, 성물(聖物) 등의 윗부분을 덮는 장식물]가 덮인 의자로 바뀌었다(그림 속 인장에서는 통치자를 부각시키기 위해서 옥좌가 상징적으로 표현되어 있다). 프리드리히 2세 때부터 등장하는 황제의 독수리들은 모습이 여러 차례에 걸쳐서 바뀌었다. 그림에서는 처음으로 황제의 독수리가 제국과 보헤미아의 왕권을 상징하는 문장과 함께 등장하고 있다. 대관식 망토, 신발, 지팡이, 십자가가 달린 지구의, 주교의 모자 위에 씌워진 황제의 왕관은 대관식의 모습을 잘 보여준다. 발을 올려놓는 판을 묘사한 방식은 인장을 제작한 예술가가 한 세대 전에 지오토가 도입한 공간 관찰법을 사용했다는 점을 상기시킨다.

를 달성하기 위해서 전력을 다하던 실용주의자이기도 했다. 그는 해협을 사이에 두고 견고한 이중 왕국을 건설하려고 마음먹었지만, 산재해 있는 프랑스 왕의 영토와 많은 수의 아들들이 프랑스 왕보다 더 문젯거리였다. 끝내는 많은 토지를 가지고 왔던 왕비 엘레오노르와 결탁한 아키텐 남작들이 반란을 일으켰다. 세간의 입에 오르내리던 그녀는 이전에는 프랑스의 왕비였다. 물론 1152년에 공식적으로 이혼했다. 헨리는 1173년에 엘레오노르와의 사이에서 낳은 자식이자 네 번째 자녀로 가장 어린 아들 존에게 유리하게끔 유언장을 변경했다. 그럼에도 불구하고 호사스럽고 영향력을 행사하기 좋아했던 엘레오노르와의 관계는 오래전부터 금이 가기 시작했다. 아키텐 반란을 수습한 헨리는 1175년부터 왕국을 행정구역별로 (즉 노르망디, 앙주, 아키텐으로) 구분하여 대리 통치인에게 위임하는 식으로 조직화를 시도했다. 관리들을 통해 자신의 정치적인 힘을 아래로 행사하면서 조직화를 확고히 했다. 이로써 귀족들의 저항에 맞설 전반적인 대응책이 마련되었다. 그러나 이러한 정교한 조직도 사자심왕 리처드와 결속한 프랑스 왕 필리프 때문에 위태로워졌다. 헨리의 차남인 리처드는 자신이 등한시되었다며 불만을 가지고 있던 터였다. 1189년 7월, 임종의 침대에 누워 있던 헨리는 아들 리처드와 굴욕적인 화해를 했다.

자신의 봉주였던 프랑스의 왕과 협상을 맺었더라면 아마도 결과는 덜 파국적이었을 것이다.

이 와중에 필리프 2세는 황제 프리드리히 바르바로사의 지원을 받게 되었다. 이웃한 프랑스 왕처럼 황제 역시 비슷한 문제로 어려움을 겪고 있었기 때문이다. 황제의 봉신이자 바이에른과 작센의 대공이었던 사촌 사자공 하인리히가 거대 세력가로 부상하면서, 20년 동안 서로에게 관용을 베풀었음에도 불구하고 1176년 황제가 긴박한 위기에 처했을 때 종군을 거부했던 것이다. 오랜 전통을 가진 귀족 가문인 벨프가의 무력 대립을 그대로 이어받은 호전적인 하인리히가 잉글랜드 왕 헨리 2세의 딸과 결혼하자 동맹 정책의 획이 그어졌다[독일 내에서 세력을 확장하던 벨프가는 대대로 신성 로마 제국의 황제와 대립했고, 독자적인 지배권을 구축하던 하인리히도 슈타우펜 왕가와 갈등을 빚었다]. 한편에는 벨프와 플랜태저넷 왕가가, 다른 편에는 슈타우펜과 카페 왕가가 서로 동맹을 맺고 대립했던 것이다. 이로써 중부 유럽처럼 서유럽에서도 긴장감이 절정에 이르렀다.

'만세의 군주시여, 축복받으소서!' 이와 같은 시구를 통해서 프리드리히 1세는 칭송을 받았을 것이다. 많은 시행착오를 겪으면서 만들어진 프리드리히 1세의 인장들은 황제를 사실적으로 묘사하고 있다.

헨리 2세의 후계자이자 서부와 남서부 프랑스에 산재한 대토지의 지배자였던 사자심왕 리처드는 프랑스 왕 필리프, 바르바로사, 바르바로사의 둘째 아들과 함께 십자군 원정을 떠났다. 이때 서유럽인들은 해로를, 황제는 육로를 택한다. 이들은 십자군의 이름 아래 군사동맹을 맺었으나, 이후 화음이 깨지면서 원정은 실패로 돌아갔다. 바르바로사는 돌아오는 길에 목숨을 잃었고, 필리프와 리처드는 성지에서 끝내 원수지간이 되었다. 변장을 하고 귀항길에 올랐던 잉글랜드 왕은 오스트리아에서 정체가 발각되어 체포된 후 세력이 미약했던 적들의 손에 넘겨졌다. 그들은 리처드의 품위 있는 외모를 큰 어려움 없이 식별해냈던 것이다. 바하우 지방의 뒤른슈타인 성에 구금된 사자심왕 리처드는 자신을 초대한 성주와 바르바로사의 후계자인 하인리히 6세에게 당시로서는 상상하기조차 어려운 엄청난 금액이었던 은화 15만 마르크를 몸값으로 지불해야 했다. 뿐만 아니라 그는 자신의 왕국이었던 잉글랜드을 하인리히 6세의 봉토로 다시 하사받아야 했다. 이 과정은 황제의 최고 지상권을 강조하기 위한 것이기는 했지만 동시에 매우 기이한 국가 간의 법적 관계의 구축을 의미했다. 물론 이 관계는 오래 지속될 수도 없었고, 몇 년 뒤에는 현실 정치에서 역시 실효성이 없었던 교황의 봉건 지배권에 의해서 대체되었다. 프랑스 내의 잉글랜드 소유령들을 차지하기 위해서 이 기회를 이용하려 했던 프랑스 왕 또한 리처드를 구금한 독일 제후들과 마찬가지로 십자군 원정군이 맺었던 평화를 깨뜨렸다. 리처드의 막내아우 존은 프랑스의 정책에 동조했는데, 그는 20년 전에 부왕 헨리가 유언장의 내용을 고침으로써 내란이 일어나는 원인을 제공한 인물이었다.

사자심왕 리처드는 대응책을 잘 알고 있었다. 잉글랜드에서 캔터베리 대주교의 지원을 받았던 그는 프랑스에서의 자신의 입지를 용병과 새로운 요새 건설을 통해서 공고히 했다. 그는 새로운 차원의 위대한 외교적 책략을 가지고 라인 강 하류의 제후들과 동맹을 맺었다. 양모 수출 금지를 미끼로 플랑드르 백작을 자신의 편으로 끌어들이기도 했다. 마침내 황제까지도 인접국 프랑스가 성장하는 것을 막기 위해서 그를 지원하기에 이르렀다.

그러나 하인리히 6세 측은 감당하기 어려운 정치적 모험에 휘말리고 있었다. 부인 덕분에 하인리히가 남부 이탈리아와 시칠리아의 풍요롭고 잘 조직된 왕국을 상속받게 되었던 것이다. 그 결과 새로운 정치 판도의 형성이 예상되었다. 특히 지중해에서 주도권을 장악할 가능성이 높아졌다. 제국의 후원으로 인해서 지중해를 장악할 가능성은 노르만인들이 이 지역을 통치했을 때보다 더욱 확실해졌다. 그러나 이는 동시에 중부 이탈리아의 교회 국가가 북

슈타우펜 통치 시대에 카타니아에 세워진 우르시노 성은 보는 이로 하여금 위압감을 주는 전형적인 요새이다. 전면에 배치된 원형 망루는 성벽 방어에 특히 최적이다.

부에서는 슈타우펜 왕가에 의한 제국 지배권으로, 남부에서는 지배권의 새로운 상속으로 위협을 받게 된다는 것을 뜻했다. 이러한 상황은 교황에게 상당한 위험 요소로 작용했다. 원정에 나선 하인리히는 토착 귀족을 굴복시키기 위해 장기간 전쟁을 벌인 끝에 노르만 친인척들이 내세운 왕위 계승 요구들을 억누르고 왕국을 상속받게 되었다. 그리고 튀니스와 트리폴리의 이슬람 세력은 공납의 의무를 지게 되었다. 슈타우펜 왕가의 세계 지배가 도래하는 듯했다. 1194년 성탄절에 팔레르모 대성당에서 대관식이 거행된 다음날, 하인리히의 아들이 태어났다. 바로 프리드리히 로제르(페데리코 루지에로)였다. 황제는 곧바로 후계자 옹립에 주력했으나 별다른 소득을 얻지 못했다. 채 1년도 지나지 않아 십자군 원정을 준비하는 도중에 하인리히가 말라리아로 사망하자 슈타우펜 제국은 흔들리기 시작했다.

그러나 위인의 대열에 끼고자 했던 하인리히의 경쟁자들도 권력을 추구했다. 1198년 독일에서 동시에 두 명의 왕이 선출되자(한 명은 하인리히의 동생 필리프로 슈타우펜 가문 출신이었고, 다른 한 명은 사자공 하인리히의 아들 오토로 벨프 가문 출신이었다), 프랑스의 봉주와 경쟁을 벌이고 있던 리처드가 개입하기 시작했다. 시칠리아의 프리드리히 로제르의 왕위 계승권 역시 유효했다. 교황 인노켄티우스 3세가 세 명의 후보 사이에서 결정을 내렸지만 교황의 결정으로 문제가 해결되지는 않았다. 그러나 교황의 결정 사항은 이후 독일 선제후단 형성의 밑거름이 되었다.

멀리 떨어진 시칠리아 출신의 아이는 처음에는 경쟁에서 물러나 있었고, 필리프와 오토 사이에서 대립이 전개되었다. 슈타우펜가의 황제 바르바로사와 벨프가의 사촌 사자공 하인리히의 해묵은 싸움이 이 두 남자 사이에서 다시 시작되었다. 벨프 가문과 슈타우펜 가문의 대립은 전 제국을 뒤흔들었고, 그 반향은 이탈리아의 구엘프파와 슈타우펜의 본성(本城)의 이름을 딴 기벨린파의 대립으로 나타났다. 이탈리아의 도시에서는 대립 상황이 특히 심각했다. 기벨린은 황제 편이었고, 구엘프는 본질적으로 교황과 공화정 혹은 도시 귀족들에게 대항했던 도시 중산층을 정치적으로 대변하는 사람들이었다.

프랑스 왕은 슈타우펜 왕가를 지지했다. 벨프 가문과 잉글랜드의 경쟁자 리처드가 인척 관계에 있었기 때문만은 아니다. 교황과의 이해관계 때문이기도 했다. 슈타우펜가의 필리프는 독일에서 겨우 주도권을 장악하자마자 1208년 개

인노켄티우스 3세는 법률가이자 교회 정치가로서 중세 시기 가장 중요한 교황이었다. 로마에서 만들어진 이 모자이크화는 같은 시기 아펜니노 산맥의 베네딕트 수도원 산토 스페코에서 그려진 프레스코화와 많은 유사점을 보여주고 있다.

인적인 원한으로 인해 비텔스바흐 가문의 대공에게 살해당했다. 이로 인해 잠시 동안이나마 슈타우펜가의 지지자들까지 규합할 수 있었던 벨프가의 오토가 교황과 협상을 진행했다. 그러나 겉과 속이 달랐던 오토는 1209년 황제로 즉위하자 모든 약속을 어기고 초기 슈타우펜 왕가의 황제 정책의 전철을 밟기 시작했다. 다급해진 교황 인노켄티우스는 독일식 계산으로 이후 프리드리히 2세로 불리는 제3의 후보자, 프리드리히 로제르에게 접근했다. 그는 프랑크푸르트의 대제후 회의에서 세 번째 왕으로 선출되었고 대관을 받았다. 프랑스 왕은 16세의 나이로 북부에

남부 이탈리아의 슈타우펜 성들은 대부분 토대만이 남아 있다. 내부의 화려한 모습은 단지 몇몇 유물들을 통해서만 추측할 수 있을 뿐이다. 라고페솔레 성의 입구에 있는 버팀목의 인물상도 그중 하나이다.

있는 자신의 왕국에 들어선 슈타우펜-노르만 왕자를 재정적인 궁핍에서 구해주었다. 그러나 비록 파문을 당했다 하더라도 3년 전에 대관되어 세간에서 일반적으로 인정받고 있던 벨프가의 대립왕 오토 4세를 극복하는 과정이 남아 있었다.

결단은 독일에서 내려지지 않았다. 사자심왕 리처드는 슈타우펜가 출신 필리프의 예상치 못했던 최후도, 오토가 현명하지 못하게 누구도 원치 않았던 슈타우펜가의 권력정치로 되돌아가 교황과 적대 관계에 놓이는 것도 보지 못했다. 왜냐하면 1199년 소규모 전투에서 전사했기 때문이다. 잉글랜드에서는 플랜태저넷가 출신인 헨리 2세의 네 명의 골칫거리 아들 가운데 막내 존(재위 1199~1216)이 아버지의 자리를 차지했다. 존은 1173년의 유언장 사건 후에 '실지왕(失地王)'이라는 별명을 얻었다. 그는 프랑스 왕 필리프의 집요한 침공으로 대륙에서는 남은 것이 거의 없었던 앵글로-앙주(플랜태저넷) 대왕국의 상속자가 되었다. 시칠리아의 프리드리히가 교황과 타협함으로써 독일

왕위에 오를 수 있었던 반면에, 존은 캔터베리 대주교와의 불화로 파문을 당했고, 왕국에는 성무 정지[교회 내에서 성직자의 활동을 금지시키는 징계 행위]가 내려졌다. 프랑스의 필리프는 그를 잉글랜드에서 추방하라는 임무를 부여받았다. 인노켄티우스 3세는 독일의 왕위 계승 과정에서 적극적인 중재 역할을 담당했는데, 이 교황은 잉글랜드와 프랑스에서도 최고 권위자로 영향력을 행사했다. 그래서 그는 적대자들을 벌하고, 지지자들에게는 보답을 하려고 했다. 존이 이를 알아채고 교황에게 머리를 숙이자, 교황은 프랑스의 필리프에게 보낸 명령을 철회했고 결국 잉글랜드 침공 계획은 무산되었다. 얼마 후 존은 대륙에서 다시 한번 기회를 잡게 되었다. 이번에는 북부 독일의 제후들, 특히 황제 오토 4세와 동맹을 맺어 두 번에 걸쳐서 프랑스를 공격했다. 그러나 실지왕 존은 푸아투 백작령의 라 로슈 망에서 프랑스의 왕세자 루이(루이 8세)에게 살해되었고, 황제는 릴 동부의 부빈에서 1214년 7월 27일에 프랑스 왕과의 전투 중 목숨을 잃었다. 그 결과 왕위 계승 싸움은 슈타우펜 왕가 측에 유리하게 전개되었다. 필리프는 약탈한 황제의 독수리 문장을 자신의 독일 피후견인 프리드리히 2세에게 보냈다. 프리드리히 2세가 로마-독일의 제관을 차지할 수 있었던 것은 프랑스에서 벌어진 전투에서 비롯된 결과였다. "단숨에 프랑스의 왕은 서유럽의 최고 세력으로 등장했다"(로베르트 폴츠). 비록 프랑스 내에 일부 영지가 남아 있기는 했지만 플랜태저넷 대왕국은 결국 붕괴되었다. 교황 인노켄티우스 3세 역시 프랑스의 군사적 후원에 힘입어 유럽의 중재자로 대두했다.

　물론 유럽 차원에서의 첫 번째 격돌을 통해서 정치적 구도가 영원한 고정불변의 것으로 완성되지는 않았다. 다만 엄청난 세력 이동의 획이 그어졌을 뿐이다. 이것이 지속될지의 여부는 각 왕국의 내적인 발전과 교황의 입지, 그리고 권력 다툼에 참여할 수 있는 유럽 왕들의 역량에 달려 있었다.

새로운 콘스탄티누스

우선 프랑스 세력은 압도적으로 우위에 있었다. 필리프 2세는 황제의 권위를 나타내는 고전적 경칭인 '아우구스투스'라는 별칭을 얻었다. 그는 가장 강력한 왕이었을 뿐만 아니라 확실히 당대의 가장 유능한 정치가였다. 왕의 정책과는 관계없이 이 시기에 제4차 십자군 원정이 이루어졌다. 프랑스의 십자군 원정대는 동로마 제국의 상당 부분을 정복했고, 그리스적인 제국을 '라틴' 제국으로 만들었으며, 이를 봉건적인 관계로 조직되어 있는 수많은 제후령으로 분할했다. 심지어 교황조차도 몇 년 후에는 이 제국을 새로운 프랑크라고 불렀다. 이 제국은 아드리아 해와 에게 해 건너편에 있는 '새로운 프랑크 왕국'이었다.

동시에 왕국 내에서도 프랑스 왕의 권력이 증가했다. 1209년에서 1229년 사이에 왕국 남부의 이단을 대상으로 십자군 원정이 진행되었다. 원정군은 지역적 거점이었던 알비의 이름을 따서 알비파로 불렸던 카타리파를 무자비하게 정벌했다. 이로 인해 툴루즈 백작들의 세력도 붕괴되었고, 이들은 교회와 왕에게 복속되었다. 동시에 에브로 강에서 론 강까지 세력을 펼쳤던 아라곤 왕국의 지배 영역도 파괴되었다. 그 결과 프랑스 남부의 정치적, 문화적 특성은 억압되었다. 지중해 문화를 유럽 대륙으로 전파하는 특별한 역할을 담당했던 지역인 옥시타니아는 당시까지 중세 유럽에 중요한 영향을 미쳤다.

1223년 필리프 2세의 후계자 루이 8세가 프랑스의 왕위에 올랐다. 그로부터 3년 뒤에 '성왕' 루이 9세의 오랜 통치 기간(1226~1270)이 이어졌다. 축성받은 중세의 왕 가운데 루이 9세처럼 확실하게 이런 별칭을 얻은 사람은 없을 것이다. 루이는 정치적 통찰력과 아집을 가지고 있었지만 귀족들과의 협상 과정에서는 개인적인 욕심을 내세우지 않았다. 그는 플랜태저넷 왕가와의 대립에서 승리했다. 그러나 플랜태저넷 사람들은 1214년의 패배에도 불구하

위용을 자랑하며 치솟아 있는 알비 대성당. 교황 이노켄티우스 3세는 12~13세기에 유럽에서 위세를 떨친 카타리파를 이단으로 규정하고 이들을 추종하는 무리인 알비파를 토벌하기 위해 알비 십자군을 결성했다. 알비 대성당은 이단과의 치열한 싸움을 승리로 이끈 교회의 위세를 기념하기 위해 만들어진 승전 기념물이다.

고 재탈환을 결코 포기하지 않았다. 불운했던 실지왕 존의 후계자 헨리 3세는 마침내 1259년의 협상에서 남서 프랑스의 일부만을 보유하기로 합의를 보았다. 하지만 그는 노르망디, 아키텐, 가스코뉴, 즉 플랜태저넷 가문의 지배를 받았고 1214년 이후에도 무력을 이용해서 탈환하려 했던 서부의 영토를 포기했다. 이 협정으로 잉글랜드-프랑스 대왕국은 법적으로도 사라지게 되었고, 1152년부터 프랑스 영토를 두고 지속되었던 '첫 번째' 백년전쟁이 막을 내렸다.

루이는 기존의 토대 위에 프랑스 왕권을 더욱 확고하게 조직화했다. 당시로는 보기 드문 통계 수치에 따르면 1300년경에 최고위 궁정 관리들을 중심으로 대략 500명 정도가 근무했던 궁정을 구성했다. 이 궁정은 여섯 개의 부처로 구분되었으며 각 부처의 임무는 분명하지 않았다. 몇몇 보고서가 남아있는데, 행정관이자 사법관이었던 프레보는 수적 증가로 인해 전 왕국에 산재했던 개개 왕령지를 순회 시찰을 통해서 순찰했다. 프랑스의 봉건 피라미드는 이 시기에 최고의 법적 권위를 가졌다. 하지만 잉글랜드의 모델만큼 완전하지는 않았다. 1260년경에 익명의 저자가 저술한 『정의와 재판에 관한 책』에는 모든 봉신에 대한 프랑스 왕권의 우위가 아주 명확하고 확실하게 표명되어 있다. 이로써 프랑스 왕에게 황제의 권리를 부여하려는 로마적 법 해석의 영향으로 "기존의 봉건사회를 지배했던 원칙들이 정식으로 붕괴되었다"(로베르트 폴츠).

같은 시기 신성 로마 제국의 왕이자 황제였던 프리드리히 2세 역시 '전근대적' 국가조직의 형성에서 이에 상응하는 성과를 거두었고, 많은 칭송을 받았다. 그러나 이것은 독일이 아니라 노르만의 유산인 남부 이탈리아에서 이루어졌다. 프리드리히는 노르만의 국가 구조를 이용했다. 이미 12세기부터 그는 세습 귀족보다 전문 법률가를 관료로 선호했다. 뿐만 아니라 대귀족과 남부에서 성장하고 있던 자치도시들의 권력 지향욕을 축소시켰으며, 서유럽에는 친숙하지 않았던 그리스인, 사라센인, 유대인, 노르만인의 인구 혼성 문제를 '합리적' 중앙집권화의 정립을 통해서 효율적으로 대처하고자 했다. 경쟁 관계에 있던 벨프 가문에게 프랑스가 승리한 후 슈타우펜가의 프리드리히는 18세의 나이로 1220년 로마에서 황제로 등극했다. 그가 독일이 아닌 남부 이탈리아 왕국에 전념했다는 사실을 단순히 그의 출신과 취향 탓으로만 돌리기는 어려울 것이다. 프리드리히 로제르는 3세의 나이에 독일에서 로마의 왕으로 선출되었다. 4세가 되던 해에는 아버지 하인리히가 죽자 시칠리아의 왕으로 등극했다. 교회 국가에 대한 슈타우펜 왕가의 위협적인 협공의 두려움을 극복해야 했던 교황의 이해관계와 범유럽적 차원의 정치 구도로 인해서 그는 로마-독일의 왕권을 차지할 수 있었다. 그리고 교황의 불신을 해소함으

936년부터 1531년까지 하얀 대리석과 푹신한 방석이 딸린 나무 의자로 구성된 옥좌에서 로마-독일의 왕들이 대관되었다. 원형 성당이 아닌 측면 회랑의 다섯 계단 위에서 행해진 의식에서는 신의 은총, 카를 대제의 유산과의 신비스러운 접촉이 이루어졌다(이 의식은 글로 기록되어 있기는 하지만 구체적으로 재현하기는 어렵다).

제5장 | 권력과 공간 433

로써 1220년에는 황제로 등극했다. 이후 그는 벨프 가문의 전임자에 비해 훨씬 유화적이었지만 독자적인 길을 갔다. (200년 전 오토 3세의 로마 계획과 전혀 다르다고 할 수는 없지만) 프리드리히가 황제로서 이탈리아를 통치하리라는 희망을 가지고 이탈리아에 총력을 기울였던 것은 남부 이탈리아의 풍족한 자원과 가능성, 지정학적 위치를 충분히 고려했기 때문이다.

프리드리히가 1220년에 남부 이탈리아로 귀환했을 때, 그곳에서는 오랫동안 혼란이 지속되었다. 아버지로부터 백작이나 공작의 직위를 하사받았던 독일 출신의 미니스테리알렌이 토착 귀족과 교황의 군대를 확실하게 통제하지 못했기 때문이다. 그러나 카푸아의 왕국 의회는 20명의 '배심원'을 임명함으로써 이들이 왕령지의 회복 및 파괴된 왕성과 도시의 재건에 도움을 주도록 했다. 이후에 배심원의 수는 조금 더 늘어났다. 아마도 이것은 국가의 권력 독점, 귀족들에 대한 무력 사용의 법적 금지를 근간으로 하는 '근대적' 정치의 특징이라고 할 수 있을 것이다. 귀족들은 무력 사용뿐만 아니라 무기 소지 자체가 금지되었다. 관료를 이용한 통치 구조망이 전 왕국으로 뻗어나갔다. 관료의 교육을 위해서 프리드리히는 1224년에 나폴리 대학을 설립했다. 동시에 자신의 백성이 타지에서 공부하는 것을 금지했다. 유럽 역사상 최초의 '제후 대학[중세 대학의 설립 주체는 다양했는데, '제후 대학'은 나폴리 대학처럼 세속 군주가 설립한 대학을 가리킴]'인 나폴리 대학은 법적 공동체로서 대학이 등장한 지 한 세대도 지나지 않아서 설립되었으며, 100년 후에는 중부 유럽에서 대학 설립의 모범이 되기도 했다. 이는 대학 교육에 대한 국가적 관심을 반영하는 사례로, 오늘날에도 이러한 관심은 지속되고 있다.

당시에 아직 분리되지 않았던 경제와 조세 정책은 통일된 국내시장을 형성하고자 했고, 이러한 경제와 조세 정책은 해상 교역에 대한 국가적 관심과 교역품에 대한 국가 독점으로까지 이어졌다. 황제는 시칠리아의 사라센인 수만 명을 아풀리아로 이주시켰다. 사라센인은 그의 배려에 적극적인 지지로 보

슈타우펜 가문의 요새가 압도적인 위용을 자랑하는 멜피. 이곳은 프리드리히 2세가 1231년에 '멜피 헌장'을 공포하여 자신의 국가 건설을 법적으로 완성했던 곳이기도 하다.

답했다. 황제는 자신이 장려했던 종교재판을 이용해서 내부 반란에 대처했다. 종교재판을 위한 1235년의 제국 법령 역시 같은 맥락에서 이해될 수 있을 것이다. 그는 신뢰가 가지 않는 신하를 통제하는 수단으로 밀고를 이용하기도 했다. 1231년에 황제는 멜피에서 법령집을 공포했다. 이 법령집은 전통적인 것과 새로운 것을 결합시키고, 국가의 중앙집권화를 완성하려 했으며, 시칠리아에서는 19세기까지 유효했다. 이후 북부 이탈리아에서도 그가 정립한 법질서는 비록 체계성이 부족하기는 했지만 500년 동안 유사한 법적 효력을 가지고 있었다.

어느 정도 차이는 있겠지만, 남부 이탈리아의 정책에 대한 프리드리히의 의도는 비슷한 시기에 활동한 성왕 루이(재위 1226~1270)의 노력에 비견할 수 있을 것이다. 두 사람 모두 교황에게 십자군 원정 참여를 약속했지만 의도와 결과에는 차이점이 있었다. 프리드리히는 교황의 불신을 없애는 것이 주목적이었다. 반면에 루이는 종교적인 열정으로 십자가를 짊어졌다. 프리드리히는 협상을 통해서 성공을 거두었지만 루이는 무모한 전투에 전력을 소모해 버렸다. 루이가 왕위에 있는 기사의 모범을 상징했다면, 프리드리히의 행위는 이미 당대 사람들 사이에 세속적이자 종교적인 메시지를 담은 이중적인 메아리를 남겼다. 백성들의 심리를 교묘히 이용하려 했던 프리드리히는 웅장한 규모의 건축물들을 평화와 정의라는 국가적 이념과 연결시키고자 했다. 애석하게도 이 건축물들은 미완의 조각에 그쳤고, 18세기에 그려진 카푸아 도시 성문의 그림을 통해서만 알려지고 있다. 성문 망루의 외적 구도 역시 일부만 전해지고 있는데, 그 의미를 해석하기란 쉽지 않다. 한편 황제의 자화상이 새로운 역사 해석의 대상이 되었다. 서임권 투쟁 이후 황제는 더 이상 그리스도의 대리자로 그려지지 않았는데, 다시금 현세에서 그리스도의 대리자로 등장한 것이다. 입구와 통과의 상징인 성문은 술탄 왕국의 수도였던 북아프리카 마디아의 도시 성문을 놀랄 만큼 그대로 모방해서 지은 것으로 밝혀졌다. 이 왕국 역시 프리드리히의 황제권과 마찬가지로 국가의 존재 가치를 종말 이후의 구원에서 찾고자 했다. '세계의 변혁자' 프리드리히는 구세주였는가? 그는 예루살렘에서 (비록 그 연관성이 불명확할지라도) 세계 종말의 순간에 승리하는 그리스도와 자신을 연결하는 신성한 왕관을 스스로 쓰지 않았던가?

'새로운 콘스탄티누스'가 되고자 했던 그의 욕심은 자명했던 것 같다. 그가 주조한 황제 금화이자 상인들에게 중요했던 아우구스탈리스가 이를 입증한다. 금화에 새겨진 머리 모양과 월계수는 4세기의 첫 번째 그리스도교 황제의 것과 매우 비슷했다. 그러나 그가 오랜 신임자이자 통치의 대리인이었던 카푸아 시민의 아들 페트루스 데 비네아를 다른 수백 명의 반항자들 혹은 반항자로 몰렸던 사람들과 함께 추방하자, 반항적인 귀족들은 그를 폭군으로 간주했다. 프리드리히의 첫째 아들이며 독일의 왕으로서 공동통치자였던 하인리히는 자신의 아버지와 적대 관계에 시달렸고, 황제의 통치 대리인이기도

고액 주화의 필요성이 높아지자 황제 프리드리히 2세는 금화를 주조하도록 명했다. 그때까지 라틴 유럽에서는 은화만이 만들어졌다. 주화의 도상에는 황제의 지위에 대한 프리드리히 2세의 해석이 담겨있다. 주화에 나타난 새로운 표현 방식이 특히 주목을 끄는데 토가, 갑옷, 월계관을 걸친 그의 모습은 고대의 인물상(像)을 연상시킨다. 실제로 이 금화는 콘스탄티누스 황제의 금화를 모방해서 제작되었다. 프리드리히는 자신을 '새로운 콘스탄티누스'로 규정하고 최후의 황제이자 그리스도교 최초의 황제인 콘스탄티누스 1세와 대비시키고 있다. 주화 테두리의 문구는 "존엄한 황제 프리드리히"이다.

했던 궁정 대법무관과 마찬가지로 감옥에서 자살했다. 의견이 분분하기는 하지만 프리드리히 역시 절대군주의 면모를 가지고 있었다. 그가 통치했던 대제국의 개별 지역들은 그 운명에서도 차이를 보였다. 남부 이탈리아에서 집중적이고 지속적인 통치가 전개된 결과 북부 이탈리아에서는 문제점들이 점차 미해결 상태로 남았고, 독일에서는 지배권 양도가 이루어졌다. 그는 제후들과 공동으로 간접 통치를 하고자 했지만 이 시도는 12세기부터 성장했던 '영방고권'을 장려하는 결과를 낳았다. 왕의 권리는 1220년에는 성직 제후들에게, 1231년에는 세속 제후들에게 문서상으로 양도되었다. 귀족에게 대항해서 도시들과 연합하려 했던 그의 아들 하인리히의 반동적인 움직임은 단호하게 저지되었다. 몽골인들의 침략은 다행스럽게도 에피소드로 남았다(1241년 리그니츠에서 피아스트 가문의 대공 하인리히가 독일과 폴란드의 기사를 동원해서 몽골인들에게 용감하게 대적했지만 무위에 그쳤다). 황제가 강구책을 찾으려 했을 때 몽골인들은 모라비아를 거쳐 헝가리로 침입해서 승리를 거두었다. 그러나 몽골인들은 자신들의 대제국 내에서 발생한 문제로 인해서 그곳을 떠났다.

교황, 그리고 롬바르디아 도시들과 치열한 최후의 접전을 치렀지만 프리드리히의 정책은 실패로 끝났다. 남부 이탈리아에서 황제의 대공세에 당황한 두 세력은 1237~1250년에 걸쳐서 황제의 주도권에 대항하는 전통적인 공동 방어망을 쳤다. 그러나 당대 사람들이 이것을 지배 질서의 근간을 뒤흔드는 저항으로 인식했기 때문에 프랑스, 잉글랜드, 헝가리, 카스티야의 왕은 황제에게 지원군을 파견했다. 파란만장했던 일련의 승리와 패배가 있은 후, 황제는 1250년에 그의 아버지와 마찬가지로 정확한 원인을 알 수 없는 열병으로 급사한다. 그는 교황 측의 선전에서는 반(反)그리스도 교도로 낙인이 찍혔지만, 세계 종말의 시기에 그가 다시 돌아오리라는 기대 속에서 최후의 황제로 승화되기도 했다. 위의 두 평가는 프리드리히가 유럽의 세력 구조를 변화시키기에는 역부족이었던 당시의 상황을 감추고 있다. 슈타우펜 왕가에 대한 현대적 낭만주의와 그를 카이사르와 같은 인물로 숭상하는 전기물 역시 정치가로서 그가 동시대의 인물인 성왕 루이가 추구했던 그리스도교적 지배 이념과는 거리가 먼 자신의 권력욕을 추구했다는 당시 상황을 자주 무시하고 있다.

슈타우펜가의 지배자 가운데 황제 프리드리히 1세와 그의 아들 만프레디는 오늘날도 이탈리아 남부에서 대중적인 인기를 누리고 있다. 그렇지만 프리드리히 1세가 로마-독일의 지배자로서 이탈리아 남부에서 군림했는지 아니면 멀리 떨어진 독일에서 통치자로 인정을 받았는지의 여부를 규명하기란 쉽지 않다. 슈타우펜 황제의 중앙집권적인 지배는 이탈리아 남부의 귀족들 사이에서 호감을 얻지 못했고, 그 결과 강력한 힘을 가진 성주들은 그림의 바리 지역에 서처럼 독특한 형태의 망루와 성벽을 쌓아서 외적으로는 방어를 내적으로는 치안을 도모했다.

후계자들은 교황과 타협점을 찾지 못했다. 교황이 봉주임을 주장하는 기존의 법적 근거를 토대로 클레멘스 4세는 남부 이탈리아 왕국을 프랑스 왕 루이의 동생인 앙주의 샤를[나폴리와 시칠리아의 왕 카를로 1세]에게 분봉했다. 슈타우펜 왕가의 후계자들은 프랑스 왕권의 팽창이 가져온 새로운 파장에 압도되고 말았다. 첩이 낳은 자식으로 시칠리아의 왕위에 올랐던 만프레디는 전사했고, 그의 이복형제 엔조는 평생을 감옥에서 보냈다. 콘라딘은 1268년 샤를과의 전투에서 패배한 후 형장의 이슬로 사라졌는데, 이는 왕가에서 전대미문의 사건이었다. 이러한 불행한 사건들이 독일의 역사적인 상을 계속 불투명하게 만들었다. 영어권의 역사학자 스트레이어가 언급했던 것처럼 슈타우펜 왕가와 교황의 싸움이 정치적으로는 필연적이었다 할지라도, 슈타우펜 왕가의 계승자들과 교황의 대립은 증오의 감정으로 가득 차 있었다. 이는 적절한 표현일 것이다. 그러나 프리드리히의 아버지가 1195년에 아직 아이였던 노르만족의 마지막 경쟁자를 잔인하게 제거했던 사건도 동시에 기억해야만 한다.

옥시타니아

부빈 전투와 더불어 유럽 정치에 파장을 끼쳤던 또 다른 변화가 있었다. 통합이 이루어지기는 했지만 내부적 결속이 더욱 필요했던 스페인 북동부의 '아라곤 왕국'은 1164년 이후로 옛 카탈루냐 해안 지역의 몇몇 기존 세력을 인적 연합이나 봉건적 예속 관계를 통해서 결속시켰다. 그 결과 왕국은 에브로 강에서 론 강까지 확장되었다. 그러나 1213년에 페드로 2세가 사망하면서 정치 질서에 본질적인 변화가 일어났다. 지역별로 차이가 있지만 고유한 독립적인 문화를 보유했던 이 지중해 연안 국가는 남부 프랑스의 울타리를 벗어나 팽창된 지배 구조를 형성했고, 상업적인 이해관계에 따라서 곧바로 서부 지중해의 주도권을 장악하고자 했다. 아프리카와 유럽 사이에 위치하고 역사가 깊으며 인구밀도와 경제성장도가 높았던 서부 지중해 문화권에서 아라곤 왕국은 권력의 공백을 메우려 했다. 당시까지 이슬람인들이나 노르만족 혹은 슈타우펜 왕가가 이 역할을 수행하려고 했으나, 모두 역부족이었다. 13세기에 세력을 확장했던 제노바 역시 그럴 만한 위치에 있지 않았다. 이러한 새로운 상황이 스페인의 역사에서 중요한 의미를 지니기는 하지만, 알프스 이남의 발전 과정에 대한 우리의 관심에도 불구하고 지중해 연안의 역사는 불명확하기만 했다. 하지만 다행히도 그 역사는 아라곤 해양 왕국과 적대 세력의 형성과 성장을 통해서 모습을 드러냈다. 알프스 이북 지역의 발전 과정에 관심이 집중되었음에도 불구하고, 1453년 투르크에 의한 동로마 황제권의 쇠망, 1476년 아라곤 독립의 종언, 베네치아와 제노바의 거점 상실, 투르크의 침입과 종교개혁 등을 계기로 지중해 세계가 또다시 유럽인들의 의식에서 사라질 때까지 모든 시대는 고대 세계와 연관되었다. 그러나 이미 대서양 지역으로 관심이 쏠리고 있었다.

프랑크족과 서고트족으로 구성된 스페인 왕국은 ('대왕') 산초 3세(재위 1000~1035)가 통치한 시기에만 안정적인 모습을 보였다. 산초의 네 아들은 왕국을 분할했고, 분할 과정에서 정실이 낳은 막내아들이 불만을 가졌다. 그는 아라곤을 상속받고 그 외에 두 개의 백작령을 얻었다. 이후 알폰소 1세(재위 1104~1134)가 결혼을 통해서 카스티야와 레온의 연합 왕국을 상속받으려 했지만 실패하고 만다. 이제 스페인에서 가장 유동적인 두 세력은 다음 350년 동안 각자의 길을 가게 되었다. 카스티야는 내륙국이 되었다. 아라곤은 지중해 연안의 비독립적인 백작령들과 결합하여 마르세유까지 팽창했던 바르셀로나 백작령과 1164년에 인적 연합 관계를 맺으면서 이후 해양국으로 변모했다. 지배 구조가 매우 달랐던 이 두 지역은 문화적으로 활력이 넘쳤고 프랑스 음유시인들의 근원지로도 알려져 있다. 이곳에서 딱딱한 영웅 서사시 대신에 사랑과 모험에 관한 새로운 기사 발라드가 만들어졌고 또 노래로 불리기 시작했다.

물론 정치적인 면에서 옛 '옥시타니아'는 성공적이지 않았다. 이 지역은 십자군의 이름으로 카타리파(알비파)를 진압했던 북부로부터의 팽창에 압도되고 말았다. 십자군 전쟁 기간이었던 1213년에 시몽 드 몽포르는 아라곤의 왕 페드로 2세를 살해했다. 가톨릭이기는 했지만 툴루즈의 백작으로서 카타리파에 적극적으로 대항하지 않았던 페드로는 남부 프랑스에서 가장 강력한 세력가였다. 그의 선조들은 이미 오래전에 프랑스 왕의 주권에서 벗어나 있었다. 필리프 2세는 이 싸움에서 어부지리로 이득을 보았고[시몽 드 몽포르가 페드로를 제거함으로써 필리프는 남프랑스에서 세력을 강화할 수 있는 기회를 맞았음]. 그 결과 문화적으로 독립적이었던 남부에게 북프랑스가 승리를 거두었다. 이는 정치적으로는 피레네 산맥 이북에서 아라곤이 철수하는 것을 의미했다. 동시에 해안가에 인접한 카탈루냐 지방의 영향으로 왕국은 해상 교역에 의존하는 팽창 지향적인 지중해 정책을 전개하기 시작했다.

페드로의 뒤를 이은 하이메 1세(재위 1213~1276)의 정책은 이웃한 바스크족 왕국 나바라에 대해서 반신반의의 입장을 견지했던 아라곤 본연의 정책이었다. 나바라는 아라곤과 카스티야 사이의 완충국[강대국 사이에 위치하여 이들의 충돌 위험을 완화하는 역할을 하는 나라]이었다. 왕위 계승 문제와 이따금 프랑스 왕국으로부터 자극이 있었지만, 두 나라 가운데 어느 쪽도 나바라를 다른 나라에 양보하려 들지 않았다. 그 외에 하이메 1세는 이슬람과의 전쟁에 관심을 보였다. 랑그도크 십자군의 지원을 받아서 발렌시아를 점령했고, 카스티야와는 공동으로 무르시아의 일부를 점령했다. 동시에 그는 피레네 이북의 마지막 보루이자 1204년 이래로 아라곤의 봉토였던 몽펠리에를 확보했다. 바르셀로나 백작령의 오랜 수도가 있었던 카탈루냐 지역의 사람들은 바다로 진출했고, 왕이 정책적으로 의도한 것은 아니지만 왕령지를 확장하는 과정에서 당시까지 독립적인 소왕국이었던 마요르카를 정복했다. 그로 인해서 세우타에서 트리폴리에 이르는 북아프리카 해안과의 연결이 이루어졌다. 함대의 수적인 증가와 더불어 승승장구했던 아라곤 함대의 보호 아래에 1282년 하이메의 아들이자 후계자인 페드로 3세가 철저한 준비 작전을 통해서 침략과 폭동을 주도했고 결국 시칠리아 섬을 점령했다.

포괄적인 맥락에서 다시 한번 관찰이 필요할 것 같다. 아라곤과 카탈루냐인은 프랑스인과 적대 관계에 있었다. 적대 관계가 급작스럽게 형성된 것은 아니지만, 그들의 입지를 위협했던 알비파 정벌 십자군 원정 이후에는 확실히 적대적인 관계가 만들어졌다. 그러나 프랑스의 왕자인 앙주의 샤를 덕분에 프랑스는 남부 이탈리아와 시칠리아에서 슈타우펜 영지를 상속받게 되었다. 이외에도 프랑스는 반세기 전의 제4차 십자군 원정 기간에 콘스탄티노플을 정복하고, 그곳에 일련의 봉건국가를 세우면서 동부 지중해의 지배권을 차지했다. 이는 슈타우펜 왕가에게 매우 위협적이었다. 슈타우펜가 최후의 황제 프리드리히 2세는 이런 이유에서 아라곤의 콘스탄체를 두 번째 부인으로 선택했다. 반대로 페드로 3세는 시칠리아의 왕 만프레디의 딸, 즉 프리드리히 2세의 손녀와 결혼했다. 그는 상속권을 통해서 시칠리아 왕국을 넘겨받았고, 몇 차례의 해전에서 앙주의 함대를 격침시킴으로써 자신의 입지를 확고하게 만들었다. 아라곤 사람들은 몰타 섬과, 아프리카로 건너가는 데 중요한 두 개의 섬인 제르바와 케르켄나를 정복했다. 나침반과 놀랄 만큼 신뢰도가 높았던 해도를 들고, 수와 규모가 날로 증가했던 군대와 1330년대에 건조되어 500명의 병사를 수송할 수 있었던 엄청난 규모의 '산 클레멘트 호'를 이용해서 아라곤과 카탈루냐의 함대는 서부 지중해를 재패했던 것이다. 1324년에 사르데냐를 점령한 카탈루냐는 제노바의 거센 저항에도 불구하고 1311~1388년에 아테네를 통치할 수 있었다. 제노바는 해양 세력임에도 불구하고 (카탈루냐의

해군력이 제노바를 능가했기 때문에) 월등한 적군의 함대에 상응하는 대규모 해전을 전개하지는 못했다.

　14세기 중엽이 되자 팽창의 추진력이 사라졌다. 아라곤 왕국이 국내 문제와 스페인 내부의 문제에 직면했기 때문이다. 그러나 전통적인 반(反)프랑스적 노선과 상업적인 이유로 카탈루냐 상인들이 적극 요구했던 지중해의 헤게모니 장악은 이후에도 중요한 정치적인 유산으로 남게 되었다. 다른 문제는 이베리아 반도의 상당 부분을 점령하고 스페인의 민족성을 특징지었던 카스티야와의 연합이었다. 아라곤과 카스티야 사이의 갈등은 매번 아라곤의 왕이나 왕자들이 카스티야의 공주들과 결혼함으로써 해소되었다. 이 결혼은 극적으로 이루어졌고 대부분 불행했다. 이런 상황에서 1476년에 이르러 마침내 두 왕국이 최종적으로 통합되었다. 아라곤의 페르난도와 카스티야의 이사벨의 상속녀가 합스부르크 왕가의 남성과 결혼함으로써 합스부르크 왕가가 1502년에 스페인의 왕위를 차지한 것이다. 이로써 합스부르크가는 아라곤의 지중해 정책뿐만 아니라 프랑스와의 적대 관계 역시 동시에 물려받게 되었다. 신성 로마 제국의 입장에서 이것은 결코 행운의 유산은 아니었지만 새로운 유럽 정책의 웅장한 밑거름이라고 할 수 있을 것이다.

　포르투갈은 12세기 이래로 독자적인 길을 걷고 있었다. 기후적으로 그리고 지형적으로 대서양과 유사하고 정치적으로도 국가 사이의 구분이 명확했던 이베리아 반도의 협소한 서부 해안국은 정치적 독립을 할 수 있었다. '정복왕' 아폰수(재위 1128~1185) 역시 이곳에서 남쪽으로의 재정복 전쟁을 전개하여 1147년 프랑스 십자군 기사들의 지원을 받아서 리스본을 탈환했다. 이렇게 해서 그리스도 교도들은 남서부 최극단에 도시 문화가 만개한 거점을 획득했지만 전혀 감사할 줄 몰랐다. 이슬람 세력의 지배를 받으면서도 서고트족의 그리스도교를 보존해왔고 '아라베스크'라는 문양을 개발했던 모사라베의 그리스도 교도들은 정복으로 인해 고통을 받았다. 이슬람의 종교적인 관용하에 전 이베리아 반도에서 경제적, 문화적 황금시대를 경험한 유대인들 역시 마찬가지였다.

아폰수는 1179년 교황의 봉신으로 변신하면서 교황 정책을 따르기 시작했다. 교황의 편에 서는 대신에 그는 자신의 왕위를 승인받았는데, 이는 정치적 독립을 의미하는 것이었다. 융성한 수도원 문화가 형성되었고, 시토 수도회는 숲이 무성한 해안 지역에서 경작 문화를 이루었다. 코임브라에는 1290년에 '농민의 왕'으로 역사에 남았던 디오니시우스 1세(재위 1279~1325)가 대학을 설립했다. 이 표현이 부적당하지는 않을 것이다. 당시에 그는 수목이 울창했던 지역에서 수리 시설과 서리 방지에 관심을 쏟았고, 노예가 아닌 자유민 뱃사공을 전투 함대에 앉혔다. 농민의 왕이라는 별칭이 중세 통치사에서 드물기는 하지만 디오니시우스 1세가 그 별칭으로 불린 유일한 통치자는 아니다. 후대인들이 대왕이라고 불렀던 카지미에슈 3세가 1333~1370년 동안 폴란드를 통치했다. 당대의 사람들은 비슷한 이유로 카지미에슈 3세를 농민의 왕이

15세기에 제작된 리스본 근교 벨렘의 망루는 항구를 보호하는 성채로, 포르투갈의 항해 시대의 기념비이다.

라고 불렀다. 그러나 포르투갈인들과 마찬가지로 그들 역시 비판적인 어조로 이 표현을 사용했는데 이에 대해서는 차후에 설명할 것이다.

포르투갈은 스페인-카스티야의 정치와는 독립적으로 발전했다. 이 때문에 카스티야어가 스페인 표준어를 특징짓는 동안, 포르투갈어는 독자적인 길을 걸었다. 이사벨과 페르난도의 행복한 상속 결혼으로 카스티야와 아라곤이 통일되었을 때에도 포르투갈인은 예외였다. 당시에 이들은 이미 대서양을 향한 첫 번째 대발견의 항해를 시도하여 카나리아 제도, 마데이라 제도, 아조레스 제도에 도착했다. 이러한 시도들은 '항해자' 엔리케 왕자의 보호를 받아 이루어졌다. "즉흥적으로 이루어졌던 기존의 시도들과는 구분되는 조직적이고 추진력 있는 발견을 위한 항해의 단계"(마티아스 마인)라는 표현이 가능해진 것이다. 아프리카 해안을 따라서 남아프리카와 지구를 도는 확장 항해에서 마침내 포르투갈인은 문자 그대로 유럽에 의한 세계 지배의 선구자가 되었다.

카스티야와 아라곤의 통합으로 이루어진 스페인은 협소하지만 고도로

도미니크회 수도원 바탈랴는 포르투갈의 왕 주앙 1세가 1385년 알주바로타 전투에서 카스티야를 상대로 승리를 거둔 후 성모마리아에게 감사하는 뜻에서 짓기 시작했다. 후기 고딕 예술품에 속하는 이 수도원은 플랑드르의 영향을 특히 강하게 받았는데, '에마뉘엘 양식'의 분수대는 크기는 작지만 포르투갈 르네상스 예술의 보고라고 할 수 있다.

발달한 남부의 이슬람 왕국 그라나다를 마지막으로 정복한 후 포르투갈인의 뒤를 따랐다. 그러나 이후에 급속한 진전이 있었다. 콜럼버스는 카스티야의 이름으로 아메리카를 발견했다. 2년 후인 1494년에는 소규모인 포르투갈과 그에 비해 다섯 배나 더 큰 스페인의 두 해상 국가가 전 세계를 분할했다. 포르투갈은 아프리카와 아시아를, 스페인은 신세계(아메리카 대륙)를 소유하게 되었다.

왕, 신분 계층, 그리고 공동선

13세기와 14세기 초반의 유럽 정치에는 두 가지 특징적인 경향이 있었다. 하나는 공동 결정, 즉 신분 계층의 정치적 참여에 대한 집요한 요구에 맞서서 왕국 전체의 지배권을 추구했던 왕권의 대내적 팽창이 바로 그것이다. 두 번째는 대외적인 팽창으로, 이는 왕과 다양한 신분 계층, 즉 귀족, 성직자, 도시 대표자들 사이의 내적 경쟁 관계와는 조화를 이루지 못했다. 유럽 전체를 놓고 볼 때, 교회의 위치에 따라 특이한 구분이 지어졌다. 과거 카롤링 왕조의 중심지인 프랑스와 독일에서는 교회가 세속적 통치 조직보다 더 오래되고 확고한 터전을 가지고 있었기 때문에, 국가 형성 과정에서 차별적인 특성을 보였다. 그래서 교회는 궁정에서 '제1계층'을 형성할 만큼 충분히 영향력을 행사하기도 했다. 제2계층은 귀족들이었고, 제3계층에는 13세기 이후에 조세 납부를 통해서 왕과 특별한 관계를 맺었던 특정 도시의 대표들이 속했다.

프랑크 제국의 핵심 지역을 벗어나면, 교회는 몇몇 주교를 통해서 영향력을 행사하기는 했지만 대제후들의 모임에 참석하지는 않았다. 도시 역시 특정한 지위를 차지하지 못했다. 대신 도시에서는 귀족들만이 모였는데 이들은 고위 귀족과 하위 귀족으로 철저히 구분되었다. 그란데와 이달고, 로드와 젠트리, 바론과 블라디크 같이 고위 귀족과 하위 귀족을 의미하는 용어들은 스페인에서부터 유럽을 돌아 아드리아 해 지역까지 전파되었다.

카롤링 왕조의 중심부에서는 주목할 만한 발전이 이루어졌다. 이곳의 대제후들 몇몇은 왕과 동등한 지배권을 확립하고자 했다. 이 과정에서 그들은 관리와 자신들이 건설한 사유 도시들에 의존했다. 특히 이 도시들에 집중된 행정 조직이나 교회 문제에 대한 공동 결정권 내지는 교회에 대한 지배권 주장 등에 의존했다. 지배권 확립 방법은 매우 다양했으며, 그 근원을 알 수 없는 오래된 보호권, 후견인권, 재판권, 조세 수입 등이 첨가되었다. 잉글랜드와 시칠리아에서는 어깨를 나란히 할 정도로 비등한 발전이 이루어지고 있었는데 노르만 정복으로 인해 중단되었다. 독자적인 지배권 확립을 시도했던 북부 스페인의 백작들 역시 성과를 거두지 못했다. 반대로 북유럽과 동유럽에서는 본래부터 귀족들의 이익이 제도 측면에서도 '영방 지배'의 형성 과정에서도 왕과 경쟁을 벌이기보다는 협력적인 태도를 취했다.

1215년 잉글랜드의 귀족들은 실지왕 존의 어려운 상황을 자신들의 권리를 문서상으로 보장하는 데 이용했다. 고위 세속 직책 담당자와 성직 담당자들이 왕에게 제시한 '대헌장'은 아래와 같은 두 가지 사항을 분명한 목석으로 삼았는데, 이후 이 문서는 전 유럽에서 귀족들의 정치를 특징지었다. 왕으로부터 독립된 감독 위원회는 (제후들이 선출한 25명의 남작으로 구성되어) 왕의 정책을 감시하며, 최악의 경우에는 저항권을 행사할 수도 있다. 그러나 저항권 행사에 관한 조항은 1225년 이후에 다시 삭제되었다. 동시에 위원회는 잉글랜드의 국가 개혁을 위해서 노력해야 했으며, 이외에도 모든 제후에게 보고서를 제출해야만 했다. 공동 결정과 개혁은 어디에서나 귀족들의 저항에 정당성을 부여했다. 모든 언어와 국가에서 전체 국가의 안녕을 뜻하는 단어들, 예를 들면 보눔 코무네, 게마이네 누츠, 오베크니 도브레, 르 비앵 퓌블리크 등이 귀족들의 저항을 정당화했다(이 단어들은 모두 공동선(共同善)을 의미하며,

귀족들은 전체의 이익을 위한다는 명목을 내세워 지배권에 저항했다].

실지왕 존의 후계자가 미성년자였기 때문에 이 시기에 대헌장은 여러 면에서 위력을 발휘했다. 그러나 헨리 3세(1207~1272)가 팽창정책을 전개하면서 아들을 위해 시칠리아를 둘러싼 대립에 개입하여 조세를 요구하자 귀족들의 반란이 발생했다. 6년 후에는 하위 귀족들도 공동 발언권을 요구했는데, 시몽 드 몽포르가 이를 주도했다. 그는 1255년에 왕과의 전투에서 승리하여 왕을 투옥하기도 했다.

이 역사적 순간에 미래 잉글랜드 의회의 윤곽이 드러났다. 고위 귀족으로 구성된 상원과 젠트리로 이루어진 하원이 그것이다. 상원과 하원은 자주 의견의 불일치를 보였다. 고위 귀족들 상당수가 왕의 편에 섰기 때문이다. 시몽이 잉글랜드의 대리 통치인이 되었지만, 판도는 곧 뒤바뀌었다. 왕세자 에드워드가 탈옥하여 시몽과의 전투에서 승리를 거두었던 것이다. 어쨌든 중요한 것은 결과가 아니라, 잉글랜드의 하위 귀족과 고위 귀족이 공동체의 이익을 위해서 협력하여 의미 있는 공동전선을 형성했다는 경험이었다. 이는 이후에도 마찬가지였는데, 왕권과의 대립은 점차 완화되었고 죽음을 부르는 전투 대신에 다른 수단과 방법이 강구되었다.

다른 수단이란 무엇보다도 잉글랜드 의회주의의 가능성이었다. 이는 [왕의 권한은 신이 부여한다는] 왕권신수설을 제한했고, 왕도 모든 사람에게 적용되는 법의 구속을 받게 되었다. 더욱 중요한 것은 왕의 행동을 고위 귀족과 하위 귀족으로 구성된 조언자들의 집단인 의회에 구속시켰다는 것이다. 당시까지 효율적이었던 왕권에 의해서 잘 조직된 통치 조직을 발판으로 삼아 잉글랜드의 독특한 통치 체제가 탄생했다. 대륙도 잉글랜드를 모방했지만, 결과는 다르게 나타났다.

유럽 대륙, 예를 들어 헝가리에도 잉글랜드의 상황과 아주 유사하지는 않았지만 거의 비슷한 시기인 1222년에 대헌장이 존재했다. 앤드레 2세(재위

1205~1235)가 공포했던 '금인칙서[황금 인새(印璽)를 사용했기 때문에 황금문서라고도 불리는데, 국왕에 대한 귀족의 저항권 등을 규정하여 이후 헝가리 기본법의 하나가 되었음]'는 귀족의 저항권을 보장했다. 그보다 10년 전에는 성직 계층의 특권이 문서화되었다. 그러나 제도적인 측면에서 잉글랜드인들은 이 시기에 더욱 발전을 이루었다. 대헌장이 반포된 이후 독립적인 감독 기구가 창설되었으며, 왕은 개혁을 단행해야만 했다. 헝가리가 잉글랜드의 수준까지 가기에는 아직 길이 멀었다. 150년 후인 헝가리 고딕 시대에야 비로소 "13세기에 헝가리와 서부 사이에 벌어졌던 계곡이 메워졌다"(엘레메르 말류스).

우리가 기억하기로 대륙 중앙의 독일에서는 프리드리히 2세가 1220년에는 성직 제후들에게, 1231년에는 세속 제후들에게 그들 영방 내의 몇몇 권리를 특권으로 인정해주었다. 이 결정은 귀족과 왕 사이의 대립 관계에서 나타나는 특별한 발전 단계를 나타낸다. 15세기 이후의 규칙적인 신분 계층의 회합인 '왕국 신분 의회(삼부회)' 혹은 '제국 의회'가 발전하기 전에는 독일에서도 프랑스처럼 대제후들이 왕의 정치적 상대자의 역할을 했다. 이는 시몽의 반란이 하위 귀족을 움직였던 잉글랜드와는 상이한 것이었다. 같은 시기에 동쪽 변경의 폴란드와 헝가리에서도 하위 귀족들이 집단적인 권리를 얻기 위해서 노력했다. 프랑스와 마찬가지로 독일의 '대제후들'은 오랫동안 왕의 유일한 대화 상대자였다. 하지만 신분 계층 간의 규칙적인 공동 발언권은 두 나라 가운데 어느 곳에서도 발전하지 않았다. 도시들에게 이따금 참여를 요구하기도 했다. 독일에서는 1255년에 조세 문제로, 프랑스에서는 1302년에 왕과 교황의 극심한 대립 속에서, 처음으로 왕과 도시들이 정치적 행보를 같이했다. 신분 계층은 왕에게 '조언과 도움'을 주어야 했다. 그러나 주군에 대한 봉건 의무는 더 이상 봉건 관계가 아닌 자신들의 복속민들을 '대표하는' 신분 계층 대표제로 점차 대체되어갔다. 교황과의 격렬한 대립 속에서 프랑스의 왕은 프랑스 성직자들에 대해 교황이 갖는 우위권에 대항했다. 고위 관리에 속하는

'법률학자들'의 법적 자부심을 등에 업고 13세기 말에 차츰 성장하고 있던 왕권의 독자성을 관철시키고자 했다. 프랑스 민족은 본래 왕에 대한 고유한 의무였던 '조언과 도움'을 위기 '극복책'으로 선택했다. 이 과정에서 교권과 왕권이 상대방의 본성을 공격했던 비방 선전이 영향력을 행사했다.

필리프와 보니파키우스

'미남왕' 필리프 4세(재위 1285~1314)와 교황 보니파키우스 8세(재위 1295~1303)의 대립은 유럽의 정치 판도를 단숨에 변화시켰다. 이는 교황이 구금되었기 때문도 아니고 교황이 구금의 후유증인 화병으로 서거했기 때문도 아니다(교황의 구금은 교황과 황제의 대립이라는 오랜 역사 속에서 로마-독일의 지배자에 의해서 수차례 자행되었다). 그리스도교 세계의 최고 세속권자인 황제가 아니라, 유럽에서 자신의 주도권을 과시하려는 왕들이 교황권과 극단적인 권력투쟁을 전개했기 때문이다. 물론 교황 측도 서임권 투쟁 기간에 대두된 주장들을 근거로 삼아 이후 투쟁 기간에 제시된 교황의 권리를 상당수 첨가함으로써 전 그리스도교 세계를 포괄하고 명목상이나마 교황권을 최고의 자리에 올려놓은 법체계를 구축했다. 교황 보니파키우스는 의식용 제관인 티아라에 세 번째 줄을 달았다. 당시까지는 제관을 두 줄로 치장했다. 그는 세 줄로 치장한 제관을 쓰고 화려한 장식물을 단 채

가장 막강했던 교황 보니파키우스 8세. 그는 교황 그레고리우스 7세가 1075년의 교황 교령에서 정립했던 세계 통치권을 자신의 정치적 구상을 통해서 다시금 환기시켰다. 그러나 이후 보니파키우스 8세는 교황권의 몰락을 경험하게 된다.

프랑스의 '미남왕' 필리프 4세가 부인, 아들들과 함께 있는 모습. 대관된 장남이 왕과 다른 형제들에게 왕위 계승자로서 인정받는 장면을 다룬 그림이다. 그림을 통해서 왕실을 선전한 초기의 작품이기도 하다.

프랑스의 돌격대에게 구금되었던 것이다. 이렇게 대립 당사자들은 자신들의 반목을 극단적인 방법으로 보여주었다. 이후 교황권은 더 이상 정치적 권위를 가지지 못했다. 깊은 수렁에 빠지기는 했지만 그럼에도 불구하고 교황은 자신이 통치하던 이탈리아 내부의 영역에서는 16세기까지 정치적 역량을 발휘할 수 있었다. 그러나 종교 분열로 교황의 종교적 영향력은 상당히 축소되었고, 스페인의 이탈리아 지배는 교황의 정치적 존재 의의를 소제후의 위치로 전락시켰다.

정치 판도에서 나타나는 이와 같은 엄청난 변화를 관찰하기에 앞서 먼저 왜 황제가 아닌 프랑스의 왕이 교황과 대결을 벌였는지에 대해서 의문을 제기해야 할 것이다.

제5장 | 권력과 공간 451

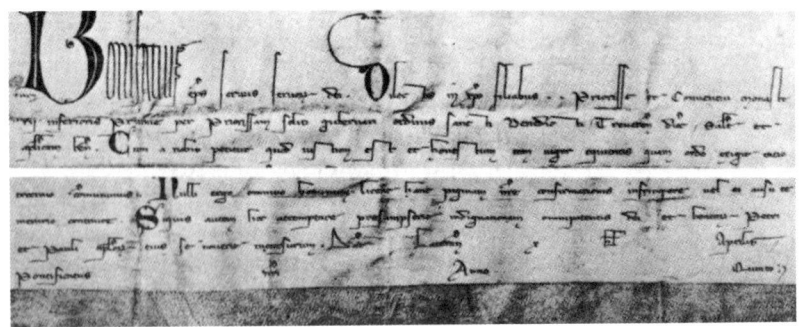

보니파키우스 8세의 편지에서 나타나는 교황 서기청의 필체는 전통주의에도 불구하고 새롭게 고안된 필체의 영향을 받았음을 보여주고 있다. 베네딕트회 수녀원을 위해서 작성된 1299년의 칙령 초반부는 철자들의 위 첨자를 약식화했고, 수평적인 요소를 강조하는 연결 부분들을 고안해냈다.

'끔찍한 황제 공위 시대'

프리드리히 2세가 56세의 나이로 급작스럽게 사망하자, 황제권은 역사상 가장 심각한 위기에 직면한다. 독일의 역사가들은 이를 '중세 말기의 전반적인 위기'라고 불렀다. 이것은 그 자체로는 제국 내의 어려움에 불과했다. 프리드리히의 둘째 아들이자 마지막 적자였던 콘라트 4세는 1254년에 사망했다. 교황의 지원을 받아 1248년에 대립왕으로 선출되었던 홀란트의 백작 빌렘(빌헬름)은 1256년에 서프리슬란트인들에 의해서 살해당했다. 프리슬란트인은 야만적인 종족으로, 4년 전인 1252년에는 북프리슬란트인들이 덴마크의 왕을 죽이기도 했다. 낭만적인 풍자에 의하면 독일에서는 이제 '끔찍한 황제 공위 시대'가 시작된 것이다. 독일의 선제후들은 새로운 후보자를 물색하기 시작했다. 7명의 선제후는 교황 인노켄티우스에 의해서 1202년에 확립된 제도로, 그들의 선발 과정에서 7이라는 수가 의미하는 바는 오늘날까지도 밝혀지지 않고 있다. 선제후들은 라인 강 오른편의 대교구들인 쾰른, 마인츠, 트리어의 대주교, 라인의 왕령지 백작, 작센의 대공, 브란덴부르크의 변경백, 세속인으로서는 최고위 직책에 있던 보헤미아의 왕으로 구성되었다. 선제후들의 선거 결과는 일치를 보지 못했지만, 유럽적 차원에서 슈타우펜 왕가와 먼 인척 관계임을 입증할 수 있었던 카스티야의 알폰소와 옛 벨프 가문과 인척 관계인 잉글랜드의 왕자 콘월의 리처드가 각각 선출되었다. 두 제후는 추천을 받아들였다. 전 유럽에서 매우 거세게 일고 있던 팽창정책에 이들도 어느 정도 뜻을 두고 있었기 때문이다. 그러나 알폰소는 제국령을 밟아보지도 못했고, 리처드는 라인 강 왼편까지만 올 수 있었다. 이후 독일의 역사는 한순간도 조용할 날이 없었다. 바로 이 25년 동안 독일의 영방 제도가 효력을 발휘했다. 그러나 대귀족들이 추진한 영방 제도는 슈타우펜 왕가의 영지를 상당 부분 축냈다. 비텔스바흐 가문이 특히 많은 부분을 독차지했고, 보겐의 백작과 보헤미아의 왕 역시 다르지 않았다.

보헤미아는 25년 동안 중부 유럽의 정치 중심지였다. 중부 유럽에서는 높은 수준의 궁정 문화가 꽃피고 번창했으며, 이곳으로 독일의 음유시인들이 모여들었다. 다른 한편으로는 발트 해에서 아드리아 해까지 거대한 규모의 팽창정책이 구상되었다. 당대 사람들이 '철의 왕'으로 불렀고 음유시인들이 '황금의 왕'으로 칭송했던 프르셰미슬가의 오타카르 2세(재위 1253 -1278)가 팽창정책의 상당 부분을 실현에 옮겼다.

1247년 14세의 왕자였던 프르셰미슬 오타카르는 반란 음모에 연루되어 아버지에 의해서 잠시 동안 '성에 구금되기도 했다'. 그는 18세가 되던 해에 정치적인 이유로 나이가 두 배나 차이가 나는 연상의 미망인과 결혼했다. 이 미망인은 바벤베르크의 마르가레테로 오스트리아의 상속녀였다. 1253년 이래로 보헤미아의 왕위를 차지했던 왕자는 이제 자신의 활동 무대에 들어서게 되었다. 그곳은 장차 '도나우 유역'의 핵심 지역으로 300년 후에 합스부르크 왕가가 중부 유럽 제국을 형성했던 곳이다. 보헤미아의 왕들은 결혼 지참금으로 이곳을 상속받았는데, 몇 년 전에 황제 프리드리히 2세가 개인적으로 이것을 노렸다.

'오타카르 왕의 행운과 최후'는 프라하에서는 빈에서처럼 전개되지 않았다('행운'은 미망인과의 결혼을, '최후'는 합스부르크와의 전투에서 사망한 것을 말한다). 프란츠 그릴파르처는 이 '보헤미아의 나폴레옹'의 영광과 몰락을 19세기 문학을 통해서 일반에 알린 바 있다. 그러나 독일과 유럽의 역사 서술에 의하면, 젊은 보헤미아 왕은 헝가리에 승리를 거두고 케른텐과 크라인을 정복하여 아드리아 해까지 세력을 확장할 수 있을 정도로(아마도 이런 이유로 200년 후에 셰익스피어가 멀리 떨어진 보헤미아는 해안 국가라고 오해를 했던 것 같다) 도나우, 마르히, 타야 강 유역에 달하는 넓은 지역의 중부 유럽 동쪽에 새로운 세력을 형성했다. 그러나 보헤미아의 세력 확장에 대해서는 학계에서 그다지 언급되지 않고 있는 실정이다. 오타카르는 북쪽으로도 진출하여 당시 분열된 상태였던 폴란드에서 자신에게 유리하게 새로운 교회 조직을 구축했다. 또한 프로이센의 독일 기사단과 협력하여 쾨니히스베르크를 건설하기도 했다. 25년 이상 그는 중부 유럽 동쪽의 중심 세력으로 오스트리아의 통치 구조를 새로이 조직했으며, 북부 오스트리아 지역을 현재까지도 유지되는 통일된 통치 구역으로 만들었다. 보헤미아의 왕실은 슈타우펜 왕가의 영향을 받아서 재조직되었다. 오타카르의 재위 기간 동안 독일 이주민들로 인해서 새로운 건설 붐이 일었던 오스트리아, 보헤미아, 모라비아의 도시들이 특혜를 누렸다. 그는 마

'황금'과 '철'의 왕 프르셰미슬 오타카르 2세(1230~1278). 그릴파르처가 쓴 『오타카르 왕의 행운과 최후』의 주인공인 그는 위풍당당한 14세기 보헤미아 왕권을 대표하는 인물이었다. 그의 관에 새겨진 인물상은 이러한 점을 분명하게 보여주고 있다. 이 관은 프라하 장크트비투스 대성당에 있는 파를레르슈의 작업소에서 만들어졌다.

지막 바벤베르크 가문 통치자의 유대인 특허장(유대인과 그들의 재산을 보호하는 내용의 특허장으로, 대신에 유대인들은 왕에게 조세를 납부해야 했음)을 손질하면서 유대인의 대출 업무가 성장하는 화폐경제에 중요하다는 사실을 깨달았다. 그는 교회의 반대에도 불구하고 이 점을 재천명했다. 물론 왕의 금고로 들어오는 유대인들의 조세 수입을 고려한 처사이기도 했다. 오타카르의 유대인 특허장은 폴란드와 헝가리에서 유대인 공동체 생활의 모델이 되었다. 이 시기에 헝가리의 왕이었던 벨로 4세는 유대인 상인과 금융인을 재정 건설에 기용하기도 했다.

제국에 정주하는 통치자의 필요성을 인식한 독일의 선제후들은 영방 통치에서는 성공을 거두었지만 큰 정치판에서는 두각을 나타내지 못했던 아르가우 출신의 합스부르크가 백작 루돌프를 로마-독일의 왕으로 1273년에 선출했다. 프르셰미슬 오타카르는 이 선거에 참여하지 않았다. 하지만 정력적인 합스부르크 사람을 과소평가했던 오타카르도 3년 후에는 루돌프를 왕으로 인정하게 되었다. 결국 오타카르는 25년 동안 통치한 오스트리아 영토를 포기해야만 했다. 그는 분한 마음에서 새로운 전투를 준비했지만 그 사이에 일부 귀족이 그를 떠났다. 반면에 합스부르크 왕은 대규모 헝가리 지원군의 도움을 받아 전투에서 승리를 거둘 수 있었다. '황금의 왕'은 45세의 나이로 전투에서 살해되었다. 그의 죽음으로 '도나우 유역'을 두고 벌어지는 결전이 끝나지는 않았지만, 합스부르크가는 미래 지배권의 핵심부로 들어오게 되었다.

중부 유럽의 동쪽

오타카르를 제거한 합스부르크가의 루돌프(재위 1273~1292)는 도나우강 유역에서 대규모의 정치 세력이 형성될 조짐에 쐐기를 박을 수 있었다. 하지만 유럽적인 차원의 정치에서는 그럴 만한 시간을 거의 가지지 못했다. 독일 내에서 왕권 확립을 위해 지속적으로 노력했던 그는 '왕령지 회복', 제국 도시들로부터의 조세 징수, 왕조의 후계자 옹립 문제 등에 전념해야만 했다. 그 결과 그는 재임 18년 동안 제도적으로 우위에 있던 이웃 프랑스의 팽창 정책에 대항해서 제국 서부의 국경을 수호할 시간적 여유가 없었다. 황제 대관식을 위해 로마로 행차하거나 전통적으로 독일의 지배자들이 황제 대관식 이후 추진했던 '유럽 내의 역할'을 수행할 여력이 없었음은 다시 설명할 필요조차 없을 것이다. 슈파이어 대성당에 보관된 루돌프의 관에 새겨진 주름진 얼굴은 이러한 힘든 과업을 해석하는 데 인용되기도 했다. 실제로 합스부르크가의 왕위 계승은 6년에 걸친 나사우 백작 아돌프(재위 1292~1298)와의 줄다리기 끝에 확정되었다. 알브레히트 1세(재위 1298~1308)는 정력적이고 정치를 이해했던 인물이었지만 고작 10년을 통치했다. 독일에서는 역사상 두 차례의 국왕 시해 사건이 발생했다. 그중 두 번째 사건은 첫 번째 사건이 발생하고 정확히 100년이 지난 뒤에 발생했는데, 유산 분쟁과 같은 가족 내분이 원인이었다. 유산에 불만을 품었던 요한이라는 인물이 백부 알브레히트를 살해했던 것이다. 선제후들은 또 한 명의 백작을 왕으로 뽑았다. 이 과정에서 선제후 대주교 가운데 한 사람은 자신의 사냥 가방에 아직도 왕이 충분히 있다는 농담을 하기도 했다〔왕으로 선출한 인물은 얼마든지 있다는 의미로, 이 발언은 선제후의 권력이 왕권을 능가했음을 보여준다〕. 이번에는 룩셈부르크 백작이 선출되었다. 하인리히 7세(재위 1308~1313)로 불렸던 룩셈부르크의 백작과 함께 독일 왕정사의 새로운 장이 열렸다. 어려움이 없지는 않았지만 룩셈부르크 가문이 다시 100년 동안 새로운 왕조를 세울 수 있었기 때문이다.

　이렇게 독일의 상황이 혼란스러웠던 반면에 중부 유럽의 동쪽 보헤미아의 왕권은 프르셰미슬 오타카르의 몰락이 가져온 충격에서 회복되어 새로운 명성을 얻고 있었다. 보헤미아의 바츨라프 2세(재위 1278~1305)는 피아스트 왕가의 공주와 재혼하면서 수세대 동안 지속되었던 폴란드의 왕위 쟁탈전에 뛰어들었다. 그는 크라코프에서 1300년에 폴란드의 왕으로 등극했다. 이 시기에 헝가리에서 아르파드 왕조가 소멸하자 그는 같은 이름을 가졌던 아들 바츨라프 3세를 위해서 남부 이탈리아 출신의 경쟁자 앙주의 샤를 로베르(카로이 1세)를 누르고 1301년에 헝가리의 왕위를 차지했다. 한 왕조가 발트 해와 아드리아 해 사이의 광대한 지역을 통합하는 역사적인 순간이었다. 다소 느슨한 권력 연합이기는 했지만 이는 한 왕조가 세 개의 왕위를 차지하면서 가능한 것이었다. 그러나 바츨라프 2세가 1305년 폐결핵으로 사망하자 이 역사적인 업적은 한순간으로 끝이 났다. 바츨라프 2세의 죽음은 왕가에서도 영양실조가 예외적인 일이 아니었음을 보여주는 실례라고 하겠다. 그의 아들은 헝가리 왕국을 포기하고 아버지의 뒤를 이어 폴란드 왕위를 계승하기 위해서 이동하던 중에 습격을 받아 암살되었는데, 그 이유는 오늘날까지도 밝혀지지 않고 있다.

이제 세 개의 왕위가 논쟁거리가 되었다. 첫 번째는 앙주의 샤를 로베르와 니더바이에른의 대공 오토가 경쟁했던 헝가리의 왕위였으며, 그 다음은 폴란드와 보헤미아의 왕위였다. 엄청난 영토와 금은이 왕위를 둘러싼 경쟁의 핵심이었다. 이제 막 개발된 보헤미아의 광산은 전체 유럽의 은 생산량의 3분의 2를 차지하고 있었고, 헝가리 지방의 카르파티아 산맥에서는 풍부한 금맥이 발견되었던 것이다. 이외에도 경작지 개간, 교역의 확장, 발트 해와 흑해 사이의 새로운 교역로의 개척 가능성이 구미를 당기게 했다. 앙주 가문은 헝가리에서 강세를 보였다. 폴란드에서는 피아스트 가문의 토착 제후인 '단신왕' 부아디수아프가 입지를 확보했다. 보헤미아에서는 25년 동안 대립이 있었는데, 최종적으로 합스부르크 가문이 승리를 거두는 듯했다. 그러나 알브레히트 1세의 시해 사건 직전에 [나사우 출신 아돌프의] 급작스러운 사망 사건이 발생했다. 이 때문에 왕으로 막 선출된 룩셈부르크 백작[하인리히 7세]에게 절호의 기회가 찾아왔다. 그는 열 살 먹은 자신의 아들을 보헤미아의 왕으로 보냈다. 이는 당시 16세였던 프르셰미슬 왕가 상속녀와의 정략결혼을 통해서 이루어졌다. 이로써 앙주의 지배권 팽창은 물론이고, 다시 한 번 유럽의 서쪽과 동쪽이 연결될 수 있었다. 이 연결은 유럽 정치에서 중요한 사건이었다. 이는 모젤 강에서 몰다우 강으로의 단순한 진출이 아니었다. 룩셈부르크 백작들이 프랑스에 매우 우호적이었고 프랑스 왕가와 가까운 인척 관계에 있었다는 사실이 중요한 사건이었다.

다시 한번 정리를 하면 다음과 같다. 루돌프와 그의 아들들이 1273년 아레 강에서 도나우 강 유역까지 진군할 정도로 합스부르크 가문의 세력이 성장했으나, 정작 '세력이 미약한 백작'이었던 나사우 출신의 아돌프가 새로운 왕으로 선출되었다. 그러나 그는 튀링겐을 두고 벌어진 싸움에서 패배했다. 합스부르크 가문이 보헤미아로 진격하던 1308년 무렵에는 합스부르크가의 왕 알브레히트가 살해되었다. 그로 인해서 1310년에 룩셈부르크 가문이 보헤미아에서 확고한 기반을 마련하게 되었다. 강력했던 가문의 세력 기반(이것 외에 독일의 통치자들은 딱히 내세울 것이 없었다)을 구축하려는 독일 지배자들의 영고성쇠 속에서, 특이한 공통점은 서쪽에서 동쪽으로의 이동이라는 점이다. 왜냐하면 이 시기에 헝가리 북부, 엘베 강 동부, 보헤미아, 폴란드 등 동쪽 지역이 토착 세력과 외부 세력에 의해서 번창하는 지역으로 변모하고 있었기 때문이다. 장기적으로 지속된 이 과정에서 독일 지역의 세력 중심지도 바뀌었다. 그 결과 동쪽의 두 세력인 오스트리아와 프로이센이 후에 중부 유럽의 주도권을 놓고 다투게 되었다.

헬베티카 동맹

그러나 비슷한 시기에 일련의 정치적 사건이 발생했다. 합스부르크, 룩셈부르크, 비텔스바흐 가문은 세기말에 독일의 패권과 왕위를 둘러싸고 싸움을 벌인 3대 왕가로 기록될 것이다. 이들 모두 유사한 영방 정책을 구상하고 있었다. 차기 왕인 바이에른공 루트비히 4세 역시 동쪽의 브란덴부르크에서 왕조의 터전을 마련하고자 했다. 동시에 그는 오랫동안 교황과 법적으로 팽팽하게 대립했음에도 불구하고 완전하게는 인정받지 못했던 왕정 기간에 (1314~1346), 남쪽으로 가는 관문인 알프스 통행로를 차지하려 했다. 룩셈부르크와 합스부르크 가문도 알프스 통행로를 원하고 있었다. 이 통행로는 남부 독일을 에워싸는 빗장과도 같았다. 본래 합스부르크가는 아레 강변에 위치한 프리부르 주위의 '오스트리아 전방 지역'에서 귄츠 강변까지 산재해 있는 영토를 소유했다. 1363년에는 비텔스바흐가의 영토였던 브렌네르 고개, 페른 고개, 야우펜의 티롤 지역에서 베로나까지 이르는 지역을 빼앗았다. 원래 이곳은 1342년에 전대미문의 방법으로 비텔스바흐가가 룩셈부르크가로부터 강탈했던 지역이다.

이렇게 티롤 협곡 지역의 지배권이 바뀌는 동안 스위스인은 완전한 독립을 이룰 수 있었다. 스위스 연방이 형성되었던 것이다. 연방의 핵심인 우리, 슈비츠, 운터발덴의 계곡 지역은 '우리' 지역이 가지고 있던 제국으로부터의 자유를 근거로 통합되었다. 이른바 '헬베티카 동맹'이 그것이다. 오늘날에도 스위스의 자동차 번호판에서 헬베티카 동맹의 흔적을 찾아볼 수 있다[스위스 자동차의 번호판에는 헬베티카 동맹의 약자 CH가 적혀 있다]. 이렇게 해서 미래의 주권을 구성하는 핵심이 형성되었다. 제후가 아닌 '공동체'가 이 주권을 행사할 수 있었다. 그러나 이는 오랫동안 실현되지 못하다가 스위스인이 1315년 모르가르텐, 1386년 젬파흐, 1444년 비르스 강변의 장트 야코프에서 합스부르크가에 대항하여, 1476년과 1477년 무르텐과 낭시에서 부르고뉴 공작과의 피나는 투쟁에서 승리한 후에야 달성되었다. 전투와 관련해서 전해오는 이야기에 의하면, 스위스인의 민족적 자부심은 동맹 가담자와 반대자들 사이에서 팽팽하게 진행되었던 중요한 타협 과정에서 성장했던 것으로 보인다. 그리고 14세기 이후부터는 농촌적인 계곡 지대가 아니라 도시의 주도 아래에 있는 지역으로 확장되었다.

13세기 말 이래로 교역로로서 통행이 가능해진 생 고타르 고개는 미래의 스위스를 다시 한번 정치적 대립의 장으로 변화시켰다. 비록 경제적 중요성은 서부와 동부의 다른 알프스 통행로에 비해 떨어졌지만, 이러한 대립 상황에서 생 고타르 고개의 정치적 중요성은 충분히 높았다. 유럽 군주들의 지배에서 독립한 세 개의 공화국(스위스, 베네치아, 네덜란드) 중 하나가 이렇게 해서 세워졌다. 13세기 이래로 해양 세력이었으며 14세기 이후에는 대륙적 전통에 의해서 막강한 북부 이탈리아의 육상 세력이 되었던 베네치아에 비하면 이 공화국은 뒤늦게 등장했다. 하지만 1572년부터 30년간의 투쟁을 통해 제국과 그들의 영방 제후였던 스페인의 펠리페 2세로부터 독립했던 네덜란드보다는 먼저 등장했다고 할 수 있다.

15세기에는 주권이라는 개념이 없었기 때문에 네덜란드인의 머리를 아프게 했던 문제가 스위스인에게는 애초부터 없었다. 스위스인은 단지 제국으로부터의 자유를 위해서 싸웠으며, 그들의 요구는 현실적이고 적절한 것이었다. 자유에 대한 명확한 개념 역시 부재했기 때문에 결국에 이들은 도시동맹체로 자립하였다. 제국으로부터의 자유 때문에 도시들이 동맹체에 대해서 특별한 매력을 느꼈던 것이다. 프리부르, 베른, 루체른, 취리히, 그리고 그 밖의 도시들이 제국 직속 도시였다. 제국뿐 아니라 전 유럽에도 다른 도시동맹체가 있었다. 그러나 이 동맹체들이 안고 있던 정치적 취약성은 동맹을 이루고는 있지만 영방을 형성하지 못했기 때문에 비롯된 것이었다. 영방의 정치권력은 최종적으로는 국가의 지속적인 형성 과정의 토대였다. 그러나 스위스 연방은 영방을 형성했으며, 도시 시민 계층과 농민 계층이 법적으로 동등한 관계에서 공동체적 지배권을 형성했다. 이는 "유럽 역사에서 유일무이한"(기 P. 마르샬) 과정이었다.

국경 문제

13세기 중반에는 지중해 지역이 정치적 대립의 중심지였다고 할 수 있다. 그러나 이후에는 교황과의 대립이 1300년경에 다시 시작된 프랑스가 정치적 대립의 중심지가 되었다. 이미 아라곤 왕권의 성장이 정치 판도에서 상당한 변화를 일으켰다. 한쪽에서는 잉글랜드와의 결탁이, 다른 한쪽에서는 이에 대항하는 프랑스와 카스티야 사이의 동맹이 결성되었다. 아라곤과 이집트 술탄 사이에 무력 지원의 대가로 앞으로의 십자군 원정을 저지한다는 내용의 협정이 체결되기까지 했다. 이는 "중세 정치에서 세속화가 시작된 것"(프리드리히 베트겐)으로, 이제 전선은 프랑스의 필리프 4세에게 집중되었다. 1300년경 성령 강림절에 합스부르크가의 왕 알브레히트의 장남 루돌프가 프랑스의 공주 블랑슈와 결혼했다. 이러한 정치적 동맹으로 이제 든든한 후원군을 얻은 합스부르크 왕가는 세습 왕국으로 성장할 수 있게 되었다. 프랑스인은 라인 강의 동쪽 지대, 그리고 론 강과 손 강의 접경 지역에서 제국의 우위권이 계속 의문시되었던 남서부 지역과 북서부 지역에서 영토 획득을 기대했다. 1299년 알브레히트와 필리프가 협정을 체결하기 위해 툴에 있는 마스 강 근처에서 만났을 때만 해도 제국의 국경이 라인 강까지 변경된다는 소문도 있었다.

독일 제국 국가(國歌)의 첫 구절에서 낭만적으로 승화되어 읊조려지지만 역사 지도에서 항상 표기된 것은 아니었던 사실은 옛 제국이 서쪽으로는 마스 강, 남쪽으로는 손 강과 론 강을 지나서 지중해까지 뻗쳤으며, 서쪽에서는 종종 그 경계를 넘어섰다는 것이다. 이는 당연히 언어상의 경계가 아니다. 왜냐하면 언어적으로는 상황이 이와는 반대였기 때문이다. 서쪽이 아니라 오히려 동쪽의 라인 강, 스위스의 쥐라 산맥, 서알프스 산맥까지 언어가 혼합된 지역이 펼쳐져 있었다. 이는 12세기 이후 슬라브인과 독일인의 거주지에서 형성되었던 중부 유럽 동쪽의 언어 혼합 지역과 상황이 비슷하다. 언어의 경계는 정치적인 의미를 지니지는 않지만 의사 전달 과정에서 중요한 역할을 하기 때문에 문화적으로 중대한 의미를 가지고 있다. 중부 유럽의 동쪽이 가능한 모든 기술과 문화적 선진화를 동방으로 계속 전달했던 것처럼 마스 강과 라인 강, 론 강과 알프스 사이의 접경 지역도 프랑스식 생활 방식을 독일 언어권으로 전달했다. 이를 통해서 프랑스 왕궁의 매력이 퍼져나갔다. 12세기 이후로 독일의 제후들이 아무런 이유 없이 단지 교육을 위해서 아들들을 프랑스 왕궁으로 보낸 것은 아니었다. 이러한 프랑스 문화의 답습 시기에 독일 제국의 서부에서는 종종 정치적 예속이 이루어졌다. 프랑스 왕이 '연금 봉토[토지가 아니라 토지에서 나오는 수입을 봉신에게 봉(封)으로 주는 제도]', 즉 연금을 봉신에게 주었기 때문에 프랑스는 독일에서 정치적 후원자들을 덤으로 얻을 수 있었다. 앞서 말한 연금은 기존의 토지 양도에 토대를 둔 봉건 관계가 세련된 형태로 변화된 것이라 할 수 있다.

이와 같은 프랑스의 우월성 때문에 당대 사람들은 서부 국경의 존속에 대해서 우려했다. 실제로 15세기에 프랑스는 아를을 옛 수도로 하고 론-손 강과 서알프스 사이의 지역에 있던 아레라트 왕국을 통합했다. 뒤이어 17세기에는 라인 강가로 영토를 확장했다. 이 움직임들은 전체적인 맥락에서 생각되어야 한다. 프랑스 왕처럼 독일의 제후들도 동쪽으로 세력을 확장해갔다. 폴란드 왕도 마찬가지였다. 반면에 '신성 로마 제국'은 동방 팽창정책을 전개하지 않았다. 황제는 남쪽에 전념하고 있었으며 동쪽으로 세력을 확장하기에는 역부족이었기 때문이다. 프랑스 역시 무력을 동원해서 동쪽으로 나아가지는 않았다. 프랑스는 스헬데, 마스, 손, 론 강까지 확장하려는 목적을 점진적으로 그리고 행정적인 절차를 거쳐서 추진했다. 이 과정에서 프랑스인은 자신들의 문화와 지배 구조가 갖는 우월성을 신뢰했으며, 종종 지역 제후들의 상속을 물려받는 행운이 있기도 했다.

국가 의식

프랑스의 왕권이 강화되면서, 프랑스의 왕들은 교황들과의 케케묵은 세력 싸움에서도 황제가 맡았던 역할을 수행하기 시작했다. 왕이 프랑스 성직자들에게 부과한 조세에 반대했던 교황 보니파키우스 8세는 온 세상에 대한, 특히 교회에 대한 교황의 완전한 권리를 100년 전의 인노켄티우스 3세나 그보다 더 100년 전의 그레고리우스 7세처럼 강력하게 주장했다. 그러나 프랑스의 평신도뿐만 아니라 성직자 가운데 어느 누구도 그의 대치서 '거룩한 하나의 교회'에 귀를 기울이지 않았다. 왜냐하면 점차 국가가 사람들이 정치적 귀속감을 느끼는 제도로서 교회 공동체의 자리를 대신했기 때문이다. 같은 시기에 이러한 정치적 신앙 고백의 중심 이동이 잉글랜드에서도 진행되었다. 잉글랜드의 왕 에드워드 1세는 1297년에 성직자들로부터 조세를 거둔 바 있다. '잉글랜드 백성들의 충절이 가족, 지역 공동체, 교회를 벗어나서 국가로 옮겨가는' 동안에, 그리고 종교 공동체가 아닌 정치 공동체로서 프랑스인들이 그리스도교의 영역 내에서 '선택된 민족'으로 등장하는 동안에("프랑스를 수호한다는 것은 신에게 봉사하는 것이기 때문에 신의 은총과 관련되어 있다"라고 조지프 R. 스트레이어는 설명한다), 중부 유럽의 정치 세력들은 결단을 내리지 못하고 망설이고 있었다. 북부와 동부의 변방 지역은 아직 이런 싸움을 벌일 정도로 성숙하지 못했다. 따라서 여기에서도 서유럽의 발전이 드러난다.

더 확실한 것은 잉글랜드와 프랑스가 대관되고 도유식을 거친 왕들의 초월적 정통성 그리고 심지어 기적을 행했던 프랑스의 왕위라는 두 가지 기원에서 유래한 '국가 의식'을 발전시켰다는 것이다. 하지만 잉글랜드 왕들은 신성(神性)에 대한 평판에서도 이웃 프랑스와 어깨를 나란히 하지 못했다. '성왕' 루이 9세가 프랑스 왕의 이상에 근접했던 반면에 윌리엄 1세, 윌리엄 2세, 헨리 2세, 사자심왕 리처드는 그렇지 못했다. 왕의 신성은 국가의 자립에 종교적인 배경이 되었고, 다른 한편으로는 종교적 영역과는 무관한 평화, 정의, 질서의 수호와 같은 국가 존립의 목적과 밀접한 관계를 가졌다. 아리스토텔레스와 그에 대한 아라비아의 독보적 해석자 코르도바의 이븐 루슈드(아베로에스, 1126~1198)에 따르면 국가는 독자적인 법 제도이다. 물론 이 제도는 인간의 '정치적' 구속을 통해서 형성되며 교회의 정통성 부여는 필요하지 않다. 로마의 황제권에 의하면 황제는 법의 근원이자 최고 재판관이다(가끔은 제대로 이해되지 못했지만 로마의 황제권은 모든 역사적 반목에도 불구하고 중세의 전 기간 동안 적용되었다). 바르바로사의 법률고문들이 12세기에 교황들과의 논쟁에서 이를 주장했지만 큰 성과를 거두지는 못했다. 그러나 필리프 4세의 편에 섰던 프랑스의 법률가들은 '왕은 자신의 국가 내에서 황제이다'라는 말 한마디로 황제권에 대해 정의를 내렸다. 그들은 중세 황제권의 로마적 전통을 받아들였고 동시에 황제의 영향권을 제한했다. 이로써 국가의 자립성, 독립성, 주권이 일종의 정치적 질서 개념으로 명확하게 규정되었다.

그러면 이 시기의 세력 싸움에서 제국은 어떤 입장에 놓여 있었을까? 1302년에 프랑스의 왕이 교황 보니파키우스의 주장에 대해서 프랑스의 통일성을 과시할 목적으로 귀족, 성직자, 도시 대표자 같은 전 민족의 대표자들을 처음으로 소집했던 것처럼, 얼마 뒤인 1338년에는 독일의 제후들이 교황의 주장을 거부하기 위해서 통치자를 중심으로 모였다. 하지만 이때는 조세에 관한 문제가 아니었다. 왜냐하면 1338년의 신성 로마 제국에는 백성들의 일반 조세에 대한 제도적 조건이 아직 마련되지 않았기 때문이다. 이러한 관점에서 보면 민족 대표자들의 소집은 이미 종교와 정치의 갈등이라는 구태의연한 이유에서 비롯된 것이었다. 이러한 정치와 종교의 갈등 문제가 그 후에도 얼마 동안 논의되었다는 사실은 신성 로마 제국이 사상적 근저에서는 종교적 신성 불가침성을 고수했지만 현실 정치에서 이를 국가 강령으로 승화시키지 못했다는 것을 보여주고 있다. 반면에 교황은 이미 100년 전부터 기회가 있을 때마다 지속적으로 독일에서 선출된 '로마의 왕이자 미래의 황제'가 대관된 후 합법적으로 통치하기 전에 확실하게 그를 인준하고 이렇게 함으로써 그보다 우위에 서려는 다양한 주장을 펼쳐왔다. 이러한 주장이 로마의 법 논리에 의해서 여러 차례 각색되었지만 신성 로마 제국 황제들은 이 주장을 간과하거나 왕위 쟁탈전 중에 종종 자신들의 이익을 위해서 이용하기도 했다. 1338년을 지나면서 주교, 도시 대표자, 선제후가 구분되었다. 하지만 이후의 제국 의회는 삼분법에 의거하여 소집되었고, 선제후들이 다수결의 원칙을 따라서 선출한 인물을 교황의 인준이 필요 없는 합법적인 로마의 왕이자 황제로 천명했다.

    1250년에 황제권이 붕괴된 이후 1312년까지는 대관된 황제가 없었다. 당시 하인리히 7세, 즉 이전의 룩셈부르크 백작은 아들에게 보헤미아의 왕관을 씌움으로써 자신의 가문에 엄청난 권력 기반을 마련했다. 그 후 그는 전통에 따라서 황제관을 쓰기 위해 로마로 향했다. 그러나 브레시아에 도착하기 직전에 동생을 잃었고 피사에서는 부인이 죽었다. 로마에서는 날아드는 화살 때문에 대관식 연회를 망쳤고, 그 자신은 피렌체의 격전장에서 사망했다. 그러나 죽기 직전에도 그의 자만심은 교황권을 극단적으로 자극했다[황제 하인리히는 세속권에 대한 교황의 우위권을 인정하려 하지 않았으며, 교황에게 약속한 십자군 원정 참여 등을 이행하지 않았을 뿐만 아니라, 그 외에도 교황권과 여러 차례 대립한 바 있다].

교황은 1303년에 보니파키우스 8세가 아나니에서 체포된 후 새로운 굴욕을 경험했다. 프랑스의 왕은 억지 고소를 제기해서 왕국의 성전 기사단을 공격했다. 은행가였던 기사단원은 화형을 당했고 왕의 금고는 압수된 은행의 재산으로 채워졌다. 마침내 교황은 불안한 로마에서 아비뇽으로 옮겨갔다. 아비뇽은 제국 영내에 있기는 했지만 프랑스 국경에 인접해 있었다. 이제부터 교황청과 추기경들은 프랑스의 영향력 아래에 놓이게 되었다.

그럼에도 불구하고 교황청은 신성 로마의 왕에 대한 인준권을 고수했다. 하인리히 사후 1314년, 독일의 선제후들은 비텔스바흐 가문의 루트비히와 합

불안한 정국에 휩싸인 로마에서 1305년 망명길에 올라야 했던 교황청은 브나스크 백작령 내의 아비뇽으로 도피했다(아비뇽은 1348년에 교황의 소유지가 되었다). 당시에 세워진 교황 궁전에는 1377년까지 교황청이 상주했고, 아비뇽은 라틴 그리스도교 세계의 중심지가 되었다.

스부르크 가문의 프리드리히를 선출했다. 그런데 젊은 두 후보자 가운데 그 누구도 특별한 정치적 재능을 보이지 않았다. 어쨌든 양측이 벌인 뮐도르프 전투는 신만이 판단할 수 있는 신명 재판과 같은 것으로 받아들여졌다. 이 전투에서 기사들의 용맹성이 목격되었고 이에 대해 전해 들은 사람들의 마음을 뭉클하게 했다. 결국 이 전투는 바이에른 측에는 승리를, 합스부르크 측에는 구금을 가져다주었다. 그러나 어느 것도 정치적으로는 큰 의미가 없었다. 심지어 프리드리히가 사망한 1330년까지 이어졌던 명목상의 이중 왕권(두 명의 왕이 병립하던 현상)마저도 그러했다. 사망 사건 이후 10년 뒤 교황청은 인준권을 요구했고 소송, 책략, 비텔스바흐 가문의 정치적 미숙함과 더불어 정치적 비효율성을 보여주는 상황이 전개되었다.

굴욕적으로 로마 교황청을 포기하고 아비뇽으로 망명했던 교황은 스스로를 도울 방법을 알고 있었다. 지상 명령권, 파문, 성무정지와 같은 법적 조치들이 그의 편이 되어준 것으로 보인다. 아비뇽은 수십 년간 종교계의 최고 법정이었으며 주목할 만한 재정 관리 중심지였다. 또한 성직자, 구체적으로는 성직 획득과 성직 임명 그리고 십일조와 면죄부에 관련해서 모든 그리스도교 세계를 관할하고 있었다. 남부 프랑스 출신으로 90세까지 교황직에 있었던 연로한 교황 요한네스 22세(재위 1316~1334)의 천재적인 재정 전략이 세속 군주들의 영방 권력을 대체했다. 당시 교황은 종교적인 힘이 아닌 재정적인 힘으로 자신의 목소리를 높일 수 있었다. 정치 게임에서 분명하게 배제되었던 교황권이 최후의 카드를 내놓기 위해서 독자적인 길을 찾았던 것이다. 아마도 이는 교회의 독립을 존속시키는 데 필요한 것이었겠지만 정통 교리의 신봉자나 이단자 모두에게 스캔들이었다.

두 번째 '백년'전쟁

보니파키우스는 프랑스군이 거처를 습격했을 때 카페 왕가에 저주의 말을 남겼다. 필리프 4세의 세 아들과 막 태어난 손자가 2년, 5년, 6년 후에 잇달아 죽자 소문이 무성했다. 1328년에 프랑스 왕위는 공석이 되었고, 프랑스 왕들의 '경이적인 다산'에도 불구하고 카페 왕가의 혈통은 단절되었다. 비록 남자 쪽 혈통만 단절되었지만, 이러한 혈통 단절의 문제는 모든 세습 왕조가 공통적으로 갖는 취약점으로, 다음 150년 동안 프랑스가 이웃 잉글랜드와 새로운 전쟁에 빠져드는 이유로는 충분했다.

프랑스 법에 따라서 방계인 발루아 가문의 필리프 6세(재위 1328~1350)가 왕위를 차지했다. 이렇게 왕조 교체가 이루어지고 10년이 지난 1338년에 잉글랜드 왕 에드워드 3세(재위 1327~1377)는 자신이 프랑스 왕의 혈통에 더 가깝다는 구실로 프랑스를 공격했다. 이로 인해 잉글랜드의 새로운 팽창정책이 대륙으로 향하게 되었다. 150년 이상 전쟁이 지속되었고 잉글랜드가 많은 승리를 거둠으로써 플랑드르와 남서부의 옛 소유지를 차지하기도 했다. 그러나 궁극적으로 이 전쟁은 대륙에서 잉글랜드가 완전히 철수하는 계기가 되었다. 어쨌든 유럽에서 프랑스 우위의 붕괴는 확실해졌다.

프랑스 왕국의 인구 수는 1,200만 명으로 잉글랜드보다 대략 세 배나 많았지만 왕국의 조세 조직은 효력을 발휘하지 못했다. 또한 프랑스 왕은 왕국 전체를 균등하게 통치하지 못했다. '대제후들'이 기회가 있을 때마다 독자적인 정책을 추진했는데, 이들은 왕국의 통일에 치명적인 것으로 나타났다. 전쟁이 시작되자 잉글랜드 함대와 보병의 우위 역시 곧 드러났다. 이 우위는 잉글랜드 군대의 웨일스 궁수들의 공헌으로 돌릴 수 있을 것이다. 모순적이게도 잉글랜드인은 웨일스 궁수들을 산간벽지로 추방했지만, 백발백중의 활 실력을 자랑하며 빨리 쏠 수 있는 장궁〔長弓: 길이가 보통 150~180센티미터 정도인 긴

백년전쟁 시기의 프랑스 피난민들. 마차들 안에는 살림살이가 놓여 있고 무장 군인들이 호위하고 있다.

활]을 이용하는 그 궁수들이 잉글랜드의 승리를 보장했다.

왕위 계승권을 주장하는 잉글랜드인의 행동은 자신들의 세력을 확장하려는 정치적 구상으로부터 비롯되었다. 잉글랜드의 지배자 가운데 가장 장수했고 개성이 강했던 에드워드 3세는 프랑스 공주의 아들이었다(그의 화압은 지금도 런던탑에 보관되고 있다). 프랑스인은 몇 년 전에 여성의 상속권을 금지했기 때문에 이 해석에 따르면 발루아 가문의 필리프가 왕위에 가장 근접해 있었다. 그러나 남프랑스에 있는 잉글랜드의 옛 소유령 일부가 문제가 되었다. 배를 이용해서 잉글랜드로 포도주를 운송했던 가스코뉴가 특히 문제였다. 또한 잉글랜드, 프랑스 북부, 플랑드르를 연결하는 중요한 경제적 관계가 문제의 핵심이었다. 플랑드르 지역의 직물 산업은 잉글랜드에서 수입되는 모직에 의존하고 있었다. 이 때문에 잉글랜드에서는 대륙과의 연결을 통해 교역의 활성화를 원했던 시민들의 확실한 지지가 있었다. 언어상의 장애 역시 과대평가되어서는 안 될 것이다. 왜냐하면 잉글랜드 상류층이 이 시기에 교양층 라틴어 외에 여전히 프랑스어를 사용했기 때문이다. 영어로 된 문학작품이 14세기 말에야 쓰이기 시작했던 것이 그 증거이다. 또한 잉글랜드 왕은 대륙의 소유지로 인해서 프랑스 왕의 봉신이기도 했다. 법적인 제소가 있을 때마다 매번 잉글랜드 왕이 최고 법정인 '파리 의회'에서 자신을 변호해야 했다는 사실 역시 논점이 되었다.

의회

1300년경 잉글랜드의 발전은 프랑스와 유사했다. 섬나라의 정치적 통합은 꽤 진전된 상황이었고 웨일스로의 팽창은 1295년에 웨일스를 정복함으로써 종결되었다. 이후 잉글랜드의 왕세자는 정복한 지역의 직함('웨일스의 왕자')을 가지게 되었다. 잉글랜드의 왕은 최고 봉건 영주의 법적 지배권을 이유로 스코틀랜드의 왕위 쟁탈전에 개입했지만 그로 인해서 스코틀랜드인의 불신을 샀다. 그 결과 스코틀랜드의 왕은 자주 프랑스에 지원을 요청했다. 이로 인해 왕위 계승 문제에 관한 스코틀랜드의 독자적인 결정권을 지키고자 잉글랜드인과 스코틀랜드인 사이에 무차별적인 전투가 전개되었다. 심지어 이 싸움은 스코틀랜드인 사이에서도 벌어졌다.

이 시기에 잉글랜드인은 서로 결속했다. 이것은 왕에 대한 복종이라기보다는 왕과의 적절한 공동보조를 의미했다. 초반에는 "공동체적인 돌출 행동에 불과했지만"(F. W. 메이틀런드), 의회의 정착은 왕의 정책 결정에 필수 불가결한 것이 되었고, 1297년에는 적절한 기회를 틈타 '대표 없는 과세는 없다'라는 기본 조항에 동의하는 수준까지 이르렀다. 1776년 독립전쟁 당시 북아메리카의 잉글랜드 식민지에 정착한 이들의 원칙은 본래의 의미 그대로는 아니지만 이 문구에 근거하고 있었다.

1297년에 결성된 반대 세력은 한편으로는 왕의 전횡에 대항하면서도, 다른 한편으로는 왕과 더불어 전체의 안녕을 위해서 공동보조를 취하고자 했다. 이때부터 의회는 항시 웨스트민스터에서 개최되었다. 이것은 오늘날도 마찬가지이다. 의회는 세력 균형을 맞추기 위해 점차 (기사 계층을 포함한) 하위 귀족과 함께 도시 대표자를 흡수하여 14세기 중반에는 하원이 상원으로부터 완전히 분리되었다. 의회는 특히 새로운 법을 공포하고 그 법에 대한 보편적인 인정이 이루어지는 합법적인 장소이기도 했다. 이렇게 해서 웨스트민스터 의회는 '파리 의회'와 동일한 임무를 수행하게 되었다. 특정한 장소에서 정기적으로 개최되는 의회의 권한과 참석자의 범주가 확정됨으로써, '의회주의적 군주제'는 잉글랜드의 독특한 정치 구조의 일부가 되었다. 중부 유럽의 제국 의회 역시 합법화되기는 했지만 1세기 반이 지나 1500년경이 되어서야 잉글랜드와 유사한 형태를 갖추었다. 20세기의 공화주의자들은 과거를 회상하면서 전 왕국을 대표하는 사람들, 즉 왕과 왕국의 대제후들 그리고 각각의 백작령과 도시에서 두 명씩 선출된 대표자로 구성된 신분 계층들(이들 모두가 전 왕국을 대표한다고 할 수 있을 것이다) 사이의 권력 분할이 결코 왕정 종말의 시작이 아니라는 사실을 수긍하지 않았다. 실제로 잉글랜드를 비롯한 모든 중세의 '입헌주의'에서 드러났던 것처럼, 권력 분립이 왕정 종말의 시작은 아니었다. 비록 팽팽한 대립을 보이기는 했지만 공동 작업은 아래로부터는 신적 정통성과 왕권의 현실적 필요성을 인정함으로써, 위로부터는 '주언과 도움'에 대한 기대감을 통해서 가능했다. 따라서 왕과 신분 계층들 사이의 공동 작업은 당시의 상황에서는 긍정적으로 평가되어야만 한다. 그러나 의회의 중요성을 지나치게 과대평가해서는 안 될 것이다.

크레시 전투

에드워드 3세는 여성의 왕위 계승을 금지한 프랑스의 결정에 대해 수긍했다. 자신의 대관식이 있고 4년 후, 그리고 프랑스의 왕권 교체가 있고 3년 후인 1331년에 그는 봉건 서약을 했다. 그러나 7년 후에는 스스로를 프랑스 왕위의 정당한 계승자로 선언하고 프랑스를 공격하기 시작했다. 수적으로도 우세했고 제노바의 지원을 받았던 슬로이스 해전은 에드워드의 승리로 끝났다. 이는 '신의 심판'으로 여겨졌다.

그러나 이후 금고가 비기 시작했다. 피렌체의 은행가 바르디와 페루치에게 받은 선대금을 지불하려 했던 잉글랜드의 양모 수출업자들과 브라반트 상인들 사이의 협상은 무산되었다. 1339년 초반 에드워드는 잉글랜드 왕위를 트리어 대주교에게 담보로 맡기기도 했다. 잉글랜드의 주교들이 루카의 바르톨로메이 은행에서 개인적으로 대출을 받았지만 왕의 금고는 계속 지불불능 상태였다. 프랑스 측도 이를 눈치챘는지 1339년 여름에 북부 프랑스로 들어온 정찰대에 대항하지 않았다. 무리한 작전을 수행하던 에드워드는 전투 한번 치르지 못하고 군대를 철수시켜야 했다. 당시에 빈번했던 국가 부도가 잉글랜드의 왕을 곤란한 상황으로 몰고가지는 않았지만 그의 추종자에게 손해를 끼쳤고 피렌체의 대출자들을 파산시켰다.

1346년 프랑스 북부에 상륙한 에드워드는 프랑스인의 도피 작전으로 고생하다가 건널 수 없던 센 강과 늘어난 프랑스 군대 사이의 함정에 빠질 뻔했다. 에드워드는 파리와 안전한 해안 사이에 있던 크레시로 군대를 철수시키고 차진(특정 지역을 수레 등으로 에워싸서 방어벽을 형성하는 형태) 속에 매복했다. 그곳에서 1346년 8월 26일에 대전투가 벌어졌다.

프랑스 편에 섰던 제노바의 궁수들이 습한 공기 때문에 무기 사용에 어려움을 겪은 반면 잉글랜드의 장궁수들은 전혀 영향을 받지 않았다. 순식간에 제노바인들이 달아났고 소동이 벌어졌다. 이로써 잉글랜드는 기병전을 승리로 이끌었고, 이후 프랑스군의 도주와 패배가 이어졌다. 연대기 작가와 시인들은 오랫동안 이 사건에 관심을 쏟았으며, "크레시는 서사적인 승리"(M. H. 킨)라고 기록했다. 정치적 파장은 그리 심하지 않았다. 프랑스는 에드워드의 연이은 승전에도 불구하고 쉽게 정복되지 않았다. 약탈이 수없이 자행되었지만 잉글랜드의 재정적인 파국 역시 나아질 기미가 보이지 않았다. 가장 중요한 결과는 아마도 칼레의 정복일 것이다. 칼레의 주민들은 강제로 추방되었고 잉글랜드인들이 이주하면서 칼레는 18세기까지 잉글랜드의 중요한 거점으로 남았다.

한 전투에 대한 자세한 사항들은 이어지는 다른 전투를 이해하는 데 도움을 줄 것이다. 10년 후 에드워드 3세의 아들인 흑태자 에드워드는 프랑스의 왕 장 2세(재위 1350~1364)에게 승리를 거두고 그를 감금했다. 그러나 전쟁은 끝나지 않았고 잉글랜드 기병대의 약탈 행위도 마찬가지였다. 프랑스의 시민과 농민은 심지어 자국의 군대에게도 억압을 받았다.

크레시 전투에도 제국의 문제가 개입되었다. '바이에른공' 황제 루트비히 4세는 계속되는 교황들과의 외교적 대립 속에서 황제로 인정받지도 못하고, 자신을 지지하는 이들에게 내려진 파문령을 철회시키지도 못하는 상태였다. 독일에서 교회와의 타협은 묘연한 실정이었다. 루트비히는 시아라 콜론나에

이 전투 장면은 잉글랜드의 보병이 우위에 있음을 보여준다. 전방에서 기병대에 대항했던 궁수들은 뾰족한 말뚝들로 이루어진 방호벽 뒤에 진을 배치하고 있다.

게 황제관을 받았는데, 시아라 콜론나는 1328년의 로마 원정에서 아나니의 암살에 관계했으며 시민 대표로서 로마시의 권력을 장악하고 있었다. 그리고는 루트비히가 대립교황으로 즉위시킨 니콜라우스 5세에 의해서 다시 한 번 대관식이 치러졌다. 이로써 아비뇽의 교황과 타협할 수 있는 기회는 현저하게 줄어들었다.

1337년 에드워드 3세가 대륙에서 동맹군을 모색했을 때, 황제와 제국 북부의 백작들이 동맹군을 파견했다. 황제는 프랑스 정복에 공동으로 참가할 것을 약속했다. 심지어 에드워드를 제국 대리인으로 임명하기도 했다. 1339년에 제국 군대 소집은 이루어지지 않았지만 황제의 아들과 다른 제후들이 에드워드의 진영에 있었다. 후에 프랑스가 교황과의 사이를 중재할 가능성이 보이자 루트비히는 잉글랜드의 동맹자들에게 등을 돌리고 프랑스 측에 호감을 표시하기 시작했다. 크레시 전투에서는 옛 정을 기억하는 여섯 명의 독일 기사만이 에드워드의 편에 있었다고 한다.

룩셈부르크 가문은 언제나 프랑스 왕의 편에 섰다. 크레시 전투 직전인 1339년에도 마찬가지였다. 그러나 그 사이에 이 가문은 제국에서 전혀 다른 지위를 차지했다. 그전까지 룩셈부르크의 요한, 즉 '장님왕' 얀(재위 1310~1346)은 매년 조세가 지불되는 봉(封)이 주어졌던 보헤미아의 왕에 불과했다. 그러나 비텔스바흐, 합스부르크, 룩셈부르크 3대 왕가가 오랜 경쟁을 벌인 끝에 얀의 아들 카를이 독일의 왕으로 선출되었다. 본래 '바츨라프'라는 보헤미아 왕가의 이름을 가지고 있던 카를은 대다수의 선조들과 마찬가지로 파리의 궁정에서 교육을 받았다. 그의 숙모는 프랑스 왕 샤를 4세(재위 1322~1328)의 부인이었다. 카를과 프랑스의 인척 관계는 '보헤미아의 왕'으로서 생전에 이미 프랑스의 기사 서사시에 등장했던 그의 아버지보다 더 깊었다. 루트비히와 교황청 사이에서 지속되었던 무의미한 분쟁을 끝내고자 했던 교황의 지원을 받아 카를은 대립왕으로 선출되었다. 프랑스의 승리는 정치적으로 독일이 어려웠던 시기에 그에게 많은 도움을 줄 수도 있었을 것이다. 파문과 대립왕 선출이라는 사건에도 불구하고 루트비히를 지지하는 이들의 수는 여전히 많았고, 그 규모가 실질적인 정권 교체를 막을 수 있는 정도였기 때문이다. 대신에 크레시 전투에서 프랑스의 패배는 룩셈부르크 가문에는 치명적이었다.

장님왕 얀은 500명의 기사와 함께 전쟁터에 등장했다. 위대한 연대기 작가 장 프루아사르는 이에 대해서 열정적으로 기록하고 있다. 몇 년 전부터 두 눈이 먼 장님왕 얀은 자신의 몸을 쇠사슬로 보호자들과 연결한 후 적을 찾아서 말을 몰았다. 얀은 전사했고, '흑태자'라는 이름으로 역사에 기록된 '웨일스의 왕자'가 그의 시신을 발

'웨일스의 왕자'이자 후에 '흑태자'로 불렸던 에드워드는 최고 지휘관인 동시에 부왕의 대리인으로 백년전쟁이 발발한 후 가장 자주 입에 오르내린 인물이다. 관에 새겨진 무장한 이 인물상은 영토와 왕관을 얻기 위해서 잉글랜드군이 프랑스에서 벌인 길고도 처참했던 전투의 참상을 느끼게 한다.

견하고는 자신의 천막에 예의를 갖추어 보관했다가 나중에 묻어주었다고 전해진다. 흑태자는 기사의 전리품으로 얀의 전투훈[가문의 문장에 새겨진 문구]을 이어받았는데, 이는 오늘날 잉글랜드 왕가의 문장에 남아 있다. "나는 봉사를 하네"가 바로 그 전투훈이다. 이는 권력을 가진 제후가 국가를 위해서 의무적으로 했던 봉사가 아니라 기사의 자발적인 의무감을 말하고 있다.

보헤미아의 역사에서 얀은 '외국인 왕'으로 기록되고 있다. 하지만 만약의 사태에 대비해 전쟁터에서 떠나보낸 아들에게 그는 당시까지 독일의 지배자만이 갖추고 있던 최상의 가문적 기반을 남겨두었다. 비록 얀이 대부분의 기간을 보헤미아에서 체류하지는 않았지만, 그는 보헤미아와 모라비아 지역뿐만 아니라 1335년의 협정을 통해서 다수의 공작령으로 이루어진 슐레지엔 전체를 폴란드 왕에게 양도받아 보헤미아의 왕권에 흡수시켰다. 이 지역은 보

헤미아 국토의 절반 이상을 차지했다. 프로이센의 프리드리히 대왕이 이 가운데 7분의 6 정도를 흡수할 때까지 400년 동안 이런 상황이 계속 유지되었다. 이는 프로이센의 성장에서 결코 간과할 수 없는 중요한 발판이었다.

화려한 미사 장면. 875년 제작된 서적의 표지로, 상아 부조물의 형태로 되어 있다. 양피지로 만들어진 중세의 책은 매우 고가의 작품이었기 때문에 책 표지를 상아로 만들기도 했다.

| 1 | 1. 수도원에 입회하면서 수도사 복장으로 갈아입는 남성의 모습.
| 2 | 2. 수도사의 머리 모양으로 이발을 하는 장면.
| 3 | 3. 수녀원에 입회한 여성이 남편과의 이별을 아쉬워하고 있다. 모두 볼펜뷔텔에 있는 『작센 법전』의 장면들이다.

개인 소장용 기도서 제작에 목판화와 동판화가 이용되었다. 과거에는 부유한 사람들만이 기도서를 소유했으나, 인쇄술이 발달하면서 부유하지 못한 자들도 기도서를 소유하게 되었다.

페타우에 있는 교회의 제단화로 잘츠부르크 출신 작가의 작품.

중세 교회에 선사된 그림. 교회에 그림을 선사하는 것은 자신의 영적 구원을 위한 행위였으며 동시에 기증자의 개인적 명성을 알릴 수 있는 기회였다. 사회적 신분상의 이유로 고향에서 기증을 할 수 없었던 사람들은 다른 마을에서 기증을 하기도 했다.

그리스도의 수난. 잔인한 묘사를 통해서 중세의 신자들에게 감흥을 불러일으키려는 목적이 강했다.

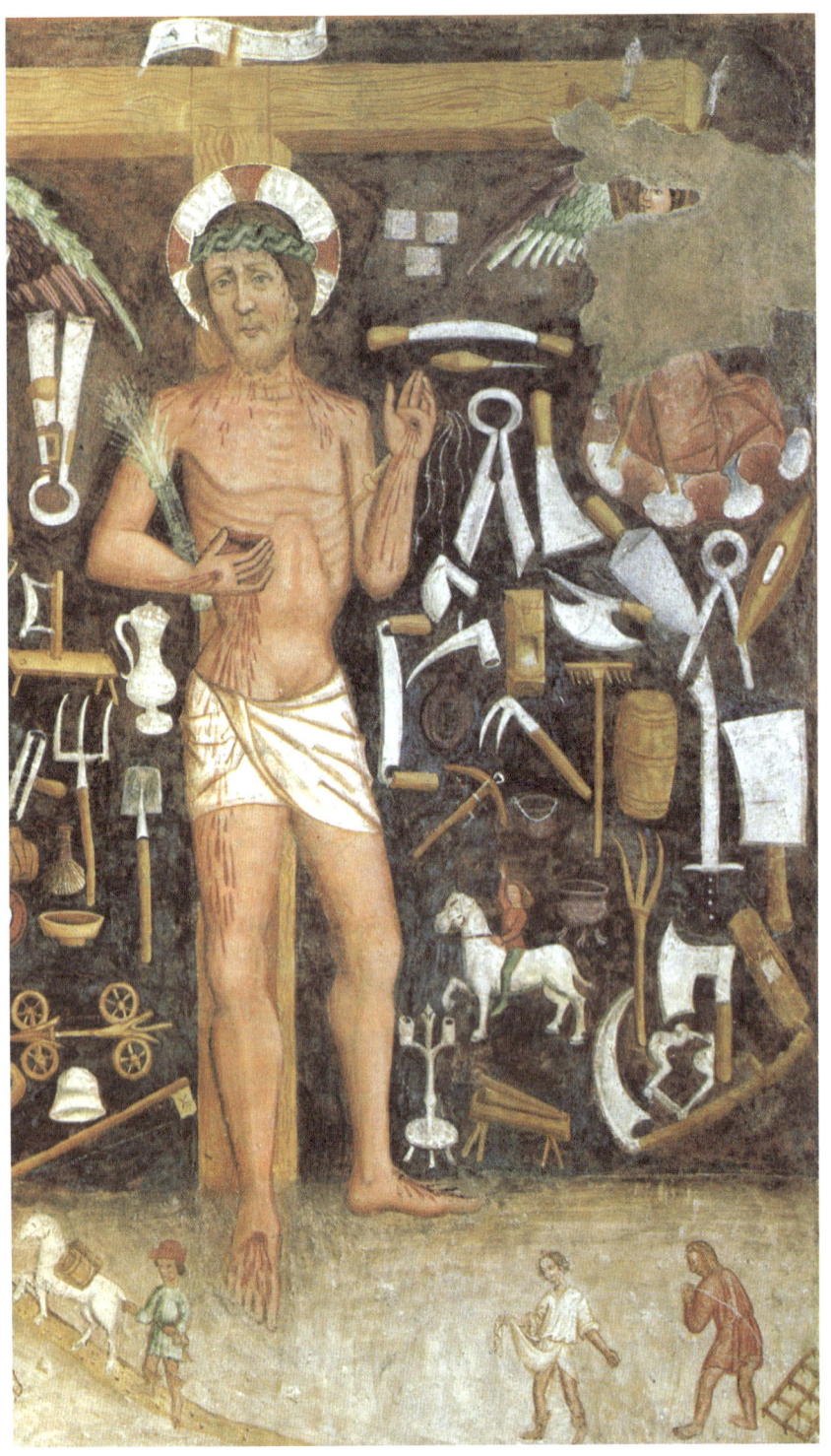

'휴일의 그리스도'는 주일과 종교적 축일에 일체의 노동 도구를 내려놓고 노동을 하지 않도록 주의를 주었다.

기도와 명상을 위해서 화려한 소재의 그림들이 사용되었다. 아이를 목욕시키고, 기저귀를 갈고, 목조품을 만드는 요셉을 보여주는 성 가족의 모습.

1	2
3	4

1. 가난한 자들에게 곡물을 배급하는 장면.
2. 극빈자를 위한 장례식. 이는 일종의 자비 행위로 간주되었다.
3. 가난한 하층민에게 음식을 나누어주는 모습.
4. 빈자에게 음식을 주는 것은 그리스도교적 자비 행위였다.

중세 말기에는 방종한 삶에 대한 경고가 끊이지 않았다. 이 그림에서는 이탈리아 프란체스코회의 설교자가 사치품들을 불태우도록 설교하고 있다. 그의 말을 따라서, 사람들이 뿔 모양을 한 부인용 너울, 끝이 부리 모양인 구두, 카드, 주사위 놀이판을 불태우고 있다.

◀ 영주를 공격하는 기사들의 모습. 12세기에 제작된 『기쁨의 정원』에 수록.

◀ 전투를 벌이는 기사들의 모습. 가운데에 있는 사람은 바빌론의 네부카드네자르 왕이다. 14세기 중엽 성경의 내용을 묘사한 작품 중 하나이다.

◀ 접근전을 펼치고 있는 기사들의 모습. 『기쁨의 정원』에 수록.

◀ 황제 로타 3세가 로트바일을 공격하는 장면. 군인들의 천막 옆에 투석기를 설치하는 모습이 보인다. 1430년경에 그려짐.

▲ 켈트족의 왕 아서와 그의 동료들. 아서와 관련된 전설은 중세 기사문학의 대표적인 소재였으며, 많은 기사가 음유시인들을 통해서 그의 이야기를 전해 들었다. 14세기 작품.

◀ 아서왕이 동료 기사들과 함께 식사를 하는 장면. 15세기 작품.

▲ 지옥으로 가는 길. 현세에서는 신분적으로 다양한 차이가 있었지만, 사후에 지옥으로 가는 길은 신분의 귀천이 없는 '평등한' 길이었다.

◀ 간음한 여자와 도박사 등이 지옥에서 고통을 받는 장면.

▲ 모든 신분 계층의 사람이 죽음의 춤을 추어야만 했다. 왼쪽부터 대주교, 어머니, 상인의 모습.

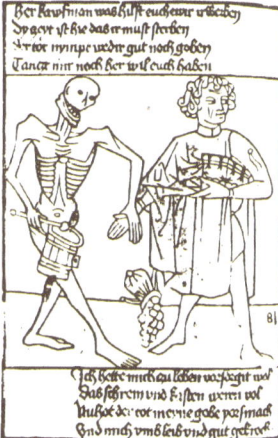

▶ 지옥의 모습.

◀ 6차원의 세계를 묘사한 12세기의 작품으로, 빙엔의 힐데가르트가 그렸다. 독일 루페르츠베르크 소장.

▲ 지옥 불로 떨어지는 유대인들. 란츠베르크의 수녀원장 헤라트가 그린 『기쁨의 정원』 속의 그림.

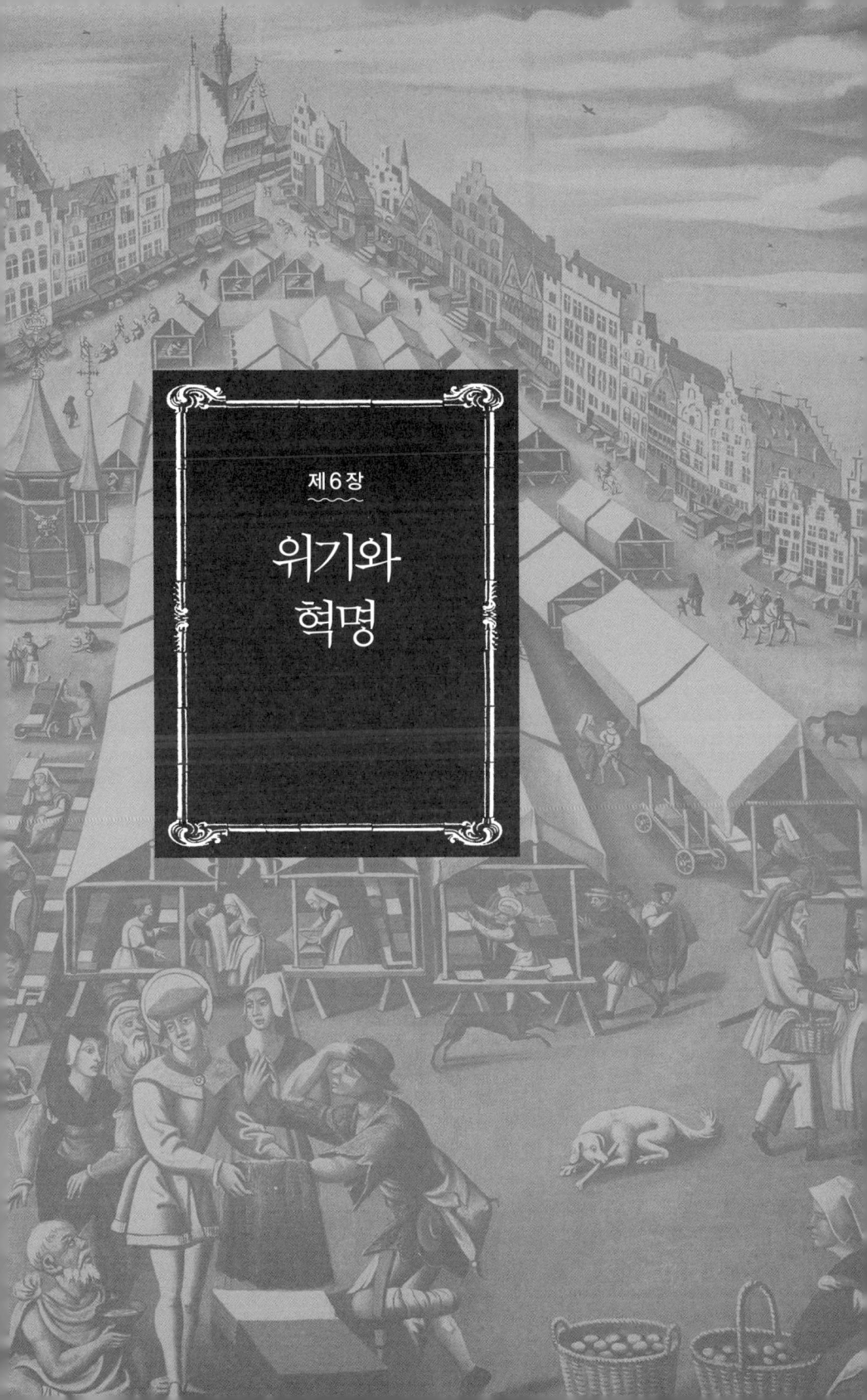

제6장

위기와 혁명

페스트

1347년의 페스트는 잉글랜드인과 프랑스인의 교역, 제노바와 아라곤 왕국의 세력 대립, 베네치아의 세력 확장을 중단시켰고, 무엇보다도 전체 지중해 교역의 활성화를 막았다. 페스트균은 오늘날까지도 제한적이기는 하지만 중앙아시아의 들쥐와 벼룩들에 잔존하고 있다는 것이 확인되었다. 정확하게 밝혀지지는 않았지만 페스트균은 감염된 동물의 면역 조직과 관계가 있는 것

페스트가 창궐하기 이전에도 이미 죽음과 사멸은 극적으로 묘사되었다. 그리스도교적 관용과는 거리가 먼 사실주의적 묘사를 통해서 죽음의 진실을 확인하고자 했던 것으로 보인다.

동방에서 유래되어 널리 퍼진 〈세 명의 산 자와 죽은 자들의 만남〉은 인생의 무상함을 연상시킨다. 개인의 기도서에 수록되어 있는 이러한 그림들을 묵상하던 황제 카를 4세의 여동생이자 프랑스의 왕비였던 '본' 역시 1349년에 34세의 나이로 페스트로 사망했다.

으로 알려져 있다. 경우에 따라서 이 질병은 인간에게도 전염이 된다. 무방비 상태의 생명체에게 페스트균은 며칠 사이에 치명적인 증상을 일으킨다. 이 병균이 벼룩 같은 것들에 의해서 혈관으로 들어오면 순식간에 림프선이 부어오르고 패혈증(선(腺)페스트)이 생긴다. 또한 호흡기를 통해서 폐에 전염되기도 한다(폐페스트).

두 유형의 페스트가 1347년에 급작스럽게 지중해 북부의 항구도시들에 전파되어 선박과 전염된 선원, 쥐를 통해서 내륙으로 확산되었다. 그러나 어느 누구도 방책을 알지 못했다. 마르세유 항구에 처음 들어오는 사람들을 40일간 격리하는 원칙(검역정선)은 의학적으로 볼 때 적절했지만 너무 늦게 발표되었다. 전염병은 이미 교역로를 따라서 전 유럽에 전파되었다. 끔찍한 소문들이 전염병보다 앞서 퍼졌다. 프랑켄이나 보헤미아, 폴란드 같은 지역들은 무사했지만 노브로고트, 중부와 서부 유럽, 잉글랜드에는 전염병이 퍼졌다. 페스트는 1352년까지 유럽을 휩쓸었다. 이후 페스트는 100년 동안 거의 일정

페스트가 기승을 부리던 1349년 투르네에서 공동묘지에 관을 묻는 장면.

한 주기로 등장했고, 그 후에는 더 큰 시간적 격차를 보이면서 유행했다. 마지막으로 유럽을 휩쓸었던 시기는 1720~1721년이었다.

    사람들이 접촉하는 모든 곳에 전염의 위험이 있었다. 전염된 이들을 혼자 두지 않으려는 몇몇 용기 있는 이들이 연기, 의복 교체, '페스트 주둥이[페스트가 입을 통해서 전염되는 것을 막기 위한 일종의 마스크 같은 것으로, 앞부분이 뾰족함]', 호흡 시 일정 거리 유지 등 적절한 예방책을 취했지만 거의 효과가 없었다. 한번은 교황도 아비뇽의 거처에서 며칠 동안을 연기가 나는 석탄 난로 옆에 앉아 있었다고 한다. 그러나 신체적 면역성만이 전염병으로부터 유일하게 안전을 보장할 수 있었다. 면역성에 대해서는 오늘날에도 정확하게 이유가 해명되지 않고 있다. 덕분에 도시, 농촌, 제후들의 궁정, 수도원에서 극소수의 사람들이 살아남을 수 있었다. 질병은 사라졌다가 10년이나 20년 후 다음 세대에 전염되기 적당한 조건이 형성되면 다시 등장하곤 했다. 면역성이 강한 사람들만이 살아남았다. 그렇게 해서 우리 모두는 페스트를 견뎌낼 수 있었던 것이다.

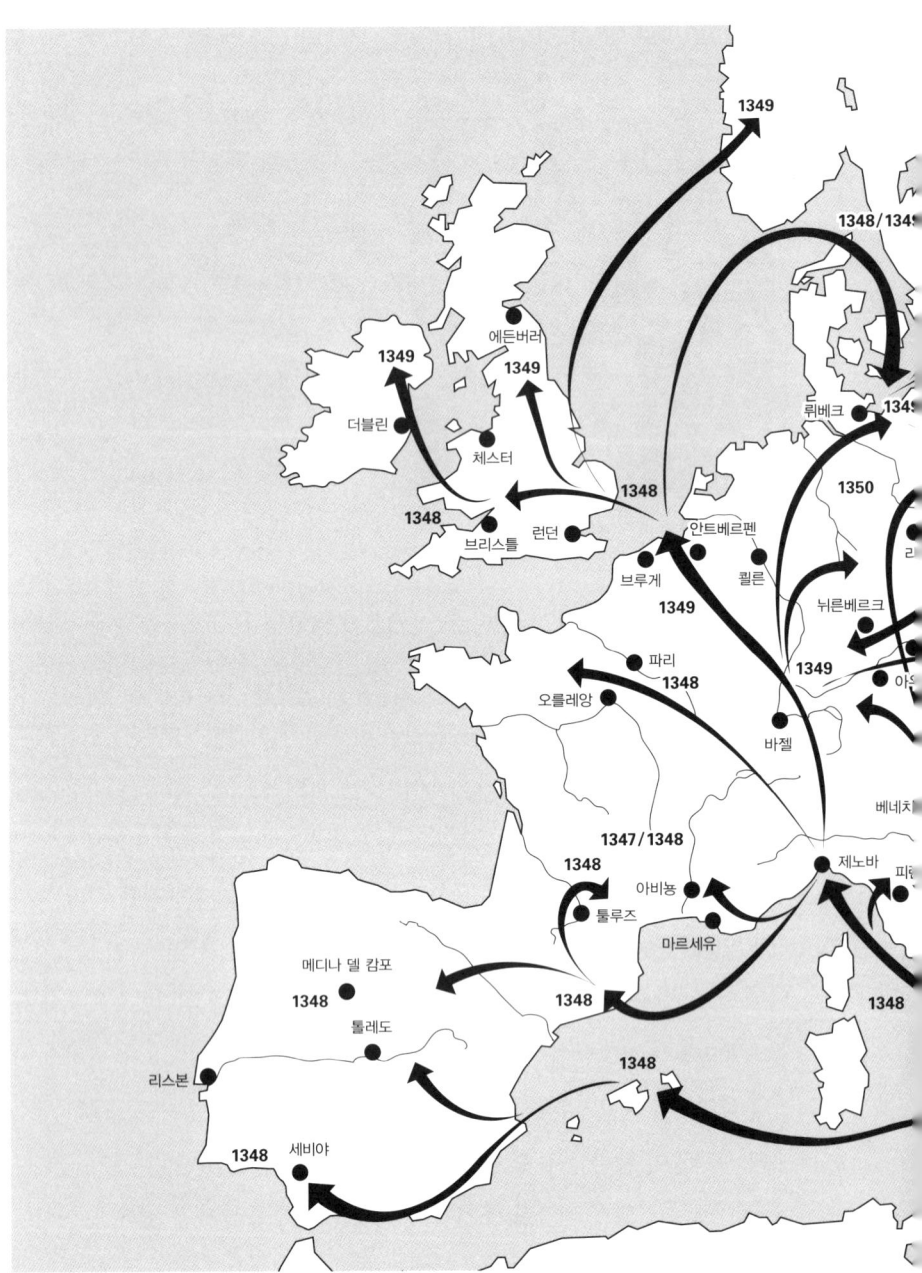

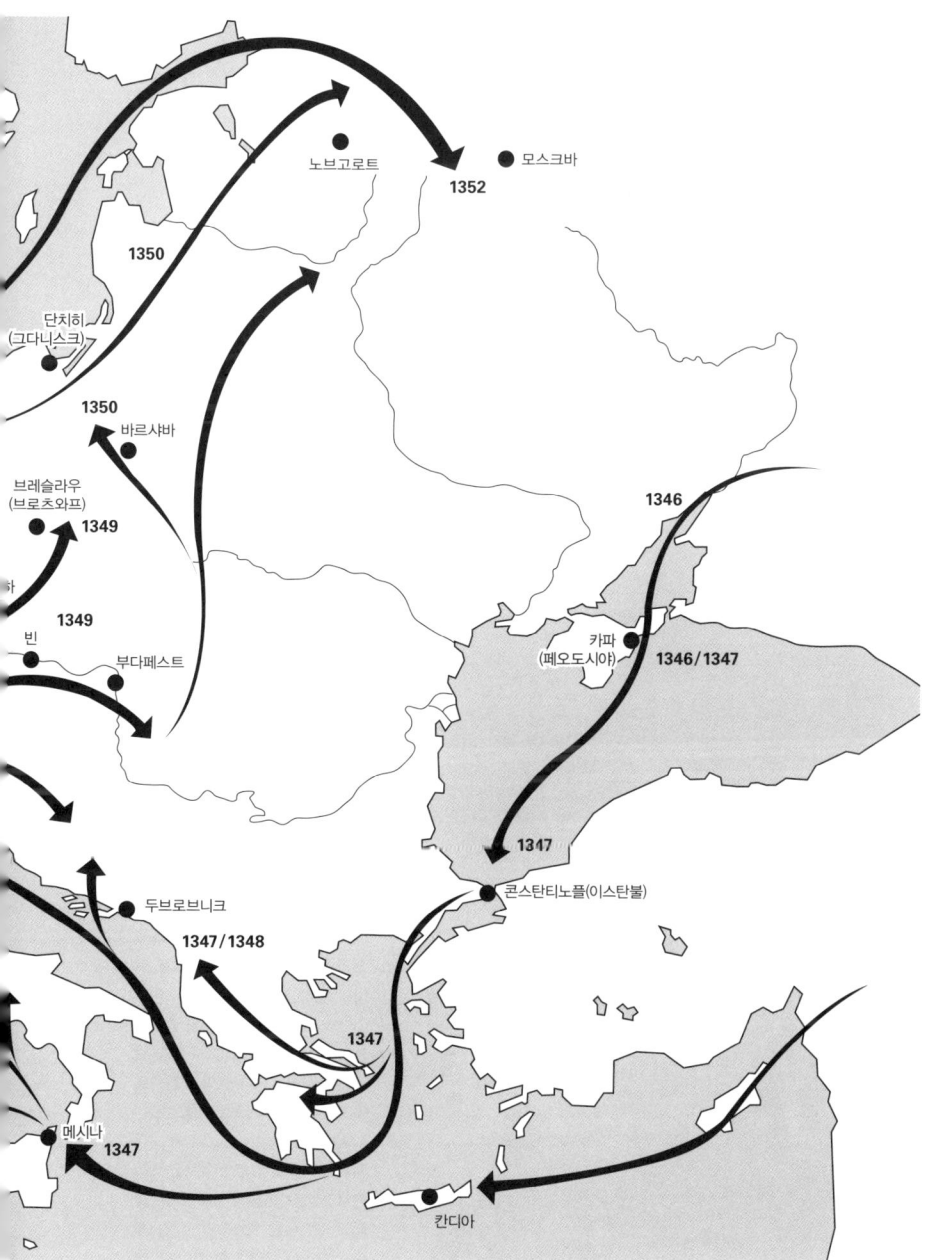

유럽에 알려지지 않았던 페스트는 1347년 유럽 대륙에 전파되었다. 당시의 기록에 의하면 5년 만에 전 대륙을 휩쓸었다고 한다. 이후 페스트는 15세기까지도 불규칙적인 간격으로 여러 지역에서 기승을 부렸다.

중세 사람들이 현재와 같은 조밀한 교류망 속에 살았다면 질병에 대한 공포는 상상을 초월했을 것이다. 당시에는 드문드문 흩어져 있던 거주지들만이 페스트에 의해서 초토화되었다. 특히 사람들을 더욱 두렵게 했던 것은 전염 경로를 미리 예측할 수 있었다는 사실이다. 결국 사람들은 병의 원인을 찾기보다는 예방책을 준비할 수 있는 시간적 여유를 두게 되었고, 고행자들의 행렬이 이어졌다. 페스트가 창궐하기 80년 전에 이미 종교적으로 발흥했던 북부 이탈리아에서는 세속인들이 장기간의 순례와 고행을 통해서 신의 자비를 얻고자 했다. 페스트가 확산되자 북부 헝가리에서 북부 독일까지 순례 행렬이 이어졌다. 일부 다른 사람들은 질병의 원흉을 찾고자 했다. 그 원흉은 바로 유대인이었다.

채찍 고행 장면을 수록한 콘스탄츠의 연대기. 스스로 채찍질을 하는 행위는 13세기에 북부 이탈리아의 평신도들 사이에서 종교운동으로 성장하기 이전에도 이미 오래전부터 금욕적 수행의 일환으로 알려져 있었다. 페스트가 창궐했던 14세기 중엽에는 페스트에 대한 참회의 수행으로 채찍 고행을 벌이면서 신의 자비를 구했다. 이는 일종의 집단적인 히스테리가 광신적으로 발현된 예라고 할 수 있다. 성직자들은 채찍 수행에 가담하는 것이 금지되어 있었다.

유대인 학살

1096년, 제1차 십자군 전쟁의 그럴듯한 구호 아래 북부 프랑스와 라인 강 유역에서 광신적인 무리들이 유대인 공동체를 습격하고 파괴하면서 유럽의 많은 유대인 공동체와의 유대 관계가 단절되기 시작했다. 공권력의 보호 조치는 대부분 성과가 없었다. 이슬람의 도시 문화 속에서 경제적, 문화적으로 절정에 도달했던 스페인의 많은 유대인 집단도 재정복 전쟁으로 몰락했다.

중세 초기부터 유대인 거주지들은 원거리 교역과 노예 매매를 하면서 지중해 연안에서 내륙과 유럽 대륙 동부로 확산되어갔다. 흑해 북부 하자르 제국의 농촌 정주지만이 예외적이었다. 이미 카를 대제는 유대인 원거리 무역상의 중요성을 인식했고, 카를의 아들 경건왕 루트비히는 그들을 황제의 특별한 보호하에 두었다. 이로써 제한적이나마 관용이 이들에게 베풀어졌다. 이슬람 지역과 마찬가지로 그리스도교 지역에서도 독자적인 공동체에서 자신들의 종교 생활을 영위할 수 있었던 것이다. 종교는 그들의 생활 관습을 특징지었다. 또한 이들 공동체의 우두머리이자 재판관이었던 랍비의 선출도 허가를 받았다. 1066년에 유대인들은 노르만인들과 함께 잉글랜드로 건너가 윈체스터, 노리치, 링컨, 런던 등의 상업 중심지에 공동체를 건설하기도 했다. 유대인의 생활이 도시권역에서만 가능했던 것은 이슬람교와 그리스도교 세계가 그들에게 도시에서 사는 것만을 허락했기 때문이다. 여러 지역에서 11세기는 유럽 유대인 역사의 황

13세기 초 샤르트르 대성당의 스테인드글라스. 유대교를 악마적으로 표현한 그림. 비록 동등한 대우를 받지는 못했지만 12세기까지만 해도 우호적인 관계를 유지했던 그리스도교 교회와 유대교 교회가 극적인 표현을 통해서 분리되고 있다.

금시대로 불렸다. 그러나 이는 막을 내리기 시작했다. 그 이유는 십자군 원정 중에 발생한 박해가 스페인에서도 일어났기 때문이며, 십자군 전쟁과 사상적 배경이 유사한 그리스도교적 전쟁관이 스페인으로 전파되었기 때문이다.

12세기에 스콜라 철학이 종교적 합리주의에 관심을 가지면서 유대인과의 종교적 대화가 시도되었다. 하지만 100년 후에는 의식 도중에 사람을 살해해서 제물로 바친다거나 성체 모독과 같은 끔찍한 소문들이 돌면서 점차 소문 속 행위에 대한 화살이 유대인에게 향하였다[가톨릭에서는 미사의 빵과 포도주가 예수의 몸과 피를 상징하기 때문에 성체를 함부로 다루거나 훼손하는 행위를 성체 모독이라 하는데, 유대인이 성체를 훼손했다는 이야기는 그들이 빵과 포도주를 구입해서 마구 다뤘다는 것을 의미한다].

유럽에서 유대인의 역사는 언제나 논란의 대상이 되어왔다. 그러나 유럽에서 유대인의 역사가 오랫동안 우호적인 관계를 유지하다가 20세기에 들어와 인간성의 상실로 인해 단절된 관용의 역사로 파악해서는 안 될 것이다. 동시에 우여곡절이 있기는 했지만 유럽에서 유대인의 역사는 경제적, 문화적 협력의 역사이기도 했다. 독일에서는 1103년 제1차 십자군 원정군에 의해서 엄청난 학살이 자행된 직후, 계속해서 제정되었지만 효력은 단기간에 머물렀던 영방 평화 조례의 범주 안에서 유대인 보호가 공포되었다. 유대인은 바르바로사에 의해서 황제의 특별한 보호를 받게 되었고, 프리드리히 2세는 '황제 직속 보호령'으로 유대인 보호를 법적으로 명문화했다. 이러한 시대적 전제 조건 아래에서 보헤미아의 왕 프르셰미슬 오타카르가 유대인 보호령을 공포했다. 그의 보호령은 중부 유럽의 동쪽에서 유대인의 자유를 보장하는 대헌장으로 확산되었다.

유대인 원거리 무역 상인은 국제적인 연락망, 동업자 사이의 신용, 위기 극복 능력 등의 장점으로 인해서 경쟁자인 그리스도 교도 상인을 훨씬 능가했다. 그러나 그리스도 교도 상인들의 각고의 노력으로 달성된 조직화, 조합

1349년 투르네에서 제작. 페스트가 창궐하던 시기에 유대인들을 화형시키는 장면.

원과 상업 도시동맹체에 대한 특권들, 그리고 마지막으로 보편적 종교로 인정받았던 그리스도교를 신봉함으로써 얻어지는 사회적인 특혜로 인해 유대인 원거리 무역 상인이 가졌던 우월성은 12~13세기를 지나면서 사라져버렸다. 그럼에도 불구하고 유대인은 상당 기간 트리어 대교구와 헝가리 왕국에서 재정 관리로 등용되기도 했다. 1179년과 1215년의 공의회에서 그리스도 교도의 이자 징수 금지가 공포된 후 금융업만이 유대인에게 특별한 활동 영역으로 남았다. 그러나 수십 년 후에는 금융업 분야에서도 그리스도 교도와의 경쟁에서 밀려나게 되었다.

이 과정은 서에서 동으로 진행되었다. 1290년에 에드워드 1세는 잉글랜드에서 유대인을 몰아냈다. 유대인은 1394년 프랑스에서도 같은 운명을 맞이했다. 그로부터 100년이 지난 후 1492년과 1496년에 스페인과 포르투갈에서도 유사한 과정이 반복되었다. 독일 지역의 유대인 공동체는 어디에서든 도시 운영에 일정 부분 참여했는데, 구체적으로는 원거리 무역로를 따라서 자리한 도시에서 그러했다. 유대인 공동체의 고유한 법질서는 도시 발전에 공헌하였고, 특히 이들의 자치적 사고는 공동 의사 결정 제도의 확립에서 매우 탁월한 능력을 보였다. 그리스도 교도와의 관계, 특히 형사 문제에서 이들은 종교적인 상이성과 생활 유형으로 인해 별도의 대우를 받았다. 로마의 유대인 공동체는 새로 제위에 오른 황제에게 장엄한 의식이 거행되는 도중에 [유대교의 율법서인] 토라를 전달하기도 했다. 이때 황제는 유대인의 신앙적 특권을 인정했다. 이러한 대우는 중요한 문제에서뿐만 아니라 사소한 경우에도 마찬가지였다. 유대인과의 서약에서 사람들은 특별히 유대인의 종교성을 고려했다. 인간사에 관여하는 신에 대한 맹세는 유대교 역시 그리스도교와 다르지 않았다. 그러나 종교적인 반(反)유대주의가 이미 모습을 드러

인간의 모습이 아닌 동물의 모습으로 묘사된 악마가 눈을 가린 유대교도를 향해서 화살을 쏘고 있다. 눈이 먼 유대교도는 이제 악마의 소굴로 빠져들게 된다.

내고 있었다. 여러 지역에서 사람들은 다리가 세 개인 의자나 돼지가죽 위에 유대인 서약자를 맨발로 올라서게 했다. 이는 유래가 확실하지 않은 미신적인 행위였지만 유대인 불신임 풍조를 뜻했다.

반면에 유대인의 납세 능력은 상당한 가치를 지니고 있었다. 13세기에 독일의 제국 도시들에서 거두어지는 조세의 12퍼센트가 규모가 그리 크지 않은 유대인 공동체들로부터 나왔다. 더 세세하게 기록된 잉글랜드의 목록에 따르면 잉글랜드에 거주하는 전체 유대인 가운데 4분의 1이 납부하는 조세가 국가 조세의 8퍼센트를 차지했다. 이외에도 여러 지역의 지배자들은 유대인의 조세, 즉 개인의 재산이나 유대 교회 시나고그에서 나오는 엄청난 금액에 군침을 흘리고 있었다. 유대인은 이 모든 것을 참아야 했다. 왜냐하면 그리스도 교도와는 달리 이들의 거주지가 도시의 협소한 공간으로 정해져 있던 탓

에 발언권이 거의 없었기 때문이다. 이들은 이미 8~9세기에 소유하고 있던 경작지와 토지를 잃어버린 후였다. 본래 토지의 소유는 농업 중심의 중세 정치 사회에서 공동 발언권을 의미했다.

경제성장과 더불어 유대인의 생활 유형도 달라졌다. 하지만 14세기까지도 이들은 독일의 교역, 특히 신용 거래에서 절대적인 존재였다. 이들은 도시의 시민권을 획득할 수 있었다. 14세기 중반 끔찍한 유대인 학살이 벌어진 후에도 생존자들은 도시 거주자로서 또 시민으로서 새로운 삶을 누릴 수 있었다. 보헤미아의 수도 프라하는 당시 유럽 유대인 집단의 특별한 피난처였다. 프라하의 유대인 공동체는 좁은 공간에 다섯 개의

13세기 말 라인 북부 지역에서 제작됨. 빌라도 앞에 선 그리스도. 유명한 이 장면에서 그리스도에게는 후광이 그려져 있고 그를 고소하는 사람들은 유대인 모자를 쓰고 있다. 나타샤 브레머의 표현처럼 이는 종교적인 반유대주의의 실제적인 예이다.

유대 교회를 세웠다. 16세기에는 유대인만을 위한 독자적인 시청까지 지었다. 그래서 중세 말기의 프라하는 한동안 '유대 세계의 어머니'라는 칭송을 받기도 했다. 그러나 보헤미아에서도 박해가 시작되었다. 1389년에 프라하의 공동체를 대상으로 대량 학살이 일어났으며, 학살은 1420년 후스파와의 전쟁 당시에 절정을 이루었다. 끝내는 폴란드만이 최후의 도피처로 남았다. 독일에서도 라인 강변에서 슐레지엔까지 이어지는 유대인 공동체들이 존속했지만 폴란드 쪽의 유대인 공동체가 훨씬 더 발전했다. 14, 15, 17세기에 이르기까지 소규모 유대인 금융업자들은 폴란드의 지속적인 영토 확장에 꼭 필요한 존재였다. 결과적으로 '동유럽 유대인 문화'가 형성되었다. 이 문화는 유대인과 독일인 공동체가 맺었던 기존의 관계 속에서 독일의 영향을 강하게 받아 '이디시어'라는 독창적인 언어를 새로 만들어냈다. 그러나 이러한 발전은 소규모 도시의 문화적 현상에 불과했다.

마인츠의 세밀화. 유대교에 대한 그리스도 교도의 박해에 대항해서 그려진 유대인의 삽화. 이러한 유형의 그림은 많이 그려지지 않았다. 성서에 등장하는 개에게 쫓기는 사슴의 이야기를 주제로 그리스도 교도를 '사냥꾼'으로 묘사하고 있다.

부유한 유대인조차 이 수준을 벗어나지 못했다. 동유럽 유대인의 하시디즘(율법(律法)의 내면성을 존중하는 경건주의 운동]적인 신비주의와 낮은 유동성에도 불구하고, 높은 지적 수준과 탁월한 종교적 영향 등이 유대 문화의 특징이 되었다(유대교의 종교적 영향력은 유대인 공동체의 자아 구현인 동시에 자아 확인, 즉 유대인이 존재하는 이유였다). 그러나 1647년 카자크족의 반란이 동유럽에서도 유대인 박해를 유발시킴으로써 유대인 공동체는 해체되기 시작했다. 유럽의 역사를 유대인의 관점에서 볼 때, 일반적으로 중세는 7~17세기로 규정된다. 이 시기는 라틴 유럽의 유대인 거주자들이 자신들의 공동체 문화 안에서 생존의 가능성을 추구했던 때이다. 이는 중세 스페인의 융성기에 절정을 이루었고, 독일의 격리된 유대인 거주지에서 쇠퇴와 몰락을 경험했으며, 동유럽 유대인 거주지에서 절망적인 시간을 보냈던 대략 1,000년 동안의 시간이었다.

유럽의 정신생활에 유대인 도시 문화가 끼친 기여도를 파악하기란 쉽지

15세기 독일의 목판화로 돼지고기를 금하는 유대적 전통을 소재로 한 그리스도교의 삽화이다. 이러한 주제는 광범위하게 퍼져나갔다.

않다. 아마도 유대인 철학자 마이모니데스(아랍명 이븐 마이문, 1135~1204)가 아리스토텔레스에 대한 올바른 해석을 놓고 유럽 개인주의의 형성에 근간이 되는 논쟁을 벌였던 시기, 즉 스페인의 유대 세계가 절정에 달했던 시기에 유대 문화의 기여도가 가장 분명하게 나타날 것이다. 논쟁의 핵심은 신앙과 이성 사이의 '올바른' 판단에 관한 것이었다. 코르도바 출신의 마이모니데스는 신앙상의 이유 때문에 카이로로 추방되었지만, 의학 지식 덕분에 1170년 살라흐 앗딘의 궁정에 들어갈 수 있었다. 이슬람 세계를 위해서 1187년에 예루살렘을 재정복했던 술탄 살라흐는 중세 세계에서 동시대의 인물인 황제 바르바로사에 비견할 만한 명성을 누렸다. 심층적인 철학적 해석 중 어떤 것이 성서 속의 상징적인 표현들을 해석할 수 있는지를 보여주기 위해서 마이모니데스가 행했던 성서에 대한 합리적 해석은 특히 알베르투스 마그누스와 13세기의 주요한 스콜라 철학자에게 영향을 미쳤다. 영혼이 범신론[일체의 자연은 곧 신이며 신은 곧 일체의 자연이라고 생각하는 종교관]적으로 세상에 충만하다는 관점에서 아리스토텔레스를 해석했던 아랍인과는 반대로 마이모니데스는 초월적 신에 대한 이론을 고수했다. 아리스토텔레스에 대한 해석을 두고 벌어진 논쟁을 통해서 그리스도교의 철학이 코르도바의 현자에게 많은 신세를 졌다고 할 수 있을 것이다.

그러나 마이모니데스가 그리스도교 철학에 자극을 주고 있을 때, 성왕 루이는 1240년 파리 대학에서 격론을 벌인 후 탈무드를 발견하는 족족 전부 태우도록 명했다. 이전 세기에는 공권력이 유대인 공동체를 보호했지만 이제 유대인은 개종의 압력을 받게 되었다. 외적, 내적으로 그리스도교의 유럽은 '팽창하기' 시작했고 유대인과 같이 사고방식이 다른 사람들의 활동 공간을

1475년 트리엔트의 저명한 유대인의 집에서 처참하게 살해된 두 살짜리 남자아이의 시체가 발견되었다. 유대인 공동체는 혐의를 뒤집어썼고 죄가 없는데도 고문으로 인해서 강제로 죄를 실토하게 되었다. 순교자로 축성된 이 소년은 이후 수세기 동안 이어진 반유대적 감정의 시발점이 되었다.

좁히기 시작했다. 그러나 개종의 압력은 그다지 큰 성과를 거두지 못했다. 수 세기 동안 유대인의 생존을 가능하게 했던 신앙적 결속력이 신앙적 구속력보다 더 강한 영향력을 발휘했기 때문이다. 그 외에도 교황들이 지속적으로 주창한 규칙에 따르면 유대인 개종자는 재산을 교회에 헌납해야 했다. 아마도 빈곤을 감수한 개종이 그리 매력적이지는 않았을 것이다.

신앙적인 반감이 늘어나면서 대립이 지속되었다. 교회의 상, 하위직 성직자 모두 종교적인 생겨난 반유대주의에 대해서 책임을 져야 할 것이다. 그러나 이방인에 대한 단순한 적대감, 경제적 경쟁심, 수많은 상호 대립도 이러한 상황과 별개로 생각할 수는 없을 것이다. 처음에 유대인 공동체는 스페인, 이탈리아, 독일의 상인 공동체, 학생 공동체, 성직자 생활 공동체와 함께 존재하기는 했지만 도시 안에서 격리되어 있는 형태였다. 조롱의 표시로 사용된 노란색이나 노란색의 '유대인 모자'가 유대인을 상징했다. 교회의 결정에 따라 (농사와 수공업 분야에 종사하는) 직업을 금지하고 반그리스도교적인 행위를 자행했다는 음해들은 유대인의 영향력이 커졌음에도 불구하고 쉽사리 사라지지 않았으리라. 그리스도 교도의 유대인 박해는 정확한 원인 규명을 통해서 이해되어야 할 것이다. 발단은 그리스도교 공동체 내에서 경제적, 사회적 발전이 축소되고 있었다는 사실과 특히 관련이 있다. 유대인 박해는 동유럽 지역에서 가장 늦게 시작되었다. 그 이유는 이 지역에 아직 이주가 가능한 개간지가 있었던 탓에 중세 농경 생활의 터전인 농지가 확충될 수 있었기 때문이다. 하지만 여기에서도 14세기 중

15세기 브라반트 지방의 노트르담 성당에 있는 성직자 의자에 새겨진 유대인의 모습.

반은 중대한 분기점이 되었다.

이로써 우리는 다시금 페스트와 같은 대재해에 직면하게 된다. 질병의 확산과 전파 그리고 그 원인을 몇몇 의학 전문가는 알고 있었다. 하지만 두려움에 떨고 있던 대중들은 당연히 이러한 부분을 알지 못했다. 페스트의 정류장 역할을 했던 도시들은 두려움에 맞닥뜨렸고 대책을 요구하는 목소리를 높였다. 이전에도 재해가 발생할 때마다 여기저기에서 광범위한 유대인 학살이 일어났다. 그러나 이제는 전 유대인이 페스트와 같은 세계적인 음모를 꾸민다는 의혹을 받았다. 사부아에서는 몇몇 불운한 사람이 고문을 당했고 자백을 했다. 프랑스, 부르고뉴, 스위스, 라인 강변, 더 나아가 프랑켄, 작센, 슈바벤에서는 페스트의 전염보다 피의 흔적이 앞서갔다. 300개가 넘는 중부 유럽의 유대

구덩이 속에서 화형에 처해지는 유대인들. 1493년 셰델의 『세계 연대기』는 이러한 그림을 소재로 자주 사용했다. 혐의자 중 몇몇은 체념한 듯한 표정을 보이지만 서로 이야기를 나누고 있는 인물들은 자신들의 처참한 최후에 개의치 않는 것처럼 보인다.

인 공동체 가운데 대략 3분의 2가 이 학살로 희생되었으며, 사망자 수는 추정하기 어려울 정도였다.

박해의 물결은 공권력과는 무관하였다. 유대인의 고리대금업을 원인으로 설명할 수도 없을 것이다(참고로 당시에 고리대금업이라는 단어는 이자 수입이라는 의미 외에는 다른 뜻이 없는 중립적인 단어였다). 상당수의 경우에 유대인 박해는 살인과 방화 등 난동의 양상을 보였다. 간혹 방어가 가능한 경우도 있었지만 대부분은 프랑크푸르트의 경우처럼 헛수고였다(독일 지역의 대표적인 유대인 거주지였던 프랑크푸르트에서는 1349년 대부분의 유대인이 학살당했다). 바젤과 뉘른베르크는 다른 도시들과 비교할 수 없을 정도로 상황이 심각했다. 바젤의 시 위원회는 라인 강의 섬에 목조 가옥을 세우고 유대인을 화형시켰다. 뉘른베르크인은 유대인을 처형하기 직전에 그들에게서 강제로 뺏은 노략물을 놓고 황제와 협상을 벌이기도 했다. 룩셈부르크와 보헤미아의 영주였던 카를 4세는 자신의 영토에서 벌어지는 학살에 대한 대응으로 신속하고 엄중한 벌을 내리기도 했다. 그러나 독일의 소도시들에서 자행되는 박해에 대해서는 전혀 손을 쓸 수가 없었다. 경우에 따라서는 몸값을 협상하거나 심지어 정치적 후원을 약속하는 유대인에게는 처벌을 면제해주기도 했다. 교황 클레멘스 6세(재위 1342~13152)는 유대인에 대한 중상모략에 이의를 제기했고, 황제 카를 4세는 살인의 물결이 휩쓴 뒤에 유대인이 '아무런 죄 없이 살해되었다'고 뒤늦게 언급하기도 했다. 그러나 유럽의 다른 지배자들은 이

1491년 뉘른베르크에서 제작된 이 목판화에는 전당포를 운영하는 유대인의 거실이 그려져 있다. 그의 부인과 안전띠가 달린 요람에 누워 있는 아이, 전당포 업무용 책상이 눈에 띈다. "사악하고 게으른 유대인들은 노동을 경시한다"는 문구에는 수공업을 중시하는 당시의 풍조에 반유대적 사고가 깃들어 있음을 보여준다. 전당포를 경영했던 그리스도교의 교인들 또한 비난의 대상이 되었다!

런 식의 입장을 표명하려 하지 않았다. 중부 유럽에서 번성했던 유대인의 생활 기반은 무너져버렸고, 끔찍한 기억이 희생자뿐만 아니라 살인자의 후손에게도 남았다. 그 결과 서로에 대한 두려움과 반목이 지속되었다. 약 1,000년 동안 지속되었던 중세의 정통 유대교는 14세기 이래로 침체기를 맞았고, 결국 유대인은 서유럽 국가에서 추방되었다. 이들은 이후 동유럽에서 새롭고 독립적인 '동유럽의 유대인' 문화를 형성한다.

성장의 한계

기원후 1000년경의 유럽에는 대략 3,800만 명 정도의 사람들이 살았다. 350년 후 대규모로 페스트가 발생하기 전까지는 이 수치가 배로 늘어났다고 한다. 이 시기는 성장의 시대로 토지 경작이 집중적으로 이루어졌고 거주 영역이 확장되었다. 몇몇 지역을 비교하는 것이 의미가 있을 것이다. (스페인, 남부 프랑스, 아펜니노 반도, 발칸 반도를 포함한) 지중해 연안 지역에는 1000년경 전 유럽 인구의 약 절반 정도가 거주했다. 믿을 만한 수치에 따르면 3,800만 명 중 1,700만 명이 지중해 연안에 살았다고 한다. 또한 900만 명 이상이 동유럽, 헝가리, 폴란드, 러시아에 거주했다. 잉글랜드, 프랑스, 오늘날의 베네룩스 3국, 독일, 스칸디나비아 반도의 인구는 약 1,200만 명 정도로 추정되고 있다. 조사한 바에 의하면 이 지역의 인구는 기원후 1000년과 페스트가 유행하기 직전까지 거의 세배나 증가했다고 한다. 일반적으로는 3,550만 명 정도로 추산되고 있다. 지중해 연안 국가들의 인구는 반 정도만 증가하여 2,500만 명 정도였다. 같은 시기에 동유럽에서는 900만 명에서 1,350만 명으로 증가했다. 동유럽을 전체적으로 봤을 때 이 수치는 남부 유럽과 같은 50퍼센트 정도의 성장률이라고 할 수 있다.

물론 각 수치는 의심의 여지가 많지만 성장률의 차이가 명확하게 드러나고 있다. 라틴 유럽의 중심부에서는 인구가 세 배 정도 증가했다. 이미 상당히 발달이 진행된 남부에서는 인구의 반 정도가 또다시 증가했다. 이는 교역 확대의 결과로 도시가 밀집화된 것과 관계가 있음이 확실하다. 동유럽과 스칸디나비아 반도에서는 기존 인구 규모의 절반 정도만이 증가했다. 당시에는 인구 증가의 발판이 아직 마련되지 않았기 때문이다. 그러나 이곳에서는 페스트가 극심한 영향을 미치지 않았기 때문에 이후에도 인구 성장이 지속되었다.

알프스 북부 유럽 중심부의 급성장이 영토 확장으로 인한 결과였다는 것은 너무도 자명하다. 영토 확장은 경제의 급성장으로 인한 교역의 활성화와 도시의 성장 때문에 가능했다. 최근 몇 년의 조사에 의하면 기후 조건의 호전도 일익을 담당했다. 매년 평균적으로 섭씨 1.5도 정도 온도가 상승했다. 중세의 함부르크에서는 홉을 경작했고, 슐레지엔의 그륀베르크에서는 포도를 재배했다. 기원후 1000년경 바이킹족이 항해 도중에 녹색의 해안이 펼쳐진 '그린란드'를 발견할 수 있었던 것은 바로 이러한 이유에서였다. 오늘날의 '그린란드'에는 빙산이 바다를 향해서 뻗어나가고 있지만 말이다. 온화한 기후 덕분에 생활 여건은 우리가 추측할 수 있는 수준보다 좋았을 것이다. 중세 성의 잔해를 통해서도 이를 알 수 있다. 기후는 13세기 말경에 나빠지기 시작했다. 물론 기후 변화의 여파가 당장 나타나지는 않았다. 하지만 기후는 서서히 나빠졌던 것으로 보인다. 오늘날의 고약한 기후를 보면 알 수 있을 것이다.

한편 통계학적 조사에 의하면, 중세 유럽의 가장 중요한 발전 시기에 미래의 핵심 지역으로 성장, 변모했던 잉글랜드와 독일 사이에 위치한 지역의 인구가 이미 당시에 상대적으로 발달했던 남부나 또는 비교조차 할 수 없을 정도로 개발이 미진했던 동부의 인구 증가율과 비교했을 때 여섯 배나 증가했음을 알 수 있다. 그동안의 연구가 절대적인 수치 외에는 그다지 밝혀낸 것이 없을 정도로 당시의 시대적 상황에 대해서는 알려진 바가 없다. 하지만 이와 같은 비교를 통하여 인구가 증가한 이유에 대해서 의문을 제기할 수 있을 것이다. 여러 가지 이유로 지난 세기까지는 이 문제가 그다지 중요하지 않았다. 하지만 오늘날에는 상당히 중요하게 여겨지고 있다. 인간이 본래 종족 팽창의 본성을 가지고 있기는 하지만, 인구 증가의 추세가 최저 생활수준과 매우 밀접한 관련이 있음이 밝혀졌기 때문이다. 우리 시대에 와서 의학 기술의 발달로 개인적인 차원에서 피임과 낙태 등 인구 조절 방법을 터득하게 되었다고 생각하면 오산이다. 이러한 설명하기 난처하고 슬프고 또 잔인한 주제에 대해서 많은 것을 이야기할 수는 없지만, 이미 중세에는 낙태의 수단으로 마편초(월경의 시작을 촉진하는 약품 등으로 사용되었던 약용 식물)나 석송(월경주기 조절과 유산에 사용되는 것으로 알려진 식물)을 사용했음을 알 수 있으며, 강제적으로 낙태를 하는 관행도 있었다. 그러나 의학이 아닌 금욕이나 남녀 사이의 체외 사정 등 비정상적인 성적 접촉이 본질적인 조절 수단이었다. 어쨌든 발전의 긍정적인 측면 역시 주목할 만하다. 어쨌든 중세의 인구 증가는 특정한 좋은 조건 아래에서 일어난 인구의 급속한 증가라는 점에서 주목할 만하다.

중세의 경작지 확장으로 인해서 그러한 인구 증가의 조건이 형성된 것이 틀림없다. 얼마나 많은 프랑스인이 프랑스 남서부로 이주했는지, 얼마나 많은 잉글랜드인이 웨일스로 떠났는지, 얼마나 많은 카탈루냐 사람과 '옥시타니아 사람' 그리고 프랑스 사람이 재정복 전쟁으로 흡수된 지역을 새로운 고향으로 만들었는지를 알 수는 없다. 하지만 광범위하게 여러 측면으로 조사가 이루어진 중부 유럽 동쪽의 경작지 개간 사업에서 매우 특이한 실마리를 찾을 수 있다. 민족주의적인 의도로 의심받기는 했지만 자세한 조사가 진행된 독일의 '동부 지역 연구'를 통해서, 과거에는 네덜란드와 같은 몇몇 서부 지역에서 동쪽의 바이에른으로 종종 대규모 이주가 있었음을 알 수 있다. 대규모 이주는 엘베 강 건너편 지역의 인구밀도를 단숨에 높였고, 동시에 이 지역으로 단

시간 내에 독일 문화를 전파했다.

　　서유럽에서 동부 유럽으로의 인구 이동은 발트 해와 카르파티아 산맥 사이의 광대한 지역에서 문화적 발전을 가능하게 했다. 처음에는 인구의 일부만이 이주했기 때문에 대다수의 연대기 기록자는 인구 이동 과정에 대해서 별다른 언급을 하지 않았다. 여기저기에서 농부의 아들이나 젊은 수공업자 몇몇이 그리고 다수의 젊은 부부가 고향에서의 삶보다 더 나은 생활을 위해 동쪽으로 떠났다. 그 길은 멀고 또 고통스러웠지만 전체적으로는 잘 조직되어 있었다. 그러나 이주와 관련된 사실은 거의 주목을 받지 못했다. 이주 과정은 두 단계로 진행되었다. 초기에는 엘베 강과 잘레 강 건너편으로 이주한 사람들의 수가 20만 명을 넘지 않았을 것으로 추산된다. 그러나 이 지역에서 이주민들의 인구 증가율이 급속히 치솟아 한 세대가 지나기 전에 보다 동쪽에 위치한 포메른, 프로이센, 폴란드, 보헤미아, 모라비아, 슐레지엔, 헝가리 왕국의 상당 지방과 슬로바키아, 카르파티아 지역이 이주자로 채워졌다. 이 과정은 오랜 세월에 걸쳐서 이루어졌다. "13세기에는 비슷한 규모로 이루어졌겠지만 이후에는 점차 새로운 동쪽 지역들이 식민 이주 사업을 주도하게 되었다"(발터 쿤). 이는 높은 유아사망률에도 불구하고 100년 동안 새로운 이주자들의 수가 자체적으로 두 배나 증가했음을 보여주고 있다. 그리고 이러한 사실은 경작지 확장과 관련해서 중부 유럽의 동쪽에서뿐만 아니라 서부와 중부 유럽에서도 300년 사이에 인구를 약 세 배 가까이 증가시킨 어떤 요인이 작용하고 있음을 다시 한번 확인시킨다.

알베르투스와 아리스토텔레스

　　유럽 사회가 정신적, 지리적으로 유동성을 띠게 되고 과거의 유산을 극복하려던 시기에 그리스도교와의 접촉을 통해서 개인의 자의식, 개개인의 의지와 능력의 발견이 이루어졌다. 이는 다음 세기에 여러 과정과 변화를 거쳐서 성숙하게 되는 유럽 개인주의의 시작이었다. 신비주의자 클레르보의 베르나르두스와 합리주의자 피에르 아벨라르, 서로에게 적대감을 가졌던 두 수도승이 이러한 발전 과정에서 중요한 첫 단추를 채웠다면, 13세기에는 그에 못지않게 유럽 개인주의의 발전에서 중요한 결정이 철학의 영역에서 이루어졌다. 이 시기에 아리스토텔레스의 철학을 그리스도교 사상 속으로 끌어들여 그의 철학에 의지함으로써 철학의 왕국에서 십자군 원정과 영토 확장을 주장할 수 있게 된 것이다. 아벨라르는 과거 1,000년 동안 잊혔던 '철학자'라는 표현을 12세기에 다시금 상기시켰다. 또한 그는 고대의 관념에 따라서 철학자를 삶의 최상의 유형으로 설명했다. 시대가 변하면서 철학이 신학의 시녀가

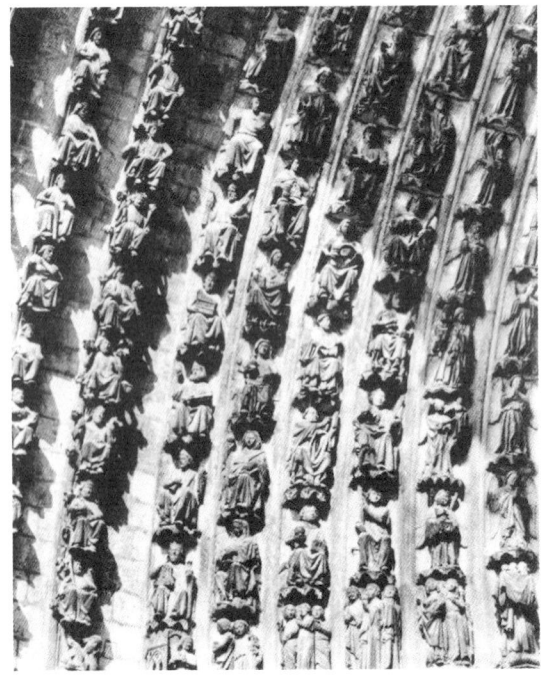

정면 입구의 아치에 천사와 성인들을 새긴 아미앵 대성당의 부조들. 이보다 개인주의적 특성을 상세하게 묘사한 그리스도교적 작품을 상상할 수 있을까?

아니라는 사실을 놓고 한동안 논쟁이 벌어지기도 했다.

12세기까지는 고대 철학 가운데 특히 후기 로마의 고전에 대한 존경심이 라틴 유럽으로 전해졌다. 그 외에도 플라톤은 저작들 중에서 일부가 전해졌지만 아리스토텔레스에 대해서는 알려진 바가 거의 없었다. 그리스의 경우 고대 문화의 전통을 계승하려는 노력이 유럽보다는 나은 편이었지만 그렇다고 해도 고대 문화가 절대적으로 잘 보존된 것은 아니었다. 오히려 아랍인이 그리스 지역을 정복하고, 상당 기간이 흐른 9~11세기에 이들이 헬레니즘적인 지중해 문화와 동화되면서 고대 문화의 상당 부분을 전했다. 이로 인해 가장 중요한 아리스토텔레스 주석서들은 스페인의 이슬람인과 유대인 사이의 교류를 통해서 저술되었다. 아리스토텔레스 주석서 대부분이 아랍이나 유대의 출처를 가지고 있는 것은 이러한 이유 때문이다.

아리스토텔레스의 사고 체계에 대한 결정적인 해석은 이슬람 사상가 이븐 루슈드(1110~1185)에게서 나왔다. 그리스도교 세계에서 그는 그리스식 이름인 아베로에스로 알려져 있었고 철학적 이단의 우두머리로 인식되었다. 그의 이론에 의하면 인격화된 신이란 존재하지 않으며, 단지 우리 모두가 공유하는 지적 영혼만이 있을 뿐이다 지적 영혼은 우리가 살아 있는 동안에는 개체화되어 있지만, 사후에는 개개인의 정신적 실체가 단일한 전체로 회귀한다는 것이다. 여기에서 인간에게 천상에서의 보상이나 속죄는 없으며, 지적 영혼은 현세와 인간에 대해 애착을 가지고 있지 않다는 독특한 세계관이 유추되었다. 아베로에스의 세계는 영원하고, 창조된 것이 아니며, 시작도 끝도 없었다. 그의 해석은 그리스도교 신학이 계시론에서 이끌어낸 해석과는 천지차이였다. 이것은 모든 인간관계를 합리주의적이고 현실적으로 해석하기에는 적합했다. 그렇다고 해도 필요한 것을 위해서 격렬하게 싸우고 선하지만 한계를 갖는 존재인 개인의 무력함에 대한 인식을 전적으로 무시하지는 않았다. 어쨌든 그의 이론은 세례와 영원한 성령에 대한 희망 사이에 펼쳐진 그리스도교적 존재 인식과는 결코 타협하지 않았다.

아베로에스의 이론은 12세기에 이미 스페인-이슬람 교류를 통해서 막 건립된 대학들에 전파되었다. 때문에 북부보다 지중해 연안의 몽펠리에 대학과 볼로냐 대학에 먼저 전파되었고, 대학을 중심으로 활동했던 비판적 지식 계층 사이에서 암암리에 추종자 집단이 형성되었다. 에른스트 블로흐가 썼던 바와 같이 그의 이론은 "아리스토텔레스적 좌파"의 경전이 되었던 것이다.

아리스토텔레스적 우파는 없었다. 13세기 초반부터 교황은 계속해서 아리스토텔레스를 연구하는 것에 대해 금지령을 내렸다. 본질적으로 이것은 활발한 철학적 논쟁의 금지를 의미했다. 그럼에도 불구하고 이 그리스 사상가의 저작은 여러 경로를 통해서 13세기 중엽에 서유럽으로 유입되었고 마침내 세간의 이목을 끌었다. 아리스토텔레스는 최초로 그리고 유일하게 현세와 내세를 포괄하는 조직적 해석을 시도했다. 당시에 그보다 더 유명했던 스승 플라톤은 이와 같은 통일성을 제시하지 못했다. 이제 철학을 연구하기 위해서는 우선 아리스토텔레스와 피할 수 없는 격론을 거쳐야 했다. 당대 아랍과 유대 지식인들의 이론이 해석되고, 고대 철학이 그리스도교의 역사 속으로 전파되어 '문화의 어머니'로 높이 평가되면서, 아리스토텔레스에 대한 연구가 반드시 필요해졌다. 당연히 그는 '그리스도교적으로' 해석되어야 했다. 그렇지 않으면 이 세상은 정상이 아니고, 그리스도교는 인간 존재의 완성도 목적도 되지 못했다. 라틴어가 공용어로 사용되는 시기이자 로마 제국의 전성기에 그리스도가 살았다는 사실과 수세기 동안 선전된 고대와 그리스도교의 융합은 그리스 철학에 대한 총체적인 연구를 피할 수 없는 의무로 만들었다. 예루살렘의 탈환을 위한 십자군 원정과 마찬가지로 그것은 일종의 새로운 모험과 같은 것이었다. 결코 실패해서는 안 되며, 만약 실패한다면 신이 직접 도우러 와야만 할 것이다.

수많은 준비 과정을 통해서 이 모험은 마침내 영웅을 찾게 되었다. 아마

당대 사람들도 이 인물을 어느 정도 높게 평가하고 있었던 것 같다. 실제로 그는 동시대인들 사이에서 [`위대한`을 뜻하는] '마그누스'라는 별칭으로 불렸다. 유럽이 배출한 지식인 가운데 이러한 칭호로 호명된 사람은 그가 유일하다. '마그누스'가 성장할 당시에 성 도미니쿠스가 새로운 탁발 수도회를 창립했는데, 슈바벤 지역의 기사 출신인 통치 대리인의 아들 볼슈테트의 알베르느(알베르투스 마그누스)는 새로운 수도회의 가장 대표적인 수도사가 되었다.

15세기에 피사넬로가 그린 도미니크회 수도사의 초상화. 가톨릭교회가 '교부'의 반열에 올린 알베르투스 마그누스를 그렸다.

최초의 독일인 대학교수였던 알베르투스는 본래 법률가가 되려고 했다. 파도바에서 공부하는 동안에는 이탈리아 북부에 살고 있던 숙부에게 지원을 받았다. 왜냐하면 대학 교육이 하위 귀족 가문의 신분 상승을 의미했기 때문이다. 관리와 상인으로 활동하던 하위 귀족 가문들은 대학 교육의 기회를 이용할 줄 알았다. 어느 날 수수한 복장의 남자가 학생들 사이에 나타나서 설교를 했다. 독일 출신으로 보였던 그 남자는 작센의 요한이었다. 도미니쿠스의 후계자였던 그는 스스로의 지적 역량을 인식했다. 그는 청빈에 대해 설교하며 참된 그리스도의 후계자로 살고자 모여든 새로운 수도사들을 이끌었다. 그리스도를 섬기는 것은 입신출세 이상의 것을 의미했다. 이러한 삶의 방식을 유럽 학생들에게 급속도로 전파시킨 것은 바로 작센의 요한이다. 그는 마침내 알베르투스의 내적 저항을 무너뜨리고 알베르투스를 수련 수도사로서 독일에 보냈다. 알베르투스의 내적 저항은 그를 수도사의 삶에서 멀어지게 하려고 젊은이에게 꿈을 꾸게 한 악마의 수작이었다[젊은 청년이 수도사가 되는 것을 방해하기 위해서 악마가 개입하여 꿈을 꾸게 했다는 일화를 말한다]. 독일 지역에서 도미니크 수도회는 순식간에 도시들, 특히 독일 서부의 도시들로 전파되었다. 당시 독일에서 가장 큰 도시였던 교역 중심지 쾰른에도 이미 분소가 세워졌다.

알베르투스는 계속 쾰른에서 수학했다. 이후 그가 특출나게 뛰어나자 사람들은 그를 파리로 보내기로 결정했다. 당시에 파리까지는 걸어서 대략 20일이 걸렸으며 쾰른에서 그리 멀지 않았다. 어쨌든 수세기 이후 민족주의가 팽배하던 시기에 비해, 그때 두 지역 사이의 거리가 더 가깝게 느껴진다. 파리의 대학은 공동체적인 조직을 막 구성한 참이었다. 알베르투스는 대학교의 교육과정을 이수했고 박사 학위를 받았다. 이로써 그는 1231년의 교황 칙령에 따라 모든 그리스도교 대학에서 학생들을 가르칠 수 있는 교수 자격을 얻게 되었다. 지금도 전 세계적으로 이와 유사한 방식을 통해서 교수 자격을 취득하게 되어 있다. 알베르투스는 쾰른으로 돌아가 수도회의 교육과정을 정립했다. 그 외에도 다른 임무가 그에게 주어졌고, 그는 수도회의 관구장으로서 수도회의 규율에 따라 전 독일을 도보로 순회했다. 마침내 교황은 그를 레겐스부르크의 주교로 임명했다. 참고로 그는 상당히 특이한 주교였다. 그의 엉성한 신발 모양은 상류층 시민 사이에서 화젯거리가 되었다.

알베르투스는 어느 곳에 머물건 학문에 전념했던 것으로 보인다. 식물학에서는 그의 예민한 관찰력이 특히 두드러졌는데 18세기에 린네가 체계화했던 수준에 근접해 있었다. 수도사가 연구하리라고 기대하기 힘든 학문인 생리학도 아주 상세히 연구했다. 아리스토텔레스에 대해서도 연구했는데, 그의 저서들을 부지런히 새롭게 라틴어로 번역했고 자세한 주석을 달기도 했다. 알베르투스의 작업을 통해서 아리스토텔레스는 그리스도교적인 세계 해석의 중심인물이 되었다.

이는 결코 안전한 작업이 아니었다. 그의 수도회가 교황에게 절대적인 복종을 맹세했기 때문에 탁발 수도사 알베르투스의 아리스토텔레스에 대한 연구는 로마의 교리적 지침에 상당히 저촉되는 것이었다. 그러나 이러한 연구 활동이 비록 교회에 복종하는 태도는 아니었지만, 학문적으로는 가치가 있는 일이었다. 아베로에스에게 대항했던 알베르투스의 아리스토텔레스 해석 덕분에 본질적이고 영원한 개별 존재가 개개인의 영혼으로부터 자유로워질 수 있었다. 이미 초기의 공의회도 그리스 철학의 영향을 받아 존재와 영혼을 구분할 줄 알았다. 동시에 초기 공의회는 특히 개인과 신과의 관계에서 개인적인 신 문제에 대해서도 확고한 입장을 취했다. 종국에는 알베르투스 마그누스와 그리스도교적인 세계, 즉 아리스토텔레스에 의하면 창조되고 유한한 세계만이 남았다.

아마도 알베르투스와 같은 시대를 살았던 인물 가운데 가장 명석한 사람이 그의 철학적 과제를 완수할 수 있었을 것이다. 그는 알베르투스처럼 엄청나게 부지런하지는 않았지만 비슷한 수준의 영향력을 행사했다. 바로 알베르투스의 제자 토마스 아퀴나스이다. 그는 사물을 체계화하는 능력에서 스승을 능가했다. 역사가들은 가정에 근거한 추측을 피했고 가능한 한 실제로 그러했으리라고 말해왔다. 그렇지만 전반적인 발전 가능성을 추측하는 것이 무의미하지는 않을 것이다. 유럽의 개인주의는 이슬람이나 비잔티움의 그리스도교 세계가 아닌 라틴 유럽의 스콜라 철학에서만 확실하게 나타나고 있음이 밝혀졌다. 이러한 개인주의가 없었다면 철학적 논의나 신의 존재에 대한 숙고를 근거로 생겨난 유럽 사회의 자아 인식이나, 경제 문제에서 평범한 거

마찬가지로 피사넬로가 그린 13세기의 대표적인 수도사 토마스 아퀴나스. 당대에 이미 성인으로 추앙받았던 아퀴나스의 모습이 실물과 똑같이 묘사되어 있지는 않지만 널리 알려진 특징이 어느 정도 나타나 있다.

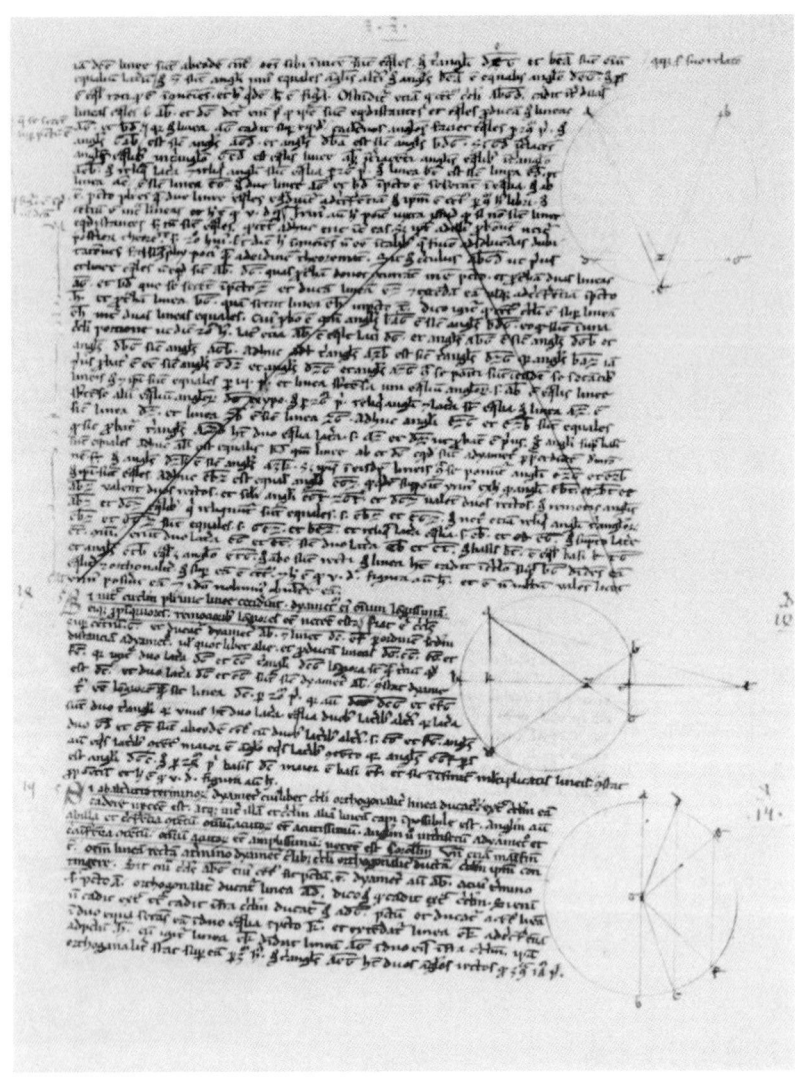

교수들과 학자들이 일상적으로 사용했던 필체는 서기청의 화려하고 균형 잡힌 필체와는 차이를 보였다. 서둘러 적은 메모가 개개인의 성격을 보여주는 것 같다. 부지런한 알베르투스 마그누스의 정제된 필체(왼쪽)는 그의 제자였던 토마스 아퀴나스의 서둘러 쓴 것처럼 보이는 필체(오른쪽)와 비교된다.

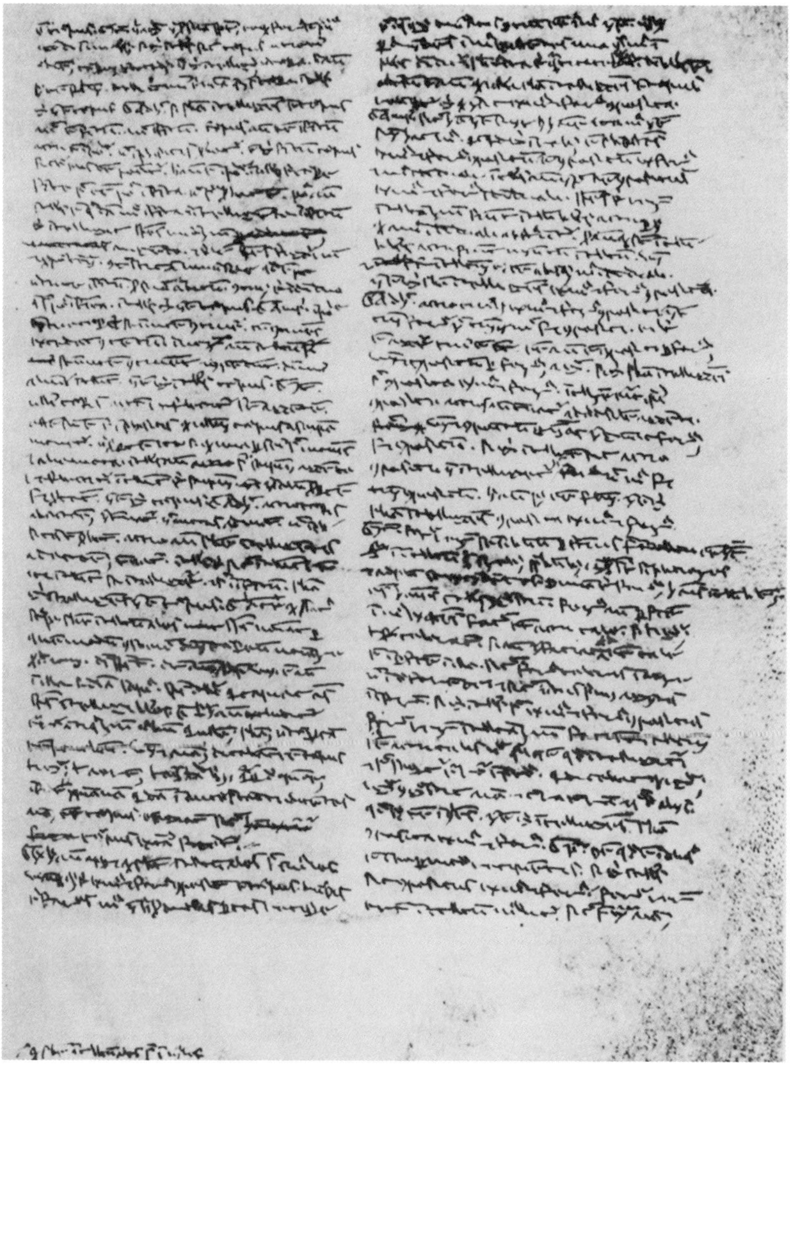

주자의 자의적 결정권까지도 제한하는 원시적인 집단주의에서 벗어나는 것이 불가능했을지도 모른다. 알베르투스와 그 이후의 모든 유럽 철학은 아리스토텔레스 금지라는 쇠사슬에서 자유로워졌다. 그 양상은 다양했지만 자신의 철학을 그리스 철학의 전통과 결부시켰다. 의식적으로든 그렇지 않든 간에 그리스 철학에 대한 이러한 관심이 유럽의 문화적 전통을 이어주었다. 고전에 대한 이 같은 관심은 반복적으로 '일련의 르네상스들'을 통해서 지속되었다. 그리고 마침내 유럽의 문화적 자부심은 17세기부터 급속히 성장했던 자연과학적 사고로 인해서 홀로서기를 할 수 있게 되었다.

자연과학적 사고는 이미 알베르투스의 시대에 뿌리를 내리고 있었다. 알베르투스 역시 그와 같은 사고를 하고 있었고, 옥스퍼드 대학 총장 로버트 그로스테스트와 [근대 과학의 선구자] 로저 베이컨 역시 그러했다. 옥스퍼드 대학은 파리 대학에 비해 뒤늦게 세워졌지만 수학과 자연과학적 사고의 특별한 중심지였다. 로버트 그로스테스트보다 약간 후에 로저 베이컨은 정확한 수학적 사고를 발전시켰고, 또 일련의 착상을 유도한 상상적 사고를 통해 근대 과학과 그 이상의 것을 이끌어냈다. 사상적 발전은 알베르투스 이후 한 세대가 지나 도래한 '대전(大全)'의 시대에 정점에 도달했다. 대전은 신학과 철학, 사회적 지식 전부를 논리적으로 정리하고 이를 체계화하려는 시도를 말한다. 토마스 아퀴나스(1225/1226~1274)의 『신학 대전』은 가장 명쾌한 논리를 구성했고 광범위한 주장을 전개했다.

'대전'은 신학 이외에 다른 지적 영역에서도 인기가 있었다. 백과사전과 같은 '대전'은 특정한 하나의 주제에 대해서 모든 것을 수합, 정리하였다. 잉글랜드의 관습법은 [헨리 2세 시기의 대법관으로 『잉글랜드의 법률과 관습에 관한 논고』라는 책을 통해서 관습법의 적용 범위를 확대했던] 레널프 드 글랜빌에 의해서, 프랑스 법은 [13세기 프랑스의 행정가이자 법률가로 『보베지 지방의 관습』의 저자인] 필리프 드 보마누아르에 의해서, 독일의 법은 [독일 최초의 법학자]

레프고의 아이케에 의해서 수집되었다. 모라비아의 도미니크회 수도사 트로파우 마르틴은 역사학 개요를 '사화집〔詞華集: 명시(名詩)나 명문(名文)을 모아 만든 책〕'의 형태로 기록했는데, 이 책은 5개 국어로 번역되었다. 이 시기에 세계는 통합되었고, 개개의 학문 영역과 전체 학문 영역에서는 심오한 명제들이 집성되었다. 실로 행복한 시기였다! 약 150년 동안의 경제적 팽창, 정치적 확산, 사회적 활력, 그리고 팽창적 "수공업의 황금시대"(빌헬름 아벨)가 있은 후 정신적인 결실이 맺어졌다. 다양한 측면을 내포하고 있던 이 위대한 시대는 보통 낭만적으로 회고되거나 '신성한 중세'로 미화되지만, 실제로는 당시의 생활 기반이었던 농업 생산력에 절대적으로 의존하고 있었다. 비축된 농산물이 바닥을 드러내자 다시금 대다수 인구의 생활이 최저 생활수준으로 떨어졌고, 상당수의 사람들이 흉작, 기근, 질병으로 위협을 받았다. 흉작, 기근, 질병은 14세기로 넘어가는 시기에 서유럽에서 먼저 발생했고, 이후에는 중부 유럽으로 넘어갔다. 동시에 새로운 비판적 철학 세대가 사회와 그리스도교의 이상화된 신(新)테제 속의 모순들을 발견하였다. 대립의 새로운 단계가 시작된 것이다. 새로운 철학 세대는 스콜라 철학에 의해서 12세기 이후로 성공한 것처럼 보였던 학문과 신앙의 통합을 분리해야 한다고 주장했다. 당시에 문화의 주도 세력이었던 프랑스 왕권은 유럽의 주도권을 놓고 잉글랜드와 벌인 약 150년에 걸친 전쟁 기간에 정치적 혼란을 야기시켰다. 그 외에 페스트가 유행하기 시작했다.

전쟁과 질병 등의 불리한 여건 속에서도 라틴 유럽 문화는 붕괴되지 않았다. 1346년의 크레시 전투가 서유럽의 몰락을 유도하지도 않았다. 오히려 힘든 세기가 시작되었음에도 불구하고 가장 창조적인 위기의 시대에 옛것이 사라지고 새로운 것이 발전했다. 이것은 부분적으로 그리고 정신적으로 풍요롭고 평화로웠으며 창조적이지만 보수적이기도 했던 한 명의 통치자로부터 비롯된 것이었다. 그는 바로 도망자였고, 크레시 전투에 아버지를 남겨두었으며, 로마의 왕으로 선출되었지만 무기력했고, 고향인 보헤미아에서 피신처를 찾았던 카를 4세였다. 보헤미아에서 주변의 중부 유럽 동쪽을 바라보면서 카를은 엄청난 문화적, 정치적 혼란을 한 세대 동안 극복할 수 있었다.

다시 한 번 '대왕들의 세대'

본래 바츨라프라고 불리던 룩셈부르크 출신의 카를은 보헤미아의 '장님왕' 얀의 아들이자 황제 하인리히 7세의 손자였으며, 프르세미슬 가문의 상속녀 엘리자베트의 아들이었다. 뿐만 아니라 보헤미아 지역을 지배했고 폴란드 왕으로 재위한 몇 년 동안에 수도 프라하를 중부 유럽 궁정 문화의 중심지로 만들었던 바츨라프 2세의 손자이기도 했다. 카를 대제 이후의 중세 유럽 황제들과 비교했을 때, 카를 4세는 전기 작가들에게 많지는 않지만 충분한 쓸거리를 남겼다. 그러나 아직까지는 사료에 근거한 왕과 황제의 전기물이 드문 탓에 공적과 범법 행위들, 무기력함, 허황된 이야기와 씁쓸한 뒷이야기들 사이에 펼쳐진 협소한 산등성이에서 균형을 잡는 데 어려움을 겪고 있는 실정이다. 이런 상황 때문에 왕들과 황제들의 역사에 대해서는 아주 소수의 내용만이 알려져 있다.

카를 4세의 성장 과정이 명확하지는 않지만 그럼에도 불구하고 몇 가지 사실에 대해서는 정확하게 말할 수 있을 것이다. 왜냐하면 카를이 자서전을 남긴 몇몇 유럽 군주 가운데 한 명이기 때문이다. 자서전을 쓴 군주로는 100년 전의 현명왕 알폰소 10세와 100년 후의 인물로 허풍이 심했던 오스트리아의 막시밀리안 1세를 들 수 있다. 카를의 자서전은 1325년부터 1355년까지 그의 유년 시절과 청장년기를 담고 있는데, 그가 신성 로마 제국의 황제로 선출되기 직전까지의 삶을 기록하고 있다. 그러나 자서전을 통해서 그가 정치

황제 카를 4세는 프라하 중심부에 있는 다리에 망루를 세웠다. 그가 건축한 교량 망루는 카푸아의 다리에 프리드리히 2세가 세운 문과 비교할 만하다. 자비롭게 보이지만 체념한 듯한 카를 4세의 표정은 스스로 감당할 수 없었던 거대한 정치적 유산에 대한 그의 걱정을 느끼게 한다. 아마도 이 인물상은 카를이 죽기 전 페트르 파를레르슈의 대성당 작업실에서 만들어진 것으로 보인다.

적 사명감으로 충만한 신앙심 깊은 전형적인 인물이었음을 충분히 인식할 수 있을 것이다. 이는 당시 유럽의 중심지인 파리의 궁정에서 유행했던 시대적 인물상이었다. 그는 고전적 의미의 황제였다. 카를은 스스로를 신과 현세의 숭고한 중재자로 생각했다. 〔그럼에도 불구하고 그는 교황과 대립하지 않았다.〕 명석했던 그는 신성 로마 제국의 황제이자 국왕으로서 교황들과의 구태의연한 대립 관계로 빠져드는 길을 선택하지 않았다(그의 할아버지도 교황과의 대립으로 인해서 몰락했다). 그는 또한 체계화된 정치권력이 부재했고 봉건제도라는 골동품 같은 비실용적인 통치 구조 속에서 자신은 여러 제후 가운데 한 사람에 불과하다는 것을 알아챘다. 따라서 단순히 가문에 의존한 권력이 아

제6장 | 위기와 혁명 527

니라, 프랑스 왕을 다른 유럽의 경쟁자들보다도 우위에 설 수 있게 했던 왕령지만이 진정한 권력 기반이 될 수 있음을 깨달았다. 즉 영토와 예속민에 대한 직접 지배권만이 왕권을 궁극적으로 가장 확실하게 확립할 수 있는 요소라고 생각했던 것이다. 그는 필요한 조건들을 확보하고 있었다. 룩셈부르크 백작〔카를 4세〕은 부계 쪽으로는 보헤미아의 왕이자 모라비아의 변경백이었다. 뿐만 아니라 봉주로서 슐레지엔의 공작령들을 소유하고 있었는데, 영토의 규모가 동독 정도의 크기에 해당했다. 룩셈부르크가는 신성 로마 제국에서 가장 강력한 가문이었다. 이러한 세력이 활용되어야만 했다. 룩셈부르크 백작 가문이 소유한 이러한 세력의 조직화는 독일 주교들의 선출 과정에서 영향력을 행사하는 것(이는 새로운 유형의 서임권 정책이었다), 타협을 모르는 독일 제후들 사이의 경쟁 관계를 현명하게 이용하는 것, 왕가 사이의 국제적인 정략결혼과 같은 다수의 정책적 결정을 통해서 확립되어야 했다.

카를은 프랑스 왕가와 밀접한 관계를 맺고 있었다. 친분은 그의 고모, 그의 첫 번째 부인, 그의 교육 배경, 젊은 시절의 교우 관계, 그리고 그의 정치적인 현명함에서 기인했다. 그러나 카를은 개인적인 이익만을 추구한 군주가 아니었다. 1344년에는 독자적인 대교구를 건립하여 인접 지역에 대해 교황 특사가 권리를 행사할 수 있도록 했고, 1348년에는 중부 유럽 최초의 대학을 설립했다. 보헤미아 왕국의 수도 프라하를 장기간에 걸친 간헐적인 증축을 통해서 알프스 북부 지방 최대 규모로 확장하기도 했다. 이와 같은 조처들 외에도 봉건제도를 통한 보헤미아 지역 내부의 지배 구조 재편성, 성과 도시들을 왕령지에 재편입시키는 것, 그리고 마지막으로 성공을 거두지는 못했지만 법 조직의 개편을 통해서 보헤미아 왕국을 개혁하고자 했다. 카를은 독일 지역에서도 지배권을 장악하려 했다. 이를 위해서 보헤미아의 지배권을 서부와 특히 북부의 브란덴부르크로 확장하려고 했다. 브란덴부르크가 동방 영토의 확장을 위해서 전망이 밝았고 발전 가능성이 많았기 때문이다. 이곳은 전통적으로 독일의 통치자들이 세력을 공고히 하고자 했던 지역이다. 카를은 왕실의 기득권과 이익을 포기하면서까지 친(親)도시적인 정책을 추구했고, 보수적인 지배 구조를 재확립하고자 했다. 첨예한 교섭을 통해서 타협이 이루어지고 1806년까지 유효했던 법 제도가 확립된 것은 1356년의 금인칙서를 통해서였다. 금인칙서는 선거 군주국으로서 제국의 지배 구조를 확립했고 선제후, 제국 제후, 제국 도시들로 이루어진 미래 제국 의회의 삼부회 구조의 토대를 마련했다. 그러나 이는 단지 여덟 명의 최고위 지도자들, 즉 황제와 일곱 명의 선제후로 구성된 선거인단의 합작품에 불과했을 뿐이며, 이를 통해서 카를 자신은 별다른 이득을 얻지 못했다.

카를은 왕령지를 효율적으로 운영했을 뿐만 아니라 쉽게 이해가 가지 않는 교묘한 외교적인 방법을 동원해서 북부 이탈리아를 장악했다. 로마를 떠

'옛 전통'을 따라 네 명의 라인 선제후가 모임을 가졌던 코블렌츠 근교 렌스의 라인 강변. 라인 선제후들은 이곳에서 1338년 교황의 인준권 주장에 반대했고, 왕을 선출할 때 만장일치 또는 다수결 원칙의 합법성을 선언했다. 그 결과 1346년에는 카를 대제가, 1400년에는 루프레히트가 신성 로마 제국의 황제로 선출되었다. 1376년에 황제 카를 4세는 팔각형의 석조 '의자'를 세움으로써 집회 장소의 중요성을 더욱 강조했고, 이로써 16세기 초반까지 왕권을 견제하던 제국 대제후들의 영향력에 더욱 비중이 실리게 되었다. 제후권의 핵심이 제국의 동부로 옮겨 가면서 이 석조물은 1519년에 역사의 무대에서 사라졌다. 원래의 위치에서 위쪽으로 옮겨진 '왕의 의자'는 의회 제도 발전의 표상으로 제후들의 공동 결정권의 상징물이었다.

나 프랑스 왕의 영향력 아래에 있었으며 다소 무기력해지기는 했지만 여전히 광범한 교회 조직을 보유했던 아비뇽 교황청과의 어려운 현안도 다룰 줄 알았다. 즉 그는 엉클어진 수천 갈래의 실타래를 정치적 동맹과 성유물 숭배, 그리고 소모적이고 과시적인 행사 개최와 민족적 정체성 확립을 통해서 풀 줄 알았다. 그 결과 그는 30년이 넘도록 전쟁을 치루지 않고 전 분야에서 확고한 질서와 정의를 확립시켰다. 이 모든 것이 룩셈부르크의 카를을 역량 있고 아주 드문 통찰력을 가진 지배자로 만들었다.

물론 어떤 통치자든 실수를 하기 마련이다. 신에게 선택받았다는 냄새를 스스로 풍기는 개인을 색출해냈던 20세기의 시대적 정황[2차 대전 시기의 유대인 색출 및 말살 정책]을 무시하고, 시칠리아 왕국의 프리드리히[신성 로마 제

특이하게도 황제 프리드리히 2세와 황제 카를 4세의 행보는 100년이라는 시간 차가 있음에도 불구하고 유사한 점이 많았다. 카를 4세가 프리드리히 2세가 남긴 문서의 특정 문장을 그대로 인용한 것은 잘 알려진 사실이다. 프리드리히 시대에 정점에 도달했던 슈타우펜 왕가의 지배권이 카를의 시대에 종말을 고했듯이, 1378년에 카를 4세가 사망하면서 유럽 역사의 한 시대가 끝이 났다. 신성 로마 제국과 보헤미아의 사려 깊은 통치자 카를에게 슈타우펜 황제가 누렸던 카이사르와 같은 승리감은 익숙하지 않은 감정이었을 것이다.

국 황제 프리드리히 2세, 시칠리아 왕으로서는 프리드리히 1세)와의 특이한 유사성을 제외하면, 보헤미아 왕국의 카를 4세만큼 역사적인 순간을 파악하고 그 가능성을 이용할 줄 알았던 유럽의 지배자도 드물었다. 비록 카를 4세에게는 사람들이 그에게 현혹되었다는 질타가 있었고, 프리드리히는 이단의 의혹을 받기도 했지만 말이다.

그러나 잘못된 미화에 대해서 많은 반론이 제기되고 있다. 카를은 이득을 얻기 위해서 동맹자들을 배신하기도 했고, 같은 이유로 제후의 명예와 기사도 정신을 망각하기도 했다. 그의 처세술이 신중했던 것처럼 보이고 그의 독단성이 적을 만들지는 않았지만, 그럼에도 불구하고 종종 희생자를 냈다. 그는 동성연애자를 화형시키는 것에 대해서 양심의 가책을 느끼지 않았다. 제국 내에서 발생하는 유대인 박해도 막지 못했다. 또한 왕은 제후들에 의해서 선출된다는 선출 왕권을 법령화했으며, 재정 상태를 전혀 고려하지 않은 채 아들 벤첼의 독일 왕 선출을 위해서 백방으로 노력하기도 했다. 그러나 그는 가능한 한 무력을 사용하지 않고 국정을 처리하고자 했다.

카를은 자신이 지배하는 중부 유럽의 통치 중심지를 거점으로 삼고 폴란드와 헝가리의 왕도 끌어들였다. 이렇게 해서 1364년 크라쿠프에서 '네 명의 왕의 모임'이 개최되었는데 모임이 있었던 건물은 지금까지도 남아 있다. 3세대가 지난 뒤에 운 좋게 상속자가 된 합스부르크 가문은 카를과 합스부르크 가문과의 동맹을 계기로 해서, 유럽 대륙에서 미래의 제국으로 성장하는 발판을 마련할 수 있었다.

이 시기에 동유럽에서 등장한 일련의 중요한 '위대한' 통치자들은 백년전쟁으로 인한 서유럽의 일시적 쇠락이 동유럽 측에 운신의 폭을 넓혀주는 계기가 되었음을 보여준다. 카를의 시대에야 비로소 수세대 동안 진행되어온 동부 유럽의 영토 확장이 경제적, 정치적, 문화적으로 축적된 역량을 통해서 전반적으로 가시화되었다.

카를과 동시대의 사람으로 폴란드 왕위에 있던 인물은 '대왕' 카지미에슈 3세(재위 1333~1370)였다. 두 지배자의 통치 유형에는 상당한 유사점이 있는데, 과거의 원칙들이 의미가 없다고 생각될 때에는 포기할 줄 알았다는 것이 가장 중요한 부분일 것이다. 그러나 카지미에슈 역시 카를과 마찬가지로 새로운 정책을 전개했고 민족적 공동체 의식을 고취시켰으며, 중앙집권적 왕권을 강화하기 위해 통치 조직을 정비하면서 창의적 사고를 했다. (대부분 폴란드의 피아스트 왕가 출신으로 유산 분배로 인해서 슐레지엔으로 오게 되었던) 슐레지엔의 공작들이 서부의

1360년 카지미에슈 대왕의 인장. 직경이 112밀리미터에 달하는 폴란드 국왕의 인장은 왕의 인장이 점점 화려해지고 있음을 보여주는 좋은 예이다. 왕좌는 화려하게 치장되어 있고 카지미에슈는 폴란드와 주요 인접국들의 왕으로 그 위용을 자랑하고 있다. 카를 4세의 실례를 본받아서 왕가의 문장이 인장에 새겨진 것으로 보인다.

우월한 지배 세력으로 등장한 보헤미아와 정치적으로 결탁하자 카지미에슈는 슐레지엔을 포기했다. 1335년 폴란드와 보헤미아는 협정을 체결했는데, 이때 카를은 아직 아버지의 대리인 자격으로 보헤미아에서 영향력을 행사하고 있었다. 폴란드와 보헤미아의 국경 협정은 유럽에서 가장 오랫동안 유지된 것으로 인식되고 있는데, 당시에 협정을 통해서 결정된 국경이 1918년까지 유효했다. 카를처럼 카지미에슈도 새로운 법률의 제정을 통해서 폴란드의 내부 상황을 장악하려 했다. 또한 농민과 시민들의 사기를 북돋아주기도 했다. 이는 궁극적으로는 왕의 수입원, 즉 농민과 시민이 납부하는 조세를 염두에 둔 행위였다. 이러한 꿍꿍이에도 불구하고 그는 아라곤의 페드로 4세처럼 '농민의 왕'이라는 별칭을 얻었다. 카지미에슈 역시 수도 크라코프를 확고한 왕권의 거점으로 만들었다. 카를이 프라하에서 했던 것처럼 크라코프 근처에 새로운 위성도시를 세웠고 1364년에는 대학도 건립했다. 대학에는 왕국 행정관리의 양성이라는 확실한 임무가 주어졌다. 관리들은 높은 수준의 학문적 지식을

통해서 특권적 귀족들의 조언자 역할을 담당해야만 했다. 그러나 왕은 이러한 의도를 확실하게 명문화하지는 못했다.

카지미에슈 역시 동방 팽창정책을 추진했다. 이웃의 보헤미아가 적절한 기회를 틈타 기존의 지배 영역의 반 정도 크기에 해당하는 슐레지엔을 차지했던 것처럼, 그 또한 갈리치아와 루도메리아 지역으로 진격했다. 유럽 대륙에서 일반적으로 '동방 침공'이라고 불리는 폴란드의 동방 팽창은 17세기까지 지속되었다. 자식이 없었던 카지미에슈의 후계자로 복잡한 과정을 거쳐서 헝가리의 로요슈 1세(재위 1342~1382)가 선출되었다(신하들의 평가에 의하면 로요슈 1세도 역시 '대왕'이었다). 로오슈의 정책은 기본적으로 중앙집권화와 법률 제정, 중산 계층 장려 등을 주요 골자로 하는 카지미에슈의 정책 구도와 잘 맞아떨어졌다. 로오슈의 정책은 웅장한 위용을 자랑하는 과시용 예술을 통해서 표출되기도 했는데, 이러한 예술품들의 매력이 세간에 이름이 널리 알려진 다양한 예술가를 끌어들이는 촉매가 됨으로써 예술을 장려하는 결과를 가져왔다.

카를 4세가 프라하 근교에 신도시를 건설했던 것처럼, 카지미에슈 3세도 크라코프 인근에 자신의 이름을 따서 새롭게 건설된 위성도시 카지미에슈로 통치의 중심지를 확장해갔다. 카를 4세와 마찬가지로 카지미에슈 3세 역시 유대인들을 끌어들였는데 이 시도는 매우 성공적이었다. 중부 유럽 동쪽 지역에서 가장 오래된 사진 속의 유대 교회가 카지미에슈의 유대인 정책을 반증하고 있다.

로오슈의 아버지 카로이 1세는 남부 이탈리아 출신으로 헝가리의 왕으로 추대되었다. 그는 왕위에 오르자마자 개인적 경험과 추종자들의 도움을 통해서 프랑스-슈타우펜-시칠리아 통치 조직의 우수한 몇 가지 측면을 헝가리에 도입했다. 그 결과 앙주 출신의 로요슈 역시 동방 팽창, 정확히 말하면 남동부 팽창을 추진하게 되었다. 그는 헝가리 왕국을 봉신 국가들의 띠로 둘러쌌다. 이렇게 해서 그가 카지미에슈 대왕의 뒤를 이어 폴란드의 통치권을 계승하자 발트 해에서 아드리아 해까지 이르는 대왕국이 형성되었다(폴란드 통치권 계승 문제는 과거에는 필연적으로 저항 세력들의 맹렬한 반대를 수반했지만, 로오슈의 왕권 계승 과정에서 큰 반대가 없었다는 것을 감안하면 당시에 이미 통치권의 법제화가 이루어졌음을 유추할 수 있다). 문제는 로오슈 역시 아들이 없었다는 사실이다. 그러나 혈통을 무시한 자유로운 왕의 선출은 왕가의 특별한 소명에 대해서 어떠한 당위성도 부여하지 않을 뿐더러 모든 가문의 지속성이라는 면에 치명적일 수 있기 때문에, 적어도 로오슈의 가문이 로오슈 시대에 통일된 대왕국을 계속 통치하는 것이 좋다는 판단하에 로요슈의 두 딸이 상속권을 가지게 되었다. 그 결과 야드비가는 폴란드를, 마리아는 헝가리를 상속받았다.

당연히 이것은 군침이 도는 상속분으로 몇몇 제후가 이를 차지하려고 덤벼들기도 했다. 야드비가 공주와 합스부르크가의 젊은 남성 사이의 염문에 대해 소문이 돌기도 했는데, 보통 제후의 자녀들 사이에서는 외교적인 목적으로 결혼이 매매되었기 때문에 이는 정말로 예외적인 진정한 사랑이었다고 할 수 있다. 그러나 사랑의 노래는 오래가지 않았다. '폴란드의 왕위'에 대해서 상호 책임을 지고 있던 대주교, 제후, 조언자들이 폴란드의 동방 정책에서 가장 중요한 인접국이었던 리투아니아의 대공을 선택했던 것이다. 그러나 그는 이교도였고 문맹이었다. 전자는 결코 혼인이 성사될 수 없는 조건이었고, 후자는 적어도 역대 유럽 왕들에게서는 그 예를 찾아보기 힘든 경우였다. 그는 세례를 받고 부아디수아프라는 그리스도교 세례명을 얻었지만, 글을 쓰는 것까지 배울 필요는 없었다.

이제 그는 야드비가와 결혼할 수 있는 조건을 갖추었다. 상호 협력을 강조하던 크라코프의 정책이 결코 잊히지는 않았지만 헝가리가 또다시 독자적인 길을 걷자 리투아니아 대공국은 폴란드 왕국과 통합되었다. 이로써 폴란드 왕국은 발트 해에서 우크라이나까지 확장되었고, 이미 진행 중이던 폴란드 왕국의 사명이 이제는 '공식적으로' 추진되었다. 융합으로 인하여 폴란드의 내부 통치에서는 상당한 문제점들이 발생했다. 유사한 형태의 통치 구조가 정비되는 과정에서 일반적으로 그러했듯이 이러한 문제들은 폴란드와 리투아니아 귀족들이 의형제를 맺으면서 해결되었다. 리투아니아의 귀족들은 폴란드의 문장을 받아들이기도 했다. 대왕국의 왕들은 세력 가문들을 통치 조직으로 대체할 능력이 없었다. 오히려 이 가문들에 의존해야만 했다. 이는 앞으로 다가올 폴란드-리투아니아 '귀족 공화국'의 토대가 되었다. 마침내 상황은 극단으로 치달았다. 1572년 야기에도우 가문의 마지막 후계자가 사망하자 폴란드 의회에 참여했던 제후 가문들은 모든 입법 사항에 대해 거부권을 행사함으로써 왕국의 정치적 의사 결정과 왕권의 통치 행위를 마비시켰다. 이 기부권 행사는 왕국의 정치적 의사 결정과 왕권의 통치 행위를 마비시켰기 때문에, 후대에도 악명이 높았다. 이러한 유토피아적 정치 행위는 폴란드의 내적인 개혁 의지에도 불구하고 1772년과 1792년 사이에 폴란드가 이웃의 프로이센, 러시아, 오스트리아에 의해서 간단히 분할되는 심층적인 원인을 제공했다. 폴란드의 분할은 그리스도교화된 왕국들 사이에서 정치적 대립 관계로 인해 벌어진 전대미문의 유일무이한 사건이었다.

프로이센

대외 정책에서 폴란드와 리투아니아의 공통된 걱정거리는 프로이센 지역에서 진행되고 있던 독일 기사단의 국가 형성이었을 것이다. 독일 기사단은 1198년 예루살렘에서 설립되었으며, 프랑스의 성전 기사단(템플 기사단)이나 그보다 시기적으로 더 먼저 존재했지만 더욱 광범위한 국제적 연결망을 가지고 있던 요한 기사단(몰타 기사단)과 같이 환자 보호를 본래의 목적으로 삼았다. 이후 독일 기사단은 잃어버린 성지 예루살렘을 되찾고자 남부 이탈리아에서 준비 과정에 상당 기간을 투여했다. 기사단의 단장 잘차의 헤르만은 황제 프리드리히 2세의 신임을 받았다. 성지에서 독일 기사단이 철수한 것은 아

이탈리아 남부 시폰토에 있는 레오나르도 교회의 문. 독일 남부와 오스트리아에서 특히 존경을 받았던 성 레온하르트(레오나르도)는 십자군의 수호성인으로 여겨졌다. 사진 속 교회는 독일 기사단의 수도원이었다.

마도 프리드리히가 1227년에 무력이 아닌 외교적 경로를 통해서 그리스도 교도들이 다시 성지를 드나들도록 했기 때문일 것이다. 이렇게 되기까지 기사단은 8년 동안이나 부르젠란트에서 무력을 행사했다. 비록 이러한 실력 행사가 헝가리 왕의 권유로 시작되었지만 독일 기사단의 독자적인 세력 확장은 부르젠란트에서 불만을 샀다. 원성이 커지자 기사단은 이교도인 프로이센인을 정벌하고 발트 해 연안을 무력으로 선교하라는 폴란드 대공 마조비엔의 콘라트의 초청을 받아들였다. 기사단은 프로이센에서 정복한 지역을 독자적으로 통치하도록 허락을 받기도 했다.

이렇게 해서 특이한 통치 조직이 형성되었는데, 이 조직은 1226년 리미니에서 황제의 금인칙서를 통해서 인준되었다. 이로써 교회 국가나 독일의 제국

쇠고리를 연결한 투구와 갑옷을 착용했던 십자군 원정 기사의 모습. 13세기 독일에서 그려진 이 그림은 외부 사업을 지원하기 위해서 독일에 일련의 거점을 세웠던 독일 기사단을 연상시킨다. 검은 십자가는 1813년에 제정된 철십자 훈장의 표본이 되었다.

주교와 수도원장의 성직 제후령과 같이 성직자들의 지배를 받는 국가만이 아니라 기사들의 국가도 형성되었다. 요한 기사단은 로도스 섬에서 유사한 지배권을 형성한 바 있으며, 시리아와 레바논에서도 '십자군 원정 국가들'을 조직했다. 그러나 이 국가들은 이슬람과의 지속적인 군사 충돌 속에서 생겨난 작은 규모의 통치 조직체였다. 반면에 프로이센의 독일 기사단 국가는 토착 귀족들과의 융화 정책을 적극적으로 전개했다. 적대자들을 쓰러뜨리고 그리스도교로 개종시키는 데 50년이 채 걸리지 않았으며, 정복 지역의 토착 귀족들까지 기사단에 입단시킬 정도였다. 그 외에도 기사단은 북방 팽창의 일환으로 리플란트(리보니아)와 쿠를란트를 규합했다. 하지만 또 한 번의 팽창 시도는 1242년 페이푸스 호수에서 좌절되고 말았다. 그러나 이 사이에 정복된 지역의 내부 조직화는 진전을 이루었다. 기사단은 150만 헥타르 정도의 경작 지역을 분배했다. 이 규모는 대략 6만 명의 농부를 위한 경작지로 1,400개의 소작 마을과 대규모로 계획된 조직망 안에 93개의 도시와 촌락이 포함되었다. 이러한 경작지 분배는 지역의 물물교환과 교통망 연결을 위한 것이었다. 기사단은 대농장 조직으로 구성된 독자적인 장원을 운영했는데, 남부 이탈리아 왕국처럼 국가가 곡물 교역을 독점하면서 결국에는 시민들의 이해관계와 대립하게 되었다. 그럼에도 불구하고 기사단장이 한자동맹의 일원이 되었다는 사실은 매우 특이한 일이었다. 1308년까지 기사단장은 베네치아에 거주했는데, 이후에는 노가트 강변의 마리엔부르크(말보르크)로 거처를 옮겼다.

　이 시기에 거의 모든 면에서 안정적이고 효율적인 구성을 보였던 기사단 국가조직은 곧 힘겨운 싸움에 휘말렸다. 폴란드의 왕위가 안정되지 않았던 반세기 동안에는 프로이센과 폴란드의 무난한 이웃 관계가 유지될 수 있었다. 그러나 이후 동쪽의 소제후령인 포메른 지역을 놓고 두 세력 사이에서 대립이 발생했다. 대립의 원인은 상속 문제와 관련이 있었는데, 유언장 집행자였던 기사단이 유산을 차지하려 했기 때문이다. 13세기보다는 14세기에 더 큰 정치적 권위를 지녔던 이웃의 폴란드 왕들은 이를 용납하지 않았고, 결국 15세기에 기사단 국가는 굴복하게 된다. 그러나 기사단 국가는 1410년 타넨베르크(스텡바르크)에서의 패배와 1466년 토른(토루인)의 평화 사이의 시기에 중부 독일과 저지 독일의 귀족에게 농산품을 공급하던 본래의 모습에서 지역적인 신분제 국가로 탈바꿈하는 데 성공하지 못했다. 또한 국가의 교역 독점으로 인해서 교역에서 소외되었던 시민들에게 '애국심'을 호소함으로써 이들의 불만을 무마시킬 수도 없었다. 결국 〔항구도시 그다니스카가 포함된 해안 지역인〕'폴란드의 회랑(回廊)을 둘러싼 문제', 즉 이웃 포메른의 동쪽 유산을 두고 오랫동안 지속된 대립을 폴란드 왕과 협의로 해결할 수 있었던 기회도 놓치고 말았다. 그 결과 기사단은 1466년에 마리엔부르크를 포함한 프로이센의 서부 반쪽을 잃어버렸고, 단치히(그다니스크), 엘빙(엘블롱크), 토른 등도 별다른 저항 없이 폴란드의 영토가 되었다. 종교 조직체로서 누구에게도 봉건적으로 예속될 수 없었던 기사단 국가는 결코 신성 로마 제국에 귀속되지 않았다. 종교개혁 시기까지는 소국으로서 명맥을 유지했지만 이후에는 폴란드 왕권과 연결되었던 호엔촐레른 가문의 방계 제후령이 되었다. 14세기 말, 그러니까 대략적으로 기사단장 크니프로데의 빈리히(재임 1352~1382)가 통치하던 기간에 기사단은 내적으로나 외적으로나 의심의 여지없이 전성기를 누렸다.

한자동맹

14세기 후반 이후 중부 유럽의 동쪽에서 내적으로 사회 결속력이 강화되어가는 동안, 유럽은 리투아니아를 지나서 핀란드까지 그리스도교의 영역을 확장하면서 팽창을 지속했다. 한자동맹은 이를 증명하는 사례일 것이다. 본래 한자동맹은 여러 동맹체 중 하나였고, 상인들로 구성되어 있었다. 북유럽에서 약 200년 동안 엄청난 경제력을 보여주었던 이 상인 동맹은 통일된 정치 공동체를 형성하는 것에는 실패했지만, 상당한 정치력을 과시했다. 독특한 정치적 행위의 주체였던 이 공동체는 역사적으로 드물기는 하지만 경제적 영향력을 보여주는 대표적인 경우라고 할 수 있다.

13세기 중반까지도 말과 마차에 의존하여 대상 행렬을 손수 이끌면서 칼을 차고 직접 일했던 상인들의 이해 집단이 거대한 연합 공동체인 '한자동맹'을 결성하게 되었다. 다양한 이해 집단을 규합한 결정체인 한자동맹은 성문화된 규정도 없었지만, 이 공동체로부터 '해외 도시들'이 형성되었다. 성문화된 규정이 없다는 점이 오히려 한자동맹의 발전에 강한 영향을 미쳤다. 레발(탈린), 리가, 스톡홀름, 고틀란드 섬의 비스뷔가 그 예이다. 교역망은 노브고로트에서 런던까지 확장되었고, 이 교역망을 통해서 동유럽의 특산물인 천연자원이 수출되었다. 오늘날까지도 동부 유럽은 수많은 숲과 바다의 보고에서 채취한 천연자원을 서유럽에 가장 많이 공급하는 지역으로, 당시에도 이미 부족한 지하자원이 동부 유럽으로부터 보충되었다. 서유럽은 목재, 모피, 역청, 탄산칼륨, 청어 등의 물자를 필요로 했다. 왕성하게 진행되고 있던 폴란드의 영토 확장에서 비롯한 곡물 경제 역시 중요한 역할을 했다.

이탈리아의 동업자들에 비하면 시간상 100년 정도 늦게 정주했지만, 북유럽에서도 13세기 말부터는 더 이상 말안장에 의존하지 않고 교역소에서 일을 추진했던 상인들이 교역소를 연결하는 망을 형성함으로써 한자동맹을 결성하게 되었다. 초창기에는 플랑드르가 교역의 중심지가 되었다. 플랑드르는 당시 가장 중요한 교역 상대자이자 알프스 북부에서 가장 부유하고 경제력이 집중되었던 곳이다. 브루게는 중심 항구가 되었고, 부르게를 중심으로 30개 대도시와 100개 소도시의 상인들이 한자동맹을 결성했다. 그러나 1356년 브루게의 독자주의에 대항하여 첫 번째 '도시 의회'가 소집되면서, 상인들이 정주하고 있는 도시의 세력을 등에 업고 목소리를 내기 시작했다. 이로써 한자

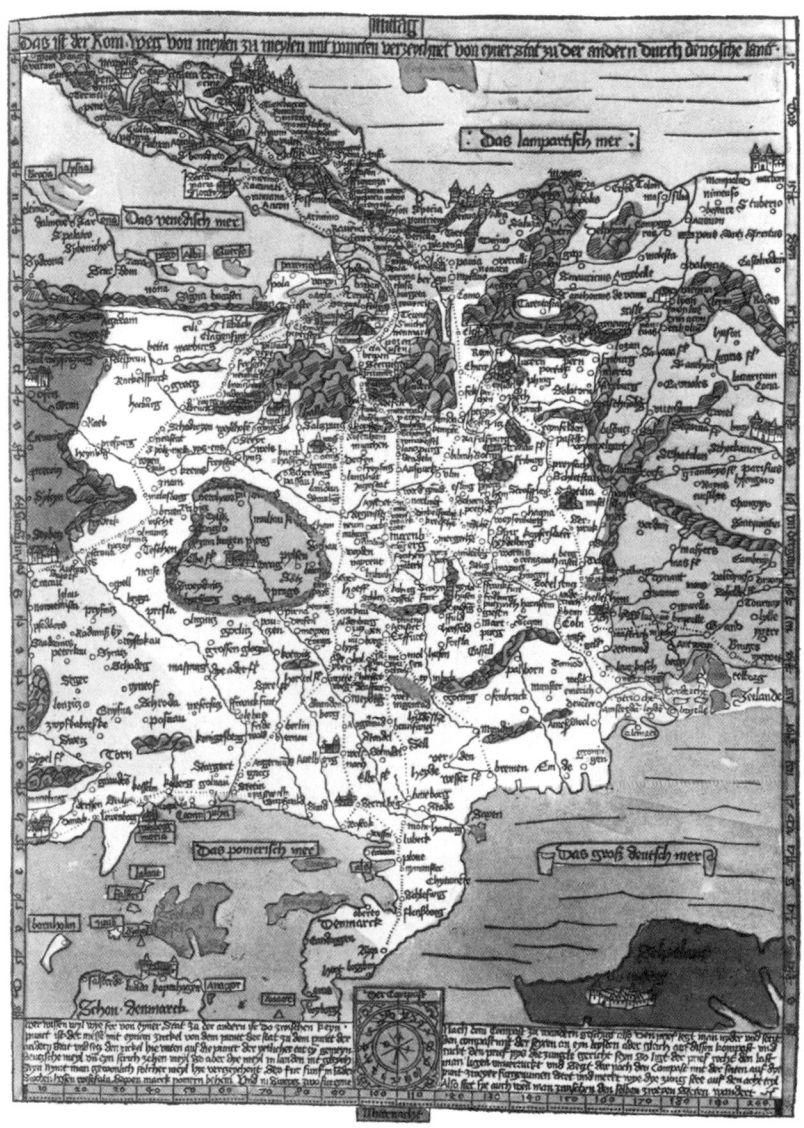

뉘른베르크의 세공업자 에츠라우프가 만들었던 1500년경의 도로망 지도는 분명하게 구획된 지역의 모습을 보여주는 동시에 사실적인 거리 표시가 특징적이다. 그러나 거의 모든 도로망이 전적으로 유럽 남부 지역을 위주로 표시되어 있기 때문에, 지도 편찬자의 고향이 위치한 중부 유럽의 광범위한 도로망은 정교하게 묘사되어 있지 않다.

동맹의 정책은 북유럽 세력들 사이에서 뚜렷한 윤곽을 드러냈고, 브루게의 교역소는 영향력을 상실했다. 이제 대외 교역 대표자들이 아니라 저지 독일어로 '두데체 한제'로 불리는 독일의 도시 한자동맹이 중심이 되었다.

대외 교역소가 아니라 광범위한 교역망의 중심지였던 도시가 선두에 섰는데, 바로 뤼베크였다. 사자공 하인리히는 1158년 슬라브인의 주거지였던 뤼베크를 뮌헨과 함께 도시로 승격시켰다. 뤼베크는 오랫동안 발전이 미진했던 이자르 강변의 소규모 소금 교역 도시 뮌헨과는 비교할 수 없을 정도로 국제적인 명성을 누렸다. 이미 13세기에 상인 조합의 우두머리이자 원조로 불렸던 뤼베크는 이제 한자동맹의 '맹주[중심] 도시'가 되었다. 쾰른, 수스트, 비스뷔, 리가도 특별한 입지를 차지하면서 명성을 얻었다. 하지만 덴마크의 왕 발데마르 4세 아테르닥의 팽창정책에 대응하고자 한자동맹의 상인들이 첫 번째 군사 행동을 감행해서 1362년 코펜하겐을 점령하려고 했을 때에는 뤼베크의 시장이 주동자 격이었다. 뤼베크 시장은 전장에서 목숨을 잃었다. 6년 후 뤼베크의 지휘하에 덴마크에 대항하는 새로운 해전이 전개되었는데 이번에는 뤼베크의 대승리로 끝이 났다. 이후 뤼베크의 정치적 역량을 탐내어 이 도시를 수중에 두었던 황제 카를 4세조차도 집단 이익을 고수하려 드는 뤼베크의 저항에 어려움을 겪었다. '뤼베크 사람들'이 비록 제국의 신하가 되기는 했지만 독자적인 길을 걸었기 때문이다.

이후에도 한자동맹은 황제의 도움을 받지 않고 해상 교역 정책을 추진했다. 물론 신성 로마 제국의 통치자는 동의하지 않았다. "왕과 멀리 떨어진"(페터 모라우) 북독일 지역에서는 베스트팔렌과 니더 작센, 쾰른과 단치히, 리가와 비스뷔 역시 독자적인 야망을 품었다. 해상 교역을 통해서 성장했고 해상 교역으로 여러 차례 경쟁에 휩싸였던 이 도시들은 최후에는 중세 교역망과 더불어 몰락했다. 1669년에 도시 대표자들이 뤼베크에서 마지막으로 한자동맹 회의에 참석했다. 가장 비중이 컸던 세 개의 한자 도시 뤼베크, 함부르크, 브레멘 등의 도시 공화국들은 옛 제국이 1806년까지 모든 제국 직속 도시에게 허용했던 '자유'를 20세기까지 향유했다. 하지만 1937년 뤼베크는 독립성을 상실했고, 함부르크와 브레멘은 1949년 독일의 주로 다시 태어나게 되었다.

유럽을 점령한 위기

위기란 무엇인가? 기존의 관념에 따르면 발전의 정체일 것이고, 현대의 관점으로는 주기적 순환에 의한 일반적인 경기 침체를 의미할 것이다. 그러나 역사적인 위기는 다르게 정의되어야 한다.

의학자들은 자주 '결정적 위기'라는 말을 사용한다. 이 용어는 서유럽에서 오랜 잠복 기간을 거친 후 15세기로 전환하는 시기에 가톨릭화된 유럽의 모든 지역에서 갑작스럽게 진행된 변화를 설명하는 데 사용될 수 있을 것이다. 또한 단순히 추진력의 쇠퇴가 아니라 기존의 질서, 사고 유형, 경제체제의 소멸인 동시에 지역들 사이의 역할 분담과 구성 관계의 변화로 이해되어야 할 것이다. 중세의 대위기를 언급하기 위해서는 매우 복잡한 과정들의 공통분모를 찾아야 하며, 이 공통분모에 대해 설명해야 한다.

1400년경의 변화를 쇠퇴의 일반적인 경향으로 정의하려는 다양한 시도가 있었지만, 그다지 큰 성과를 거두지는 못했다. 긍정적인 발전의 추이를 찾아내려는 시도 역시 헛수고였다. 교회에 의해서 조직된 라틴 그리스도교 세계는 기원후 1000년을 전후로 정치적으로 다양한 크기의 수많은 왕국이 뿌리를 내리면서 분열되었다. 이와 같은 구조 속에서 세세한 조직을 통해서 집중적인 영토 확장이 이루어졌다. 그 결과 알프스 이북 지역의 인구가 300년 사이에 세 배나 급증했으며, 결과적으로 정도의 차이는 있었지만 주민 대다수가 독자적인 경제 운영권을 가지게 되었다. 이런 조건 아래에서 집단의식이

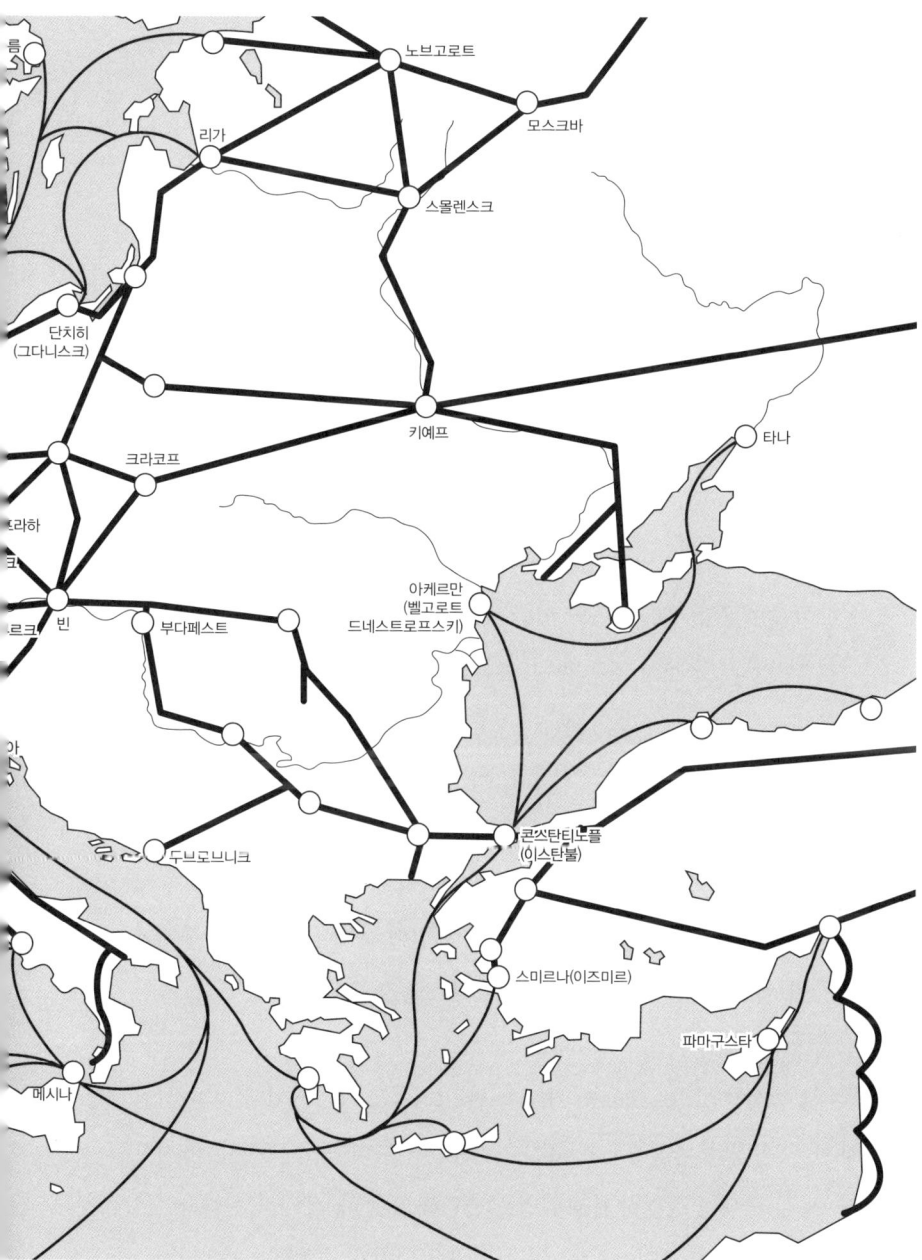

유럽의 도로망은 지역적인 특성과 하천 구조에 따라 발전했다. 도로망은 지중해 지역을 북해와 발트 해와 연결시켰고, 서유럽을 동유럽과 연결시켰다. 중세에는 도로망이 동쪽으로 확산되었다.

성장했고 풍족한 경제생활을 영위할 수 있었다. 이 조짐들을 근거로 하여 강력해진 라틴 유럽이 대외적으로 팽창하면서 이에 상응하는 내적 세력이 신장된 결과, 집단 간에 경쟁이 발생했다는 사실을 위기의 출발점으로 삼을 수 있을 것이다. 이 모든 것을 전제로 삼는다면 대위기는 무엇보다도 체제의 위기로 파악할 수 있을 것이며, 동시에 사람들의 관념 속으로 파고들어가 영향을 미쳤을 것이다. 다양한 추세의 경제적 변화도 있었다. 한편으로는 농경 비축물이 고갈되었고, 다른 한편으로는 페스트로 인해 200만 명의 희생자가 발생했다. 그러나 경작지가 손상되지는 않았다. 페스트의 참상은 전쟁과 유사했지만, 전쟁에서처럼 살인과 방화에 의한 것이 아닌 단지 순수한 의미에서의 인명 피해라는 재앙만을 불러왔다. 자본의 손실은 발생하지 않았던 것이다. 생존자들은 많은 유산을 받았다. 그 결과 거대한 규모의 계획들이 지속되어 스위스 연방이 발전했고, 베네치아의 해상 세력이 성장했으며, 잉글랜드와 프랑스 사이의 백년전쟁도 결코 멈추지 않았다. 어떤 것도 페스트로 인해서 종식되지 않았다.

다양한 발전 과정, 사람들의 희망과 염원들을 제대로 조율하기에 구체제는 한계가 있었다. 왕들은 안전을, 교회는 구원을 약속하지 못했고 빈부의 차이는 날로 증가했다. 상황에 따라서는 불경이 미덕과 어우러졌고, 성공이 재난과 어우러졌다. 개개의 공동체가 스스로의 현실적 문제를 해결하는 주체가 되었지만, 이 점을 제외한다면 유럽의 원동력으로 작동했던 옛 질서는 자취를 감추었다.

정치적 종교인 그리스도교는 가능한 한 그리스도교의 원칙에 따라서 천상에 대한 약속과 불완전성으로부터의 구원을 기약하며 옛 질서를 유지하려 했다. 사실 중세는 정치적 종교성으로 충만해 있었다. 세계가 변화하면서 12세기 이후로는 외적 요인이 아닌 인간의 내적 의지가 중요하게 인식되었음에도 불구하고 공동체에 귀속된 교인들의 정치적 열정은 좀처럼 수그러들지 않았다. 서유럽의 수도원들은 비잔티움의 수도원과는 달리 탈세속적이지 않았고, 사회의 규범적인 모델로서 여러 측면에서 영향력이 매우 컸다. 그리스도교의 제도적인 계서 조직을 뛰어넘어 신과의 직접적인 영적 교류를 추구했던 서유럽의 신비주의는 점차 신과 개인의 만남으로 발전했다. 수녀원에서는 정화된 에로틱으로까지 나아갔다. 그러나 교회의 원칙은 방종한 유토피아를 쉽게 허락하지 않았다. 자유분방한 목욕 장면을 담고 있는 유명한 필사본들로 추측해보건대, 아마도 벤첼의 궁정이 자유분방한 유토피아를 추구했던 것으로 보인다. 종교재판소가 라인 강 하구 지역에서 찾아낸 범신론적 입장을 견지했던 비밀 공동체 '자유정신의 형제단'도 이러한 점을 염두에 두었던 것 같다.〔범신론자들로 구성된 자유정신의 형제단은 모든 생명체는 죽음으로 하나님께 환원된다고 믿었다. 재산을 공유하고 노동이 불필요하다고 믿었던 이 종파의 일부 추종자들은 극도로 청빈한 삶을 살고자 했지만 일부는 자유분방한 생활을 영위하기도 했다.〕

이렇게 정치가 잘 조직되었고, 신앙심이 공동체 생활 깊숙이 전파되었으며, 문화도 세속적 번영을 구가했다. 그러나 정치 질서가 흔들리면서 문화 역시 위기 속으로 빠져들었다. 오랫동안 당연하게 인식되었던 성공에 대한 보장이 불확실해지고 또 비관적으로 바뀌면서, 기존의 정치 질서에 대해 회의가 커지기 시작했다. 중세는 정치 체계의 마비로 인해서 위기의식을 가지기 시작했고, 공화정과 왕정의 갈등이 끝나자 위기의식 역시 극복되었다는 사실이 논리상 합당할 것이다. 따라서 1372년과 1382년 사이에 비중 있던 왕들이 대거 사망하면서 정치적 무기력이 더욱 심각해졌을 것이다. 한 세기 후 정치 체계가 안정되면서 유럽 대륙은 새로운 면모를 지니게 되었고, 이로써 다음 시대로의 길이 열렸다.

우선 중요한 통치자들의 최후를 살펴보자. 1372년에 카지미에슈 대왕이 사망했고, 40년 동안 프랑스와의 전쟁에서 중심인물이었던 잉글랜드의 에드워드 3세가 1377년에, 그로부터 1년 후에는 카를 4세가, 그리고 지적인 관심 외에도 통치 행위의 속성 때문에 '현명왕'으로 불렸던 프랑스의 샤를 5세가 1380년에 눈을 감았다. 1382년에는 로요슈 대왕이 사망했다. 그 사이, 1378년에는 로마의 교황 선출을 둘러싸고 라틴 그리스도교 세계의 가장 길고 격렬했던 대분열이 발생했다. 적법한 교황에 대해서 로마와 아비뇽 사이에서 벌어진 분열은 거의 40년 동안 지속되었다. 왕위에 오른 후계자들은 '약했다'. 육체적으로도 허약했고 명백한 정신 분열 증세를 보였던 프랑스 왕 샤를 6세와 확실히 알코올 중독이었던 신성 로마와 보헤미아의 왕 바츨라프 4세, 즉 벤첼이 그러했다. 잉글랜드의 상황도 좋지 못해서 미성년자로 대리 통치를 받다가 후에 폐위되어 감금된 리처드 2세는 1400년 2월에 비참한 죽음을 맞았던 것 같다. 헝가리의 지기스문트는 제후들에게 뇌물 공세를 펼쳐서 목숨을 부지할 수 있었다. 벤첼은 자주 보헤미아의 대귀족들에 의해서 감금되었다. 적법한 교황에 대한 분쟁을 종식시키기 위해서 지적 논쟁이 지속되었지만 그다지 좋은 결과를 거두지는 못했다. 이후 라틴 그리스도교 세계는 정치적 구도에 따라서 이쪽저쪽 당파의 교구와 대교구로 분리되었고, 이로 인해 교황 제도는 정치적으로 마비되었다. 1378년에 72년간의 망명 생활을 끝낸 교황이 로마에 다시 거주했지만 아비뇽에 남아 있던 교황의 반대자들은 프랑스의 영향력 아래에 있게 되었다. 1409년의 피사 공의회에서 분열을 중단하려는 시도가 있었지만, 오히려 제3의 교황을 만드는 결과를 초래했다(1378년 이후 아비뇽과 로마에서

젊고 다정다감했던 통치자인 잉글랜드의 왕 리처드 2세는 런던탑에서 생을 마감했다. 명예욕에 사로잡혀 자주 분쟁을 일으켰던 오래된 가문 중 하나인 플랜태저넷 왕가의 마지막 후손 리처드 2세의 초상화에는 그의 특징이 잘 드러나 있다.

각각 별도의 교황이 선출되었고, 교회의 분열을 끝내기 위해서 1409년 피사에서 공의회가 개최되었으나, 오히려 이 공의회에서 새로운 교황이 선출됨으로써 세 명의 교황이 난립하는 상황이 벌어졌다]. 피사 공의회가 개최되던 당시까지는 추방되거나 파문된 사람들만이 이단으로 간주되었다. 적법한 교황에 대한 논란은 새로운 국면으로 접어들었고, 정치적 권력이 '학문적' 자유에까지 영향을 미치면서 1384년에는 로마 교황의 지지자들이 프랑스 왕의 압력을 받아 파리 대학을 떠나야 했다.

그러나 비판적 지식은 오랫동안 존속했고 옥스퍼드 대학이 신학 비판의 중심지가 되었다. 이렇게 해서 옥스퍼드 대학은 볼로냐 대학이나 파리 대학과 대등한 입지를 차지하게 되었다. 이 대학이 13세기에는 자연과학자 로버트 그로스테스테와 로저 베이컨 때문에 유명해졌다고 한다면(수학자 스윈스헤드, '심원박사' 브래드위딘의 안경과 화약의 발명도 옥스퍼드 대학과 관련이 있다), 이제는 윌리엄 오컴의 교회 비판으로 세간의 주목을 끌었다[교황의 우위권에 대한 오컴의 반발은 교황주의에 대한 비판으로 이어졌다]. 현역에서는 은퇴했으나 철학적으로 심오한 경지에 다다랐던 오컴은 바이에른공 루트비히 4세의 궁정에서 환대를 받으며 머물렀고, 이후 오컴의 교회 비판은 루트비히의 궁정에서 정치적 도구로 변모했다. 부유한 교회를 향한 리처드 피츠랄프의 비판이 이후 개혁자들의 관심을 끌기도 했다. 그러나 속세와 교회의 정치 세력에 대해서 사람들은 은총보다는 저주를 기원했다. 존 위클리프(1384년 사망)는 그런 염원을 글로 적기도 했다.

반란

14세기 후반부터 평민들이 일으킨 첫 번째 반란이 광범위한 지역에서 발생했다. 도시들도 제후들에게 대항해서 봉기했고 승승장구했다. 특정 지역의 도시들이 군사적 반란에 가담하는 현상은 11세기 서임권 투쟁 당시 롬바르디아의 도시동맹이 황제권에 대항한 이후로 일반화되었다. 하지만 그런 형태의 반란들은 기존의 지배 구조를 붕괴시키기는 했지만 지역적인 범주를 벗어나지는 못했다. 독일, 잉글랜드, 플랑드르와 브라반트, 프랑스와 스페인, 특히 북부 이탈리아에서 도시동맹들이 여러 차례 결성되었다. 14세기에 와서는 반란의 계기부터 새로운 양상을 띠었다. 반란은 시 당국뿐만 아니라 플랑드르 지역에서처럼 야코프 반 아르테벨데와 필리프 찬네킨과 같은 일부 중산층 시민들이 주도했다. 이들은 직접 반란의 선두에 섰으며, 지금은 잘 알려져 있지만 당시로서는 매우 생소한 강령을 공포했다.

    1357년, 상인 에티엔 마르셀은 파리시 반란의 선두에 섰다. 이 반란은 백년전쟁에 들어가는 경비와 무능력하고 사리사욕만을 챙기던 왕세자의 고문관들에 대한 저항이었다. 당시 프랑스 왕은 잉글랜드에 의해서 구금되어 있는 실정이었다. 농민도 들고 일어났다. 농민의 반란은 파리 북부의 보베에서 시작되어 곧 여러 장소로 퍼져나갔다. 그러나 16세기의 종교개혁과 농민전쟁의 경우와 마찬가지로 반란을 일으킨 농민과 시민 사이에 근본적인 의견의 차이가 생겼다. 시민은 판단이 빨랐고 현실 물정에 밝았지만 농민은 그렇지 못했다. 시민은 견고한 도시들을 보호막으로 삼았지만 농민은 무방비 상태였다. 농민이 곡물 가격을 올리고 낮은 가격의 수공을 원했다면 시민이 바라는 것은 그 반대였다.

    새로운 반란의 물결이 1378년에서 1381년 사이에 피렌체와 시에나, 바르셀로나와 발렌시아, 오베르뉴와, 랑그도크, 일련의 프랑스 북부 도시들, 필리프 반 아르테벨데가 아버지의 뒤를 따랐던 겐트와 같은 유럽의 서부와 남부에서 일었다. 잉글랜드의 농민은 절망에 빠졌던 프랑스의 농민만큼 중과세에 시달리지는 않았지만, 결국 봉기했고 수도로 진입했다. 잉글랜드의 농민은 성서적 원리주의와 현실적 신분 정책이 어우러진 신중한 행동 방침을 세우고 있었다. "아담이 밭을 일구고 이브가 베를 짤 때 귀족이 어디에 있었던가?" 당시 잉글랜드에서 유행했던 것으로 보이는 이 문구는 150년 후 독일 농민전쟁 시기에 다시 사용되기도 했다.

그러나 대부분의 반란이 진압되었다. 반란의 동기가 우발적이었고 정치적, 군사적으로 충분히 계획되지 않은 것도 원인이겠지만, 짚어보면 승리가 보장되었을 법한 시민과 농민 사이의 동맹은 현실적으로 실패할 운명이었을 것이다. 왜냐하면 수공업이 아닌 금전 생활을 영유했던 상층 시민은 귀족과의 동맹을 추구했고, 중산 시민층 대다수는 정치적 경험이 없었으며, 도시 하층민이 반란에 가담하기는 했지만 기성 정치권에 대한 분별력이 있어서가 아니라 약탈을 목적으로 했기 때문이다. 그렇지만 지역적인 범주에 그쳤던 반란들이 종국에는 거의 전 유럽에 파급되었고, 또한 지역적 경계를 벗어나 지지를 받았다는 사실을 통해서 새로운 정치 세력이 발돋움하기 시작했음을 알 수 있다. 그러나 이는 동시에 정치 위기의 일반적인 사례이기도 하다.

그리고 혁명

수많은 반란 가운데 특히 눈길을 끄는 반란이 있다. 그 이유는 다음과 같다. 첫째로는 자세한 기록이 남아 있기 때문이다. 두 번째로 이 반란이 부분적으로 이념적으로나 정치적으로나 조직체를 구성하고 있었기 때문이다. 마지막으로는 라틴 그리스도교 세계의 가장 유서 깊은 도시 로마에서 발생했기 때문일 것이다. 이 반란은 역사책보다는 오페라 대본을 통해서 잘 알려져 있다. 바로 1347년의 콜라 디 리엔초(리엔치)의 반란이다[바그너의 5막 오페라 〈리엔치〉는 이 반란을 오페라로 구성한 것이다]. 본래 로렌초라고 불렸던 리엔초의 아들 콜라(본명 니콜라)는 이름만 보더라도 로마의 하위 중산층임을 알 수 있다. 그는 여관 주인과 아름다웠던 어머니 사이에서 태어난 아이였다(그러나 전설에 따르면 그는 1312년에 잠시 이 '영원의 도시'에 머무른 황제 하인리히 7세와 그의 모친 사이에서 있었던 짧은 연애의 소산이었다고 한다). 어쨌든 그는 같은 계층의 아이들보다 더 많은 교육을 받았다. 그러나 누가 그를 교육시켰는지에 대해서는 알려진 바가 없다. 그는 굉장한 달변의 수사학자로 알려졌고, 옛 문자들에 통달했으며, 서기관이 되었다. 이는 그가 법과 글을 잘 알고 있었음을 보여준다. 이후 1346년에 그의 정치적 동료들은 '1350년이 성년〔聖年: 가톨릭에서 교회가 지은 죄에 대해 벌을 면해주는 특별한 대사(大赦)를 베푸는 해〕이 되게끔 해달라'는 부탁과 함께 그를 아비뇽의 교황청으로 보냈는데, 로마 성지 순례에 대한 전대사〔全大赦: 죄과에 대한 벌을 모두 면제받는 전면 대사〕는 로마 시민들에게 두둑한 수입을 보장했다. 그 외에도 그는 귀족 통치에 반대했다. 그럼에도 불구하고 현명하게 처신했던 그는 운 좋게도 교황의 총애를 받았으며, 고향에 돌아온 뒤에도 교황의 서기관으로서 어느 정도의 보호를 받았다. 그러나 교황이 없는 틈을 타서 대범하게도 도시 지배권을 찬탈하려 했던 로마 귀족 중 한 명이 그를 습격하기도 했다.

1347년의 성령 강림절에 콜라는 '카피톨리노 언덕으로의 행진'이라는 기습 행동으로 영원의 도시에 대한 권력을 장악했다.〔카피톨리노 언덕은 고대부터 신성시되던 장소로, 로마 시대에 개선식은 카피톨리노 언덕으로 이어지는 길에서 진행되었고, 이는 정치적 승리를 상징적으로 보여주는 행위였다. 중세에는 로마 교회의 종교적 행렬이 이곳에서 이루어졌다.〕'카피톨리노 언덕으로의 행진'과 같은 정치적 행진은 이후 유럽 혁명사에서 특별한 성격을 띠게 되었다(콜라의 행진은 교회의 종교적 행렬 관행에서부터 비롯되었다). 이후 9개월간 그는 빈틈없는 독재자로서 통치를 했고, 로마 중산층의 적극적인 지지를 받았다. 비록 귀족들의 저항이 있었지만 이를 억누르고 마침내 그는 정치적 봉기 이후에도

카피톨리노 언덕에 있는 성모 교회의 목조 문에는 로마네스크 양식의 감동적인 조각들이 새겨져 있다. 수태고지 장면, 마리아와 엘리사벳의 만남, 목자들에게 나타난 천사, 만족스러운 표정으로 구유를 바라보는 마리아와 요셉이 극적인 효과를 통해서 묘사되고 있다. 카피톨리노의 성모 교회는 로마 시대에 세워진 쾰른의 옛 성당 중 하나이다.

승리를 거두었다. 또한 그는 멀리 떨어져 있던 교황의 불신을 상당 기간 현명하게 누그러뜨렸다.

그러나 파문을 당한 후 자신에 대한 로마인들의 불신을 정확하게 알아챈 그는 결국 로마의 통치를 단념했다. 아마도 원대한 계획이 실패로 돌아갔다는 절망감 때문이었을 것이다. 아비뇽 교황을 방문했을 때 그를 도와주겠다고 나섰던 프란체스코 페트라르카(1304~1374)에게 영감을 받은 그는 전 이탈리아를 장악하고자 했다. 그러나 나폴리의 여왕을 포함해서 대도시로 전달된 그의 전령, 모든 '로마인들'과 고대적 관념에 따른 이탈리아 사람들의 공동이익을 추구하겠다는 그의 약속, 정치 윤리에 따른 세계의 변화와 '역사적 소명'의 실현에 대한 그의 주장은 공허한 메아리에 그치고 말았다. 유럽의 모든 혁명에서 그의 약속들이 계속 나타나고 있는데, 이는 중세의 정치적 종교성의 특별한 유산이다. 카를 프리드리히 폰 바이츠제커는 다음과 같이 적고 있다. "종교적인 힘이 실리지 않았다면 어떤 혁명도 가능하지 않았을 것이다. 그러나 이것은 종교의 보편적 경향이 아닌, 그리스도교 특유의 내용을 담고 있다." 이로써 이른바 혁명이라는 것이 중세에 발생했다. 중세 말기의 위기적 상황에서 자주 언급되었던 '중세의 가을', 즉 옛 귀족 문화의 몰락과는 아주 대조적인 일련의 혁명들이 대두할 때까지 그리 오랜 시간이 걸리지 않았다(귀족 문화의 몰락과 혁명의 대두라는 대비는 지금까지 그다지 주목받지 못했다).

1380년대 반란의 물결은 귀족 문화의 몰락과 혁명의 대두에 대해서 알려주는 바가 없다. 하지만 특이하게도 1413년 파리와 1414년 런던, 1419년 프라하에서 동시에 혁명가들이 등장한다. 그러나 다양한 관점에서 유럽의 혁명들을 비교했을 때 유럽적 혁명의 특성이 싹트기 시작한 것에 불과했다. 파리에서는 조합들과 지식인들이 반란을 일으켰다. '유명했고 달변이었지만 교활했던 사람'인 외과의사 트루아의 장이 이 운동의 주모자로 지목되었지만, 반란은 사회적 경멸감을 보여주는 피혁상인 시몽 카보슈의 이름을 따서 '카보슈의 난'으로 명명되었다〔중세에서 동물 가죽을 다루는 일은 천시를 받던 직업이었다〕. 1413년의 파리인들은 1789년 프랑스혁명을 주도한 먼 후손들에게 몇 가지 선례를 남겼다. 1413년의 파리인들은 베르사유를 습격했고 왕이 외부의 지원을 요청하기 전에 항복을 강요했다. 그들은 또한 의형제임을 표시하고자 모두 똑같은 모자를 썼는데, 자코뱅의 빨간 모자가 아닌 평민들의 흰 모자였다. 마침내 그들은 왕에게 법령〔카보슈 법령〕을 발표하도록 했다. 이 법령은 대학교수들과 왕의 측근에 있던 전문 행정인들이 고안한 것이었다. 실제로 반란 가담자들은 프랑스 행정 체계의 개혁에 대해서 진지하게 고민하고 있었고, 시민들의 불만에 압력을 느껴서 '위로부터의 혁명'이라는 각본을 짰던 것이다. 그러나 그들이 제안한 외교정책에서 알 수 있듯이 무리한 요구들이 결국 파리 시민들을 분노하게 했고, 그로 인해 반란은 무산되었다.

이후 반년이 채 못 되어 런던의 성문 앞에도 반란자들이 모여들었는데 발각 후에 바로 해산되었다. 이들은 계획했던 것을 실현시킬 수도 없었고, 계획을 후세에 전달할 동기나 기회도 가지지 못했다. 1381년의 유혈 대중 반란의 반복이기도 한 이 반란은 봉기를 통해서 잉글랜드의 지배 권력을 파괴하고 전혀 새로운 지배 체계를 세우려 했던 것으로 보인다. 운동의 주동자들은 이단으로 몰려 당시까지 종교재판이 없었던 잉글랜드에서 피비린내 나게 박해받았던 롤라드파였다〔롤라드파는 중세 후반 이후 존 위클리프의 추종자에게 붙여진 이름으로, 롤라드는 '중얼거리는 사람'을 뜻하는 중세 네덜란드어 롤라에르트(lollaert)에서 유래한 경멸적인 단어이다〕. 이들은 왕자들을 후원자로 삼았고, 존 올드캐슬 경이 이들을 이끌었다. '진리는 승리한다'는 문구를 이미 콜라 디 리엔초가 자신의 깃발에 적은 바 있다. 롤라드파는 수차례의 설교에서 이 문구를 언급했고, 자신들의 폭력적 시도에 대해서 세계의 사악화를 근거로 들어, 마침내는 사악해진 세계에서 정의가 승리하고 더 좋은 정부를 세울 것이라고 주장했다. 실제로 반란이 일어나기 몇 년 전에 그들은 진리를 위해서 살아야 하며 그렇지 않으면 죽음을 택하라는 옥스퍼드 대학의 교회 비판가 존 위클리프의 추종자들과 교류했다.

후스파

보헤미아의 '위클리프파'는 '진리는 승리한다'를 특별한 구호로 내세웠다. 이들은 대략 15세기로의 전환기 이후 보헤미아 지역의 전통적인 개혁 운동에 가담했던 젊은 세대의 대학교수들과 설교자들이었다. 이들에 의해서 이 구호는 혁명 강령으로 바뀌었다. 악습과 부에 반대하고 청빈과 덕을 추구하는 추상적인 구호를 대신해서 구체적인 목들이 대두했다. 먼저 적극적으로 가담했던 지식인들의 각별한 관심사인 대학 내 보수적 주도 세력의 제거가 요구되었다. '보수주의자들'은 실제로는 당대의 철학적 추세였던 유명론[중세 스콜라 철학의 보편 논쟁의 하나로, 보편은 개체에서 추상하여 얻은 공통의 이름일 따름이고 실재성이 없다는 이론]의 신봉자들이었다. 후대에는 유명론에 의해서 스콜라 철학이 자연과학에 눈을 떴다고 전해지고 있다. 그러나 많은 시간을 필요로 하는 학문적 논쟁보다는 정치적 해결 방안이 모색되었다. 이에 대해서는 위클리프의 이론이 매우 적합했다. 왜냐하면 그의 '현실주의적' 이론이 정치적 존재인 인간을 형이상학적 측면에서 진지하게 고찰했기 때문이다. 현실을 진지하게 고민할 때, 혁명이 가능했다.

'보수주의자들'은 독일인들이었다. 카를 4세는 프라하 대학을 제국 대학으로 설립하지 않았으며, 보헤미아 핵심 지역으로부터 재정을 충당해서 지원했다. 제국 내각을 제외하고는 어떤 법적 기구도 존재하지 않았던 상황에서 오랫동안 유일한 대학이었던 프라하 대학은 설립 당시부터 최고의 자리를 차지했고, 전체 제국에 '기여를 했다'. 후에는 에어푸르트에서, 이후 1380년대에는 빈, 하이델베르크, 쾰른, 크라코프에서 프라하 대학의 경쟁 상대가 등장했다. 카를의 뒤를 이어서 카를의 아들 벤첼이 로마와 보헤미아의 왕(재위 1378~1419)으로 등극했다. 하지만 벤첼은 황제가 되지 못했고 심지어 1400년에는 선제후들에 의해서 로마의 왕위에서 물러나게 되었지만, 그럼에도 불구하고 대학의 명성은 존속되었다. 1409년에 벤첼이 '위클리프파'에게 유리하게, 다시 말해 위클리프파의 선동에 의해서 대학 교칙을 근본적으로 변화시킬 때까지 이런 추세가 지속되었다. 그 결과 독일인들이 항의의 표시로 프라하시를 떠나야만 했고, 이들은 라이프치히에 새로운 대학을 설립하였다. 그러나 새로운 대학은 처음부터 지역적 명성에 만족해야만 했고, 이후에도 프라하 대학과 비견될 정도의 주목을 받지는 못했다. 그때까지 프라하에서는 최소 2,000명 정도의 학생이 자유학과, 즉 일반적인 교양과목과 그 외에 신학, 의학을 공부했을 것이다. 1412년 이후로는 자유학과만이 남았는데, 특히 위클리프의 철학이 중심이 되었다. 이때부터 중세 프라하에서는 다양한 학문을 수학하는 것이 불가능하게 되었다. 1372년에 대학에서 분리된 법학과는 1419년까지 존속했다.

비(非)위클리프파가 물러난 이후에도 혁명이 일어나기까지는 오랜 잠복기를 거쳐야 했다. 혁명이 시작되기까지 대학이 중요하고 주동적인 역할을 맡았다. 대학에서 혁명의 대변자들이 등장했고, 하부 조직에서 혁명 연설가들이 배출되었다. 대변자들 가운데 마부의 아들 얀 후스(1370?~1415)가 특출났다. 그는 당시 중부 유럽의 교육 확대를 경험한 살아 있는 증인이었고 높은 수준의 개혁 설교가였다. 그는 매우 영리했으며, 위클리프의 절대적인 추종자는 아니었다. 후스는 잉글랜드의 스승 위클리프 역시 정통 교리에 따라서 해석했다는 주장을 제기하면서 법 절차에 근거한 재판을 벌였다. 그래서 그는 교회 재판에서 패소하자, 마지막으로 로마 교황청에 일반 공의회 소집을 요청했다. 그의 주장은 1414년에 콘스탄츠에서 심의가 이루어졌는데, 여기에서 그

오늘날도 콘스탄츠에서 숭배를 받고 있는 개혁파 설교가 얀 후스는 1400년부터 1415년까지 프라하에서 활동했다. 교황을 비롯한 로마 가톨릭 교회 지도자들의 부패를 비판하다 파문을 당한 그는 콘스탄츠 공의회의 결정에 따라 1415년 화형에 처해졌다. 판결의 정당성에 대해서는 지금도 의혹이 남아 있다. 콘스탄츠의 시민이었던 리헨탈의 울리히의 『콘스탄츠 공의회 연대기』 필사본에서 나타나는 것처럼 얀 후스의 화형 과정은 당대 사람들에게도 널리 알려져 있었다.

는 법적 절차에 근거하지 않은 재판을 통해서 교회에서 축출되었다. 콘스탄츠 공의회에서 많은 동조자를 얻었던 용기 있는 프라하의 설교가는 이단죄에 대한 증거도 없이 화형장으로 보내졌지만 그 역시 스스로를 변호하려 들지 않았다. 혁명이 갖는 모순적인 법 관념, 즉, 부패한 체제보다 '법'이 우위에 있다는 암묵적인 생각은 유럽 혁명사에서 많은 희생자를 냈다. 그러나 후스의 희생은 아직도 우리의 역사의식 속에 남아 있다. 그것은 양심의 자유를 위한 순교였다.

공의회의 권위가 아닌 성서에 근거한 심판을 받고자 했던 후스는 자유사상가가 아니었다. 그는 처음부터 자신의 견해를 굽히지 않으려 했고, 그 덕분에 보헤미아의 개혁 세력도 위기에서 빠져나올 수 있었다. 그래서 그는 다양한 각도에서 해석될 수 있는 비타협주의의 대표적인 인물로 역사에 남게 되었다. 오늘날에도 진리를 두고 벌어지는 한 치의 물러섬도 없는 혹은 양자가 대립하는 싸움에서 고집스러운 지식인에 대한 언급이 있으면 그를 연상하게 되는데, 이는 자연스러운 일일 것이다.

후스가 죽은 지 4년이 되자 혁명이 번지기 시작했다. 먼저 뜻을 같이 하는 사람들의 공동체가 형성되어야 했다. 그들의 상징은 성만찬〔그리스도는 죽기 전에 빵과 포도주를 제자들에게 나눠주고 그것을 자신의 살과 피라고 선언했는데, 여기에서 유래한 성만찬은 교회 미사를 통해서 반복되고 있음〕 때 평신도에게 포도주가 들어 있는 성배를 지급하는 것이었다. 콘스탄츠 공의회는 비(非)성직자들의 성배를 이용한 성혈 영성체 의식〔성찬식에서 포도주를 받아 마시는 의식〕을 파문으로 위협했는데, 신도 성배는 개인적 결단이었으며 때로는 개개 신자들이 결정할 사항이었다. '성배 성직자'를 중심으로 독자적인 교구가 형성되었고, 암암리에 집단 순례가 이루어졌다. 이는 곧바로 공개적인 집단 순례로 바뀌었다. 1419년 7월에 수도 프라하에서 혁명이 발생했다. 프라하의 신(新)도시 시청이 습격당하고 이에 대한 찬반 성명이 발표되었을 때, 보헤미아의 세속 질서뿐만 아니라 교회의 질서도 이미 전면적인 혼란에 빠져들었다. 혁명이란 언제나 죽기를 각오한 소수에 의해서 주도되는 것이지만, 그럼에도 불구하고 프라하의 혁명은 고위 귀족부터 농민에 이르는 모든 계층에서 지지자와 동조자를 모았다.

이제 신도 성배는 전 왕국의 문제가 되었다. 보헤미아는 두 민족으로 구성되어 있었는데, 다수의 체코인과 영토 확장 시대의 식민 개척자의 후손인 소수의 독일인이 바로 그들이다. 후스파는 바로 '국민파'를 형성했다. 국민파는 수도 프라하에 거점을 두었고 체코의 부유한 신흥 시민 계층과 옛 귀족들이 모여들었다. 독일인들은 도망쳤다. 그러나 성배에 의한 성체 배령 의식을 준수하는 모든 사람을 환영한 '국제파'도 있었다. 처음에 국제파는 전 지역에 흩어져 있었다. 그들은 얼마간 천년왕국설〔그리스도가 재림하고 죽은 의인(義

人)이 부활하여 지상에 평화의 왕국이 천 년 동안 계속된다는 신앙설]을 신봉했으며, 현세에서 그리스도의 재림과 천년왕국의 실현을 기대했다. 이 '좌파' 추종자들은 새로운 도시를 건설하고는 성서에 등장하는 산의 이름을 따서 타보르라고 명명했다. 이들은 곧바로 공포감을 자아냈던 '군단'을 형성하여 무력 저항을 조직했다. 좌파 추종자들 사이에서는 민중의 사고가 지배적이었고, 이 공동체는 모든 정치적 구상의 발원지였다. 반대로 프라하에서는 고위 귀족, 하위 귀족, 시민 등 (성직자를 제외한) 개개 계층에 따라서 후스파가 계층적으로 조직되었다. 수도 프라하는 얼마 동안 타보르에 비해서 우위를 차지하

부활 장면. 고딕건축 예술이 만개한 다른 지역들과 마찬가지로 랭스에서도 최후 심판의 날, 즉 인류 역사의 마지막 날에 죽은 자들이 영원한 생명을 향한 희망으로 자연스럽게 관에서 일어나는 장면이 연출되었다.

기도 했다. 프라하 대학의 교수들은 처음에는 무력 저항을 용인했고 후에는 그 저항을 성스러운 임무로 천명했다. 이러한 임무관을 토대로 후스파는 위기에도 단결하여 다섯 번의 십자군과 지기스문트가 이끈 두 번의 토벌 원정을 견뎌낼 수 있었다. 이들은 30명의 내각을 갖춘 신분 공화국으로 조직화되었다. 다음번 바젤 공의회에서의 타협으로 1435년에는 다시 다른 그리스도교 세계와 화해를 하였다. 이로써 후스파는 군주 국가 형태로 복귀했다.

현시화된 육신을 보여주는 성인의 상반신 성유물. 여기에는 삶과 죽음에 대해 우리가 가진 생각과는 정반대의 생각이 깃들어 있다. 금과 귀금속으로 뒤덮인 상체의 또렷한 눈동자는 그리스도의 재림을 믿게 한다.

교회 개혁의 정당성에 대한 '성배파〔평신도의 성혈 영성체 의식을 주장하는 사람들〕'의 믿음은 물론 사라지지 않았다. 유럽의 종교개혁은 루터보다 100년 전에 보헤미아에서 시작되었다. 당시에 보헤미아는 정치적으로 신분제 국가로 변모해갔다. 그 결과 시민과 농민들은 더 이상 지배권을 주장할 수 없게 되었다. 군주는 1620년 프라하 구교의 바이센베르크에서 귀족이 주도한 두 번째 혁명에 맞서 승리한 후에야 비로소 보헤미아를 다시 장악할 수 있었다. 하지만 이 승리는 '삼십년전쟁〔1618~1648년 사이에 진행된 유럽의 종교전쟁〕'의 혼란을 촉발시켰다.

위기 외교

후스파의 혁명은 15년가량 중부 유럽을 휩쓸었다. 이로 인해서 권력 구조가 변하였다. 이후 보헤미아를 중심 지역으로 삼아 중부 유럽 서쪽의 신성 로마 제국을 통치하고 폴란드와 헝가리 등 중부 유럽의 동쪽에 영향력을 행사하려던 카를 4세의 계획도 무산되었다. 이에 앞서 결혼을 이용해서 세력을 확장하려는 계획이 전개되기도 했다. 카를의 장남인 벤첼의 역량으로는 중부 유럽에서 발생한 후스파의 혁명을 저지하기에 역부족이었다. 하지만 불안정한 벤첼의 정책이 오히려 혁명의 발전에 유리하게 작용했다고 할 수 있다. 카를의 차남 지기스문트(1368~1437)는 본래 혼인을 통해서 폴란드를 얻고자 했다. 이러한 목적으로 카를은 말년에 힘들고 긴 여행을 했다. 이는 정상 외교였으며, 황제의 첫 번째이자 마지막 파리 방문이었다. 일반적으로 사람들이 추측하는 것처럼 파리에서 카를은 알프스와 론 강 사이의 제국 남서부에 있는 아렐라트 왕국을 포기하지 않았다. 단지 제국의 대리 통치인인 프랑스의 왕위 계승자에게 '빌려주었을 뿐이었다'. 그렇다면 정상 외교를 통해서 폴란드를 얻으려 했던 노력이 수포로 돌아간 것인가? 그렇지는 않았다. 대신에 지기스문트는 로요슈 대왕의 딸 마리아와 결혼했고 이를 통해서 헝가리를 획득했기 때문이다.

하지만 전임 왕이 살해되고 반란 귀족들에게서 왕위 상속녀를 구출한 후에야 비로소 헝가리의 왕으로 등극할 수 있었다. 혼란스러운 시작이었다! 그러나 당시 유럽의 대다수 지역을 뒤흔들었던 왕권 쇠약의 추세에도 불구하고 지기스문트는 헝가리의 귀족 과두제[소수의 귀족 집단이 통치하는 정치형태] 속에서 점차 기반을 닦아나갔다. 이로써 헝가리는 어느 정도 확실한 희망을 가지고 '민족적' 특성을 유지한 채, 100년 전에 보헤미아에서 시작되어 이후 룩셈부르크가, 합스부르크가, 중부 유럽의 남동부를 포함하여 점차 하나의 제국으로 성장한 대제국의 구조 속에 끼어들게 되었다.

그러나 또 다른 발전이 광범위하게 이루어지고 있었다. 이 발전은 지기스문트의 시대에 헝가리 국경까지 파급되었다. 14세기에 투르크인이 소아시아부터 시작하여 크고 작은 이슬람 왕국을 점령했던 것이다. 결국에는 12세기 이래로 그리스도교가 팽창하면서 전적으로 방어적인 입장을 취해온 이슬람의 정치력을 다시금 부활시켰다. 이제 투르크인이 공세를 펼쳤다. 처음에는 비잔티움 제국의 중심부를 피해서 우회로를 이용해 진격하던 1389년에 암젤 평원에서 세르비아인을 격파했다. 세르비아 왕국은 동쪽 주변 지역의 다른 왕국보다 약간 뒤늦게 아토스 수도원의 수도사 ('성왕') 사바 왕자에 의해서 통일되었다. 카를 4세의 시대에 세르비아인은 스테판 두샨(재위 1331~1355)의 지휘하에 발칸 반도의 주도권을 장악했고 비잔티움의 제위를 차지하려 했다. 스테판은 황제 카를 4세의 시대에 '대왕'의 한 사람이었고, 황제와 접촉했으

프리드리히 2세가 통치하던 시기에 당대 사람들은 이미 그를 '만백성의 태양'으로 불렀다. 200년 후 황제직에 오른 지기스문트는 빈에 있는 필사본 그림에서 행성계의 태양으로 묘사되고 있다. 최초로 왕을 태양왕으로 묘사한 이 작품은 이후 왕을 그린 초상의 전형이 되었다. 지기스문트는 어떤 왕보다 더 자주 '미남왕'으로 묘사되었다.

며, 통치 유형에서 그와 많은 유사점을 보였다. 실제로 얼마간 그는 발칸 반도에서 가장 막강한 인물이었다. 세르비아의 패배와 함께 왕의 통치만이 아니라 전체 사회구조가 붕괴되었고, 상층 귀족이 무너지면서 과거의 씨족 집단으로 위축되었다. 수세기 동안 사람들은 투르크의 지배로 인해 잊혔던 영광을 비극적 서사시를 통해서 기억해야 했다. 7년 후에 지기스문트 역시 투르크인을 대상으로 십자군 원정을 전개했지만 니코폴리스 근교에서 참담한 패배를 경험한다. 그는 이 패배를 통해서 투르크인의 위협을 확실하게 인식한 유럽의 첫 번째 제후가 되었을 것이다. 물론 그가 투르크인의 위협에 적극적으로 대처했는지 아니면 유럽 내에 존속하는 이러한 위협을 외교적 경로를 통해서 주변국에 인식시킬 수 있었는지는 잘 알려져 있지 않다.

로마-독일의 왕위를 차지했던 두 번째 비텔스바흐 가문 출신의 루프레히트 백작이 10년간 왕으로서의 과도기적 역할을 담당했다(후대인들은 고달픈 독일 이동 왕권이라는 의미에서, 루프레히트 백작이 말을 타고 다니다가 기력을 전부 소모했다고 전한다). 루프레히트 백작이 맡은 바 소임을 다한 후인 1410년, 룩셈부르크 가문 출신의 두 사람이 동시에 왕으로 선출되었다. 바로 지기스문트와 그의 사촌이자 모라비아의 변경백이었던 요프스트이다. 1400년에 선제후들에 의해서 폐위되기는 했지만 지기스문트의 형 벤첼 또한 로마의 왕위를 포기하지 않았기 때문에 동시에 세 명의 왕이 존립하는 상황이 되었다. 비참하기는 하지만, 이는 1408년의 피사 공의회가 남겨놓은 세 명의 교황과 비견될 수 있을 것이다. 어쨌든 왕위를 차지하려는 세 사람 모두 룩셈부르크 가문 출신이었다! 그러나 왕위의 문제는 교황의 문제보다 훨씬 수월하게 해결되었다. 요프스트는 사망했고, 벤첼이 무능했기 때문에 지기스문트가 통치권을 차지했던 것이다.

로마의 왕이자 미래 황제(지기스문트)의 입장에서 볼 때, 당시 독일이 가졌던 정치적 비중에도 불구하고 독일에서는 다행스럽게도 별다른 고충이 없

1415년의 교통사고. 알프스 산맥을 넘어 콘스탄츠 공의회로 향하고 있던 교황 요한네스 23세를 그린 그림이다. 얼마 지나지 않아 공의회는 그를 포함해서 다른 교황들을 모두 폐위시켰다. 그러나 이런 이유로 현대에 같은 이름의 교황 요한네스(제2차 바티칸 공의회를 소집한 요한 23세)가 있는 것은 아니다. 이는 이전에 교황의 순서를 계산하면서 실수가 있었기 때문이다. 이 그림은 묘사 방식이 상당히 거칠지만 매우 돋보이는 풍자화이다.

었다. 비록 독일인이 정치적으로 욕심이 많았던 민족이기는 했지만 말이다. 그러나 전체 그리스도교 세계는 세 명의 교황으로 인해 상황이 악화되었다. 로마의 왕이자 황제는 교황들의 '대리인'이자 보호자였다. 대리인 임무를 수행하면서 지기스문트는 올바른 선택을 했다. 그는 세 명의 교황 중에 가장 경험이 풍부하고 명망 있는 발타자르 코사를 선택했다. 코사는 요한네스 23세(대립교황, 재위 1408~1415)로서 로마에 거주하면서 가장 많은 존경을 받았던 인물이었다. 마침내 1413년 말에 공의회가 소집된다.

하지만 정치 세계 역시 혼란스러웠다. 로마의 왕이자 황제는 프랑스 왕권을 내적으로 붕괴시키고 있던 80년에 걸친 잉글랜드와 프랑스의 대립에 중재자가 되어야 한다고 생각했다. (왕가의 후손들이자) 가장 강력한 봉신인 오를레앙과 부르고뉴의 공작들이 왕국의 주도권을 차지하고 또 정신병을 앓았던 샤를 6세에게 영향력을 행사하려고 싸우는 것은 거의 예견된 일이었다. 바이에른의 아름다운 왕비 이자보가 왕권의 미약함을 메우기에는 역부족이었다. 프랑스 궁정에 있던 그녀의 남동생 바이에른의 루트비히도 마찬가지였다.

모든 것이 무질서하게 보였던 이 시기에는 백주 대낮의 살인도 거리낌 없이 일어났다. 1407년에 부르고뉴의 '무겁공' 장은 경쟁 상대인 오를레앙의 루이를 파리의 거리에서 살해하도록 사주했다. 그러나 12년 후 프랑스의 왕위 계승자와 성과 없는 협상을 체결한 후 비슷한 운명이 그를 덮쳤다. 이러는 사이에 프랑스에서는 잉글랜드의 공격을 받는 와중에도 내전이 일어났다. 1407년에 살해된 루이의 후계자가 부유한 아르마냐크 백작의 사위가 된 것이 원인이었다. 이 때문에 한편에는 '아르마냐크파', 다른 한편에는 부르고뉴파가 대치하는 상황이 되었는데, 정치적 판도는 그때그때의 민심에 따라 바뀌었다. 부르고뉴파는 1413년에 카보슈 추종자들이 일으킨 파리 반란의 후원자였다. 1419년의 시해 사건(프랑스 왕세자 샤를의 측근이 부르고뉴의 무겁공 장을 살해한 사건) 이후에는 잉글랜드의 동조자가 되었다.

또다시 수적으로 매우 불리했던 잉글랜드 군대가 1415년 아쟁쿠르에서 기동력이 떨어졌던 프랑스의 기사단에게 승리를 거두었다. 수세기 동안 석궁, 활, 창, 철퇴로 무장하고 후스파 시대부터는 [별 모양의 중세 무기의 일종인] '모르겐슈테른'을 보유하고 있던 보병이 기병을 향해서 돌진했다. 절대로 말안장에서 내려오지 않으려는 중무장한 기사들의 행동이 이상하게 보일지도 모르지만 신분에 대한 그들의 자부심은 경우에 따라서는 '농민군'을 상대로 싸우기를 거부할 만큼 강했다. 엘리트 기사들은 자신들이 정한 생활 규범을 준수하고자 했다. 이들은 전투를 그 모습만 다를 뿐이지 정치의 연장선으로 보았다. 하지만 이제 현실은 많이 변했다. 그것은 바로 '중세의 가을'을 의미했다.

그러한 엘리트 기사 집단의 사고방식을 단순히 '귀족적 기질'로 낙인찍거나 현실 회피로 해석해서는 안 될 것이다. 영주와 기사의 동맹 같은 계층 간의 동맹이나 헝가리, 프랑스, 잉글랜드, 이탈리아 제후들의 '동맹' 같이 특정한 목적을 위해 결성된 동맹은 귀족들의 정치의식에서 비롯된 것이다. 아르마냐크파, 독일 선제후들의 모임, 지기스문트 왕이 1408년에 조직한 헝가리의 '용의 기사단' 등이 대표적인 사례이다. 왕과 신분 계층 사이의 계서적 연결 고리에 구속받지 않으려던 이 동맹들은 현실 정치의 단면이었다. 당대의 위기적 상황이 정치를 그러한 방향으로 움직였던 것이다.

이런 와중에 프랑스에서는 극적인 이야기가 연출되었다. 부르고뉴인들과 왕들은 피 흘림을 종식시키려고 프랑스의 공주 카트린과 잉글랜드의 왕 헨리 5세(재위 1413~1422)의 결혼을 수락했다. 부르고뉴 공작의 살인에 대한 책임을 지고 있던 왕위 계승자 샤를 7세는 계승권을 상실

오를레앙의 처녀 잔 다르크에 의해 1429년 프랑스 왕위에 오른 샤를 7세는 후에 아녜스 소렐의 영향을 받아 프랑스 왕권의 회복이라는 목적을 성공적으로 달성했다.

하게 되었다[샤를과 대립관계에 있던 부르고뉴의 공작이 살해되자 샤를은 암살의 배후로 지목되었다]. 수세대 동안 지속된 대립이 끝을 맺을 것 같았다. 파리는 잉글랜드 왕에게 문을 활짝 열었고, 이렇게 해서 상황이 반전되었다.

다음의 사실들은 정치적 세력들의 다양화 현상을 보여주는 사례들 중 일부에 불과하다. 즉 이 시기에 제국 영토 내에 위치한 콘스탄츠에서 지기스문트의 직접적이고 적극적인 보호 아래에 협상이 진행되었다. 여기에서는 공의회적인 견지에서 위클리프와 후스의 문제가 만장일치로 해결될 수 있었다. 3개월 후 콘스탄츠에서 그리스도교 세계에서 가장 큰 규모의 공의회가 개최될 수 있었다는 사실은 프랑스의 아쟁쿠르 패배가 상징적으로 보여준 '중세의 쇠락'을 만회하는 계기가 되었다. 콘스탄츠에서 새로운 것은 그리스도교의 대표자들이 민족에 따라서 구성되었다는 사실이다. 스코틀랜드와 폴란드, 헝가리, 스칸디나비아인들이 독일에 포함되었다고 해서 이 사실이 언어 민족적인 의미를 가지는 것은 아니다. 왜냐하면 기존의 라틴적인 보편성 속에 동질성에 대한 인식이 어느 정도 존속하고 있었기 때문이다. 이러한 의식 속에서 잉글

랜드와 프랑스의 왕권을 새로이 대립하게 만들었던 반목이 형성되었다.

프랑스의 왕세자 샤를이 자신의 상속권 박탈을 수락하지 않았기 때문이다. '부르주의 왕' 샤를이 왕국의 중부와 남부 지역에 칩거하는 동안 잉글랜드와 프랑스의 젊은 왕 헨리 5세가 급사하는 사건이 발생했다. 샤를에게 다시 기회가 찾아왔다. 거의 같은 시기에 그의 아버지 샤를 6세도 사망했다. 이제 프랑스의 오랜 왕위 계승식 장소인 랭스에서 프랑스의 왕위를 차지하는 것은 전적으로 왕세자에게 달려 있었다. 잉글랜드의 경쟁자는 한 살배기 아들을 남겼지만, 이 어린아이의 통치 대리인이 프랑스에서 이룩한 군사적 성공이 프랑스인의 민족적 복수심을 새로이 일깨웠다. 잉글랜드인이 남부의 관문 오를레앙을 점령하자 '프랑스의 민중'은 조국 프랑스 출신의 주인을 위해서 봉기했다.

축첩을 일삼았던 프랑스의 왕들로 인해 전 유럽의 궁정에서 축첩을 선호하게 되었다. 축첩제도의 역사에 대해서는 아직 기록된 바가 없다. 왕의 첩들은 종교적 이해관계를 이유로 혼인관계를 맺은 이국 출신 왕비들이 알지 못한 사랑의 기술을 이용해서 왕의 마음을 사로잡았고 결과적으로 영향력을 발휘하였다. 유럽의 정치가 여성적 혹은 시민적 특색을 지니게 된 것은 이 때문이다. 1444년 이후로 샤를 7세의 공식적인 첩이었던 아녜스 소렐이 대표적인 예이다. 그녀의 영향력은 매우 긍정적인 평가를 받고 있다.

다. 이들은 당시까지 전쟁의 피해를 입지 않았던 동쪽 지역의 사람들이었다. 전쟁과 정치를 초월하여 민중의 열광적인 애국심을 일으켜 세웠던 농민 처녀가 그 중심에 있었다.

마스(뫼즈) 강변 동레미 출신의 잔 다르크(1412~1431)는 엄청난 자신감을 가지고 왕세자에게 군사적 승인을 요청하면서 궁정에서 활동했다. 그녀가 후에 주장한 바에 의하면 그녀는 이미 13세 때 프랑스의 구원을 위해서 그녀에게 소명을 불어넣은 '목소리'에 이끌렸다고 한다. 잔 다르크는 정복되었던 오를레앙을 점령하여 잉글랜드인들을 깜짝 놀라게 했다. 이후 그녀는 랭스로 불려가 칭송을 받기도 했다. 하지만 무기력하고 정신적으로 쇠약했던 샤를

기병대의 선두에 선 오를레앙의 잔 다르크.

7세는 잉글랜드인들의 책략에 빠져든 그녀를 위험 속에 내버려두었다. 몇 달 동안의 종교재판 끝에 그녀는 화형장에서 마지막을 맞이했다. 프랑스가 잉글랜드인에게 승리를 거둔 후 명예를 회복하기는 했지만, 1920년이 되어서야 그녀는 비로소 근대 프랑스 애국주의의 영향으로 성인의 반열에 오르게 되었다. 그녀는 생명을 바쳤지만, 그럼에도 불구하고 제대로 평가받지 못했던 여성 가운데 한 사람이 되었다. 그녀의 순교가 남성 세계에 대한 도전을 의미했기 때문이다. 종교재판이 그녀를 이단으로 낙인찍었기 때문이 아니라 그녀가 자신의 임무가 끝나기 전에는 여성복을 입는 것을 완고하게 거부했기 때문이다. 재판 기록문에 따르면 그녀는 프랑스와 잉글랜드의 재판관들이 루앙에서 제시했던, 자신의 죄를 인정할 마지막 기회를 끝내 얻지 못했다.

개혁 공의회와 새로운 도약

콘스탄츠 공의회는 공의회를 소집한 (요한네스 23세를 포함해서) 경쟁을 벌이고 있던 세 명의 교황이 모두 법에 어긋난다고 선언했다. 상황이 이렇게 되자 성스러운 콘스탄츠 공의회의 합법성 자체가 의문시되었다. 이미 살펴본 것처럼 콘스탄츠에서 교회는 더 이상 본연의 종교적 전통이 아닌 법적 절차

리헨탈 출신 울리히의 『연대기』에 기록된 콘스탄츠 공의회 장면. 주교들과 신학자들이 교황과 토론을 벌이고 있는 이 그림은 『공의회 연대기』의 후대 필사본에서 유래한 것이다.

에 근거하는 새로운 조직으로 탈바꿈했다. 합당한 절차에 의한 것은 아니지만 먼저 후스에 대한 재판이 종결되었다. 이후 교황들 사이의 법적 문제가 논의되었다. 그러나 '개혁에 관한 문제'라는 법적인 제목이 붙은 안건들, 즉 현세에서의 전체 교회의 임무와 관련해서 검토해야 할 안건은 어떤 결론에도 도달하지 못했다. 법적으로 규정될 수 있었던 원칙이자 중세의 오랜 논쟁거리였던 문제만이 그나마 교황이 무기력했던 까닭에 다시 확인되었을 뿐이다. 즉 공의회가 교황보다 우위에 있다는 사실이었다〔공의회 우위설을 말하며, 제1차 바티칸 공의회에서는 죄로 단정되었다〕.

콘스탄츠 공의회의 주도자이자 캉브레의 주교인 피에르 다이 추기경(1420년 사망)이 그리스도에게 자신의 영혼을 맡기고 있다. 1425년의 필사본으로 캉브레 시립 도서관에 소장되어 있다.

개혁에 관한 문제는 이렇게 해서 미결로 남았다. 이로 인해 5년 후에 공의회가 다시 소집되어야 했다. 그 다음은 7년 후에 소집되었고 그 이후로 10년마다 소집될 예정이었다. 공의회가 세간의 이목을 끌었던 이유는 시간의 촉박함 때문만은 아니었다. 중세 교회는 처음부터 자체 개혁에 관심을 보였고, 수도회의 힘을 빌려 클뤼니, 시토, 탁발 수도회 등 오랜 개혁 수도회의 전통을 이어가면서 호응했다. 그러나 14세기에는 더 이상 새로운 수도회가 배출되지 않았다. 이제 유일한 상설 조직으로서 공의회가 그리스도교 세계를 이끌어야 했다. 정기적으로 소집되는 공의회가 그리스도교 세계를 (그리고 세속적인 세계까지도) 변화시킬 수 있으리라 생각되었다. 심지어는 교황의 통치 유형과 통치권에 대한 교황의 주장도 완전히 변화시킬 수 있을 것으로 생각되었다. 그러나 콘스탄츠에서 공의회와 교황이 받아들인 결정 사항들이 오늘날까지도 현실적으로 적용되거나 반박되지 않고 있다는 사실은 가톨릭 교회의 초연성과 생동력의 한계를 드러낸다. "교리적으로 그리고 역사적으로, 전적으로

만족할 만한 대답은 아직도 미제로 남아 있다"(리미기우스 보이머).

지기스문트는 이렇게 위기에 처한 교회와 어떻게 지내야 할 것인가? 그는 중세의 위대한 (당시에 유행했던 개념을 사용하자면) '외교가들' 가운데 한 명이었지만, 애석하게도 교회 개혁의 선봉에 서지는 않았다. 하지만 그는 분명 개혁자였다. 때로는 무력했고 때로는 거의 대책을 세우지 못했지만 말이다. 그는 세속적 경험이 풍부했고, 그의 아버지처럼 5개 국어에 능숙했으며, 최소한

교황, 황제, 수도사, 성직자들이 '교회라는 성(城)'을 수호하고 있다. 몇몇 사람들은 손으로 성을 지탱하고 있지만 이단자, 창녀, 천박한 삶을 사는 이들은 성을 공격하고 있다. 만약 15세기의 이 프랑스 세밀화를 정치적인 풍자화로 오해한다면 이는 중세 말기의 종교적 사고방식을 잘못 해석한 대표적인 예일 것이다.

유럽 7개국 언어의 문법에 통달했다. 또한 그는 일곱 개 왕국과 투르크 세력권 내의 지배자로서 매우 신뢰할 수 있는 사람으로 인식되었다. 특히 거의 모든 지역에서 정치적 붕괴의 위협이 도사리고 있었던 당시 상황에서는 더욱 그러했다. 초상화에 사실적으로 묘사된 첫 번째 왕이기도 한 그는 냉정하고 기지가 있었기 때문에 대부분의 논쟁에서 상대편을 제압할 수 있었다.

지기스문트는 전 유럽이 직면한 투르크의 위협과 그리스도교 세계를 위한 교회 개혁의 필요성 못지않게 제국 개혁의 임무에 대해서도 관심을 가지고 있었다. 그는 도시에 우호적인 정책을 실현하기 위한 발판을 다지고자 했다. 독일에서는 프랑크푸르트 시민들에게 제국 직속 도시의 영향력 강화를 약속했고, 헝가리에서는 도시법의 발전을 장려했다. 그 결과 독일 뉘른베르크 출신의 한스 헤벤슈트라이트가 헝가리 카샤우(코시체) 시의회의 규칙을 제정하기도 했다. 또한 지기스문트는 그의 아버지가 금인칙서에 명시한 선제후와의 협력을 지속하려 했다. 이후에 그는 독일에서와 마찬가지로 헝가리에서도 시민 출신이 자신을 위해서 봉사하도록 장려했다. 재상이었던 카스파 슐리크는 에게르 출신으로 지기스문트가 1433년 로마에서 기사로 임명했다. 바인스베르크의 콘라트도 꼽을 수 있다. 그는 하위 귀족 출신으로 재정 분야에서 경력을 쌓아 마침내 1438년에는 바젤 공의회의 황제 대리인이 되었다. 지기스문트는 유산으로 물려받은 브란덴부르크 변경백령을 1415년에 뉘른베르크의 성백 프리드리히에게 봉토로 하사하기도 했다. 이를 통해서 지기스문트는 유능한 협력자이자 전투 지휘관을 얻었다. 뉘른베르크 출신의 호엔촐레른 가문이 베를린으로 온 것은 이러한 과정에서 비롯된 것이다. 지

피사넬로의 유명한 그림. 황제 지기스문트를 사실적으로 묘사했다는 평을 받고 있다. 지기스문트는 실물과 유사한 초상화를 그리게 한 첫 번째 통치자였다.

제6장 | 위기와 혁명   573

기스문트는 베틴 가문 출신으로 마이센의 변경백이었던 프리드리히를 1423년에 선제후로 임명하고 작센-비텐베르크를 봉토로 하사했다.

그러므로 지기스문트가 제국에서 변화시킨 것이 아무것도 없다고는 할 수 없을 것이다. 그럼에도 불구하고 제국을 염려하는 관리들이 염원했던 대개혁은 이루어지지 않았다. 모젤 강변의 쿠에스(쿠사) 출신 어부의 아들이자 젊은 법률가인 니콜라우스가 1433년에 바젤 공의회에 제출했으며 포괄적인 내용을 담고 있지만 실현성이 떨어졌던 구상에 대해서 황제는 전혀 관심을 보이지 않았다. 니콜라우스의 구상은 현재까지도 전 그리스도교 세계의 '일반적인' 조약으로 존중되고 있다. 지기스문트 사후에 발간된 『지기스문트의 개혁』은 그의 이름을 명시하고 있지만 그의

쿠에스의 니콜라우스, 즉 니콜라우스 쿠사누스는 어부의 아들로 브릭센(브레사노네)의 주교직을 거쳐 마지막에는 추기경단의 지위까지 올랐다. 그는 교황 피우스 2세와 함께 그리스도교 세계의 개혁을 실행에 옮겼다. 철학자로서 니콜라우스는 세상의 보편적인 조화를 추구했다.

생각을 담고 있지는 않았다. 그 책에는 제국의 개혁은 제국 도시들에서부터 시작되어야 하고, 제후들이 개혁을 거부하면 '소시민들'에게 의지해야 한다는 사회적 저항과 종말론적 기대감이 뒤섞여 있었다. 지기스문트는 제국 역사에 개혁자로 남지는 않았지만 결단력이 있는 대위기 시대의 인물로 기억되고 있다. 그러나 이 설명은 그에게 더 많은 것을 기대했던 사람들에게는 사실 실망스러운 것이다.

지기스문트를 비판하는 이들이 그가 안고 있던 문제점들의 어려움을 과소평가하지는 않았을까? 1420년경에 투르크인은 몽골의 유목민을 사마르칸트에서 앙카라까지 끌고 왔던 절름발이 티무르(1405년 사망), 그리고 상당 기간 치열한 접전을 통해서 이슬람 대제국을 위기로 몰아넣던 그 후계자들의

침공 때문에 방향을 선회했다. 제국에서는 지기스문트 때문이 아니라 후스파의 위험 때문에 행정 체계가 어느 정도 가동되었다. 제국 의회의 잦은 소집과 선제후들의 통치를 받았던 '황제 공위 시대', 1427년에 각 신분 계층들의 감독하에 다섯 개의 제국 직속 도시에서 거두어지고 관리되었던 최초의 일반 전쟁 조세가 그 예일 것이다. 이미 벤첼이 통치하던 시기인 1383년에 논의된 바 있던 제국 관구의 설치는 실현되지 못했다. 1502년에 와서야 계획 중 절반 정도가 실현될 수 있었다.

[급진적인 후스파인] 타보르파의 도시 서보헤미아의 자츠에는 아직도 독일인이 거주하고 있었다. 이 도시에서 훈련받은 대다수의 '독일 후스파들'이 제국에서 동조자를 규합하는 동안에 후스파를 대상으로 한 군사적 조치들이 거의 모두 실패했다는 사실은 당시 엄청난 공포 분위기를 조성했다. 후스파에 대한 두려움은 도시들로 퍼져갔고, 종교재판이 빈에서 슈파이어까지 열렸다. 보헤미아의 혁명가들은 1427년부터 공격적으로 변해갔다. 이들은 이전에 보헤미아에서 8년 동안이나 십자군 병사에 대항해서 막상막하의 전투를 벌였다. '좌파' 타보르와 '우파' 프라하는 서로 주도권 경쟁을 벌였다. 악명 높고 탁월한 전략가였던 좌파의 얀 지슈카(1424년 사망)는 처음에는 애꾸눈이었고 후에는 장님이 되었다. 보병들을 위해서 이미 알려졌던 전술인 차진(車陣)을 이용해서 이동 요새를 조직했고, 전쟁사에서는 처음으로 대포를 전술적으로 배치했다. 탁월한 전략가이자 프라하의 성직자 '위대한' 프로코프는 그의 후계자였다. 프로코프의 아버지에 대해서는 알려진 바가 없지만, 어머니 쪽은 도시 귀족 가문 출신이었

후스파의 유명한 애꾸눈 장군 켈히베르크의 안 지슈카의 혁명 초기 모습. 1500년경에 제작된 이 석상은 실물을 묘사한 조형물의 가치는 없지만 그의 초상을 그린 작품 중에 이 석상보다 뛰어난 것은 없을 것이다.

다. 그의 할아버지는 아헨의 얀으로 당시 프라하의 독일 상류층 사이에서는 유명한 인물이었다. 이외에도 많은 독일식 이름이 후스파의 정착지에서 발견되었다. 특히 츠나임(즈노이모)의 울리히와 라이헨바흐의 로렌츠는 후에 바젤 공의회에서 후스파를 대표하기도 했다.

그러나 이에 앞서 먼저 전투가 벌어졌다. 후스파의 군대는 오스트리아 남부와 팔츠 지역 북부를 침공했고, 슐레지엔과 마이센 지방, 심지어 발트 해까지 진군했다. 그들이 지나가는 곳이 어디든 공포가 몰아쳤다. '농가에는 평화, 궁전에는 전쟁'이 그들의 구호처럼 들렸다. 이들은 지배 계층을 방앗간 주인 정도로 비하했다. 후스파는 독일에서 늘 무장 응원군을 얻었으며 은밀한 지지자를 모았다. 후스파가 초래한 위기를 군사적으로 해결하기 어려워지자 결국에는 외교적인 해결책을 찾게 되었다. 이 해결책은 교회에서만 찾을 수 있었다. 왜냐하면 후스파가 교회에 대한 저항에서 형성되었기 때문이다. 공의회가 종교전쟁을 불러일으켰지만 해결 또한 공의회에서 가능했다.

15세기 말의 필사본. 얀 지슈카가 이끌었던 1419년의 농민군을 보여준다. 전투에서 혁혁한 공적을 남겼던 애꾸눈의 지도자 얀 지슈카는 이 그림에서 두 눈이 전부 먼 것처럼 묘사되어 있다. 그러나 실제로 그가 두 눈을 전부 잃은 것은 1423년이었다. 그의 앞에 있는 사제는 광채를 발하는 성채가 올려진 성체현시대를 모시고 있다(아마도 이 성체현시대는 태양을 상징하는 것으로 보인다). 1419년 겨울 지슈카는 보헤미아 남부의 필젠(플제니)를 꽤 오랫동안 점령했다. 혁명군들은 이곳을 '태양의 도시'라고 불렀다.

콘스탄츠에서 공의회 옹호론자들은 다음 모임을 5년 내에 개최하기로 결정했다. 1423년에 새로운 교회 회의가 파비아에서 개최되었다. 이 회의는 다시 시에나로 옮겨졌으며 여기에서 교회 회의는 네 개의 민족으로 구분되었다. 하위 성직자의 대표자에게도 선거권이 주어지게 되었다. 일반적인 흐름의 추세는 하부 지향적이었다. 하지만 이루어진 것은 아무것도 없었다. 교회 회의는 결의 사항을 내지 못했다. 7년 후 지기스문트는 콘스탄츠 개혁 조항에 의거하여 새로운 회의를 요구했다. 이번에도 역시 후스파 문제 때문이었다. 그러나 교황 마르티누스 5세는 지기스문트가 독일 민족 공의회를 주창했다는 것을 이유로 반대했다. 1431년에 제국에서 다시, 그러니까 바젤에서 공의회가 개최되었을 때 교황 에우게니우스 4세(재위 1431~1447)가 후임자가 되었다. 그 역시 공의회에 호감을 가지고 있지 않았지만 여러모로 수세에 몰린 나머지 전임자의 결정 사항을 인준했다.

초반에는 참석률이 그리 높지 않았던 새로운 공의회는 세 가지 목표를 설정했다. 후스파와의 협상, 그리스도교 제후들 사이의 평화, 교회 개혁이 그것이다. 세 가지 과제 모두 해결이 시급했다. 이러한 상황은 공의회와 원만한 관계를 유지하지 못했던 교황의 시두와 상충했다. 교황은 공의회를 멀리 떨어진 바젤에서 이탈리아의 도시로 옮기고, 오랫동안 등한시되었던 교회와 정치 사이의 급박한 문제들(그리스 정교회와의 통합)을 목표로 설정하려 했다. 1054년 이후로 라틴 그리스도교는 그리스 정교회와 법적으로 분리되었다. 하지만 (오래전부터 비잔티움의 후위를 우회하고 있던) 투르크인이 비잔티움의 문을 두들기는 상황이 전개되자 황제 마누엘 2세는 서유럽인들과 연합해서 공동 방어를 해야만 하는 급박한 현실에 직면하게 되었다. 그러나 이러한 상황에서도 공의회와 교황은 서로 티격태격했고, 이는 좋은 징조가 아니었다.

공의회파는 교황이 서둘러 공의회를 해산하자 봉기를 일으켰다. 이에 교황은 공의회 해산 조치를 철회했다. 이런 과정을 밟으면서 회의 절차는 극단으로 치달았다. 네 개의 민족이 아니라 임무에 따라서 구성된 네 개의 대표단이 공의회의 현안을 결정했다. 이제 신학과 법학 박사, 사제와 수도사 모두가 투표권을 얻게 되었다. 제후와 도시 대표자도 같은 권리를 획득했다. 본래 주교들의 모임이었던 그리스도교계 회의에서는 찾아볼 수 없었던 근본적인 변화였다.

1433년, 바젤에 후스파가 나타나면서 타협점을 찾게 되었다. 공의회는 성배에 의한 성체 배령과 보헤미아에서 벌어진 교회 재산의 몰수를 용인했지만 교리상의 일탈은 용납하지 않았다. 이와 같은 성공을 바탕으로 교황의 해산 조치에 저항한 결과 교황이 공의회를 다시 개최하자 승리를 거둔 바젤 공의회의 명성은 치솟았다. 회의는 지속되었고 '머리와 신체에 대한' 개혁까지 진행되었다. 머리 부분에 대한 개혁이 착수되면서 상속권과 성직록 같은 다양한 유형의 조세에서 나오는 교황의 수입이 아무런 보상 없이 삭감되었다. 그러자 새로운 분쟁이 발생하였다.

바젤 공의회파는 그때까지의 분노를 잘 봉합할 수 있을 것이라고 생각했다. 그러나 그들은 협상 준비를 하지도 못했고, 로마 교황청의 협상 능력도 인지하지 못했다. 하지만 중세 그리스도교 세계의 구조상 권력이 없는 교황은 생각할 수 없다. 교황은 마침내 아비뇽 망명지에서 대단한 기지를 발휘하여 어렵사리 재정력을 확보하였다. 그러나 그 과정은 종교와는 거리가 멀며 심지어 명확하게 반종교적인 행위를 통해서 이루어졌다. 물론 영토에 대한 직접적인 통치력을 행사할 수는 없었다. 이처럼 '조직력' 없이 활동하던 교황청의 정치가들은 근대의 교황권이 발전시킨 환상도 없었으며, 모순적으로 들리겠지만 보편적으로 인정받기 위해서 국가조직을 구성해야 한다는 정치적 순리

바젤 공의회가 사용한 인장의 뒷면에는 교회 모임 중앙에 성부와 성령이 위치하고 있다.

도 이해하지 못했다. 달리 말하면 교회로부터 분리된 세속 국가만이 정치의 기본 지침을 전개할 수 있을 것이다. 국가가 이를 스스로 획득했는지의 여부는 차치하고라도 말이다. 그리고 국가로부터 격리된 교회만이 수백만 신자의 지지에 의존할 수 있으며 도덕성의 대변자이자 국가의 도덕적 대립자로서 그리고 국가의 양심으로서 영향력을 행사할 수 있다. 여기에서는 실효성이 아닌 구조가 존중된다. 그러나 중세의 교황권은 반대로 세계 질서에서 권력자와 연결되어 있거나 그렇지 않으면 무력하고 영향력이 없거나 둘 중 하나였다.

그리스인과의 협상이 시급했다. 협상 장소를 두고 벌인 논쟁에서는 이탈리아에서 협상을 원하는 교황 측에 반대해서 공의회의 다수가 주장을 관철시킬 수 있었다. 뒤를 이어서 공의회 해산과 교황 해임이 잇달았다. 둘 다 중세 그리스도교 세계에서는 전대미문의 사건이었다. 교황권의 분열 대신에 이제 교황과 공의회 사이의 분열이 발생했다. 하지만 분열이 오래 가지는 않았다. 에우게니우스 4세는 페라라와 피렌체에서 그리스인과 협상을 벌였다. 그러나 이와 같은 외적 성공만으로는 투르크의 위협에 직면한 그리스인의 마음을 사로잡을 수 없었다. 5개월 후 처음부터 회의에 참석했던 이들 중 다수로 구성된 바젤 공의회는 새로운 교황을 선출했다.

1439년 11월 5일의 이러한 행보와 함께 이미 종교개혁이 시작되었다고 할 수 있다. 왜냐하면 새로 선출된 교황이 성직자가 아니었기 때문이다. 이는 오늘날에도 교회법상 가능한 것이다. 평신도도 베드로의 의자에 앉을 수 있고 교황으로 등극할 수 있다. 그러나 그는 단순한 평신도는 아니었고 종교 단체 출신이었다. 사부아의 대공 아마데우스 8세는 통치를 성공적으로 끝낸 후 1434년에 뜻을 같이하는 한 무리의 귀족과 함께 세속 수도원이라고 할 수 있는 종교 생활 공동체에 칩거했다. 이런 식의 사고는 3세기 동안 평신도들의 종교운동 전통 속에 생생하게 남아 있었으며, 당시의 귀족들이 소규모의 종교 생활 공동 생활체를 실천에 옮기게끔 자극을 주었다. 당시 제네바(레만) 호숫가에서 창설된 성 마우리티우스 기사단은 약 100년 전에 황제 루트비히 4세가 일부의 측근 기사들이 기도와 종교적 생활을 할 수 있도록 설립했던 에탈 수도원에서 전신을 찾을 수 있다. 그러나 두 공동체 가운데 어느 것도 오래 지속되지는 못했다.

바젤 공의회가 현실 정치에서 멀어진 사부아의 제국 제후를 교황으로 선출한 것은 궁여지책이기는 했지만 세속의 도움을 받으려는 의도에서 비롯된 것은 아니었다. 사실 이것은 공의회적이고 광범위한 공동 발언권을 지향하는 '개혁적인' 사고의 발로였다. 그러나 스스로를 펠릭스 5세라고 칭했던 아마데우스는 (일부 지역에서만 교황으로 인정받았던) 불행한 교황이었다. 10년 후 그는 명예롭게 사임하라는 로마로부터의 제안을 받아들이고 추기경단의 일원이 되었다.

교황청은 자신들의 입장만을 주장하던 공의회에 대해서 지속적으로 비타협적인 태도를 취했다. 따라서 당시의 상황이 종교개혁으로 번지지 못했던 것은 세속 권력이 영향력을 행사하지 않았기 때문이라고 생각할 수 있다. 100년 뒤에는 루터를 신뢰했던 독일의 제국 제후들이 당시 교황과 공의회 사이에 일어난 분쟁에서 단호하게 중립적인 입장을 취했다. 반면에 교황은 주교직 임명과 녹봉 하사와 같은 현실적인 약속을 통해서 이들을 자기편으로 끌어들이고 있었다. 프랑스, 아라곤, 스코틀랜드, 그리고 황제와 독일 제후들은 교황의 양보를 정치적으로 이용하고자 했다. 하지만 공의회는 교황 측과 같은 현실적인 약속을 할 수 있는 위치에 있지 못했다. 그렇다고 해서 이들이 교황이나 공의회가 통제할 수 없었던 성직자의 도덕적 개혁과 같은 임무를 담당하려 든 것도 아니다. 어쨌든 황제는 1448년에 공의회를 제국 도시인 바젤 밖으로 내보냈다.

이념이 제도보다 오래 존속하는 법이다. 특히 대학들이 공의회 우위설에 지대한 관심을 보였다. 에어푸르트와 라이프치히 대학, 파리와 빈 대학, 크라

빌라도로 묘사된 황제! 1425~1435년 사이 플랑드르 지역에서 제작되어 도르트문트의 수호성인 라이놀트에게 헌사된 거대한 제단화의 측면에 그려진 황제의 모습. 놀라운 것은 도르트문트가 상당 기간 제국의 직속 도시였으며 그 당시에 황제가 살아 있었다는 점이다. 황제의 앞에는 시인이자 외교관이었던 볼켄슈타인의 오스카가 무릎을 꿇고 있다. 도르트문트의 시민들은 이 그림을 통해서 총체적인 위기 시대에 황제의 무기력한 개혁 의지를 종교적으로 희화화하고자 했던 것일까?

코프 대학은 완고하게 지적 개혁에 대한 의지를 과시했지만 동시에 지식인들의 무력함을 보여주었다. 1487년에도 파리 대학은 10년이라는 공의회 개최 주기에 대한 콘스탄츠 공의회의 결의 사항을 유효하다고 선언했다. 직전에는 프랑스 왕이 새로운 공의회 개최를 구실로 교황을 위협하기도 했다. "그가 나를 어렵게 만든다면 그는 후회하게 될 것이다."

지식인들의 무력함은 곧 극복되었다. 15세기 중반이 되기 직전에 구텐베르크라고 불렸던 뛰어난 두뇌를 가진 탁월한 수공업 발명가 요한 겐스플라이슈가 활판인쇄를 고안해냈다. 이 새로운 방식을 통해서 일반인에게 문자를 보급하는 것이 가능해졌다. 이전에도 방법이 없지는 않았다. 목판본으로 불렸던 목판인쇄가 있었던 것이다. 예를 들면 테러와 속임수로 세계를 통치하게 될 적그리스도[세계 종말일 전에 출현한다고 예언되는 악마]에 대한 소름끼치는 이야기가 목판인쇄를 이용해서 전파되기도 했다. 또는 200~300명의 필사자가 설교를 필사하여 신속하게 전파시킬 수도 있었다. 그러나 이제 여론 정치를 수행할 수 있는 새로운 방법이 등장한 것이다. 남부 독일에서 교육받은 직인들은 1470~1480년대에 성서와 고전 라틴 문헌들을 인쇄했다(이 직인들 중에는 간혹 대학 교육을 받은 사람들도 있었다). 이들은 학문과 사업을 결합시켜서 암스테르담, 파리, 프라하, 베네치아 등지에서도 환영을 받았다. 이 시기에 프라하에는 이미 유대인이 운영하는 인쇄소도 있었다. 새로운 언론 매체는 '전단'에 새로운 길을 열었다. 아마도 이는 신문의 선구적인 형태라고 할 수 있지 않을까?

『로마 교황청에 대한 독일 민족의 분노』는 바로 인쇄되어 전파되었다. 정작 제국 직속 도시들에게 많은 정치적 과제를 부과했던 이른바 『지기스문트의 개혁』역시 인쇄되었지만 사람들로부터 그다지 큰 반향을 얻지는 못했다. 구텐베르크의 인쇄소에서 만들어진 인쇄물 가운데 정확한 날짜를 알 수 있는 첫 번째 인쇄물은 일반적으로 알려진 유명한 42행의 성서가 아니라 1453년의 달력이다. 이 달력은 콘스탄티노플이 함락된 후 모든 신분 계층에게 투르크의 위협에 대해서 아주 절박하게 경고하고 있다. 정보와 달력을 결합하는 특이한 형태의 달력이 오늘날 '잡지'가 추구하는 방향의 선구자적 역할을 담당했다. 물론 이 모든 것이 현실적인 '여론'을 형성하지는 못했다. 수십 년 뒤 루터의 시대에 와서야 새로운 인쇄술에 대한 축복이 내려졌다. 루터의 전단문들은 풍요로운 토양을 형성했다. 프랑스, 폴란드, 네덜란드, 잉글랜드에서도 종교개혁은 설교에서 인용된 성서 문구들을 인쇄, 전파하여 신의 이름으로 거대한 정책을 수행하거나 종교적 참회를 하는 데 이용되었다. 하지만 그것이 개혁인지 혁명인지는 관점에 따라서 달라질 것이다.

피키니 평화조약

바젤 공의회가 처음에는 개혁을 위해서 다음에는 공의회의 존속 자체를 위해서 투쟁하고, 또 교황은 나름대로 교회 내에서 교황의 권위를 고수하려고 애쓰는 동안에 대군주들은 여러 면에서 도전을 받고 있었다. 그들이 야접을 이용해서 제후들은 거대 지배 세력의 형성, 왕과 대등한 권리, 심지어는 옛 왕권까지 추구했다. 유럽 왕가들은 급부상하는 세력들로 인해 위협받고 있는 상황이었다.

잉글랜드와 프랑스는 혼란의 시기를 맞았다. 프랑수아 비용은 『악덕 발라드』에서 이를 서술했고, 100년 뒤에 셰익스피어는 이 시대의 왕을 주인공으로 하는 일련의 드라마를 만들었다. 왕들에 대해서는 비교적 잘 알려져 있다. 프랑스의 샤를 7세와 잉글랜드의 헨리 6세, 프랑스의 루이 11세와 잉글랜드의 에드워드 4세는 각기 비슷한 기간을 통치했다. 그 시기는 1422~1463년과 1461~1481년이다. 하지만 이를 알아채기란 결코 쉽지 않다. 두 시기의 비교는 (유럽 연대기에서 전례가 없는 것으로) 두 왕국의 격심한 경쟁 관계를 여실히 보여주고 있다. 적어도 잉글랜드의 입장에서 볼 때 1422년까지 잉글랜드는 헨리 5세의 치하에서 인적 연합으로 두 왕국을 통합하고 있었다. 이후 잉글랜드의 패전으로 1453년에 대륙에서 잉글랜드가 물러날 때까지 다시 지속적으로 전쟁이 발발했다. 잉글랜드는 칼레만을 교두보로 남겼을 뿐이다. 1475년의 피키니 평화조약으로 잉글랜드는 모든 법적 권리마저 포기했다. 그 결과 백년전쟁은 약 140년 만에 실질적으로 종식되었다. 이로써 유럽 대륙에서 잉글랜드가 완전히 철수했다.

중세 전체 시기 동안 잉글랜드는 보유 영토를 놓고 볼 때 유럽 대륙과 결속되어 있었다. 그것이 노르망디와 가스코뉴에 해당되었든 아니면 12세기처럼 프랑스 서부와 남부에 있는 전 왕국의 상당 부분에 해당되었든 관계없이, 일부 '잉글랜드령 프랑스'는 중세의 지도에 계속해서 포함되었다. 그러나 1475년부터 잉글랜드가 대서양으로 기수를 돌리면서 2~3세대 만에 지도상에 근대가 시작되었다.

이런 와중에 1455년에서 1485년에 걸쳐서 장미전쟁이 잉글랜드를 휩쓸었다. 장미전쟁은 왕위를 둘러싸고 벌어진 전쟁으로, 왕족의 두 가계[랭커스터가와 요크가]가 각각 자신들을 지원하는 제후들을 동원한 전쟁이었다. 런던 탑은 왕을 살해하는 잔혹한 장소가 되었고, "이미 14세기에 잉글랜드 내전의 특징이 되었던 소름끼치는 폭력"(프리드리히 베트겐)이 동반되었다. 반대로 피키니 조약은 1453년에 잉글랜드가 대륙에서 철수하면서 급부상했던 프랑스의 국력을 잘 반영하고 있다. 왜냐하면 프랑스가 잉글랜드에 7만 5천 금화라는 거액을 지불했으며, 이후 에드워드가 죽을 때까지 5만 금화의 연금을 매년 지불하기로 했기 때문이다. 이를 통해서 잉글랜드 왕은 의회로부터 어느 정도 재정적으로 자립할 수 있었다. 물론 이것은 에드워드가 의도했던 바였다. 그 결과 에드워드는 1458년 이후 헨리 7세가 자신의 정부에 대해서 칭했던 것처럼 새로운 군주국을 세울 수 있었다.

프랑스는 내적 안정으로 이웃 잉글랜드보다 앞서갔다. 전 국민에 대한 조세, 전 왕국의 관직에 대한 왕의 임명, 전령 부대로 구성된 상비군과 '궁수들'로 이루어진 왕국 방위군 조직이 왕국 안정의 토대가 되었다(국가 도덕적인 측면에서 특히 의혹의 여지가 많았던 관직 임대 제도는 1789년 프랑스혁명의 주원인으로 거론되고 있다). 왕의 고문관은 상당수가 교육받은 시민 계층 출신으로 귀족 작위의 수여를 통해서 왕과 국가에 봉사의 의무를 지는 관료, 즉 법복 귀족으로서 왕권을 지지하고 있었다. 그 결과 루이 11세는 프랑스 절대 왕정의 창시자로 일컬어졌다.

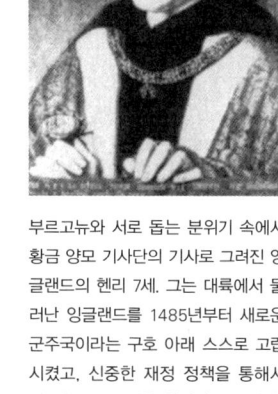

부르고뉴와 서로 돕는 분위기 속에서 황금 양모 기사단의 기사로 그려진 잉글랜드의 헨리 7세. 그는 대륙에서 물러난 잉글랜드를 1485년부터 새로운 군주국이라는 구호 아래 스스로 고립시켰고, 신중한 재정 정책을 통해서 탄탄한 국가재정을 확립했다. 두 원칙 모두 이후 잉글랜드의 전통이 되었다. 1505년에 제작된 이 그림은 익명의 플랑드르 화가의 작품이다.

잉글랜드에서는 장미전쟁으로 특히 고위 귀족의 출혈이 심했다. 전반적으로 도시와 하위 귀족은 내전으로 인한 타격을 덜 받았다. 하지만 네 배나 큰 프랑스와 비교할 때 작은 왕국에 불과했던 잉글랜드는 국가조직 면에서 과거의 명성을 다시 회복해야 했다. 이것이 헨리 7세(재위 1485~1509)의 왕위 등극에서 출발한 튜더 왕조의 과제였다.

1475년 8월 29일의 피키니 평화조약은 유럽 정치사에서 특히 중요한 역할을 담당했다. 왜냐하면 이 조약을 계기로 오랜 중단기를 거친 후 정치적 중심지가 다시 서쪽으로 이동했기 때문이다. 조약 본문에는 유럽적인 구상이 포함되어 있다. 마지막 조항에 유럽의 열강들이 거론되기 때문이다. 서로를 사촌으로 불렀던 왕가들뿐만 아니라 당시까지의 중세적 사고로는 이러한 협상에 참여할 자격이 없었던 모든 세력가도 평화조약에 동의했고 조약을 준수하고자 했다. 따라서 왕가들의 독점적 통치권은 상실되었다. 조약문에서 프랑스 측의 동맹국들은 피렌체, 베른의 연방 공동체, 그들의 동맹자였던 북독일 동맹, '리에주 지역 동맹' 등이었다. 잉글랜드 측에는 '독일-한자동맹 공동체'가 있었다. 프랑스와 잉글랜드의 협상 대상자들은 먼저 황제를 거명했다. 다음으로 스코틀랜드와 덴마크, 레온-카스티야, 헝가리, 시칠리아, 포르투갈의 왕들을 거명했다. 관심을 끄는 것은 잉글랜드인이 브르타뉴와 부르고뉴의 공작들을 독자적인 정치 세력으로 끌어들였다는 사실이다.

유럽의 새로운 외교정책의 증거인 이 조약문을 어떻게 해석할 것인가? 원칙론적 선언이 아닌 정치적 실용주의 측면에서 피키니 평화조약은 역사적인 기록물이 되었다. 갑자기 협상에 참여하면서 점차 휴전의 적극적인 동조자가 되어버린 유럽의 정치 세력들은 더욱 다원화되었다. 참석자들의 면면을 살펴보면 매우 흥미롭다. 먼저 당시에 서쪽의 정치에서 실질적으로 멀리 떨어져 있던 폴란드 왕을 들 수 있다. 사실 그는 폴란드 내부의 정치적 현안에도 깊이 관여하지 않았다. 카지미에슈 4세(재위 1447~1492)는 오랜 통치 기간 동안 폴란드-리투아니아 대왕국을 새로운 인적 결합을 통해서 큰 규모로 확장했다. 1472년부터 보헤미아의 왕으로 있던 그의 아들이 20년 뒤에 헝가리의 왕위를 차지하면서 전 동유럽이 잠시나마 엄청난 대왕국으로 통합되었다. 이 왕국은 1526년 투르크와의 모하치 전투에서 비극적인 결말을 맞이한다. 카지미에슈는 보헤미아와 헝가리의 왕으로 아들을 등극시킨 것에 만족하지 않았다. 그는 [첫째 딸 야드비가가 란츠후트의 귀족과 유명한 결혼식을 올린 것을 시작으로] 나머지 네 딸을 서쪽의 이웃 브란덴부르크, 작센, 포메른, 슐레지엔에 차례로 출가시켜서 독일의 공작 부인으로 만들었다. 란츠후트의 결혼식 제단을 눈물로 적셨던 불운의 야드비가는 1475년 초반에 세인의 주목을 받았다. 중세 말의 가장 아름다운 결혼식 가운데 하나였던 이 결혼식에서 그녀는 눈물을 흘리고 말았던 것이다. 바이에른 대공들의 부는 이 결혼식에서 신성 로마 제국의 화려함과 뒤섞였다. 오늘날에도 '란츠후트 공의 결혼식'은 5년마다 벌어지는 흥미로운 민속 축제로 이어지고 있다.

다시 조약으로 돌아가자. 베네치아는 언급되지 않았으며 교황 역시 빠져 있었다. 전자는 현실적인 이유 때문이었고 후자는 당시 교황의 정치적 무능력에 기인하고 있었다. 교황은 10년 전 급부상하던 보헤미아의 왕이 유럽 군주들의 반열에 진입하려던 계획에도 전혀 언급되지 않았다. '후스파의 왕'인 보헤미아의 남작 포디에브라트는 15세기 중반부터 20년 이상 다양한 종파로 구성된 보헤미아를 수하에 두었던 까닭에 교황의 불신을 불식시키지 못했다. 마침내 교황청은 이 외교의 달인을 진압하기 위해서 십자군 파견을 제안한다. 그러나 대다수의 독일 제국 제후가 이 출병에 참여하기를 꺼렸기 때문에, 헝가리의 새로운 실력자로 십자군 출병을 기회로 삼아 도나우 강 유역에서 거대 세력을 형성하려 했던 마티야슈 1세 코르비누스(재위 1458~1490)만이 남게 되었다.

피키니 조약에서 밀라노와 만토바의 지배자들은 이미 공작으로 언급되고 있다. 이는 롬바르디아 지역의 새로운 상황 때문이었다. 1454년에 맺어진 롬바르디아 지역의 평화조약은 잘 알려진 것처럼 세력 균형을 형성했다. 이로써 강력한 과거의 도시 공화국들이 내적 변화를 거쳐서 제후령으로 성장하였다. 피렌체만이 옛 제도대로 시의회와 자치시로 지칭되었다. 피렌체는 실질적으로 메디치 가문의 수중에 있었다. 처음에는 '연장자' 코시모(1389~1464)가 현명하게 신중한 자세로 통치했다. 이후에는 그의 손자 '위대한 자' 로렌초(1449~1492)가 도시를 통제하기 시작했다. 이와 같은 새로운 정치적 진전으로 인해서 두 세대 후 메디치 가문에 공작의 직위가 부여되었다. 또한 그들은 교황직을 차지했고 혼인을 통해서 프랑스 왕가와 인척 관계를 맺었다. 유럽에서는 어느 시대, 어느 지역에서도 상인 가문이 메디치가와 유사한 수준의 신분 상승을 한 적이 없었다. 아마포 직공으로 페스트가 유행하는 시기에 아우크스부르크로 이주한 후 황제의 은행가로 16세기에 많은 특권을 누리며 제후 계층으로 성장했던 푸거가조차도 메디치가와는 비교가 되지 못했다.

'북독일 동맹' 역시 피키니 조약에서 특별히 언급되었다. 이는 결국 기존의 일반적인 외교 관행에서 벗어난 것이었다. 따라서 제후로서의 정통성이 부족했고 도시동맹체로 인정받지는 못했지만, 북독일 동맹은 외교 분야에서 새로운 세력으로 부상하는 한편 전쟁을 수행하며 평화를 체결하는 세력으로 인정되었다. 흥미로운 새로운 세력으로 영방 평화협정을 통해서 '슈바벤 지역의 황제와 제국의 동맹'이 1488년에 공식적으로 결성되었다. 이 동맹은 50년 뒤 국가 제도가 붕괴된 상황에서 제후, 제국 도시, 제국 기사들의 '자구책'으로서 북독일에서 안정을 유지하는 데 기여했다. 물론 이 동맹은 농민전쟁 기간에 제후들의 주도로 자행된 잔인한 행위들 때문에 악명을 떨치기도 했다. 어쨌든 이 동맹은 신성 로마 제국을 근대국가 체제로 이끌 수 있는 방향을 제시하기에는 역부족이었다.

제국

1475년의 피키니 조약에서도 제국은 여러 차례 언급되었다. 황제는 프랑스 왕 측에서도 잉글랜드 왕 측에서도 첫 번째 자리를 차지하면서 여러 형태의 예우를 받았다. 프랑스 측에서는 선제후들이 그때까지도 중요한 역할을 담당했고 사부아, 밀라노, 만토바, 로렌의 공작들이 거명되었다. 그 외에도 메스의 주교와 모든 제국 제후가 언급되었다. 또 앞서 언급한 북독일 동맹과 더불어 베른의 시민과 그들의 동맹자들이 끼어 있었다. 잉글랜드 측에는 이미 언급한 것처럼 황제 이외에 한자동맹만이 들어 있었다. 이들 모두가 '제국'이었다.

어떻게 15세기에 이 제국이 형성되었는지에 관해서 많은 글이 쓰였고, 그에 대한 논쟁이 있었다. 그 결과 우리는 지금 피키니 조약과 같은 역사적 현실에 대해서 상세하게 알 수 있다. 확실히 '제국'은 통일된 성격의 것으로 이해되지 않았다. 또한 스코틀랜드, 헝가리, 덴마크처럼 군주로 대표되지도 않았다. 유럽의 이러한 국가적 범주 속에서 오히려 제국은 개개 구성원의 공동체적 성격을 띠고 있었다. 그 제국의 정점에는 최고의 존경을 받았던 칭호, 즉 로마인들의 황제가 위치했다. 잉글랜드 왕도 황제를 최상의 존경을 받을 만한 최고의 군주라고 칭했다. 그렇다고 해서 독립적인 선제후들과 여타의 공작들이 아무런 세력을 행사하지 못했던 것은 아니다. 결론적으로 제국은 잉글랜드와 프랑스처럼 통일된 정치 세력이 아니었다. 황제는 단지 제국 내에 거주했을 뿐이다. 유럽의 모든 국가는 왕들로 대표되었다. 반면에 제국 내에서는 황제에 대한 태도가 각양각색이었다. 그래서 북부 이탈리아의 피렌체 사람들이 황제에 대해 취한 태도는 알프스 이북의 베른의 시민들과 그들의 동맹자들이 취한 태도와 매우 상이했다. 그 외에도 조약은 몇몇 제후령을 언급하고 있다. 이처럼 제국은 다양한 모습을 하고 있었다. 이렇게 본다면 제국은 통일적으로 구성된 연맹체로도 생각되지 않는다.

그러나 제국은 '신성했다'. 프랑스인은 신성 제국의 선제후들이라는 표현을 썼다. 잉글랜드의 대표자들도 이 표현에 대해서 이의를 제기하지 않았던 것 같다. 이것은 무엇을 의미하는가? 이 시기에 독일에서는 이러한 표현이 일반화되어가고 있었다. 이는 바르바로사 시대의 신성 제국의 옛 표현에 새로운 생명을 부여했다. 독일어로 정확히 표현하면, '독일 민족의 신성 로마 제국'이다. 역사가들은 지금까지도 이 용어를 올바르게 해석하지 못하고 있다. 이 용어는 '로마' 제국을 민족적으로 정의하려는 시도에서 비롯되었다고 할 수 있다. 이것은 출신 민족별로 조직된 중세 대학의 구조를 모방했던 공의회의 무의미한 '민족 개념'에서 시작되었다. 그러나 점차 민족적인 이해관계에 근거한 언어와 문화적 민족성에 따라서 구분되는 다수의 공동체 조직이 새롭게 형성되었다. 이와 같은 배경에서 '독일 민족의 신성 로마 제국'이라는 용어가 생겨났다. 그 외에도 민족성을 강조하는 '우파' 후스파들은 자신들의 언어 민족적인 특성을 부각시키기 위하여 이웃 독일에서 적극적으로 선전을 하기도 했다. 그러나 제국 내 비(非)독일적 지역들의 법적 위상에 대해서는 규정된 바가 없었고, 그래서 제국의 변방에 있던 이들은 점점 정치적으로 황제로부터 멀어져갔다. 밀라노와 만토바의 공작들이 본래 제국의 제후들이었고, 100년 전에 제국 도시였던 피렌체가 엄청난 조세를 납부했다는 사실은 이제 정치적으로는 별다른 의미가 없게 되었다. 론 강 중류와 하류의 제국령은 이 사이에 실제로 프랑스령이 되었다. '독일 민족의'라는 수사어는 법적 구속력을 가지는 것이 아니라 과거를 설명하는 서술 용어에 불과했을 것이다. 이제 독일인도 당시 유럽 국가들에서 대두한 민족주의적 자기 정체성 형성 대열에 참여하게 되었다. 이러한 경향은 중부 유럽의 전통적인 통치 방식에 혼란을 주었다. 그러나 피키니 조약은 아직 독일 민족에 대해서 언급하지 않았다. 단지 '신성한 제국'의 황제와 선제후들, 그리고 비독일적 제후들만을 거명했을 뿐이다.

바로 황제 자신이 피키니 평화조약 시기에 제국의 신성함을 대변하고 있었다. 당시의 통치자 프리드리히 3세(재위 1440~1493)는 신성 로마 제국의 어떤 황제들과 왕들보다 더 오랫동안 통치했다. 그는 53년간 통치했다. 그는 장수한 인물인 동시에 인간적인 면에서도 지구력이 강한 사람이었다. 그렇다고 그가 별다른 개성이 없었던 것은 아니다. 그러나 그는 오랫동안 깊이 또 조심스럽게 생각했고, 지속적으로 정치술을 펼치고 인내심을 발휘해서 황제와 제후, 제후와 도시, 군주와 신분 계층 사이에 벌어진 중세 말의 위기가 정치적인 우유부단 속으로 휘말려 들어가는 것을 막고자 했다(중세 말의 정치적인 우유부단함은 자주 언급되는 문제이자 비판의 대상이기도 했다). 그는 또한 정치적 균형감과 협상력의 소유자였다. 그러나 그는 단지 이러한 힘을 구체화하지 못했을 뿐이다.

합스부르크 가문의 프리드리히 3세는 룩셈부르크 가문의 지기스문트의 뒤를 이어서 독일 왕위에 올랐다. 그러나 곧바로 왕위가 계승된 것은 아니었다. 룩셈부르크가의 최후 통치자 지기스문트의 사위인 합스부르크 가문 출신의 알브레히트 2세가 3년 동안의 공백기에 통치를 했기 때문이다. 알브레히트가 남긴 아들의 이름은 라슬로인데, 이름에서도 그가 헝가리와 보헤미아의 왕으로 내정되었다는 것을 알 수 있다. 그러나 라슬로는 16세의 나이에 사망했다. 라슬로의 후견인이었던 프리드리히는 배은망덕하다고 볼 수도 있지만 권력에 대한 집요한 집착으로 통치 강령을 마련했다. 일반적으로 그는 당시 미성년자였던 합스부르크 가문 통치자의 대리인으로 인식되고 있다. 많은 실패가 뒤따랐다. 보헤미아에서 자신의 피후견인의 권리를 빼앗은 '후스파의 왕' 포디에브라트와의 대립, 합스부르크가의 헝가리 지배권을 차지한 야노슈 후냐디와 그를 계승한 아들 마티아슈 1세 코르비누스와의 대결, 몇몇 제국 제후와 합스부르크 제국 정치의 초기부터 시작된 스위스인과의 반목은 복잡한 연관 관계 속에서 점차 새로운 파국에 직면했다. 프리드리히는 자신의 실패를 지금까지도 의미가 파악되지 않은 다섯 자 표어로 보상하고자 했다. 모음의 철자 순서를 표기한 이 문구는 예언자의 계시처럼 그의 왕가의 운명을 예언했던 것 같다. A-E-I-O-U. 기회가 있을 때마다 그는 이 다섯 글자를 자연법칙처럼 종이나 벽에 기록하게 했다. 더 이상의 단서가 없기 때문에 역사가들은 당대 사람들이 다양한 해석을 제시했던 것처

프리드리히 3세는 아직도 수수께끼로 남아 있는 AEIOU라는 문구를 남겼다. 슈테판 대성당에 있는 그의 묘석에는 왕홀 주위에 이 문구가 새겨져 있다.

럼 추측을 통해서 수수께끼를 풀고 있는 실정이다. '모든 세상이 오스트리아에 복속된다(Alles Erdreich ist Österreich untertan)'일까? 혹은 같은 의미의 라틴어 'Austria est imperare orbi universo'일까? 아니면 '오스트리아가 가장 먼저 몰락한다(Allererst ist Österreichs Untergang)'는 말일까? 이미 1471년에 투르크인들이 슈타이어마르크 지역까지 침공했으니 말이다.

거대한 이상을 암호로 옮기려는 그의 집념은 아마도 프리드리히의 정부를 가장 잘 파악할 수 있는 단서가 될 것이다. 중부 유럽의 동쪽 지역에서 그는 룩셈부르크 제국과 미래의 합스부르크 제국을 연결하는 중계자의 역할을 수행했다. 100년 전의 룩셈부르크가의 결혼 정책보다 더 본질적으로 지도를 바꾸어놓았던 결혼 정책을 매개로 해서 프리드리히는 자신의 왕가가 세계적인 세력으로 부상하도록 터전을 마련할 수 있었다. 이 시기에 프리드리히 3세에 관해서 다른 속담이 생겨났다. 이 속담은 다르게 해석될 수 없을 정도로 의미가 분명했다. "다른 사람들은 전쟁을 하더라도 너, 행복한 오스트리아는 결혼을 하는구나!" 잉글랜드가 유럽 대륙에서 철수한 것과 맞물려 독일 제후 가문의 지배권이 중부 유럽에서 서부로 확장해가면서 지도상의 중세는 종말을 고하였다.

프리드리히의 후손인 합스부르크 왕가는 이후 1806년에 신성 로마 제국이 몰락할 때까지 약 400년 동안 독일의 왕위를 독차지했다. 이 모든 것은 제국의 정치적 운명에 관건이었던 정치적 연속성 이상의 것을 의미했다. 이는 독일인들의 민족적 동질성 확립이나 유럽 국가들과의 대외적인 이해관계와도 직접적인 관련성이 적었다. 9세기에 카를 대제의 황제권이 행운과 노력으로 중부 유럽을 남부와 연결시켰던 것처럼, 민족을 국가 통치의 이념으로 삼던 시대에 중부 유럽이 합스부르크 왕가를 통해서 스페인과 연결되었다는 사실이 중요하다. 이로 인해서 제국은 1714년의 스페인 왕위계승전쟁 시기까지 왕가들 간의 이해관계의 대립 속으로 빠져들게 되었다. 물론 그때까지도 제국은 왕조 사이의 연결로 유지되었다.

이와 같은 엄청난 변화를 조용히 주도했던 프리드리히 3세는 제국을 하부 국가와 상부 국가로 파악하는 입장을 취했다. 그러나 이러한 국가의 이중적 구조에 대해서는 정확한 이해력이 부족했다. 왜냐하면 그가 스페인의 유산을 제대로 알지 못했기 때문이다. 피키니 조약 이후 며칠이 지난 1475년 9월, 프리드리히는 쾰른에 머물면서 도미니크회 수도원 교회에서 로사리오 형제회의 회원 명부에 기입했다. 아직도 남아 있는 이 명부는 가장 오래된 종교 단체 회원 목록이다. 프리드리히와 포르투갈 출신의 부인 엘레오노레, 그리고 그들 사이에서 태어난 16세의 아들은 개인적인 신앙심 때문이 아니라 국가적인 이유에서 회원이 되었던 것이다(그들의 아들은 당시까지는 유럽에서

동방의 양식을 따라서 고급 목재로 만들어진 로사리오는 기도문을 외울 때 사용하는 묵주이다. 15세기 초에 지금과 같은 형태로 제작되었다. 로사리오가 탄생한 배경에는 [로사리오 형제회라는] 기도 공동체의 형성이 자리하고 있다. 신성 로마 제국의 황제, 제후, 고위 성직자, 그리고 수천 명의 신자가 1475년 이 공동체에 가입했다. 그림에서는 황제관 아래의 마리아가 그녀의 '수호 망토' 밑으로 백성을 모으고 있다. 1477년 아우크스부르크에서 제작.

잘 사용하지 않았던 막시밀리안이라는 이름을 가지고 있었다). 교황 특사, 다섯 명의 선제후, 몇몇 공작들, 다섯 명의 백작이 그들과 함께 평신도 운동의 일환으로 몇 년 사이에 수십만 명의 회원이 가입했던 로사리오 형제회에 가입했다. 이는 본래 중세적 정치 형태였다. 로사리오 형제회는 황제와 제국을 위해서 투르크인을 방어할 수 있도록 기도했다. 형제회는 회원들을 정신적으로 결속시키는 수준에 머물지 않았다. 이 형제회는 당시의 시대적 요구에 따라서 세계를 변화시키는 데 도움을 주는 실질적인 힘이 되었다.

이런 의미에서 제국은 국가들 사이의 종교적 결속 단체로 이해되기도 했다. 오늘날에는 국가가 모든 공권력을 대변하는 유일한 기구이기 때문에, 국가 간의 종교적 결속을 우리 시대의 언어로는 정확하게 표현할 수 없을 것이다. 근대적 국가 조직은 프랑스의 샤를 7세와 루이 11세 시대에 이루어졌지만, 독일에서는 영방 제후들이 국가 조직의 형성을 담당했다. 오히려 이와 같은 작은 영역에서 재정, 사법, 경찰 분야가 하위 관리에 의해서 효율적으로

보덴 호수 지역에 위치한 제국의 직속 도시 위버링겐은 포도주와 곡물 교역을 통해서 100개 이상의 촌락을 지배한 막강한 도시였다. 1490년경에 세워진 시청 건물이 이를 입증해준다. 제국의 문장인 독수리 아래에 위버링겐의 수호성인 니콜라우스와 대천사 미카엘이 보인다.

운영되었다고 생각할 수 있다. 물론 아직도 18세기에 몽테스키외가 주장했던 개개 직무의 분화는 이루어지지 않았다. 중앙집권화되었던 이웃 프랑스에서는 대리 통치인들이 국가 제도를 요구했다. 반면에 독일의 국가 제도는 권력 분권적인 '독립' 제후들에 의해 효율적이고 적극적으로 통치되면서 작은 영방에서 한층 더 발전하였다. 이후 400년 동안 국가조직이 독일 사람에게 많은 영향을 미쳤다. 이러한 이유로 영방 제후들의 정치는 충분히 찬사를 받을 가치가 있다. 이것은 1806년에 신성 로마 제국이 몰락할 때까지 독일 역사를 특징지었다. 자주 언급되듯이 독일 국가의 근간은 '민족성'이 아니라 사회적 관습으로, 이는 제후들의 통치 행위에 기원을 두고 있다. 그러나 이것이 오늘날까지도 공공 분야에서 우리들에게 많은 어려움을 주고 있는 것 또한 사실이다.

제국의 직속 도시 슈베비슈 할에 있는 미카엘상. 중세 유럽의 모든 국가는 나라를 지키는 수호성인을 모시고 있었다. 독일에는 수호성인이 없었다고 전해지는데 정확한 사실로 생각하기는 어렵다. 물론 신성 로마 제국의 초국가적 이념이 민족적 특색의 형성을 어느 정도 방해한 것은 사실이다. 그러나 황제의 수호성인인 대천사 미카엘과의 특별한 관계는 예전부터 뚜렷하게 나타나고 있다. 단지 연구가 제대로 진행되지 않았을 뿐이다. '독일의 미카엘'은 대중적인 인기를 얻었던 것으로 보인다.

반대로 유럽 사회의 정치화 과정에서 본질적인 역할을 했던 신분 계층적인 발전은 독일에서 중도에 멈춰 서고 말았다. 1484년에 프랑스의 전체 신분 계층 모임에서 처음으로 도시 대표자들을 성직자와 귀족에 이어서 '제3계층'으로 불렀다. 이들은 이제부터 신분제 회의에 참석하는 구성원이 되었다. 잉글랜드에서는 같은 시기에 재산 규모에 따라서 선거권이 부여되는 의회 개혁이 자리를 잡았다. 자유 토지 보유자와 자유 소작 관계에 있던 농민, 기사들은 몇몇 백작령에서 처음에는 부과금이나 제한 없이 하원 의원을 선출했다. 1430년부터는 매해 최소한 40실링을 선거권자에게 세금으로 납부하게 함으로써 하원 의원이 상층 중산계급의 대표자로 남았고 젠트리 계층에 속하게 되었다. 이러한 차별적 선거권은 400년 동안 지속되었다. 잉글랜드 의회는 평민과 빈민의 정치 활동 참여를 결코 쉽사리 허락하지 않았다. 재정적으로 풍요했던 '일반인'만이 이후 프랑스와 마찬가지로 하원에 지속적으로 등원하였고, 고위 귀족에 대항하는 왕국의 잠재적인 동맹자로서 정치적 운명에 관여했다. 1486년 카스티야에서 유사한 동맹 관계가 형성되었다. 신성 형제단은 왕의 행정력을 지원함으로써 왕권의 일반적인 안정을 이끌어냈다.

독일에서는 제국 직속 도시들이 충실한 조세 납부자였다. 오랜 논쟁 끝에 세기말의 제국 개혁을 통해서 제국 직속 도시들이 제국 의회에서 확고한 자리를 차지하게 되었다. 그러나 80개의 제국 직속 도시들만이 참가했는데, 그나마도 독일 대부분의 지역에서 '제3계층'은 그들의 제후들을 제국 의회에 대표자로 보내는 실정이었다. 한스 리어만의 말에 의하면 이 의회는 "미숙한 하원을 가지고 있던 상원"으로 남았다. 후스파의 혁명으로 이미 1420년에 보헤미아의 도시들이 확고한 의석을 차지했다는 사실에서, 우리는 후스파의 혁명을 더욱 정확하게 평가해야 하지 않을까?

1475년의 유럽

유럽 남서부의 스페인은 이 시기에 마침내 통일에 성공했다. 결혼을 통해서 아라곤과 카스티야는 이미 여러 차례 통합을 시도했지만 이번에야말로 다행스럽게도 성공적으로 결혼이 성사되었다. 그러나 이 역시 위험한 과정을 거쳤다. 아라곤 왕국의 일부였던 카탈루냐의 지중해 연안 왕국이 15세기 중반에 나폴리와 멀리 떨어진 새로운 거점을 마련하면서 이베리아 반도에 내전이 발생한 것이다. 카스티야에서도 귀족과 왕의 다툼이 있었는데 두 명의 상속

1484년에 제작된 스페인의 페르난도와 이사벨의 공동 인장. 왕은 말 위에 앉아 있고 뒷면에 새겨진 여왕은 왕좌에 앉아 있다.

자, 즉 아라곤의 페르난도와 카스티야의 이사벨 사이에 1469년 결혼이 성사됨으로써 두 왕국의 왕권 강화에 중요한 진전을 얻었다. 국왕 부부는 1476년에 카스티야의 왕위에 대한 포르투갈의 요구를 물리칠 수 있었다. 이후 스페인 남부 그라나다에 있던 이슬람 세력의 마지막 보루를 놓고 10년간의 전쟁이 시작되었다. 1492년, 고도의 문화적 발전을 이루었던 지배 체제가 물러가는 순간 스페인 지도에서 중세는 종말을 고했다.

유럽 남동부에서는 투르크인이 1453년에 콘스탄티노플을 점령했다. 이 비극적인 결말은 투르크가 이미 반세기 전 발칸 반도에서 세력을 확장하고 또 콘스탄티노플과 라틴 그리스도교 세계와의 정치적 통합이 1439년에 무위로 끝나면서 예견되었다. 투르크인의 유럽 침입은 단순한 지도상의 변화 이상을 의미했다. 이후 1683년에 얀 3세 소비에스키가 빈 성문 앞에서 대반격을 시작할 때까지 투르크인의 침입은 적어도 중부 유럽에서는 사람들을 점차 정치적 혼란 속으로 몰아갔다.

동부 세계에서는 처음으로 근본적인 세력 변동이 일어났다. 비잔티움 제국의 몰락 때문이 아니라 모스크바 공국이 독자적인 정치 대국으로 성장하면서 '러시아 국토의 통합'을 선언했던 것이다. 모스크바는 200년 전 타타르족과 몽골족에 의해 타격을 받았던 대왕국 키예프를 계승하여 동유럽에서 새로운 세력으로 등장했다. 1478년에 대왕 이반 3세는 상업 공화국 노브고로트를 점령하면서 공화국의 주도적인 가문을 몰아냈다. 그는 귀족들의 전통적 기반을 일소하고 대리 통치인을 임명했다. 2년 후 타타르와의 일전이 벌어졌다. 기동력 있는 타타르의 기사들이 1240년경 키예프 왕국을 정복한 후 동유럽과 북아시아를 거쳐 거대한 정치 세력으로 팽창하면서 모스크바 공국을 속국으로 간주했기 때문이다.

타타르의 세력 팽창에 대해서 이반은 만반의 준비를 하고 있었다. 그는 1472년에 비잔티움 제국의 마지막 황제의 조카딸인 공주와 결혼하면서 그리스도교 세계의 보호자로서 후계자의 권리를 내세웠다. 슬라브의 차르가 그리스 전통을 이으면서 로마적인 지배권을 소유하려 했다고 볼 수 있다. 700년

부르고스의 카르투지오 수도회의 교회 제단에 조각된 카스티야와 아라곤의 왕 페르난도. 이 부조물은 통합된 스페인 왕국에 끼친 교회의 영향력을 인물의 위치와 묘사의 방식을 통해서 보여주고 있다.

전에 서유럽의 황제권이 알프스 북부의 유럽으로 이전된 것과 같이 동로마는 북쪽으로 옮겨갔다. 1473년부터 이반은 황제의 쌍독수리 문장을 사용했다. 그는 조심스럽게 타타르 대국인 '킵차크한국'을 소왕국으로 분할하는 정책을 전개했다. 1480년 우그라 강가에서 몇 주에 걸쳐 타타르 주력군과 대치한 끝에 그는 전투 한 번 치르지 않고 결국 이들을 퇴각시켰다. 이로써 러시아는 '타타르의 굴레'에서 해방되었다. 그 결과 유럽의 정치 구조는 결과를 예견할 수는 없었지만 다시 한번 근본적으로 변하였다. 황제 칭호와 더불어 북쪽의 새로운 정치 세력의 정치적 주장들이 확산되었고 이는 금세기까지 이어지고 있다.

그러나 근본적인 시대적 전환은 서쪽에서 이루어졌다. 서쪽에서 엄청난 강풍의 핵심이 형성되고 있었다. 옛 정치 세력들은 기억에서 사라져가는 것으로 보였다. 황제권은 프리드리히 3세 때 정적인 무력감 속으로 빠져들었다. 식스투스 4세(재위 1471~1484)와 함께 새로운 시대가 시작되었던 교황권 역시 친족 정치, 금전욕, 성직매매로 "타락의 시대"(프란치 크사버 제펠트)에 접어들고 있었다. 지중해 지역에서는 그리스도교와 이슬람교의 다원주의 대신에 투르크의 군사 국가만이 베네치아의 상업 제국과 제노바, 마르세유, 바르셀로나, 발렌시아의 교역 연합, 지중해 교역의 판로인 알프스 북부 지역의 전 도시까지 지대한 영향력을 행사했다. 아메리카 대륙이 발견되기 훨씬 전부터 포르투갈인은 위험한 지중해를 기피했다. 대신에 그들은 대서양 해안을 따라서 '식민지의 산물들'을 서유럽으로 수송하기 시작했다. 그 결과 중세 유럽 대륙의 경제 지리가 격변하기 시작했다.

지중해의 상황과는 달리, 스칸디나비아에서 아라곤에 이르는 광범위한 연결이 형성되었다. 이 연결에 대해서는 구체적으로 알려진 바가 없다. 다행히 가장 중요한 사실이 전해지고 있는데, 잉글랜드의 왕이 1475년 여름에 1만 2천 명의 군사를 칼레에 상륙시키면서 부르고뉴 공작과 동맹을 맺었다는 것이다. 부르고뉴는 귀속되어 있던 프랑스 왕국의 경쟁자로 성장하고 있었다. 프랑스 왕가 출신으로 1364년에 부르고뉴를 분봉받은 공작들은 팽팽한 외교정책과 결혼 정책을 전개면서 스위스의 쥐라 산맥과 북해 사이의 광범위한 중간 지역을 차지했다. 그 외에도 이들 공작령의 북쪽 절반 지역, 특히 중세에 상업이 집중되었던 브라반트와 플랑드르 지역이 동일한 통치 세력에 귀속됨으로써 두 지역의 이해관계가 보다 효율적으로 조율이 가능해졌다. 행정적으로도 대도시에서 발전했던 행정력을 바탕으로 두 지역의 통합이 가속화되었다. 그러나 새로운 부르고뉴 공작령의 대부분 지역은 제국 영토 내에 위치하고 있었다.

1435년, 부르고뉴 공작들은 황제와 프랑스 왕 모두에게 봉신으로서의 충성 서약을 동시에 거부했다. 대담공 샤를(재위 1465~1477)은 죽기 직전에 드디어 남부의 오래된 부르고뉴와 부유

1460년경 유명한 화가 로지에르 반 데르 바이덴이 그린 대담공 샤를의 초상화. 그림에서 샤를은 황금 양모 기사단의 목걸이를 걸고 있다. 샤를은 대담한 정책을 전개하여 프랑스와 신성 로마 제국 사이에 위치한 부르고뉴 공작령을 거대한 규모의 세력으로 키우고자 했다. 그는 자신의 할아버지가 설립한 황금 양모 기사단을 이용해서 기사단 소속의 대귀족들을 자신의 세력으로 끌어들일 수 있었고(그림에서 샤를은 기사단의 목걸이를 걸고 있다). 합스부르크 왕가도 이러한 전략을 통해서 부르고뉴를 합병할 수 있었다. 이 그림은 대담공 샤를의 원대한 계획과 잘 부합하는 작품이다.

한 북부 사이를 잇는 교량 건설에 성공했다. 샤를이 획득한 로렌과 바르 공작령이 룩셈부르크와 부르고뉴가 통치하고 있던 리에주를 지나 브라반트와 플랑드르까지 이르는 길을 열었기 때문이다. 이제 프랑스와 독일 사이에 새로운 국가가 세워졌다. 이 때문에 '부르고뉴의 세기'라는 말이 자주 사용되는데, 그 토대는 이미 수십 년 전에 마련되어 있었다. 이 새로운 국가는 부르고뉴 동맹 정책 덕분에 백년전쟁의 피해를 보지 않은 지역을 기반으로 하였다. 이제 하나의 법정이 통치 영역 전체를 관할하게 되었고, 새로운 역사를 창조하고 장

차 국가의 개념이 될 신분제 의회가 1423년부터 네덜란드 지역을 관할했다. 네덜란드의 고위 귀족들은 부르고뉴에 동조했고 1429년부터는 황금 양모 기사단의 회원이 되었다. 이로써 브뤼셀을 거점으로 삼아 1425년에 설립된 북부의 뢰벤 대학과 1422년에 설립된 남부의 돌 대학을 중심으로 한 화려한 기사 문화가 싹트기 시작했다. 부르고뉴 지역에서 등장한 '불꽃무늬 양식'의 후기 고딕은 귀족과 부유한 시민 계층의 문화적 합작품이었다. 오늘날 행정구역 규모의 전 왕국을 관할하는 재정부는 공작들에게 막대한 자금을 지원했다. 격분한 아우크스부르크의 수공업자들이 신성 로마 제국의 황제와 그의 아들을 [백성들의 혈세로 살아가는] 무전취식자로 비방하고 있을 때, 부르고뉴의 대담공 샤를은 한 번의 궁정 연회에 제국의 1년치 수입에 해당하는 돈을 써버렸다.

선량공 필리프의 서자이자 대담공 샤를의 이복동생인 '부르고뉴의 앙투안 (1421~1504)은 '대(大)서자'로 불렸는데, 낭시 전투의 대패배에서도 살아남았다. 전투 지휘관, 외교관, 서적 애호가로 알려져 있는 그는 신지식인의 이상을 보여주었다. 그의 목에 걸린 황금 양모 기사단의 목걸이는 기사단이 제후나 기사단 창설자와 같은 '독립적인' 일정 수의 선택받은 사람들의 모임에서 시작되었다는 것을 보여준다. 그들은 정기적으로 모임을 가지는 한편 기사도적 이상을 따르면서 '조용한' 활동들을 전개했다.

부르고뉴의 공작들은 '선량공', '대담공'으로 불렸다. 당시의 사법, 재정 조직을 선량한 것으로, 성공적인 팽창정책을 대담한 것으로 본다면, 이러한 별칭을 통해서 그들의 정치적인 의도를 엿볼 수 있을 것이다. 1433년에 옛 수도 디종에서 태어난 필리프의 아들 샤를은 자신을 새로운 알렉산드로스로 생각했다. 왜냐하면 그리스 출신의 세계 정복자의 군대 행렬이 모든 기사 서사시의 근간이 되었기 때문이었다. 정치적이라기보다는 지적이었던 샤를은 끝내 9세기 독일(동프랑크)과 프랑스(서프랑크) 사이에 끼어든 황제 로타르의 중부 왕국을 부흥시키려던 자신의 무모한 계획의 희생양이 되었다.

32세의 나이에 샤를은 공명심에 차서 아버지가 사망하기도 전에 통치권을 넘겨받았다. 그는 자신에게 세속 대리인의 권리를 넘길 것을 요구하며 리에주 교구를 압박했고, 겔더른을 정복하면서 쾰른 대교구를 차지하려 했다. 이러한 정책에 반대해서 노이스시가 반란을 일으키기도 했다. 백년전쟁 때에도 그러했던 것처럼, 샤를은 프랑스에 대항하여 잉글랜드 왕과 동맹을 맺기도 했지만 1474년 칼레에서 잉글랜드 군대는 새로운 동맹자의 지원을 받지 못했다. 샤를은 로렌 문제에 더 관심을 기울이고 있었다. (최고 책임자들이 즐겨 찾는 회담 장소였던) 피키니 근교 솜 강의 다리 위에서 에드워드 4세와 루이 11세 사이에 개인적인 회견이 이루어졌다. 여기에도 위험이 전혀 없었던 것은 아니었다. 이 모임에서 1419년에 프랑스 왕세자 샤를의 측근이 무겁공 장을 살해했기 때문이다.

뒤이은 잉글랜드의 철수는 부르고뉴 계획이 무산되었음을 의미했으며, 그로 인해 부르고뉴는 노이스에서 또 다른 어려움을 맞았다. 황제 프리드리히 3세가 제국 교구 쾰른을 부르고뉴로부터 지키기 위해 노이스로 제국 군대를 파견하자 기동력은 떨어지지만 막강한 제국 군대 앞에서 부르고뉴는 점령지를 포기해야 했다. 샤를은 공작을 몰아냈던 제국의 제후령 로렌만은 포기하지 않으려 했고, 황제는 자신의 대군을 적절하게 이용하지 못했다. 이 사이에 황제는 아들 막시밀리안(1459~1519, 1493년부터 로마의 왕)을 부르고뉴의 상속녀와 약혼시켰다. 황제에게는 대담공 샤를의 쇠락이 그리 중요하지 않았던 것이다. 스위스 연방은 이에 개의치 않고 프랑스의 동맹국으로서 그랑송과 무르탱에서 부르고뉴의 군대를 연파했다. 반년 후 다시 공격받은 샤를은 1477년 1월 5일 낭시 전투에서 목숨을 잃었다. 그의 상속자로 부르고뉴 통치권의 대다수를 차지한 사람은 합스부르크가의 막시밀리안이었다.

이로써 1475년을 전후로 프랑스 왕의 집요한 적대자 두 명이 사라졌다. 한 명은 돈을 받았고 다른 한 명은 목숨을 내놓았다. 부르고뉴에게 승리하기

막시밀리안 1세와 그의 첫 번째 부인 마리가 낳은 아들 필리프와 딸 마르가레테. 막시밀리안 1세의 부인 마리는 대담공 샤를의 딸이자 부르고뉴의 상속녀이다. 1477년에서 1482년까지 지속된 두 사람의 결혼은 1482년 마리가 낙마 사고로 사망하면서 끝이 난다. 두 사람의 결혼으로 인해서 합스부르크 왕가는 마리 앙투아네트가 루이 16세와 결혼한 1770년까지 300년 동안 반(反)프랑스 연합을 형성하게 된다. 부르고뉴의 외교 채널은 스페인으로 이어졌고 필리프와 마르가레테는 아라곤의 페르난도와 카스티야의 이사벨의 자녀인 후안, 후아나 남매와 각각 결혼했다. 그리고 [카스티야의 미남왕 필리프 1세로 불렸던] 필리프와 스페인 공주 후아나의 아들인 카를 5세는 이후 유럽의 대다수 지역을 통치하게 되었다.

위해서 물론 프랑스의 돈도 흘러 들어갔다. 이제는 돈이나 왕국의 재조직이 아니라 새로운 국가관이 성공의 토대가 되었다. 당대의 위대한 연대기 작가이자 정치 작가로 알려진 필리프 드 코민은 이를 매우 정확하게 파악하고 있었다. 그러나 그는 대담공 샤를의 몰락을 '중세적' 관점에서 신의 심판으로 해석했다. 그래서 샤를이 몰락하기 전의 교만함에 대해서도 언급했다. 비록 그가 낭시 전투를 계기로 최고 지위에 있던 사람이 최하위로 몰락했다고 기록하고 있지만 이는 국정 운영의 도덕성이라는 문제와 관련이 있었다. 필리프 드 코민의 연대기에서도 읽을 수 있듯이, 낭시에서는 이전의 피키니에서와 마찬가지로 프랑스 외교의 장점이었던 정치적인 혜안이 승리의 배경이었다. 이는 바로 '이성적'이며 인내력을 필요로 했던 정치적 도덕성으로, 미래 유럽의 모든 훌륭한 정부에게 요구되었던 덕목이었다.

거의 비슷한 시기, 몇 년 사이에 유럽의 전통적인 왕가들이 안정세에 들어섰다. 스페인은 통일되었고 러시아는 '통합되었다'. 거의 동시에 비잔티움 제국은 몰락했고 교황권은 무력해졌다. 잉글랜드는 유럽 대륙에서 떨어져 나갔다. 이제 스스로의 운명에 맡겨진 유럽 대륙은 국가 이성에 근거하게 되었다. 당시 이미 많은 사람이 언급했던 새로운 시대는 후대에는 근대로 지칭되었다.

중세의 부엌. 동물 내장을 요리하고 있는 모습이다.

중세에는 목욕탕과 유곽이 동일한 의미로 사용되었다. 난방용 보일러가 매우 인상적이다. 1400년 이후 콘라드 케이저가 당대의 군사 기술에 대해 적은 군사백과사전인 『벨리포르티스』의 그림.

▲ 1400년경 이탈리아에서 그려진 필사화들. 이 장면은 가을의 풍경으로, 사람들이 포도가 담긴 통 안에서 포도를 으깨고 있다.

▲ 검은 빵을 굽는 장면.

▲ 약초는 의약품으로 사용되기도 했고, 일상의 음식물에도 첨가되었다. 회향을 자르고 있는 여성의 모습.

▲ 두 명의 여인이 약초 정원에서 깨꽃이라고도 불리는 샐비어를 자르고 있다.

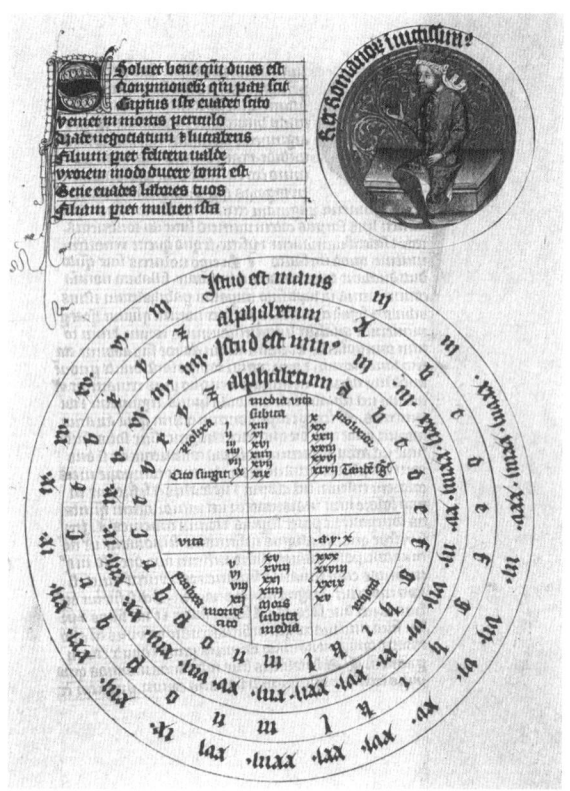

◀ 보헤미아 궁정에서 사용되었던 달력.

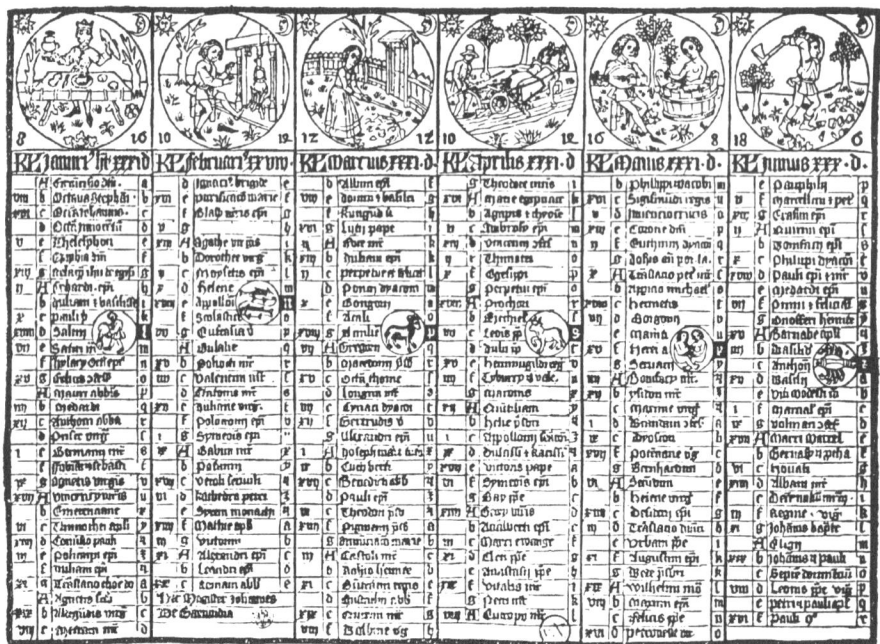

▲ 오스트리아 빈에서 활동하던 수학자 요한네스 데 가문디아가 1456년에 제작한 달력.

책의 제작 장면으로, 제본과 표지 제작 과정을 묘사하고 있다. 가운데에서 이 모든 장면을 주시하는 천사의 모습이 이채롭다. 12세기 중엽에 밤베르크에서 그려짐.

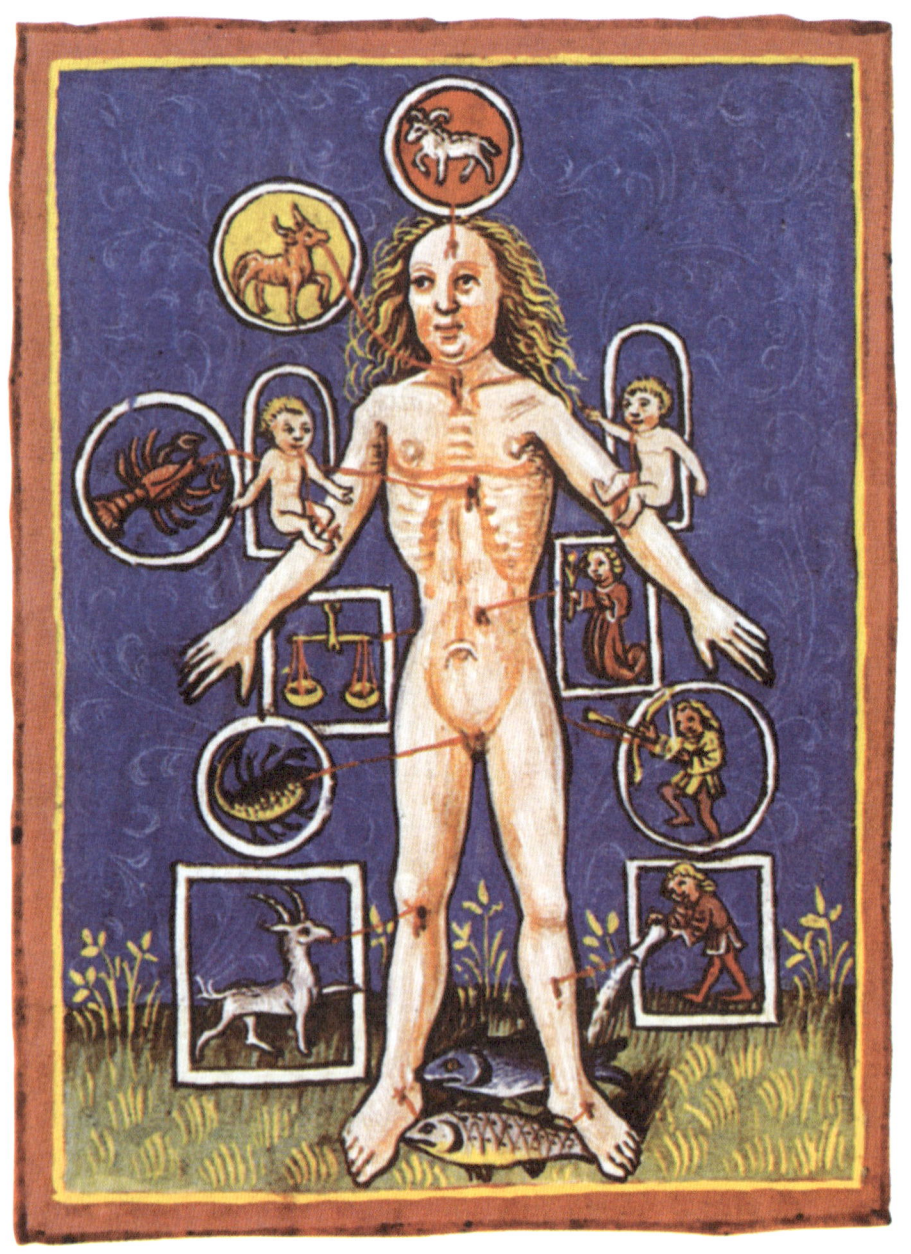

중세에는 의학, 마술, 천문 관측, 점성술, 자연 의학의 구분이 명확하지 않았다. 그림은 1496년의 것으로, 인간의 몸을 서양의 동물 별자리와 비교해서 묘사하고 있다.

▲ 아기 예수 그리스도의 탄생 장면으로, 중세 말기 중산층 가정의 출산을 상상할 수 있다.

▶ 여성이 아기를 낳는 탄생 장면은 주로 성경 속에 등장하는 내용의 재현, 즉 성자의 탄생과 관련이 있다.

건강을 얻기 위해 중세에 행해진 다양한 실험은 오늘날의 관점에서 보면 자연요법, 의학 지식, 천문학, 점성술, 미신 등이 뒤섞인 것으로 보인다. 의사는 환자에게 목욕을 처방하거나, 방혈을 하였고, 질병과 환자의 별자리 관계 등을 조사했다.

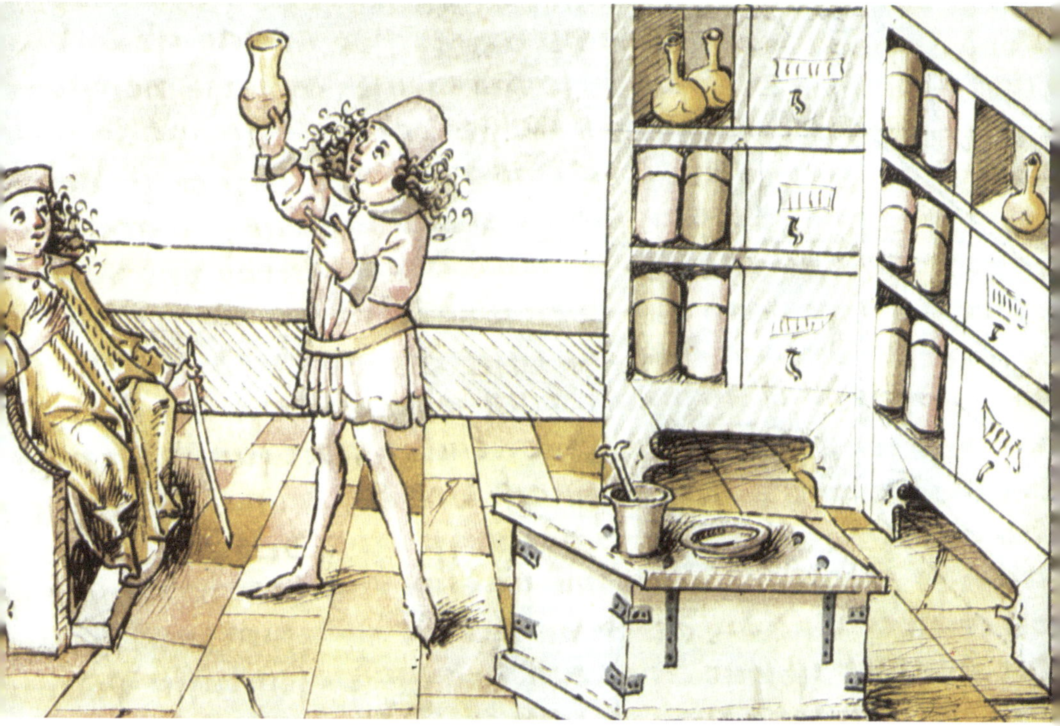

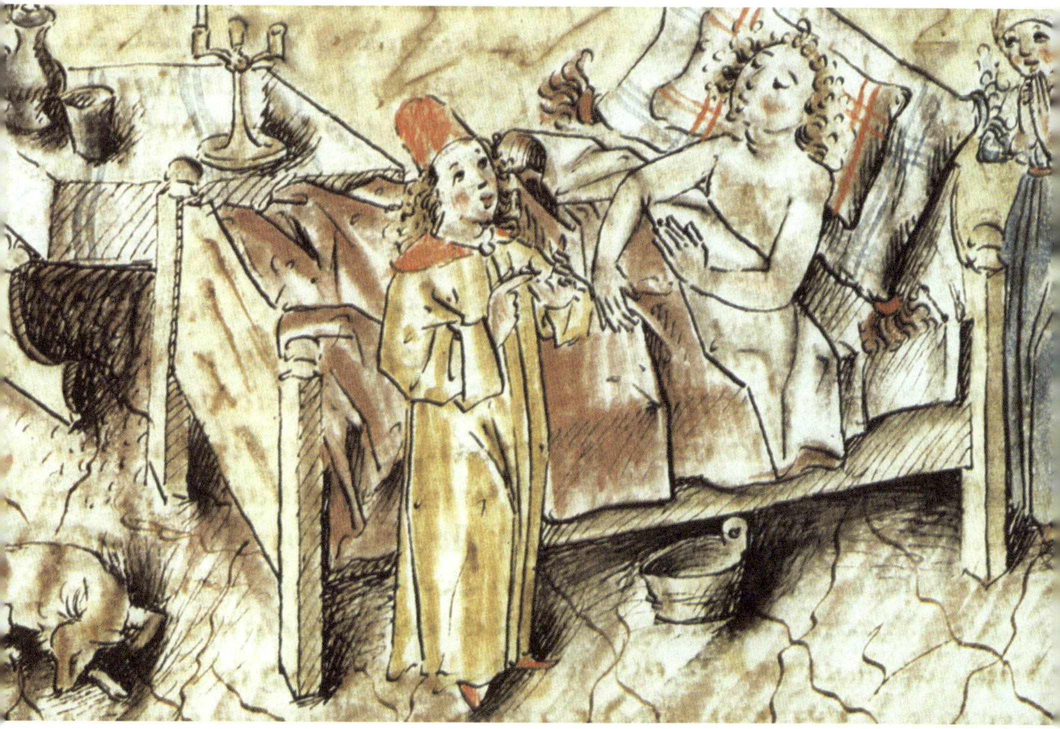

▲ 기형은 불행을 초래하는 징후로 여겨졌다.　　　　　　　　　　　　　▲ 삼쌍둥이(1507년 작품).

▲ 인간과 개의 모습을 한 삼쌍둥이.

◀ 매독에 대한 두려움. 알브레히트 뒤러의 목판화에는 이러한 질병에 대한 두려움이 잘 표현되어 있다.

▲ 야성적인 사람들은 세속적 질서를 거부하고 숲에서 홀로 사는 사람들이다. 14세기 슈베린 성당의 석관 대리석판에 그려진 야성적 사람들의 연회 장면.

▶ 신들린 혹은 걸신들린 상태는 중세 말기에 매우 빈번했던 질병 중 하나이다. 그림에서는 두 명의 남자가 경기를 일으키는 사람을 부축하고 있다. 당시에 이러한 사람은 악귀에 사로잡힌 것으로 생각되었다.

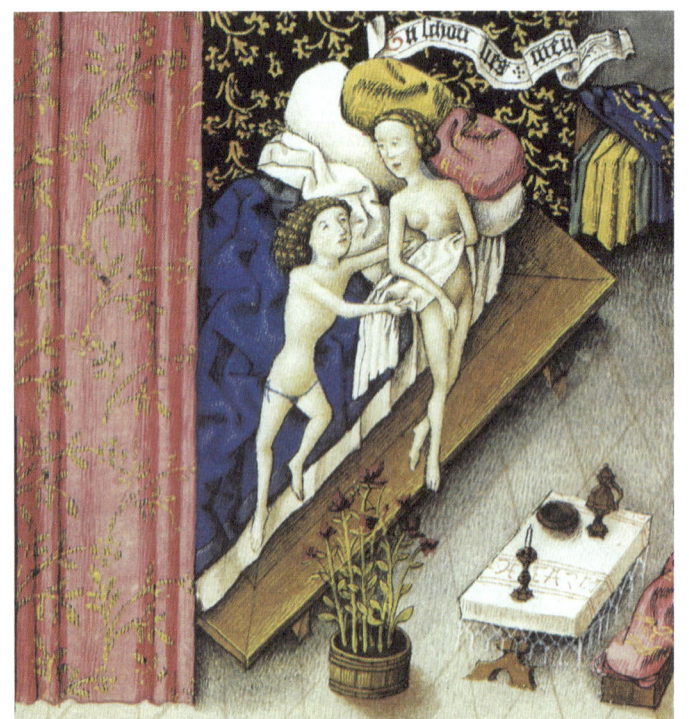 

▲ 남녀의 육체관계를 묘사한 작품은 중세 말기에도 찾아보기 힘들다. '트로이 전쟁'을 소재로 한 세속적 시에 들어 있는 이 그림은 이아손과 메데아를 묘사하고 있지만, 실제로는 15세기 귀족들의 삶을 보여준다. 삽화를 그린 사람은 사건의 진행 과정을 매우 사실적으로 묘사하고 있다.

◀ 아리스토텔레스와 필리스를 묘사한 그림으로, 굴욕적인 남성을 보여주기 위한 것이다.

▲ 뒤바뀐 결혼 생활. 여자가 통치하고 남자는 물레로 일을 하고 있다.

▲ '결혼을 하고 싶은 사람은 충분한 자산을 확보해야 어려움을 겪지 않을 것이다.' 다양한 결혼 혼수 용품들.

▲ 결혼식에서 흥을 돋우는 중세의 광대와 곡예사들.

▲ 도시 축제의 광대들.

▲ 철자를 나뭇가지에 배열해놓은 수업 보조 도구.

▲ '여위다', '학구적인', '정교한', '난폭한' 등을 설명하기 위해 고안된 그림 자료.

▲ 7자유학과 중 논리학과 수사학.

▲ 음악, 산술, 지리학.

중세의 잔인한 처형 장면.

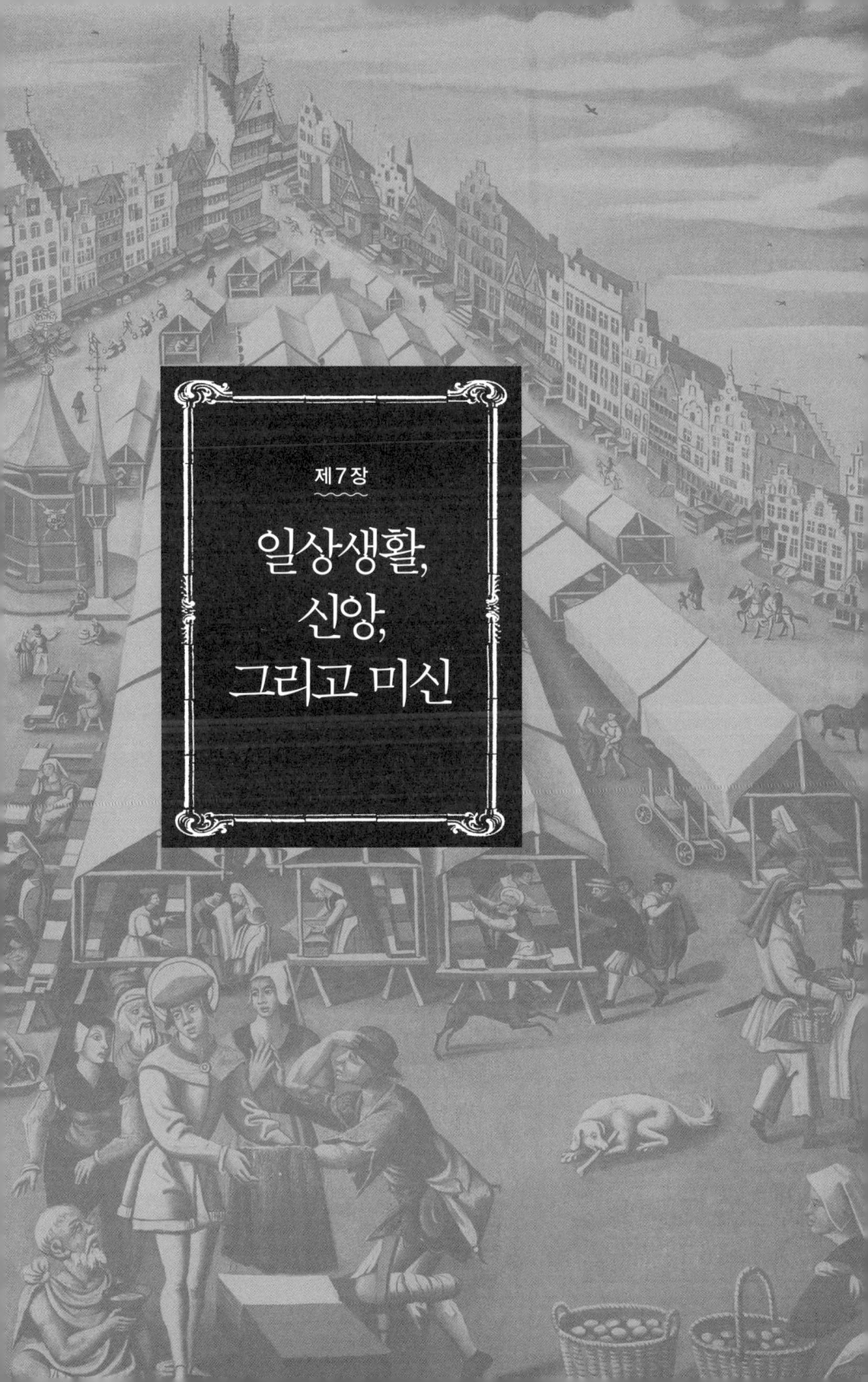

제7장

일상생활,
신앙,
그리고 미신

생활양식과 신앙의 문제

중세 말기의 사람들은 어떻게 살았을까? 이에 대해서 우리가 아는 바는 많지 않다. 상당 부분은 상상을 통해서 재현될 뿐이다. 그러나 한 가지만은 확실하다. 그들이 오늘날 우리가 경험할 수 있는 것보다 훨씬 어렵게 살았다는 사실이다. 누군가 겨울에 덮개 없는 아궁이와 짚더미가 있는 고원의 낡은 움막에서 벽난로나 수돗물도 없이 며칠간 바람과 눈을 견뎌야 한다면, 우리는 당연히 그가 극기 훈련을 하고 있다고 생각할 것이다. 당시의 사람들은 매일 이러한 상황에서 살았다. 13~14세기가 되어서야 철을 사용해서 건물을 튼튼하게 지을 수 있었다. 톱을 이용해서 나무로 만들어진 창문, 문, 들보의 벽을 각이 덜 지게 했다. 그리고 양피지나 유리로 된 창문으로 추운 계절에도 실내를 희미하게 밝혔다. 면직물 생산의 증가는 속옷, 담요, 윗옷, 발싸개, 양말 등을 구입할 수 있게 했다. 관찰력이 뛰어난 사람이라면 오늘날에도 알아챌 수 있듯이, 생활수준이 낮은 지역에서는 추운 겨울에도 외투가 희귀한 물건이다. 사람들은 단지 천을 몸에 둘러서 추위를 막는다. 방수 처리가 되지 않아 빗물을 전부 흡수하는 조잡한 모직이나 견직물이 체온과 함께 어느 정도 온도를 보존한다는 것은 잊힌 사실이다. 오늘날에는 장갑 없이 빨갛게 언 손으로 일할 필요가 없다. 장갑은 중세 지배층의 의류였다. 오늘날 머릿결을 보호하기 어렵다는 이유로 당시처럼 천으로 머리를 두를 생각을 하는 사람이 몇이나 되겠는가?

　무엇보다도 위생 상태가 문제였다! 많은 생활필수품 가운데 최근 몇 세기 동안 고안된 도구를 제외한다면 중세에는 위생 도구가 거의 없었으리라. 휴지는 대표적인 실례이다. 비누와 치약, 면도용 기구, 때로는 빗도 없었던 중세 인구의 대다수는 아마도 '원시의 자연 상태'로 살았을 것이다. 오늘날에는 사회에서 소외된 주변인들이 이런 상태에 처해 있을 것이다. 중세 사람들은 구강 위생을 위해서 박하 잎사귀를 씹었다. 모래나 비누풀속[석죽과의 초본으로 잎의 즙은 비누 대용으로 쓰임]을 끓인 즙으로 세수를 했다. 차 또는 숲이나

성녀 엘리자베트를 소재로 1523년에 그린 작품. 당시의 빈곤함과 일상생활을 잘 전달하고 있다. 낮은 의자에 기대어 머리를 감는 이 그림에서 수돗물이 없었던 시절에 머리를 감을 때 사용했을 두 개의 그릇이 보인다. 머리를 감을 때는 이를 잡기도 했다. 성녀의 블라우스, 윗옷, 앞치마, 지갑이 달린 허리띠, 계단에 있는 조수가 손에 든 빗 등을 볼 수 있다. 그 외에도 쇠로 된 층계식 난간이 보인다.

정원의 식물을 말린 것은 현대의 조제약을 대신하는 값싼 가정 상비약이었을 것이다.

우리에게는 사라져버린 열악한 생활환경이 생존력을 얼마나 솟구치게 했는지, 또 그들에게 최소한의 의술적인 보호 제도가 갖추어졌는지는 알 수 없다. 중세 말기의 사실적인 회화 작품들에서 나타나는 40~50대의 모습을 보면 그렇게 보이지는 않는다. 전반적으로 평균수명이 낮았던 것 같다. 어쨌든 일상적인 생활양식이 건강한 편은 아니었다. 적어도 당시의 사회 상층 계급에서 알 수 있듯이 편중된 육식 소비로 인한 대사 장애, 관절염, 신경통이 오늘날보다도 만연했던 것 같다. 곡물 소비가 육류 소비보다 감소했던 중세 말기의 중부 유럽에서 사람들은 매년 평균 100킬로그램의 육류를 소비했다. 이는 오늘날 공식 통계에서 밝히고 있는 독일인의 평균 소비량보다 많은 수치이다. 당시 육류 소비는 도살된 동물의 완전한 소비를 의미하는 것으로, 내장이 일상적인 식단에 포함되어 있었다.

책상이나 의자, 옷장에 대해서 알려진 바는 많지 않다. 대다수의 가구는 13세기 이래로 급속하게 보급되었던 제재용 톱과 관계가 있을 것이다. 의복에 대해서는 13세기 이래로 기록되었던 의복에 대한 많은 규정 덕분에 무엇이 '신분에 맞고' 어디에 상한선이 있는지를 알 수 있을 뿐이다. 의복과 관련해서는 이것이 대체로 사치 규제와 관련되어 있기 때문에, 물론 복지국가라고까지는 말할 수 없지만 의복을 통해서 당시 부의 팽창을 추측할 수 있다. 도시에서의 결혼식과 장례식의 연회에 관한 언급도 마찬가지일 것이다. 문장의 첫 글자를 장식한 수많은 세밀화나 성서 내용과 관련된 부수적인 그림에서도, 화가들이 붓과 깃촉을 사용하는 정밀한 작업을 통해서 농부와 기사와 왕을 어떻게 묘사했으며, 어떻게 성직자의 복장을 묘사했고, 어떤 여성 의복을 디자인하려고 했는지를 알 수 있다. 그러나 현실의 일상적인 삶은 규정이나 그림을 통해서 나타나지 않는다. 우리에게는 현실 자체가 아니라 그림들과 규정

철사가 없었다면 오늘날에는 무엇이 존재할까? 고대 말기에 이미 철사 제조가 가능했지만 정교한 철사 제조는 14세기에야 시작되었다. 이에 반해 정교한 수작업을 요하는 갑옷의 제작은 중세 초기에도 이루어졌다. 칼도 마찬가지이다. 왼쪽 하단 그림에는 현재의 것과 비슷한 줄을 사용해서 최종적으로 칼의 손잡이 부분을 손질하고 있다. 오른쪽 하단 그림의 상인의 모습에서는 긴 외투와 돈지갑이 흥미롭다. 정교하게 포장된 상인의 물품과 배경의 창고도 역시 특이하다. 수공업에 종사하는 장인들이 세운 양로원과 멘델 12사도들의 자선 시설에 있는 가옥 대장에 수록된 그림들로 15세기 말에 만들어졌다.

1340년경 보헤미아에서 [벨리슬라프를 위해서] 제작된 벨리슬라프 성서의 그림들. 여자들의 손에는 현악기가 들려 있다. 남자들은 성서가 전하는 바대로 음료수 잔을 들고 그리스도 앞에 서 있다. 이 그림에서는 의복의 대비가 특징적이다. 남자들은 당시의 유행을 따라 꼭 맞는 바지 위에 윗옷을 걸친 반면에 그리스도는 성화에서 볼 수 있는 튜니카[고대 로마 시대의 하의]와 토가[고대 로마 시대의 상의]를 걸치고 있다. 현실적 복장과 초현실적 복장의 이러한 대비는 [복장의 역사적 고증이 비로소 가능해졌던] 18세기의 역사적 고증 시대까지 종교화의 특징이었다.

르네상스 시기 인기를 끌었던 모래시계는 14세기에 정교한 유리 제품의 생산이 가능해지면서 사용되기 시작했다. 또한 고대부터 애용된 매우 다양한 형태의 해시계들이 있다. 오른쪽은 '지갑 형태'의 해시계이다.

들만이 전래될 뿐이다. 다만 모든 분야에서 한 가지 사실을 공통적으로 추정할 수 있다. 그것은 생활양식이 점차 다양화되었다는 것이다. 신발을 예로 들 수 있다. 인디언의 신발 모양과 비슷하며 발칸 반도에서 지금까지 사용하고 있는 사슴 가죽으로 만든 신, 가죽끈이 달린 조잡한 농민화, 반(半)장화, 여성용 샌들, 오늘날까지도 전해지는 평평한 슬리퍼와 유사한 형태의 신, 그 외에 프랑스에서 유래한 끝이 부리 모양인 기이한 형태의 신 등이 있다.

한편 태양이 생활 리듬을 조절했다. 이 점은 오늘날의 농부와 어부도 마찬가지이다. 단지 여러 면에서 상당히 계량적인 사고를 했던 수도원의 생활은 일곱 번의 기도 시간을 준수하기 위해서 일상과 노동의 흐름을 시간에 따라 구분했다. 이후의 도시의 일상도 이러한 시간적 구분을 중요시했다. 그래서 시인과 도시의 찬미자들의 칭송대로, 도시인들은 도시의 성벽 안에서 규칙적으로 삶이 돌아가는 이상 사회를 만들고자 했다.

1,000년 전에는 시간을 물시계나 그 이후에 등장한 통일된 규격의 촛대

를 사용해서 혹은 해와 별의 움직임에 따라서 측정했다. 물시계와 해시계는 고대 헬레니즘 시대를 계승한 물건이었다. 13세기 말에는 톱니바퀴 시계가 등장했다. 이 시계는 12세기부터 기술적인 면에서 세계의 다른 발전된 문화를 모두 능가했던 라틴 유럽의 독창적인 발명품으로 자동 조절 기능이 장착된 기계였다. 제임스 와트는 자신의 증기기관을 위해서 자동 조절 기능을 다시금 새롭게 고안해냈다. 톱니바퀴의 도움을 받아서 원통에 달린 추의 중력을 회전하는 바늘에 전달하는 톱니바퀴 시계는, 원통의 급한 회전을 방지하면서 동일한 속도로 힘을 분배하는 제동장치 덕분에 작동이 가능했다. 간단한 구조로 이루어진 제동장치는 동일한 속도로 진자가 왕복하게끔 톱니바퀴를 제동하고, 거기에서 다시 동일한 힘으로 진자 운동이 이루어지도록 하여 새로운 시간 개념의 상징이 되게 했다. 교회는 시간을 자연적으로 정해진 기도 시간에 따라서 측정했지만 그 시간은 이제 낮과 밤을 균등한 간격으로 24시간 분할하는 인공적인 시간 단위로 대체되었다.

베네치아 사람 조반니 데 돈디는 14세기 중엽에 현재 사용되는 형태의 문자판을 새로운 톱니바퀴 시계의 전면에 붙였다. 톱니바퀴 시계는 교회의 종루에 부착되어 오랜 기간 존속했다. 시계와 더불어 교회의 종루가 새로운 시대적 사고를 개척했다. 중세 말기의 종교적 세계관을 이보다 더 잘, 더 정확하게 표현할 수는 없을 것이다. 왜냐하면 이 시대는 어쨌든 신심이 깊었던 시기였고, 이성과 신앙을 구분하는 후대의 지적 이원론이 아직 알려지지 않았던 시기였기 때

1350년 이후 제작된 톱니바퀴 시계. 추를 비롯해서 12시간을 표시하는 문자판이 이미 달려 있다. 윗부분에 부착된 움직이는 추는 시계추의 선구자격이다.

문이다. 이 시대는 내세를 인정했다. 내세가 계서화된 천상의 천사 무리로 넘 친다거나, 본래 단어 자체에서 알 수 있듯이 대체 신앙을 의미하는 '미신'에 서 유래했다는 사실은 차치하고 말이다(미신을 뜻하는 독일어 '아버글라우베 (Aberglaube)'는 믿음(Glauben)이라는 단어에 잘못된(aber)이라는 접두어가 붙은 형태이다]. 초월적인 세계는 현실이었다. 정말로 거의 모든 사람의 행동이나 생각이 초월적 세계와 직결되었다. '중세의' 신앙심은 오늘날의 신앙심과 동일시될 수 없을 것이다. '현대' 모든 종파의 그리스도 교도는 초월적인 인격신, 창조된 영혼의 개별적인 영원성, 다양하게 정의되는 그리스도의 신성을 믿는다. 반면에 대다수의 '중세' 그리스도교 신자에게 종교적인 기적의 세계는 직접적

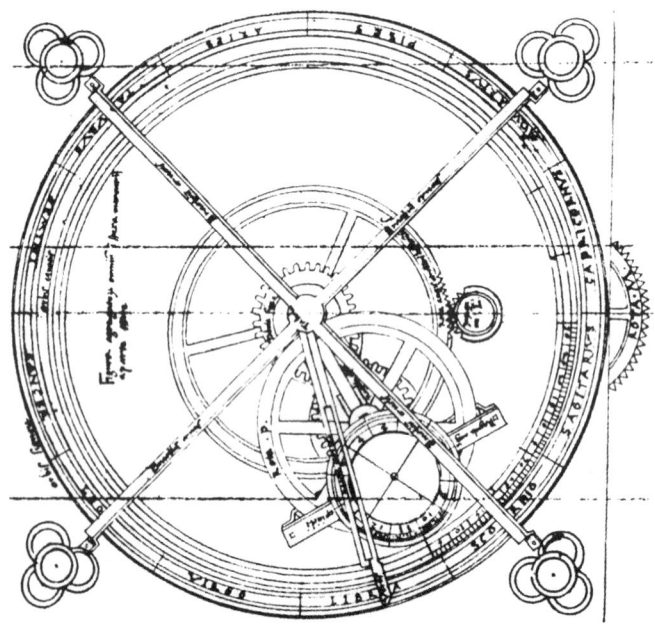

1380년경 조반니 데 돈디의 천체관측용 시계의 수성(水星) 문자판에 대한 스케치. 조반니 데 돈디는 천문학자인 동시에 황제 카를 4세의 주치의였다.

으로 일상생활에 깊숙이 개입했고, 그 세계를 구체적으로 파악하는 것도 가능했다. 그러나 이러한 사고가 지배하는 세계에 살면서도 중세인은 당시의 '이단자들'과 구분되지 않았다. 신앙 교리에는 차이가 있었지만 현실적으로 그 구분이 수월하지 않았기 때문이다. 한쪽은 교리적으로 정의된 성서의 계시와 수백 년 동안 존속된 신학 주석의 전통을 따랐다. 다른 한쪽은 '민간신앙'에 의해서 악마의 존재와 불행하게 이 세상을 떠난 죽은 자의 재래, 그리고 인간과 초감각적인 것과의 지속적인 교감을 신봉했다. 이 점에서 그들은 다시금 대다수의 그리스도 교도와 일치한다. 악의 세력의 위협에 대한 믿음이 공감대를 형성한 것이다. 요약하면 신과 악마에 대한 공포는 상당수의 공감자 집

오크센푸르트의 시계는 시간뿐만 아니라 날짜도 가르키고 있다. 정시마다 두 마리의 황소가 서로 뿔을 맞대고, 죽음을 상징하는 오래된 상징물인 화살을 든 해골 인간이 모래시계를 치켜든다. 죽음의 순간을 기억하라! 시계의 자동화는 14세기 이후로 놀랄 만큼 정확해지고 다양해졌다. 빈과 뮌헨의 새로운 시계 역시 오늘날 인기를 끌고 있다.

단을 형성했고, 그리스도에 대한 믿음은 아직 보편화되지 않았으며, 유일한 구원의 교회인 가톨릭의 신앙고백은 여전히 많은 도전을 받았다.

결국 우리는 다양한 특성의 세계관들을 내포하고 있는 시대를 관찰하는 것이다. 이 시대에는 (회의론이나 무신론 같이) 가시적 현상에 대한 분석적 사고가 개입할 공간이 없었다. 이단적이든 그리스도교적이든 혹은 개인에 대한 교회의 구원을 받아들인 다양한 혼합 유형이든 관계없이, '중세적인' 세계에서는 현세적인 것과 초월적인 현실이 결합되었고 이를 통해서 오늘날 우리가 파악할 수 없는 영역을 탄생시켰다. 우리는 인간 존재를 '단순히' 현세적 존재로 국한시키고, 모든 국가적, 사회적 논의와 대응책에서 심지어 교회 정치상의 문제에서도 우리를 초현실적인 것과 격리시키는 세속화된 세계에서 활동하기 때문에 그 영역을 이해할 수 없는 것이다. 우리가 '중세적인' 사고의 세계에 쉽게 접근할 수 없는 또 다른 이유는 아벨라르가 여타의 선학들과 마찬가지로 이성적 윤리 체계를 확립하고, 이를 통해 신앙을 이성적으로 증명하도록 했던 당시의 종교적 심성 때문이다. 그 결과 우리가 지금도 제대로 이해하지 못하는 새로운 신앙의 시대가 시작되었다.

12세기의 새로운 사고는 클레르보의 베르나르두스와 피에르 아벨라르의 격론에서부터 비롯했다. 베르나르두스는 성인으로 시성되었지만 아벨라르는 종교재판의 문턱까지 가보기도 했다. 이러한 이유로 수도사 베르나르두스는 스스로를 '철학자'로 불렀던 아벨라르보다 더 수월하게 종교와 교회에 대한 기존의 관념과 공감대를 형성할 수 있었다. 근본적으로 두 사람 모두

시토회의 수도원장 엘레트는 12세기에 종교적인 사랑에 관해서 모범이 되는 글을 남겼다. 이 글에는 시토회 수도사들의 영성이 표현되어 있는데, 이는 신에 대한 직접적인 귀의라기보다는 신과의 정신적인 우정을 토대로 신에게 귀의하는 것을 의미했다. 그림에는 엘레트의 모습과 "수도사 아일레드"라는 문구가 있다. 당시에 유행하던 필체로 쓰인 U는 정교한 인물 묘사가 이루어진 성령이 깃든 얼굴을 보여주고 있다.

시토회의 수도사 엘레트와 동시대 인물인 프레몽트레회의 수녀 구다의 모습. 그녀의 남편 아른슈타인의 백작 루트비히는 후손이 없었던 까닭에 당대의 다른 고위 귀족들이 그랬던 것처럼 자신의 성을 수도원으로 개조하고 그곳에 입회했다. 구다는 근처에서 은둔 생활을 했다. 이를 본받아 아른슈타인에는 일곱 개의 남녀 이중 수도원이 추가로 설립되었다. 영적 서적을 저술했던 구다는 스스로 문자에 자신의 초상화를 새겨 넣었다. "죄지은 여성 구다가 이 책을 쓰고 그렸다." 그녀의 방어적인 손동작은 자신의 인기를 의식했을 엘레트의 동작과 정반대의 것이 아니었을까?

새로운 것을 원했지만 초점에는 차이가 있었다. 시토 수도회의 수도원장 베르나르두스는 종교적인 사랑과 우정의 신비한 근원을 캐려고 했다. 또한 수도원 제도를 더욱 숭고하게 만듦으로써 봉건적 사회조직을 종교적으로 심화시키려고 노력했다. "정신적 우정이 봉건 윤리의 근간을 형성한다는 사실이 간과된다면, 중세 심지어 모든 전근대적 시대의 열정과 자부심을 올바르게 이해하지 못할 것이다"(B. 넬슨).

무한한 사회 발전과 더불어 12세기 이래로는 서유럽에서 신비주의적 경험과 자의적인 윤리적 판단을 시도했던 개인들의 수가 증가했다. 이러한 개인화가 종교적 영역에 미친 결과는 '연옥' 교리의 형성이다. 이 교리는 개인이 천국과 지옥 사이에서 겪게 될 다양한 정화 과정을 도입했다. 그 결과, 인간의 도덕성이 심화되었고, 죽은 자에 대한 살아 있는 자들의 영적 보살핌과 '중보 기도(타인을 위한 기도)'에 관한 교회의 교리는 내세와의 관계에서 더욱 심층화되었다. 연옥 교리는 오래된 것으로 중세 초기에 가문 수도원을 세우고 교회를 설립할 수 있었던 세력가들에게 특히 친숙한 것이었다. 이제 이 교리는 농민과 시민들이 죽은 자를 위해서 올렸던 기도, 미사, 교회와 수도원의 기증 같이 모든 사람이 할 수 있는 민속적인 종교 행위의 근거가 되었다. 신앙심은 기도, 무릎 꿇기, 성지순례의 횟수와 같이 일상적 삶에서처럼 교회에서도 어떤 것을 '이룰 수' 있었던 많은 사람에 의해서 형식화되었다.

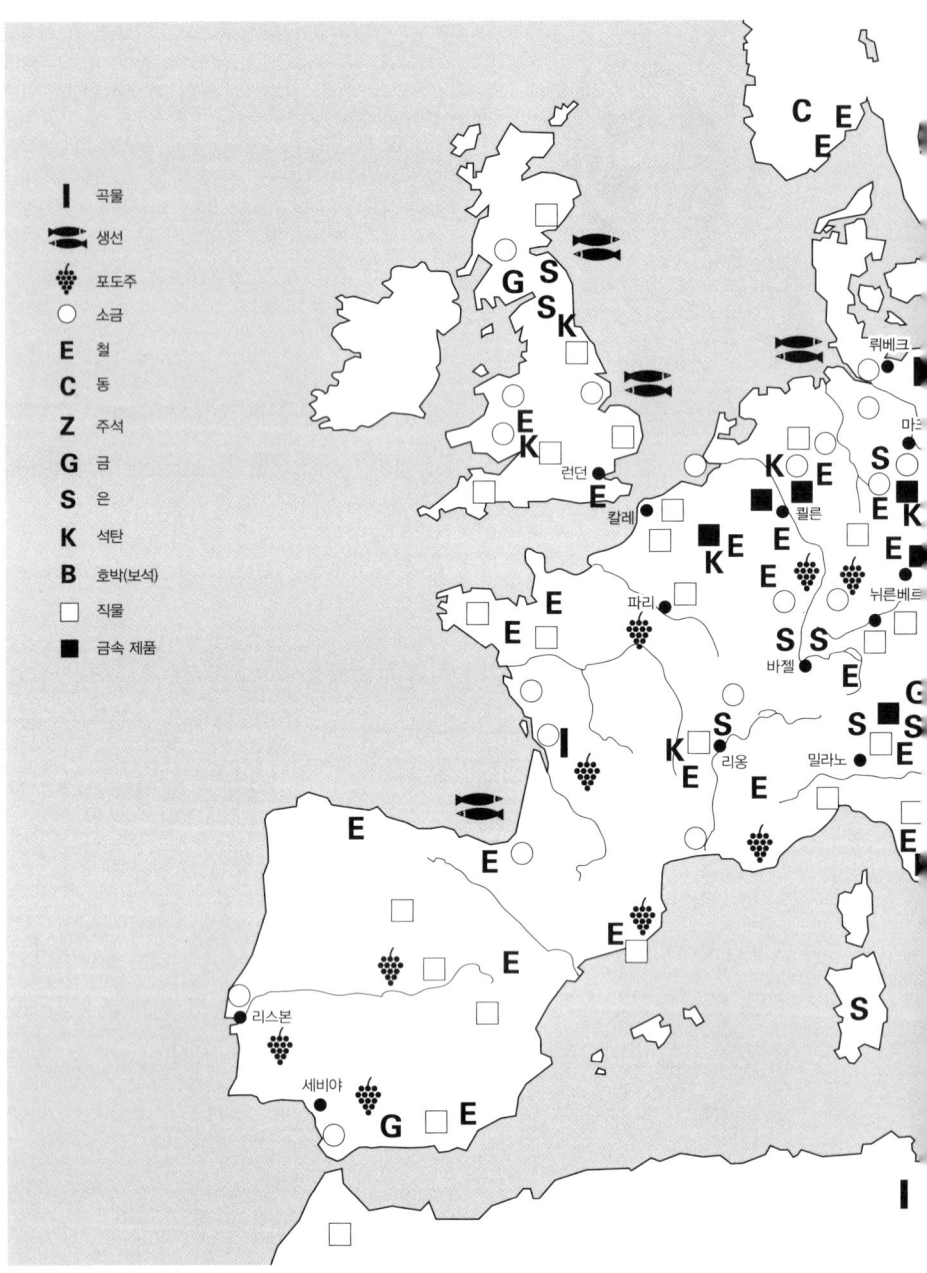

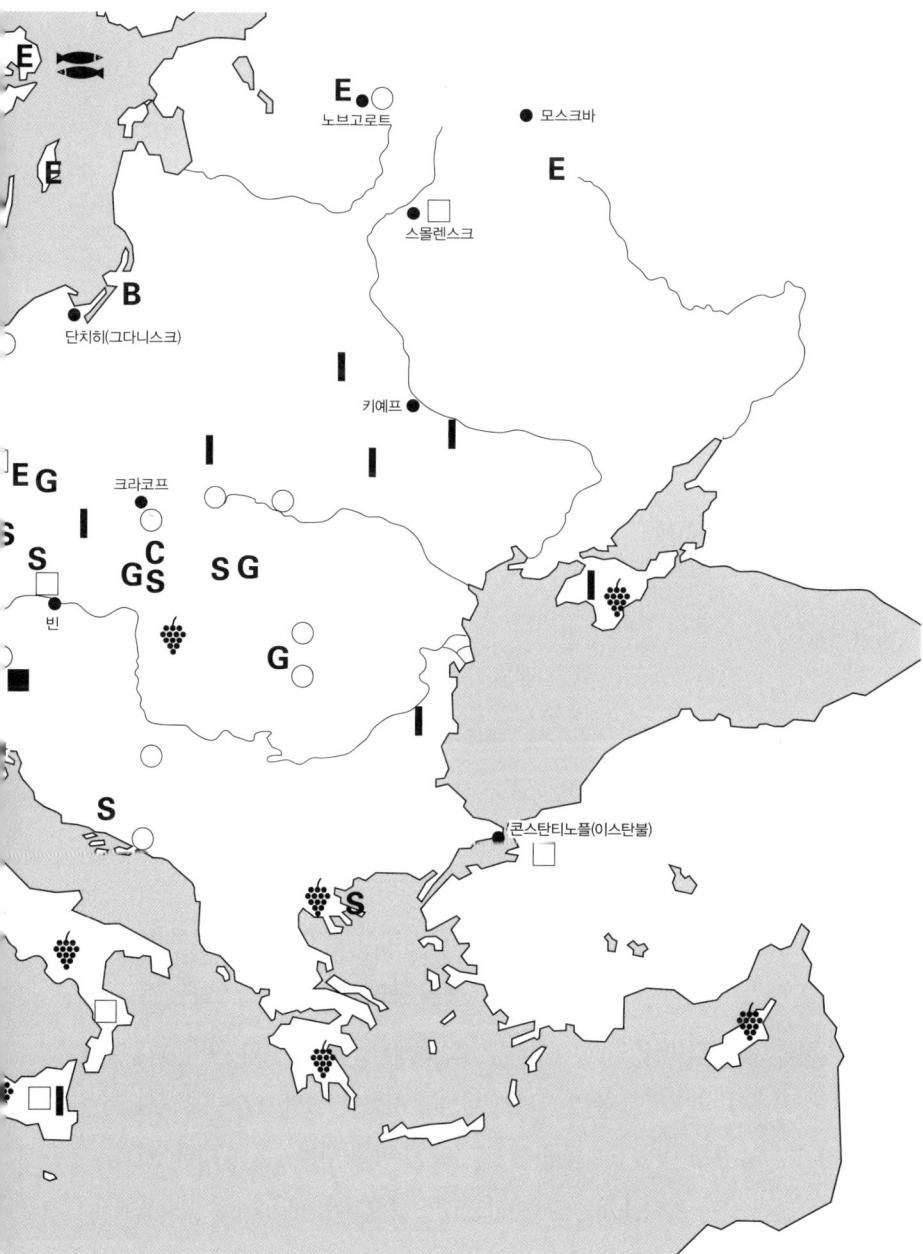

가계, 도시, 지역의 자립 경제를 근간으로 삼았던 중세의 경제적 교류는 단순한 잉여 생산에 근거하고 있다. 가장 광범위하게 소모되었지만 지역 내에서만 운송되었던 품목인 목재나 건축용 석재들은 이 지도에는 명시되어 있지 않다.

제7장 | 일상생활, 신앙, 그리고 미신   635

달려라, 달려, 기사여

800년 동안 수로만이 아니라 육로의 교통수단도 지속적으로 발전했다. 말굽에 붙이는 편자, 말의 목테, 안장 기술, 사륜마차, 대형 선박, 조타용 노에 의존하지 않고 배의 후미에서 더 정확하게 방향을 조정할 수 있는 새로운 삭구(배에서 쓰이는 로프, 쇠사슬 등의 총칭)를 부착한 범선 등이 그것이다. 13세기 말부터는 해안선만을 따라 항해하는 것이 아니라 나침반을 이용하여 망망대해를 항해할 수 있게 되었다. 그럼에도 불구하고 말은 가장 빠른 여행 수단이었다. 동시에 오늘날의 자동차처럼 높은 사회적 지위를 나타내는 것이었다. 등자에 발을 디디는 것은 자주 신분 상승의 첫 단계로 여겨졌다. 플랑드르인, 잉글랜드인, 스위스인, 그리고 후스파가 벌인 격전에서 보병의 승전에도 불구하고 이러한 양상은 변하지 않았다. '달려라, 달려, 기사여'처럼 '무릎을 꿇고 말놀이를 하면서 부르는 노래'는 오늘날의 아이들에게 중세의 단면을 전달하고 있다.

말놀이는 무의식적이지만 놀랄 만큼 오래 지속되었는데, 그 이유는 "기사가 말에서 떨어지면 그는 큰소리로 외친다"는 이야기처럼 긴장감을 자아내는 내용이 그 속에 들어있었기 때문이다. 그러나 이는 단순히 어린아이들의 감정을 표현하는 것으로 보이지는 않는다. 우리 시대의 일상에도 "무덤에 묻히면 까마귀가 그의 시체를 처리하리라!"는 중세 동요 구절의 우악스러운 현실이 지속되는 것 같기 때문이다. 시체를 먹는 중세의 커다란 검은 까마귀는 거리 구석구석에서 처마 밑에 놓인 쓰레기 더미를 뒤졌다. 까마귀는 대로에서 멀리 떨어지지 않은 도시의 교수대에 놓인 시체 주위를 맴돌았을 것이다. 이 풍경은 신중하지 못한 기사에게는 강력한 경고의 메시지가 되었을 것이다. 오늘날 큰 까마귀는 거의 멸종한 상태이다. 불쾌한 소리를 내는 작은 까마귀가 큰 까마귀를 쫓아냈다. 이솝 우화에서 나타나듯이 큰 까마귀는 실제로 아름

기마 경기 주변에서 벌어지는 우스꽝스러운 경마 대회의 장면. 각각의 동작이 사실적으로 묘사되었고 참가자들의 행동과 얼굴 표정이 매우 사실적으로 전달된다. 전투적인 진지함이 장난기 넘치는 동작으로 인해 희화화되고 있다. 1500년경 제작.

다운 목소리를 가지고 있었다. 아양을 떨었던 여우는 이를 알고 있었을 것이다(영악한 여우가 나무 위의 까마귀가 물고 있던 고기를 빼앗기 위해서 까마귀의 아름다운 노랫소리를 듣고 싶다고 꾀자, 그만 까마귀는 노래를 부르다가 고기를 아래로 떨어트려서 여우가 먹고 말았다는 이야기에 비유한 것이다).

"기사가 늪에 빠지면 둔탁한 소리를 낸다." 이 발랄한 동요는 오래된 것이다. 이 노래는 어린 기사들이 무릎을 꿇고 부르는 노래로, 오늘날에도 불린다. 중세에서 전래한 노래이지만 동요 속에 남아 있는 옛 노랫가락에 따라 불리고 있다. '풍덩(Plumpf)'이라는 단어는 본래 '늪(Sumpf)'을 뜻하는 말로, 고지 독일어에서는 15세기까지 늪이 '풍덩'으로 불렸다. 동요가 불리기 시작했을 때 '늪'이 이미 '풍덩'으로 불리고 있었기 때문에, 이 동요는 분명히 더 오래전부터 불렸을 것이다. 후에 (풍덩하고 물에 빠지다를 뜻하는) 저지 독일어의 형태 '플룸프센(Plumpsen)'이 통용되면서 사람들은 '풍덩'이라는 옛 단어를 더 이상 쓰지 않게 되었다.

물론 매우 우스꽝스러운 동작을 나타내는 '첨벙(Plump)'이라는 단어는 학술적 논의의 대상이라기보다는 아이들에게 더 어울리는 단어일 것이다. 우리의 귀여운 아이들은 무릎을 꿇고 엎드린 어른들의 등 위에서 앞으로 뒤로 또 옆으로 옮겨 다니면서 늪으로 빠져들거나 마음이 내키는 대로 방향을 틀고 있다.

중세의 놀이에 등장하는 기사들은 늘 생명의 위험에 직면했다. 하지만 오늘날 죽음에 대해 이야기하는 것은 금기시되고 있으며, 어린아이의 방에서 죽음을 이야기하는 것은 상상조차 하기 힘들다. 물론 중세 아이들의 일상에서부터 전해지고 있는 구전 자료에는 재미를 위해서 어느 정도의 극적인 내용이 첨가되어 있을 것이다. 이렇게 해서 아이들의 말타기 놀이의 리듬은 극적인 긴장감을 동반한다. 결국 마지막에는 유쾌한 웃음이 터져 나왔다. 거칠고 심지어 약간 다치는 것 정도는 꺼리지 않았으며 불상사를 대수롭지 않게 생각했던 중세의 이

인형은 중세에도 인기 있는 장난감이었다. 장난감 인형은 진흙, 나무 혹은 고급스러운 홍옥수[살색의 돌]로 만들어졌다.

와 같은 환경과 우리의 교육 원칙 그리고 위험에 직면하는 것을 꺼리는 경향을 한번 비교해보자. 이 얼마나 대비되는가!

중세 어린아이들의 생활에 대해서는 그다지 알려진 것이 없다. 그러나 신의 독생자 예수 그리스도에 대해서는 어느 정도 알려져 있다. 중세 말기의 아기 예수는 기저귀를 차거나 벌거벗은 채로 구유에 놓여 있었다. 아기 예수는 초대 교회의 왕의 독생자 같은 위엄 있는 모습이 아니라 의지할 곳 없는 경배의 대상으로 묘사되었다. 그러나 신의 독생자에 대한 이러한 묘사 방식을 교회는 선호하지 않았다. 본래 '보호 아동'으로 상급생들의 지도를 받았던 학교 신입생에 대해서는 더 많은 것이 알려져 있다. 요한네스 부츠바흐가 1490년경 자신의 학교생활에 대해서 언급했던 것처럼 오히려 상급생들은 피보호인에게 돈을 뜯어내기 위해서 그 임무를 계속 맡았다.

아이들의 생활을 이해하는 데 장난감이 단서가 될 수 있다. 이 장난감 중 많은 것이 아직도 우리들에게 전해지고 있다. 오늘날의 것과 마찬가지로 채찍으로 돌릴 수 있는 팽이가 있었다. 우리가 어렸을 때 가지고 놀았던 다양한 색의 진흙으로 만든 구슬도 있었는데, 놀이 규칙은 아마도 중세에서 유래했

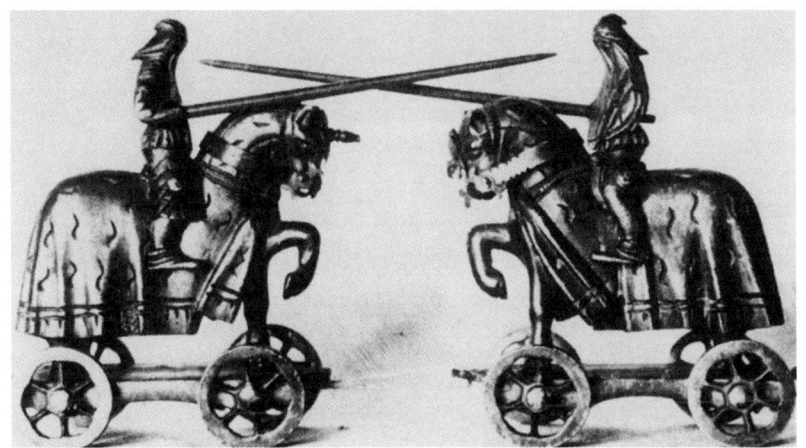

놋쇠로 만들어진 기마 대회 장난감. 지체 높은 집안의 아이들이 가지고 노는 장난감으로 만들어졌을 것이다. 아마도 아이들이 앞으로 살아야 할 자신들의 삶을 준비하도록 제작된 것으로 보인다.

중세의 야구 경기. 모서리에 정성스러운 필체로 적힌 문구는 경기의 주요 과정을 밝히고 있다.

사립학교가 확산되었다. 바젤의 한 학교 선생님이 1516년에 글과 그림으로 자신의 교습을 선전하고 있다. 그는 오늘날에도 선전 문구로 사용할 만한 제안을 하고 있다. "성공하지 못할 경우 돈을 돌려드립니다." 이는 인쇄술이 확산되면서 유럽 도시에서 문맹률이 저하되었음을 보여준다. 선전물에서 볼 수 있는 것처럼 선생님의 성별을 불문하고 매질은 필수 불가결한 것이었다!

을 것이다. 나무로 된 보행기, 장난감 손수레, 나무 인형도 있었다. 나무로 만든 말과 바퀴 달린 말, 천과 가죽으로 된 공이 있었고, 배드민턴이 있었으며, 잉글랜드에는 테니스와 유사한 게임이 이미 있었다. 물론 중세의 아이들도 어른스러운 놀이를 하곤 했다.

권위적인 교육이 지배했지만 12월 6일 성 니콜라우스 축일이나 그로부터 약 한 달 후에 있는 베들레헴의 무죄한 어린이들의 순교 축일에는 마음껏 뛰어놀도록 허가를 받았다. 희화적으로 '소년 주교'(바보제 때 진행된 일종의 사회적 역할 전도)를 통해서 권위를 비난하는 놀이 공간이 존재하기도 했다. 하지만 다음날에는 다시 매질이 있었다는 것은 오래된 관습인가? 체벌이 없는 유년기를 보낸다는 것, 즉 어린 나이에 선택된다는 사실(어린 나이에 수도원에 입회하는 것)은 신을 위한 삶을 산다는 것을 의미했다.

15세기에 와서는 왕가뿐만이 아니라 시민 계층에서도 유아 사망률이 높았다. 당시에 급증했던 민족어로 작성된 기록물들을 통해서 이를 알 수 있다. 그러나 아이들은 미래의 희망으로 여겨졌다. 개간지의 이주자들에게서 나타나는 급속한 인구 증가가 페스트로 인한 손실을 회복시켰다. 이것은 많은 부부가 10, 12, 16번의 출산을 한다는 것을 의미했다. 이와 같은 사실을 통해서 중세가 남성들의 격정적인 성욕으로 특징지어지는 남성 중심적 사회였음을 다시 한번 생각하게 된다.

여성

여성에게는 힘든 운명이 기다리고 있었다. 사느냐 죽느냐의 문제는 오로지 그들의 운명에 달려 있었다. 남성들이 말을 타고 조금만 멀리 가도 다시는 돌아오지 못하는 상황이었음은 차치하더라도, 심부름을 가도 돌아오기 힘들 때가 많았다. 남자들은 무기 휘두르는 소리가 끊이지 않았던 세계에서 언제나 위협을 받고 있었다. 그래서 울타리가 있는 집이나 성, 마을 혹은 도시를 벗어날 때에는 안전한 장소에 여성을 머물게 했다. 이는 죽음이 모든 인간을 엄습했기 때문만이 아니다. 여성의 중요한 사회적 임무인 출산을 할 때, 오늘날과는 비교할 수 없을 정도로 여성의 사망률이 높았기 때문이다. 후사를 걱정해야 하는 귀족 가문들에서 세 번이나 네 번 정도 혼인 관계를 맺었던 것은 보통 출산 시의 사망 때문이었다. 출산 사망은 19세기까지 골치 아픈 문제 가운데 하나였다. 그러나 불의의 죽음이 많았던 시대에 장삿길이나 십자군 원정에서 혹은 다른 어떤 경로에서든 남편이 피살된 젊은 미망인들 역시 중세 사회의 일면을 보여준다고 할 수 있다.

당연히 당시의 사회는 남녀평등과는 거리가 멀었다. 남녀평등 문제는 산업화되고 평등권이 관철된 오늘날의 세계에서도 여전히 제기될 수

일반적인 시민 가정의 일상생활. 벽난로, 유리로 된 창문, 나무 마루는 중세 말기 부유한 계층의 경제적 성장을 보여주고 있다. 이 그림은 역할 분담이 진행되고 있었음을 보여주는데, 거실 책상 위에서 이루어지는 보조 계산 방식을 이용한 회계와 유아교육이 그 근거이다.

제7장 | 일상생활, 신앙, 그리고 미신 641

있는 문제이다. 하지만 이러한 문제점들을 제기하기보다는 "과거에는 당연시 되었던 이러한 이원성을 우리가 인식하고 명칭을 부여하기 위해서 특징짓는 작업이 필요할 것이다. 우리는 이 이원성을 대체로 성(性)과 혼동하고 있다" (이반 일리치).

우리는 이러한 이원성이 남성과 여성에게 독자적인 삶의 영역을 부여했고 또한 이것이 당대 사람들의 사고에서 불변적인 세계 현상으로 여겨졌음을 이해해야 할 것이다. 우월한 입지를 차지했던 남성들은 여성들의 역할을 인정했다. 여성들은 평신도의 종교운동에서는 여성 지도자로서, 상인 조합에서는 '여성 조합원'으로서 인정받게 되었다. 15세기의 시민사회는 당시의 이상과 관념에 따라서 '행실이 바른 여성'을 부엌으로만 보냈던 것이 아니라 교회 업무와 아동 교육의 임무를 담당하게 했다.

이미 언급했듯이 남녀의 평등화라는 문제는 산업사회의 사회적 이슈이다. 과거 수세기 동안에는 이 문제가 별로 중요시되지 않았으며 달리 이해되었다. 이러한 상황에서 최근 몇 년 동안 새로운 주제로 떠오른 여성사는 관점을 바꿔야 할 것이다. 즉 현재의 관심사가 아닌 당시의 관심사가 추구되어야 한다. 당시의 관심사는 남성의 세계와 독립된 여성의 세계에 토대를 두었다. 그중 남성의 세계가 역사를 주도했다. 더 강렬한 변화를 추구했고, 유도했으며, 추진했다. 반면에 여성의 세계는 여러 면에서 집안의 내적 생활 영역에 치중했고, 기존의 생활양식을 더 오랫동안 보존했다. 이런 구조는 농민들의 세계에서 가장 오래 유지되었다. 농민들의 이러한 인생관은 지난 세대에야 비로소 붕괴되어 오늘날에는 사라지게 되었다. "풀을 베고 갈퀴로 긁어모으고 짚을 모았다가 집으로 운반하는 것은 발레의 무용 각본과도 같아서, 남성과 여성은 미리 정해진 스텝에 맞추어 춤만 추면 되었다"(이반 일리치). 이런 무용 각본은 이제는 단지 추억 속에만 남아 있을 뿐이다. 그러나 '집'을 예로 들어보자. 우리는 아직도 집을 부부의 공동 거주지이자 둘로 나뉜 남녀의 생활공

15세기 프랑스의 필사본. 젊은 미망인으로 1400년경 프랑스 왕궁에서 살았던 크리스틴 드 피장은 글을 써서 생활을 영위했던 소수의 여성 가운데 한 명이었다. 당시 유행했던 궁정연애소설에 대해서 그녀가 가졌던 적개심은 유명했지만, 여성들만의 유토피아를 책 속에 그려낸 그녀의 작품 『여성들의 도시』는 지금까지 주목을 받지 못했다. 그림에서 이 여류 작가는 의인화된 이성, 법학, 정의로부터 조언을 구하고 있다.

덮개가 없는 화덕에서 여러 가지 음식들이 동시에 조리되고 있다. 냄비는 삼발이 위에 놓거나 쇠줄에 걸 수 있었고, 닭을 굽는 기구도 기계화되어 닭을 돌리면서 골고루 구울 수 있었다. 아궁이 옆에는 [만두와 비슷한 둥근 형태의 음식인] 크뇌델이 만들어지고 있으며, 곡물로 만들어지는 전통적인 음식인 보리죽이 끓고 있다. 스프도 조리되고 있다. 스프를 만드는 방법은 중세 시기부터 보존된 기술로 지금도 조리 방법이 전수되고 있다. 고기는 주인마님의 감독 아래에 남자 요리사들이 조리하고 있다. 요리 모자 역시 중세 시기부터 전래된 것이다.

간을 연결해주는 장소로 파악하고 있다. 12세기 이후 유럽의 새로운 출발, 즉 모든 생활공간의 집중화, 새로운 거주자들의 도시와 개간지로의 점진적인 이주는 '집'을 부부가 함께 생산하고 운영하는 결혼 공동체로 축소시켰다. 그럼에도 불구하고 남편과 아내, 하인과 하녀, 아들과 딸은 구분된 생활공간에서 함께 거주했다. '부인의 거실', 정기 모임, 남성용 안장과 여성용 안장, 장화, 여성용 모자와 남성용 모자, 큰 낫 혹은 작은 낫. 이 모든 것들은 과거 생활공간에서 나타나는 남녀 사이의 특별한 구분들을 표현하고 있다.

중세 교회는 여성에 대하여 모든 면에서 매우 양면적인 입장을 취했다. 아마도 이는 수도원의 금욕주의와 관계가 있을 것이다. '여성이 없었더라면 우리는 신에 더 가까워졌을 것이다'라는 말이 12세기에 통용되었다. 같은 시기에 고위 성직자들은 여성 운동의 종교적 노력에 대해서 경의를 표했다. 그러나 도미니크회의 수도사 토마스 아퀴나스는 인간의 출생 과정을 언급하면서 남성만을 '완전한 인간'으로 생각했다[아퀴나스는 여성을 신체적으로나 정신적으로 불완전한 존재로 인식했다]. 그럼에도 불구하고 여성들은 교회에서 활동의 자유를 확보했다. 또한 성직이 그들에게 허락되지는 않았지만 여성의 의견은 청취되었다(물론 수녀원의 원장직은 허락되었다). 점차 여성에 대한 과소평가는 사라졌다. 남성을 유혹하는 '세속적 여인'을 대신해서 구원을 가져다주는 '교회 부인'이라는 비유가 대두했다. 낙원에서 추방된 이브를 대체해서 개개 국가와 민족, 전 그리스도교 세계를 보호하는 '수호 망토의 성모마리아'가 등장했다.

두 유형의 예술 작품이 이러한 변화의 양상을 보여준다. 가톨릭에서 오늘날까지 여전히 불리고 있는 성가 '구원의 여왕'에서 이 성가의 작사가 클레르보의 베르나르두스는 '이브의 불쌍한 자식들'이라는 말을 사용했다. 베르나르두스의 시대까지만 해도 이브의 딸들이라는 표현이 쓰였다. 그러나 이후 성모마리아는 인격화되었고, 13세기 말에는 〈피에타상〉, 즉 '예수의 시체를 안고

1400년경에 유행했던 마리아상으로 프라하에 있는 폰가우의 알텐마르크트에서 1393년 이전에 제작되었다. '아름다운 성모마리아'가 벌거벗은 아기 예수를 안고 있다. 매우 사실적이며 시대적인 상황을 잘 반영한 이 조각상은 예수 그리스도에게 임금이 입던 어의를 입혔던 중세 초기와는 전혀 다른 취향의 작품이다.

일반적으로 성모마리아에 대한 공경을 주제로 하는 그림에는 13세기부터 '수호의 망토'가 등장한다. 중세 말기에는 남자 성인도 수호를 상징하는 망토를 입고 있는데, 자신의 백성을 보호하는 카를 대제가 수호성인으로 등장하는 15세기의 이 그림은 특별한 경우이다.

슬퍼하는 성모상'이 조각되었다. 14세기 후반에는 슬퍼하는 성모상이 (이전에는 신성 모독이었던) 벌거벗은 아기 예수를 안고 있는 성모상과 병존한다. 15세기에는 '마리아의 어머니 안나'가 추가되었다. 다수의 그림에서 [안나와 그의 딸 마리아 그리고 아기 예수가 함께 등장하는 그림인] '성모자와 성 안나'의 모습으로 민간전승으로만 전해오던 마리아의 어머니가 등장했다. 평범한 그녀가 만인의 보호자가 되었다. 법학도였던 루터도 번개가 내리칠 때 성 안나에게 구원을 청했으며 그녀에게 수도사가 될 것을 서약했다. 지금까지도 사람들은 삶과 밀접한 관계가 있는 마리아 공경이 극복할 수 없었던 거리감을 성 안나에 대한 공경이 극복했다는 점을 간과하고 있다. 즉 마리아는 동정녀였고 '죄 없이 잉태되었다'. 반면에 그녀의 어머니 안나는 민중과 세속인들의 삶을 살았던 한 여인으로서 추앙받았다.

음유시인들은 여성을 추앙했다. 연애 문학은 여성을 정신적으로 미화했다. 편력시인 프리마스는 예술적인 라틴어로 음탕하게, 아르키포에타로 불렸던 대시인은 더욱 섬세하게, 새로운 양식의 소네트는 더욱 달콤하게 여성을 표현했다. 볼켄슈타인의 오스발트 역시 마찬가지였다. 이 사이에 (후기의 궁정연애소설, 보카치오의 『데카메론』, 초서의 『캔터베리 이야기』, 그리고 16세기 독일에서 거친 단어로 쓰인 『짐마차 이야기』 같은) 서민적인 희극 문학이 전 유럽에 걸쳐서 여성에 대해 달라진 관념(삶을 즐기고, 영악하며, 자신의 성적인 매력을 자각한 여성에 대한 관념)을 전파시켰다. 억압받는 여성이 단지 수동적인 성애의 대상으로 삶을 영위하고 있다고 생각해서는 안 될 것이다. 여성은 스스로의 욕망을 쫓을 줄 알았다. 14세기 초

11세기의 필사본. 중세 초 음악 장단에 맞추어 춤을 추는 곡예사. 아키텐에서 그려졌다. 프랑스 남부의 여성들은 서정적인 음유시에는 많은 관심을 가졌다. 하지만 그림에서처럼 여성 곡예사들을 찾아보기란 쉽지 않았다.

15세기 브로우에서 만들어진 묘비의 상으로 여성의 우아함이 화려한 자태를 뽐내고 있다(왼쪽). 도도한 인상을 풍기며 남녀가 함께 걸어가는 장면 역시 빼놓을 수 없을 것이다. 이들의 도도함은 부유함과 시간적인 여유로 인해 가능했을 것으로 보인다. 피사넬로의 유명한 작품 〈궁정 부부〉에서 이와 같은 모습이 잘 드러난다(오른쪽).

새로운 연구들이 중세 후기의 에로틱한 사회적 분위기를 밝혀내고 있지만 옛 그림들은 이미 이러한 분위기를 보여준다. 15세기 중반 브레슬라우(브로츠와프)에서 그려진 이 그림에는 잘 알려진 목욕과 식사 장면 외에도 황제로 비유된 지체 높은 신사가 유곽을 방문하는 장면이 묘사되어 있다. 아마도 황제 지기스문트의 유명한 일화를 소재로 그렸을 것이다[한 서한에서 지기스문트 황제는 베른 시가 자신과 일행을 유곽으로 안내해준 것에 대해서 감사한 바 있다].

반에 호기심 많고 아마도 감정이입 능력이 탁월했던 종교재판관이었던 후대의 교황 베네딕투스 12세가 상세히 기록했던 몽타유의 침실 이야기들은 여성들이 실생활에서도 상당히 자유로웠음을 보여준다. 특히 이 이야기들은 남성을 유혹하는 다양한 기술에 대해서 기록하고 있다. 몽타유의 사제가 고백한 것처럼 사회적 지위는 나름의 이점을 가지고 있었다. 그렇지 않았던 적이 과연 있었을까? 12세기에 이미 편력시인들의 노래는 성직자와 여성의 사랑의 기술을 칭송했다. 또한 오늘날까지 전래되는 음탕한 어조의 독일 동요에서 사람들에게 붙잡힌 '원숭이(Affe)'가 상징하는 바를 이해했을 때, 본래의 의미를 알 수 있을 것이다. 그것은 농부가 예상치 못하게 자신의 침실에서 발견한 성직자(Pfaffe)였다.

새로운 사실주의

14~15세기 사람들의 특이한 변화, 다시 말해 세계를 다른 눈으로 보고 자신들의 공동생활을 새로운 관점에서 평가하려고 하는 변화의 근저에 새로운 사실주의의 경향이 자리하고 있다는 것은 아주 당연하다. 물론 새로운 토지를 경작하고, 도시와 촌락을 건설했으며, 교량과 성당을 세웠던 대계획과 팽창 시대의 사실주의를 염두에 두고 있는 사람들에게는 '새로운'이라는 수식어에 대하여 양해를 구해야 할 것이다. 그러나 양자 사이에는 규모와 진행 절차에서 차이가 있었다. 우리 시대만큼이나 중세에서도 잘 인식되지 못했던 여러 단계를 거치면서 14~15세기의 사실주의는 먼 시골의 촌락 재판관에게까지 인지되어갔다.

그러나 중세 말기의 **새로운** 사실주의는 초월적인 척도를 문제 삼고 있다. 새로운 사실주의의 등장으로 기존의 계시적 세계관이 사라져갔다. 아마도 지리상의 변화가 이러한 '중심의 소실'을 가장 잘 보여준다고 할 것이다. '옛' 사실주의 역시 도시, 강, 대륙 등을 지도 한 장에 표기할 수 있었다. 하지만 이 지도에는 커다란 지구 모형이나 타원형이 대양(大洋)에 의해서 둘러싸여 있으며 도시, 강, 만들은 이름으로만 구분되고 위치나 크기에 의해서는 거의 구분되지 않았다. 세계사의 출발점이자 종말론적인 예언론에 따라서 세계사가 끝을 맺게 될 예루살렘이 중심부에 놓여 있었다. 동쪽에는 인류의 조상인 아담과 이브로 상징되는 사각형의 평원 모습을 한는 낙원이 펼쳐지고 있다. 14세기 중엽에도 레널프 히그던이 잉글랜드에서 방금 설명한 것과 유사한 모양의 지도를 그렸다. 그러나 한 세대가 지나기도 전에 익명의 작가가 카탈루냐 세계 지도를 양피지에 그렸다. 이 지도는 아조레스 제도에서 중국까지 표기했다. 처음으로 나침반이 지도에 표기되었고, 이 지도는 이른바 항해용 지도를

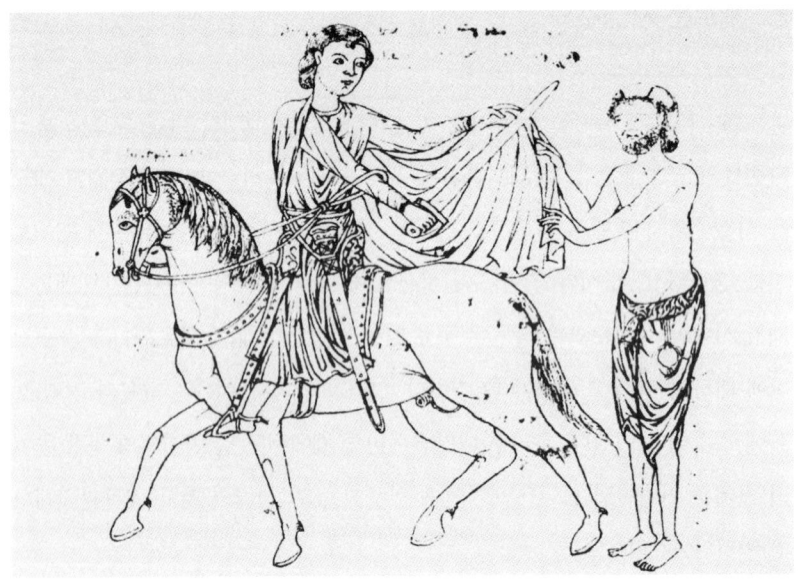

마르타누스 성인이 망토를 기증하는 장면을 '새로운 사실주의'의 기법으로 그렸다. "흠잡을 데 없이 아름다운 모습의 기사와 허름하고 못생긴 걸인과의 만남을 통해서 유형화된 사회적 역할 분할이 첨예하게 대비되어 있다"(W. 자우어렌더).

본떠서 여섯 장으로 구성되었다. 도시와 강들이 정확하게 명시되었을 뿐 아니라 유럽 대륙의 윤곽, 특히 지중해 연안이 나침반과 척도에 의해서 정확하게 드러났다. 이는 실로 대단한 업적이었다. 신과 그의 구원 계획은 더 이상 요구되지 않았다. 어느 누구도 보지 못하고 예측하지 못하는 낙원은 더 이상 지도상에 존재하지 않았다. 지구의 중심은 정해지지 않았는데, 실크로드 상인의 보고와 처음에는 그 신빙성이 의심되었던 베네치아 상인 마르코 폴로(1254~1324)의 견문록 또는 서유럽에서 동아시아로 여행을 떠난 마지막 사람 중 하나인 조반니 마리뇰리 주교(1359년 사망)의 기억에 의하면 세계가 동쪽으로 끝없는 미궁을 향해 뻗어가고 있었기 때문이다. 마르코 폴로와 마리뇰리는 중국을 방문한 후 자신들의 사회와는 매우 다른 원칙에 의해서 경탄할 정도로 잘 움직이는 사회를 알게 되었다. 사려 깊은 어머니와도 같은 교회

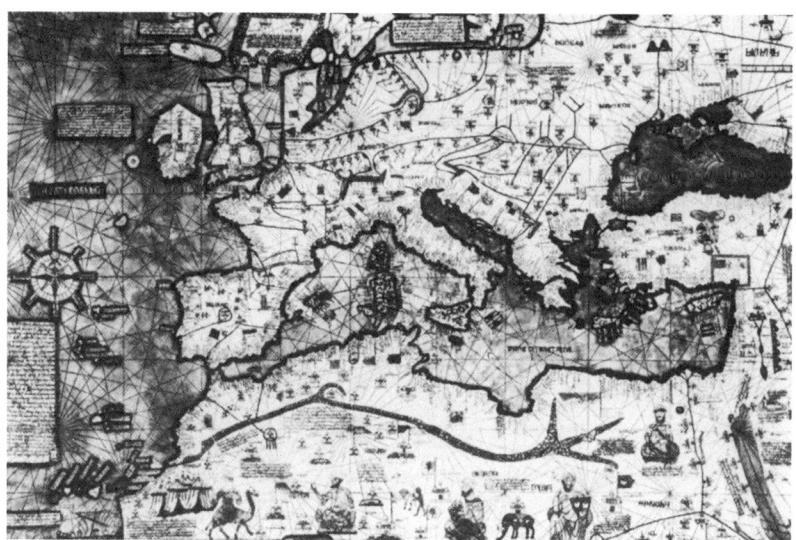

12개의 양피지 조각 위에 가로 64, 세로 25센티미터의 크기로 그려진 카탈루냐의 이 지도는 1375년경에 제작된 것으로, 카나리아 제도에서부터 중국에 이르는 지형을 그렸다. 나침반과 자를 이용한 제도 방법으로 만든 이 지도는 놀랄 만큼 사실적이다. 스페인과 포르투갈 선원들의 오랜 항해 경험을 토대로 작성된 것으로, 지난 세기의 상징적인 세계 지도와는 정반대로 사실에 매우 충실한 지도이다.

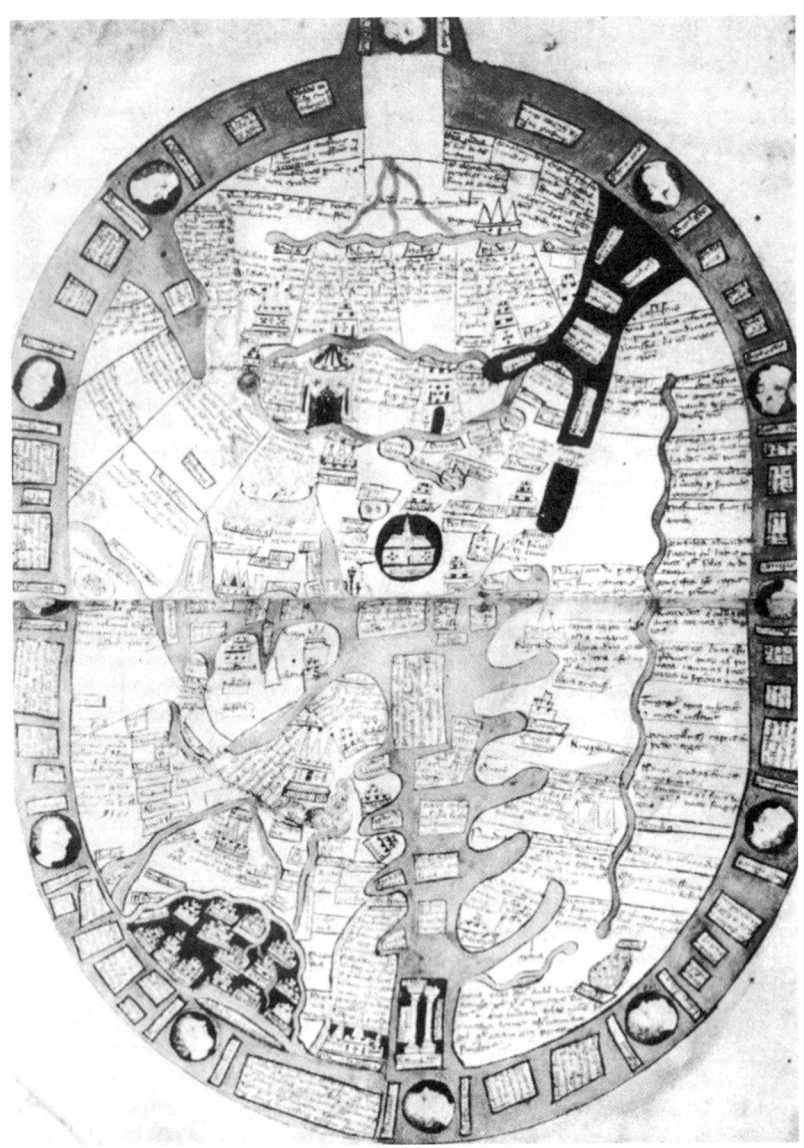

나침반이 발명되면서 14세기부터 지도는 남북 방위를 기준으로 작성되었다. 이전의 지도는 성서의 문구에 근거해서 '방위가 설정되었기' 때문에 동쪽이 위에 있다. 이러한 사실을 고려하면 14세기 중엽에 잉글랜드 베네딕트회 수도사 래널프 히그던이 『세계 연대기』에 그린 지도 역시 옛 방식을 따른 것이다. 흑해, 홍해, 지중해가 대략 'T'자형의 모습을 하고 있기 때문에 이 점에 착안해서 지도의 이름이 붙여졌다. 유럽은 왼쪽, 아프리카는 오른쪽, 아시아는 지도의 상반부에 위치하고 있다. 예루살렘이 중앙부에 있는데, 낙원은 동쪽 끝, 즉 상반부의 오른쪽 끝에 빈 공간으로 그려져 있다. 여기에서부터 세 개의 낙원의 강이 흘러나오고 있는데 이로써 구원의 역사가 현실이 되었다.

는 프란체스코회 수도사들을 동쪽에 선교사로 파견하여 1307년 북경에 대교구를 설치했다. 그러나 북경의 대교구는 존속되지 못했다. 마리뇰리에 대한 소문은 황제궁까지 퍼져서, 후에 그는 궁정 서기관으로 근무하였다. 이제 기존의 세계관은 더 이상 필요하지 않은 것으로 보였다. 같은 시기에 파리 대학과 프라하 대학에서는 공처럼 둥근 지구에 대해서 이미 토론이 벌어지고 있었다.

그럼에도 불구하고 지구의 모양을 둘러싼 논쟁은 오랫동안 해결되지 않았다. 힘과 운동의 법칙 문제도 마찬가지였다. 세계 지도보다는 덜 구체적이었지만, 오래전부터 응용되었던 원리를 설명하기 위한 구체적인 이론이 발견되어야만 했다. 파리 대학의 교수 장 뷔리당(요한네스 부리다누스, 1300?~1366)은 근대의 물리학적 이해에 매우 근접한 동력 이론을 제시했다. 그러나 지도 제작에서 예루살렘을 세계의 중심으로 삼고 낙원을 동쪽에 두었던 것과 같은 유사한 문제들이 대두했다. 이러한 과거의 세계관은 도저히 과학적으로 대답할 수 없는 질문이었다. 그러나 갈릴레이가 중력을 해명하고 그 중요성을 탈종교화하자, 신을 세계의 원동력으로 생각하는 세계관은 더 이상 현실적인 설득력을 지닐 수 없게 되었다.

자연과학 분야에서도 비슷한 예를 추가할 수 있다. 수많은 예 가운데 하나로 자연과학 분야에서는 13세기 이후부터 동물과 인간의 묘사에 큰 변화가 있었다. 그 이전에는 사실주의적인 관찰이 있었음에도 불구하고 동물의 전형적인 상징만이 그려졌다. 하지만 같은 시기에 (혹은 얼마 후에) 황제 프리드리히가 쓰고 그리도록 시킨 매에 관한 유명한 책에서 "있는 그대로, 사실 그대로 그려라"라는 구호 아래 시각적인 미술이 등장했다. 물론 이러한 사실적 묘사도 의미 해석과 인식에 관련되어 있다. 그려진 것과 묘사된 것이 어떻게 보여야 할 것인지에 대한 사전 협의 없이는 현실을 직접적으로 파악할 수 없었기 때문이다. 그 외에도 소재를 회화적 형상으로 재현하는 것은 늘 새로운 기술을 필요로 한다. 종교적 세계관이 표출되는 특정한 장면이나 주제들 속에서 바로 이 새로운 것이 가장 잘 묘사된다고 할 수 있다. 여기에서는 현실에 대한 객관적 고찰이 아니라, "해석적 사실주의를 추구하는"(빌리 발트 자우어렌더) 관조성이 기대되었다.

사냥용 책에서도 이러한 사실이 인식되었다. 왜냐하면 사냥꾼들이 개나 사슴과 같은 동물들을 추적하고 관찰하거나 사육했기 때문이었다. 14~15세기의 세밀화를 동일한 주제를 그린 12세기의 그림과 비교하면, 같은 대상을 그렸음에도 불구하고 차이가 드러난다. 12세기에는 동물에 대한 상징적인 해석의 범주를 벗어날 수 없었기 때문에 교활한 여우, 충직한 개, 용맹스러운 사자들이 전형적으로 추상화되었다. 반대로 중세 후기에는 현실을 독자적인 방식으로 묘사하는 것이 전적으로 예술가들에게 맡겨졌다. 독자적이기는 했지만 전형적인 것을 전달하는 묘사서의 경향이 표본의 전통을 고수하는 회화 학교로부터 완전히 자유로운 것은 아니었다. 이렇게 해서 다시금 회화 기법이

15세기 말 가스통 포에부스의 사냥에 관한 서적 중 '개의 간호와 치료'. 이 그림은 진료와 치료 방법들을 나열하고 있다. 당시에는 '전문서적'의 형태로 글을 사용해서 기록하는 것이 일반적이었다.

양식화되었다.

회화에서의 새로운 사실주의를 시민적 요소와 너무 성급하게 결부시키는 경향이 있다. 실제로 당시까지는 부차적인 대상으로 그림에 등장했던 수공업자와 농부에게까지 매우 조심스럽게 관심이 확장되기도 했다. 수공업자와 농부의 직업, 작업의 특성, 뒤러의 유명한 작품인 〈잔디〉에 이르기까지 수많은 종류의 자질구레한 일들로 이루어진 일상생활이 관심의 대상이 되었다. 교량을 어떻게 세웠고 도로를 어떻게 보수했는지에 대해서 상세하게 알려져 있으며, 여름 복장이나 겨울 복장을 하고 있던 도시의 심부름꾼과 수도원이 그려졌다. 짐을 가득 채운 마차가 울퉁불퉁한 시골 거리를 굴러가고, 말발굽의 종류까지 정확히 묘사되었다. 그러나 이러한 사실주의가 단순히 '시민적'이지만은 않았다. 여러 형태의 귀족적 취향이 특징적으로 묘사되기도 했다. 그럼에도 불구하고 거의 모두가 동업조합에 소속된 시민이었던 화가, 소묘가, 판화가의 사실 묘사주의적인 특성이 주도적인 경향이었다. 독일어권이 특

중세의 통신망에 대해서는 알려진 것이 많지 않다. 그렇지만 여건이 열악했던 것 같지는 않다. 수도회 소속의 수도원들과 특정 지역의 성들, 도시들 사이에 연락망이 뻗어 있었기 때문이다. 그림은 프랑크푸르트시의 전령으로 이들은 인장이 달린 인장과 인장이 없는 서한 모두를 전달했다. 각각 여름과 겨울의 근무 복장을 하고 있다. 도로 사정을 감안한 보조 장비들이 특이하다.

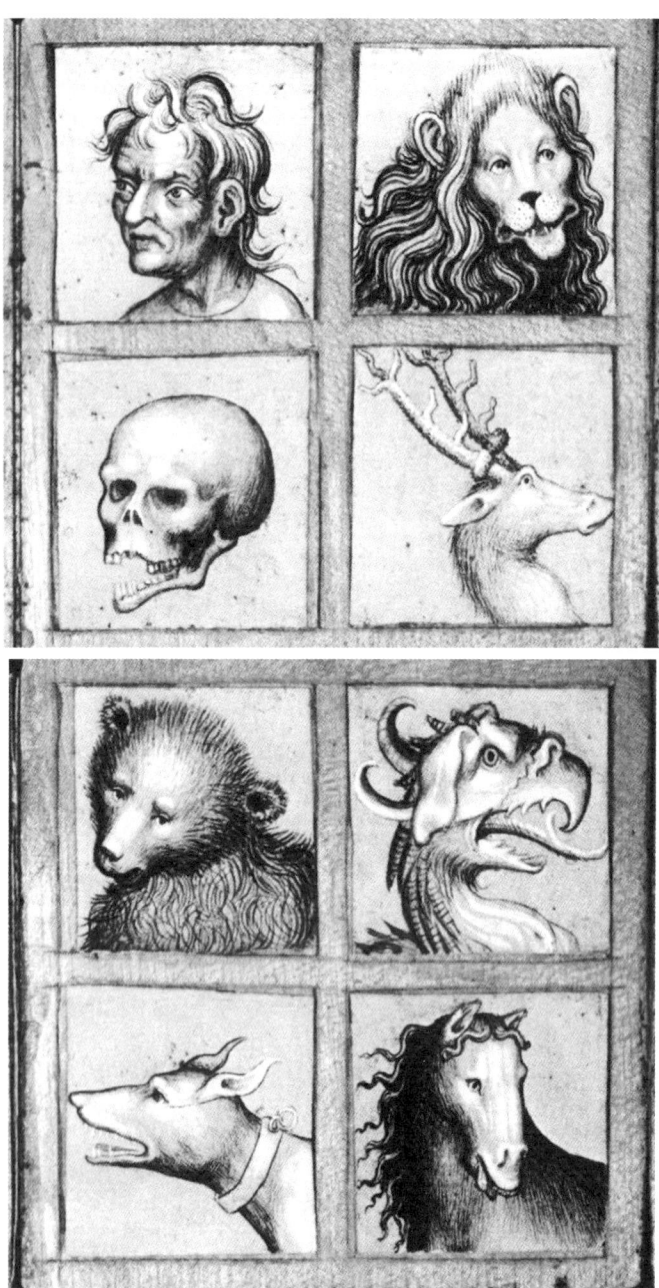

빈에 소장되어 있는 도안집에 모인 다양한 종류의 두상들. 15세기 초 보헤미아에서 제작되었다.

히 '시민적'이었다. 17세기에 네덜란드의 유명한 풍속화가 등장할 때까지 시민적 요소가 가장 잘 표현되었던 곳은 고지 독일과 저지 독일이었다. 하지만 고지와 저지 독일의 사실주의는 세련되지 못했고, [귀족적 이상주의가 쇠락하던] '중세의 가을'에 화려한 귀족 생활을 묘사하는 대규모 전투와 사냥 그림, 묘비 예술처럼 귀족 집단의 사회적 이상에 부합하던 사실주의와는 확연히 구분되었다. 이러한 이상에 부합했던 또 다른 유형인 귀족 가족의 초상화는 다음 세기에서야 등장했다.

사실주의와 더불어 풍자극이 성장했다. 풍자극은 과장스러운 면을 내포하고 있었지만 나름대로 개인적, 사회적 부도덕이 뿌리내리고 있음을 보여주고 있다. 그러나 죄와 악습을 소재로 삼았다는 점에서 과거의 윤리적 범주를 벗어나지 못했다. 하지만 엄밀한 관찰력을 통해서 악덕들이 고발되었고 그에 대한 도덕적 경구가 작성되었으며, 이로 인해서 더 나은 세계 인식이 가능하게 되었다. 풍자가 의도했던 바는 명백했다. 따끔한 침을 놓는 계몽이 본래 목적이었다. 이러한 의도에서 14세기에 만들어진 몇몇 풍자는 수차례 번역되었고 또 필사되었으며 세계적인 문학작품으로 인식되었다. 이 경우에도, 풍자 문학의 선례가 되었던 고전 고대의 작품들이 수도원 문학 속으로 스며들었다.

여우는 이미 13세기 초반에 귀족 사회를 조소하는 주인공으로 등장했다. 샹파뉴 지역의 옛 시장 마을 트루아 출신의 익명의 작가가 1320년과 1340년 사이에 편찬했다고 추정되는 '야생 동물' 르나르의 새로운 판본인 『여우 이야기』는 사회를 광범위한 측면에서 비판하고 있다. 인간의 보편적 자유와 평등이 늘 도전받았다고 생각하는 작가는 태초에 존재했던 자유와 평등이라는 이상적 상태가 폭력에 의해서 붕괴되었음을 보여주었다. 이러한 세계관의 소유자였던 작가는 르나르의 비행을 새로운 각도에서 조명했다. 그래서 여우 르나르는 이방인이 아니라 주역으로 탈바꿈한다. 하지만 작가의 이러한 기본적인 생각을 그만의 고유한 생각으로 간주해서는 안 될 것이다. 이런 주제는 예를 들면 황제 통치의 근본 사상이었으며, 카를 4세와 프리드리히 2세에게서도 발견되고 있다. 단지 결과만이 다를 뿐이었다. 즉 여기에서 황제는 선을 악에서 보호하는 통치를 자신의 의무로 생각했고, 반대로 『여우 이야기』의 저자는 모든 형태의 공권력 행사와 도둑질이 크게 다르지 않다고 보았다.

틸 오일렌슈피겔이 서술한 미치광이 행위들은 더욱 정교하게 얽혀 있었다. 틸 오일렌슈피겔은 '여우 르나르'가 작성되었던 시대의 인물로, 저지 독일 지역 출신의 문맹자였던 그는 떠돌아다니면서 외줄 타기 공연을 하며 살았다. 그는 아마도 14세기 초엽 크나이틀링겐에서 출생해서 1370년경 묄른이나 뤼네부르크에 사망했던 것으로 보인다. 그는 가능한 모든 표현 수단을 동원해서 구전 전통을 형상화하려고 노력했다. 몸짓, 상황에 대한 희화화, 단어 놀이, 자신의 존재에 대한 무언극 등을 통해서 말이다. 틸 오일렌슈피겔의 노골적인 풍자는 1515년이 되어서야 문자화되었다. 틸 오일렌슈피겔의 풍자가 갖는 상스러움과 그의 통속서가 유행했던 16세기 초반의 청중들의 문학적 수준을 올바로 평가하기 위해서는 아마도 『토르메스 출신의 라자릴로의 삶』을 눈여겨보아야 할 것이다. 이는 오일렌슈피겔의 통속서보다는 조금 후의 것으로 1525년부터 스페인에서 쓰였지만 1555년에야 비로소 인쇄가 되었다. 여기에서도 한 어릿광대가 피차 빼앗을 것이 없는 사람들 사이에서 벌어지는 속고 속이는 생존 경쟁에 대해서 이야기하고 있다. 그러면서도 이 광대는 아주 예리한 사회 비판을 했다. 예술적으로 높은 수준의 이 작품은 단순한 통속서가 아니라 인간성의 숭고함을 보여준다.

인문주의적 사실주의의 문학적, 인간적 모범은 프란체스코 페트라르카(1304~1374)였다. 고전적 라틴 문학이 부활하기에는 조금 늦은 감이 있지만, 동경의 대상이 되었던 새로운 시대가 싹트기에는 아직 이른 시기에 태어난 페트라르카는 우리가 인식하는 중세가 어떠한 시대인지를 잘 보여주는 인물이다. 1349년에 아비뇽에서 페스트에 희생되었던 연인 라우라에 대한 그의 예

15세기에 피렌체 출신인 익명의 화가가 당대의 3대 작가들이 한 곳에 모여 있는 장면을 화폭에 담았다. 단테, 페트라르카, 보카치오 모두 피렌체와 관련이 있는 인물들이었다. 특히 이 작품은 초기 동판화 기술을 보여주는 대표적인 작품이다. 동판을 초산으로 부식시켜서 문양을 새기는 기술은 갑옷 제조업자로부터 전수되었는데, 초산 부식 기술은 이후 수세기 동안 목판화와 더불어 그림을 복제하거나 서적을 인쇄할 때 사용되었다.

찬은 궁정풍의 구애시를 인문주의적 시가로 재탄생시켰다. 두 세대 전에 같은 피렌체 출신인 단테 알리기에리(1265~1321) 역시 페트라르카의 아버지처럼 고향에서 추방되었다. 13세의 나이로 숨을 거둔 자신의 연인 베아트리체를 찾아 헤매던 그는 마침내 천국에서 그녀를 찾을 수 있었다[천국과 지옥을 서술한 단테의 『신곡』에서 주인공이 자신의 연인을 천국에서 발견했다는 이야기를 말한다]. 작가의 관점이 신의 존재 문제로부터 한 여인에 대한 사랑으로 변화한 것을 두고서, 후대 역사가들은 '인간성의 발견'으로 칭송했다. 키케로, 오비디우스, 세네카의 저작이 갖는 의미와 가치들이 재발견됨으로써 자기감정의 성찰, 신앙으로부터의 탈출, 인간 존재의 지성화, 교회의 중재가 없는 독자적인 종교 생활 등이 이탈리아에서 시작되었다는 사실이 인문주의적 생활 이상의 터전을 마련했다. 알프스 북부에서는 교부 아우구스티누스의 저작과 그의 종교적 특징을 재발견하면서 호응을 얻었다. 그러나 아우구스티누스의 저작과 종교적인 특징을 초기 인문주의로 명명할 수는 없을 것이다[그렇게 되기에는 아우구스티누스의 저작이 신의 문제에만 전념하고 있기 때문이다]. 100년 후에야 비로소 이탈리아 밖에서 인문주의 운동이 일어났는데 독일이 아닌 프랑스에서 진행되었다. 바젤 공의회에 참석한 이탈리아 대표단이 이 운동에 영향을 주었다. 이탈리아에서 가장 유명한 인문주의 시인으로 조반니 보카치오

(1313~1375)를 꼽을 수 있다. 그는 피렌체 언어권 출신으로 페트라르카보다는 약간 젊은 동시대의 인물이었다. 그의 저작 『데카메론』에 수록된 100편의 이야기는 소재에 있어서 특정한 주제에 국한되어 있었지만 그럼에도 불구하고 이 작품과 더불어 유럽 단편소설의 위대한 시대가 시작되었다.

'초기 인문주의' 작품으로 자주 인용되는 『보헤미아의 농부』는 14세기 말에 여러 판본으로 쓰였지만 세기의 전환기에 최종적인 형태를 갖추었다. 이 작품에서는 신의 도움과 결정이 교회의 중재 없이 직접적으로 갈구되고 있다. 뿐만 아니라 초기 '신고(新高) 독일어[15세기의 독일어]'로 된 이 논쟁시[상대방의 주장을 서로 반박하는 형식으로 구성된 시] 『보헤미아의 농부』는 죽음에 대해서 기존의 관념과는 다른 근본적으로 비그리스도교적인 저주를 담고 있다. 이는 물론 예외적인 것이 아니었다. 14세기 중엽 이래로 죽음에 대한 새로운 사실적인 관점이 대두했다. 삶의 끝이 신으로의 회귀가 아니며, '죽음의 기술'이 경건성의 특별한 척도로 여겨지지 않게 되었다. 하지만 페스트가 이러

중세 말기 이후로 죽음이 항상 해골의 형태로만 의인화된 것은 아니다. 나이가 들었지만 초인적인 모습을 한 여인으로 묘사되기도 했다.

한 변화의 유일한 원인은 아니었다. 삶을 죽음에 당당하게 대응시켰던 작품의 등장을 또 다른 원인으로 꼽을 수 있다. 그래서 시신에 대한 경멸이 작품 소재가 되었고, '죽음의 기억'이 소재가 되기도 했다. 종종 여성의 형상으로 묘사되었던 '죽음의 화살을 가진 공포의 사신'이 살아 있는 사람들을 무차별적으로 덮쳤다. 심지어 그리스도의 수난까지도 잔인할 정도로 추한 모습으로 묘사되기 시작했다.

묵시록에 대한 비정통적인 해석이 확산되면서 공포 분위기가 극에 달했다. 그 해석은 세계의 종말이 임박해서 적그리스도가 인류를 3년 동안 잔혹하게 통치할 것이라고 설명하고 있다. 이러한 예언은 고대 말부터 민중 설화로 나름의 뿌리를 내리고 있었다. 고위 귀족들의 취향에 맞추어 테게른제 수도원에서는 '적그리스도 극(劇)'으로 상연되기도 했다. 세계의 종말과 적그리스도의 통치에 대한 예언은 위기 시대의 현상으로 통속서의 외양을 빌려 극단적인 모습으로 다시 대두했고 금속활자가 발명되기 이전에 이미 광범위하게

15세기의 한 필사본에 수록된 그리스도의 십자가 처형 장면. 보헤미아의 이중 수도원 브라우나우에서 제작된 것으로 보인다. 십자가에서 처형당한 그리스도의 육신은 당시에 선호되었던 극적인 묘사 방식으로 표현되어 있다. 피가 흘러나오는 상처의 묘사는 그 예일 것이다.

제7장 | 일상생활, 신앙, 그리고 미신 661

대천사 미카엘이 적그리스도의 목을 벰으로써 '가짜 성인'의 잔인한 지배가 종식되었다. 악마들은 모두 도망을 가고 이제 세계는 그리스도가 통치하는 천년왕국으로 향하고 있다. 기원 1~5세기부터 유래하는 이러한 전설은 특히 중세 말 위기의 시대에 각별한 주목을 받았다. 1430년경 목판화로 인쇄된 화보 속의 작품 중 하나로 화보에는 그림들의 내용이 기술되어 있다.

유포되고 있었다. 글과 그림을 통해서 알려진 것들, 즉 어떻게 정통 신앙인들이 고문당하고 고통을 받았으며 적그리스도가 마침내 어떻게 참혹한 죽음에 이르게 되었는지가 가장 자극적인 내용 중에 하나였다.

그러나 새로운 사실주의는 [성서에서 증언된 신의 모든 행위의 역사인] 구속사의 관념과는 다른 모습을 보였다. 즉 사실주의가 구속사를 몰아냈던 것이다. 이미 칼라브리아의 대수도원장 피오레의 요아킴(1202년 사망)은 성령의 새로운 시대에 관한, 즉 [구약성경 시대로 신이 직접 인간에게 말씀을 하던] 성부의 성서 시대와 [신이 인간의 몸으로 이 세상에 와서 말씀을 하던] 성자의 그리스도교 시대 이후의 제3왕국에 관한 자신의 글에서 시간과 미래에 대한 중세의 관념의 범주를 뛰어넘었다. 왜냐하면 요아킴 이외의 다른 모든 해석이 그리스도교 시대를 세계사의 종말이 도래하는 시기로 보았기 때문이다.

요아킴의 추론이 오랫동안 심지어 근대까지 영향을 미쳤던 것과는 달리, 중세 말의 사실주의는 세계의 종말을 시간상 먼 미래로 설정했고 가능한 한 천문학적 관찰을 통해서 파악하고자 했다. 여러 예언이 있었다. 기원후 2000년을 종말의 해로 예견하는 의견도 있었고 특이하게도 정확하게 프랑스혁명이 시작된 1789년을 종말의 해로 예견하기도 했다. 이처럼 사람들은 미래의 운명을 어느 정도 예측하려고 들었다. 구속사를 대신해서 미래의 운명에 대한 인간의 불안감이 증가했다. 그러나 실제로는 두 가지 모두 이후에는 사라졌고 시간이 무한하다고 생각되었다. 이로써 세계를 시공간적으로 나누어 생각하던 관념이 사라지고, 이렇게 해서 사실상 인류 역사의 목적 지향성이 사라지게 되었다. 바로 이러한 불확실성 속에서 "스스로를 종말의 시대로 생각했던 중세가 끝났다"(헤르베르트 그룬트만).

이러한 세계관의 변화에 대해 많은 사람이 확신을 하지는 않았지만, 이러저러한 그림으로 표현을 하였다. 왕의 인물상을 위아래로 오르고 내리게 했던 고대의 모형을 본뜬 '행운의 바퀴'는 12세기 옛 사실주의의 시대에는 인

모순적으로 들리겠지만 그리스도교화된 중세에서는 신의 통치에 대한 희망 이외에도 '행운의 여신'에 대한 고대적인 사고 역시 계속 이어졌다. 이와 같은 고대적인 관념은 그리스도교가 설파하는 신의 신비한 계시와 공존했고, 사회 저변에 깔린 전통적 사고에서 '행운의 바퀴'가 그려졌다. '행운의 바퀴'는 테오도리쿠스 왕의 감옥에서 524년에 죽임을 당한 보이티우스가 저술한 『철학의 위안』에서 유래한 것이다. 그림은 15세기의 프랑스 필사본으로 윗부분의 인물상에는 "내가 지배한다", 서 있는 인물상에는 "내가 지배할 것이다", 바퀴의 아랫부분에는 "나는 지배했다. 나의 왕국은 존속하지 않는다"라는 문구들이 적혀 있다. 왕들과 관련된 '행운의 바퀴'가 의미하는 역사의 바퀴는 기술적인 혁신도 보여주고 있다. 기원 1~5세기에 크랭크를 활용한 바퀴에서 더 발전한 14세기의 바퀴에는 굴대[수레바퀴의 한 가운데에 뚫린 구멍에 끼우는 긴 나무 막대나 쇠막대]가 달려 있다.

기가 있었지만, 중세가 끝나면서 매력을 잃었다. 마침내는 전혀 다른 비유가 등장했다. 피테르 브뢰겔이 16세기 초반에 그렸던 〈시간의 승리〉가 그것이다. 중단 없는 시간 측정기가 죽음과 삶, 건설과 파괴 그리고 모든 존재를 뛰어넘어 돌아가고 있으며, 과거의 행운의 바퀴는 원을 그리면서 달리고 있다. 그러나 시간 측정기는 늘 앞으로만 가고 있었고 어디로 가고 있는지에 대해서는 어느 누구도 말할 수가 없을 것이다.

동화, 전설, 성인전

중세학은 대부분 상층 계급 문화에 의해서 전해지는 언어, 건축, 회화에 근거하고 있다. 이것들을 대체할 만한 것으로는 무엇이 있을까? 첫 번째 단추를 끼우기 위해서 성, 교회, 시청 등의 석조 건출물과 기본 설계, 건축 기술, 장식, 기능에서 이미 '서민적인' 목조 가옥, 그리고 작은 통나무집과 같은 목조 건축물을 서로 비교할 수 있을까? 혹은 시골 거리, 성지순례지, 장터, 직인들의 일터, 육로와 수로 등에서 활발하게 움직였으며, 장원의 영주들과 성직자들의 굴레에서 벗어났던 평민이 전설과 동화 속에 암암리에 다른 유형의 생활 방식, 다른 모습의 존재, 다른 영웅들, 심지어 다른 가치에 대한 이야기를 남기지는 않았을까?

"구전문학"(후고 쿤)은 확실히 전통을 전수하는 중요한 매개이지만 훌륭한 전수자는 아니었다. 동화가 "억압받고 박해받는 소수 소외 집단들이 그들의 기본 원칙, 이상, 기존의 평민 사회구조에 대한 비판을 전달할 수 있는 유일한 형태"(마를리스 회르거)라는 주장은 그다지 설득력이 있어 보이지 않는다. 왜냐하면 동화는 익명의 다수를 염두에 두고 있으며, 권선징악과 같은 헌

양피지 둘레의 문구들에는 종교 서적에서 예상하기 힘든 우스꽝스러운 장면들이 들어 있다. 아마도 이는 기도문을 낭독하는 사람들을 암암리에 고무하기 위한 것이었으리라. 종교적인 가치를 존중했던 중세에도 대상을 익살스럽게 희화화했다.

실적인 효과를 노리기 때문이다. 로빈 후드, 얀 후스, '역할이 바뀐' 키프호이저의 바르바로사 역시 실제로 존재했을지도 모른다. 혹은 [털이 숭숭한 거인으로 알려진] 산신령 뤼베찰과 같이, 특정 지역에서 유행했던 동화의 허구성은 너무도 생생했다. 누군가가 필요에 의해서 전설을 만들어냈던 것이다.

거의 모든 유럽의 동화가 중세에서 유래했다는 사실은 특별한 관심을 끌 것이다. 이 동화들의 기원을 추적하다 보면 대부분 위기가 닥치고 페스트가 유행하기 전의 중세 말기, 즉 '수공업의 황금시대'까지 거슬러 올라간다. 용감한 재단사가 공주를 얻었고, 장화 신은 고양이가 자신의 주인인 방앗간 아들을 영주로 만들었다. 당시의 활동 영역과 가능성을 뛰어넘는 무한한 신분 유동성은 평범한 사람들의 용기를 자극했다. 모든 동화에는 거리와 숲 속의 오

전설 속의 동물인 일각수 유니콘은 고대 인도와 페르시아에서 유래했다. 수줍음을 모르고 붙임성 있는 유니콘은 그림에서 자신의 다리를 처녀의 무릎 위에 올려놓고 있다. 유니콘이 행한 기적에 대해서는 기록들이 아직도 많이 남아 있다. 고래 이빨로 된 인조 뿔을 대용물로 삼는 일각수 숭배 풍조는 2세기부터 유럽에서 상징성을 가졌던 동물들에 관한 지식과 중세에 더욱 확산된 '생리학'에서 유래한 것이다.

사냥 행위와 사냥꾼은 비웃음의 대상이 되기도 했다. 아마도 사냥꾼은 그림에서처럼 동물들에게 습격을 당하기보다는 사냥에 행운이 따르기를 바랐을 것이다.

솔길이 등장했고, 좁은 골짜기들과 높은 산들, 성지순례, 항해, 전장으로의 출정이 등장하는데, 이러한 요소들은 중세 말의 사회적 활력과 지역적 유동성을 보여준다. 사람들은 새로운 '경험'을 축적하면서 기존의 설화들과 접촉했다. 이들은 [우연히 한 번에 파리 7마리를 잡은 재봉사가 '한 방에 일곱'이라는 문구가 새겨진 허리띠를 두르고 모험을 떠나는] 용감한 재단사 이야기 속의 아둔한 거인처럼 신비한 힘이 이미 신빙성을 잃었던 동화들이나 내용은 소실되고 조각났지만 그 생명력을 지속할 수 있었던 동화들과 같은 태곳적의 기억들을 접하게 된다.

'근대'에 들어와서 이러한 동화와 설화 등의 '구전문학'이 기술되기 시작했다. 19세기의 역사주의는 사료로서 구전문학의 가치를 인정했다. 이러한 인정은 서술 내용만큼이나 그 나름대로 의미하는 바가 많았기에 가능했다. 1800년경 '평민'은 중세 말기의 재산 소유 상황과 관련이 있었고, 할머니와 할아버지의 유년 시절 추억이 과거와 현재를 연결했다. 할머니는 동화를 이야기하지만, 근대국가의 중앙 집중화, 영지 관리인, 형리, 심지어 행정관리, 교사, 기술자들은 동화 속에서 언급되지 않는다. 아메리카 대륙의 발견, 종교전쟁 혹은 증기기관의 발명 역시 마찬가지였다.

우리의 동화는 폐쇄적인 구전에서 유래되고 있지만 광범위한 사회적 유대 관계를 고려하고 있다. 태곳적의 것이 중세 말의 사회적 변화와 섞였다. 왜 독일의 동화에서는 교회가 그다지도 적게 언급되었는가에 대해서는 별도의 설명이 필요할 것이다. 전반적으로 독일의 동화에는 새로운 시대에 대한 청중들의 무관심이 표출되고 있다. 동화에서는 절대 국가도 혁명도 존재하지 않았다. 한 남자가 공주를 얻고 그녀와 함께 백성들에게 태평천하를 선사한다고 하더라도 동화는 평범한 일상적 삶에 관심을 두었다.

전설과 성인전은 더욱 유연하고 진보적이었다. 그러나 이 이야기들은 정의로운 세계에 대한 개인적 동경을 드러낸다기보다는 오히려 기적과 같은 사실들을 전달하고 있다. 성인전은 민중문학에 대한 교회의 기여라고 할 수 있는데 오늘날까지도 지속적으로 보존, 전승되고 있다. 하지만 여기에서도 중세 후기는 특별한 의미를 지니고 있다. 초기의 귀족적 교회가 성인전을 귀감으로 삼았던 것처럼, 12~13세기의 위대한 개혁가들은 민중을 **위한**, 민중**으로부터**의 민중 성인을 만들고자 했다. 시에나 시민의 딸 카타리나, 남프랑스의 은둔자 로크, 보헤미아 대주교의 총대리였던 하층 계급 출신의 네포무크의 얀, 스위스의 농부인 플뤼에의 니콜라우스, 특히 당시 프랑켄 지역에서 편성되었던 14명의 구난성인(누구든지 어려움이 있어 도움을 간구하면 들어준다는 로마 가톨릭의 성인단] 등을 대표적으로 들 수 있다. 구난성인들은 전 교회에 전파되었다. 하지만 당시에는 '그리스도의 운반자' 성 크리스토포루스가 전체 그리스도교 세계에 엄청난 속도로 퍼져나갔다. 사람들은 그의 이름이 붙은 시를 짓기도 했다. 그는 성인으로서 진심으로 숭배를 받았다. 1500년경에는 수많은 교회의 외벽에 그의 모습이 그려졌다. 임종의 순간에 그를 보는 자는 지옥에 떨어지지 않는다고 전해지기도 했다.

성인 숭배는 제도권 교회에서 유래한 것은 아니었다. 면죄부 판매 역시 마찬가지였다. 카페스트란의 요한네스는 1456년에 마지막 십자군 전쟁의 재정 지원을 위하여 전력을 다해 이곳저곳을 돌아다니면서 면죄부를 판매하려 했다. 그러나 이미 당시에 많은 사람이 면죄부에 대해서 불만을 품고 있었다. 신자들 사이에서 이런 믿음이 대두했던 것은 교회가 신자들을 제대로 교육을 시킬 수 없었던 상황에서 오히려 신자들이 스스로 생각해낸 독자적인 신앙심의 일부였다. 이는 물론 개혁 안건이 콘스탄츠 공의회와 바젤 공의회에서 해결되지 않았기 때문이기도 했다. 지식인들의 머릿속에 들어 있던 이단과 미신을 포함한 대안적 신앙심은 위기에 처한 신앙인이 스스로 질문을 던진 결과였다.

16세기 초에 그려진 〈성녀 아가타의 고문〉은 종교적인 각성에 큰 자극이 되지 못했다.

1500년경 뮌헨 근교의 하르에서 종교적 사고방식하에 제작된 목각품들. 위기에 처한 평범한 사람들을 위해서 프랑켄 지역에서 제작된 〈14명의 구난성인〉은 민중의 신심에서 유래한 것이다. 구난성인들을 숭배하는 풍조는 독일어를 사용하는 전 지역에 전파되었고, 이후 스웨덴과 헝가리, 이탈리아까지 퍼졌다.

신심

평신도의 공동 발언권이 증가하면서 종교적 신앙심을 표출할 기회만 주어진 것은 아니었다. 물론 종교적 신앙심이 표출될 기회가 주어진 경우도 있었지만, 먼저 이에 대한 언급이 있어야 할 것이다. 신학적 연구에 대한 반발과 동시에 12세기 이래로 기도와 관상(觀想: 마음을 일정한 대상에 기울여 상념과 번뇌를 없애는 수련의 한 방법)에 대한 신비주의적 수행 방법이 유행하기 시작했다. 스스로를 당대의 '환상가'로 칭했던 클레르보의 베르나르두스는 그리스도와 교회라는 영적 신비주의를 통해서 새로운 장을 열었다. 그는 12세기 중엽 이래로 슈바르츠발트의 베네딕트 수도원에서 만들어진 민족어로 된 트루드페르트의 아가(구약성서 중 한 편)와 같은 것과 접하게 되었다. 신비주의는 100년 후 유럽 전역에 등장했다. 도미니크 수도회 출신의 알베르투스 마그누스의 제자인 마이스터 에크하르트의 사변으로 정점에 이른 신비주의는 신학뿐만 아니라 교회까지 대신했다. 한 사람이 올바른 마음을 가지고 돌을 발로 걷어찬다면 올바른 마음 없이 성체를 모시는 것보다 자신의 영적 구원을 위해서 더 많은 일을 했다고 에크하르트는 가르쳤다. 이는 교회의 사목 관행에 역행한다. 뿐만 아니라 사제직을 전적으로 부정하는 것은 이후의 종교개혁을 암시하는 것으로, 이는 위험한 길로 이끄는 일이었다. 특히 신비주의는 현학적인 신학에서 배제되었던 여성들의 종교적인 길잡이가 되었다.

중세 말기에는 신비주의적 내용을 담은 서간 문학과 일기 문학이 다수 발달했지만, 종교적 열정을 충족시킬 수 있는 대안적인 제도가 발달하지는 못했다. 단지 수도원들의 수용 능력이 포화 상태에 이르렀기 때문에 신앙심 깊은 여성들과 남성들이 정신 수도회 밖에서 '종신'서원을 하거나 '종신'서원을 하지 않은 상태로 독립적인 공동체 규율을 준수하면서 살아갔다. 그래서 라인 강과 풍요했던 네덜란드 지역에는 '신앙심 깊고' 금전적 여유는 있었지만 딱히 의존할 친인척이 없는 딸들을 위해서 베긴회의 거주지가 형성되었다. 베긴회는 다른 사람들을 위해서 기도하는 공동체라는 이유로 '기도하는 수녀들'로 불리기도 했다. 이와는 반대로 이탈리아에서는 종교적 열정이 너무 과한 여성들을 비난할 때 '베긴회 수녀'로 부르기도 한다.

'새로운 신심 운동' 역시 동일한 배경에 기원을 두고 있다. 그러나 기원지에 대해서는 논란의 여지가 많다. 한동안 세 명의 경건한 신부가 신앙생활에 귀의하려는 매춘부들을 참회인으로 지속적으로 모으고 설교 학교를 세웠던 프라하가 진원지라고 주장했다(그들 중 한 명은 독일인이었고 두 명은 체코인이었다). 신부들의 이러한 시도는 의욕적인 것이기도 했지만, 동시에 매우 모험적인 것이기도 했다. 한때 주교좌 성당의 참사회원이었던 크롬메르지시의 얀

밀리치(1374년 사망)는 자신이 프라하에 설립한 매춘부와 성직자의 공동체를 '새로운 예루살렘'이라고 명명했다. 이 공동체에서는 세계 종말과 적그리스도에 관한 언급은 차치하더라도 이미 종말론적 견해가 주도적이었다. 아마도 네덜란드의 학생들이 프라하에서 얀 밀리치와 친교를 맺었던 것으로 보인다. 그러나 1374년 이후 복음적 삶을 지향하는 추종자들을 주위에 모았던 흐로테(1340~1384)는 프라하에 거주하지 않았음이 입증되었다. 신앙심에서 우러나온 노동과 더불어 성서의 실용적 해석을 강조하는 네덜란드의 신심 운동은 프라하의 평신도 운동이나 보헤미아 지역에서 작성된 『석류』라는 책과는 직접적인 관계가 없었다. 어쨌든 올바른 신앙심을 위한 이 대화집은 이 시기에 전 그리스도교 세계에 신속하게 전파되었다. 이 책은 시토 수도원에서 유래한 것이었지만 평신도만을 위한 것은 아니었다. 이 책은 특히 "몇몇 선택된 자들뿐만 아니라, 귀의자들이라고 불리는 경건한 자들에게도 신과의 교류를 경험하는 것을 약속하는"(만프레트 게르빙) 내적 신앙을 전파시켰다.

그리스도교에 대한 대안은 이단들이 제시했다. 몽타유의 종교재판 문서가 보여주듯이, 카타리파는 지하로 숨어들었고 그들의 이상은 대부분 소멸되었으며, 그들은 종종 종교재판소의 추적을 받고 비참하게 학살되었다. 그러나 종교재판관이 목숨을 걸고 이단을 추적했던 14세기 중엽의 보헤미아 지역에서도 이단의 저항이 전혀 없었던 것은 아니었다. 롬바르디아, 알프스 지역, 중부 유럽 동쪽의 새로운 식민 지역에는 이단의 주교와 순회하는 사제들이 있었다. 왈도파는 복음서에 따르는 올바른 삶을 영위했고, 대체로 눈에 띄지 않는 교구민으로 지냈다. 그들의 비밀 모임은 종교재판 문서에 의해서만 우리에게 전해지고 있다. 북부 이탈리아와 북서부 유럽의 인구 밀집 지역 사이에는 여러모로 밀접한 연관이 있음이 밝혀졌다. 그러나 두 지역에서는 왈도파 외의 수많은 종파가 출현하기도 했다. 정통 교회가 일방적으로 그들을 '이단으로 선고하면서' 정통과 이단 사이에서 한쪽을 선택해야 하는 양자택일적인 양상

15세기 작품. 한 여성을 가운데에 두고 남자들이 열정적으로 춤을 추고 있다. 이슬람교에서 그리스도교로 개종한 스페인의 무어인들이 췄던 '모리스카'를 덩굴나무 가지의 복잡한 문양으로 그렸다. 에로틱한 모습도 나타나고 있다.

이 전개되었다. 정통이냐 이단이냐의 문제는 종교재판을 통해서 결정되었다. 법 제도로서의 종교재판소는 고대 로마에 기원을 두고 있다. 아우구스티누스 성인의 "후대에 지대한 여파를 끼친 견해"(파울 미카트)를 따라서 교회는 황제와 왕들의 지원을 받았던 종교재판소에 의존했다. 1252년 이후에는 세속적인 재판권과 고문 지원을 받았다. 혐의자들의 진술은 종종 심문관들의 유도 심문에 의해서 조작되었다. 이단들은 빛을 싫어한다는 이유만으로 밀교적인 집단으로 비난받았다. 그러나 이런 식의 비난들은 이미 초대 교회에서도 거론되었으며, 이단은 빛을 싫어한다는 비난들의 이면에서 사실을 찾아내기란 쉬운 일이 아니었다.

민간신앙 역시 다른 형태로 표출되기도 했다. 종종 이 신앙은 광란의 춤을 통해서 파악되었다. 특히 춤은 신분별 춤에서 나타나듯이 사회를 반영하고 있으므로[신분 사회에서 춤은 같은 계층끼리 함께 추었음] 춤을 통해서 사회의 이러한 관습을 밝히는 것 역시 가능하다. 춤추는 자들은 묘지의 평온을 파괴했다. 한 마을의 여성들은 아이의 탄생을 춤을 추면서 축하했는데 이는 여성의 본연적인 권리였다. '춤에 대한 열정'은 1071년 데사우, 1237년 에어푸르트, 1278년 위트레흐트, 1375년 아헨, 그리고 1418년 스트라스부르, 쾰른,

메스에서 유행했다. 15세기의 이탈리아에는 무도병〔舞蹈病: 흑사병이 창궐하자 공포에 질린 사람들이 무리를 지어 췄던 춤을 말하는데, '광란의 춤'으로 불리기도 했으며 이 춤을 통해서 사람들은 현실적 고통과 괴로움을 잊고자 하였음〕이 알려졌다. 파라켈수스〔16세기의 의학자, 1493~1541〕는 이 문제에 관심을 가졌지만 원인을 해명하지는 못했다.

야성적인 사람들

그림에 자주 등장하는 야성적인 남자들과 여성들의 삶 역시 해명되지 않기는 마찬가지이다. 그들은 가끔은 머리를 늘어뜨리고 때로는 나체로 머리에 화관을 두르고서 자유로운 삶을 즐겼다. 숲은 넓었고, 일단 사람들이 기존의 질서에서 벗어나기만 하면 공권력이 그들에게 닿지 않았기 때문이다. 격리된 자들의 낙원에 대한 어떤 동경 같은 것이 야성적인 사람들에게 내포되어 있었다. 공권력은 야성적인 자들을 공격하기도 했다. 라인란트 팔츠 지역에서는 이들을 예속 신분으로 몰아넣고자 이들을 사냥할 권리가 주어졌는데 사냥권은 17세기까지 존속했다.

쾰른의 박물관에 소장된 반인반수의 조각 작품. 이 작품에서 연상되는 고대 로마의 바쿠스 숭배 풍조와의 연관성은 단지 추측에 불과하다.

야성적인 사람들에 대한 전설은 역사적으로도 설명이 가능할 것이다. 실제로 사람들은 문화의 내적 경계를 뛰어넘어 미개간지에서 은신처를 찾을 수도 있었을 것이다. 예를 들면 후스파들 중에서도 급진적인 부류에 속하는 300여 명의 남녀는 천국의 도래에 대한 기대가 허무하게 끝나자 격리되어 있

여성을 납치하는 야성의 남자들. 1380년경 작품으로 슈베린의 대성당에 소장되어 있다. 꽃, 새들과 더불어 맨발로 구속되지 않는 삶을 살아가는 모습은 잃어버린 낙원에 대한 동경이거나 문명화가 가진 구속력으로부터의 탈피를 뜻하는 것일까? 아니면 중세의 현실이었을까? 기록된 바가 거의 없고 보통 그림으로 남아 있는 이교 집단에 대한 상상을 입증하기란 쉽지 않다. 이러한 상상은 이상적인 생활양식에 대한 자유로운 선택일 뿐 방탕한 범신론에 대한 고백은 아니었다.

'야성의 사람들'에 관한 그림들은 바츨라프 4세의 필사본에 다수 남아 있다. 한 성서의 필사본에 있는 넝쿨나무 가지를 소재로 한 이 그림은 성서적인 내용을 담고 있지 않다. 많은 그림이 왕의 취향에 영합하는 유치한 사실적 성향을 보였다. 신비적인 취향을 추구하면서도 이지적인 삶을 영위하고자 했던 궁정 생활에서 다른 그림들이 제작되었다. 그러나 정치가 바츨라프 4세의 모습이나 그의 개인적인 생활에 대해서는 정확하게 알려진 바가 없다.

는 섬으로 이주한 후 다른 세상을 피로 물들이고 스스로는 낙원, 즉 어려움이 없고 성적인 기쁨이 있는 가난한 자들의 낙원으로 가려고 했다. 그들은 낙원의 조상들(아담과 이브)을 숭상했고, 아담파 신도로 이단의 역사에 기록되었다. 후스파의 지도자 지슈카는 1422년에 그들을 최후의 1인까지 전멸시켰다. 이러한 보헤미아의 전통 속에서 한스 뵈하임이라는 교육받지 못한 목동이 1476년 타우버탈에서 추종자를 모았다. 그는 몇 주 동안 십일조와 지대에 반대하는 설교를 했다. 아마도 낙원의 자유를 상징적으로 표시하기 위해서 술집에서 나체로 무장봉기를 선동하며 시위적인 호소를 했을 때, 그는 결국 체포되었다.

'아담이 밭을 일구고 이브가 베를 짤 때 (…)' 만인의 '천부적인' 평등에 대한 이 주장은 세계 종말에 대한 기대감과 낙원의 도래에 대한 희망 그리고

목자, 떠돌이 곡예사, 사기꾼, 거리의 악사로 분장했던 한스 뵈하임은 정규교육을 받지 못했다. 그러나 그가 1475년 타우버탈의 니콜라스하우젠에서 신부의 후원을 받으면서 설교를 시작하자 많은 청중이 몰려들었다. 그러나 그의 설교 모임에서 폭동이 일자 뷔르츠부르크의 주교가 종교재판소를 설치했다. 설교와 촛불 순례는 뉘른베르크의 의사 세델의 『세계 연대기』에 그려진 것처럼 15세기 말까지 이 지역에 상당한 영향을 미쳤던 것으로 보인다.

더 나아가서 자신들이 계획한 대로 낙원의 도래를 꿈꾸는 것과 밀접한 관계가 있다. 그러나 이에 대해서 더 많은 것을 알 때까지는 추론에 근거해야만 할 것이다. 결국 이상적인 것과 현실적인 것이 혼합되었다는 사실은 16세기 초에 머리글자 N. H.로만 알려져 있는 사람을 통해서 어렴풋이 알 수 있을 것이다. 그는 벌거벗은 사람들과 무장한 자들과의 전투 장면을 담은 목판화를 남겼다. 미술사가들은 그 목판화를 지금까지도 양식사적인 관점에서만 보고 있다.

중세는 확실히 낙원은 아니었다. 그러나 많은 사람들이 낙원의 의미를 인식했고 낙원의 형상을 묘사했다. 낙원은 수백 차례 고딕과 로마네스크 건축의 상징물들에 새겨졌다. 또한 근대 초기의 세계 지도에도 명확히 표기되었다. 낙원은 소박한 사람들에게는 의심의 여지가 없는 현실이었다. 그래서 한

한 시인이 낙원을 세우고 있다! 시인은 장 드 묑이다. 그는 꿈속에서 기쁨의 정원 안으로 들어갈 수 있었다고 한다. 이 시인은 기욤 드 로리스가 두 세대 전에 시작했던 궁정연애소설『장미 이야기』을 1300년경에 완성했다. 그러나 장 드 묑은 사랑의 기술을 찬미하는 입장이었다. 이 세밀화는 15세기 초반의 것이다.

스 작스(독일의 시인, 1494~1576)는 낙원에 대한 유명한 해학극을 썼다. 알렉산드로스 대왕의 원정도 낙원으로 가는 길에 속했다. 그는 기사문학이 낳은 최고의 영웅이었다. 그의 원정과 모험에 관한 이야기는 궁정 서사시에서 민중 서적으로 계승되어 사람들은 적어도 그가 어떻게 성스러운 땅의 입구에 도달했는지 읽을 수 있게 되었다. 낙원은 15세기 말의 회화에서 눈에 띌 정도로 인기 있는 주제였다. 15세기 말의 회화에서는 대천사 미카엘에 의한 최초의 남녀 추방이 중요한 역할을 했다. 과거에는 원죄로 인한 인간의 타락이 매우 주요한 주제였다. 이런 그림들의 상당수는 우리의 조상이 비참하게 추방되었을 뿐만 아니라 낙원으로부터의 추방이 이들에게 각성의 계기가 되었음을 보여준다.

낙원으로부터의 추방은 중세의 종말과도 연결될 수 있을 것이다. 중세가 다음 시대보다도 '낙원의 상황'에 가까웠다는 것은 아니다. 오히려 당시 사람들의 일생은 힘에 겨웠고 그들은 단명했다. 따라서 그 반대로 생각할 수 있을 것이다. 그러나 낙원에 대한 동경심은 중세 시기에 더욱 절실했다. 학자, 예속민, 예언자, 몽상가들은 낙원을 종종 학문의 도시와 선택된 자들의 장소로 상정하기도 했다. 낙원이 꿈과 환상 속에서만 존속했던 것은 아니었다. 당시 사람들은 후대의 어떤 시대보다 신의 왕국이 현세에 현존하고 있다고 믿었다. 그 왕국은 인간의 참된 운명에 대한 형언할 수 없는 약속이었지만 근대인들은 현세에서 희망을 찾았다.

마녀

'야성의 남녀'에 대해서는 확실히 어느 정도 관용이 베풀어졌던 것 같다. 왜냐하면 그들이 현실 세계에서보다는 회화에서 나타났기 때문일 것이다. 그

15세기 프랑스의 필사본으로 '왈도파의 여성들'이 마녀로 묘사되어 있다.

들은 격리되었고 무해했으며 접촉하기 어려운 외부인들이었기에 묵인되었다. 그러나 설교와 들리는 소문을 통하여 이들에 대해서 급증하는 관심이 위에서 아래로, 대학의 교단과 설교대, 그리고 시장터로 전파되었다. 뿐만 아니라 과거에는 전달될 수 없었고 들을 수 없었으며 말할 수 없었던 것들이 이야기되자, 마침내 중세 위기의 시기에 이미 오래된 것, 즉 악마와 인간의 연관에 대한 옛 신앙이 다시금 대두하였다.

그 기원과 범위를 알지는 못하지만 실질적 권력의 소유자였던 카를 대제의 시기에 우리는 정말로 오래된 믿음을 접하게 된다. 카를은 자신이 내린 칙령에서 마녀를 신봉하는 자에게 사형을 선고했다. 이는 '모든 것을 축복하고' 그로써 마귀를 쫓아내는 교회를 통해서 이단을 성공적으로 극복하려고 한 증거로 볼 수 있다. 그러나 이 시기의 악마는 아직 모습이 명확하지 않았다. 13세기가 되어서야 악마는 인간과 유사한 모습으로 묘사되었다. 그 후부터 유혹이라는 독특한 방법을 통해서 악마가 묘사되었다.

마녀 신앙은 11세기에도 교회의 주도로 고발되었다. 당시 프라이징에서는 사제가 부재 중인 사이에 대중들이 세 명의 마녀를 발견하여 화형에 처했다. 교회는 이후에 이 가여운 희생자들을 순교자로 인정했다. 그러나 1272년에 프랑스 남부에서 한 여성이 악마와의 정사를 고백하자, 이단자들 외에 마녀들 역시 종교재판의 표적이 되었다. 그럼에도 불구하고 마녀 미신은 차츰 확대되었다. 중세를 변호하려는 사람들은 마녀 미신이 본래 근대 초기의 것이라고 말할 수 있을 것이다. 왜냐하면 마녀 박해의 절정기가 1600년경이었기 때문이다. 또한 마녀 미신은 가톨릭 세계에만 있었던 것이 아니라 프로테스탄트로 개종된 국가들에서도 만연했다. 잘 알려진 바와 같이 신세계에서도 마녀 미신이 널리 퍼져 있었다. 로마 교황청이 독일 종교재판관들의 각별한 열의 때문에 마녀 재판을 제도화했지만 이것은 1484년 이후의 일이다. 마녀 재판은 14세기 말 이래로 중세 말기를 더욱 음울하게 했다. 피고인들의 개심을 위해서 투옥하도록 규정했지만 18세기 중엽까지 대략 10만 명 정도의 사람들이 화형에 처해졌다. 대다수가 여성이었고 열 명 중 한 명만이 남성이었다.

초기 악마의 모습에 대해서는 아직도 수수께끼 같은 문제들이 남아 있다. 13세기에는 악마가 인간적인 외양으로 묘사되기도 했다. 하지만 오래된 벽화에도 인간과 유사한 형태의 대적자로 악마가 묘사되었다. 로마네스크 양식 이전의 8세기 교회의 작품.

　이런 맥락에서 군중심리의 징후를 명백하게 알 수 있다. 마녀 재판에서는 아무리 사소한 것이든 악의적인 모든 의도가 중요한 역할을 했다. 자유 밀고가 가능해짐으로써 더욱 그러했다. 화형에 처해진 수천 명(대부분 서유럽과 중부 유럽 그리고 한참 후에는 보헤미아 지역에서 화형이 있었지만 스칸디나비아 반도와 폴란드, 헝가리에는 화형된 실례가 거의 없다)은 재판을 거치기는 했지만 대부분 무죄였다. 특히 자백서에 언급되었던 '마녀의 연고', 즉 환각제에 대한 보고가 있는데 피고인의 일부가 오래된 신비주의에 빠져 있었거나 그리스도교가 보급되기 이전에 여성들의 주술 행위를 자행했던 것으로 보인다. 과거의 귀족적인 교회가 이와 같은 주술 행위를 관대하게 처벌했고 마녀의 고기를

15세기의 목판화. '사악한 여인'이 염소의 발을 가진 한 무리의 악마를 요리용 주걱으로 물리치는 장면을 묘사하고 있다. 여성들도 중세 신분 사회의 역할 분담에 한몫을 담당했는데, [요리용 주걱을 들고 있는 것으로 보아] 그림 속 여성 역시 악마를 몰아내는 순간까지도 자신에게 주어진 역할에 매어 있었다.

악귀들이 귀신 들린 사람의 입을 통해서 빠져나가고 있다. 16세기 초 이탈리아에서 제작된 이 봉납현판[奉納懸板: 교회에 바쳐진 그림 액자]은 기적적인 치유에 대한 감사의 표시로 기증되었다.

먹는 사람을 사형에 처했다면, 중세 말기의 평신도 교회는 대중의 관심을 모으기 위해서 적대적인 대상, 즉 내부의 적을 찾고자 했다. 아마도 이것이 근대 초기의 국가들이 교회로부터 마녀 재판권을 빼앗았던 이유였을 것이다.

마녀 사냥의 대상에는 특별한 직업에 종사하는 여성들이 자주 포함되었다. 이들은 조산부나 약초 전문가 등 '현명한 여성들'이었다. 강요된 자백에서 밝혀진 것처럼 당시 사람들은 약초에 대한 지식과 주술 행위가 마녀의 연고나 악마와의 정사와 서로 밀접하게 연관되어 있다고 생각했다. 종종 마술로 여겨졌던 의학 지식 역시 오래된 민중 지식의 일부였을 것이다. 이러한 의학 지식은 그리스도교 이전 시대의 생활에서 유래한 것이었다. 하지만 그리스도교 문화권에서는

한 여인이 악마가 기형아로 바꿔버린 귀가 크고 작은 뿔을 달고 있는 아이를 요람에서 발견하는 그림. 당시의 교회는 기형아가 사탄이나 악마가 산모 몰래 낳게 만든 아기라고 충고했다. 기형아 출산은 중부 유럽에서 만연했던 미신의 한 원인이 되었다.

이러한 이교적 의학 지식이 용납되지 않았기 때문에, 필연적으로 이를 제거해야만 했다. 또한 학문적인 의학도 민간의 의료 지식을 타파하는 과정에 동참한 것으로 보인다. 이는 광기라기보다는 경쟁이라고 불러야 할 것이다. 어떤 의미로 의학은 그리스도교와 이교 사이의 최후의 경쟁이었다. 이것이 관련이 없는 상당수의 사람들을 희생시켰던 마녀 신앙의 핵심이었다. 교회의 종교재판소가 마녀 사냥의 임무를 부여받지 않았거나 그 후에 전권을 가졌던 국가, 특히 초기의 프로테스탄트 국가가 특별 재판소를 설치하지 않았다면 희생자의 수는 줄어들었을지도 모른다.

고문실

종교재판은 13세기 중엽부터 고문을 사용했다. 고문 재판은 오늘날까지 자행되고 있다. 오래된 집의 뒤편에는 헛간이 있다. 유럽의 모든 국가에서는 중세 때부터 내려오던 것들이 헛간에 보관되고 있었다. 사람들은 이렇게 해서 중세로부터의 연속성을 기억에 남기려고 한다. 헛간에는 우리의 일상적 감정이나 가치관과는 반대되는 암울했던 권력과 종종 오래된 믿음이라고 오인되는 민중의 미신, 흑마술, 고문관들, 공개 교수형의 시대가 은닉되어 있다. 거기에는 [제바스티안 브란트가 1494년에 쓴 우화]『바보들의 배』에서 나타나는 어리석음과 브뢰겔 작품 속 등장인물들의 엉클어진 삶에 대한 욕망, 히에로니무스 보스가 창조한 지옥의 산물인 모든 인간의 비참한 혼돈이 살아 있다. 중세 말기에 세도가와 권력가들의 힘에 대해 사람들이 느꼈던 무력함에 대해서는 잘 알려져 있지 않다. 하지만 중세 초기에 비해 정도가 더 심했던 것으로 보인다.

먼저 공개 사형 집행에 대해서 이야기해보자. 공개 사형 집행이 중세에만 있었던 것은 아니다. 이는 모든 시기에 존재했던 잔혹한 장면이었다. 재판 괴

물을 이용한 신명 재판. 오스트리아의 베네딕트 수도원 람바흐의 세밀화. [신명 재판을 받기 전에] '사전 연습'까지 시행했다는 사실은 이것이 당대에는 신빙성을 지니고 있었음을 보여준다.

중세 재판소가 집행한 잔인한 사형 장면을 모은 그림. 이러한 그림들은 잔인한 처형 장면 자체가 매우 자연스럽게 수용되었다는 사실을 입증하고 있다. 동시에 그 이면에는 현재에 비해 사형 집행 자체를 실제로 덜 꺼려했다는 사실이 숨어 있다. 추측하건대 중세에는 법을 파괴한 범죄자를 처형함으로써 파괴된 법이 다시 복원된다고 믿어졌으며, 처형장이 조성하는 공포감으로 인해 사악한 이들이 두려움을 가지도록 유도하고자 했다. 이와 같은 이유들에서 중세의 사고관이 먼 옛날 암흑 시대의 것이었음을 알 수 있다.

정과 처형을 공개하는 것은 일반적으로 피고인을 위축시킨다는 의미로 해석될 수 있다. 또한 공개적인 증언, 감시, 확인으로도 이해될 수 있을 것이다. 이는 상당히 중요한 의미를 지니고 있다. 이와 같은 침묵의 형 집행과 이를 통한 손상된 정의의 회복 때문에, 잔혹한 공개 사형 집행은 교화의 의미를 지니게 되었다. 지난 세기만 해도 교화를 목적으로 하는 공개 처형과 같은 중세적 심성이 법의 근간을 형성했다. 1800년경에 유럽의 공권력이 강도 조직들과 벌였던 싸움을 떠올리기만 해도 될 것이다. 재판 절차에도 중세의 특징이 오랫동안 남아 있었다. 유럽에서는 18세기가 지나면서 비로소 고문이 폐지되었다. 잉글랜드가 제일 마지막으로 고문을 폐지했다.

고문의 성립 과정에 대해서는 몇 가지 설명이 필요할 것이다. 1,000년 전에 정의로운 판결은 '진실'을 밝혀내는 결투나 불과 물에 의한 심판 같은 신명 재판에 근거했다. 피고는 결투에서 원고를 이기거나, 당사자가 남성과 여성일 경우에는 상황에 따라서 남녀의 힘의 균형을 맞추기 위하여 남성이 강제적으로 결투에 참여해야만 했다. 혹은 피고는 뜨겁게 달군 철판 위를 걸어야 했다. 백설 공주에 나오는 악독한 계모의 최후는 이러한 철판 고문을 연상시킨다. 또는 사람을 묶어서 강에 던진 후 그가 익사하며 유죄로 판결했다. 명망 있는 자, 귀족, 상인, 주교 역시 서약을 통해서 '결백함을 밝힐 수 있었고', 같은 신분의 사람들이 '도움을 줄' 수 있었다. 때문에 사람들은 과거의 종교적인 감정에 기대어 신명 재판에 호소했다. 이는 신이 손상된 자신의 정의를 회복하는 데 가장 많은 관심을 쏟고 있다는 믿음 때문이었다. 귀족들이나 저명한 사람들은 신의 저주를 받을 수도 있다는 생각으로 신명 재판을 받았다. 결백 선언이 거짓으로 드러나면 스스로 신의 노여움을 사게 된다는 것이었다. 어쨌든 천국과 현세, 실질적인 것과 법적인 것 사이에 직접적인 관련이 있다는 생각이 지배적이었다.

신앙생활을 충만하게 하고 또 건실한 종교 생활을 가능하게 했던 중세 신학은 이와 같은 전통을 죄로 단정했다. 12세기 이후로 '종교적 계몽주의'는 신명 재판을 금지했지만, 그럼에도 불구하고 신명 재판은 꽤 오랫동안 존속했다. 그 증거로 시민의 자유는 13세기에도 신명 재판을 통해서 보호를 받았고 결백 선언 역시 그 재판에 의해서 인정되었다. 그러나 마침내 사법제도가 개선되어 합리적 법 절차의 실행이 가능해지면서, 증거가 부족하면 피고는 '현행범'으로 체포되어 '구류'를 살지 않아도 되었다. 증거가 없으면 법정에서 피고가 자백을 해야 하는데, 그가 묵비권을 행사하면 재판관이 나서서 최선을 다해 진실을 밝혀야만 했다.

이제 피고에 대한 고문이 시작되었다. 이 역시 중세 문화의 한 단면이 되었다. 결박 기구나 조이는 기구, 돌리는 기구를 사용해서 피고에게 육체적으로 고문을 가했다. 잔인한 고문에도 절차가 있었다. 피가 흐르면 부당한 폭력 행사로 간주되었다. 때문에 고문 행위는 처벌할 권리가 있는 형리가 맡았다. 그러나 고문은 벌이 아니라 단지 '고통을 동반한 심문' 정도로 인식되었다. 고문에서 살아남은 자는 무죄로 방면되기도 했다. 시간이 지나면서 고문 기술은 계속해서 다양해졌다.

그래서 불합리한 것도 체계를 갖추게 된다. 수천 명의 무고한 사람이 고문으로 저지르지도 않은 범죄를 인정해야만 했다. 하지만 이단과 관련된 사항은 증거 입증 과정이 더 복잡했다. 그래서 이단 심문의 경우 그만큼 고문도 가중되었다. 종교재판, 즉 '심문'은 그리스도교의 올바른 신앙을 확립하고자 13세기에 교황들이 시작한 것이었다. 종교재판소는 1231년에 도미니크 수도회에 이양되면서 곧 조직화된 형태를 갖추었고, 심문 외에 다른 임무를 부여받지 않았다. 물론 이단자를 올바른 길로 인도하는 임무를 담당했기에, 이런 의미에서 판결은 결코 처벌이 아니었다. 판결은 개심의 길을 열기도 했다. 참회자는 심지어 화형을 위해서 쌓아놓은 장작더미에서 풀려나곤 했다. 대신에 재범자는 가차 없이 처벌되었다. 그들에게는 악의에 찬 성급한 판결이 내려졌

'고통을 동반한 심문(고문)'은 규칙에 근거해서 행해졌고 조서가 작성되었다. 정황증거를 제시할 수 없었던 시대에는 본래 고문이 재판의 일부였다. 그러나 지문 감식법이 개발되면서 객관적으로 증거를 입증하는 도대가 마련되었다.

다. '심문'을 실시하는 형태의 종교재판은 피의자의 진술로 끝을 맺었다. 만일 피고의 증언 기록이나 언행을 근거로 피고가 올바른 믿음에서 벗어났다는 판단이 들면, 그는 '세속 권력'에게 인도되었다. 교회가 법적으로 사형을 집행할 수 없었기 때문이다. 이와 같은 세속과 종교의 긴밀한 연결 속에서 죽음은 최대의 불행이 아니라 영원히 지속되는 영겁의 벌이었다.

이러한 이유로 정통 교리에 반하는 믿음을 가진 자들이 무리를 지어 혹은 홀로 노래를 부르며 교수대로 향하는 '이단자들'의 '완고한 전통'이 형성되었다. 그 수는 고대부터 지금까지 기억되고 있는 교회 순교자의 수를 능가할

15세기의 목판화. 머리를 삭발하고 참회복을 걸친 이단자가 교황과 추기경들의 '손에 이끌려' 세속의 공권력에게 넘겨진다. 이후 그는 성직자들의 입회하에 화형에 처해지고 있다. 참고로 처형은 혐의자를 벌한다는 의미보다는 그의 영혼을 구원하는 것으로 생각되었다. 이 때문에 천사가 그의 영혼을 천국으로 끌어올리고 있다.

것이다. 이단자의 의연함은 순교자의 의연함에 결코 뒤지지 않았다. 단지 이들을 현혹한 사탄의 유혹을 확인했던 종교재판의 판결문이 그들의 순교에 대해 상세하게 보고하고 있지 않을 뿐이다.

다른 쪽에서 '이단'은 박해에 저항했다. 종교재판관들은 좋은 평가를 받지 못했으며, 적극적으로 이단에 가담한 자들의 삶은 위태로웠다. 참고로 이단이 모든 곳에서 등장하지는 않았다. 잉글랜드의 경우 종교재판은 1404년에야 도입되었다. 16세기 가톨릭과 프로테스탄트 사이에서 일어난 상호 박해 시기를 제외하면 잉글랜드에서는 유럽 대륙에서처럼 종교재판이 격렬하게 진행되지 않았다. 폴란드, 프로이센, 스칸디나비아 반도에서는 종교재판이 거의 이루어지지 않았다. 스페인의 경우 16세기 중반 펠리페 2세의 시대에 와서야 종교재판이 사람들을 공포에 떨게 했다. 이탈리아에서는 황제 프리드리히 2세가 종교재판관들과 세속 형리들을 결속시켰지만, 황제가 사망한 후에는 중부 유럽에서처럼 철저하게 진행되지는 못했다. 남부 프랑스의 카타리파가 무참히 응징된 후 프랑스에 뿔뿔이 흩어졌던 그들의 추종자에 대한 박해는 강도가 덜해졌다. 다만 1400년경 북부 프랑스의 범신론적인 '자유정신의 형제단'에 대한 종교재판은 예외가 될 것이다. 네덜란드 남부, 독일, 보헤미아 지역의 종교재판관들은 후스파 이전부터 이단에 대해서 강하게 대처했다.

우리가 고문에 대해서 그나마 의의를 평가할 수 있는 것은 그것이 본래는 민주화의 도구였다는 점이다. 왜냐하면 '고통을 동반한 심문'은 원칙적으로 어떠한 신분적인 구분도 인정하기 않기 때문이다. 결백 선서를 한 부유하고 권력 있는 자와 그들의 선서 보조자들의 권위는 고문실에서는 통용되지 않았다. 또한 그러한 고문실이 중세만의 것이 아니라 어느 시대에서나 잔인한 제도적 장치에 속한다는 사실 역시 부정할 수 없을 것이다. 그럼에도 불구하고 민주화의 도구로서 고문은 사회, 정치적 정당성을 가지고 있다. 물론 500년 전에 세속이나 종교재판의 운영에서 모든 사람이 동등한 대우를 받았다고 말할 수는 없을 것이다. 프라하의 대주교와 교회 정책을 두고 대립했던 보헤미아의 왕 바츨라프 4세, 다시 말해 벤첼이 고위 성직자들을 고문실로 직접 데리고 왔을 때, 막강한 귀족 가문 출신의 주교좌 성당 참사회원은 바로 석방될 수 있었지만 미천한 집안 출신의 주교 총대리인은 혹독한 고문의 후유증으로 사망했다. 프라하의 시민은 이 불쌍한 사람을 몰다우 강에서 건져내서 주교좌 성당에 묻었고, 이후 그의 묘를 참배했다. 이들은 수세기가 지난 후에 그의 그림을 모든 다리에 새겼다. 이 사건의 주인공 네포무크의 얀은 진술을 거부했기 때문에 침묵의 순교자로 여겨졌다(얀은 교각의 수호성인으로, 그의 모습은 유럽의 여러 교각에 새겨져 있다). 그가 말을 하려고 하지 않았기 때문이다. 몇 년 뒤 루앙에서 화형대로 끌려갔던 젊은 여인(잔 다르크)도 자신의 내면의 목소리를 따랐다. 그러나 그녀는 침묵하려 하지 않았다. 공권력은 프라하의 남자에게도, 루앙의 여자에게도 정의를 보여주지 못했다. 그러나 왕들과 주교들이 아닌, 네포무크의 얀과 오를레앙의 잔에 대한 생생한 성인 숭배는 법의 부당성을 알려주고 있다.

| 마치며 |

독일의 에필로그

피키니 평화조약 이후 잉글랜드와 프랑스가 오랜 대립으로부터 서서히 관계를 회복하면서 중세가 끝나가고 있었다. 그 사이에 독일의 중세는 조금 더 오래 지속되었다. 아라곤의 페르난도가 카스티야의 왕위에 오를 무렵인 1475년경 서유럽의 특징은 새로운 시대와 새로운 정치 구조, 당시의 세계에 새로운 방향 이정표를 세운 군주제 등이었다. 반면에 중부 유럽에서는 더 오랫동안 "가장 나쁜 점수를 얻었던"(헤르만 하임펠) 불확실성의 시대가 지속되었다.

그렇다고 이것이 중부 유럽이 15세기에 '퇴보했음'을 의미하지는 않는다. 전체 그리스도교 세계에서 엄청난 수의 대표자가 방문했던 제국 영역의 콘스탄츠 공의회를 보더라도 퇴보했다는 인상을 받지는 않을 것이다. 하지만 바젤에는 대학이 하나만 있었다. 대학을 척도로 본다면 15세기 중부 유럽은 아직 발전 단계에 있었다. 이후 두 번에 걸친 대학 설립 붐을 경험했고 17개의 대학이 프라하 대학을 본떠서 설립되었다. 그중 16개는 아직도 존속하고 있다. 에어푸르트 대학은 가장 많은 학생 수를 자랑하며 정상에 서 있다. 그 외에도 대학은 중부 독일 소도시의 지역 발전을 촉진하는 자극제 역할을 담당했다.

15세기 말에 독일 정치 자체가 불안정했다고 단정하기도 어려울 것이다. 우선 1440년대에 현명하게 중립을 지켰던 황제와 제후들은 '공의회 우위설' 원칙이 아니라 그 이면에 군주제적 사고가 깃들어 있던 '교황 우위'의 원칙을 지지함으로써 교황을 자신들의 편으로 만들었다. 이는 영방국가 내에서 제후들과 신분 계층들 사이에 발생했던 문제 해결의 좋은 선례가 되었으며, 그래서 공동의 이익을 추구하는 데 비효율적인 의회보다는 개개 군주의 전제적 통치 이념을 정립하는 계기가 되었다.

그러나 여기에서 개개 군주란 구체적으로 누구를 말하는가? 프랑스에서는 막강한 공작들이 몰락한 이후에 왕의 절대주의적 통치가 가능해졌다. 신분제 의회에서 귀족들이 막강한 영향력을 행사했던 스페인이나 잉글랜드 혹은 라틴 유럽의 옛 변방 국가인 폴란드와 헝가리에서는 '누가 최고 통치자인가'라는 문제가 그리 중요하지 않을지도 모른다. 하지만 중부 유럽에서는 황제나 제후들 사이의 정치적 갈등이 미해결 문제로 남아 있었다. 그래서 황제들은 초국가적인 신성 로마 제국의 효율적인 중앙집권화 정책을 통해서 고권(高權) 소유자인 제후들보다 훨씬 더 앞설 수 있는 기회를 놓치고 말았던 것이다.

유럽의 새로운 질서를 구축하기 위해 소집된 유명한 회의[나폴레옹 전쟁 이후 1814년에 열린 제2차 빈 회의]가 소집되기 3세기 전에 개최된 '1515년의 제1차 빈 회의'는 러시아의 통치자가 처음으로 다른 통치자들과 개인적으로 만나는 계기가 되었다. 이로 인해서 새로운 동유럽 세력의 중요성이 부각되었다. 막시밀리안 황제의 승리를 계기로 작성된 역사서에 수록되어 있는 뒤러의 그림은 합스부르크 왕가의 결혼 장면들을 소재로 했는데, 이 결혼들 때문에 1526년에 이미 보헤미아와 헝가리의 유산 상속이 초미의 관심사가 되었다.

'언제'라는 문제가 비생산적인 가설들을 낳고 있지만 모든 것은 역사의 어느 시점에 시작되었을 것이다. 프리드리히 1세, 프리드리히 2세, 카를 4세를 예로 들거나 아니면 프리드리히 3세 또는 흐지부지되었던 제국 개혁을 제후권에 대한 황제권의 우위 확립 실패의 원인으로 들 수도 있을 것이다.

1508년 이후로 대관식 없이도 스스로를 황제라 칭했던 막시밀리안 1세(재위 1493~1519)는 제국 개혁에 헌신적으로 전념했다. 그러나 제국이 중앙집권제 국가나 신분제 연방 국가로 변모하는 것에 실패하자 개혁은 불투명해졌다. 제국의 정체성은 전문 법률가들이나 이해할 수 있는 것이 되었다. 그러나 '제국 의회'는 1495년부터 존속했다. 1500년부터는 20명의 제후 대표들로 제국 통치가 시작되었고, 1502년부터는 제국 행정구역이 정비되면서 제국 행정의 통합이 가시화되었다. 제국 최고 재판소의 재정을 지원할 목적으로 설정되었던 일반 제국 조세가 원인이 되어 1498년에 '슈바벤 전쟁'이 시작되었다. 당시에는 아직 작은 규모였던 스위스 연방이 제국 정책에서 이탈하였다. 그러나 스위스 연방의 제국으로부터의 이탈은 1648년이 되어서야 법률적으로 효력을 발휘하게 되었다. 이러한 법률적 이탈에도 불구하고 16세기 후반에도 바젤의 도시 귀족들은 제국의 독수리 문장으로 치장했다.

군주제가 비효율적이었다고는 말할 수 없을 것이다. 오히려 그 반대였다. 특히 소규모의 통치 영역에서 군주의 통치 조직은 보다 잘 정비될 수 있었다. 공동체 의식의 형성에서도 마찬가지였다. 이는 특히 오스트리아의 합스부르크 지역에서 잘 관찰된다. 당시 룩셈부르크 공국이 속해 있던 새로이 흡수된 부르고뉴의 네덜란드 지역에서도 지역 공동체 의식이 확실하게 나타나고 있다. 바이에른의 대공령들과 호엔촐레른 가문의 고향으로 당시에 통합이 이루어진 안스바스-바이로이트 변경백령에서도 네덜란드 지역과 유사한 수준의 잘 정비된 통치 조직이 마련되었다. 그러나 82개의 제국 직속 도시들은 '제국에 속한다'고 생각했다. 많은 인문주의자의 사상 역시 제국 통합을 추구하고 있었다.

언어 교육과 고전적 교육 이념을 추구하면서 15세기 말에 이탈리아에서 전문교육을 받은 법률가들이 인문주의를 주도했다. 그러나 세기 전환기에 시인, 문법학자, 그리스 어학자, 히브리 어학자들에게 주도권이 넘어갔던 인문주의가 고대 세계의 교육적인 자극을 북부 유럽에 처음으로 또는 마지막으로 전달한 것은 아니었다. 인문주의의 대가들은 도시 행정의 관리거나 라틴어 학교와 대학의 '교사'였다. 로테르담의 에라스무스(1486~1537)처럼 글로 생계를 유지하는 경우도 드물지 않았다. 콘스탄티노플 함락 전후로 비잔티움 학자들과의 활발한 접촉을 통해 학문의 세계가 확장되면서, 아리스토텔레스의 발견 이후 중세 전 시기에 걸쳐서 커다란 존경을 받았던 제2의 위대한 그리스 철학자는 이제 그리스어 원전에서 벗어나 올바르게 인식되기 시작했다. 바로 이데아론의 대가인 플라톤이다. 그의 학교에서 1,800년 전에 '현실주의자' 아리스토텔레스가 철학적 사고법을 배우기도 했다.

이로써 미약했던 고대 문학의 정전 목록이 한층 더 확장되었다. 물론 히브리어 원전 성서, 아랍과 그리스 문헌들을 토대로 13세기에 새롭게 조명되었던 플라톤과 아리스토텔레스의 저작, 그리스와 라틴 문학의 일부분, 타키투스의 『게르마니아』, 그리고 15세기 초에 독일의 수도원에서 재발견된 리비우스, 카이사르, 키케로의 저작들을 모두 더한다고 해도 책꽂이에서 그 폭이 3미터를 넘지 않는다. 그러나 오늘날까지 전해지고 있는 고전의 위대한 보고들은 지금 학자들의 새로운 해석 의욕을 자극하고 있다. 이와 같은 고전 문학에 대한 이해는 일반 대중 독서층의 '교양 자산'이 되었다. 17세기부터 수학적 사고가 서서히 사회 전반에 영향력을 끼쳤지만, 지적 교양 자산의 핵심은 문학이었다.

어쨌든 인문주의자들은 제국적 사고를 따랐다. 재발견된 타키투스를 대부로 삼았던 이들은 게르만적 이데올로기로 무장했다. 이제 독일인도 이탈리아인과 더불어 '고전 고대'의 과거를 찾아 나서기 시작했다. 이로써 단편적인 로마 문학이 발굴해내지 못했던 게르만인의 습속을 찾고자 했으며, 그 결과 '허구적'인 게르만적 습속 규범이 만들어졌다. 독일인은 고전 문학을 통해서 교양을 학습했던 것이 아니라 고대 게르만인의 도덕적 덕목들을 찾아내고자 했다. 이러한 '허구적 전통 만들기'는 자주 잘못된 이데올로기로 빠져들었는데, 이는 오늘날까지도 지속되고 있다. 그러나 인문주의적 민족 이데올로기가 독일에서만 형성되었던 것은 아니다. 프랑스와 후에는 네덜란드에서도 전개되었다. 보헤미아 지역에서는 상당히 일찍 발견되었고, 폴란드의 인문주의와도 연결되었다.

제후들의 통치 조직들, 여행 중인 이탈리아인들이 수차례 칭송했던 도시의 질서, 특히 제국 직속 도시들의 도시 행정, 성장 단계의 제국 관리들, 세기 전환기부터 시작되어 군주제를 지향하거나 신분 집단들의 공동체적 성격을 형성하려고 했던 제국 개혁의 성숙에도 불구하고, 중세 말의 대위기는 독일에서 오랫동안 미해결 상태로 남았다. 예컨대 도시동맹들은 14세기 말의 라인 강변과 슈바벤 지역, 1448년의 프랑켄 지역에서처럼 제후들에 의해서 제압되었거나 신성 로마 제국의 정치에서 멀어져갔다. 반대로 스위스 연방은 승리를 거두었다. 한자동맹 역시 마찬가지였다. 그러나 황제와 제후들 사이의 대립은 아직 판가름이 나지 않았다. 잉글랜드의 장미전쟁, 부르고뉴와 브르타뉴의 반항적인 공작들을 상대로 루이 11세가 거둔 승리, 혹은 구조적 차이가 있기는 하지만 공의회와 교황들의 싸움 같은 것들은 독일에서 발생하지 않았다. 오히려 독일에서는 제후들의 세력이 성장했다. 이러한 강력한 제후 세력은 신성 로마 제국이라는 기치 아래에서 연대의식을 형성하여, 이와 같은 신성한 동맹체에서 이탈하는 것을 방지했다. 심지어 제국 조세에 대한 불만에도 불구하고 스위스 연방조차도 오랫동안 자발적으로 떨어져 나가려고 하지 않았다. 이러한 정치적인 대립 속에서 강력한 군주만이 일반적으로 인정되는 군주적 해결책을 사용하거나 중앙집권제를 행정적, 이념적으로 관철시킬 수 있었지만 막시밀리안은 그렇게 강력한 군주는 아니었다. 그러나 그의 손자 카를 5세는 필요한 정치적 역량을 발휘했다.

미남왕 펠리페 1세와 '광녀(狂女)' 후아나의 아들인 카를 5세는 1500년 겐트에서 태어났다. 합스부르크가에는 낯설었던 증조부의 부르고뉴식 이름으로 세례를 받았다. 후에 교황 하드리아누스 6세가 되는 위트레흐트의 아드리안과 인문주의의 제1인자인 로테르담의 에라스무스의 영향을 받았던 그를 단순히 독일의 제후라고 칭하기는 쉽지 않을 것 같다. 그는 금융 가문 푸거의 적극적인 선거 지원에 힘입어 1519년에 로마의 왕으로 선출되었다. 이때 그는 처음으로 독일 땅에 발을 디뎠지만 장기간 머물지는 않았다. 그를 독일과 결속시켰던 것은 신성 로마 제국의 왕권과 황제권이었다. 여기에는 전 그리스도교 세계에 대한 보호 의무의 이념과 보편적 지배권에 대한 이상이 담겨 있었다. 그러나 카를의 대재상 가티나라가 적극적으로 지지했던 보편적 황제권이

1530년 교황 클레멘스 7세와 황제 카를 5세의 회담 장면. 세바스티아노 델 피옴보의 작품으로 이 그림과 더불어 보도 예술이라는 새로운 장르가 개척되었다.

라는 정치적 이상은 다른 문제들과 충돌하였다. 미성년자였던 카를은 부르고뉴의 제국 제후였으며 16세에 스페인의 왕이 되었다. 그가 책상에 앉아서 서류들을 검토만 해도 통치가 가능할 정도로, 부르고뉴 제후령은 매우 잘 통치되었던 지역이었다. 반면에 스페인 왕국은 그에게 적극적인 지중해 정책의 임무를 부여하여 아프리카의 북부 해안과 시칠리아 교역로를 놓고 해전을 벌이게 했다. 또한 그는 남부 이탈리아의 왕국을 놓고 이슬람교로 개종한 그리스인 바르바로스 하이레틴과 교황과 대립하기도 했다. 카를의 제국에는 '태양이 결코 지지 않는다'라는 사실을 당대인들은 경이롭게 받아들였다. 하지만 그는 신대륙 정책을 전개하지는 않았다. 사람들은 그를 '중세 최후의 황제'로 부를 수도 있다. 그러나 현실은 더 복잡했다. 그는 "중세의 황제적 이상을 원했으나, 스페인 제국을 유산으로 남겼던 것이다"(페터 라소).

독일 국내에서 그리고 독일 주변부에서 카를의 행적들은 다양했다. 선출될 당시 이미 19세의 청년이었던 황제는 반항적 수도사[아우구스티노 은수자

겐트에 있는 플랑드르 백작의 수성(水城)은 12세기에 이미 거주지와 요새를 결합시켰다. 도도한 모습의 이 성은 중앙집권화를 상징하고 있다. 이 성에서 카를 5세가 1500년 2월 24일에 출생했다. 그의 통치 기간은 새로운 시대의 시작을 의미했다. 56년 뒤 이 황제는 유례를 찾기 힘든 결정을 내렸는데, 그는 황제직에서 스스로 물러나는 것을 선택했다.

회의 수도사 마르틴 루터]를 기꺼이 보호하려 했던 제후들 세대와 정치적인 협상을 벌여야 했다. 이들은 대체로 카를과 비슷한 나이였다. 물론 정설은 아니지만 독일 종교개혁의 요인으로 꼽았던 세대 문제가 관심을 끈다. 마르틴 루터(1483~1546) 역시 젊은 세대의 지원을 통해서 자신보다 10~15세 정도 더 어린 선교사나 더 많은 수의 수도사와 무리를 이루어 자신의 주장을 빨리 전파시킬 수 있었고, 그들의 도움으로 저항 세력을 형성할 수 있었다. 수세기 동안 요구되었던 부정한 군주에 대한 신분적 저항권은 신앙의 문제에서 그것이 구체화될 때까지 공허한 메아리로 머물렀다. 그러나 후스파는 이미 이러한 세대 갈등을 이용한 저항을 오래전에 전개한 바 있다.

중요한 다른 문제점은 중세 말의 오랜 위기 상황에서 일어났다. 대중이 봉기를 했던 것이다. 물론 현실적으로 대중은 혁명이 아닌 반란을 일으켰을 뿐이다. 혁명이란 그 파급 효과가 사회 전체에 미쳐야만 혁명으로 불릴 수 있다. 후스파 역시 혁명을 일으키고자 했으나, 시대가 호응을 하지 않았을 뿐이다. 특정 지역을 수도로 정하지 않았고 각 신분 계층 사이의 대립을 중재할 여력이 없었던 독일의 경우에는 1522년 제국 기사의 반란, 1525년 농민의 반란, 1529년 제국 상층 신분의 반란이 연이어 발생했다. 세 반란 모두 발생 원인이 확인되지 않고 있지만 성서를 자의적으로 해석하려고 했다는 것이 공통적이다. 그러나 신학자 루터는 성서의 '세속적' 해석에 동의하지 않았다. 또한 세 반란의 가담자들은 그럴 만한 권리가 없었지만 제후들에 대한 황제권의 강화를 주장하기도 했다.

카를은 이러한 점진적인 혁명들을 정치적으로 완전히 해결하지는 못했다. 그는 1521년 보름스에서 루터와 직접 만난 뒤 10년 동안 프랑스, 투르크, 지중해 정책에 전념하면서 독일의 밖에 있었다. 대신 그는 제후들에게 제국 기사와 대다수의 무력했던 농민을 무자비하게 공격하도록 명했다. 1525년 봄, 남부와 중부 독일에서는 제후들의 용병이 200년 전 마녀 사냥으로 유럽 전체에서 희생되었던 수만큼 살인을 자행했는데, 그 수는 10만 명에 달했다. 마침내 1529년에 황제는 정치적 낙관주의라는 모토를 가지고 제국 신분 계층 가운데 '프로테스탄트'들과 직접 대결했다. 이후 그는 1532년 투르크인의 침입에 직면해서 프로테스탄트 제후들과 뉘른베르크 종교 화의를 맺었다(이 종교 화의를 통해서 황제는 프로테스탄트 교도들과 휴전하는 데 동의했다). 1547년 프로테스탄트 제후들을 상대로 치렀던 내전에서 승리를 거두었으나, 5년 뒤 그는 (1552년에 작센의 프로테스탄트 제후 모리츠의 주도로 제후들이 일으켰던) 반란을 계기로 제후들에 의해서 독일에서 추방되었다. 그러는 사이에 군주제적 중앙집권제와 가톨릭 교회에 유리한 요구들이 제국 개혁을 통해서 강력하게 제기되었다. 그러나 교황들은 카를에게 별다른 감사의 표시를 하지 않았다. 가톨릭 교회를 위해서 그는 제국 영내에서 다시 한번 공의회가 개최될 수 있도록 배려했고, 결국 1545~1563년에 트리엔트 공의회가 개최되었다. 다음번 공의회는 300년 뒤에야 개최되었다. 교회 문제 때문에, 구체적으로는 제국이 존속하는 동안 독일 헌법의 근간이 되었던 1555년의 아우크스부르크 종교 화의로 인해서 카를의 황제 정책은 마침내 막을 내렸다(아우크스부르크 종교 화의로 인해서 독일의 가톨릭과 루터파는 동등한 권리를 가지게 되었고, 제후들은 그들 영토의 종교를 자유로이 결정할 수 있게 되었다).

카를 때문에 아라곤 왕국과 부르고뉴 공작령의 오래된 이해관계에서 비롯된 프랑스와의 적대 관계가 독일의 정치적 유산이 되었다. 이제 그는 이웃 프랑스와 모든 방면에서 국경을 접하게 되었다. 물론 그가 외국의 지배권에서 비롯된 대립을 독일의 이해관계와 결부시켰던 첫 번째 합스부르크 가문의 인물은 아니었다(외국의 지배권에서 비롯된 대립을 독일의 이해관계와 결부시키는 양상은 1714년의 스페인 왕위계승전쟁 시기까지 제국 정책의 고질적인 문제였다). 그러나 그와 프랑스의 대립은 정말로 극적인 요소를 내포하고 있었다고 말할 수 있다. 1525년 카를의 프랑스 경쟁자(프랑수아 1세)의 구금을 시작으로 1529년 '캉브레 조약', 1536년 프랑스 왕과의 양자 결투 제안, 자유라는 이름 아래 프랑스가 점령한 제국 직속 도시 메스, 베르됭, 툴, 캉브레를 독일 제후들이 획득하는 데 실패한 1552년의 사건까지 말이다.

교황들도 이탈리아의 영방 군주로서 이 대립에 개입했고 개입의 대가로 잔인한 전쟁법에 의해서 처벌받았다. 1527년, 독일 용병들의 '로마의 약탈[사코 디 로마(Sacco di Roma): 신성 로마 제국의 군인들이 로마의 교황령을 공격한 사건]'은 로마 역사에서 마치 이전의 노르만인, 반달족, 고트족, 갈리아족의 침략과 같이 불행한 사건이었다. 1530년에 볼로냐에서 거행된 카를 5세의 황제 대관식은 카를 대제 이래로 700년이 넘는 전통 속에서 교황이 주관한 마지막 대관식이었다. 또한 카를 5세는 황제직에서 스스로 물러났던 최초의 황제였다. 그는 1556년에 황제직을 사임했다. 그리고 1806년에 있었던 역사상 두 번째의 황제직 사임과 함께 독일 민족의 신성 로마 제국은 붕괴되었다.

이 제국은 결코 괴물이 되지 않았다. 이 제국이 연방 국가로 변모했기 때문이다. 이러한 정치적 변모로 인해서 제국은 중앙집권적인 유럽 열강들보다는 아마도 더 선진화되었으리라 생각된다. 주권적이고 중앙집권적인 국가관을 가지고 있던 당대 사람들, 특히 역사가들은 이 점을 이해하지 못했다. 그럼에도 불구하고 제국은 약점과 불완전함, 심지어 모든 정치적 현실의 모순을 심각할 정도로 내포하고 있었다. 그러나 제국은 많은 정치적 협상, 특히 어려운 종교적 문제를 해결하는 데 기반을 마련했다. [1618년 5월 23일 프로테스탄트 신자들이 황제의 관리를 프라하 성당의 회의실 창문 밖으로 내던진] 이른바 프라하의 창문 투신 사건으로 유럽 열강들이 독일에서 치른 삼십년전쟁이 유발되기 전까지 제국은 '슈말칼덴 전쟁' 이후 70년 동안 평화를 유지했다. 제국은 1683년 이후 그리스도교의 이름 아래 투르크의 지배로부터 남동 유럽을 해방시키는 데 앞장섰다.

황제들은 가톨릭 신자로 남았다. 그러나 황제의 선출은 프로테스탄트 측의 참여를 통해서만 유효했다. 황제의 대관식은 종교적인 행위였지만 황제권에 대한 초월적 해석보다는 전통 때문에 더 존중되었다. 황제들은 지속적으로 합스부르크 가문에서 배출되었다. 그러나 제국은 통치자를 선출하는 군주국으로 생각되었다. 제국에 거주하는 대부분의 사람은 황제의 직속 신하가 아니었다. 그러나 정치적 동질성은 종파, 제후령, 제국 직속 도시, 제국과 관계없는 지배권에 따라서 쉽게 분할되었다. 제국의 이러한 문제점들과 정치적 특성은 전 유럽에 알려졌다. 그럼에도 불구하고 제국 통치자의 칭호는 존경받았고 그에 대한 신화도 존중되었다. 그러한 제국이 더 이상 존속하지 않자, 독일의 시인들은 민족적 손해에 대한 통한의 글들을 남겼다. 비록 황제의 지배권이 확고하지는 않았지만, 제국이 존속하는 1,000년 동안 제국은 대내외적으로 유럽의 운명을 1,000년 동안 결정해왔다. 제국은 중세의 위대한 정치 이념인 '황제라는 존재'를 통해서 마치 수수께끼처럼 오랫동안 존속되고, 유지되었으며, 정당화되었다.

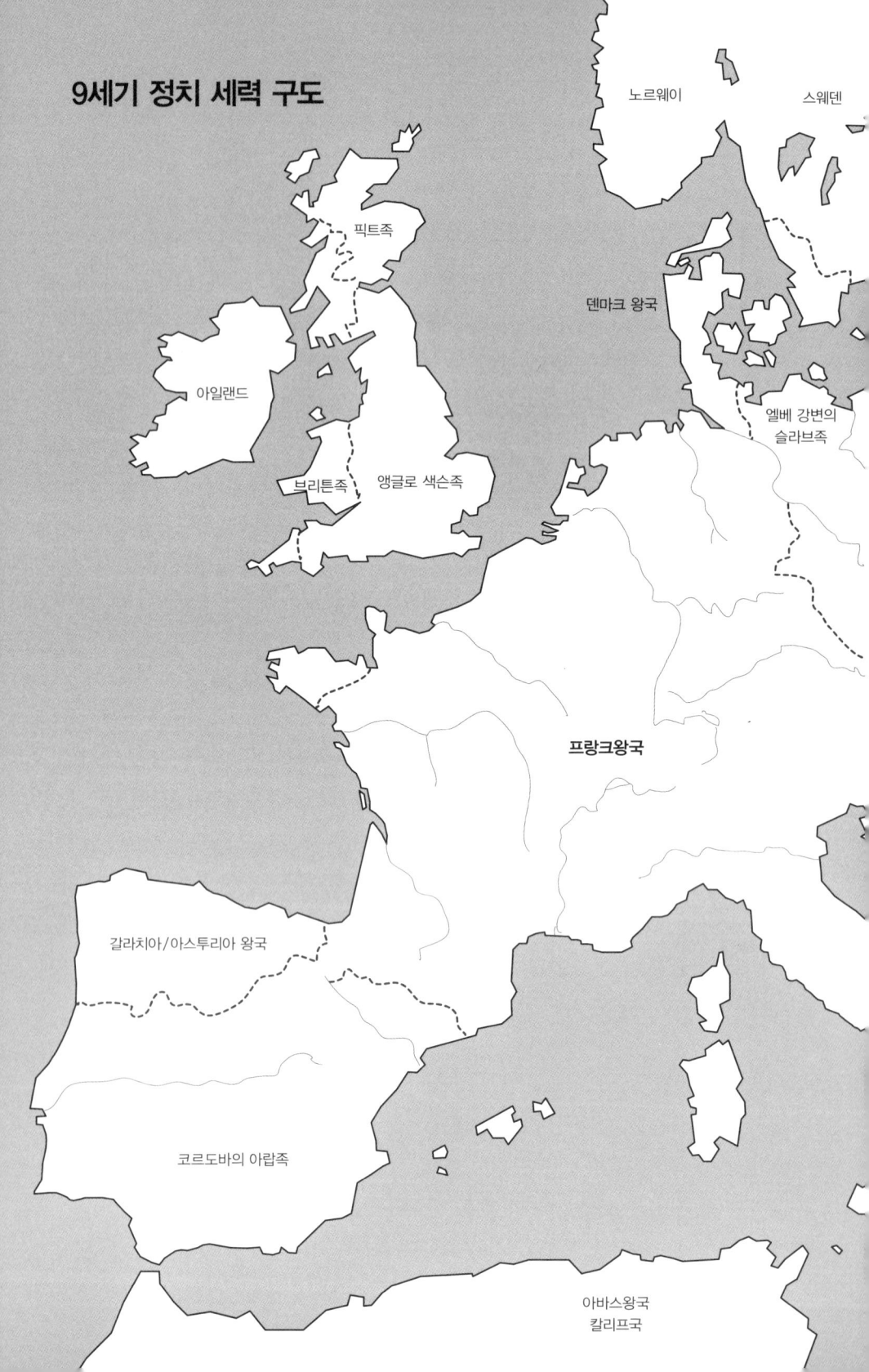

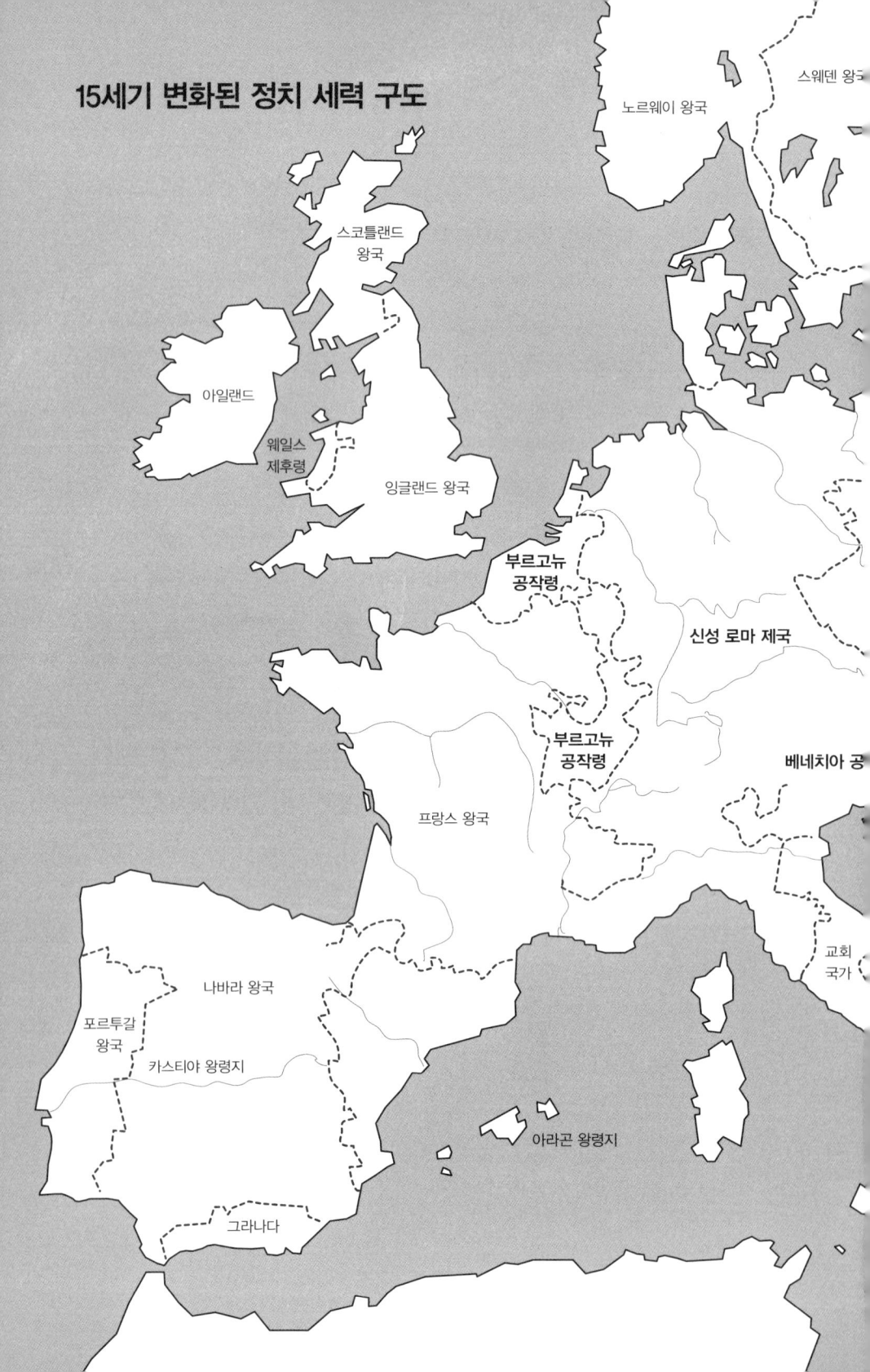

부록 | 중세 연표

황제, 왕, 교황

시기	내용
476~493	로마의 군대가 게르만족의 군사 지도자 오도아케르를 왕으로 추대했고 서로마 제국의 황제 로물루스 아우구스툴루스를 폐위시켰다.
482~511	왕 클로트비히 1세가 프랑크족의 가장 성공적인 통치자로 재임했다.
492~496	교황 겔라시우스 1세가 주창한 '두 개의 검' 이론[본문 제1장 83쪽 참조].
493~526	테오도리쿠스가 동고트족의 대왕으로 군림했다.
498~514	교황 심마쿠스.
527~565	비잔티움의 대제 유스티니아누스 1세가 다시 한번 지중해 지역을 통합했다.
530~532	게르만족 출신의 첫 번째 교황 보니파키우스 2세.
570~632	이슬람교의 창시자 무함마드(마호메트).
590~604	교황 그레고리우스 1세.

610~641	비잔티움 제국('동로마 제국')의 황제 헤라클레이오스가 711년까지 존속하는 새로운 왕조를 세웠다.
623~639	[동서로 분리된 프랑크 왕국 가운데 동쪽 왕국인] 아우스트라시아의 왕이자 629년부터 프랑크 왕국의 왕으로 '메로빙 왕조의 마지막 실권자'였던 다고베르트 1세의 재위 기간.
687~714	카롤링 가문의 피핀 2세[중(中)피핀: 한 가문에 같은 이름을 가진 인물이 많았던 까닭에 이들을 구분하는 여러 방법이 후대에 와서 고안되었는데, 카롤링 가문의 경우에도 피핀 2세의 손자는 소(小)라는 별칭이 붙어서 '소피핀'으로 불렸음]가 궁정 집사로 활동했다.
714~741	피핀 2세의 아들 카를 마르텔이 궁정 집사로 전 왕국을 통치했으며 권력자로 인정받는 것에 성공했다.
751~768	카를 마르텔의 아들인 피핀 3세가 프랑크 왕국의 왕으로 재임했다.
752~757	교황 스테파누스 2세가 프랑크 왕국과의 관계를 더욱 돈독히 했다.
	카롤링 왕조. 동프랑크계는 911년까지, 서프랑크계는 987년까지 존속했다.
768~814	프랑크 왕국의 왕 카를 대제. 800년부터는 황제로 재임했다.
772~795	교황 하드리아누스 1세.
786~809	하룬 알 라시드. 바그다드의 칼리프이자 예술 후원자.
759~816	교황 레오 3세가 800년에 카를을 로마의 성 베드로 대성당에서 황제로 대관했다.
811~813	비잔티움의 황제 미카일 1세가 812년에 카를 대제를 황제로 인정했다.
814~840	경건왕 루트비히의 재위 기간.

830~846	모라비아의 제후 모이미르가 모라비아 왕조의 지배권을 확립하였다.
840~855	루트비히 1세의 장남 황제 로타르 1세의 재위 기간. 817년부터는 공동 황제로 재임했다.
843~877	대머리왕 카를 2세가 왕으로 재임했다. 875년부터는 황제로 재임했다.
847~855	교황 레오 4세가 바티칸 주위에 축성을 했다.
858~867	교황 니콜라우스 1세가 교황의 수장권을 강화했다.
871~899	지적인 통치자로 유명한 앵글로 색슨의 앨프레드 대왕의 재위 기간.
872	노르웨이의 왕 금발의 하랄이 대왕국을 건설했다. 그는 933년경에 사망했다.
887~899	케르텐 지역 출신의 황제 아르눌프가 모라비아 왕국과 전투를 벌였고 두 번에 걸친 이탈리아 원정을 단행했다.
893~927	불가리아의 칸이자 차르였던 시메온 대왕이 비잔티움을 정복하고자 했으나 아무것도 이루지 못했다.
911~918	동프랑크 왕국에서 카롤링 왕조가 소멸하자 왕으로 선출되었던 프랑켄의 콘라트 1세의 재위 기간.
912~961	아브드 알 라흐만 3세가 톨레도와 아프리카 북서부 지역을 점령했다.
919~936	작센의 대공 하인리히 1세가 독일의 왕으로 재임했다.
921/922~935	보헤미아의 성왕 바츨라프 1세의 재위 기간.
936~973	동프랑크 왕국(독일)의 대제 오토 1세가 황제직을 차지했다.
973~983	독일의 왕이자 신성 로마 제국의 황제 오토 2세의 재위 기간.
978~1015	키예프의 대제후였던 성왕 블라디미르 1세의 재위 기간.
987~996	서프랑크 왕국(프랑스)에서 카롤링 왕조의 마지막 후손이 사망

	하자 위그 카페가 왕으로 등극하여 1789년까지 이어지는 새로운 왕조를 일으켰다.
991	오토 2세의 미망인이자 가장 대표적인 여성 섭정인 테오파노가 사망했다.
992~1025	용감왕 볼레수아프 1세가 폴란드의 대공으로 통치를 시작했고 1025년부터 왕으로 재임했다.
996~1002	교황 그레고리우스 5세가 983년에 독일의 왕위를 차지한 오토 3세를 대관했다. 오토 3세는 일시적이나마 그리스도교적 이상의 주창자가 되었다.
999~1003	오리야크의 제르베르, 즉 후대의 교황 실베스테르 2세의 재위 기간.
1000~1035	나바라의 대왕 산초 3세가 카스티야 백작령을 정복하고 자신의 왕국을 아들들에게 나누어주었다. 이로 인해서 나바라, 카스티야, 아라곤 왕국이 형성되었다.
1001~1038	헝가리의 성왕 이슈트반 1세의 재위 기간.
1016~1035	대왕 크누트 2세가 잉글랜드의 왕으로 재임했다. 1018년부터는 덴마크의 왕으로, 1028년부터는 노르웨이의 왕으로 재임했다.
1019~1054	현자 야로스라프 1세가 키예프 공국의 대공으로 재임했다.
1049~1054	에기스하임의 부르노가 교황 레오 9세로 재임했다.
1056~1106	독일의 왕이자 신성 로마 제국의 황제인 하인리히 4세의 재위 기간.
1066~1087	잉글랜드의 정복왕 윌리엄 1세의 재위 기간.
1073~1085	클뤼니 수도회의 사정을 잘 알고 있던 수도사 힐데브란트가 교황 그레고리우스 7세로 등극하면서 '정열적인 성자'로서 역사의 무대에 뛰어들었다.
1077~1080	슈바벤의 대공 루돌프가 대립왕으로 재임했다.

1080~1085	덴마크의 성왕 크누트 4세가 덴마크의 교회 조직을 위해서 노력했다.
1085	카스티야와 레온의 왕 알폰소 6세가 톨레도를 점령하고 스스로를 스페인의 왕으로 칭했다.
1088~1099	교황 우르바누스 2세.
1095	카스티야의 왕 알폰소 6세가 포르투갈을 자신의 사위 부르고뉴의 앙리에게 양도했다.
1099~1118	교황 파스칼리스 2세.
1106~1125	독일의 왕이자 신성 로마 제국의 황제 하인리히 5세의 재위 기간. 그는 감금된 교황 파스칼리스에게 서임권을 양도하도록 강요했다. 하인리히 5세가 사망하면서 잘리어 왕조도 소멸되었다.
1108~1137	프랑스의 왕 루이 6세.
1137~1180	프랑스의 왕 루이 7세.
1125~1137	작센의 대공이자 왕이었고 황제였던 주플린부르크의 로타르가 바이에른의 대공 하인리히 10세의 상속녀와 결혼했다. 그 결과 슈타우펜 가문과 벨프 가문 사이의 대립이 발발했다.
1130~1143	교황 인노켄티우스 2세.
1138~1152	슈바벤의 대공 프리드리히 1세의 아들인 콘라트 3세가 독일의 왕으로 등극하면서 1250년까지 슈타우펜 왕조가 지속되었다.
1141~1162	헝가리의 왕 게자 2세가 헝가리 북부 지역[치프스: 슬로바키아 내에서 독일어가 사용되고 있는 지방]과 트란실바니아로 독일인을 이주시켰다.
1145~1153	클레르보의 베르나르두스와 밀접한 관계를 맺었던 시토회의 수도사인 교황 에우게니우스 3세의 재위 기간.
1152~1190	독일의 왕이자 신성 로마 제국의 황제 프리드리히 1세 바르바로사의 재위 기간. 그는 1190년에 소아시아의 살레프 강에서 익

	사했다.
1154~1189	잉글랜드의 왕 헨리 2세가 1399년까지 이어졌던 앙주~플랜태저넷 왕조를 세웠다.
1157~1182	덴마크의 대왕 발데마르 1세의 재위 기간.
1158~1214	카스티야의 왕 알폰소 8세가 '스페인 재정복 전쟁'에 혼신의 힘을 쏟았다.
1159~1181	법률적 지식을 겸비한 대표적인 교황 알렉산데르 3세의 재위 기간.
1189~1199	잉글랜드의 사자심왕 리처드의 재위 기간.
1190~1197	독일의 왕이자 신성 로마 제국의 황제인 하인리히 6세가 집권하던 시기에 슈타우펜 황제권이 절정에 다다랐다.
1198~1216	교황 인노켄티우스 3세의 재위 기간.
1198~1208	독일의 왕인 슈바벤의 필리프가 살해당했다.
1198~1215	[사자공 하인리히의 둘째 아들] 브라운슈바이크의 오토 4세가 독일의 왕이자 신성 로마 제국의 황제가 됨으로써 벨프 왕조가 성립되었다.
1199~1216	잉글랜드의 실지왕 존의 재위 기간.
1212~1250	슈타우펜 왕가의 프리드리히 2세가 독일의 왕이자 신성 로마 제국의 황제로 재임했다.
1217~1252	성왕 페르난도 3세가 카스티야의 왕(1217~)이자 레온의 왕(1230~)으로 두 왕국을 통일했다.
1202~1241	덴마크의 승리왕 발데마르 2세의 재위 기간.
1222~1235	황제 프리드리히 2세의 아들이자 독일의 왕이었던 하인리히 7세가 아버지에 의해서 1235년에 폐위되었다. 그는 1242년에 사망했다.
1226~1270	프랑스의 성왕 루이 9세가 법률 체계를 정비했다.

1227~1241	교황 그레고리우스 9세가 이탈리아에 대한 프리드리히 2세의 지배권을 무너뜨리려고 했다.
1243~1254	교황 인노켄티우스 4세의 재위 기간.
1247	1246년 이후로 대립왕이었던 튀링겐의 백작 하인리히 라스페가 사망했다.
1247~1256	홀란트 출신의 빌렘이 독일의 왕 빌헬름으로 재임했다.
1253~1278	프르셰미슬 왕가의 '황금의 왕' 오타카르 2세가 보헤미아의 왕으로 재임했다.
1250~1266	스웨덴 왕으로 선출된 아들의 후견인 자격으로 시민 출신 야를이 대리 통치권을 행사했다.
1260~1294	몽골의 통치자 쿠빌라이 칸의 시대에 몽골 제국이 최전성기를 누렸다.
1270~1285	프랑스의 대담왕 필리프 3세의 재위 기간.
1272~1307	잉글랜드의 왕 에드워드 1세가 입법자로 두각을 나타냈다.
1273~1291	합스부르크 가문 출신의 루돌프 1세가 독일의 왕으로 선출되면서 실권이 없고 이름뿐인 황제의 시대인 '황제 공위 시대'가 종식되었다.
1285~1314	프랑스의 미남왕 필리프 4세의 재위 기간.
1294~1303	교황 보니파키우스 8세가 교황의 지배권을 강화했다.
1298~1308	오스트리아의 대공이자 독일의 왕이었던 알브레히트 1세가 그의 조카 요한에게 살해당했다.
1306~1329	스코틀랜드의 왕 로버트 1세의 재임 기간. 그는 1314년의 전쟁으로 독립을 획득했다.
1307~1327	잉글랜드의 왕 에드워드 2세의 재위 기간.
1308~1313	독일의 왕이자 신성 로마 제국의 황제인 룩셈부르크의 하인리히 7세의 재위 기간.

1314~1347	바이에른공 루트비히 4세가 독일의 왕이자 신성 로마 제국의 황제로 재임했다.
1314~1330	오스트리아의 미남공 프리드리히가 바이에른공 루트비히와 함께 독일의 왕위에 올랐다(이중 왕권).
1312~1350	'입법자' 알폰소 11세가 카스티야와 레온의 왕으로 재임했다.
1316~1334	교황 요한네스 22세가 '아비뇽의 재정 체계'를 완성시켰다.
1327~1377	당대의 대표적인 전투 지휘자 에드워드 3세가 잉글랜드의 왕으로 재임했다.
1331~1355	(1345년 이후로) 세르비아와 그리스의 왕이자 황제(차르)였던 스테판 두샨이 세르비아-그리스 대왕국을 건설하기 위해서 노력했다.
1333~1370	폴란드의 대왕 카지미에슈 3세는 재위 기간에 입법 활동, 화폐 주조, 대학 설립 등을 통해서 내적 발전을 도모했다.
1334~1342	시토 수도회 출신의 개혁가 베네딕투스 12세가 교황으로 재임했다.
1342~1352	교황 클레멘스 6세의 재위 기간. 그는 교황에 즉위하기 전, 황제 카를 4세의 개인 교사였다.
1346~1378	'대귀족 가문' 출신의 카를 4세가 독일의 왕이자 신성 로마 제국의 황제로 재임했다.
1340~1375	발데마르 4세 아테르닥이 덴마크의 왕으로 재임했다. 그는 재위 기간에 과거 덴마크의 통치 지역을 완전히 수복했다.
1342~1382	헝가리와 폴란드의 대왕(1370~) 로요슈 1세의 재위 기간.
1345~1377	리투아니아의 대공 올게르드의 재위 기간.
1359~1389	모스크바의 대공 드미트리 이바노비치 돈스코이가 모스크바에 크렘린 궁전을 건설했다. 그는 러시아인이 1380년에 돈 강 근처의 평원 전투에서 타타르족에게 첫 번째 승리를 거두는 데 결정

	적인 역할을 했다. 이러한 이유로 그는 돈스코이로 불렸다.
1364~1380	프랑스의 현명왕 샤를 5세의 재위 기간. 그는 국가의 재정과 국방 조직을 개혁했고 대학을 지원했다. 그의 정책은 새로운 유형의 국가 발전에 결정적인 기여를 했다.
1377~1399	잉글랜드의 왕 리처드 2세의 재위 기간. 그는 사촌 헨리 4세에 의해서 강제로 폐위되었다(이후 왕위 쟁탈을 둘러싸고 벌어진 요크 가문과 랭카스터 가문 사이의 전쟁은 1485년까지 지속되었다).
1385~1433	포르투갈의 왕 주앙 1세의 재위 기간. 그는 카스티야와의 알주바로타 전투에서 자신의 왕국을 성공적으로 방어했다.
1386~1434	폴란드의 왕으로 등극하면서 부아디수아프로 불렸던 리투아니아의 대공 야기에우오가 유럽에서 가장 광대한 지배권을 장악했다.
1387/1389~1412	덴마크, 노르웨이, 스웨덴의 여왕 마르그레테 1세가 16세기까지 존속했던 '북유럽 동맹'을 결성했다.
1389~1404	교황 보니파키우스 9세의 재위 기간.
1400~1410	독일의 왕 팔츠의 루프레히트의 재위 기간.
1410~1419	1415년 콘스탄츠 공의회가 교황 요한네스 23세를 폐위시켰다.
1410~1437	지기스문트가 헝가리의 왕(1387~), 보헤미아의 왕(1420/ 1436~), 독일의 왕(1410~)이자 신성 로마 제국의 황제(1433~)로 재임했다. 그의 사망과 함께 룩셈부르크 왕조가 소멸되었다.
1412	밀라노 도시 공화국의 영주 잔 마리아 비스콘티가 살해되었다. 그의 형이자 공동통치자인 필리포 마리아 비스콘티가 전제 군주정을 시작했다. 필리포 마리아 비스콘티는 1447년에 사망하였다.
1417~1431	개혁가이자 교황권을 새로이 통합한[대분열의 종식] 교황 마르

	티누스 5세의 재위 기간.
1422~1461	프랑스의 왕 샤를 7세의 재위 기간.
1422~1461	헨리 6세가 잉글랜드의 왕으로 재임했다. 그는 1470~1471년에도 왕으로 재임했다.
1438~1806	이 기간 중 1742~1745년을 제외하고는 합스부르크 왕가가 독일의 왕권과 신성 로마 제국의 황제권을 차지했다. 1516~1700년에는 스페인의 왕관을, 1526~1918년에는 벤첼이 차지하고 있던 보헤미아의 왕관과 헝가리의 이슈트반의 왕관을 차지했다.
1440~1493	프리드리히 3세가 독일의 왕이자 신성 로마 제국의 황제로 재임했다.
1447~1455	교황 니콜라우스 5세의 재위 기간. 첫 번째 르네상스 교황으로서 그는 바티칸 도서관의 주춧돌을 세웠다.
1447~1492	폴란드의 왕 카지미에슈 4세 안드레아스의 노력으로 그의 아들 부아디수아프가 보헤미아(1471)와 헝가리(1490)의 왕관을 차지했다. 이로써 야기에우오 왕조의 대왕국이 형성되었다.
1448~1481	크리스티안 1세기 덴마크, 노르웨이, 스웨덴의 왕, 슐레스비히의 공작, 홀스타인의 백작으로 재임했다.
1458~1490	마티야슈 1세 코르비누스가 헝가리와 보헤미아의 왕(1469~)으로 재임했다.
1458~1471	포디에브라트가 보헤미아의 왕으로 재임했다.
1458~1464	인문주의자이자 시인인 교황 피우스 2세의 재위 기간. 그는 교회의 입지를 강화했고 투르크인에 대한 십자군 원정을 꾀했지만 아무 것도 얻지 못했다.
1461~1483	잔인왕 루이 11세가 프랑스의 왕으로 재임했다.
1461~1483	에드워드 4세가 잉글랜드의 왕으로 재임했다.

1474~1504	이사벨 1세가 카스티야와 레온의 여왕으로 재임했다.
1479~1516	아라곤의 왕 페르난도 2세의 재위 기간. 그가 카스티야의 이사벨과 결혼함으로써 스페인이 지속적으로 통합될 수 있었다.
1483~1498	프랑스의 왕 샤를 8세가 합스부르크 왕가와 80년에 걸친 전쟁을 개시했다.
1485~1509	잉글랜드의 왕 헨리 7세가 1603년까지 통치했던 새로운 왕조인 튜더 왕조를 일으켰다.
1493~1519	독일의 왕이자 신성 로마 제국의 황제 막시밀리안 1세가 살린스 전투에서 샤를 8세를 격파함으로써 부르고뉴 지역의 영토 일부를 되찾았다. 그는 마티야슈 1세 코르비누스가 죽자 1490년 합스부르크 상속령을 되찾았고 보헤미아와 헝가리의 왕위 계승권을 주장했다.
1498~1515	프랑스의 왕 루이 12세의 재위 기간. 그는 1513년 성체 동맹에 의해 밀라노에서 추방되었다.
1509~1547	잉글랜드의 왕권을 차지한 헨리 8세가 독선적인 지배자로 부상했고 이후 교황과의 관계를 단절했다.
1513~1521	조반니 메디치가 교황 레오 10세로 재임했다.
1515~1547	이탈리아에 대해 적극적인 정책을 전개했던 프랑수아 1세가 프랑스의 왕으로 재임했다.
1519~1556	카를 5세가 독일의 왕, 스페인의 왕(1516~)으로 재임했다. 그는 교황이 대관한 마지막 황제로 1530년 볼로냐에서 황제로 등극했다. 1558년에 사망한 그는 왕위 그리고 통치자로서의 모든 책무에서 스스로 물러난 유일한 황제였다. 부르고뉴의 상속령은 그의 아들 필리프 2세(1556~1598)에게, 제국은 페르디난트 1세(1556~1564)에게 상속되었다.
1522~1523	교황 하드리아누스 6세의 재위 기간. '마지막 독일인 교황'이었

	던 그는 통일된 그리스도교를 수호하고 교회 개혁을 관철시키고자 했다. 그러나 이러한 시도들은 무위에 그치고 말았다.
1523~1534	줄리오 메디치가 교황 클레멘스 7세로 재임했다.
1523	덴마크와 노르웨이의 왕(1513~1523), 스웨덴의 왕(1520~1523), 슐레스비히와 홀슈타인의 대공이었던 크리스티안 2세가 스웨덴에서 '스톡홀름의 대학살'을 계기로 정국을 장악했다. 그러나 결국 그는 구스타프 바자에 의해서 쫓겨나게 되었다.
1553~1558	튜더 왕조의 '가톨릭 여왕' 메리 1세(피의 메리)의 재위 기간. 헨리 8세의 딸로 잉글랜드의 왕위에 오른 그녀는 1554년 카를의 아들인 스페인의 펠리페 2세와 결혼함으로써 잉글랜드를 다시 가톨릭 국가로 만들고자 했다.

정치적 사건들

시기	내용
약 500	프랑크족의 통합. 인접한 게르만 왕국들에 대항하여 세력을 확장했다. 클로트비히의 세례를 계기로 중세 게르만 왕들과 로마 교황들이 맺었던 밀월 관계의 초석이 다져졌다.
496~534	지기스문트 왕의 개종와 함께 가톨릭으로 개종되었던 론-손 강변의 부르군트(부르고뉴) 왕국이 프랑크족에 의해서 정복, 통합되었다.
493~553	이탈리아에 동고트 왕국이 건립되었다.
약 500	클로티비히가 알레마니족을 정복하면서 자신의 세력을 확장해 갔다.
507~711	피레네 반도의 서고트 왕국. 슬라브족들이 북해와 아드리아 해 사이의 지역으로 들어와 소규모의 정치 세력을 형성했다.
533/534~535	유스티니아누스가 북아프리카 반달족과의 전쟁에서 승리했다.
535~553	유스티니아누스가 북부와 중부 이탈리아에 있던 동고트족과의 전쟁에서 승리했다.
554	유스티니아누스가 스페인 남동부의 주요 요새와 항구도시들을 정복했다.
568~774	북부와 중부 이탈리아의 남쪽 지역에 대한 롬바르드족의 통치. 아바르족이 중앙아시아에서 중부 유럽의 동쪽 지역까지 침투하여 조공을 거두었다.

614	페르시아인이 예루살렘을 정복했다.
	비잔티움 제국의 그리스화가 지속되었다. 비잔티움 제국은 지중해 동부 지역에서 독립적인 중추 세력으로 성장했다.
616	비잔티움 제국이 스페인 해안 지역을 서고트 왕국에게 다시 빼앗겼다.
634 이후	아랍인이 시리아와 페르시아인을 정복했다.
	이슬람교가 확산되었다. 네 명의 정통 칼리프의 재위 기간과 우마이야(옴미아드) 왕조(661~715)의 통치 시기에 이슬람 세력이 옛 로마 제국의 북부 아프리카와 피레네 반도의 상당 부분을 정복했다.
	프랑크 왕국의 중심이 파리 근교의 분지에서 마스(뫼즈) 강과 라인 강 지역으로 옮겨졌다.
732	투르와 푸아티에 전투에서 아랍인들의 침공이 저지되었고 아키텐, 부르고뉴, 바이에른, 튀링겐 지역이 프랑크 왕국에 의해서 통치되기 시작했다.
746	[궁정 집사 카를이 수천 명의 반란군을 처형했던] '칸슈타트의 피의 재판'으로 알레마니족의 귀족 반란이 진압되었다.
	752년과 850년 사이에 '콘스탄티누스의 기증 문서'가 위조되면서 그 문서를 근거로 중부 이탈리아에 대한 교황의 주장이 설득력을 얻기 시작했다.
752	교황은 피핀에게 롬바르드족으로부터 자신을 보호해줄 것을 요청했다. 이에 대한 반대급부로 교황의 칙사였던 보니파키우스가 피핀을 성유로 축성하여 프랑크 왕국의 왕위에 오르게 했고, 754년에는 '로마인들의 보호자'로 임명했다.
	카롤링 왕조가 통치했던 프랑크 왕국이 대륙의 새로운 핵심 국가로 부상했고 변방까지 세력을 확장해갔다.

772~804	작센족과의 전쟁(782년 알레 강변의 베르됭에서 반란을 일으킨 귀족들의 처형, 785년 비두킨트의 세례).
773~774	카를 대제가 롬바르드 왕국을 정복했다.
788	바이에른의 대공 타실로가 수도원으로 축출되었고 바이에른 공국이 프랑크 왕국에 합병되었다.
795~796	아바르족이 페트로넬에서 패배했고 잘츠부르크가 대교구로 격상되었으며 도나우 강과 스페인에 변경백들이 임명되었다.
805~806	보헤미아 원정. 엘베 강과 잘레 강 사이의 소르브족의 정복. 베네치아와 달마티아도 서유럽의 새로운 황제에게 복속했다.
820 이래	섬나라 잉글랜드와 유럽 대륙에 대한 노르만족의 침입이 강화되었다.
827	아랍인이 시칠리아를 정복했다.
830~907	보라비아인의 왕국이 프랑크 왕국과 비잔티움 제국 사이의 서슬라브 지역에 대지배권을 형성했다.
831	아랍인이 팔레르모를 정복했다.
831	대교구 함부르크가 세워졌으나 노르만족의 침공으로 초토화되었다. 그 결과 대교구좌가 브레멘으로 옮겨졌다(북방 선교).
840	독일왕 루트비히 2세와 대머리왕 카를 2세가 황제권을 넘겨받은 맏형 로타르 1세에게 대항하여 동맹을 결성했다. 842년에 스트라스부르에서 결성된 이 동맹은 중세 프랑스어와 독일어로 서약되었다. 바로 '스트라스부르의 서약'이다.
843	베르됭 조약으로 제국이 삼등분되었다. 독일왕 루트비히는 동프랑크 왕국을, 카를 2세는 서프랑크 왕국을(프랑스에서는 카롤링 왕조가 987년까지 존속했다), 로타르 1세는 이탈리아 외에도 중부 왕국('로타링기아')을 얻었다.
847~852	주교들에게 대항하여 교황권을 강화할 목적으로, 이시도르의

	이름으로 교회 교령집이 위작되었다.
849	교황 레오 4세가 오스티아 근교에서 아랍인과의 전투에서 승리했다.
	반복되는 노르만족의 침입은 특히 파리, 아헨, 쾰른, 마인츠에서 '치명적인' 결과를 초래했다.
878	에딩턴의 승리로 노르만족이 잉글랜드를 완전히 정복하는 것을 막을 수 있었다.
	노르웨이인이 아이슬란드에 거주하기 시작했다.
879	대제후 올레크가 러시아의 몇몇 노르만 통치자를 규합하여 '키예프 공국(케예프루시)'을 형성했다.
911	키예프 대공국이 동슬라브 지역의 종족들을 차르에게 공납을 바치는 종속적인 지위에서 해방시켰다.
911	노르만족의 지도자 롤로가 단순왕 샤를 3세에게 프랑스 서부의 '노르망디'를 분봉받았다. 이에 만족한 노르만족은 서프랑크 왕국의 정치 구조에 통합되었다.
	교황권은 지속적으로 로마 귀족들에 의해서 종속화되었다(914년 교황 요한네스 10세에 이르러서는 노녁석인 퇴폐가 극에 달했다).
	동프랑크 왕국이 처음으로 '독일인들의 왕국'으로 명명되었다.
955	오토가 마자르족과의 싸움에서 승리를 거두었다. 이를 계기로 마자르족은 이후 그리스도교로 개종했고 정착했다. 오토는 엘베 강과 오데르 강 사이의 슬라브족과의 전투에서도 승리를 거두었다.
962	로마에서 오토 1세의 황제 대관식이 거행되었다.
982	아랍인에게 대항했던 오토 2세가 참패했다.
988	'성왕' 블라디미르의 세례를 계기로 러시아의 그리스도교화가

	시작되었다.
1000	그니에즈노 대교구가 설립되면서 그니에즈노가 폴란드 종교 생활의 중심지가 되었다. 이로써 폴란드 교회가 제국의 교회로부터 해방되었다.
	폴란드와의 합병이 추진되었다. 하인리히 2세와 벌였던 수차례의 전투 끝에 폴란드는 라우지츠를 봉토로 획득했다(1002~1018).
1000	그란(에스테르곰) 대교구의 설립으로 신성 로마 제국으로부터 독립적인 교회의 구성이 헝가리에서도 가능하게 되었다.
1018	'불가리아인들의 학살자' 바실레이오스 2세가 전 발칸반도를 다시 비잔티움의 지배 구조 속으로 통합했다. 이로써 차후 400년 동안 비잔티움-불가리아 합병의 토대가 마련되었다.
1028	노르웨이에 그리스도교를 뿌리내리게 했던 성왕 울라프 2세가 크누트 2세와의 전투에서 패배하고 도주했다.
1031	스페인 우마이야 왕조의 몰락. 스페인 반도 북부에 그리스도교 왕국들이 형성되었다.
1033	콘라트 2세가 부르군트(부르고뉴)를 합병함으로써 부르고뉴, 이탈리아, 독일의 삼분 구도가 형성되었다.
1040	프랑스에서 온 노르만족이 아랍인을 남부 이탈리아에서 몰아내고 새로운 봉건 지배층으로 등장하였다.
1046	수트리 교회의 회의에서 세 명의 교황이 폐위되었고 황제 하인리히 3세의 강권에 의해 밤베르크의 주교가 교황 클레멘스 2세로 임명되었다.
1054	서유럽 교회와 동유럽 교회가 분열되었다. 법적으로는 현재까지도 분열이 지속되고 있다.
1061	노르만족이 아랍인이 점령했던 시칠리아를 정복했다.

1066	밀라노의 파타리노('넝마주이') 분쟁이 과격해지면서 밀라노의 주교 서임권을 놓고 벌어진 '파타리노' 운동은 급진적 교회 개혁 세력으로 돌변했다.
	노르망디의 공작 기욤, 즉 정복왕 윌리엄 1세가 헤이스팅스 전투에서 잉글랜드의 해럴드 2세에게 승리를 거두고 잉글랜드의 왕이 되었다.
1075	하인리히 4세가 작센 지역의 반란을 진압했다.
	27개의 조목으로 구성된 '교황 교령'은 교황의 주장을 담고 있는데, 그레고리우스 7세의 현세관을 '극적으로' 보여준다.
1076	제국 의회와 교회 회의를 보름스에 소집한 하인리히가 교황 그레고리우스 7세를 폐위시켰다. 이로 인해 하인리히는 교회에서 파문을 당한다.
1077	참회자의 자격으로 카노사에 찾아간 하인리히 4세의 파문이 풀렸다.
	슈바벤 출신의 대립왕 루돌프가 전투에서 전사했고 슈바벤 대공령이 슈타우펜 가문으로 넘어갔다(1079).
1078	평신도에 의한 성직자의 서임 금지.
1081~1084	하인리히 4세의 이탈리아 원정과 스페인 '재정복 전쟁'
1093	제1차 롬바르디아 동맹.
1095	클레르몽 교회 회의. 여기에서 교황 우르바누스 2세가 십자군 원정을 주창했다.
1096~1099	제1차 십자군 원정. 십자군 원정대에 의한 그리스도교 예루살렘 왕국의 건립.
1103	마인츠 제국 의회, 제국 평화령.
	생 드니 수도원의 원장인 쉬제(1080~1151)가 프랑스 왕에게 왕권신수설을 설파했다.

1122	부르군트의 앙리 사망. 그는 1112년에 포르투갈이 카스티야와 레온으로부터 독립하는 데 결정적인 공헌을 했다.
	보름스 협약을 통해서 '서임권 투쟁'을 종식시키려는 시도가 이루어졌다.
1130	교황 아나클레투스 2세(대립교황, 1130~1138)가 노르만족의 로제르(루지에로) 2세를 '두 개의 시칠리아(시칠리아 섬과 남부 이탈리아)'의 왕으로 대관했다.
1135	잉글랜드로 온 블루아의 백작 스티븐이 교회와 수많은 귀족에 의해서 왕으로 인정되었다. 반면에 헨리 1세는 자신의 딸이자 하인리히 5세의 미망인인 마틸다를 자신의 후계자로 삼도록 강요했다. 이로 인해 내전이 발발했다.
1137	'세간의 화제였던 여성' 아키텐의 엘레오노르가 프랑스의 루이 7세와 첫 번째 결혼식을 올렸다. 그녀는 루이 7세와 이혼한 후 1152년에 잉글랜드의 헨리 2세와 재혼했다.
	프랑스의 많은 지역이 잉글랜드의 봉건 지배 아래에 놓였다.
1139	정복왕 아폰수 1세가 오리케에서 이슬람 교도를 격파했다. 교황의 도움을 받은 그는 포르투갈을 독립적인 왕국으로 승격시켰다.
1147~1149	제2차 십자군 원정 기간. 콘라트 3세와 프랑스의 왕 루이 7세가 클레르보의 베르나르두스의 간청으로 원정에 참가했다. 그러나 원정은 파국으로 끝나고 말았다.
1147	슬라브족을 응징하기 위한 십자군 원정은 별다른 성과를 거두지 못했다. 사자공 하인리히는 오보드리트족에게 이교적 문화를 포기하도록 강요했다.
1155	참회 설교자인 브레시아의 아르놀트가 로마에서 처형되었다.
1056	오스트리아가 대공령으로 승격되면서 바이에른으로부터 분리

	되었다.
1158	론칼리아의 제국 회의에서 프리드리히 1세가 제국 내 이탈리아 지역에 대한 지배 구조를 위해 새로운 법적 토대를 마련했다.
1170	토머스 베켓이 성직자의 몇몇 권리를 왕에게 양도하는 '클래런던 헌장'을 거부했다는 이유로 살해당했다.
1176	(피에르) 왈도(왈도파)가 [예수 그리스도를 추종했던 12사도의] 사도적 청빈 사상을 주장했다.
1176	레냐노에서 프리드리히 1세가 롬바르디아 도시동맹에게 참패를 당했다.
1181	사자공 하인리히의 추방.
1189~1192	제3차 십자군 원정.
1194	남부 이탈리아와 시칠리아의 노르만 왕국에 대한 왕위 계승권을 주장하던 하인리히 6세가 왕국을 무력으로 정복했다.
1202~1204	제4차 십자군 원정. 십자군 원정대가 콘스탄티노플을 점령했다.
1214	부빈 전투에서 프랑스가 승리함으로써 슈타우펜과 벨프 가문의 왕위 쟁탈전은 슈타우펜 가문의 승리로 끝이 났다.
1215	잉글랜드의 대헌장. 제4차 라테란 공의회.
1220	프리드리히 2세가 '성직 제후들과의 협약'을 체결했다.
1223	시베리아 남부 평원으로 칭기즈 칸(1227년 사망)이 침입했다.
1226	프로이센에 독일 기사단 국가가 건립되었다(리미니의 금인칙서).
1227	발데마르 2세가 에스토니아인에 대한 십자군 원정을 감행했다(레발 전투). 이로써 그는 북해의 해상권을 장악하고자 했으나 보른회베드 전투에서 패배하고 말았다.
1229	20년 동안 프랑스에서 지속되었던 알비파 정벌을 목적으로 하는 십자군 원정이 종식되었다.
1231/1232	프리드리히 2세가 '제후들을 위한 헌장'을 공포했다.

1235	마인츠의 제국 평화령을 계기로 군사력을 동원해서 분쟁을 자의적으로 해결하는 행위가 금지되었고, 유대인 보호가 시작되었다.
1241	몽골족이 키예프 왕국을 점령했고, 서쪽으로는 리그니츠(레그니차)까지 침공하여 유럽을 위협했다. 이후 몽골족은 내부 분열로 퇴각했으나 '킵차크 한국의 통치'는 15세기 말까지 존속되었다[남부 러시아는 몽골족의 지배를 2세기 동안 받았다]. 스페인 반도의 재정복 전쟁이 절정에 달하여 1236년 코르도바, 1243년 무르시아, 1248년 세비야가 함락되었다.
1256~1273	독일의 황제 공위 시대. '끔찍한 황제 공위 시대'로 기억되고 있다. 일곱 명의 선제후로 구성된 선거인단이 1257년 콘월의 리처드를 선출했으나 몇 달 뒤 카스티야의 알폰소 10세가 왕으로 선출되면서 양쪽 모두 왕권을 행사하지 못했다.
1257	크라코프시가 마크데부르크의 도시법을 전수받았다.
1258	[발트 해 연안에 있던 옛 독일 영토로 현재는 리투아니아의 일부인] 메멜시가 뤼베크의 도시법을 전수받았다.
1258~1265	신분 상승을 경험한 하위 귀족들의 선두 주자였던 시몽 드 몽포르가 잉글랜드를 통치하면서 각 도시에서 선출된 두 명의 시민 대표가 의회에 참석하게 되었다.
1259	잉글랜드와 프랑스 사이에서 대략 100년 동안 벌어진 전쟁의 첫 번째 대립이 종식되었다. 프랑스가 유럽의 주도권을 차지하였다.
1260	스칼리게르 가문이 베로나에서 세력 기반을 다졌다.
1265	앙주의 샤를, 즉 카를로 1세가 나폴리 왕국과 시칠리아 왕국을 분봉받았다.
1266	슈타우펜 왕가의 마지막 계승자 콘라딘과의 전투에서 승리한

	카를로 1세가 콘라딘을 처형시켰다.
1278	마르히 평원 전투에서 합스부르크가의 루돌프가 보헤미아의 오타카르 2세에게 승리를 거두었다.
1282	'시칠리아 섬의 학살.' 나폴리-시칠리아 왕국의 카를로 1세에게 대항하여 팔레르모의 주민들이 일으킨 봉기. 카를로 1세에게 대항했던 아라곤의 페드로 3세가 시칠리아에 슈타우펜 왕가가 남긴 유산에 대한 계승권을 관철시킬 수 있었다.
1291	아랍인이 아콘을 정복했다.
1291	슈비츠, 우리, 운터발덴 등이 스위스 연방을 구성했다.
1301	9세기부터 헝가리를 통치했던 아르파드 왕조가 소멸되었다.
1302	대칙서 '하나의 유일한 거룩'이 공포되었다.
1303	프랑스의 왕 필리프 4세가 교황 보니파키우스 8세를 감금했다.
1306	9세기 말부터 보헤미아를 통치하던 프르셰미슬 왕조가 소멸되었다.
1309~1376/1377	아비뇽 유수.
1312	거짓 고소에 근거해서 교황 클레멘스 5세가 성전 기사단을 해체시켰다. 이는 프랑스 정책에 유리하게 작용했다.
1323	그리스도의 삶을 모방한 청빈 사상이 제도권 교회로부터 비난을 받았다.
1324	보편적 권위를 지닌 공의회 개최에 대한 주장이 작센하우젠에서 제기되었다.
1337~1453	잉글랜드와 프랑스 사이의 백년전쟁.
1338	렌스의 선제후 동맹에서 선제후들은 자신들이 선출한 왕에 대해서 더 이상 교황의 재가가 필요하지 않다고 천명했다.
1347	콜라 디 리엔초가 로마에서 공화국을 건설하고자 했다. 이 과정에서 그는 페트라르카의 적극적인 지원을 받았지만 그의 시

	도는 무위에 그쳤다. 추방되었다가 1354년에 돌아온 콜라는 한 민중 봉기에서 살해되었다.
	'아라곤의 왕권'이 지중해 서부 지역을 장악했다.
1356	'금인칙서'로 일곱 명의 선제후에 의한 왕의 선출이 결정되었다. 이는 독일식 타협안이었다.
1357/1358	프랑스 농민의 반란(자크리의 난). 에티엔 마르셀이 파리에서 제후들과 왕에 대항하여 반란을 일으켰다.
1362	한자동맹의 상인들이 처음으로 군사력을 과시했다. 이들은 덴마크의 왕 발데마르 아테르닥의 팽창정책에 대항하여 코펜하겐을 정복하고자 했으나 실패로 끝나고 말았다.
1368	한자동맹이 뤼베크의 주도 아래에 새로이 덴마크와 전쟁을 감행했다. 이 시도는 성공을 거두었고 이로 인해서 한자동맹의 세력은 절정에 달했다.
1370	슈트랄순트의 평화.
1376	슈바벤 도시동맹이 형성되었다.
1376	교황 그레고리우스 11세가 다시 로마로 돌아왔다('아비뇽 유수'의 종식).
1378	피렌체에서 [하층 노동자인] 치옴피가 반란을 일으켰다. 이 반란은 직물 산업 종사자들의 단순한 파업 운동으로 시작했으나 혁명적 성격의 이데올로기로 무장되었다. 종교적 정당성이 이 운동을 뒷받침했다.
1378~1417	대분열의 시대로 로마와 아비뇽에 각기 한 명씩 교황이 재임하고 있었다.
1381	잉글랜드의 농민 봉기. 농민들은 왕에게서 그들의 권리를 보장받기 위해서 런던으로 진격했다.
1381	1379년에 형성된 알자스 도시동맹이 라인 도시동맹으로 확대

	되었다. 얼마 뒤 슈바벤 도시동맹과 함께 제후들에게 대항하는 남부 독일 도시동맹이 결성되었다.
1386	스위스 연방이 젬파흐에서 합스부르크의 군대를 격파했다.
1388~1389	제후들에게 대항했던 독일 도시동맹이 전투에서 패배했다.
1389	암셀 평원의 전투에서 투르크인이 세르비아 왕국의 군대를 격파했다.
1389	에게르의 왕국 평화령으로 남부 독일 도시들 사이의 전쟁이 종식되었다. 왕 벤첼은 도시들이 제후 개인에게 속한 것이 아니라 제국에 속한다는 사실을 천명했다. 제후들에게는 그들의 정치적 우월성을 인정해주었다.
1395	비스콘티 가문이 밀라노의 공작직을 맡았다.
1396	니코폴리스 전투에서 헝가리의 지기스문트와 유럽 지원군이 투르크군에게 대패했다. 이는 투르크의 대대적인 팽창을 위협하는 신호탄이 되었다.
1409	피사 공의회에서 세 명의 교황이 선출되었다.
1410	타넨베르크(스텡바르크) 전투에서 폴란드가 독일 기사단을 격파했다.
1413	파리에서 카보슈의 난[시몽 카보슈가 일으킨 폭동]이 일어났다.
1414	잉글랜드의 롤라드파가 왕권을 전복시키려는 계획을 세웠다.
1414~1418	1415년 콘스탄츠 공의회에서 얀 후스가 화형에 처해졌다. 이로 인해 보헤미아 '후스파'들의 저항은 더욱 강화되었다.
	보헤미아의 후스파의 반란. 다섯 차례에 걸친 십자군 원정으로도 후스파는 진압되지 않았고 그 결과 보헤미아는 실질적으로 공화국이 되었다.
1431~1449	바젤 공의회가 개최되었다. 하지만 1437년에 공의회는 분열되었고 1438년에는 페라라에서 그리고 1439년에는 피렌체에서

	교황 에우게니우스 4세의 주도 아래에 다시 공의회가 개최되었다. 여기에서는 그리스 정교회와의 통합이 논의되었다.
1436	바젤-이글라우 협정(현재 체코의 이흘라바에 해당하는 이글라우에서 바젤 공의회 대표자들과 후스파의 양형영성체파가 맺은 협정)으로 후스파의 교회 개혁이 인정되었다. 양형영성체파(온건 후스파들로 성찬식 때 빵과 포도주 모두를 받아야 한다고 믿었음)의 요구가 수용되었다.
1438	부르주 칙령으로 '프랑스 교회의 자유'가 인정되었다(이로써 교황청에 대한 조세 납부가 금지되었고, 프랑스 성직자에 대한 교황의 서임권이 부정되었다).
1443	그리스 종교회와의 통합 법령이 공포되었다.
1444	투르크인이 바르나 근교에서 헝가리 군대를 격파했다.
1453	콘스탄티노플의 함락으로 비잔티움 제국이 몰락했다. 잉글랜드와 프랑스 사이의 백년전쟁이 잠정적으로 종식되었다. 잉글랜드의 점령 아래에 있던 칼레만을 남기고 잉글랜드인은 본국으로 철수했다.
1454	로디의 평화협정으로 이탈리아 '5대 강국'의 세력 균형이 이루어졌다.
1455~1485	붉은 장미 문장을 사용하는 랭카스터 가문과 흰 장미 문장을 사용하는 요크 가문이 잉글랜드 왕위를 놓고 벌인 장미전쟁으로 고위 귀족들이 인적, 물적으로 큰 타격을 입었다. 반면 젠트리와 시민들은 별다른 영향을 받지 않았다.
1463~1479	투르크와 베네치아 공화국 사이의 전쟁.
1475	피키니 평화조약으로 잉글랜드가 유럽 대륙에서 철수했다. 이로써 '지도상의 근대'가 시작되었다.
1476	스위스 연방이 그랑송과 무르텐에서 부르고뉴의 대담공 샤를을

	격파했다.
1477	대담공 샤를이 낭시에서 전사했다.
1484	프랑스에서 시민들이 처음으로 '제3계층'으로 인정을 받았다.
1492	스페인이 스페인 반도 내 아랍인의 마지막 본거지인 그라나다를 정복했다.
	크리스토퍼 콜럼버스가 서인도의 섬에 도착했다.
1494	샤를 8세가 이탈리아를 침공했다. 이로써 이탈리아 지역을 둘러싸고 프랑스와 합스부르크 왕가가 수십 년 동안 전쟁을 벌이게 되었다.
	토르데실라스 협정으로 포르투갈과 스페인이 교황의 중재 아래에 '신대륙'을 양분했다.
1497~1498	바스코 다 가마가 희망봉을 돌아 인도에 도착했다.
1508~1511	베네치아에 대항해서 유럽 동맹이 결성되었다.
1513	1511년부터 지속된 프랑스와의 전쟁에서 잉글랜드가 승리를 거두었다.
1524~1526	독일의 농민전쟁.
1525	파비아 전투에서 카를 5세가 프랑스 군대를 대파했으며 프랑수아 1세는 포로가 되었다.
	독일 기사단의 수장 브란덴부르크의 알브레히트가 루터파로 개종하면서 프로이센의 기사단 국가를 프로테스탄트 대공령으로 탈바꿈시켰다.
1526	모하치에서 승리를 거둔 투르크인이 헝가리의 대부분 지역을 점령했다.
1527	대중들의 봉기로 인해 메디치 가문이 피렌체에서 추방되었다.
	'로마의 약탈.' 황제의 군대가 로마를 점령하고 약탈을 자행했다.
1529	투르크군이 빈까지 침공했다. 캉브레의 평화조약으로 황제와

	프랑스 사이의 전쟁이 종식되었다.
1530	아우크스부르크 제국 의회에서 카를 5세에게 프로테스탄트 교도들의 '아우크스부르크 신앙고백서'와 가톨릭 측의 논박문인 '반박서'가 전달되었다.
1532	투르크의 위협에 직면한 카를 5세가 프로테스탄트 교도의 처벌 규정을 담은 1521년의 보름스 칙서의 시행을 무기한 연기했다('뉘른베르크 종교화의').
1534	잉글랜드 교회에 대한 왕의 수장권이 법률화되었다.
1545	트리엔트 공의회. 장기간의 압력과 비타협적인 분위기에서 개최된 공의회는 1563년까지 25회에 걸쳐서 개최되었다. 그 결과 '가톨릭 교회의 새로운 자각'이 일었다.
1546/1547	'슈말칼덴 전쟁.' 프로테스탄트로 개종한 제국 의회의 여러 신분계층이 슈말칼덴에서 결성한 동맹과 카를 5세 사이에 벌어진 전쟁. 이 전쟁 이후 카를 5세는 아우크스부르크 평화조약을 통해서 무력 충돌을 막고자 했다.
1552	프로테스탄트 '제후들의 혁명'으로 황제는 파사우의 평화협정에 서명을 해야 했다.
1555	아우크스부르크 종교화의를 계기로 수세기 동안 제국 영방 내의 종교적 갈등 문제가 진정되었다. 이로써 중세 라틴 그리스도교 세계의 통일성이 종식되었다.

사상가, 예술가, 정신생활

시기	내용
약 480~547(?)	'수도사의 아버지'로 불린 누르시아의 베네딕투스가 라틴 유럽 그리스도교의 수도원 생활을 조직화했다. 성 패트릭(385?~464)이 아일랜드와 스코틀랜드 교회를 설립했다. 그는 독자적인 종교 생활을 영위했으며 독립적인 조직체를 구성했다.
약 480~524	테오도리쿠스의 궁정 철학가 보이티우스가 중세의 대표적인 작품 『철학의 위안』을 감옥에서 저술했다.
약 490~약 583	카시오도루스가 550년부터 비바리움 수도원을 건립하고 고대의 교육체계를 전수했다.
529	누르시아의 베네딕투스가 몬테 카시노 수도원을 설립했다. 아테네의 플라톤 아카데미가 폐쇄되었다.
534	유스티니아누스의 지시로 로마법이 『유스티니아누스 법전』으로 집대성되었다. 유스티니아누스 1세의 통치 기간 동안에 당대에 가장 화려했던 소피아 성당이 비잔티움(콘스탄티노플)에 건설되었다.
약 570~637	앵글로 색슨족의 그리스도교화.
589	스페인의 서고트족이 아리우스파를 배척하고 가톨릭으로 개종했다.
594	프랑크족의 왕들에게 영향력을 행사했고 『프랑크족의 역사』를 서술했던 투르의 그레고리우스가 사망했다.

615	뤽세이유와 보비오 수도원의 원장으로 대륙에서 가장 강력한 영향력을 행사했던 아일랜드 선교사 콜룸바누스가 사망했다.
625	생 드니 수도원의 건립.
636	자신이 편찬한 『만물의 어원』에서 고대 말기의 지식들을 수록했던 세비야의 대주교 이시도르가 사망했다.
약 650~754	철학자, 시인, 설교가였던 다마스쿠스의 요한네스가 동부 슬라브족들을 개종시켰다.
657/661	9세기에 정치적, 문화적으로 절정에 달했던 솜 강변의 코르바이 수도원 수도사들이 베저 강변에 코르바이 수도원을 세웠다.
672/673~754	앵글로 색슨 귀족 출신인 보니파키우스(본명 윈프리드)가 '독일인들의 사도'로 활약했다.
735	앵글로 색슨족의 신학자이자 역사가인 베다(비드)가 사망했다. 그는 『잉글랜드 교회사』로 1899년 교부로 추대되었던 당대의 위대한 스승이었다.
744	풀다 수도원이 설립되었다.
764	수도원이자 왕궁이었던 로르슈가 설립되었다.
772~780	로마의 코스메딘에 있는 성 마리아 성당의 확장.
786 이후	아헨의 궁정 교회 건설. 아랍인이 그리스 철학자들과 자연과학자들의 작품을 번역했다. 코르도바의 이슬람 사원(모스크) 건립. 이 사원은 990년에 완성된다. 카롤링 왕조 시대의 세밀화.
787/790	성상 숭배 논쟁으로 동방교회와 라틴 서유럽의 종교예술이 상이한 방향으로 발전하게 되었다.
804	카를 대제의 궁정 학교인 아카데미로 학자들을 불러 모았던 앨퀸이 사망했다.

	바그다드가 칼리프 왕국 문화의 중심지가 되었다.
	「힐데브란트의 노래」(810/820), 「헬리안트」(822~840), 세계 종말을 주제로 한 시 「무스필리」(825?~830). 아랍인은 인도 숫자를 계승했고 이 체계는 12세기부터 지금까지 유럽에서 '아라비아 숫자'로 명명되었다. 아랍인은 자오선의 4분의 1에 해당하는 지구 둘레의 길이를 측정했는데, 현대에 측정한 거리와 거의 일치했다.
	'장크트 갈렌 수도원의 이상적 설계도'는 수도원 개혁에 대한 경건왕 루트비히의 이상을 반영했다.
849	라이헤나우 수도원의 원장으로 꽃과 식물에 대한 책『원예술에 대해서』와 전기(특히 아인하르트의『카를 대제전』를 새롭게 기록했다), 성서 주석서를 집필했던 발라프리트 스트라보가 사망했다.
약850	요한네스 에리우게나가 대머리왕 카를의 궁정 학교에서 교습을 담당했다.
863~885	메토디오스와 키릴로스의 주도 아래에 슬라브인에 대한 선교가 이루어졌다.
865	함부르크의 초대 주교로 덴마크와 스웨덴에서 선교 활동을 벌였던 안스가르의 사망.
약870	카롤링 왕조 시대의 세밀화로 장식한 대머리왕 카를의 황금의 성서가 제작되었다.
약870	대표적인 아랍의 철학자 알킨디가 사망했다.
약870	프랑크 왕국의 수도사인 바이센부르크의 오트프리트가 성서에 근거해서 서사시 「그리스도」를 집필했다.
	앵글족의 종족법이 영어로 편찬되었다.
909/910	클뤼니 수도원의 건설.

	바르셀로나의 후베르투스가 천문학 측정기에 관한 논문을 작성했다.
950	철학자 알파라비의 사망.
	라이헤나우와 중부 라인 강 유역의 지역이 필사 학교와 세밀화 분야에서 두각을 나타냈다.
968	마크데부르크 대교구의 설립.
10/11세기	림부르크, 보름스, 힐데스하임의 대성당들, 장크트 마르틴 대성당, 쾰른의 사도 교회가 보여주는 것처럼 독일의 건축 예술이 서유럽에서 최고 수준에 도달했다.
975	대주교 빌리기스가 마인츠 대성당의 건축을 시작했다.
	잘레와 엘베 강 동부에 수많은 교구가 새롭게 세워졌다.
	프랑스 수도원들과 주교들의 주도 아래에 '신의 평화운동'이 전개되었다.
	성모마리아와 마우리티우스가 10세기 이후부터 '제국 성인'으로 각별한 존경을 받았다(마우리티우스의 창과 궁정, 성, 제국 도시들에 세워진 마리아 교회).
997	프라하의 주교 아달베르트가 프로이센에서 선교 활동을 하는 도중에 살해당했다.
약 1000	힐데스하임 대성당의 청동 부조물 제작.
	장크트 에머람 수도원(레겐스부르크)의 예술 활동이 절정에 달했다.
	아레초의 구이도가 도, 레, 미, 파, 솔, 라, 시, 도와 같은 '계명 창법'을 도입했다.
	이탈리아 문학에서 처음으로 민족어가 사용되었다.
1022	장크트 갈렌 수도원의 노트커 3세 라베오(독일인 노트커)가 그리스와 라틴어 작품들을 중세 독일어로 번역했다.

1023	몬세라트 수도원의 설립과 함께 스페인에 베네딕트 수도원이 건립되기 시작했다.
1033~1109	캔터베리의 안셀름이 스콜라 철학의 토대를 마련했다.
1037~1057	키예프의 소피아 대성당 건립.
1037	아랍의 의사이자 철학자인 아비켄나(이븐 시나)의 사망. 야로슬라프 1세가 '러시아법'을 제정하면서 그리스도교에 바탕을 둔 사회질서를 수립했다.
1050~1080	투르의 베렌가리우스와 베크의 랜프랭크 사이에 벌어진 성찬 논쟁을 계기로 실체 변화론이 확정되었다. 클뤼니 수도원 개혁의 결과였던 '그레고리우스의 개혁'은 재속 성직자들 사이에서 눈엣가시였다. '히르사우 수도원 개혁'은 클뤼니의 영향을 받았다. 후대 교황 그레고리우스 7세와 함께 낮은 신분 출신인 수도사 힐데브란트가 수세기 만에 처음으로 교황직에 올랐다. 그는 목수의 아들이었다.
1077	바이외 태피스트리는 노르만족이 군사적으로 그리고 기술적으로도 상당한 수준에 있었음을 보여준다. 동시에 잉글랜드 정복을 정당화하고 있다.
1076~1122	잉글랜드와 프랑스에서와 마찬가지로 제국에서도 '서임권 투쟁'이 전개되었다.
1079~1142	철학자 피에르 아벨라르가 긍정과 부정론을 제기했다.
1084	쾰른의 브루노가 카르투지오 수도회의 라 그랑 샤르트뢰즈 수도원을 설립했다.
1097~1141	신학자 생 빅토르 수도원의 후고가 생존했다.
1098	몰레즘의 로베르, 알베리히, 스티븐 하딩이 시토 수도회를 설립했다. 수도회는 클레르보의 베르나르두스(1091~1153)의 주도

	아래에 빠른 속도로 확산되었다.
1100~1160	신학자 페트루스 롬바르두스가 반복적으로 주석이 달렸던(전거 주석서) 성서 전거집을 저술했다.
약 1106	두 건축양식 시대에 걸쳐서 지어진 황제 성당인 슈파이어 대성당이 완공되었다.
1111	아랍의 신학자 알가잘리의 사망.
약 1115~1180	철학자이자 신학자인 솔즈베리의 존의 생존 기간. 대표작으로는 『정치가의 지침』과 『초논리 이론』을 들 수 있다.
약 1120~1140	그라티아누스가 교회 법령집인 『그라티아누스 교령집』을 편찬했다.
1121	프레몽트레 수도회의 설립. 카펜베르크(1122)는 독일에 세워진 첫 번째 프레몽트레 수도원이었다. 수도회는 이후 빠른 성장을 보였고 시토회 수도원의 숫자 역시 점차 증가했다. 일련의 종교 기사단들도 설립되었다. 카롤링 제국 수도원들과 클뤼니 수도원의 뒤를 이어 세 번째로 새로운 수도회들이 사회를 특징지었다.
1126~1198	아랍의 사상가, 의사, 법학자이며 아리스토텔레스의 '주석가'이기도 했던 아베로에스(이븐 루슈드)가 생존했다.
1127	아키텐의 공작 기욤의 사망.
	남프랑스 음유시인들의 시작(詩作) 활동으로 독일의 음유시가 자극을 받았다.
1135~1204	아리스토텔레스의 주석자이자 유대교를 신봉했던 모세 마이모니데스가 생존했다.
약 1150	일 드 프랑스에서 고딕 양식의 대성당 건축이 시작되었다.
1153	강한 영향력을 행사한 인물인 시토 수도원의 원장 클레르보의 베르나두스가 숨을 거두었다. 12세기 전반기는 그의 시대로 일컬어진다.

약 1154	샤르투르 대성당 학교의 선두 주자였던 기욤의 사망.
1170~1230	포겔바이데의 발터가 연가와 정치적인 색채의 시를 노래했다.
1174	굴리엘모 2세가 팔레르모 근교의 몬레알레에 베네딕트 수도원을 설립했다. 이 수도원 교회는 시칠리아 섬에 세워진 노르만 건축양식의 절정을 보여준다.
1179	독일의 여성 신비주의자 빙겐의 힐데가르트가 사망했다.
약 1181~1226	프란체스코 수도회의 창시자 아시시의 프란체스코(프란키스쿠스)가 생존했다. 도미니크 수도회와 함께 이 '탁발 수도회'는 사회를 다시 한번 근본적으로 변화시킬 수 있었다.
약 1185~1245	프란체스코 수도회 소속으로 파리 대학의 첫 번째 교수인 헤일스의 알렉산더(알렉산데르 할레시스)가 생존했다.
약 1200~1280	도미니크회의 수도사이자 독일의 첫 번째 대학교수였던 알베르투스 마그누스가 생존했다.
1202	신학자, 수도사, 그리고 수도회 창시자인 피오레의 요아킴이 미래에 대한 전망을 제시하면서 '성령의 제3왕국'을 기원했다.
1200까지	파리, 볼로냐, 몽펠리에, 옥스퍼드 대학의 설립.
약 1200·1210	중세 독일의 영웅 서사시 볼프람의 『파르치팔』이 쓰였다.
약 1208	슈트라스부르크(스트라스부르)의 고트프리트가 『트리스탄과 이졸데』를 완성했다.
1209	케임브리지 대학이 설립되고 마크데부르크 대성당이 건립되기 시작했다.
약 1220	중세 독일의 시인 아우에의 하르트만의 사망.
1222/1224	살라망카 대학과 나폴리 대학의 설립.
1221~1274	신학자이자 철학자인 보나벤투라가 생존했다.
1224/1225~1274	『신학 대전』의 저자이자 신학자이고 철학자였던 토마스 아퀴나스가 생존했다.

	스콜라 철학에 의해서 정의된 세계 구조론이 보편적으로 인정되기 시작했다.
1232	제국 수도원 로르슈가 프레몽트레 수도원으로 바뀌었다.
약 1235	『작센 법전』의 저자 레프고의 아이케가 사망했다.
	『기적들의 대화』의 저자 하이스터바흐의 케사리우스의 사망.
1248	쾰른 대성당의 건설.
1253	잉글랜드의 철학자이자 신학자였던 로버트 그로스테스테가 사망했다.
1260~1328	논란의 여지가 가장 많은 중세의 사상가 마이스터 에크하르트가 생존했다.
1260~1321	이탈리아 시인이자 『신곡』의 저자인 단테가 생존했다.
1282~1390	알비의 생트 세실 대성당의 건축.
1284	아리스토텔레스의 급진적인 추종자이자 철학자인 브라반트의 시제의 '전우'였던 다키아의 보이티우스가 사망했다.
1293~1381	신비주의자 얀 반 로이스브루크가 생존했다.
약 1293	잉글랜드 프란체스코회의 수도사이자 자연과학자, 철학자였던 로저 베이컨의 사망.
1299	아이슬레벤 근교의 베네딕토회 수녀원 헬프타의 수녀로 자신의 신비주의적인 체험을 적은 『특별한 은총에 관한 글』의 저자 하케보른의 메히틸트가 사망했다.
1298/1299	마르코 폴로가 제노바에서 포로 생활을 하면서 중앙아시아 여행에 관한 글을 남겼다.
1300	교황 보니파키우스 8세에 의해서 '성년'이 처음으로 제정되었다〔성년은 희년(禧年)이라고도 하는데 50년마다 돌아오는 성스러운 해를 뜻한다〕.
1308	신학자이자 철학자인 둔스 스코투스의 사망.

1308	『외로운 영혼의 서』의 저자 마르가레타 포레타가 마녀로 몰려 화형에 처해졌다.
1313	수스트의 비젠키르헤 수도원이 세워졌다.
1316	카탈루냐의 시인, 신학자, 철학자인 라이문두스 룰루스가 1276년 마요르카 섬의 미라마르에 아랍인을 그리스도교로 개종시키기 위한 선교 학교를 건립했다.
1334	피렌체의 종탑 캄파닐레와 피오레의 성 마리아 대성당(1296~1436) 건축.
1334~1342	아비뇽 교황청 건설.
1342/1343	『평화 옹호자론』(1342)의 저자 파도바의 마르실리우스가 사망했다.
1344	프라하의 장크트 비투스 대성당의 건축이 시작되었고 1353~1385년에 페트르 파르레르슈에 의해 공사가 진척되었다.
약 1345	프리즐라어의 헤르만이 『성인들의 삶』을 편찬했다.
약 1347	철학자 윌리엄 오컴의 사망.
1348	프라하 대학의 건립.
1349	성서 해석가이자 주석가로 『성서 주석』의 저자였던 리라의 니콜라우스가 사망했다. 그는 루터에게도 영향을 미쳤다.
1349	수학자이자 철학자인 토머스 브래드워딘의 사망.
1350 이후	철학자이자 신학자인 오트르쿠르의 니콜라우스의 사망.
1358	오컴의 제자 리미니의 그레고리오의 사망.
약 1360	철학자 장 뷔리당(요한네스 부리다누스)의 사망.
1361	신학자이자 신비주의자인 요한 타울러의 사망.
1364	크라코프 대학의 설립.
1365	빈 대학의 설립.
1366	신비주의적 신학자 하인리히 조이제의 사망.

1373	부인, 어머니, 수도회 창시자, 여성 신비주의자로 활동했던 스웨덴의 비르기타가 사망했다.
1374	개혁 신학자 메겐베르크의 콘라트가 사망했다.
1304~1374	인문주의자로 시인인 프렌체스코 페트라르카가 생존했다.
1375	『데카메론』(1348~1353), 『현명한 여성들에 대해서』(1360?~1362)의 저자 조반니 보카치오가 사망했다.
약 1380	데벤테르의 공동생활 형제회.
	자신의 종교적인 열정을 정치 활동에 쏟은 여성 신비주의자, 시에나의 카타리나가 사망했다.
1382	세계 지도를 도식화하는 데 기여했던 니콜 도렘이 사망했다.
	요한 타울러가 주도한 하느님의 친우회의 구성원이었던 독일의 신비주의자 룰만 메르스빈이 사망했다.
1384	신학자이자 철학자로 활동했고 이단으로 파문당했던 존 위클리프가 사망했다.
1385	리스본 근교에 승리의 성 마리아 수도원이 설립되었다.
	설립 기원이 확실하지 않은 에어푸르트 대학이 중부 독일에서 학자들을 끌어모았다.
1386	첫 번째 '민족 갈등'이 있은 후, 프라하에서 온 교수들과 학생들을 중심으로 하이델베르크 대학이 설립되었다.
1387	밀라노 대성당의 건립 시작.
1393	네포무크의 얀이 벤첼에 의해서 참수를 당했다.
1399~1439	스트라스부르의 노트르담 대성당 탑의 건립.
1400 이전	신비주의적인 내용을 담고 있는 『독일 신학』이 저술되었다.
	죽음에 대한 논쟁을 근세 초기 독일어로 기록한 『보헤미아의 농부』가 쓰였다.
1402	브뤼셀의 시청 청사가 건축되기 시작했다.

1409	프라하에서 두 번째 '민족 갈등'이 발생하면서 라이프치히 대학이 설립되었다.
약 1420~1494	신학자이자 철학자였던 가브리엘 빌이 활동했다.
1420	철학자이자 신학자로 오컴의 추종자였으나 그에 대해서 비판적인 입장을 견지했던 피에르 다이가 사망했다.
1425	뢰벤 대학의 설립.
1429	파리 대학의 학장(1395)으로 많은 영향력을 행사했던 지식인 장 드 제르송이 사망했다. 그는 피에르 다이와 함께 콘스탄츠 공의회를 주도한 인물로 대표적인 공의회 우위론자였다.
1431	푸아티에 대학의 설립.
1436	피렌체의 산 스피리토 대성당의 건축 시작.
1439	개혁 문서 『지기스문트의 개혁』이 익명으로 작성되었다.
약 1444~1510	〈비너스의 탄생〉과 〈그리스도의 탄생〉을 그린 화가 산드로 보티첼리가 생존했다.
1452~1519	화가, 조각가, 건축가, 설계가, 자연과학자였던 레오나르도 다 빈치가 생존했다.
1455~1522	인문주의자이자 히브리어 학사인 요한네스 로이힐린이 생존해 있었다.
1459	공의회의 법인문주의 정신을 계승해서 바젤 대학이 설립되었다.
1464	추기경이자 학자로 『통일된 가톨릭 교회』와 『무지에 대한 인식』의 저자인 쿠에스의 니콜라우스가 사망했다.
1469~1536	로테르담의 에라스무스가 인문주의자, 신학자, 자유 기고가, 성서 번역가로 활동했다.
1478~1535	잉글랜드의 인문주의자이자 정치가인 토머스 모어가 헨리 8세에 의해서 처형되었다. 모어는 후대에 성인으로 시성되었다.
1471~1528	〈개선문〉으로 유명한 알브레히트 뒤러가 1512년부터 황제 막시

	밀리안에게 작품 주문을 받았다.
1473~1543	니콜라우스 코페르니쿠스가 오래전부터 논란이 되었던 태양 중심의 세계관인 지동설을 정립했다.
1474	[15세기의 신비주의적 교회 개혁가로 급진적인 개혁으로 반발을 사서 교수형에 처해졌던] 사보나롤라가 도미니크 수도회에 입회했다. 참회 설교자로 활동하던 그는 1498년에 사망했다.
1475~1564	미켈란젤로가 조각가, 화가, 건축가, 시인으로 활동했다.
1476/1490~1576	티치아노 베르첼리가 카를 5세의 초상화가로 활동했다.
1483~1546	신학자, 종교개혁가, 언어 창조자인 마르틴 루터가 생존했다.
1486	조반니 피코 델라 미란돌라가 로마에서 자신의 비교철학을 정리한 900개의 명제를 출간했다.
1486~1547	이탈리아의 화가 세바스티아노 델 피옴보(본명 세바스티아노 루치아니)가 회화의 새로운 양식을 개척했다. 대표작으로는 1526년경의 〈클레멘스 7세〉가 있다.
1497~1560	독일의 인문주의자로 종교개혁가인 필리프 멜란히톤(본명 필리프 슈바르트 체르트)이 생존했다.
1509	로테르담의 에라스무스가 『우신 예찬』을 저술했다. 그는 자신의 저작을 토머스 모어에게 헌사했다.
1514	니콜로 마키아벨리가 『군주론』을 저술했다. 이 작품은 1532년에야 인쇄되었다.
1516	토머스 모어가 뢰벤에서 '존재하지 않는 나라의 이상적인 국가 제도를 다룬' 『유토피아』를 발간했다.
1517	마르틴 루터가 95개조의 면죄부 반박문을 공포했다.
약 1519	〈에라스무스-마우리티우스의 초상화〉와 〈이젠하임의 제단화〉(1512?~1515)를 그린 마티아스 그뤼네발트가 사망했다.
1520	루터가 「독일 민족의 그리스도교 귀족들에게」, 「교회의 바빌론

	유수」, 「그리스도 교인의 자유에 관하여」를 저술했다.
1525	츠빙글리는 자신의 글 『올바른 신앙과 그른 신앙』에서 루터와 반대되는 입장을 취했다.
1534	루터가 성서를 독일어로 완역했다.
	이냐시오 로욜라가 예수회를 설립했다.
1534~1535	베스트팔렌의 재세례파.
1536	칼뱅의 『기독교 강요(綱要)』가 출간되었다.
1536~1541	미켈란젤로가 시스티나 성당의 프레스코화 〈최후의 심판〉을 그렸다.
1555	암석학과 광산학을 체계화한 게오르크 아그리콜라의 사망.

사회, 경제, 일상생활

시기	내용
약 500	이민족들의 침입으로 인해서 지중해 연안의 사회구조가 근본적으로 바뀌었다.
	소아시아의 다양한 건축양식과 회화 기법들이 서유럽으로 전래되었다. 그 결과 그리스도의 모습이 젊은 아폴로와 같이 수염을 단 세계 통치자의 모습으로 변했다.
	서로마 제국에 속했던 지역에서 임대 계약을 근간으로 삼았던 소규모 장원의 중요성이 점차 증가했다.
	게르만족과 슬라브족은 단순 농경 방식과 목조건축이 주를 이루었다.
7세기	기근과 선페스트로 인한 인구 감소. 선페스트는 페스트의 형태 가운데 하나로 마지막 선페스트는 1347년에 발생했다.
	서유럽에서 고대의 생활양식들이 점차 주도권을 상실해갔다.
	알프스 북부의 개간지에 점차 주거지들이 건립되었다.
	지중해 연안의 속주 도시와 농촌의 장원에서 로마 문화가 쇠퇴했다.
	알프스 북부에서는 농업 생산성이 저조했지만 지중해 지역은 생산성에서 우위에 있었다.
	프랑크 왕국에서는 범죄를 밝힐 때 '신명 재판'이 관례였다.
8세기	프랑크 왕국에서 봉건제도가 발전했다. 봉건제도는 10세기까지 지속되었다. 봉건 의무에 대한 반대급부로 봉토가 주어졌고 봉

	건 서약이 법적으로 엄격한 형태를 취하기 시작했다. 비잔티움의 '프로노이아'와 슬라브족의 '메리토리아'도 이처럼 조직적으로 운영되지는 않았다.
	'독일어'가 처음으로 라틴어에 상반되는 민족어로 언급되었다.
	여러 단계로 구분된 농노들의 예속 관계로 인해 수적으로 그리 많지 않은 상층 귀족들과 그들의 전사들, 그리고 성직자들의 생활이 보장되었다.
	대상 무역으로 먼 이국 땅에서 사치품들이 수입되었고, 지중해, 북해, 발트 해의 해상 교역이 활성화되었다.
9세기	카를 대제가 자신의 경작지 운영에 대한 규칙을 제정했고, 수많은 정원 식물과 과일 재배와 관련해서 정확한 지침들을 하달했다.
	유대인 집단이 수공업자, 농부, 상인, 의사로 독일에 정주했고 혼성어인 '이디시어'가 발전하기 시작했다.
	18세기까지 삼포제 농경 방식이 중부 유럽의 서쪽에 전파되었다.
	수도사들이 유럽으로 장미를 들여왔다.
	아랍인에 의해서 민화가 시칠리아로 유입되었다.
	물레방아가 전파되었다. 그로 인해 사람들은 무거운 맷돌을 직접 돌릴 필요가 없어졌다.
	아랍인이 전파한 석궁은 처음에는 살상용 무기로 사용되지 않았다. 그러나 12세기부터는 살상용으로 보편화되었다.
	키릴로스가 고안한 '키릴 문자'가 슬라브어로 쓰이게 되었다.
	언어적인 국경이 점차 형성되었다. 이러한 경향은 제국의 분할로 인해 더욱 뚜렷해졌다.
	잉글랜드에서 석탄을 사용했다는 것이 밝혀졌다.
	상한 곡물을 자주 섭취하고 그 과정에서 맥각을 먹음으로써 발

	생하는 피부와 뇌 손상에 대한 첫 번째 보고가 전해졌다.
	노르만족이 유럽 정치의 걱정거리가 되었고 이로 인해 인구 감소가 발생했다.
	본래 그리스도교 문화가 아닌 성물 숭배 풍조가 처음에는 동부에서 이후에는 서유럽에서 만연하였다.
10세기	바이킹족의 선박 건조술이 높은 수준에 도달했다.
	철제 작업 공구들과 다양한 형태의 집게는 현재 사용되는 것들과 거의 차이가 없었다.
	키예프의 올레크와 비잔티움 제국 사이의 교역 협정.
	『천일야화』에 등장하는 소재들이 이 시기의 아라비아 지역에서 고안되었다.
	아랍인이 탬버린, 기타, 바이올린, 관악기를 유럽에 전했다.
	숲은 야생 동물들만을 위한 장소가 아니라 다양한 식량과 목재의 공급지로 유럽인들에게 중요한 삶의 터전이 되었다.
991	색슨족의 잉글랜드에 '데인겔드〔잉글랜드를 침입한 데인족에게 바칠 곡물을 마련하기 위해서 부과된 국방세의 일종〕'가 부과되었다. 고슬라에서 은과 동의 채광이 시작되었다.
	단순히 말을 타기만 했던 기병들이 쇠사슬로 만든 갑옷, 무거운 방패, 긴 창, 쇠 투구를 착용한 기사로 변신했다.
	철을 생산하는 방식이 점차로 개선되었다. 뚜껑이 없는 단순한 난로와 진흙으로 만든 가옥들이 사용되었다.
10/11세기	성을 짓는 과정을 통해서 도시들이 형성되었다. 나움부르크, 메르제부르크, 크베들린부르크 등이 대표적이다. 스페인에서 스칸디나비아 반도에 이르기까지 비슷한 추세를 보였다.
	하이타부(슐레스비히)가 교역 장소로 두각을 보였다.
	산티아고 데 콤포스텔라가 성지순례지로 성장했다.

	목자, 대장장이, '현명한 여성들', 수도사들이 민중의 건강을 돌보는 의사로 활약했다.
	아랍인과 유대인이 신성 로마 제국의 왕실 의원으로 두각을 나타냈다.
	석조 건물이 기사와 원거리 무역상을 위한 도시의 가옥으로 세워졌다. 지하에는 광이, 1층에는 난방이 가능한 거실이, 2층에는 침실이 있었다. 그 외에는 목조 가옥이 주를 이루었다.
	봉토가 세습화되었다(봉토에 관한 법령).
	목테를 이용하면서 말의 견인력이 두 배 이상 상승했다. 소의 견인력 또한 두 뿔 사이에 나무판자를 걸치면서 상승했다.
	유럽에는 대략 3,800만 명의 인구가 있었다.
	'삼포제 농경 방식'이 중부 유럽의 동쪽 지역에도 전파되었다.
1086	윌리엄 1세의 토지 소유권에 관한 책 『둠즈데이 북』에 따르면 당시 잉글랜드에는 250만 명 정도의 인구가 있었다.
11/12세기	(11세기 후반 이후) 인구 급증으로 인한 경제적 성장과 삼림의 개간, 경작지 개척 등이 이루어졌다. 이로써 알프스 북부의 생활수준이 남부에 비해서 점차 높아졌다. 시역을 조월한 대대적인 기근과의 싸움이 시작되었는데 12~13세기에 이 싸움에서 성공을 거두었다.
	농부들이 새로운 농기구들을 사용할 수 있게 되었다. 쇠로 된 뾰족한 징이 달린 써레, 쇠로 된 삽, 손도끼, 톱, 날이 정교한 낫, 특히 비대칭한 날이 부착된 바퀴가 달린 무거운 쟁기 등을 대표적인 예로 꼽을 수 있을 것이다.
	차후 200년 동안 도시의 수가 급속하게 늘었다. 독일의 경우 150개에 불과하던 도시가 1200년경에는 1,000개로 증가했다.
	잉글랜드와 스칸디나비아 반도의 화폐 단위 '마르크'가 라인 강

지역에 도입되었다.

방어용 성벽으로 둘러싸인 도시들이 점차 정치권력을 획득하면서 서로 밀접한 관계를 맺게 되었다. 1127년에 플랑드르 백작에게 대항했던 플랑드르 도시동맹과 롬바르디아 도시동맹이 대표적인 예일 것이다.

유럽의 민족 공동체들이 지금까지 통용되는 내적, 외적 경계선을 긋기 시작했다.

'민족어'로 글을 기록하는 추세가 프랑스 중심부에서 시작되었고, 유럽 변경까지 확산되었다.

등받이가 있는 걸상이 사용되기 시작했다.

광이 나는 작은 금속 거울에 매혹된 부유한 사람들이 허리띠와 목에 거울을 달고 다녔다.

알프스 북부 지역, 잉글랜드, 포 강, 에브로 강 유역, 피레네 산맥 지역의 개간지 확장 사업. 이 사업은 네덜란드와 프랑스 북부에서 시작되었다. 경작지의 개간은 12세기부터 '농업혁명'으로 불린 새로운 농경 기술과 농경지 조직 능력에 힘입어 이루어졌다. 이는 광범위한 지역으로 인구가 이동하는 계기가 되었다. 인구 이동은 제국 동부의 국경 밖까지 이어졌다.

십자군 원정의 결과로 새로운 공동체 의식이 싹텄다. 그러나 광신적인 대중들 사이에서는 유대인 박해 풍조가 일기 시작했다.

몽펠리에의 의과 대학이 발전하기 시작했다.

로마법에 반기를 들었던 잉글랜드의 와일 재판소에서는 관습법이 형성되었다.

1170	독일 상인들에게 특허장이 발행되면서 수공업자와 농민들의 보헤미아 이주가 촉진되었다(독일 식민 이주의 시작). 많은 도시가 독일의 도시를 본떠서 세워졌다.

약 1180	노르망디와 잉글랜드에 첫 번째 풍차가 세워졌다.
약 1200	'신판' 「니벨룽겐의 노래」가 쓰였다.
	편력 학생들이 상당한 수준의 언어 묘사를 통해서 지은 음주, 춤, 사랑에 관한 서정시 등의 편력 서정시가 유행했다.
	'수공업의 황금시대'의 경제성장에 힘입어 제한적이나마 물질적인 진보의 시대를 경험하였다.
	도시와 성벽 안에 다층 가옥들이 세워졌다.
	프랑스 남부의 문화적, 정치적 독자성이 붕괴되었다.
1232	종교재판소에 고문권이 주어졌고 도미니크회 수도사들이 종교재판을 담당했다.
	1231년에 [왕권을 강화하는 내용으로 왕을 최고의 입법권자이자 재판관으로 절대화한] 멜피 헌장을 공포한 후 프리드리히 2세는 유급 관리의 임용, 직간접세의 부과, 관세 징수, 통치권 독점 등을 통해서 남부 이탈리아에 대한 지배권을 집중적으로 강화하고 조직화했다. 반면에 그는 북부 이탈리아를 등한시했고 독일에서는 자신의 통치권을 양도했다. 결과적으로 프리드리히는 12세기부터 성장하고 있던 '영방고권'을 장려하게 되었다.
	부유한 사람들의 가옥에는 등받이가 긴 의자, 긴 책상, 서랍이 달린 장, 해충 방지용 커튼이 달린 침대 등이 비치되었으나 가난한 사람들의 살림살이에 대해서는 알려진 바가 없다.
1252	제노바와 피렌체에서 금화가 주조되었다.
	스웨덴이 독일의 한자동맹과 교역 협정을 체결했다.
	사형 집행인이 직업으로 등장했으나 '불명예스러운' 일로 간주되었다.
	침대가 채색되거나 조각되었으며 침대에 상감세공이 이루어졌다.
	부유한 사람들은 짚을 채운 부대를 매트리스로 사용했다.

1258	프랑스에서 신명 재판에 의해 판결을 내리거나 군사력을 동원해서 자의적으로 분쟁을 해결하는 행위가 금지되었다.
	성왕 루이는 각각의 공동체에 빈민 목록을 작성하도록 명했고 빈민 구호 제도를 조직화했다.
약 1260	이탈리아에서 처음으로 채찍 고행 운동의 열기가 불기 시작했다.
1264	교황 우르바누스 4세가 성체 성혈 대축일을 도입했다.
1272	베를린에서 빵 제조업자 길드가 결성되었다. 이 길드에 가입하기 위해서는 빵을 제조하는 기술에 대한 시험을 통과해야 했다.
약 1275	광적인 춤이 유행처럼 번졌다. 이러한 무도병은 일종의 대중 히스테리였을까?
	'하멜른의 피리 부는 사나이.'
1284	카스티야의 현명왕 알폰소가 『서양 장기 책』을 저술했다.
약 1290	100여 년에 걸쳐 박해를 받은 후에 잉글랜드에서 유대인이 추방되었다.
	상인들은 대자본을 가지고 상업을 운영했고 알프스 북부에서는 은행 계좌를 이용한 상행위가 이루어졌다. 도로망은 더욱 확충되어갔다.
약 1300	톱니바퀴 시계의 개발.
	교회의 개혁을 위해서 수많은 시도가 이루어졌고 다양한 형태의 신앙생활이 발달했다. 고도로 지적인 신비주의가 발달했고 독일의 신비주의는 절정에 이르렀다. 자유정신의 형제단 수가 증가했으나 카타리파는 점차 궁지에 몰렸다. '베가르트회 수도사들과 베긴회 수녀들'은 1312년의 비엔공의회에서 이단으로 파문을 당했다. 왈도파는 암암리에 세력을 확장해갔는데 특히 롬바르디아, 알프스, 중부 유럽 동쪽의 새로운 개척지에서 강세를 보였다.

	국가와 성물을 숭배하는 풍조가 증가했다. 마찬가지로 평신도들 사이에서 겸허하고 복종하는 '그리스도의 후계자로 봉사하는 것', '네덜란드의 새로운 신심 운동', '석류 열매 운동'에 장애가 되었던 가시적이고 외적인 것을 중시하는 종교적 행위들이 만연했다.
1315~1318	11세기 말부터 기근이 다시 돌아왔고, 전염병과 질병이 창궐하였다.
	과거 유럽의 핵심 지역에서 진행되었던 진보가 점차 종말을 향해 가고 있었다. 그러나 동시에 '변방의 진보'는 다양한 민족적인 특성을 강조함에도 불구하고 통합적인 유럽이라는 인식을 강하게 부각시켰다.
	왕성한 원거리 교역, 생산품과 노동력의 원활한 교류, 도로망의 조밀화가 이루어졌고, 특히 뉘른베르크는 중요한 교차점이 되었다.
	14세기 말에 처음으로 대학들이 스페인에서 폴란드, 북해에서 시칠리아 전역에 걸쳐서 학생들과 교수들을 끌어모았다.
	페스트가 창궐하기 직전, 유럽에는 대략 7,600만 명의 사람들이 살고 있었다. 이는 1000년경의 인구 수보다 두 배나 많은 수치였다. 특히 잉글랜드, 프랑스, 현재의 베네룩스 3국, 스칸디나비아 반도, 독일에서는 세 배 이상 인구가 증가하여 이 지역의 인구는 3,500만 명에 달했다.
1347부터	페스트가 전 유럽에 퍼졌다. 프랑스와 잉글랜드에서는 인구가 3분의 1 수준으로 감소했다. 독일에서는 인구가 최소한 3분의 1 정도 줄어들었다.
	독일의 프랑켄 지역, 보헤미아, 폴란드와 같은 몇몇 지역에서는 페스트의 영향을 전혀 받지 않았다.

페스트가 창궐하면서 채찍 고행자가 등장했고 유대인 박해가 시작되었다. 교황의 금지 명령에도 불구하고, 페스트의 이동 경로를 따라 남부 프랑스와 중부 독일 지역의 유대인은 박해를 받거나 자주 화형당했다.

1377 아랍의 것을 본뜬 카드 게임이 북부 이탈리아에서 전파되었다. 유럽의 카드 게임은 계층적 다원화와 다양해진 생활양식을 반영하고 있다. 서양 장기와는 달리 카드 게임에는 운도 많이 작용했다.

신성, 보편성, 영원성, 안정성보다는 운동성, 변화성, 구체성, 개별성이 학문적 관심의 대상이었다. 방법론적으로는 종합보다는 분석이, 연역법보다는 귀납법이 더 많은 비중을 차지했다.

종이와 철사가 많이 제조되었고 일상의 중요한 보조 용품이 되었다. 또한 대규모 풍차, 물레방아, 기계화된 표백 공장과 제재소가 세워졌다. 운하, 수문, 댐도 건설되었는데 이들은 부분적으로 19세기까지 사용되었다.

교회 종루의 자동 시계들을 통해서 시간을 측정하는 새로운 방식이 도입되었다는 것을 알 수 있다. 더 이상 기도 시간이 아니라 시간이 바뀔 때마다 닭이 날개를 퍼덕이며 우는 자동 시계에 의해서 시간 구분이 이루어졌다. 솔즈베리와 루앙의 망루 시계는 지금도 돌아가고 있다.

교수형, 참수형, 환형[사람의 두 발을 각각 다른 수레에 매어놓고, 수레를 서로 반대되는 방향으로 끌게 하여 찢어 죽이던 옛 형벌], 익사형, 능지처참, 화형, 말뚝으로 찔러 죽이기와 같은 방법으로 사형이 집행되었다. 경범죄는 신체 일부를 절단하거나 벌금형으로 대체되었지만 자유 박탈형은 드문 경우였다.

벽난로가 서유럽에서 동유럽으로 점차 확산되었다.

	후스파들이 포병을 조직했다(유탄을 발사하는 대포인 '유탄포'의 개발).
	후스파와의 전쟁과 같이 막대한 비용이 소모되는 전쟁을 수행하기 위해서 조세제도가 확립되어야 했다.
1412~1431	'오를레앙의 처녀' 잔 다르크가 생존했다. 1429년 잉글랜드군에 대항해서 군대를 이끌었던 그녀는 민족 감정을 불러일으켰다. 포로가 된 후에 마녀로 몰린 그녀는 1430년 루앙에서 화형당했다.
	전 유럽에 전파되었던 후스파의 강령들(예를 들면 1420년에 제정된 프라하의 4개조와 같은 강령들) 때문에 많은 파문이 일어났다. 이는 '종교개혁 시대의 출판 논쟁'의 시작으로 볼 수 있을 것이다.
약 1437	독일에서 동프로이센까지 확산된 포도 경작은 혹한과 서리로 인해 극심한 피해를 입으면서 중단되었다. 북부 독일과 바이에른 지역에서는 맥주 양조에 필요한 홉 경작과 맥주 양조업이 대체 산업으로 등장했다.
1438	라인 강변의 프랑크푸르트, 뉘른베르크, 플링드르, 프랑스 북부 지역에서 도시 빈민 구호 사업이 전개되었다.
1443	프랑스가 잉글랜드의 모직물 수입을 금지했다.
	'신분이 높은' 사람들은 새의 깃털을 단 뒤가 치솟은 큰 모자를 쓰고 다녔다. 그들은 인사를 할 때마다 모자를 벗었다.
	농부들은 가죽끈으로 매는 농민화를 신었다.
	독일의 하게나우에서 대량으로 필사본이 생산되었다. 필사본 사업은 독일에서 이미 1350년경부터 운영되었다.
	목판 인쇄업이 절정에 이르렀다. 가난한 사람들을 위한 성서와 적그리스도, 죽음의 무도(사신이 인간을 인도하는 것을 주제로

	한 춤으로 중세 그림에 나타남], 천문학에 관한 서적 등이 출간되었다.
1453	요한 구텐베르크의 작업소에서 인쇄 시기를 알 수 있는 최초의 인쇄물이 나왔다. 바로 모든 신분 계층에게 투르크인을 무찌르자는 구호를 던지는 달력이었다.
	콘스탄티노플 함락 당시에 석탄(石彈) 외에도 유탄과 대포가 사용되었다.
1459~1525	황실과 교황청의 은행가였던 '부호' 야코프 푸거는 카를 5세를 황제로 선출시키기 위해서 재정 지원을 했다(1519). 그는 예술 후원자였고 동시에 사회사업가이기도 했다. 대표적으로 아우크스부르크에 있는 '푸거라이[가난한 사람들을 위해서 세운 가옥들이 있는 구역]'를 들 수 있을 것이다.
	베네치아가 서적을 인쇄하고 판매하는 대표적인 장소로 부각되었다.
1470	황금의 해안(서아프리카 해안)을 발견한 포르투갈인이 적도를 횡단했다.
	의상이 다양해졌고 상이한 옷 치장으로 각 신분 계층 사이의 구분이 이루어졌다.
	주석으로 만들어진 식기가 보편화되었다.
	교황 인노켄티우스 8세의 '마녀 색출 문서'로 인해 대중적인 주술 행위에 대한 종교재판이 정당화되었다.
약 1490	울름에 168개의 목욕탕이 설립되었다. 매독이 유행했을 정도로 유곽을 찾는 사람들의 수가 증가했다.
1492	콜럼버스가 항해 과정에서 나침반의 침이 특정한 조건에서만 방향을 지시한다는 것을 발견했다.
1493	하르트만 셰델(1440~1514)의 『세계 연대기』.

약 1500	뉘른베르크의 세공업자 에츠라우프의 도로망 지도.
1510	레오나르도 다빈치가 수력 터빈의 원리를 이용한 수평적인 수륜(水輪)을 고안했다.
	교역 독점에 대한 저항으로 인해서 푸거 가문의 교역소에 대한 황제의 빚은 더욱 늘어갔다.
1516	색을 내는 대청(大靑: 십자화과의 두해살이풀로, 열매는 해독제나 해열제로 쓰고 잎은 쪽빛 물감의 재료로 사용)이 유럽에 전래되면서 대청 재배가 정착되었다.
	선대제(先貸制: 상인 자본가가 가내 수공업자에게 원료와 기구를 미리 대 주고 물건이 완성되면 값을 치른 후 완성된 물건을 시장에 팔던 제도)가 모직물 산업에서 특히 보편화되었고 인쇄업으로까지 점차 확산되었다.
	남아메리카에서 칠면조가 잉글랜드 왕실로 수입되었다.
	어깨와 소매를 부풀리는 쿠션이 든 옷, 큰 주름이 있는 옷깃의 장식품, 끌리는 듯한 긴 옷자락, 그리고 앞치마가 당시에 유행하던 여성용 복장이었다.
	남성 복장으로는 허벅지 부위에 쿠션이 든 스타킹 같은 바지, 목도리가 달린 짧은 저고리, 조끼, 어깨와 소매가 넓은 길고 헐렁한 윗옷, 모자, 테가 없는 모자, 두건 등을 들 수 있을 것이다.
1529	독일에서 주화 주조에 관한 논쟁이 일었다.
1531	거대한 혜성인 '핼리혜성'이 목격되었다. 이 때문에 사회 전반에 두려움과 공포가 조성되었다.
1532	카를 5세가 형사 소송법 '카롤리나(카롤리나 법전)'를 형법 전서로 공포했다.
1535	브장송에서 국제 통화의 환율을 계산하기 위한 모임이 개최되었다.

런던에서 증시가 개장되었다. 얼마 후 아우크스부르크와 뉘른베르크에서도 증시가 개장되었다.

팸플릿이 통신문이나 논쟁서의 역할을 담당하면서 광범위한 '대중적인' 독서층을 확보했다.

요업술이 발달하면서 채색되고 광택용 에나멜이 칠해진 큰 그릇과 접시들이 파엔차, 델프트, 모라비아의 후터파의 작업소에서 생산되었다(후터파는 1536년 이단자로 몰려 화형을 당한 재세례파 분파의 지도자 야코프 후터의 이름을 딴 공동체로, 초대 교회를 본떠서 재산의 공유를 강조했다).

| 역자 후기 |

이 책은 독일의 중세사 학자 페르디난트 자입트(Ferdinand Seibt) 교수의 *Glanz und Elend des Mittelalters: Eine endliche Geschichte*(Basserman Verlag, 2008)을 번역한 것이다. 서양 중세의 '영광과 그늘'을 균형 있게 기술한 이 책을 통해서 독자는 1,000년 전의 세계로 여행을 떠날 수 있을 것이다. 친절하게도 저자는 책의 갈피갈피마다 중세의 희귀한 필사본, 회화, 조각, 건축물들에 대한 풍성한 시각 자료들을 수록하고, 이에 대한 흥미진진한 설명을 곁들임으로써 독자를 중세의 시대로 이끌고 있다.

이 책은 주인공으로 등장하는 황제와 교황, 세속 귀족, 수도사, 시민, 농민, 여자와 아이 등 각양각색의 사람들의 모습을 만화경처럼 펼쳐 보여준다. 동시에 유대인 학살, 이단, 마녀, 고문실, 페스트와 같은 비참했던 중세의 모습도 숨김없이 묘사하고 있다. 하지만 저자는 독립된 과거의 흔적들을 최근의 연구를 통해서 모자이크처럼 총체적으로 서술하는 데 힘을 기울였다.

그러나 무엇보다도 이 책의 가장 큰 특징은 저자의 독특한 역사관이다. 중세는 더 이상 정체되었거나 고대와 근대 사이에 위치한 신비하고 낭만적인 세계가 아니다. 중세는 끊임없는 변화와 변혁의 시대였다. 그래서 저자는 이 시대에 생동력 있는 모습을 새롭게 부여했다. 비록 우리는 중세와 근대 사이의 괴리를 인정할 수밖에 없지만, 그렇다고 할지라도 오늘날의 많은 부분을 중세와의 연속적인 측면에서 이해해야 한다는 것이다. 이러한 주장을 뒷받침하기 위하여 저자는 미국의 중세사 학자 조지프 R. 스트레이어의 '근대국가의 중세적 기원론'을 차용했다. 근대국가의 특징과 문제점을 파악하기 위해서는 중세적 기원을 조사해야 한다는 것이다.

방법론적으로 자입트는 정치사의 필요성을 역설한다. 그는 "올바른 질서를 만들기 위해서 사람들이 어떤 생각을 해왔고, 삶을 계획하거나 변화시키기 위해서 어떤 가능성을 인식하고 있었으며, 가치 있다고 생각한 인생에 대해서 어떤 희망을 품었는지"를 이해하기 위해서는 정치적 흐름을 읽을 줄 알아야 한다고 생각했다. 이러한 이유로 이 책은 '중세의 뿌리', '새로운 사회', '농업 혁명', '종교적, 정신적, 세속적 모험', '권력과 공간', '위기와 혁명', '일상 생활, 신앙, 미신' 등에 대해 주제별로 서술하는 형태를 취하면서도, 중세 초기, 전성기, 후기의 정치적 변화의 추이를 잘 파악할 수 있게끔 구성되어 있다. 이렇게 해서 중세의 정치, 사회, 문화가 한 권의 책 속에 씨줄과 날줄처럼 어우러지고 있다.

자입트 교수는 프라하를 동유럽의 중심지로 만들었던 신성 로마 제국의 황제 카를 4세를 전공한 학자였다. 그는 오늘날의 체코 지역에서 출생했으나 2차 대전에 징집되었고 전후에는 독일에서 교육을 받은 변경인(邊境人)으로서, 오랜 시간을 독일과 체코의 역사 화해를 위해서 노력했던 인물이다. 그래서 그의 학문 세계는 중부 유럽과 동유럽을 동시에 포괄하는 초지역적(trans-regional)인 것이었다. 그 결과 이 책도 중부 유럽을 지배했던 신성 로마 제국 위주의 정치사를 다루면서, 이와 관련된 동유럽의 정치적 흐름을 서술하고 있다. 이 점이 기존 '서유럽 중심의' 중세사 서술과 차별성을 보이는 이 책의 또 다른 특징이다.

본래 이 책은 2000년도에 『중세의 빛과 그림자: 그림과 함께 떠나는 중세 여행』이라는 제목으로 번역되었고 이후 독일에서도 절판되었다. 2008년 Basserman 출판사가 독일에서 이 책을 재출간하면서, 현실문화에서 이번에 새로운 번역서를 출간하게 되었다. 그러나 2000년에 출간한 번역서의 원본 파일이 손실되어, 700쪽이 넘는 원고를 재활자화하고 이를 수정하는 데 많은 시간과 노력이 투여되었다. 인내심을 가지고 긴 원고를 꼼꼼하게 교정하고 편집해주신 편집부의 최인애 씨에게 고맙다는 말을 전한다. 그리고 늘 격려와 자극의 말을 아끼지 않았던 나의 빛이고 그림자인 김미숙 박사에게도 감사를 드린다.

2012년 12월 말
태릉 서재에서

| 참고 문헌 |

다음의 참고 문헌에는 중요한 신간 서적들이 정리되어 있다. 그 외에도 특정 연구 분야의 입문서들을 소개할 것이다. 독일어권의 전공 서적들을 우선적으로 다루었다.

사전류

R. Autry 외(편), *Lexikon des Mittelalters*. 1980년부터 현재까지 총 세 권이 출간되었다.

M. Brann 외(편), *Germania Judaica*. 1963년부터 현재까지 총 세 권이 간행되었다.

O. Brunner, W. Conze, R. Koselleck(편), *Geschichtliche Grundbegriffe. Historisches Lexikon zur politisch-sozialen Sprache in Deutschland*. 1972년부터 현재까지 총 다섯 권이 간행되었다.

A. Grabois, *Illustrierte Enzyklopädie des Mittelalters*, 1981.

Karl Julius Ploetz(편), *Der Groß Ploetz. Auszug aus der Geschichte*, 제29판, 1980.

Eduard Hoffmann-Krayer 외(편), *Handwörterbuch des deutschen Aberglaubens*, 신판, 1986.

Wolfgang Stammler 외(편), *Handwörterbuch zur deutschen Rechtsgeschichte*. 1971년부터 현재까지 총 세 권이 출간되었다.

J. Hofer, K. Rahner(편), *Lexikon für Theologie und Kirche*, 1957~1967.

International Medieval Bibliography. 1967년부터 발간되고 있다.

Kurt Galling(편), *Die Religion in Geschichte und Gegenwart*, 제3판, 1957~1965.

Gerhard Müller 외(편), *Theologische Realenzyklopädie*. 1977년부터 현재까지 총 15권이 간행되었다.

지도

H. Jedin, K. S. Latourette, J. Martín(편), *Atlas zur Kirchengeschichte. Die christlichen Kirchen in Geschichte und Gegenwart*, 1970.

J. Engel(편), *Großer Historischer Weltatlas*, 제2권: Mittelalter, 제2판, 1979.

중세사의 문헌 사료를 개괄적으로 정리한 참고 문헌은 아직까지는 출판되지 않았다. 그러나 1962년부터 현재까지 총 네 권이 출간된 『Repertorium fontium historiae medii aevi』가 완간되면 광범위한 개요가 가능할 것이다. 이 책은 옛 총서인 A. Potthast의 『Bibliotheca historica mediiaevi: Wegweiser durch die Geschichtswerke des europäischen Mittelalters bis 1500』(신판, 1954)에 근거하고 있다. 현재까지는 U. Chevalier의 『Répertoire des sources historiques du moyen âge. Bio-bibliographie?』(전 2권, 신판, 1960)와 『Répertoire des sources historiques du moyen âge: Part. Topobibliographie(k~z)』(전 2권, 신판, 1975)가 도움이 되고 있다. 42권의 소책자로 구성된 L. Genicot(편)의 『Typologie des sources du moyen âge occidental』(1972~1984)는 전체 문헌 사료를 선별적으로 잘 정리하였다. 독일사에 관한 가장 광범위한 사료 참고 문헌서로는 Hermann Heimpel과 Herbert Geuss(편)의 『Dahlmann-Waitz: Quellenkunde der deutschen Geschichte. Bibliographie der Quellen und der Literatur der deutschen Geschichte』(제10판)을 들 수 있는데, 이 책은 1965년 이래로 발간되고 있다.

입문서

H. Boockmann, *Einführung in die Geschichte des Mittelalters*, 제2판, 1981.

A. V. Brandt, *Werkzeug des Historikers. Eine Einführung in die historischen Hilfswissenschaften*, 1973.

R. C. van Caenegem, F. L. Ganshof, *Kurze Quellenkunde des westeuropäischen Mittelalters*, 1964.

P. Hilsch, *Mittelater*, 1989.

M. Pacaut, *Guide de lhistorien en historie médiévale*, 1968.

L. J. Paetow, A Guide to the Study of Medieval History, 1973.

R. Sprandel, *Verfassung und Gesellschaft im Mittelalter*, 1975.

K. Zemack, Osteuropa, 1977.

최근에야 역사가들은 그림, 유물, 의상, 작업 도구, 일상 용품을 사료의 범주에 포함시키고 사료로서의 의미를 파악하고자 했다. 아직까지는 이에 대한 자세한 입문서가 없지만, 폴란드 학계는 이러한 '물질문화'의 영역에서 괄목할 만한 성과를 올렸다. 독일어권에서는 오스트리아의 '중세 일상사 연구소'에서 1980년부터 발간되고 있는 연구물들이 몇몇 분야에서 새로운 사실들을 밝혀냈다. 이외에도 중세 고고학에 관한 연구서들이나 H. Kühnel의 『Alltag im Mittelalter』(제2판, 1980)과 같은 연구서가 발간되었다. 한 특정 시기의 회화 작품들을 조사한 탁월한 연구물로는 A. Legner(편)의 『Die Parler und der Schöne Stil 1350~1400』(전5권, 1978~1980)을 들 수 있을 것이다.

특정 시대에 관한 문헌과 유물들만이 사료적 가치를 지니는 것이 아니라, **사회의 생활 습성도** 사료로서의 의미를 가지고 있다. 이와 같은 분야에서는 N. Elias의 『Über den Prozeß der Zivilisation』(전 2권, 제2판, 1969)가 선구적인 업적을 쌓았다. A. Nitschke의 『Historische Verhaltensforschung: Analysen gesellschaftlicher Verhaltensweisen』(1981)은 논란의 여지가 많은 주제들을 다루고 있으며, R. Ohly의 『Schriften zur mittelalterlichen Bedeutungsforschung』(1977)은 특별한 주제를

연구 대상으로 삼았다.

Schieders의 『Handbuch der europäischen Geschichte』(제2권, 1987)에 실린 본인의 글에는 더 자세한 참고 문헌들이 수록되어 있다. 총서에서는 일반적인 풍부한 참고 문헌을 갖춘 본인의 글에서부터 이 책에 대한 구체적인 계획이 세워졌다.

총서와 편찬서

Th. *Schieder*(편). *Handbuch der europäischen Geschichte*. 제1권: Europa im Wandel von der Antike zum Mittelalter, Th. Schieffe(편), 1976; 제2권: Europa im Hoch- und Spätmittelalter, F. Seibt(편), 1987.

H. Beumann, W. Schröder(편), Nationes. *Historische und philologische Untersuchungen zur Entstehung der europäischen Nationen im Mittelalter*, 전 4권, 1975~1983.

M. Postan 외(편), *The Cambridge Economic History of Europe*, 특히 제1~3권, 1966~1977.

H. Gwatkin 외(편), *The Cambridge Medieval History*, 특히 제5권, 1968.

K. Borchardt(편), C. M. Cipolla, *Europäische Wirschaftsgeschichte*, 제1권, 1978.

G. Duby, M. Perrot(편), *Histoire de femmes*, 제2권: Le moyen âge, 1991.

H. Grundmann (편), B. Gebhardt, *Handbuch der deutschen Geschichte*, 제1권, 제9판, 1970.

J. van Houtte(편), *Handbuch der europäischen Wirtschafts- und Sozialgeschichte*, 제2권: Europäische Wirtschafts- und Sozialgeschichte im Mittelalter, H. Kellenbenz(편), 1980.

H. Jedin(편), *Handbuch der Kirchengeschichte*, 전 7권, 1962~1979.

_____: *Lexikon des Mittelalters*. 1980년부터 발간 중이다.

G. Mann(편), *Propyläen Weltgeschichte*, 제5권, 1963.

K. Dittmer 외(편), *Saeculum Weltgeschichte*, 제4권: Die Hochkulturen im

Zeichen der Weltreligionen; 제2권, 1967.

K. D. Schmidt, E. E. Wolf(편), *Die Kirche in ihrer Geschichte. Ein Handbuch.*

E. Schmitt(편). *Die großen Entdeckungen*, 제2권, 1983.

F. Seibt, W. Eberhard(편), *Europa 1400*, 1984; *Europa 1500*, 1987.

참고 서적

W. Abel, *Massenarmut und Hungerkrisen im vorindustriellen Europa*, 제2판, 1977.

F. Baethgen, *Europa im Spätmittelalter*, 1951.

G. Barraclough(편), *Eastern and Western Europe in the Middle Ages*, 1972.

_____, The Medieval Papacy, 1968.

M. Bloch, Die Feudalgesellschaft, 1982.

A. Borst, *Lebensformen im Mittelalter*, 1973.

_____, *Das Rittertum im Mittelalter*, 1976.

_____, *Der Turmbau von Babel. Geschichte der Meinungen über Ursprung und Vielfalt der Sprachen und Völker*, 전 6권, 1957~1963.

K. Bosl, *Europa im Mittelalter. Weltgeschichte eines Jahrtausends*, 1970.

_____, *Europa im Aufbruch. Herrschaft, Gesellschaft, Kultur vom 10. bis zum 14. Jahrhunderts*, 1980.

_____, *Mensch und Gesellschaft in der Geschichte Europas*, 1972.

W. Braunfels, *Die Kunst im Heiligen Römischen Reich*. 1981년부터 발간 중이며 현재까지 총 네 권이 출간되었다.

O. Brunner, *Sozialgeschichte Europas im Mittelalter*, 1978.

J. Bumke, *Höfische Kulter*, 전 2권, 1986.

N. Cohn, *Das Ringen um das Tausendjährige Reich*, 1961.

A. Dempf, *Sacrum Imperium*, 제2판, 1954.

J. Dhondt, *Das frühe Mittelalter. Fischer Weltgeschichte*, 제10권, 1968.

G. Duby, *Die Zeit der Kathedralen. Kunst und Gesellschaft 980~1420*, 1980.

_____, *Die drei Ordnungen: Das Weltbild des Feudalismus*, 1981.

_____, *Ritter, Frau und Priester*, 1985.

F. Dvornik, *The Slavs in European History and Civilisation*, 1962.

N. Elias, *Die höfische Gesellschaft*, 1969.

_____, *Über den Prozeß der Zivilisation*, 전 2권, 1969.

E. Ennen, *Die europäische Stadt des Mittelalters*, 제3판, 1979.

_____, *Frauen im Mittelalter*, 1984.

K. A. Fink, *Christentum und Kirche im Mittelalter*, 1973.

K. Flasch, *Einführung in die Philosophie des Mittelalters*, 1987.

_____, *Geschichte der Philosophie in Text und Darstellung*, 제2권: Mittelalter, 1982.

G. Fourquin, *Seigneurie et féodalité au moyen âge*, 1972.

_____, *Le paysan d'Occident médiéval*, 1982.

H. Fuhrmann, *Die Fälschungen im Mittelalter. Überlegungen zum mittelalterlichen Wahrheitsbegriff*, 1963.

_____, *Von Petrus zu Johannes Paul II*, 제2판, 1984.

_____, *Einladung ins Mittelalter*, 1987.

F. L. Ganshof, *Le Moyen Âge. Histoire des relations internationales*, 제1권, P. Renouvin(편), 제2판, 1958.

_____, *Was ist das Lehenswesen?*, 1961.

L. Genicot, *Das Mittelalter. Geschichte und Vermächtnis*, 1957.

_____, *La noblesse dans l'Occident médiéval*, 1982.

J. Gimpel, *Die industrielle Revolution des Mittelalters*, 제2판, 1981.

H. W Goetz, *Leben im Mittelalter. Vom 7. bis zum 13. Jahrhundert*, 1986.

J. Le Goff, *Das Hochmittelalter. Fischer Weltgeschichte 11*, 1965.

_____, *Kultur des europäischen Mittelalters*, 1970.

_____, *Les intellectuels au moyen âge*, 1965.

G. Gröber, *Übersicht über die lateinische Literatur des Mittelalters von der Mitte des 6. bis zur Mitte des 14. Jahrhunderts*, 신판, 1963.

H. Grundmann, *Religiöse Bewegungen im Mittelalter*, 제3판, 1970.

_____, *Über die Welt des Mittelalters. Propyläen Weltgeschichte*, 1976.

O. Halecki, *Europa–Grenzen und Gliederung seiner Geschichte*, 1957.

A. Haverkamp, *Aufbruch und Gestaltung. Deutschland 1056~1273*, 1984.

F. Heer, *Aufgang Europas*, 1949.

G. Hindley, *Saladin, Ritter des Islams*, 1978.

G. Holmes, *Europe: Hierarchy and Revolt 1320~1450*, 제3판, 1981.

I. Illich, *Genus. Zu einer historischen Kritik der Gleichheit*, 1983.

H. Jakobs, *Kirchenreform und Hochmittelalter 1046~1215. Oldenbourg Grundrißder Geschichte 7*, 1984.

E. Kantorowicz, *The King's Two Bodies*, 1957.

W. Kölmel, *Soziale Reflexion im Mittelalter*, 1985.

M. Lambert, *Ketzerei im Mittelalter. Häresien von Bogumil bis Hus*, 1981.

G. Left, *The Dissolution of the Medieval Outlook*, 1976.

R. S. Lopez, The Commercial Revolution of the Middle Ages *950~1350*, 1976.

W. H. McNeill, *Seuchen machen Geschichte*, 1978.

R. Manselli(편), L'Europa medioevale. Nuova storia universale dei popoli e delle civiltà, VIII, 1~2, 1980.

E. Meuthen, Das 15. Jahrhundert. Oldenbourg Grundriß der Geschichte 9, 1980.

P. Moraw, *Von offener Verfassung zu gestalteter Verdichtung. Das Reich im späten Mittelalter 1250 bis 1490. Propyläen Geschichte Deutschlands*, 제3권, 1985.

R. Morghen, *Civiltà medioevale al tramonto*, 1973.

B. Nelson, Der Ursprung der Moderne, 1984.

A. Nitschke, *Soziale Ordnunge im Spiegel der Märchen*, 전 2권, 1978.

F. Ohly, *Schriften zur mittelalterlichen Bedeutungsforschung*, 1977.

E. Pitz, *Europa im Früh- und Hochmittelalter*, 1982.

J. Richard, *Les relations entre l'orient et l'occident au Moyen Age*, 1977.

W. Rösener, *Bauern im Mittelalter*, 1984.

R. Romano, A. Tenenti, *Die Grundlegung der modernen Welt. Spätmittelalter, Renaissance, Reformation, Fischer-Weltgeschichte 12%*, 1967.

Hans K. Schulze, *Grundstrukturen der Verfassung im Mittelalter*, 전 2권, 1985년 부터 발간 중이다.

F. Seibt, *Revolution in Europa. Ursprung und Wege innerer Gewalt*, 1984.

_____, *Karl IV. Ein Kaiser in Europa*, 1978.

_____, *Karl V. Der Kaiser und die Reformation*, 1990.

F. X. Seppelt, G. Schwaiger, *Geschichte der Päpste*, 전 5권, 1954~1959.

R. W. Southern, *Gestaltende Kräfte des Mittelalters*, 1960.

_____, *Geistes- und Sozialgeschichte des Mittelalters*, 1980.

_____, *Western Society and the Church in the Middle Ages*, 1970.

W. v. d. Steinen, *Der Kosmos des Mittelalters. Von Karl dem Großen bis Bernhard von Clairvaux*, 1967.

J. R. Strayer, *Die mittelalterlichen Grundlagen des modernen Staates*, 1975.

B. Töpfer, *Allgemeine Geschichte des Mittelalters*, 1985.

W. Ullmann, *Individuum und Gesellschaft im Mittelalter*, 1974.

_____, *Kurze Geschichte des Papsttums im Mittelalter*, 1978.

R. Wendorff, *Zeit und Kultur*, 제2판, 1981.

L. White jr., *Die mittelalterliche Technik und der Wandel der Gesellschaft*, 1968.

_____, *Medieval Religion and Technology*, 1978.

| 인명 색인 |

ㄱ

가티나라 Gattinara, Mercutino Arborio di 696
갈릴레이 Galilei, Galileo 653
게로 Gero 88, 283
고드프루아 드 부용 Godefroy de Bouillon 396
구텐베르크 Gutenberg, Johannes 582
그레고리우스 1세 Gregorious I 181
그레고리우스 5세 Gregorious V 110, 112
그레고리우스 6세 Gregorious VI 174, 181
그레고리우스 7세 Gregorious VII 168, 174, 179, 181~183, 185, 210, 291, 315, 450, 463
그로스테스테 Grosseteste, Robert 326, 524, 549
글랜빌 Glanville, Ranulf de 524

기스카르 Guiscard, Robert 186, 389
기욤(노르망디공) ⋯▶ 윌리엄 1세
기욤(샹포의) Guilaume de Champeaux 347
기욤(티루스의) Guillaume de Tyrus 401~404
기욤 1세(경건공) Guillaume I le Pieux 161, 164
기욤 5세(아키텐의) Guillaume V d'Aquitaine 369
기젤라 Gisela 108

ㄴ

나폴레옹 1세 Napoléon I 34, 51, 85
노르베르트(크산텐의) Norbert von Xanten 284, 286, 294
니콜라우스(쿠에스의) Nicolaus

Cusanus 574
니콜라우스(플뤼에의) Nikolaus von Flüe 668
니콜라우스 2세 Nicolaus II 179
니콜라우스 5세 Nicolaus V 474

ㄷ

다미아니 Damiani, Pertrus 175
단테 Dante Alighieri 12, 659
데시데리우스 Desiderius 46
도미니쿠스 Dominicus 317, 319, 321, 325, 519
도밍고 데 구스만 ⋯▶ 도미니쿠스
돈디 Dondi, Giovanni de 629~630
두샨 Dušan, Stevan 563
둔스 스코투스 Duns Scotus, Johannes 326
뒤러 Dürer, Albrecht 31, 655, 692
디오니시우스(성) Dionysius Areopagita 416, 421
디오니시우스 1세 Dionysius I 444

ㄹ

라슬로 1세 Ládszó I 421
라슬로 5세 Ládszó V 591

라테리우스 Ratherius 87
란츠후트 Landshut 586~587
레오 3세 Leo III 25, 27, 50
로렌츠(라이헨바흐의) Lorenz von Reichenbach 576
로베르(아르브리셀의) Robert d'Arbrissel 284
로베르 2세(경건왕) Robert II le Pieux 173
로스비타(간데르스하임의) Hroswitha von Gandersheim 86, 348
로스티슬라프 Rastislav 63
로요슈 1세 Lajos I 533~534, 548, 562
로크 Roch 668
로타르 1세 Lothar I 55, 58~59, 601
로타르 3세 Lothar III 419
롤로 Rollo 62
루돌프(라인펠덴의) Rudolf von Rheinfelden 184~185
루돌프 1세(합스부르크가의) Rudolf I von Habsburg 332, 455~456, 458
루돌프 3세(합스부르크가의) Rudolf III von Habsburg 461
루이(오를레앙의) Louis d'Orléans 566
루이 6세 Louis VI 416

루이 7세 Louis VII 398, 418
루이 8세 Louis VIII 429~430
루이 9세(성왕) Louis IX 398~399,
　430, 432, 435~436, 438~439,
　464, 508
루이 11세 Louis XI 583, 585, 594,
　602, 695
루이 16세 Louis XVI 173, 603
루이트폴트 Luitpold 86
루터 Luther, Martin 45, 322, 404,
　561, 580, 583, 647, 698
루트비히(바이에른의) Ludwig von
　Bayern 85, 459, 466, 473~475,
　499, 549, 580
루트비히 1세(경건왕) Ludwig I der
　Fromme 29~30, 52~53, 55,
　56~57, 59, 90, 158~159, 501
루트비히 2세(독일왕) Ludwig II der
　Deutsche 57~58, 61
루트비히 4세(유아왕) Ludwig IV 58
루프레히트(팔츠의) Ruprecht von
　Pfalz 529, 564
룰루스 Lullus, Raimundus 403
리비우스 Livius, Titus 694
리샤르 Richard 344
리처드(콘월 백작) Richard, Earl of
　Cornwall 453

리처드 1세(사자심왕) Richard I
　the Lionheart 398, 423~425,
　427~428, 464
리처드 2세 Richard II 548
린네 Linné, Carl von 520

ㅁ

마네골트(라우텐바흐의) Manegold
　von Lautenbach 188
마누엘 2세 Manuel II palaiologos 577
마르가레테(바벤베르크의) Margarete
　von Babenberg 453
마르가레테(헝가리의) Margarete von
　Ungarn 325
마르셀 Marcel, Étienne 550
마르티누스 5세 Martinus V 577
마르틴(트로파우의) Martin von
　Troppau 525
마리뇰리 Marignolli, Giovanni dei
　651, 653
마리아(헝가리의) Maria von Ungarn
　534, 562
마이모니데스 Maimonides, Moses
　507~508
마티아슈 1세 Mátyás I Corvinus 591
마틸다 Matilda 422

마틸데 Mathilde 183, 187~188

막시밀리안 1세 Maximilian I 526, 594, 602~603, 692~693, 696

만프레디 Manfredi 438~439, 442

매기 Maggie, Bryan 198

맵 Map, Walter 317, 381

메네니우스 아그리파 Menenius Agrippa, Lanatus 211

메디치(로렌초) Medici, Lorenzo de', Il Magnifico 587

메디치(코시모) Medici, Cosimo de', Il vecchio 587

메토디오스 Methodios 64~65

몽테스키외 Montesquieu, Charles Louis de 595

몽포르 Manfort, Simon de 441, 448

무함마드 Muhammard 399

미카일 1세 Michael I 50

밀리치 Milič, Jan 672

ㅂ

바르디 Bardi 472

바르바로사 ⋯▶ 프리드리히 1세

바르바로스 하이레틴 Barbaros Khaire'ttin 697

바실레이오스 2세 Basileios II 95

바츨라프 1세 Václav I 66, 93~94, 103, 105~107

바츨라프 2세 Václav II 456~457, 526

바츨라프 3세 Václav III 457

바츨라프 4세 ⋯▶ 벤첼

발데마르 4세 Valdemar IV Atterdag 542

발라 Valla, Lorenzo 48

발터(포겔바이데의) Walther von der Vogelweide 235~236, 400~401

베네딕투스(누르시아의) Benedictus de Nursia 151, 156~157

베네딕투스(아니안의) Benedictus d'Aquitaine 55, 159

베네딕투스 12세 Benedictus XII 649

베렌가리우스 Berengarius 291

베르나르(티론의) Bernard de Thiron 284

베르나르두스(클레르보의) Bernardus Claravalensis 295, 516, 632~633, 645, 670

베르타(사보이의) Berta von Savoyen 175

베르타(카를 대제의 딸) Berta 45

베른바르트(힐데스하임의) Bernward von Hildesheim 88~89, 111, 275

베른하르트 Bernhard 56

베이컨Bacon, Roger 524, 549

벤가비롤Ben-Gabīroōl, Solomon 346

벤첼Wenzel 83, 531, 547~548, 557, 562, 564, 575, 675, 690

벨로 4세 Béla IV 455

벨프 5세 Welf V 187

보나벤투라Bonaventura, Johannes 326

보니파키우스(선교사)Bonifacius 24, 154

보니파키우스 8세 Bonifacius VIII 450, 452, 463~464, 466, 468

보마누아르Beaumanoir, Philippe de 524

보스Bosch, Hiëronymus 683

보카치오Boccaccio, Giovanni 647, 659

볼레수아프 1세(용감왕)Boleslaw I Chrobry 66, 94~97, 103, 116

뵈하임Böheim, Hans 676

부아디수아프 1세(단신왕)Wladyslaw I lokietek 457, 535

부츠바흐Butzbach, Johannes 638

뷔리당Buridan, Jean 653

브래드워딘Bradwardine, Thomas 549

브랙턴Bracton, Henry de 416

브뢰겔(대)Bruegel, Piter de Oudre 664, 683

브루노(쾰른의)Bruno von köln 79

블라디미르 1세 Vladimir I 66, 94, 103, 105

블랑슈Blanche 461

블로흐Bloch, Ernst 518

비네아Vinea, Petrus de 436

비두킨트(작센족의 수장)Widukind 46, 117

비두킨트(코르바이의)Widukind von Corvey 86, 90

비스마르크Bismarck, Otto von 25, 167

비용Villon, François 583

빈리히(크니프로데의)Winrich von Kniprode 539

빌렘(홀란트의) … → 빌헬름

빌헬름Wilhelm 419, 452

빌헬름(볼피아노의) Wilhelm von Volpiano 179

ㅅ

사바Sava 563

산초 3세 Sancho III 440

살라흐 앗딘Salālāh ad-Din 507
샤를(대담공)Charles le Téméraire 600~603
샤를(앙주의) ⋯▸ 카를로 1세
샤를 5세(현명왕)Charles V 548
샤를 6세Charles VI 548, 565, 568
샤를 7세Charles VII 567~569, 583, 594
샤를 로베르(앙주의) ⋯▸ 카로이 1세
세네카Seneca, Luicius Annaeus 659
세르기우스 3세Sergius III 163
세베리누스Severinus 151
셰익스피어Shakespeare, William 454, 583
소크라테스Socrates 346
수에토니우스Suetonius 28
쉬제Suger 416, 418
쉬트거(밤베르크의) ⋯▸ 클레멘스 2세
슐리크Schlick, Kaspar 573
스윈스헤드Swineshead, Richard 549
스탈린Stalin, Iosif 26
스테파누스 2세Stephanus II 25
시메온 1세(대왕)Simeon I the Great 66, 94~95
시아라 콜론나Schiarra Colonna 473~474
식스투스 4세Sixtus IV 599

실베스테르 1세Sylvester I 48, 110
실베스테르 2세Sylvester II 110, 114

ㅇ

아그네스(보헤미아의)Agnes von Böhmen 324, 325
아그네스(푸아투의)Agnes de Poitou 175, 369
아달베로(랑의)Adalbero de Laon 208~210, 212
아달베르트(브레멘의)Adalbert von Bremen 169, 175
아달베르트(프라하의)Adalbert von Prag 96, 108, 114, 116
아델하이트Adelheid die Heilige 77, 82, 421
아돌프(나사우의)Adolf von Nassau 456~458
아드리안(위트레흐트의) ⋯▸ 하드리아누스 6세
아르눌프(케른텐의)Arnulf von Kärnten 58
아르테벨데(야코프)Artevelde, Jacob van 252
아르테벨데(필리프)Artevelde, Philipp van 252

아리스토텔레스Aristoteles 198, 346, 372, 464, 507~508, 515~521, 524, 694

아마데우스 8세Amadeus VIII 579~580

아베로에스 …▶ 이븐 루슈드

아벨라르Abélard 291, 329, 331, 336, 347, 516, 632

아셔리히Ascherich 108~109, 114, 117

아우구스투스(황제)Augustus 29, 37, 118

아우구스티누스(성)Saint Augustinus, Aurelius 156, 198~199, 390, 402, 404, 659, 673

아이케(레프고의)Eike von Repgow 245, 525

아인하르트Einhard 28~29, 32, 34~35, 51, 93

아폰수 1세(정복왕)Afonso IO Conquistador 443~444

안노Anno 175

안셀름(캔터베리의)Anselm of Canterbury 347

알렉산드로스 3세(대왕)Aléxandros III the Great 118, 213, 601, 678

알베르투스Albertus Magnus 326, 507, 515, 519~524, 671

알베르트(볼슈테트의) …▶ 알베르투스

알브레히트 1세Albrecht I 456~458, 461

알브레히트 2세Albrecht II 591

알폰소 1세(아라곤의 왕)Alfonso I 440

알폰소 8세(카스티야의 왕)Alfonso VIII 330, 336

알폰소 10세(현명왕)Alfonso X el Sabio 332, 453, 526

앙리(로잔의)Henri de Lausanne 284

앨퀸Alcuin 27, 32, 38~40, 42~44

앨프레드 대왕Alfred the Great 59~60, 208

야드비가Jadwiga 534~535, 586

얀(네포무크의)Jan Nepomuchký 668, 690

얀(아헨의)Jan von Aachen 576

얀(장님왕)Jan der Blinde 422, 474~475, 526

얀 3세Jan III Sobieski 597

에길베르트Aegibert 45

에드워드(참회왕)Edward the Confessor 98~99, 415, 421

에드워드(흑태자)Edward the Black Prince 473, 475

에드워드 1세Edward I 448, 463, 503
에드워드 3세Edward III 468~469, 471~474
에드워드 4세Edward IV 583~584, 602
에라스무스Erasmus, Desiderius 45, 694, 696
에르렘발트Erlembald 178
에우게니우스 4세Eugenius IV 577, 579
에크하르트Eckhart, Meister 671
에퍼빈Ewerwin 382~383
앤드레 2세Endre II 448
엔리케(항해자)Henrique O Navegador 445
엔조Enzio 439
엘레오노레Eleonore 593
엘레오노르(아키텐의)Eléonore d'Aquitaine 423
엘리자베트(보헤미아의)Elisabeth von Böhmen 526
엘리자베스(튀링겐의)Elisabeth von Thüringen 324~325, 624
오도Odo 162, 195
오딜로Odilo 108, 118, 209
오르프Orff, Carl 335
오비디우스Ovidius Naso, Publius 659
오스발트(볼켄슈타인의)Oswald von Wolkenstein 647
오컴Ockham, William of 549
오타카르 2세Otakar II, Přemysl 453~456, 502
오토 1세(대제)Otto I der Große 67~72, 75, 77~79, 80, 82, 84~86, 88, 90, 94~95, 103~104
오토 3세Otto III 96~97, 108~119, 167, 210, 406~407, 434
오토 3세(헝가리의)Otto III von Ungarn 457
오토 4세Otto IV 427~429
오트프리트(바이센부르크의)Otfrid von Weißenburg 278
올드캐슬Oldcastle, John 555
와트Watt, James 629
왈도Valdo, Pierre 316~317
요아킴(피오레의)Joachim da Fiore 292, 344, 663
요안네스 필라가토스Joannes Philagathos 111~112
요제프 2세Joseph II 243
요프스트Jobst 564
요한 겐스플라이슈 ⋯▶ 구텐베르크
요한(룩셈부르크의) ⋯▶ (장님왕) 얀

777

요한(작센의) Johann von Sachsen 319
요한네스(카페스트란의) Johannes von Kapestran 668
요한네스 11세 Johannes XI 163
요한네스 22세 Johannes XXII 467
요한네스 23세 Johannes XXIII 565, 570
우도(메스의) Udo de Metz 361
우르바누스 2세 Urbanus II 187, 389
울라프 2세(성왕) Olaf II Haraldsson 66, 94, 103, 105~107, 421
울리히(츠나임의) Ulrich von Znaim 576
위그(생 빅토르의) Hugo de St. Victor 344
위그 카페 Hugues Capet 170
위클리프 Wycliffe, John 549, 555~557, 567
윌리엄 1세(정복왕) William I the Conqueror 66, 98~99, 101~102, 166, 169, 221, 358, 367, 389, 412, 415, 464
윌리엄 2세 William II 464
유디트 Judith 56
유스티니아누스 1세 Justinianus I 36, 330, 337
이레네 Irene 50

이반 3세 Ivan III 598~599
이보(샤르트르의) Ivo Carnotensis 190
이븐 루슈드 Ibn Rushd 346, 464, 517~518, 521
이븐 시나 Ibn Sīnā 346
이사벨(카스티야의 여왕) 443, 445, 597, 603
이슈트반 1세 István I 66, 94, 103, 105, 108~110
이자보(바이에른의) Isabeau de Bavière 565
인노켄티우스 3세 Innocentius III 565

ㅈ

작스 Sachs, Hans 677~678
잔(오를레앙의) ⋯▶ 잔 다르크
잔 다르크 Jeanne D'arc 567~569, 690
잘로몬 Salomon 78
장(무겁공) Jean sans Peur 566, 602
장(트루아의) Jean de Troyes 554
장 2세 Jean II 473
제라르(오리야크의) Gérard d'Aurillac 93
제라르(캉브레의) Gérard de Cambrai

208
제르베르(오리야크의) ⋯▶ 실베스테르 2세
존 1세(실지왕)John I Lackland 428~429, 432, 447~448
지기스문트Sigismund 83, 548, 561~567, 572~575, 577, 591, 648
지슈카Žižka, Jan 575~576, 676

ㅊ

찬네킨Zannekin, Philipp 550
초서Chaucer, Geoffrey 647

ㅋ

카로이 1세Károly I 457, 534
카를 1세(대제)Karl I der Große 9~10, 17~20, 23, 25, 30~32, 34, 36~39, 46, 50~53, 55~57, 63, 67, 69, 77, 84, 93, 95, 111~112, 114, 117~118, 146~147, 158, 209, 237, 331, 360~361, 395, 414, 421, 433, 501, 526, 529, 592, 646, 679, 700
카를 2세(대머리왕)Karl II der Kahle 56~58
카를 3세(비만왕)Karl III der Dicke 58, 61
카를 4세Karl IV 20, 79, 83, 85, 193, 263, 331, 333, 423, 496, 511, 526~533, 542, 548, 556, 562~563, 630, 658, 693
카를 5세Karl V 10~11, 30, 603, 696~697, 700
카를로 1세Carlo I 439, 442, 457
카를만Karlmann 25
카보슈Caboche, Simon 554~555, 566
카이사르Caesar, Gaius Julius 27, 33, 95, 438, 530, 694
카지미에슈 3세Kazimierz III 444, 532~534, 547
카지미에슈 4세Kazimierz IV 586
카타리나(시에나의)Catharina de Siena 668
카트린Catherine 567
코민Commynes, Philippe de 603
코사(발타자르) ⋯▶ 요한네스 23세
콘라트 1세Konrad I 419
콘라트 3세Konrad III 398, 419
콘라트 4세Konrad IV 83, 452
콘스탄체Konstanze 442
콘스탄티누스 1세(대제)Constantinus Ithe Great 21, 30, 48, 110~111,

181, 430, 436~437
콜라Cola di Rienzo 551~552, 555
콜럼버스Columbus, Christopher 12, 446
콜룸바누스Columbanus 154
크누트 2세(대왕) Cnut II the Great 66, 94, 97~98, 421
크리스토포루스Christophorus 668
클라라Clara Assisiensis 323~324
클라센Classen, Peter 27
클레멘스 2세Clemens II 174
클레멘스 3세Clemens III 185
클레멘스 4세Clemens IV 439
클레멘스 6세Clemens VI 511
클로트비히Chlodwig 22
키릴로스Kyrillos 64
키케로Cicero, Marcus Tullius 659, 694

ㅌ

타실로 3세Tassilo III 48
타키투스Tacitus, Publius Cornelius 694
테오파노Theophano 110~111
토마스 아퀴나스Thomas Aquinas 326, 521~524, 645

토인비Toynbee, Arnold 152
티무르(절름발이) Timur Lenk 574

ㅍ

파라켈수스Paracelsus, Philippus Aureolus 674
파스칼리스 2세Paschalis II 190, 192
팔라디우스Palladius 152
패트릭(성) Saint Patrick 152
페드로 2세Pedro II 439, 441
페드로 3세Pedro III 442
페드로 4세Pedro IV 532
페루치Peruzzi 472
페르난도 2세Fernando II 443, 445, 597~598, 603, 691
페트라르카Petrarca, Francesco 369, 554, 658~660
페트루스(아미앵의) Petrus Amianesis 189, 395
페트루스(존자) Petrus Venerabilis 194~195
페트루스 롬바르두스Petrus Lombardus 292
페트루스 크라수스Petrus Crassus 184
펠리페 1세(미남왕) Felipe I Hermoso

603, 696
펠리페 2세 Felipe II 460, 689
펠릭스 5세 ⋯▶ 아마데우스 8세
포디에브라트 Podiĕbrad, Jiřz 587, 591
포레 Porrée, Gibert de la 347
포이팅거 Peutinger, Konrad 256
폰티우스 Pontius 194
폴로 Polo, Marco 651
프락세디스 Praxedis 188
프란체스코(아시시의) Frandesco d'Assisi 320~321, 323, 325~326, 403, 554, 658
프로코프(위대한) Prokop the Bald 575
프루아사르 Froissart, Jean 475
프리드리히(뉘른베르크의) Friedrich von Nürenberg 573
프리드리히(마이센의) Friedrich von Meißen 574
프리드리히(뷰렌의) Friedrich von Büren 185
프리드리히 1세 Friedrich I barbarossa 19, 52, 85, 184, 193, 230, 281, 335, 359, 361, 364, 398, 419, 422, 424~425, 427, 438, 464, 502, 507, 531, 589, 666, 697

프리드리히 2세 Friedrich II der Große 330, 332, 361, 363, 398~399, 415, 423, 426~429, 432~433, 435, 437, 442, 449, 452~453, 502, 527, 530~531, 536, 563, 658, 689, 693
프리드리히 3세 Friedrich III 117, 590~593, 599, 602, 693
프리드리히 로제르 ⋯▶ 프리드리히 2세
프리마스(오를레앙의) Primas d'Orléans 334, 647
플라톤 Platon 208, 346, 372, 517~518, 694
플렉켄슈타인 Fleckenstein, Josef 117
피츠랄프 Fitzralph, Richard 549
피핀 Pippin 55
피핀 3세(단신왕) Pippin III 24~25
필리프(선량공) Philippe le Bon 601
필리프(슈바벤의) Philippe von Schwaben 427~429
필리프 1세 Philippe I 184~185, 190
필리프 2세 Philippe II 336, 378, 416, 418, 423~424, 428~430, 441
필리프 4세(미남왕) Philippe IV le Bel 194, 450~451, 461, 464, 468
필리프 6세 Philippe VI 468~469

ㅎ

하드리아누스 Hadrianus 186

하드리아누스 6세 Hadrianus VI 696

(엄격왕) 하랄 3세 Harald III Haardraade 98

(아우에의) 하르트만 Hartmann von Aue 330

하우크 Hauck, Albert 318

하이메 1세 Jaime I 441~442

(사자공) 하인리히 Heinrich der Löwe 424, 427, 542

하인리히 1세 Heinrich I 59, 75, 78

하인리히 2세 Heinrich II 85, 167~168, 421

하인리히 3세 Heinrich III 90~91, 167, 173~175, 180, 369, 407, 419

하인리히 4세 Heinrich IV 91, 168, 175, 178~179, 182~185, 187, 188, 190, 419, 422

하인리히 5세 Heinrich V 189, 192, 419, 422

하인리히 6세 Heinrich VI 425~427, 433

하인리히 7세(독일의 왕) Heinrich VII 436~437

하인리히 7세(신성 로마 제국의 황제) Heinrich VII 83, 456~457, 465~466, 526, 552

해럴드 2세 Harald II 98~100

헤라트(란츠베르크의) Herrad von Landsberg 158, 218, 220, 382~383

헤르만(잘차의) Hermann von Salza 536

헤벤슈트라이트 Hebenstreyt, Hans 573

헤트비히(리그니츠의) Hedwig von Lignitz 325

헨리 1세 Henry I 101, 415, 422

헨리 2세 Henry II 414, 416, 422~425, 428, 464, 524

헨리 3세 Henry III 432, 448

헨리 5세 Henry V 567~568, 584

헨리 6세 Henry VI 583

헨리 7세 Henry VII 584~585

호노리우스 3세 Honorius III 320, 336

호라티우스 Horatius 347

후고(클뤼니의) Hugo de Cluny 175, 183,

후고(트림베르크의) Hugo von Trimberg 199~201, 204~206

후고 칸디두스 Hugo Candidus 185

후냐디 Hunyadi, János 591

후스 Hus, Jan 557~559, 567, 571, 666

후아나(광녀) Juana La Loca 603, 696

흐로테 Groote, Geert 672

히그던 Higden, Ranulf 650, 652

힐데리히 3세 Childerich III 24

힐데베르트 Hildebert 382~383

힐데브란트 … 그레고리우스 7세

지은이 페르디난트 자입트 Ferdinand Seibt

1927년 체코 출생. 독일 뮌헨 대학의 카를 보슬 교수에게서 수학했다. 1969년부터 보훔 대학에서 교수로 재직하면서 『카를 4세-유럽의 황제』(1978) 『유럽의 탄생』(2002) 등을 저술했다.

옮긴이 차용구 車龍九

중앙대학교 역사학과 교수. 고려대학교 사학과를 졸업하고, 독일 파사우 대학교에서 석·박사학위를 받았다. 지은 책으로『중세유럽 여성의 발견』『로마 제국 사라지고 마르탱 게르 귀향하다』를 비롯하여『가해와 피해의 구분을 넘어-독일·폴란드 역사 화해의 길』(공저)『서양 중세사 강의』(공저)가 있으며, 옮긴 책으로『국가의 탄생-근대국가의 중세적 기원』(공역) 등이 있다.

중세, 천년의 빛과 그림자
근대 유럽을 만든 중세의 모든 순간들

첫 번째 찍은 날   2013년 3월 1일
두 번째 찍은 날   2014년 3월 24일

지은이   페르디난트 자입트
옮긴이   차용구
펴낸이   김수기

편집   김수현, 문용우, 이용석, 허원
디자인   박미정
제작   이명혜
마케팅   임호

펴낸곳   현실문화연구
등록번호 제2013-000301호
등록일자 1999년 4월 23일
주소   서울시 마포구 포은로 56 2층
전화   02-393-1125
팩스   02-393-1128
전자우편 hyunsilbook@daum.net

ISBN 978-89-6564-069-1 03920
가격은 뒤표지에 있습니다.